U0915782

主编简介

徐波，1961年生，吉林大学法学院硕士研究生，东莞理工学院政法学院院长、法学教授，硕士生导师，兼任广东省法学教育学会常务理事、东莞市法学会副会长等。主持部省级、教育厅科研课题等10余项，发表论文、著作30余篇、部。

高校法学“十二五”规划教材系列
总主编 杜承铭
总顾问 吴家清　齐树洁

劳动和社会保障法学

Labor and Social Security Law

主　编　徐　波
副主编　赵　利　雷群安

撰稿人（按撰写章节顺序）

江　滢　李元香　赵　利　张红梅
陈微微　焦　娟　徐素萍　徐　波
陈新华　雷群安

厦门大学出版社 XIAMEN UNIVERSITY PRESS
国家一级出版社
全国百佳图书出版单位

“高校法学‘十二五’规划教材系列”编委会

总 主 编： 杜承铭

总 顾 问： 吴家清　齐树洁

编委会成员（按姓氏拼音顺序排列）：

蔡国芹　蔡镇顺　陈俊成　陈亚平

崔卓兰　邓成明　邓世豹　韩明德

蓝燕霞　栗克元　马占军　彭真军

祁建平　施高翔　王继远　王晓先

吴国平　夏　蔚　熊金才　徐　波

徐继超　于风政　张小平　曾月英

秘　　书： 甘世恒

总 序

2011年3月,吴邦国委员长向世人宣布:中国社会主义法律体系已经形成。中国已步入了法治社会的健康发展轨道。作为改革开放排头兵的广东省,更是在法制建设的进程中敢于先行先试,为中国社会主义法律体系的完善贡献了自身的力量。与之相适应的是,广东省法学院校在法学教育和法学研究方面,也一直进行着积极的探索和改革。广东省开设法学专业的院校二十余所,以法学本科教育为主,多年来为广东、华南地区乃至全国的政法系统、党政部门、企事业单位培养和输送了数以万计的法律人才。随着我国市场经济的逐步发展完善,对法律人才的要求也进一步提升,既有的法学本科教学内容体系和教育模式在新的形势和新的要求面前难避僵化之虞。因此,以教学内容体系和教育模式为取向的法学本科教育改革,就成为广东各法学院系教育教学改革的重中之重。为了进一步推进广东法学院校法学教育教学改革特别是法学教材建设与改革,由厦门大学出版社策划,组织广东省二十余所院校法学专业教师联合编写的"高校法学'十二五'规划教材系列"便应运而生。

"高校法学'十二五'规划教材系列"是根据教育部公布的法学教学大纲编写的,符合国家"十二五"规划要求的法学创新教材。本教材系列具有如下特点:

第一,以几个较早成立的法学院系为依托,由广东二十余所院校的法学专业教师联合编写。本教材系列集合了广东省大部分开设法学专业课程的院校的教师,由具有丰富教学经验和科研能力的资深教授担任各册主编,并吸收了许多具有丰富一线教学经验的中青年任课老师作为作者参与编写。教材系列作者队伍阵容强大,同时又具有一定的权威性。

第二,紧密结合实际,力图打造具有广东特色的法学创新教材。广东省处于改革开放的前沿,经济的繁荣带来了思想的活跃。作为广东法学本科教学改革的一次尝试,教材系列力图突破传统的理论性较强的编写模式,将法学基本知识和具有地方创新特色的司法实务以及国家司法考试相结合,培养既具有法学基本知识,又能够了解司法实务的合格法律人才。为此,教材系列除对法律知识体系的整体阐述外,还吸收了部分具有广东特色的案例,精简为各章之前的"引例"部分,帮助学生进一步理解法学知识在法律实务中的应用。同时在各章之后增加"司法考试真题链接"部分,有助于学生将本章知识与国家司法考试要求相结合。

第三，吸收和采纳我国法学界的成熟观点和研究成果，精简教材内容，提高教学质量和效率。法学本科教育应为通识教育，即将学生培养成掌握法律基本知识，并能熟练运用法律的实用人才。目前国内大部分法学教材共同存在的问题是篇幅过大，理论争议过多，导致学生难以完全吸收掌握，从而在走上工作岗位后无法正确使用法学知识。因此，为了确保学生能掌握基本的法律知识并熟练运用，本教材系列要求各主编仅采用我国法学界公认的观点和理论，对于存有争议的部分暂时搁置，从而将教材的篇幅尽可能地压缩，减轻学生的学习压力，提高学习质量。

本教材系列是各院校教师共同努力的结晶，凝聚了许许多多一线教师的心血和智慧，是广东省各法学院校在法学本科教材上的一次共同探索和努力。当然，由于参编教师众多，加之水平有限，难免有所缺失和不足，敬请读者批评指正，以助日后不断完善。

杜承铭

2011年12月

前 言

劳动和社会保障法学是一门最新的法学核心课程。在构建社会主义和谐社会的大背景下，对它的研究越来越受到国家和社会的重视。特别是随着《劳动合同法》、《就业促进法》、《劳动争议调解仲裁法》、《社会保险法》、《国务院关于修改〈工伤保险条例〉的决定》的颁布和实施，劳动者权益保障的方式和范围都发生了重大的变化。为了适应社会需求，我们借高校法学"十二五"规划教材系列丛书编写之机，在积极吸收最新的理论研究成果、最新的立法、司法动态的基础上编写了《劳动和社会保障法学》一书。本书系统地论述了劳动法基础理论、劳动法的产生和发展、促进就业、劳动合同、集体合同、劳务派遣和非全日制用工、工作时间和休息休假、工资、劳动安全卫生、社会保障法基础理论、社会保险、社会救助、社会福利、社会优抚、劳动争议处理等内容。在注重基础知识的完整性和准确性的同时，还特别强调理论联系实际。各章章前使用"引例"部分，通过简单的案例吸引学生的注意力。章节内主要介绍法学学术界的通说理论，并对学术界的不同观点，进行了适当介绍，以启发学生独立思考，培养分析问题、解决问题的能力。

参与本书编写的作者有(以撰写章节先后为序)：

江滢　佛山科学技术学院政法学院法律系，讲师，撰写第一章；

李元香　江门市五邑大学政法学院法律系，讲师，撰写第二、四章；

赵利　华南师范大学法学院，副教授，撰写第三章；

张红梅　北京师范大学珠海分校法律与行政学院，讲师，撰写第五、六章；

陈微微　广东金融学院，讲师，撰写第七、八章；

焦娟　广东技术师范学院政法学院法律系，讲师，撰写第九、十章；

徐素萍　韶关学院法学院，讲师，撰写第十一、十三章；

徐波　东莞理工学院政法学院院长，教授，撰写第十二章第一节至第六节；

陈新华　惠州学院政法系，讲师，撰写第十二章第七节至第十一节；

雷群安　韶关学院法学院，副教授，撰写第十四、十五章。

全书由徐波主编并负责统稿。由于时间和水平所限，本书难免有不妥之处，我们真诚希望读者批评指正，以臻完善，以期使本教材能更好地适用于法学教学的需要。

编者

2011 年 8 月 31 日

目 录

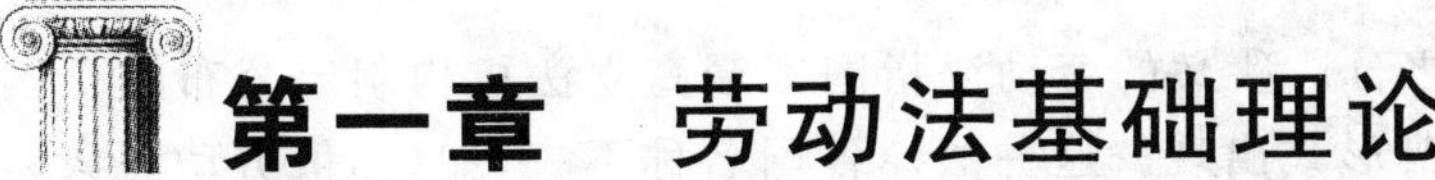

第一章　劳动法基础理论

【引例】漆某来自农村，自2002年起在上海中心水产品批发交易市场从事骑黄鱼车及装卸水产品等工作。2005年1月23日下午，张某在上海中心水产品批发交易市场购买鱼制品时，临时雇佣了漆某等六人为其往卡车上装水产品，约好以每箱0.20元计算，共支付劳务费130元，该款由漆某等六人均分。漆某在车上装货时不慎摔下，右肩部着地。当日，漆某即与家人前往医院骨科急诊，诊断为肩部落地外伤。次日凌晨，漆某在家人的陪同下又前往医院外科急诊，并作了脑CT检查，先后被诊断为两侧颞部及右额部挫裂伤伴右额颞部脑内血肿形成蛛血、右侧眼球内出血，重度颅脑外伤、多发脑挫裂伤等，被要求入院并施行手术治疗，后经抢救无效死亡。同年4月，漆某的亲属诉至法院，要求张某赔偿。

请问：本案当事人之间是否是劳动关系？是否适用《劳动法》的调整？

第一节　劳动法的概念和调整对象

一、劳动法的概念

劳动法是我国社会主义法律体系中一项重要的基本法，制定劳动法的目的在于，通过法律调整劳动关系以及与劳动关系密切联系的其他关系，以保护劳动者的合法权益，确立和维护用人单位与劳动者之间稳定、和谐的劳动关系，促进经济发展和社会进步。

关于劳动法的概念，世界各国学者有多种界定，例如德国学者认为劳动法是与劳动有关的各种法律规范的总和；日本学者认为劳动法是调整劳资关系的法律规范的总和。《简明不列颠百科全书》对劳动法的解释是："指适用于雇佣、报酬、工作条件、工会以及劳资关系的法律规范的总称。"著名法学家史尚宽认为："劳动法为关系劳动之法，详言之，劳动法为规范劳动关系及其附随一切关系之法律制度之全体。"①这些解释，虽然各自着眼点不同，但我们可以抓住其中的三点共性：首先，就涉及的"行为"而言，劳动法是有关劳动行为的法律；其次，就作为主体的"人"而言，劳动法是关系劳动者与用人单位的法律；最后，就调整的法律关系而言，劳动法是调整劳动关系及其附随关系的法律。总结来看，目前法学界对劳动法比较一致的定义是：劳动法是调整劳动关系以及与劳动关系密切联系的其他社会关系的法律规范

① 史尚宽：《劳动法原论》，正大印书馆1934年版，第1页。

的总称。

劳动法还可有狭义和广义之分。狭义的劳动法指国家最高立法机构制定公布的全国性、综合性的劳动法，一般以法典形式出现。这种法律各国名称不一，如《苏俄劳动法典》，《土耳其劳工法》、《日本劳动基准法》等。广义的劳动法除包括上述劳动基本法外，还包括调整劳动关系以及与劳动关系有密切联系的其他社会关系的所有单行法规、地方性法规等。我国自 1994 年颁布《中华人民共和国劳动法》后，相继颁布了《劳动合同法》、《就业促进法》、《劳动争议调解仲裁法》、《社会保险法》等，这些重要法律及各种劳动法规、规章、单行条例等共同构成我国目前的劳动法律体系。

二、劳动法的调整对象

任何一个独立的法律部门都有自己特定的调整对象。法律的调整对象不仅是一个部门法成立的基本依据，而且也界定了该法所适用的具体范围。劳动法的调整对象包括两部分：其一，劳动关系，这是劳动法调整的最重要、最基本也是最核心的关系；其二，与劳动关系有密切联系的其他社会关系。

(一)劳动关系

1. 劳动关系的特征

一般而言，劳动关系是人们在从事劳动过程中发生的社会关系。马克思在《资本论》中对劳动的一般含义作过精辟的揭示，即：劳动是劳动力的使用，"是制造使用价值的有目的的活动"，"是人以自身的活动来引起、调整和控制人和自然之间的物质变换的过程"。① 据此可以认为，一般意义上的劳动，是指人们在物质生产和精神生产过程中，通过使用劳动力，运用劳动资料作用于劳动对象，创造使用价值以满足人们需要的有目的的活动。它是人类社会存在和发展的最基本条件。

然而人们在劳动过程中所发生的社会关系纷繁复杂、形式多样，并非所有与劳动有关的社会关系都由劳动法调整，有些与劳动行为有关的社会关系由其他法律部门调整，如民法中的承揽关系等。因此，把握劳动关系的特征是认定劳动关系的关键，作为劳动法调整对象的劳动关系具有下列主要特征：

(1)劳动关系的主体具有特定性。劳动关系的主体一方为劳动者，在劳动关系中表现为劳动力的所有者和提供者；在法律上可以表现为自然人，也可以表现为劳动者的组织——工会。另一方为用人单位，在劳动关系中表现为生产资料的所有者或者经营者；在法律上表现为企业、事业单位、个体经济组织、国家机关等。

(2)劳动关系是在平等的基础上建立的隶属性社会关系。劳动关系是建立在自愿订立的劳动合同的基础之上的，劳动者与用人单位在签订劳动合同时双方的法律地位是平等的。但合同一经成立并生效，劳动者便成为用人单位的职工，须服从用人单位的指挥和管理，遵守用人单位的规章制度，按照单位要求的劳动方式工作，接受用人单位对劳动成效的检查和监督。这种隶属性(或称从属性)特征是劳动关系的一个重要特征，也是我们判断和区分劳动关系的一个重要标准。

(3)劳动关系体现为与劳动过程紧密相连的财产关系和人身关系。人身关系是指具有

① 马克思：《资本论》第 1 卷，人民出版社 1975 年版，第 201～210 页。

人身属性的社会关系。劳动力储存在劳动者的身体内，与劳动者须臾不可分离，当劳动力作为生产要素进入劳动过程时，客观上使得劳动者的人身也进入到了劳动过程，也即劳动者将人身在一定限度内交给了用人单位，因而人身关系是劳动关系内容的一个重要组成部分。同时，由于劳动者是以向用人单位提供劳动来换取生活资料，用人单位要向劳动者支付工资等劳动报酬，所以从这一方面看，劳动关系又是一种财产关系。

(4)劳动关系的有偿性。如前所述，劳动者为用人单位提供的劳动是有偿的，用人单位根据劳动者的劳动时间和劳动成果向劳动者支付劳动报酬。因而“有偿性”是劳动关系的一个重要特征。

2. 劳动关系的种类

关于劳动关系的分类，可以从不同的角度进行不同的分类。如有的以生产资料所有制为标准进行分类①；有的以用人单位的类型为标准进行分类②等等。本书采用目前主要的一种分类方式，即按照劳动者一方是否为团体的标准，将劳动分为个别劳动关系和集体劳动关系两种。

(1)个别劳动关系。个别劳动关系是相对于集体劳动关系而言的，是指劳动者个人与用人单位形成的劳动关系。劳动关系这一概念，如果没有特别说明，通常是指个别的劳动关系。

(2)集体劳动关系。是指工会代表劳动者团体与用人单位之间形成的劳动关系。集体劳动关系是以规范劳动者团体的劳动条件为目标的。

3. 劳动关系与雇佣关系(劳务关系)的区别

在一些传统的市场经济国家，“雇佣关系”与“劳动关系”这两个概念经常混同使用，我国目前也有很多人混淆了这二者的概念。雇佣关系反映了受雇人和雇佣人之间劳务和报酬的等价交换关系，而劳动关系则有区别，“依照法理，劳动关系含有一般债的关系中所没有的特殊的身份因素在内，同时除个人要素外，亦含有高度的社会要素”；“受雇人对雇主既有从属关系，其劳动力之提供事实上即成为人格本身的从属，此种在债权要素外尚包括身份要素的不对等人格间的‘人的关系’，即所谓的劳动契约关系，与一般的雇佣关系迥然相异”。③ 劳动关系与雇佣关系虽都是一方提供劳动，另一方支付报酬，雇员或劳动者都是为雇主或用人单位的利益工作，并在此基础上形成一定的权利义务关系，但二者有本质区别，属于不同性质的两类法律关系。前者体现的是劳动者与用人单位在劳动过程中的权利义务关系；后者体现的是平等民事主体之间的权利义务关系。二者有以下几个主要区别：

(1)主体不同

劳动关系的主体是用人单位与自然人。作为劳动者的这一方必然是自然人，作为用人单位的一方必须有用工权，可以是企业、个体经济组织、国家机关、事业单位或社会团体。而雇佣关系的主体范围相当广泛，凡平等主体的公民与公民之间、公民与法人之间均可形成雇佣关系。社会上普遍存在的家庭雇佣保姆、农村“双抢”期间雇人抢收庄稼等都属雇佣关系。

---

① 以生产资料为标准将劳动关系分为全民所有制劳动关系、集体所有制劳动关系、私营企业劳动关系，个体经济组织劳动关系等。参见曾咏梅：《劳动法》，武汉大学出版社 2005 年版，第 4 页。

② 以用人单位的类型为标准将劳动关系分为企业的劳动关系、事业单位的劳动关系、国家机关的劳动关系等。参见贾俊玲：《劳动法与社会保障法学》，中国劳动社会保障出版社 2005 年版，第 27 页。

③ 黄越钦：《劳动法新论》，台湾翰芦图书出版有限公司 2000 年版，第 7 页。

(2)双方当事人法律地位不同

劳动关系中的双方主体虽然在订立劳动合同时具有平等的法律地位,但是进入劳动过程中后,劳动者须在用人单位的组织安排和管理下进行劳动,要遵守单位的规章制度和劳动纪律,对用人单位具有一定的隶属性。而在雇佣关系中,双方当事人是完全平等的。

(3)受国家干预程度不同

在劳动关系中,从劳动合同的订立、合同的履行、违约责任、合同的解除条件到最低工资标准、社会保险、劳动安全卫生标准等都体现了国家干预,我国2008年施行的《劳动合同法》即是调整劳动合同关系的专项立法。而雇佣关系较多体现民法的契约自由原则,只要不违反法律的强行性规定,双方当事人有较大的自由协商余地。

(4)受法律调整方式不同

劳动关系受劳动法调整,雇佣关系由民法、合同法来调整。当事人发生劳动争议的,须先向劳动争议仲裁委员会申请仲裁,对仲裁不服的方可向法院起诉,即"先裁后审"。而雇佣关系双方可以直接向法院起诉。

本章引例中漆某与张某之间属于雇佣关系,不受劳动法的调整。根据我国最高人民法院《关于审理人身赔偿案件适用法律若干问题的解释》第11条的规定:"雇员在从事雇佣活动中遭受人身损害,雇主应当承担赔偿责任。雇佣关系以外的第三人造成雇员人身损害的,赔偿权利人可以请求第三人承担赔偿责任,也可以请求雇主承担赔偿责任。雇主承担赔偿责任后,可以向第三人追偿。"因此张某应对漆某的损害进行赔偿。

(二)与劳动关系密切联系的其他社会关系

劳动法除了调整劳动关系以外,还调整与劳动关系密切联系的其他一些社会关系。这些关系本身并不是劳动关系,但是与劳动关系有着十分密切的联系,它们有的是劳动关系赖以建立的前提和基础,有的是伴随着劳动关系的存在而附带产生的,有的则是劳动关系导致的直接后果,因为这些关系具有与劳动关系有密切联系的特点,所以在我国的法律体系中把它们列入了劳动法调整的范畴。

这些关系包括以下几个方面:

1. 处理劳动争议方面的关系,劳动争议处理机构(人民法院、劳动争议仲裁委员会等)与用人单位和劳动者在调解、仲裁和审理劳动争议时发生的社会关系。

2. 社会保险方面的关系,参加社会保险的用人单位、劳动者与社会保险经办机构之间发生的社会关系。

3. 监督检查劳动法律、法规的执行方面的关系,有关国家机关(如劳动行政主管部门、卫生部门)间因监督、检查劳动法律法规的执行情况,与用人单位发生的社会关系。

4. 集体谈判和协商方面的关系,企业工会与企业行政部门、政府主管部门等在集体谈判和协商过程中发生的社会关系。

5. 劳动管理方面发生的关系,劳动行政主管部门以及其他有关部门与用人单位和劳动者之间,在对劳动力的管理、使用、教育和培训等方面发生的社会关系。

6. 输送劳动力方面的关系,劳动力资源管理机构、职业教育培训机构、职业介绍机构等与用人单位、劳动者在劳动力输送、使用、管理方面发生的社会关系。

这些关系和劳动关系共同构成我国劳动法调整的对象,劳动法在这些领域发挥其应有的规制作用。

第二节 劳动法的基本原则

我国目前的劳动立法并未对劳动法的基本原则作出明确规定，学者们亦有不同的观点，因此如何科学地把握劳动法基本原则的概念和特征，对其内容进行提炼与概括，一直是劳动法学界研究的重点。

一、劳动法基本原则的概念和特征

（一）劳动法基本原则的概念

劳动法的基本原则是制定劳动法律制度和劳动法律规范的指导思想，是调整劳动关系以及与劳动关系有密切联系的社会关系的基本准则，集中体现了劳动法的本质和基本精神，主导整个劳动法体系，是制定、解释、执行和研究我国劳动法的出发点和根本依据，也是我们把握劳动法理论和制度精髓的切入点。

（二）劳动法基本原则的特征

1. 全面涵盖性。关于劳动法基本原则的涵盖面，应当从劳动法所调整的社会关系和劳动法的具体法律制度这两个方面理解。一方面，劳动法基本原则应当是能够涵盖劳动法所调整的各种劳动关系以及与其密切联系的其他各种社会关系的原则，只适用于某种劳动关系或其他某种社会关系的原则不应当作为劳动法的基本原则。另一方面，劳动法基本原则应当是能够涵盖各项劳动法律制度的原则，只为某项劳动法律所遵循的原则也不应作为劳动法基本原则，以上两个方面都必不可少。①

2. 高度的权威性。劳动法的基本原则是劳动法的核心和灵魂，它高于劳动法律规范，各项劳动法律制度和劳动法规的内容都不得与劳动法基本原则相抵触。劳动法的基本原则决定了劳动法的发展方向和基本任务，它贯穿于劳动立法、执法、司法的整个过程。各种劳动法主体及其在劳动领域的行为都要受劳动法基本原则的约束，各种劳动问题的处理也都应以劳动法基本原则为根本依据。

3. 相当强的稳定性。随着不同时期经济和社会的发展，劳动法律制度和具体的劳动法律条文会发生相应的修改和变动，但劳动法的基本原则却具有相当强的稳定性。基本原则的内容一经确定，一般不因劳动法律规范内容的个别或局部变动而更改，只要国家的政治经济制度和劳动关系未发生根本性变化，劳动法的基本原则就应保持稳定，只有这样才能使不同时期的劳动法规之间具有连续性。

二、劳动法基本原则的确立依据

（一）宪法依据

宪法是国家的根本大法，它比普通法律有更大的稳定性、权威性和原则性，确立劳动法的基本原则以宪法为最高法律依据。中华人民共和国建立以来颁布的几部宪法，对劳动问题都有原则性规定：1954 年我国第一部宪法中比较全面地规定了劳动权益的基本要求，如

---

① 王全兴：《劳动法》，法律出版社 2004 年版，第 47 页。

劳动权、休息权、报酬权、物质帮助权等，同时也规定了遵守劳动纪律的义务。1975 年宪法在我国处于政治生活不正常的情况下，把劳动方面的各项权利归纳为一个条款，删去了遵守劳动纪律的规定。1978 年宪法对劳动问题恢复了 1954 年的规定，又规定了遵守劳动纪律的要求。1982 年宪法对各项劳动权利分别作出了明确规定，增加了职工民主管理等内容。宪法是确立劳动法基本原则的首要依据。

需要指出的是，劳动法基本原则应当以宪法为依据，并不意味着宪法中有关劳动方面的各个条文都可直接移作劳动法的基本原则，因为在宪法内容中虽然蕴涵着劳动法的基本原则，但是有些条文仅含有劳动法某项原则的部分精神，或者只规定劳动者的一项权利或义务。所以劳动法基本原则应当依据宪法有关条文所体现的基本精神，通过理论概括而确立。①

（二）基本劳动政策依据

基本劳动政策规定的是劳动方面的根本性或总体性问题，属于在长时期内具有指导意义的方针和纲领，但与宪法相比又具有相对的灵活性，能够及时反映一定时期内的现实情况和国家宏观意图的变化。因此，确立劳动法基本原则，在以宪法为根本依据的同时，还应以基本劳动政策作为补充性依据。

（三）立点现实，结合国情

确立劳动法基本原则的最终目的是为了使劳动法规能够更好地在劳动立法、执法、司法实践中得以贯彻实施，因此劳动法基本原则必须植根于现实，正确反映劳动领域的基本现状和发展要求。我们在确立劳动法基本原则时必须从我国现阶段的基本国情出发，以现阶段社会政治经济状况为依据。这就要求我们在确立劳动法基本原则的时候，应该仔细分析我国社会主义初级阶段劳动领域中劳动关系的本质、特征和发展趋势，劳动制度改革的现状、目标和步骤，以及与劳动问题密切相关的社会政治、经济问题等，结合我国国情来确立劳动法的基本原则。

三、劳动法基本原则的内容

由于我国劳动立法中并未明确规定劳动法的基本原则，因此对于基本原则所包含的内容国内存在多种观点，有学者主张“单原则说”，认为劳动法的基本原则只有一条，就是保护劳动者合法权益原则，其他的各项原则均可包含于此项原则之中。多数学者持“多原则说”，但对原则的构成观点不一，有的认为基本原则包括：保护劳动者合法权益原则、协调劳动关系原则。② 有学者概括为：尊重劳动自由原则、公民劳动权利平等原则、三方协商原则、双重利益保障原则。③ 也有学者认为劳动法的基本原则是：劳动既是公民权利又是公民义务原则、劳动法主体利益平衡中的三方性原则、劳动者享有综合性权利原则④等。笔者认为，在确立劳动法的基本原则时应当严格依照劳动法基本原则的概念与特征去衡量和筛选，本书将劳动法基本原则概括为以下三项：

---

① 王全兴：《劳动法》，法律出版社 2004 年版，第 47 页。

② 秦恩才：《劳动和社会保障法学》，郑州大学出版社 2004 年版，第 34 页。

③ 石美遐：《劳动法学》，中国劳动社会保障出版社 2009 年版，第 26 页。

④ 贾俊玲：《劳动法与社会保障法学》，中国劳动社会保障出版社 2005 年版，第 39 页。

(一)保护劳动者合法权益原则

这是劳动法的首要基本原则。19世纪初,在英国首先诞生了现代意义上的劳动法,从那一刻起,保护劳动者的合法权益成为现代各个国家劳动法普遍奉行的主旨。劳动者的合法权益是指劳动者依据劳动法律法规依法享有的各项权利和利益,它包括平等就业和选择职业的权利、获得劳动报酬权、休息休假权、获得劳动安全卫生保护的权利、接受职业技能培训的权利、享有社会保险和福利的权利以及提请劳动争议处理的权利等。这些权益既是维持劳动力再生产的需要,也是宪法赋予我国公民的基本权利,劳动法作为专门调整劳动关系的法律部门,理当把保护宪法赋予劳动者的权利作为其首要的基本原则。

这种对劳动者合法权益的保护应当是全面、平等、优先和最基本的保护。所谓全面保护,是指对劳动者的合法权益,无论是财产权益还是人身权益,无论是法定权益抑或是约定权益,也无论其内容涉及经济、政治、社会、文化的哪个方面,都应通过劳动法进行全面保护。所谓平等保护,含义有两个方面,一方面是指对劳动者合法权益的保护不因其民族、种族、性别、年龄、文化程度、财产状况、宗教信仰、职业类型以及劳动关系的所有制性质或用工形式的不同而有所差异,劳动者在劳动法上的法律地位一律平等,禁止对任何劳动者进行歧视;另一方面,对某些特殊劳动者群体,如妇女劳动者、未成年人劳动者、少数民族劳动者、军队退役劳动者等,除给予劳动法的一般保护外,其特殊利益还应受到劳动法的特殊保护,这种特殊保护是对一般保护的必要补充,旨在使特殊劳动群体的利益能与一般劳动者一样受到平等保护。所谓优先保护(有的学者也将其称为倾斜保护),是指在特定条件下,当对劳动者利益的保护与对用人单位利益的保护发生冲突时,劳动法应优先保护劳动者的利益。例如,在劳动过程中,当安全与生产发生冲突时,应当坚持安全重于生产的原则,即使生产受到影响,也必须采取措施确保安全。所谓基本保护,是指对劳动者基本利益的维护。在劳动者的各种利益中,人身安全健康和基本生活需要是属于劳动者的最基本利益,也是维持劳动力再生产不可或缺的,劳动法首先应保护劳动者的最基本利益。因此,国家通过劳动立法,强制规定了最低工资标准、最低劳动安全条件、最高工作时数等,以使劳动者的最基本利益得到绝对保护。

(二)劳动力资源合理配置原则

劳动力资源合理配置原则是指,通过制定科学合理的劳动法律制度,使每个劳动者的劳动力都能得到充分的发挥和使用,同时又保证每个劳动者的劳动权利能得到平等实现。我们在判断劳动力资源配置是否合理以及合理化程度如何时,应当奉行效率与公平的双重准则。也即是说,社会主义市场经济在配置劳动力资源时需要同时追求劳动力资源的高效率配置和公平配置。劳动法作为调整劳动关系的基本法,必然要将合理配置劳动力资源作为劳动立法和执法的一条基本原则。

要实现劳动力资源的合理配置需要国家、用人单位和劳动者三方的共同努力。对国家而言,应从宏观上合理配置劳动力资源,使劳动力在全社会范围内各个用人单位之间得到合理的配置。我国过去经济发展的实践已经证明,国家完全以行政分配的方式对劳动力资源进行配置,无法实现资源配置的合理化。在社会主义市场经济条件下,为实现劳动力供求平衡、有序流动和高效使用,国家必须改革旧的劳动用工方式,建立和完善以市场配置机制为主,以行政配置机制为辅的劳动力资源配置体制。

对用人单位而言,则要对进入单位的劳动者在劳动岗位、劳动时间和劳动任务等方面进行合理的组织和安排，使人尽其才。为此劳动法应当引导和强制劳动力资源配置符合下列要求：第一，用人单位应科学地组织劳动过程，按照专业对口、人尽其才的原则安排劳动者的劳动岗位，避免劳动力的闲置和浪费。第二，用人单位应实行按劳分配为主的分配原则，充分调动劳动者的劳动积极性、主动性和创造性。第三，用人单位应在休息时间、劳动安全卫生、工资福利、职业培训等方面，保证劳动力再生产顺利进行，不断提高劳动者的素质。

对劳动者而言，就是要加强职业技能培训，努力提高劳动水平和业务能力，遵守劳动纪律和操作规范，在实现自身劳动权益的同时，全面完成用人单位交付的工作任务，满足用人单位的用人需求。

（三）三方协商原则

三方协商原则，是指政府（通常以劳动主管部门为代表）、工会组织、用人单位三方在平等的基础上，通过一定的组织机构和运作机制，共同对劳动关系中的重大问题进行规范和协调处理。三方协商原则最早由国际劳工组织提出，是国际劳工组织为缓解劳资对抗，防止社会矛盾激化而用来稳定和协调劳动关系的措施。目前三方协商原则已得到市场经济国家的普遍认同，已成为世界多数国家劳动法的一个基本原则。①

我国随着改革开放的深入和社会主义市场经济体制的建立，国家、用人单位、职工三方利益格局逐渐明晰，劳动关系发生了深刻变化，在这种新形势下，协调劳动关系已不再是劳动主管部门单方的事情，通过政府、工会组织、用人单位建立三方协调机制已成为目前市场经济条件下维护稳定、和谐的劳动关系的必然选择。我国已于1990年批准了国际劳工组织的《三方协商促进国际劳工标准公约》（1976年第144号）；另外我国在《工会法》、《劳动合同法》等法律中都作了相关规定。2001年新修订的《工会法》第34条规定："各级人民政府劳动行政部门应当会同同级工会和企业方面的代表，建立劳动关系三方协商机制，共同研究解决劳动关系方面的重大问题。"《劳动合同法》第5条规定："县级以上人民政府劳动行政部门会同工会和企业方面代表，建立健全协调劳动关系三方机制，共同研究解决有关劳动关系的重大问题。"2008年5月1日施行的《劳动争议调解仲裁法》第4条规定："发生劳动争议，劳动者可以与用人单位协商，也可以请工会或者第三方共同与用人单位协商，达成和解协议。"这些重要法律的规定无疑进一步将三方协商原则确立为劳动法的一项基本原则。

第三节　劳动法的适用范围、地位及作用

一、劳动法的适用范围

劳动法的适用范围，即我国劳动法的效力范围，是指我国劳动法适用于什么地域、什么时间和什么人。

我国《劳动法》第2条和国家劳动部颁发的《关于贯彻执行〈中华人民共和国劳动法〉若干问题的意见》（以下简称《若干问题意见》）对劳动法的适用范围作了规定。《劳动法》第2条规定："在中华人民共和国境内的企业、个体经济组织和与之形成劳动关系的劳动者，适用

① 石美遐：《劳动法学》，中国劳动社会保障出版社2009年版，第27页。

本法。国家机关、事业组织、社会团体和与之建立劳动合同关系的劳动者，依照本法执行。”《若干问题意见》中将劳动法的适用范围具体化为：(1)各类企业和与之形成劳动关系的劳动者；(2)个体经济组织和与之形成劳动关系的劳动者；(3)国家机关、事业组织、社会团体实行劳动合同制度的以及按规定应实行劳动合同制度的工勤人员；(4)实行企业化管理的事业组织的人员；(5)其他通过劳动合同与国家机关、事业组织、社会团体建立劳动关系的劳动者。排除了公务员和比照实行公务员制度的事业组织和社会团体的工作人员，以及农村劳动者(乡镇企业职工和进城务工、经商的农民除外)、现役军人和家庭保姆。

随着市场经济的发展，劳动关系呈现多样化，劳动法规定的适用范围已不适应劳动关系客观发展的需要。因此 2008 年 1 月 1 日开始施行的《劳动合同法》在《劳动法》的基础上扩大了适用范围，该法第 2 条规定：“中华人民共和国境内的企业、个体经济组织、民办非企业单位等组织与劳动者建立劳动关系，订立、履行、变更、解除或者终止劳动合同，适用本法。国家机关、事业单位、社会团体和与其建立劳动关系的劳动者，订立、履行、变更、解除或者终止劳动合同，依照本法执行。”《劳动合同法》增加了民办非企业单位等组织作为用人单位，并且将事业单位聘用制工作人员也纳入了法律调整范围。

根据对上述法条的分析，我们从以下三个方面来看劳动法的适用范围：

(一)空间适用范围

我国《劳动法》适用的空间范围是“中华人民共和国境内”，这里有两层含义要注意：

第一，只要是在中华人民共和国境内的用人单位与劳动者之间建立的劳动关系，都适用我国《劳动法》，无论该用人单位的投资者的国籍如何，也不管劳动者是否是我国的公民，只要在我国境内形成劳动关系，就要适用我国《劳动法》。

第二，在我国境外形成的劳动关系是否适用我国《劳动法》呢？对此，我国劳动立法并未规定，《劳动法》第 2 条只是表明，在我国境内的用人单位与劳动者之间建立的劳动关系必须适用我国劳动法，但并不意味着我国境外的企业与劳动者之间形成的劳动关系就一定不受我国劳动法的管辖。是否能以我国劳动法处理某些具有涉外因素的劳动争议，应根据我国冲突法的规定来定，不能一概论之。

(二)时间适用范围

劳动法的时间适用范围是指劳动法的生效和失效时间，即劳动法的时间效力。

1. 法律生效时间有两种情况：(1)法律通过或公布之日起生效；(2)法律通过或公布之日不立即生效，而另行规定生效时间，如《中华人民共和国劳动法》1994 年 7 月 5 日公布，1995 年 1 月 1 日起施行。又如《中华人民共和国劳动合同法》2007 年 6 月 29 日公布，2008 年 1 月 1 日起施行。

2. 法律失效也有两种情况：(1)法律本身明文规定了效力终止的时间；(2)同类法律新法生效，旧法即失效。这里需要特别指出的是，在我国《劳动合同法》颁布施行后，很多人(包括国外一些媒体)将《劳动合同法》称为“新劳动法”，这种称呼是不准确的，易使人产生误解，《劳动合同法》是关于劳动合同的一部特别立法，而非“新劳动法”，我国 1994 年颁布的《劳动法》仍然继续生效。

(三)对人的适用范围

劳动法对人的适用范围是指对哪些人发生法律效力。这里的“人”包括劳动者和用人单位。根据上述对劳动立法的分析，目前我国劳动法对人的效力包括：

1. 企业、个体经济组织、民办非企业单位等组织与其劳动者

企业是以营利为目的的经济组织，是用人单位的主要组成部分。个体经济组织是指雇工7人以下的个体工商户。民办非企业单位是指企业事业单位、社会团体和其他社会力量以及公民个人利用非国有资产举办的，从事非营利性社会服务活动的组织，如民办医院、民办学校、民办图书馆、民办博物馆、民办科技馆等。除以上三类组织外，《劳动合同法实施条例》第3条规定：“依法成立的会计师事务所、律师事务所等合伙组织和基金会，属于劳动合同法规定的用人单位。”作这样的规定是为了适应我国用工主体和用工形式日益多样化和复杂化的需要。

2. 国家机关、事业单位和社会团体与其劳动者

国家机关包括国家权力机关、行政机关、司法机关、军事机关、政协等，其录用的公务员和聘任制公务员，适用公务员法，不适用劳动法，但国家机关招用工勤人员，需要签订劳动合同，就要适用劳动法以及劳动合同法。

事业单位要分情况来看，有的是具有管理公共事务职能的事业单位，如证券监督管理委员会、保险监督管理委员会、银行业监督管理委员会等，其录用的工作人员是参照公务员法进行管理，不适用劳动法。而有的是实行企业化管理的事业单位，这类事业单位与职工签订的是劳动合同，适用劳动法的规定。对事业单位中实行聘用制的工作人员，如果法律、行政法规或者国务院另有规定的，依照其规定，如无特别规定的，也要按照劳动法执行。

社会团体是指中国公民自愿组成，为实现会员共同意愿，按照其章程开展活动的非营利性社会组织。社会团体的情况比较复杂，有的社会团体如党派团体，除工勤人员外，其工作人员是公务员，按照公务员法管理；有的社会团体如工会、共青团、妇联、工商联等人民团体和群众团体，文学艺术联合会、足球协会等文化艺术体育团体，法学会、医学会等学术研究团体，各种行业协会等社会经济团体，这些社会团体虽然公务员法没有明确规定可供参照，但是实践中对列入国家编制序列的社会团体，除工勤人员外，其工作人员是比照公务员法进行管理的。除此以外的多数社会团体，如果作为用人单位与劳动者订立的是劳动合同，就纳入劳动法的调整范围。

3. 不能适用劳动法的人员

根据《若干问题意见》的规定，以下人员不适用劳动法：

(1)公务员。国家公务员不适用劳动法是国际通行的规则，因为公务员是代表国家行使职权的，其与国家机构之间的权利义务关系不能通过劳动法调整，而应适用公务员法。

(2)比照公务员制度的事业组织和社会团体成员。这一点上文中已有论及。

(3)农业劳动者。由于农业劳动具有与工厂劳动诸多的不一致性，各国的劳动法均规定，农业劳动者不适用劳动法。但如果农民作为乡镇企业的职工或进城务工、经商，与相应的企业、个体经济组织之间形成劳动关系，则应适用劳动法。

(4)现役军人。正在服役的军人肩负着保卫祖国和人民安全的重任，其在服役期间的职责由国家法律另行规定，不适用劳动法。

(5)家庭保姆。家庭保姆是否适用劳动法，各国规定不同。目前我国规定家庭保姆不适用劳动法。但也有国家规定家庭保姆适用劳动法，例如澳大利亚。[①]

---

① 沈同仙：《劳动法学》，北京大学出版社2009年版，第13页。

二、劳动法的地位

关于劳动法的地位，有两层含义：一是指劳动法在我国整个法律体系中的地位，也即劳动法是否是一个独立的法律部门；二是指劳动法的重要性程度。关于劳动法的重要性程度将在“劳动法的作用”部分进行阐述，此处主要阐明劳动法在法律体系中的地位。

(一)劳动法是一个独立的法律部门

关于劳动法的地位，理论上大致有三种不同的认识：一为独立部门说，认为劳动法是一个不隶属于其他任何法律部门的独立的法律部门；二为经济法分支说，认为劳动法是经济法的一个组成部门或经济法的子部门法；三为民法分支说，认为劳动法是民法的一个组成部分，是民法的一个子部门法。在以上三种观点中，“独立部门说”为我国法学界普遍接受。其主要理由是：

1. 劳动法具有特定的调整对象

是否具有独特的调整对象是判断一个法律部门是否具有独立性的主要和重要标准，各个法律部门都应有其特定的调整对象。如果调整对象不是一种独立和特定的社会关系，那么，劳动法与其他法律部门就没有一个基本界限。在这里，所谓特定的调整对象，并非指一个法律部门只能调整单一的某种社会关系，也并非指某个法律部门所调整的社会关系只能是本法律部门所专有；而是指，各个法律部门的调整对象都应在总体上具有不同于其他法律部门的特征。劳动法的调整对象，较之民法、经济法等其他法律部门，其特殊性是很明显的。它只限于劳动领域的社会关系，且以劳动关系为主。虽然民法、经济法、行政法等分别对其中部分社会关系会在一定程度上予以调整，但唯有劳动法是对劳动领域的主要社会关系进行统一调整的法律部门。[①]

2. 劳动法具有其他法律部门不可取代的功能和重要性。劳动法最初之所以从民法体系中独立出来，正是因为民法已不足以有效调整劳动关系，唯有将劳动关系以及与其有密切联系的其他社会关系由劳动法按照有别于民法原则的调整原则进行统一调整，才能适应社会经济发展的需要。从法律的发展沿革来看，劳动法作为一个独立的法律部门是19世纪以后的事情。在19世纪之前，各国的法律体系中并不存在独立的劳动法律部门，而是用民法规范来调整劳动关系，很多资本主义国家都把有关雇佣关系的法律规范列入民法的债篇之中。随着工业革命和无产阶级队伍的不断壮大，广大工人群众同资本家长期不懈地进行斗争，有关工人劳动的立法才得以逐步发展，最终在法律体系中成为一个独立的法律部门。

3. 劳动法具有作为独立法律部门的传统。一个法律部门在法律体系中处于何种位置，往往同一个国家的法律传统相关联。自19世纪以来，尤其是20世纪初期法国、苏联编纂劳动法典以来，劳动法陆续在世界各国的法律体系中取得了独立法律部门的地位。我国在立法实践中也一直把劳动法作为一个独立的法律部门，“独立部门说”之观点也一直为法学界众多学者所认同。

(二)劳动法与相邻法律部门的联系与区别

劳动法与民法、经济法有较多的共通性，因此有必要对劳动法与民法、经济法的联系与区别加以分析。

---

① 王全兴:《劳动法》,法律出版社2004年版,第39页。

1. 劳动法与民法、经济法的联系

第一，劳动法与民法有着密切的联系。民法是劳动法的重要渊源，在资本主义发展的初期，劳动关系主要是通过民法债篇中关于“雇佣”的规定来加以调整的，许多国家的民法典至今在劳动关系的调整方面仍起着重要作用。劳动法与民法的联系体现为：第一，调整对象上有一定交叉。在劳动法所调整的社会关系中有的还在一定程度上受到民法的调整，例如民法中某些反映合同一般特征的规定，可在一定条件下用来规范劳动合同。第二，遵循某些共同的原则。例如公平与效率相协调、平等自愿、诚实信用等都应成为调整劳动关系和民事关系的基本准则。第三，调整方法上可以有效地通用。劳动法可以在一定条件下吸收民法的某些调整方法，如赔偿损失等可用做追究违反劳动法规、劳动合同、劳动纪律的法律责任手段；对劳动关系的调整同时兼用任意性规范和强制性规范等。

第二，劳动法与经济法都有较强的国家干预性，有学者认为应将劳动法归入经济法的范畴，但本书作者认为，劳动法与经济法是宪法统帅下的两个相互独立的法律部门。二者之间的联系仍然体现为上述三个方面：调整对象上有一定交叉；遵循某些共同的原则；调整方法上可以有效地通用。

2. 劳动法与民法的区别

主要有四个方面：(1)二者的立法目的不同。民法的立法目的在于明确财产归属，建立公平交易原则；劳动法的立法主旨在于保护作为“弱势”一方的劳动者的基本权益。(2)法律关系的主体不同。民事法律关系的主体，双方可以都是法人，或者一方是法人，一方是自然人；而劳动法律关系的主体，只能一方是用人单位，另一方是劳动者。(3)主要调整对象不同。民法调整平等主体之间的财产关系和人身关系；劳动法调整劳动关系以及与劳动关系密切联系的其他社会关系，其中的劳动关系因兼有财产性和人身性而区别于民法所调整的财产关系和人身关系。(4)基本原则不同。各个法律部门都有各自特有的基本原则，例如契约自由、等价有偿、平等互利等是民法的基本原则；保护劳动者的合法权益、劳动力资源合理配置等是劳动法的基本原则。

3. 劳动法与经济法的区别

区别有：(1)立法目的不同。经济法是随着资本主义进入垄断阶段，各种社会经济矛盾日益突出，为稳定社会经济秩序，适应国家积极干预经济的需要而产生的。经济法作为保障国家经济调节之法，必然要将保证国家经济调节目标的实现作为自己的根本目的。劳动法以维护劳动者的合法权利为己任，旨在建立和发展和谐稳定的劳动关系，这一点与经济法是有着重大区别的。(2)主体不同。经济法的主体范围广泛、类型非常丰富，主体角色的层级性和变动性充分体现了经济生活对各种经济主体之间和谐互动的一种需要。劳动法的主体必须是一方劳动者，另一方用人单位，双方既有平等性又有隶属性。(3)调整对象不同。经济法调整的是国家在宏观调控和协调社会经济运行中所发生的经济关系，与劳动法的调整对象存在明显区别。(4)基本原则不同。经济法以维护社会经济总体效益，同时兼顾各方经济利益为基本原则，强调个人利益服从整体利益。劳动法在保护劳动关系双方的合法权益的同时，特别强调对劳动者利益的保护。

三、劳动法的作用

劳动法的作用是指劳动法在协调劳动关系、稳定经济秩序、促进社会进步中的重要影响。分析法律的作用,首当其冲应当分析法律的立法目的。从我国劳动法领域的两部重要法律——《劳动法》和《劳动合同法》看,两部法律的第1条在对立法宗旨的规定上,都把“保护劳动者的合法权益,构建和谐稳定的劳动关系”作为立法的根本目的和首要的价值取向。我国的劳动者数量庞大,占到了世界劳动者人口的1/4,劳动法与亿万劳动者的切身利益密切相关,它在我国社会主义建设中发挥着极其重要的作用。我们可以把劳动法的作用概括为以下四个主要方面:

(一)为劳动者的基本、合法权利提供有力保障

劳动法作为劳动者的保护法,确认了劳动力为劳动者所有,赋予劳动者在劳动关系中的法律主体地位,规定劳动者有就业、获得劳动报酬、休息休假、安全健康、取得社会保险、接受职业培训、组织工会、参与企业管理等各项权利,从而使劳动者的权益(这其中最重要的是生存权和健康权)有了具体内容和切实的法律保障。不仅如此,国际劳工立法还把劳动者权利的保护作为人权保障的重要内容写在了许多国际条约中,将劳动者权利保护提到了更重要的高度。

(二)协调劳动关系双方的合法权益,构建和谐稳定的劳动关系

劳动法在资本主义国家得以产生和发展的重要原因,是劳资矛盾的长期存在和不断加深以及工人运动的兴起和发展。在我国,劳动者和用人单位之间虽具有根本利益上的一致性,但双方主体由于各自具有独立的地位和利益,矛盾冲突依然存在,劳动纠纷频频发生。例如有的企业不重视安全生产,施工作业环境恶劣,导致工伤事故频发;有的企业没有实行民主管理制度,职工民主权利被侵犯现象严重;有的企业在招工、培训、职务升迁中实行性别歧视,同工不同酬;还有的企业把“厂规”当法律,对劳动纠纷的处理自行其是,等等。这就需要劳动法在协调双方利益、调整劳动关系上发挥重要作用,劳动法中关于劳动条件、工资标准、集体合同以及劳动合同的终止、解除条件等的规定是协调和稳定劳动关系的具体法律保障。

(三)有利于劳动力资源合理配置,保障劳动力市场有序发展,促进市场经济不断完善

劳动力资源合理配置原则是劳动法的一项重要的基本原则,我国有着众多的丰富的劳动力资源,如何通过加强劳动立法,使我国丰富的劳动力资源能够在全社会范围内得到合理、高效、公平配置,这是劳动法的重要任务。我们建立市场经济,就是要使各种经济资源都由市场进行配置,其中,劳动力市场是市场经济的一个必要和关键的组成部分。由于劳动力商品的特殊性,使得劳动力市场具有不同于一般商品市场的特征,我们需要在劳动法中规定劳动力市场的特殊规则,以保障劳动力市场的有序运行,从而推动市场经济的全面发展。

(四)实现社会稳定,推动社会发展和社会进步

劳动关系的稳定直接关系到社会的安定,劳动法规定的一系列重要制度和规则在调整劳动关系、推动社会进步上发挥着重大作用,例如对劳动者基本权益的维护、全面的社会保障制度、三方协商机制、劳动争议的解决机制等,都为预防和化解劳动关系双方当事人的矛盾提供了有效的解决办法。

综上所述,劳动法在社会主义现代化建设的伟大事业中承担着光荣的任务,我们应当充分重视劳动法的重要作用。

第四节　劳动法的体系及法律渊源

一、劳动法的体系

劳动法体系，是指一国的全部劳动法律规范按照一定的标准进行分类组合所形成的有机整体。一国的劳动法律规范可以按照不同的标准进行分类，如按劳动关系的所有制性质不同，可以把劳动法体系分为：全民所有制劳动法律制度、集体所有制劳动法律制度、股份制企业劳动法律制度、私营企业和个体经营单位劳动法律制度以及外商投资企业劳动法律制度。按照劳动法律规范的功能，可以分为：劳动关系协调法、劳动基准法、劳动保障法。① 按劳动关系的调整模式，可以分为：劳动保护法、集体劳动关系法、单个劳动关系法。② 按劳动过程的各个环节分类，还可分为：劳动就业法、劳动合同法、集体合同法、工时法、劳动保护法、工资法、社会保险和福利法、劳动争议处理法、劳动监督法等等。

本书作者赞同根据劳动法律规范的内容来对劳动法体系进行分类，这也是目前较多学者所持的观点。从内容上看，我国劳动法律规范主要涉及以下诸方面：(1)劳动合同和集体合同制度：主要规定劳动合同的订立、履行、变更、解除、终止；集体合同的协商、订立程序，集体合同的履行、监督检查等。(2)促进就业的法律制度。(3)劳动标准制度：包括工作时间和休息休假制度、工资制度、劳动安全卫生制度以及女职工和未成年工特殊保护制度等。(4)职业培训制度：规定政府有关部门和用人单位在开发和培训劳动者职业技能方面的职责、管理权限、职业分类、通用标准和职业技能考核鉴定制度等。(5)社会保险和福利制度。(6)劳动争议处理制度。(7)工会和职工民主管理制度。(8)劳动监督检查制度。

因此，总括起来，劳动法体系可以分为四大块：

第一，劳动关系法——包括劳动合同法、集体合同法、用人单位内部劳动规则法、职工民主管理法、工会法、劳动争议调解仲裁法。

第二，劳动基准法——工时法、工资法、劳动保护法、劳动安全卫生标准法。

第三，劳动保障法——就业促进法、职业培训法、社会保险法、劳动福利法。

第四，劳动监督检查法。

二、劳动法的法律渊源

劳动法的法律渊源，是指劳动法律规范的具体表现形式。我国劳动法的渊源，根据不同的立法机构制定的法律文件，构成不同法律效力的表现形式。我国为成文法国家，劳动法的法律渊源以成文法为主要依据。具体包括下列表现形式：

(一)宪法中的有关规定

《中华人民共和国宪法》是我国的根本大法，具有最高的法律地位和法律效力。中华人民共和国一共制定过四部宪法，现行的第四部宪法是在1982年由第五届全国人民代表大会

---

① 王全兴：《劳动法》，法律出版社2004年版，第58页。

② 张荣芳主编：《劳动与社会保障法学》，科学出版社2008年版，第8页。

通过，并经过了1988年、1993年、1999年和2004年四次修正。

在我国现行宪法有关国家的经济制度和政治制度，特别是关于公民的基本权利和基本义务的规范中，涉及大量的与劳动法相关的条文。例如：第42条规定："中华人民共和国公民有劳动的权利和义务。国家通过各种途径，创造劳动就业条件，加强劳动保护，改善劳动条件，并在发展生产的基础上，提高劳动报酬和福利待遇。劳动是一切有劳动能力的公民的光荣职责。国有企业和城乡集体经济组织的劳动者都应当以国家主人翁的态度对待自己的劳动。国家提倡社会主义劳动竞赛，奖励劳动模范和先进工作者。国家提倡公民从事义务劳动。国家对就业前的公民进行必要的劳动就业训练。"第43条规定："中华人民共和国劳动者有休息的权利。国家发展劳动者休息和休养的设施，规定职工的工作时间和休假制度。"第45条规定："中华人民共和国公民在年老、疾病或者丧失劳动能力的情况下，有从国家和社会获得物质帮助的权利。国家发展为公民享受这些权利所需要的社会保险、社会救济和医疗卫生事业。国家和社会保障残废军人的生活，抚恤烈士家属，优待军人家属。国家和社会帮助安排盲、聋、哑和其他有残疾的公民的劳动、生活和教育。"第48条规定："中华人民共和国妇女在政治的、经济的、文化的、社会的和家庭的生活等各方面享有同男子平等的权利。国家保护妇女的权利和利益，实行男女同工同酬，培养和选拔妇女干部。"这些条文都是我们制定其他劳动法律规范的依据，是建立我国整个劳动法律规范的基础和指导。

（二）法律

法律，是指由我国最高权力机关——全国人民代表大会及其常务委员会制定的规范性文件。香港、澳门特别行政区立法机关制定的规范性文件在本行政区域内也属于法律。作为劳动法重要渊源的法律，目前在我国内容比较丰富，如《劳动法》、《劳动合同法》、《就业促进法》、《劳动争议调解仲裁法》、《社会保险法》（2011年7月1日已开始施行）、《安全生产法》、《职业病防治法》、《工会法》等。

（三）行政法规

行政法规，是指国务院制定的规范性文件。如《工伤保险条例》、《失业保险条例》、《禁止使用童工规定》、《关于建立统一的企业职工基本养老保险制度的决定》、《女职工劳动保护规定》、《劳动保障监察条例》等。

（四）部门规章

部门规章，是指国务院所属各部委制定的规章。原劳动和社会保障部（2008年与人事部合并为人力资源与社会保障部）单独或与其他部门联合制定了大量的劳动规章。如《工伤认定办法》、《劳动人事争议仲裁办案规则》、《违反和解除劳动合同的经济补偿办法》、《关于进一步做好社会保险费征缴和清欠工作的通知》、《外国人在中国就业管理规定》、《企业职工患病或非因工负伤医疗期规定》等。

（五）地方性法规和经济特区法规

地方性法规，是指省、自治区、直辖市的人民代表大会及其常委会制定的法律规范，如《广东省工伤保险条例》、《海南省城镇从业人员失业保险条例》等。经济特区法规，是指经全国人大常委会特别授予立法权的经济特区人大及其常务委员会在授权范围内制定的规范性法律文件。

（六）地方政府规章

地方政府规章，指省、自治区、直辖市人民政府，省会及自治区政府所在地的市，经国务院批准的较大的市的人民政府制定的规章，如《河北省失业保险实施办法》等。这一部分规范性法律文件数量庞大，内容也极其广泛。

（七）法律解释

有关劳动问题的立法解释和司法解释均为劳动法渊源的组成部分。例如，《最高人民法院关于审理劳动争议案件适用法律若干问题的解释》等。

（八）国际法律文件

经中国批准的国际法律文件也是劳动法的表现形式。主要包括：(1)国际公约，如《消除一切形式种族歧视国际公约》、《消除对妇女一切形式歧视公约》、《消除就业和职业歧视公约》、《残疾人职业康复和就业公约》等；(2)国际双边协议，如《中华人民共和国与德意志联邦共和国社会保险协定》等。

第五节 劳动法的历史发展

现代意义上的劳动法是工业革命的产物。工业革命的发展和工人运动的壮大是劳动法产生的客观条件。在劳动法 200 多年的立法征途上，也曾出现过反复和倒退，但最终劳动法得以从民法范畴中彻底脱离出来，成为国家法律体系中一个独立、重要的法律部门，在调整劳动关系，推动社会经济发展、进步中发挥着重大作用。

一、外国劳动法的产生和发展

（一）现代劳动法产生的历史背景

在述及劳动法的历史发展时，我们首先要强调的一点是，并非所有调整劳动关系的法律都是现代意义上的劳动法，只有以保护劳动者权利为根本宗旨的劳动法律才是我们这里所称的现代劳动法。现代劳动法的产生与产业革命的发展和工人运动的壮大密切相关。

在早期资本主义制度下，资产阶级政府为了强迫工人劳动，制定了一系列的用以调整劳动关系的“劳工法规”，这些劳工法规的共同特点是强制规定劳动报酬的最高限额，无限制地延长工作时间，英国在 18 世纪后半期工作日已延长至每昼夜 18 小时。工人在极其恶劣的条件下劳动，大量的伤亡事故和职业病威胁着工人的生命。18 世纪末 19 世纪初，随着西方各国无产阶级革命运动的逐步兴起，工人阶级强烈要求废除原有的劳工法规，提出了缩短工时、增加工资、禁止使用童工、对女工及未成年工给予特殊保护以及实现社会保险等各项要求。迫于压力，英国政府在 1802 年通过了一项旨在保护童工劳动权益的《学徒健康和道德法》。该法规定，纺织工厂不能雇佣 9 岁以下的儿童，童工的工作时间每天不得超过 12 小时，而且限定在上午 6 点到晚上 9 点之间，禁止做夜工等。后来该法的适用范围从童工扩大到女工。《学徒健康和道德法》尽管只是在改善童工劳动时间方面迈出了一小步，但这在劳动立法中是一个明显的变化。在此之前，资产阶级政府所颁布的劳工法规都是为加强对劳动者的剥削而制定的，而这一法规与以前的“劳工法规”有了质的改变，它是为保护劳动者的利益而制定的，从而揭开了劳动立法史上崭新的一页。《牛津法律大辞典》指出，现代劳动法实际是 18 世纪以来工业发展的成果，在英国，现代劳动法发展的第一个重要阶段是颁布

1802 年的《学徒健康和道德法》。[①] 它标志着现代劳动法的产生,对劳动法的诞生具有重要意义。

(二)**19** 世纪的劳动法

自英国开创了从保护劳动者角度制定劳动法规后,欧洲其他国家也相继效仿。例如,德国于 1839 年颁布了《普鲁士工厂矿山条例》,规定禁止未成年工从事每天 10 小时以上的劳动和夜间工作;法国于 1806 年制定了《工厂法》,1841 年颁布了《童工、未成年工保护法》,1912 年制定了《劳工法》。美国第一部保护劳工利益的工厂立法是康涅狄格州于 1813 年颁布的,规定让受雇儿童接受教育,虽然该法最终未能生效,但却是美国历史上第一部具有现代意义的劳动立法。后来在 1836 年,马萨诸塞州通过了一项童工保护法,规定了 15 岁以下童工的雇佣条件及童工的教育问题。英国也继《学徒健康和道德法》后,于 1842 年颁布了《十小时法》。1901 年英国制定了《工厂和作坊法》,对劳动时间、工资给付日期、地点以及建立以生产额多少为比例的工资制等都作了详细规定。

19 世纪中期以后,资本主义国家劳动立法进入到快速发展阶段,并呈现出以下特征:

1. 劳动法已遍及绝大多数国家。在工人阶级的不懈斗争和英国现代工厂立法的影响下,制定劳动法的国家越来越多,包括以前没有颁布过任何劳工法规的亚洲、非洲等国家,都先后制定了自己的劳动法规。

2. 劳动法的适用范围逐步扩大。英国 1864 年颁布了适用于一切大工业的《工厂法》,1878 年制定了有关工业的一般法令。其他国家的工厂法一般也从适用于纺织业扩展到所有的大工业。

3. 劳动法的内容逐渐充实,体系趋于完整。劳动法的内容继续充实和增多,从劳动时间的缩短和对童工的保护,逐步扩展到劳动安全卫生条件、最低工资标准、女工和未成年工的特殊保护、工厂检查制度等更多方面,许多国家设立了劳动行政主管部门,劳动合同已由民法转入劳动立法的范围。

4. 出现了专门处理劳动争议的法律。以前各国对劳动争议的处理没有专门的机构和审理办法,而是适用民事、刑事案件的有关审理规定。1824 年,英国颁布了《关于雇主与雇员间争议仲裁的统一修正案》,开始确立了劳动争议处理制度。1896 年通过了《调解法》,确认了劳动争议的任意调解制度。除英国之外,法国、新西兰等国家也陆续设立了劳动争议调解、仲裁的专门机构。

5. 社会保险法开始建立。德国 1883 年颁布了《疾病保险法》和《意外事故保险法》,1889 年颁布了《残疾及老年保险法》。英国 1897 年通过了《雇员灾害赔偿法》,开始建立工伤赔偿制度。

从英国 1802 年颁布《学徒健康与道德法》起,在百余年的时间内,劳动立法在各国有了迅速发展。从制定某一方面的劳动法开始,逐步发展到涉及各个方面的劳动立法;从保护某一部分劳动者(童工、女工、未成年工)的立法,发展到保护各种劳动者的立法。劳动法逐渐从民法范畴中分离出来,成为一个独立的、重要的法律部门。

---

① 《牛津法律大辞典》,第 511 页。转引自关怀主编:《劳动法》,中国人民大学出版社 2008 年版,第 28 页。

(三)第一次世界大战以后至第二次世界大战以前的劳动法

第一次世界大战后,由于国际无产阶级斗争的高涨,西方国家陆续制定了许多新的劳动法。德国1918年颁布《工作时间法》,明确规定对产业工人实行8小时工作制,并于1919年将这一立法扩大适用于职员,同时对加点工作也进行了限制。1918年德国还颁布了《失业救济法》、《工人保护法》、《集体合同法》,都在一定程度上保护了劳动者的利益,对资本家的权益作了适当的限制,这是劳动立法方面的一大进步。

到20世纪30年代,西方国家的劳动立法出现了两种不同倾向:一种是以德、意、日为代表的法西斯国家,为强化其法西斯统治,不仅废除了原来实施的改善劳动条件的法令,而且取消了工会和工会委员会,并授权雇主可以将工作时间延长至14到16小时,以强化对劳动者的压迫和剥削。另一种是以英、美为代表的一些国家,它们为了摆脱经济危机,对工人采取了一定的让步政策。英国于1932—1938年年间,先后颁布了缩短女工和青工劳动时间、实行带薪年休假制度以及伤亡事故和职业病的报告处理制度等几项法律。美国在1935年颁布的《国家劳工关系法》(《华格纳法》),规定工人有组织工会和工会有代表工人同雇主订立集体合同的权利。1938年又颁布了《公平劳动标准法》,规定了工人最低工资标准和最高工作时间限额,以及超过时间限额的工资支付办法。

俄国十月社会主义革命取得胜利后,在1918年颁布了第一部劳动法典,并于1922年又重新颁布了一个更加完备的《苏俄劳动法典》。这一法典的出现,对劳动法的发展具有划时代的意义,是劳动法发展史上一个新的里程碑。它以法典的形式使劳动法彻底脱离了民法的范畴,为使劳动法成为法律体系中一个独立的法律部门发挥了重要作用。

(四)第二次世界大战结束以后各国的劳动立法

第二次世界大战结束后,世界格局发生了巨大变化,即苏联、东欧、亚洲许多国家脱离了资本主义体系,许多殖民地、半殖民地国家也摆脱了帝国主义的奴役和控制,人民革命斗争蓬勃兴起。这一形势使资本主义各国感受到严重威胁,纷纷对国内采取高压政策,体现在劳动立法方面,是这一时期出现了一大批反工人的立法,其特点是镇压工人运动和剥夺劳动者的权利。其中最具典型性的是美国国会于1947年通过的《劳资关系法》(《塔夫脱—哈特莱法案》),该法严格限制罢工,多方面干涉工会内部事务,规定工会必须接受政府和法院的监督,必须向政府报告工会章程、实施细则、财务报表、会员人数、选举程序等各项细则,大大限制了工会的权利。1957年法国国民议会通过的《保卫共和国劳动自由法》,也是一项用严厉手段镇压工人运动的法律。这些反工人立法的出现,是劳动立法的倒退。

在沉重的压迫下,资本主义各国工人反抗运动高涨,经过不懈的斗争,终于遏制了资产阶级的反动趋向。到20世纪60年代,西方国家的劳动立法中出现了新的变化。各国相继颁布了一些改善劳动条件和劳动待遇的法律,如法国颁布了关于改善劳动条件、实行男女同工同酬、限制在劳动方面有种族歧视的法律。日本于1976年重新修订了《劳动标准法》,还制定了关于最低工资、劳动安全与卫生、职业训练、女工福利等方面的法律。

70年代以后,苏联的劳动立法也有了很大的变化。1970年颁布了《苏联各加盟共和国劳动立法纲要》,对劳动合同、工作时间、休息时间、劳动报酬等各方面作出了新的规定,其后,各加盟共和国又根据这一立法纲要颁布了自己的劳动法典。

东欧国家在20世纪50年代也先后颁布了各自的劳动法典,到60—80年代,除有的国家如保加利亚,对他们的劳动法典进行了修订和补充外,大部分国家如罗马尼亚、匈牙利、民主德国、捷克斯洛伐克、阿尔巴尼亚、波兰、南斯拉夫等，都再次颁布了新的劳动法典。经过两个世纪的发展历程，劳动法越来越受到重视，在世界各国的法律体系中已经占有了重要的地位。

二、我国劳动法的产生和发展

（一）旧中国的劳动立法

1. 中国工人阶级争取劳动立法的斗争

1840 年鸦片战争后，中国开始沦为半殖民地半封建社会，外国资本家为了利用中国廉价劳动力，在中国开设工厂，为了最大限度地榨取利润，无限制地延长工人的工作时间，工人在极其恶劣的条件下劳动，生命和健康受到极大威胁。五四运动后，中国工人运动不断高涨，并将争取劳动立法作为工人运动的重要目标之一。在中国共产党的领导下，1922 年 5 月，第一次全国劳动大会在广州举行，大会通过了《八小时工作制案》。1922 年 6 月，中国共产党发表了对时局的主张，提出了斗争目标十一条，其中包括废止反劳工的立法和制定保护童工、女工及劳动安全健康的法律。1922 年 8 月，中国劳动组合书记部开展了争取劳动立法的运动，制定了《劳动法大纲》，提出了承认劳动者有集会结社权、同盟罢工权等权利、每日工作时间不得超过八小时、制定最低薪金保障法、提供劳动者学习教育之机会、实行带薪休假等立法要求。1925 年 5 月，第二次全国劳动大会在广州召开，成立了中华全国总工会，通过了《中华全国总工会章程》和《经济斗争的决议案》；1926 年和 1927 年又分别召开了第三次和第四次全国劳动大会，都对劳动立法提出了具体要求。

2. 北洋政府的劳动立法

北洋政府在强大的工人运动和社会各界的压力下，于 1923 年颁布了《暂行工厂规则》，这是中国政府颁布的第一部调整劳动关系的法律。它共有 28 条，规定了最低就业年龄、限制最高工时、保护女工和童工、义务教育和工厂检查等内容。同时，还颁布了《矿工待遇规则》、《煤矿爆发预防规则》、《矿工待遇条例》等法规。

3. 国民政府的劳动立法

（1）广州、武汉国民政府的劳动立法

广州、武汉国民政府是以孙中山为首的、有共产党人参加的革命政权，1925 年在广州建立并于 1926 年迁至武汉，它与北洋政府和蒋介石叛变后建立的南京国民政府有本质区别。

1922 年孙中山以大总统名义颁布《工会条例》，这是我国第一部承认和保障工会权利的法律文件。1924 年，有中国共产党参加的国民党第一次全国代表大会在广州召开，在大会通过的宣言中提出了制定劳动法、保护劳动者、改善劳动者生活状况和保障劳工团体等主张。1926 年，在国民党第二次全国代表大会上，通过了《工人运动决议案》，提出实行八小时工作制，制定最低工资标准，保护女工、童工，改善工厂卫生，进行工人教育等要求。同年还颁布了《劳工仲裁条例》、《国民政府组织解决雇主雇工争执仲裁条例》等法规，对调整当时的劳动关系和保护工人权益起到了积极作用。

（2）南京国民政府的劳动立法

1927 年，南京国民政府成立后，于同年成立了劳动法起草委员会，着手编纂劳动法典。后来立法院决定不采用法典形式，而采用颁布单行法规的形式来颁布劳动法。至抗战前，国民政府颁布的主要劳动法律和法规有：《工会法》、《工厂法》、《劳动争议处理法》、《团体协约法》、《劳动契约法》、《最低工资法》等共 13 项。抗战爆发后，国民政府迁至重庆，颁布了《职工福利金条例》及其实施细则、《职工福利委员会组织规程》、《职工福利社设立办法》、《非常时期职工工会管制暂行办法》等，同时再次修订了《工会法》，取消了工会的罢工权，加强了对工会的控制。

南京国民政府的劳动立法，从立法形式上看，主要是模仿欧洲国家的立法模式，并未结合中国的国情，与实际社会距离太大，因此虽然表面上有一些维护劳动者权益的法律条款，但绝大多数并未真正付诸实施。从本质而言，南京国民政府的劳动立法仍是对中国工人阶级实行专政的工具，通过形式上的一些合理因素来掩盖其中的雇佣劳动剥削关系。

4. 革命根据地的劳动立法

土地革命时期，中央苏区于 1931 年制定了《中华苏维埃共和国劳动法》，共 11 章 75 条，主要内容有：实行集体合同和劳动合同制度；每天的工作时间不得超过八小时；限制未成年工和童工的最高工作时限；实行带薪休假、实行最低工资制；实行全体劳动者的社会保险制度；建立劳动争议处理制度等。但这部法律由于制定的标准过高，与当时革命根据地的实际情况不符，最终难以执行。

抗日战争时期，革命根据地的劳动立法有了新的发展。各边区政府制定了自己的劳动政策和法律，例如《陕甘宁边区施政纲领》、《晋察冀边区施政纲领》等，都对最高工时、工人工资、改善工人生活等作了规定。除此之外，陕甘宁边区和晋察冀边区还分别颁布了《劳动保护条例》，规定了工人的工作时间、工资、女工、青工、学徒的劳动权利等。

解放战争时期，先是沿用抗日战争时期的劳动法规，后来各地也相继发布过一些劳动法规。全国解放前夕，1948 年，在哈尔滨举行第六次全国劳动大会，大会通过了《关于中国职工运动当前任务的决议》，其中提出的劳动立法建议的主要内容有：(1)企业实行民主化管理；(2)在劳动保护上，尽可能改善工厂卫生和安全设备；(3)工人一般实行 8 小时工作日，除战争紧急需要外，每日连加班在内不得超过 12 小时，连续加班不得超过 4 天，每月加班不得超过 48 小时；(4)职工的最低工资连本人在内应能够维持两个人的生活，男女实行同工同酬；(5)在工厂集中的城市或条件具备的地方，可以创办劳动保险；(6)劳动应订立契约，并尽可能采用集体合同形式；(7)对劳动争议的处理为协商、调解、仲裁和法院处理。以上的立法建议不仅为各解放区调整劳动关系提供了指导，而且为新中国初期的劳动立法奠定了基础。

(二)新中国的劳动立法

新中国的劳动立法，以十一届三中全会为界，大体上可以划分为两个大的阶段：

1. 新中国成立后至党的十一届三中全会以前的劳动立法

这一阶段的劳动立法经历了以下四个时期：

(1)新中国成立初期(1949—1953 年)

这一时期是我国国民经济的恢复时期，国家对劳动立法高度重视，颁布了一系列的法律法规，主要有：在保障工会的权利和法律地位方面，1950 年中央人民政府颁布了《中华人民共和国工会法》；在保障职工民主管理权利方面，发布了《关于国营、公营工厂建立工厂管理委员会的指示》；在解决失业问题方面，颁布了《失业技术员工登记介绍办法》、《救济失业工人暂行办法》、《关于失业人员统一登记办法》等。在处理劳动争议方面，颁布了《市劳动争议仲裁委员会组织及工作规程》、《关于劳动争议解决程序的规定》；在改善劳动条件及工伤事故处理方面，颁布了《全国年节日及纪念日放假办法》、《工厂卫生暂行条例》、《工业交通及建筑企业职工伤亡事故报告办法》、《关于搬运危险性物品的几项办法》等；在劳动保险方面，颁布了《中华人民共和国劳动保险条例》。

(2)第一个五年计划期间(1953—1958年)

这一时期颁布的主要法律规范有:工资改革方面:《国营企业内部劳动规则纲要》、《关于工资改革的决定》、《关于工资改革中若干问题的规定》;劳动保护方面:《工厂安全卫生规程》、《工人职员伤亡事故报告规程》等。

这一阶段的一件大事,是我国于1954年颁布了第一部《宪法》,其中对我国公民的劳动权利和劳动关系的调整作了规定,例如宪法中规定了公民的劳动权、休息权、获得物质帮助权;规定了劳动的性质和国家对待劳动的态度;规定了国家对待职工工资待遇和改善劳动条件的原则。这些规定为我国以后制定劳动法律法规提供了根本准则。

(3)第二个和第三个五年计划期间(1958—1966年)

这一阶段颁布的法律法规主要有:《关于工人、职员退休处理的暂行规定》、《关于企业事业单位和国家机关中普通工和勤杂工的工资待遇的暂行规定》、《关于工人、职员回家探亲的假期和工资待遇的暂行规定》、《关于国营、公私合营、合作社营、个体经营的企业和事业单位的学徒的学习期限和生活补贴的暂行规定》等四个规定。1963年又颁布了《关于加强企业生产中安全工作的几项规定》和《防止矽尘危害工作管理办法》等。

(4)1966年至1978年期间

这一时期经历了十年"文革",我国的劳动立法基本处于停止状态,已颁布的劳动法律法规也被停止执行,劳动立法受到严重破坏。

2. 党的十一届三中全会以后的劳动立法

这一阶段的劳动立法可分为以下三个时期:

(1)1978年至1985年期间

1978年12月,邓小平同志提出,为了保障人民民主,必须加强法制。从此,我国劳动立法工作得以恢复并迅速发展。这一时期是经济体制改革的初期,劳动立法工作的重点是恢复和改进"文革"前行之有效的劳动制度,开展劳动制度改革的试点。这一时期主要的立法有:《关于安置老弱病残干部的暂行办法》、《关于工人退休、退职的暂行办法》、《关于职工探亲待遇的规定》、《国营企业职工代表大会暂行条例》、《企业职工奖惩条例》、《矿山安全条例》、《关于积极试行劳动合同制的通知》、《工人技术考核条例》、《关于招工考核、择优录用的暂行规定》等。

(2)1985年至1994年期间

这一时期的立法主要是围绕劳动制度的改革来进行,主要的立法有:《关于国营企业工资改革问题的通知》、《国营企业招用工人暂行规定》、《国营企业实行劳动合同制度的暂行规定》、《国营企业职工待业保险暂行规定》、《国营企业劳动争议处理暂行规定》、《女职工劳动保护规定》、《职业介绍规定》、《工人考核条例》、《禁止使用童工规定》、《关于企业职工养老保险改革的决定》、《企业职工伤亡事故报告和处理规定》、《企业劳动争议处理条例》等。

(3)1994年《劳动法》颁布以后

1994年调整我国劳动关系的基本法——《劳动法》颁布,填补了我国劳动法制建设的空白。此后,我国劳动立法进入成熟期,相继发布了《关于贯彻执行〈劳动法〉若干问题的意见》、《外商投资企业劳动管理规定》等。2001年颁布了《中华人民共和国工会法》,该法明确了工会的权利与义务,规定了工会的职责、基层组织与活动准则等,为促进工会在现代化建设事业中作用的发挥提供了法律保障。2004年原劳动与社会保障部颁布了《集体合同规定》，为规范集体协商和签订集体合同行为提供了法律依据。2008年1月1日，一部重要法律——《劳动合同法》开始施行，这部法律不仅在我国国内而且在国际上都引起了很大的反响，是我国劳动立法史上的重要一笔。继《劳动合同法》颁布后，又发布了《劳动合同法实施条例》。2008年1月1日同时颁布施行的还有一部保障平等就业的重要法律——《就业促进法》。另外，最高人民法院分别于2001年、2006年和2010年发布了《关于审理劳动争议案件适用法律若干问题的解释(一)》、《解释(二)》和《解释(三)》。2007年，《劳动争议调解仲裁法》出台，该法在原司法解释的基础上对劳动争议的处理作了一系列新的规定，旨在及时公正地解决劳动争议，保护当事人双方的合法权益，构建和谐稳定的劳动关系。另外，《关于职工全年月平均工作时间和工资折算问题的通知》、《机关事业单位工作人员带薪年休假实施办法》等部门规章也陆续出台。

三、国际劳动立法

(一)国际劳动立法的概念和内容

国际劳动立法，是指由国际劳工组织通过召开国际劳工大会所进行的立法，其具体形式是制定国际劳工公约和建议书。我们把国际劳工公约和建议书统称为“国际劳工标准”(International Labour Standards)。公约和建议书的根本区别在于它们对成员国的法律约束力不同。公约需要得到成员国的批准，具有国际条约的性质，成员国一旦批准了某项公约，就承担了执行该公约条款的义务。建议书不需要成员国批准，对成员国不具有法律约束力，只是成员国制定国内政策和法律的指导。截至2008年2月，国际劳工组织共制定劳工公约188个，建议书199项。

国际劳工标准可以分为两大类：一是关于人权和工会权利；二是关于就业条件和劳动条件。也有学者将国际劳工标准细分为十类：就业和失业、工作时间和休息时间、工资、职工安全和卫生、女工保护、童工和未成年工保护、社会保障、结社权利、劳动关系的协调与仲裁、劳工检查和劳工行政。① 在国际劳工公约中，有八项公约被国际劳工组织列为核心公约，其内容涉及自由结社与集体谈判、废止强迫劳动、消除就业与职业歧视、禁止使用童工等四个方面。这八项公约，作为国际劳工组织成员国，“即使是尚未批准这些公约，但仅从作为劳工组织成员这一事实出发，所有成员国都有义务真诚地，并根据《章程》的要求，尊重、促进和实现关于作为这些公约之主题的基本权利的各项原则”。② 这八项核心公约是：1948年《结社自由和保障组织权利公约》、1949年《组织权利和集体谈判权利公约》、1930年《强迫或者强制劳动公约》、1957年《废止强迫劳动公约》、1958年《消除就业和职业歧视公约》、1951年《对男女工人同等价值的工作付予同等报酬公约》、1973年《准予就业的最低年龄公约》、1999年《禁止和立即行动消除最恶劣形式的童工劳动公约》。

(二)国际劳动立法的作用

主要表现在三个方面：

1. 对各国劳动立法的制定、完善有重要的促进作用。国际劳工公约和建议书的一般原

① 关怀：《劳动法》，中国人民大学出版社2008年版，第34页。

② 参见国际劳工组织于1998年通过的《国际劳工组织关于工作中的基本原则和权利宣言》。

则和具体规定，为各成员国制定国内劳动立法提供了重要的法律依据和标准，对世界各国劳动立法的发展起到了重要的促进作用。

2. 制定统一的国际劳工标准，有利于在一定程度上协调国际贸易竞争条件，促使各成员国开展公平的国际竞争。

3. 有利于改善各国工人的劳动状况和保障各国劳动者的基本人权，同时促进劳动力在国际间的合理流动。

中国是国际劳工组织的成员国，截止到 2007 年年底，我国已承认批准的国际劳工公约总数为 26 个，内容涉及集会结社自由、禁止就业歧视、废止强迫劳动、改善劳动条件、禁止使用童工、制定最低工资以及社会保障等各个方面。在全球化的大背景下，国际劳工标准对我国劳动立法的影响会日益加深。我国作为发展中国家，应结合自身国情，不断发展和完善本国的劳动立法，逐步实现与国际劳工标准的接轨，从而使我国劳动者的合法权益得到更好的保护。

第六节　劳动法律关系

一、劳动法律关系的概念

劳动法律关系，是指劳动关系被劳动法律规范调整后所形成的法律上的权利义务关系，是劳动关系在法律上的表现，是劳动者和用人单位之间发生的符合劳动法律规范、具有劳动权利义务内容的关系。劳动法律关系和劳动关系是两个不同范畴的概念。劳动关系是生产关系的组成部分，属于经济基础范畴，一定的劳动关系反映了一定生产关系的性质和特点。劳动法律关系属于上层建筑范畴，是指劳动关系受到法律规范的调整，依据国家劳动法律的规定形成的符合劳动法律规范要求的权利义务关系，因此，并非所有的劳动关系都能上升为劳动法律关系，有的劳动关系虽客观存在，但因其不符合劳动法律规范的要求，从而不具有劳动法律关系的性质。

二、劳动法律关系的要素

与其他法律关系一样，劳动法律关系也由主体、客体和内容三要素构成。

（一）劳动法律关系的主体

劳动法律关系的主体，是指在劳动法律关系中享受权利和承担义务的当事人。有学者将劳动法律关系的主体划分为广义和狭义两种，狭义的劳动法律关系的主体是指劳动者、用人单位和工会，广义的主体还包括劳动行政管理机关、劳动中介服务机构等。本书将劳动法律关系的主体界定为劳动者、用人单位和工会。

1. 劳动者

(1)劳动者的概念

劳动者的概念可以从广义和狭义两方面来理解。从广义上看，凡是具有劳动能力，能够以从事社会劳动获取合法收入作为主要生活来源的自然人都可以称为劳动者，既可以是就业状态下的职工、个体劳动者和农业劳动者，也可以是非就业状态下的求职者或者是劳动关系终了后的社会保险受益人。狭义的劳动者是与用人单位相对应的概念,即指与用人单位建立劳动关系,并在劳动关系中享有权利、承担义务的自然人。狭义的劳动者既不包括个体劳动者和农业劳动者,也不包括非就业状态下的求职者。① 我国的劳动法律同时在广义和狭义两种含义上来使用劳动者的概念,例如《劳动法》第 10 条规定:"国家支持劳动者自愿组织起来就业和从事个体经营实现就业。"第 12 条规定:"劳动者就业,不因民族、种族、性别、宗教信仰不同而受歧视。"这些法条中的"劳动者"就分别包括了个体劳动者和求职者等。又如《劳动合同法》中的劳动者即是在狭义上来使用劳动者的概念,仅指与用人单位建立劳动关系的劳动者。本书认为,作为劳动法律关系主体的劳动者,应当是以劳动关系的存在为前提的,因此,我们是在狭义的含义上来理解劳动者的概念。

(2)劳动者的资格条件

自然人要成为劳动者,必须具备劳动者的主体资格条件:

第一,年龄条件。

世界各国,都把年龄作为推定劳动行为能力有无和大小的一种法定依据。国际劳工组织 1973 年通过的《准予就业最低年龄公约》规定,应逐步把准许就业的最低年龄提高到与幼年人体力、智力充分发展相适应的水平,不应低于完成国家义务教育的年龄,并在任何情况下不应低于 15 周岁。

我国《劳动法》规定,公民的最低就业年龄是 16 周岁,不满 16 周岁不能就业,不能与用人单位发生劳动法律关系。《劳动法》第 15 条规定:"禁止用人单位招用未满 16 周岁的未成年人。文艺、体育和特种工艺单位招用未满 16 周岁的未成年人,必须依照国家有关规定,履行审批手续,并保障其接受义务教育的权利。"因此,我国一般公民的就业年龄为年满 16 周岁,不满 16 周岁的未成年人就业的我们称为童工,除法律规定的特殊单位在履行审批手续并保障其接受义务教育的前提下可以录用不满 16 周岁的未成年人外,其他任何单位不得招用童工。

另外,对年满 16 周岁未满 18 周岁的未成年工,我国《劳动法》第 64 条规定:"不得安排未成年工从事矿山井下、有毒有害、国家规定的第四级体力劳动强度的劳动和其他禁忌从事的劳动。"也即对有可能危害未成年人健康、安全或道德的职业或工作,我国《劳动法》规定劳动单位不应雇佣低于 18 周岁的未成年工。

第二,劳动能力条件。

指劳动者应聘某工种应当具有与该特定工种相适应的劳动能力,例如应聘美术教师应当会画画,应聘救生员应当会游泳等。因此,自然人虽然过了 18 岁,但并非能应聘任何工种,只能胜任与自己的体力、智力、专业、特长相适应的工作。

第三,行为自由条件。

由于劳动能力是人类的一种体能,与公民的身体不可分离,即公民的劳动行为能力只能由本人亲自行使,而不能由他人代理,因此要求公民成为就业者时必须有行为自由,否则就无法行使自己的劳动权利和履行相应的劳动义务。因此,被依法剥夺人身自由的公民,如被劳动教养、被判处有期徒刑的人不能与用人单位建立劳动关系。也正因为这个原因,劳动者被依法追究刑事责任便成为用人单位可以解除劳动合同的法定条件。

---

① 沈同仙:《劳动法学》,北京大学出版社 2009 年版,第 21 页。

另外，我国法律对劳动者的国籍没有限制性规定，我国公民和外国公民，只要具备我国法律规定的条件，均可成为我国的劳动者。

(3)劳动者的范围

我国劳动法调整的劳动者的范围如下：①与在我国境内的企业、个体经济组织形成劳动关系的劳动者；②国家机关、事业组织、社会团体实行劳动合同制度的以及按规定应实行劳动合同制度的工勤人员；③实行企业化管理的事业组织的人员；④其他通过劳动合同与国家机关、事业组织、社会团体建立劳动关系的劳动者。

以下人员不属于劳动法律所调整的劳动者的范围：①国家机关、事业组织、社会团体中未建立劳动合同关系的非工勤人员；②公务员和比照实行公务员制度的事业组织和社会团体的工作人员；③农村劳动者(乡镇企业职工和进城务工经商的农民除外)；④现役军人；⑤家庭保姆。

(4)劳动者的劳动权利能力与劳动行为能力

劳动者作为劳动法律关系的主体必须具备劳动权利能力和劳动行为能力。所谓劳动权利能力，是指劳动者具有能够享受权利、承担义务的资格，权利能力是法律认定法律关系主体的前提。所谓劳动行为能力，是指劳动者能够以自己的行为依法行使权利、承担义务，从而使劳动法律关系产生、变更或消灭的能力。劳动者的劳动权利能力与劳动行为能力具有以下特点：

第一，劳动者的劳动权利能力和劳动行为能力开始于16周岁。我国《劳动法》规定，禁止用人单位招用不满16周岁的未成年人。只有年满16周岁的公民才有劳动权利能力和劳动行为能力，才有能力享受自己的劳动权利和承担劳动义务。劳动者的劳动权利能力和劳动行为能力不同于公民的民事权利能力和民事行为能力，根据我国民法的规定，公民的民事权利能力，始于出生，终于死亡；而公民只有年满18岁以后才具有完全民事行为能力，属于完全民事行为能力人。

第二，劳动者的劳动权利能力和劳动行为能力是统一的、不可分割的。只有同时具有劳动权利能力和劳动行为能力的年满16周岁的公民，才能成为劳动法律关系的主体，成为某一用人单位的职工；一旦公民丧失了劳动行为能力，也就不再享有劳动权利能力，从而也就失去了成为劳动法律关系主体的资格，二者是统一的。而公民的民事权利能力和民事行为能力是可以分割的，如上所述，民事权利能力终其一身，始于出生、终于死亡。民事行为能力则受到年龄和智力状况的限制，不满10周岁的未成年人及不能辨认自己行为的精神病人是无民事行为能力人；10周岁以上的未成年人及不能完全辨认自己行为的精神病人是限制民事行为能力人，18周岁以上的公民才具有完全民事行为能力。

第三，劳动者的劳动权利能力和劳动行为能力只能由本人亲自实现。法律不允许他人代理劳动者行使劳动权利能力和劳动行为能力，如果他人代理劳动者行使劳动权利能力和劳动行为能力，这种行为不仅是无效的，而且是非法的。而在民事法律关系中，无民事行为能力人和限制行为能力人可以由他们的法定代理人代理或协助其参加民事法律关系；即使是年满18周岁的公民，也可以委托他人代理自己行使民事权利能力和民事行为能力。

第四，根据我国劳动法规定，某些工种对未成年人(指年满16周岁而未满18周岁)和妇女的劳动权利能力与劳动行为能力是有所限制的。例如未成年人不得从事矿山井下、有毒有害、国家规定的第四级体力劳动强度的工作；妇女不得从事森林伐木、建筑业脚手架的组装和拆除作业，以及电力、电信行业的高处架线作业等。限制并不等于他们没有相应的劳动权利能力和劳动行为能力，而是我国法律对未成年人和妇女身体健康和生命安全的一种保护。

2. 用人单位

(1)用人单位的概念

用人单位是劳动法中特有的概念，指依法招用和管理劳动者，与劳动者建立劳动关系，并在劳动关系中享受权利和承担义务的组织。

(2)用人单位的类型

第一，在中国境内依法经核准登记的企业，包括各种所有制性质、各种组织形式。如国有企业、集体所有制企业、私营企业、外商投资企业、股份制企业、联营企业、乡镇企业等。

第二，依法核准登记的个体经济组织，即依法取得营业执照的个体工商户。

第三，依法成立的事业单位。包括教育、科研、文化、卫生等各种单位，如学校、医院、出版社等。

第四，依法成立的国家机关。

第五，依法成立的社会团体。如工会、妇联、研究会、协会等社会组织。

另外，用人单位设立的分支机构，依法取得营业执照或者登记证书的，可以作为用人单位与劳动者订立劳动合同；未依法取得营业执照或者登记证书的，受用人单位委托可以与劳动者订立劳动合同。在我国，自然人不能成为“用人单位”，因此一些国家所使用的“雇主”的概念与我国用人单位的概念并不完全相同，同样，我们在学习劳动关系时，要把它与雇佣关系区分开来。

(3)用人单位的用人权利能力和用人行为能力

用人单位作为劳动法律关系的一方主体，也必须具备相应的用人权利能力和用人行为能力。用人权利能力，是指法律赋予用人单位享有招用劳动者的资格或能力；用人行为能力，是指用人单位依法实施招用劳动者、变更和解除及终止劳动关系等行为的能力。用人单位的用人权利能力和用人行为能力也是统一的、不可分割的。

3. 工会

工会是职工自愿组织起来的以维护劳动者合法利益为宗旨的群众组织。在集体劳动法律关系中，工会是必要的一方当事人。维护职工的合法权益，这是工会的首要任务和核心职能。根据我国《工会法》的规定，工会享有的权利及应履行的义务主要有：

(1)代表职工与企业进行集体协商，达成集体劳动条件；

(2)要求用人单位停止和纠正侵害劳动者合法权益的行为；

(3)监督用人单位的劳动条件和劳动安全设施，保障劳动者在劳动过程中的健康和人身安全；

(4)参与劳动争议的协商与处理；

(5)为职工提供法律咨询和服务；

(6)为国家和政府制定涉及职工切身利益的法律、法规和规章提供意见和建议；

(7)在三方协商机制中代表职工利益，与其他有关方面共同研究解决劳动关系的重大问题；

(8)协助政府和企业做好其他劳动方面的工作。

（二）劳动法律关系的客体——劳动力

法律关系的客体是指法律关系主体的权利和义务所指向的对象。它是构成法律关系的要素之一。关于劳动法律关系的客体，目前理论界有三种不同的看法：第一种观点认为劳动法律关系的客体是劳动力；第二种观点认为劳动法律关系的客体是劳动行为；第三种观点认为劳动法律关系的客体包括基本客体和辅助客体，其中基本客体是指劳动行为，辅助客体是指各种劳动待遇和劳动条件，包括工资、福利、保险、休息、培训、安全卫生等。

本书作者赞同第一种观点，即劳动法律关系的客体是劳动力。第二种观点主张将"劳动行为"作为劳动法律关系的客体，但作为劳动法律关系内容的劳动权利和劳动义务也体现为主体的劳动行为，这就势必产生一个逻辑上的混乱，即把同一行为既称作权利义务（法律关系的内容），又称为法律关系的客体，这在理论上是讲不通的。另外，第三种观点中的"辅助客体"——劳动待遇和劳动条件，实质是用人单位为了获得、使用和保护劳动者的劳动力所必须付出的代价，它们是保障劳动力再生产顺利进行所必须具备的各类条件，其本身不能作为法律关系的客体。因而本书将劳动法律关系的客体界定为劳动力。

那么什么是劳动力呢？马克思说："我们把劳动力或劳动能力，理解为人的身体即活的人体中存在的、每当人生产某种使用价值时就运用的体力和智力的总和。"[①]从劳动者的角度来说，劳动者只有具有了劳动力，才能使劳动力与生产资料相结合成为可能，如果劳动者不具有劳动力，他与生产资料相结合的最基本条件都不存在，那就更谈不上劳动权利的实现了。从用人单位的角度看，劳动力也只有被用人单位有效支配和使用才能形成真正的、具体的劳动权利和劳动义务。因此，劳动法律关系双方当事人的权利义务共同指向的对象只能是蕴涵在劳动者体内，只有在劳动过程中才会发挥出作用的劳动力。

作为劳动法律关系的客体，劳动力具有如下特征：(1)劳动力存在的人身性。劳动力存在于劳动者身体内，劳动力的消耗过程亦即劳动者生命的实现过程。这使劳动法律关系成为一种人身关系。(2)劳动力形成的长期性。劳动力生产和再生产的周期比较长，一般至少需要16年，有些能力的形成还需要更长的时间。形成体力和脑力的劳动能力需要大量的投资。在社会主义条件下，这部分投资主要是劳动者个人负担的。(3)劳动力存续的时间性。劳动能力一旦形成是无法储存的，而过了一定时间又会自然丧失。(4)劳动力使用的条件性。劳动力仅是生产过程的一个要素，只有与生产资料相结合才能发挥作用。劳动力的这些特征要求国家对劳动力的使用采取一些特殊的保障措施，既能使劳动能力得以发挥，又能使劳动者不受伤害。

（三）劳动法律关系的内容——劳动权利和劳动义务

劳动法律关系的内容，是指劳动法律关系的主体所享有的权利和承担的义务。一般而言，劳动者的权利义务与用人单位的权利义务具有对应性，即劳动者的权利就是用人单位的义务，而用人单位的权利就是劳动者的义务。

1. 劳动者的基本权利与义务

(1)劳动者的基本权利

劳动者的权利是指劳动者依照劳动法律的规定所享有的权利和利益。劳动者的义务是劳动者必须履行的责任。这是劳动法的核心内容。我国劳动者享有的基本权利有：

---

① 《马克思恩格斯全集》第23卷，人民出版社1972年版，第190页。

①平等就业和选择职业的权利

平等就业权是指劳动者平等获得就业机会的权利。与平等就业相对应的概念是就业歧视，劳动者在就业方面不因民族、种族、性别、宗教信仰不同而受歧视。用人单位在招聘、考核、试用、升迁、评级、工资分配等方面对劳动者不应实行差别待遇。我国劳动法律特别针对妇女作了规定，妇女应享有与男子平等的就业权利，在录用职工时，除国家规定不适合妇女的工种或岗位外，不得以性别为由拒绝录用妇女或者提高对妇女录用的标准。另外，我国2008年1月1日开始实施的《就业促进法》将“公平就业”作为专门一章，规定了少数民族劳动者、残疾人、农村劳动者、妇女的公平就业权利。

选择职业权（又称自由择业权），是指劳动者在就业时有根据自己的意愿、兴趣选择用人单位的权利，包括是否从事职业劳动，从事何种职业劳动，何时从事职业劳动，在哪一个用人单位从事劳动等。选择职业权有利于充分发挥劳动者的劳动热情，提高劳动效率。

②取得劳动报酬的权利

劳动报酬是劳动者基于劳动的付出而由用人单位支付的合法收入，理应受到法律的确认和保护。劳动报酬包括工资、奖金、津贴等。工资是基本形式，奖金是用人单位对劳动者超额劳动或取得重大成绩的奖励，津贴是用人单位给予劳动者额外劳动消耗的补偿。

劳动报酬权包括劳动报酬协商权、劳动报酬请求权和劳动报酬支配权。劳动报酬协商权是指劳动者可以就劳动报酬的数额与用人单位进行协商谈判；劳动报酬请求权是请求用人单位按时、足额支付劳动报酬的权利。

③享有休息休假的权利

我国宪法规定了劳动者有劳动以及休息的权利，目的是使劳动者放松身心，恢复劳动能力。劳动者的休息权及其水平，反映了一个国家的经济发展水平和社会进步的程度。我国从1960年开始实行法定工作制度，每天8小时，每周不超过48小时；自1994年3月1日起，实行每周44小时；而自1995年5月1日起，实行每周40小时（工作5天）。工作日的不断缩短，体现了国家和政府对劳动者休息权的重视。我国《劳动法》第41条对劳动者的加班时数作了限制：“用人单位由于生产经营需要，经与工会和劳动者协商后可以延长工作时间，一般每日不得超过1小时，因特殊原因需要延长工作时间的，在保障劳动者身体健康的条件下每日不得超过3小时，但是每月不得超过36小时。”

④获得劳动安全卫生保护的权利

例如要求获得安全卫生的劳动条件、取得必要的劳动保护用品，定期进行健康检查等。这项权利是劳动者生存权利的基本要求，改善劳动条件和加强劳动保护与劳动者的自身健康及生命安全直接相关。我国目前职业病形势严峻，尤其是尘肺病的发病率居高不下，占了职业病总数近80%。改善劳动条件、加强劳动保护可大量减少伤亡事故和职业病，提高劳动效率。

⑤接受职业技能培训的权利

我国宪法规定公民有受教育的权利，劳动法规定劳动者享有接受职业技能培训的权利，接受职业技能培训是劳动者受教育的一个重要方面。

⑥享有社会保险和福利的权利

社会保险和社会福利都是国家为劳动者建立的一种社会保障机制。社会保险是对劳动风险的社会保障，社会保险的权利主体仅限于劳动者。当劳动者全部或部分丧失劳动能力时给予其物质帮助。劳动者在符合特定条件时有权要求享有各项社会保险和福利待遇。

⑦享有提请劳动争议处理的权利

劳动争议也称为劳动纠纷或劳资纠纷，指劳动关系的双方当事人（即用人单位与劳动者之间）就劳动权利和劳动义务所发生的纠纷。包括关于劳动报酬、工作时间、休息休假、劳动安全、职业培训、女职工的保护、招工录用、辞退辞职、社会保险与职工福利，劳动合同与集体合同的订立、履行、解除、终止等所发生的纠纷。劳动者有权就各类劳动争议提请有关国家机关进行处理。

⑧享有法律规定的其他权利

例如参与企业民主管理的权利，与用人单位进行平等协商的权利，依法参加工会和组建工会的权利等。

（2）劳动者的基本义务有：

第一，积极完成工作任务；

第二，不断提高劳动技能；

第三，认真执行劳动安全卫生规程；

第四，严格遵守劳动纪律和职业道德。

2. 劳动者基本权利与义务的特征

（1）劳动者的权利与义务既具有对应性，又具有单向性

单向性的权利如：平等就业和选择职业的权利、取得劳动报酬的权利。对应性的权利如：劳动者有接受职业技能培训的权利，同时也有不断提高职业技能的义务；有获得劳动安全保护的权利，也有认真执行劳动安全卫生规程的义务；有休息休假的权利，同时也有认真、积极完成工作任务的义务。

（2）权利范围广泛，涉及多个层次

人身权利方面有：劳动安全权、自由择业权、休息权；财产、经济权利方面有：劳动报酬权、福利和社会保障权；政治文化权利方面有：民主管理权、职业教育权、结社权等。

（3）权利与义务具有人身属性

劳动者的权利与义务原则上只能由本人享有或履行，第三人不能代为行使权利和履行义务。

3. 用人单位的基本权利与义务

我国《劳动法》规定了劳动者的基本权利与义务，但对用人单位的基本权利与义务没有作明确规定，根据劳动者与用人单位权利义务的对应性特征，我们将用人单位的基本权利与义务概括如下：

（1）基本权利

①要求劳动者按质按量完成劳动任务的权利；

②要求劳动者努力提高劳动技能的权利；

③要求劳动者认真执行劳动安全卫生规程的权利；

④要求劳动者严格遵守劳动纪律和职业道德的权利。

（2）基本义务

①应承担平等和择优录用职工的义务；

②支付劳动者劳动报酬的义务（最主要义务）；

③保证劳动者享有休息休假的义务；

④为劳动者提供职业培训的义务；

⑤为劳动者提供社会保险和福利的义务；

⑥配合解决劳动争议的义务；

⑦提供劳动者享有安全卫生和劳动保护的义务；

⑧建立健全用人单位内部各项规章制度的义务。

另外，根据我国《劳动合同法》的规定，用人单位有同劳动者订立书面合同的义务。该法规定，建立劳动关系，用人单位应当同劳动者订立书面劳动合同。用人单位如果超过一个月但不满一年不订立书面劳动合同的，就应当向劳动者每月支付两倍的工资；如果超过一年仍未与劳动者订立书面劳动合同的，则视为用人单位与劳动者已订立无固定期限的劳动合同。

三、劳动法律事实

（一）劳动法律事实的概念和种类

劳动法律事实是指劳动法律法规规定的，能够引起劳动法律关系产生、变更和消灭的客观情况。按照是否以人的意志为转移进行分类，可以将劳动法律事实分为行为和事件两类。

1. 行为

行为是指以行为人意志为转移的，能够引起劳动法律关系产生、变更和消灭的法律事实。它可以分为合法行为与违法行为。合法行为是指国家法律法规认可的能够引起劳动法律关系产生、变更和消灭的行为，例如劳动者和用人单位依法签订、变更和解除劳动合同的行为。违法行为是指违反国家法律法规，行为人需要承担相应法律后果的行为，例如劳动者严重违反劳动纪律、用人单位违法解除劳动合同等行为。

2. 事件

事件是指不以人的意志为转移的能够引起劳动法律关系产生、变更和消灭的客观情况。例如自然灾害、疾病、死亡、战争等。

（二）劳动法律事实的特征

1. 引起劳动法律关系产生的法律事实，仅限于双方当事人一致的合法意思表示的法律行为，如订立劳动合同。而引起一般民事法律关系产生的法律事实，除双方一致的合法意思表示外，单方的意思表示或违法行为也会产生民事法律关系，如立遗嘱可引起财产继承的民事法律关系；损害他人财产这一违法行为可引起损害赔偿的民事法律关系。

2. 引起劳动法律关系变更、消灭的法律事实除双方意思表示一致的合法行为外（例如员工提出辞职，单位同意），法律事实中的事件和违法行为也可以引起劳动法律关系的变更和消灭。如职工由于疾病不能从事原来的工作，可引起劳动法律关系的变更；职工死亡可引起劳动法律关系的消灭；会计人员存在贪污行为被调离原会计岗位、职员由于严重违反劳动纪律被单位解除合同等都可引起劳动法律关系的变更或消灭。

四、区分事实劳动关系与劳动法律关系

（一）事实劳动关系的含义与构成要件

1. 含义

事实劳动关系是在我国特定劳动法律背景下出现的一个概念。我国在立法中第一次使用事实劳动关系这个概念，是在劳动部《关于贯彻执行〈中华人民共和国劳动法〉若干问题的

意见》(第17条)中。一般认为,事实劳动关系是指劳动者与用人单位形成了事实上的劳动力的使用关系,但是不符合劳动法规定的成立劳动法律关系所必须具备的形式或实质要件。

2. 构成要件

(1)双方当事人是劳动者与用人单位,符合劳动法规定的主体资格。

(2)用人单位的各项规章制度适用于劳动者,劳动者在用人单位的管理、安排下从事劳动。

(3)劳动者提供的劳动属于用人单位业务的一部分,用人单位接受了该劳动,且给付了劳动者报酬。

(4)欠缺成立劳动法律关系的法定要件。这是事实劳动关系必备的一个要件,也是事实劳动关系与劳动法律关系的本质区别。这些欠缺的法定要件可能是形式上的,如没有订立书面的劳动合同;也有可能是实质上的,如劳动者的年龄不符合法律的规定导致劳动合同无效等。

(二)事实劳动关系的形成原因和处理方法

1. 形成原因

主要原因有以下两方面:

第一,没有书面形式的劳动合同而形成事实劳动关系。这里包括了两种情况,一是自始未订立书面劳动合同,而以口头协议代替书面合同。二是开始订有劳动合同,但在劳动合同期限届满后,双方因为种种原因没有再续签合同,而劳动者继续在用人单位工作,用人单位又默许并接受了这个劳动事实。

第二,无效劳动合同而形成的事实劳动关系。我国《劳动法》第18条和《劳动合同法》第26条共规定了三种无效的劳动合同,一是违反法律和行政法规的劳动合同;二是采取欺诈威胁等手段订立的劳动合同;三是用人单位免除自己的法定责任,排除劳动者权利的劳动合同。无效的劳动合同从订立时起就没有法律约束力,即自始无效。但如果劳动者已经提供了劳动,则无法回复到合同订立之前的状态,这种情况下应视为一种事实劳动关系。

2. 处理方法

劳动部《关于贯彻执行〈中华人民共和国劳动法〉若干问题的意见》第82条规定:“用人单位与劳动者发生劳动争议不论是否订立劳动合同,只要存在事实劳动关系,并符合劳动法的适用范围和《中华人民共和国企业劳动争议处理条例》的受案范围,劳动争议仲裁委员会均应受理。”对于无书面劳动合同的情况,只要符合劳动关系的成立要件,就可认为形成了事实劳动关系,同样受法律保护。在原劳动合同期满未续订而又实际继续履行的情况下,一般以原劳动合同条件来确定双方的权利义务关系。对于无效劳动合同所形成的事实劳动关系,2001年最高人民法院《关于审理劳动争议案件适用法律若干问题的解释》第14条规定,劳动合同被确认无效后,用人单位对劳动者付出的劳动,可参照本单位同期、同工种、同岗位的工资支付标准支付劳动报酬。另外,如果订立无效劳动合同是因用人单位所致,给劳动者造成损失的,则劳动者可获得赔偿。

思考题

1. 什么是劳动法?

2. 劳动法的调整对象是什么?

3. 劳动关系的特征有哪些?

4. 劳动关系与雇佣关系(劳务关系)的区别是什么?

5. 什么是劳动法的基本原则? 劳动法基本原则的特征和内容是什么?

6. 什么是劳动法的适用范围? 试述我国劳动法的适用范围。

7. 为什么劳动法是一个独立且重要的法律部门?

8. 试述劳动法在我国社会经济建设中的重要作用。

9. 劳动法的体系结构是怎样的?

10. 劳动法的法律渊源有哪些?

11. 试述外国及我国劳动法的历史发展过程。

12. 什么是国际劳动立法? 其主要形式有哪些?

13. 什么是劳动法律关系?

14. 劳动法律关系的三要素是什么?

15. 什么是劳动者? 劳动者的资格条件有哪些?

16. 什么是用人单位? 用人单位的类型有哪些?

17. 劳动者的劳动权利能力与劳动行为能力和自然人的民事权利能力及民事行为能力的区别是什么?

18. 试述劳动者基本权利和义务的内容及特征。

19. 什么是劳动法律事实及其分类? 劳动法律事实的特征是什么?

20. 事实劳动关系的含义和构成要件是什么? 事实劳动关系与法律劳动关系的区别是什么?

问题讨论

1. 某大型焊接厂安全科派人前往某百货公司劳动保护柜台购买劳动防护用品,看完样品后,双方订立了一份购货合同。百货公司交货后,焊接厂安全科对其中的工作服、面罩等进行检查,发现不符合国家有关质量标准,遂向百货公司提出交涉,要求更换或退货。但百货公司坚持认为,提供的货物与样品并无差别,拒绝了焊接厂的要求。于是双方发生争执。问:焊接厂与百货公司是否形成劳动关系?

2. 某个体餐馆因为扩大经营规模,需要对门面重新进行装修。该餐馆经人介绍决定由某美术学院的教师张某承揽该项业务,并与之签订了一份餐馆门面修缮的合同,合同中对交工日期和报酬等事项也达成了协议。合同签订后,张某便按合同开始工作了。问:张某与餐馆之间是否形成劳动关系?

3. 某贸易公司为了筹备开业庆典活动,请某装修队来装修公司的办公大楼。在装修办公楼的过程中,装修队的一名工人在进行外墙面装修时,不慎跌落到地面,造成大腿及手臂等多处严重受伤。在处理事故过程中,装修队领导认为贸易公司应当承担部分责任,理由是:该员工是在你们公司摔伤的,要不是给你们装修大楼,能发生这起事故吗? 但贸易公司不同意这种说法。请问:装修队领导的说法是否正确? 受伤员工与贸易公司是否存在劳动关系?

4. 有农村兄妹二人进城打工。其兄被某工厂招用,并与厂方签订了为期三年的劳动合同,其妹经人介绍做了家庭保姆。试问兄妹二人中,谁依据劳动法律的规定形成了劳动法律关系?

第二章 劳动就业法

【引例】学校 2011 年 3 月举办的小型招聘会上，毕业生小李的父母亲在招聘会尚未开始时，就早早地到会场打听单位的情况。招聘会开始很久以后，小李才姗姗来迟，并由家长陪同前往用人单位摊位前面谈。面谈过程中，小李发言的时间还没有其父母多，结果谈了一家又一家，最终仍一无所获。

请问：用人单位为什么不录用小李呢？

第一节 劳动就业概述

一、劳动就业的含义及基本要素

(一)劳动就业的含义

劳动就业，是指具有劳动能力的人，在法定劳动年龄内自愿从事某种具有一定报酬或经营收入的社会劳动。劳动就业是一个复杂的社会问题，从不同的学科角度看有不同的解释：从经济学角度看，就业指劳动力与生产资料相结合，创造物质财富并进行社会分配的活动。从社会学角度看，就业是劳动者谋生的手段，对社会而言是指合理利用劳动力与生产资料的过程；从法律上讲，就业是指具有劳动能力的劳动者，在法定劳动年龄内自愿从事某种具有一定报酬或经营收入的社会劳动。[①] 从劳动者的权利角度讲，劳动者通过就业实现其依法享有的劳动权。在就业以前，劳动权是一种应然的权利，通过就业，劳动权才成为实然的权利。

国际劳动组织规定的通用就业标准，是在日内瓦召开的两次国际劳工统计学会(1954 年和 1957 年)上规定的，凡是在规定的年龄之上具有下列情形之一的，都属于就业人员：(1)正在工作中，即在规定的时间内正从事有报酬或收入职业的人。(2)有职业但临时停止工作的人。如由于疾病、事故、劳动争议、休假、旷工或气候不良、基建损坏、故障等原因而临时停工的人。(3)雇主和个体经营者，或正在协助家庭经营企业或农场而不领取报酬的家属成员，在规定的时间内，从事正常工作时间的 1/3 以上者。[②] 在我国，就业人员指在法定劳动年龄内(男 16～60 岁，女 16～55 岁)，从事一定社会经济活动，并取得合法劳动报酬或经

---

① 关怀：《劳动法》，中国人民大学出版社 2001 年版，第 102 页。

② 郭捷：《劳动法与社会保障法》，法律出版社 2008 年版，第 109 页。

营收入的人员。但是从事家务劳动、参加义务劳动和以工代赈劳动、进行生产自救的人员，以及在军队服役的军人、在校学生、从事劳动改造的罪犯等不包括在就业人员范围之内。

（二）劳动就业的基本要素

劳动就业，就是一定年龄阶段内的人们所从事的为获取劳动报酬或经营收入所进行的活动。若要更好地把握劳动就业的含义，则需要从以下几个方面进行界定。

1. 符合劳动就业年龄要求

劳动年龄，是法律确认公民享有就业主体资格的基本标志。国际劳工组织、世界各国都对劳动者就业最低年龄和就业最高年龄作了严格规定，只有在法律规定的年龄阶段内，劳动者才具备就业的条件。1973 年国际劳工组织在《最低就业年龄公约》（第 138 号公约）第 2 条规定：“准予就业最低年龄为 15 周岁，在不发达国家可暂定为 14 周岁。”我国就业最低年龄高于国际劳工组织标准，我国规定劳动年龄上下限为：男性 16 岁至 60 岁；女性 16 岁至 55 岁。但某些法定特殊情况下，劳动年龄可依照法定程序提前或推迟。《劳动法》第 15 条明确规定：“禁止用人单位招用未满十六周岁的未成年人。”“文艺、体育和特种工艺单位招用未满十六周岁的未成年人，必须依照国家有关规定，履行审批手续，并保障其接受义务教育的权利。”也就是说，除法律有特殊规定外，任何人均不得与不满 16 周岁的公民订立劳动合同。同时，年满 18 周岁的公民才具有完全劳动能力，才可以从事法律没有限制的任何劳动。对于未成年的劳动者（年满 16 周岁未满 18 周岁）给予特殊保护。劳动年龄的上限即为退休年龄。达到退休年龄并不意味着公民劳动行为能力的实际丧失，只是意味着该公民在法律上失去了劳动能力，从此应当退出劳动领域。

2. 公民具有劳动行为能力

劳动行为能力是指具有劳动能力的公民依照法律能以自己的行为行使劳动权利和履行劳动义务的能力和资格，从而使劳动法律关系产生、变更或消灭。根据公民的年龄及身体健康状况，劳动行为能力可以分为三种情况，即无劳动行为能力、限制劳动行为能力和完全劳动行为能力。具体讲，由于年龄或生理、智力状况不能劳动的，为无劳动行为能力的人，如未满 16 周岁的人以及完全丧失行为能力的残疾人不能从事任何劳动。因为年龄或生理、智力状况不能提供正常劳动，但又没有完全丧失劳动能力的，为限制劳动行为能力的人。他们只能从事与其年龄、智力相当的劳动，工作范围受到限制，如未成年工、部分残疾人可以从事与健康状况相宜的工作。达到法定就业年龄，身体健康、智力健全的人才是完全劳动行为能力的人，如身体健康、智力健全、年满 18 岁的成年人。只有达到法定就业年龄，具有完全劳动行为能力或限制劳动行为能力者，才能成为就业主体。

3. 公民必须有就业的意愿

劳动是公民的一项基本权利。作为权利，公民可以行使，也可以不行使，完全取决于公民自己的意志，不具有强制性。1930 年国际劳工组织第 29 号《强迫劳动公约》和 1957 年第 105 号《废除强迫劳动公约》要求批准国有义务在尽可能短的时间内，做到禁止所有形式的强迫或强制性劳动。第 29 号公约规定了强迫劳动的定义：“以任何处罚相威胁强迫任何人从事非本人自愿的一切劳动或服务。”但同时规定了五种工作或服务不属于强迫劳动，即义务兵役制、履行公民义务、狱中劳役、紧急情况下需从事的工作以及小型村镇工程不属于公约所指强迫劳动范围。第 105 号《废除强迫劳动公约》将强迫或强制性劳动的范围进一步扩大，特别是延伸到禁止为政治和经济目的的强迫或强制性劳动。该公约规定，禁止为以下目的使用任何形式的强迫或强制性劳动：作为政治强制或教育对不同政见者惩罚的措施；作为动员和使用劳动力用于经济发展目的的方法；作为劳动纪律措施；作为对参加罢工的惩罚；作为实行种族、社会、民族或宗教歧视的措施。

4. 就业必须是一种为国家和社会所承认的合法劳动

就业要求劳动者必须从事法律允许的有益于社会的社会活动，这是劳动者的劳动是否得到社会承认和法律保护的客观依据。违反法律规定和社会公共利益的，不能作为就业的内容。如从事卖淫、贩毒、制毒、聚众赌博等活动不仅不是就业，而且是违法犯罪行为，还要受到法律的严惩。

5. 就业能取得相应报酬或经营收入

劳动者所从事的社会职业必须有一定的劳动报酬或经营收入，能够用来维持劳动者本人以及其赡养一定的家庭人口的基本生活需要。劳动就业的有酬劳动与无酬的义务劳动是有区别的，如果劳动者参加的是没有报酬的义务劳动，则实现的不是劳动就业权，如义工服务活动；如果劳动者的收入不是基于劳动而取得的，也不能称其为劳动就业，如公民因投资而获得的红利。所以参加社会劳动和取得相应报酬或经营收入是劳动就业不可偏废的两个方面。公民从事的家务劳动、参加义务劳动和以工代赈劳动、生产自救、军人的服役、在校学生的勤工俭学活动、刑事罪犯从事的劳动改造等都不是就业。

6. 社会必须有劳动需求

劳动就业是将处于相对分离的劳动力与生产资料有效地结合在一起，以实现劳动过程。就业并非就业主体自身所能完成的，还必须要有劳动需求存在。经济学原理表明："就业是将生产的三个基本要素——自然(土地、物质要素)、劳动、资本放在一起，进行有效的结合。没有这三要素的结合，生产就不能进行。"①这就说明就业并非劳动者自身所能完成的，还必须要有劳动需求存在。当劳动力资源供给数量大于社会对它的需求数量时，必定在社会中出现失业。劳动者即便满足了上列全部要件也仍然找不到工作，甚至一些已就业的劳动者会失去工作。所以，当劳动力资源总量过剩时，必然造成一部分劳动力不能利用，这部分劳动者也就不能实现就业。这一因素为政府在劳动就业中承担社会责任提供了依据。②

二、劳动就业的形式

劳动就业的形式实质上是劳动力资源配置的方式，可以分为自然配置、行政配置、市场配置三种方式。(1)自然配置是不需要"外部"力量实现资源配置和改变资源配置的方式，适合于自给自足的自然经济条件，劳动者在属于自己的土地上进行劳动，劳动成果的大部分用于自身消费，再生劳动力仍在自己的土地上劳动，劳动力资源与土地资源的配置关系不受影响。自然经济状态下以及农耕社会就是这种配置方式。(2)行政配置运用行政手段对资源进行直接配置。配置主体是行政管理部门，劳动力资源是被配置的对象，用人单位也没有选择与配置的权力。这种方式难以满足劳动者和用人单位在劳动力资源配置方面的要求，甚至造成劳动力资源的浪费或抑制劳动者和用人单位的积极性。计划经济就是通过这种方式对劳动力资源进行配置。(3)市场配置是通过市场实现劳动力资源的配置，这是由劳动者与

① 姚裕群：《市场经济下的就业理论与就业促进》，中国劳动出版社 1996 年版，第 70 页。

② 黎建飞：《劳动与社会保障法教程》，中国人民大学出版社 2007 年版，第 161 页。

用人单位根据各自需要进行双向选择实现的,有利于劳动力资源得到合理有效的配置。但市场配置方式也会造成摩擦性失业,而且就业条件差的人就很难被用人单位录用。对此通常以社会保障方式来补救。

随着我国社会主义市场经济的建立,我国的劳动就业也完成了由原来的靠国家统包统配向靠市场竞争就业和多渠道、多方位的就业方式的过度,目前我国劳动就业的形式主要有:

（一）劳动者与用人单位直接洽谈就业

这实际上是劳动者竞争就业,即劳动者之间为获得就业岗位而参与市场公平竞争,常见的方式是参加用人单位的考试考核,考试考核合格者获得就业岗位实现就业。例如,国家每年在大中专院校学生毕业之前在各地举办大规模的人才交流洽谈会,将就业的高校毕业生通过洽谈会与有关的用人单位直接见面、洽谈、双向选择后实现就业。本章引例中,小李的问题就出现在择业过程中过分依赖他人,自己独立择业决策能力差,以致在人才市场上不能被用人单位录用。劳动者与用人单位直接洽谈就业的形式是与劳动者之间公平竞争、用人单位考试考核直接联系的,由于我国劳动力市场供大于求的矛盾始终突出,就业竞争激烈,对劳动者的素质要求也越来越高。作为劳动者应有劳动风险意识和就业竞争意识,努力提高自身能力以及劳动技能水平,只有这样在就业上才能有更多的选择。

（二）职业介绍机构介绍就业

职业介绍机构介绍就业是指职业介绍机构在国家劳动计划指导下,将求职的劳动者推荐给用人单位,由用人单位择优录用,双方订立劳动合同实现就业。其特点主要包括:劳动者的范围非常广泛、劳动者和用人单位之间双向选择的自主程度较大、方式多样等。

（三）劳动者自愿组织就业

劳动者自愿组织就业是指城镇失业人员、企业富余职工和农村剩余劳动力,在国家和社会的扶持下,自愿组织起来通过举办各种集体经济组织实现就业。我国人口众多,劳动力资源丰富,经济的增长尚不能满足大量增长的劳动力充分就业需要,劳动力供大于求的矛盾将在一个很长的时期内存在,就业的地区不平衡性和结构性待业问题也将很尖锐。因此,解决劳动者的就业问题,除了依靠国家、社会等各方面力量外,还应调动劳动者自身的积极性,鼓励他们自愿组织起来就业。这可以大大缓解就业压力,减轻国家负担。它最早出现在上个世纪70年代,当时主要是鼓励返城知青组织起来,创办各种类型的自负盈亏的合作社或合作小组。这种就业形式在当时安置返城知青、缓解就业压力、促进社会稳定等方面起到了很好的作用,并一直延续下来。

在现阶段,这种形式表现为国家鼓励城镇失业人员、下岗人员兴办集体企业,自愿组织起来就业。这种自愿组织起来成立的企业,被称为劳动就业服务企业。它是承担安置城镇待业人员任务、由国家和社会扶持、进行生产经营自救的集体所有制经济组织。1990年国务院颁布了《劳动就业服务企业管理规定》,规定了国家对劳动就业服务企业的扶持与保护,其主要内容有:国家对劳动就业服务企业实行扶持政策,鼓励社会各方面依法扶持举办各种形式的劳动就业服务企业。国家对劳动就业服务企业给予减免税、调低企业所得税和税率等税收优惠政策。国家在开办条件、物质供应、固定资产和流动资金贷款等方面对劳动就业服务企业予以支持和照顾。国家保护劳动就业服务企业的合法权益。禁止任何机关和单位非法改变劳动就业服务企业的集体所有制性质、干预企业自主权和向企业平调或者摊派人力、物力和财力。

（四）自谋职业

自谋职业是指劳动者通过自主从事各种有收入的经营活动，如从事个体经营、开办私营企业和进行合伙经营，从而实现就业的一种就业形式。国家鼓励劳动者自谋职业。随着市场经济的发展，自谋职业越来越受到重视，并在安置失业和下岗职工中发挥着越来越大的作用。宪法明确规定，允许个体劳动者从事法律许可范围内的劳动。我国 1982 年宪法以根本法的形式肯定了个体经济的地位，规定“在法律规定范围内的城乡劳动者个体经济，是社会主义公有制经济的补充，国家保护个体经济的合法权利和利益”。中共中央、国务院《关于广开门路，搞活经济，解决城镇就业问题的若干决定》中指出：“按照国民经济的需要适当发展城镇劳动者个体经济，增加自谋职业的渠道。”国家通过行政管理，指导、帮助和监督个体经济。对个体经济的肯定也是对个体劳动者的肯定。目前，从事个体经济的人越来越多，已成为城镇就业的一个主要渠道。

个体经济是社会主义公有制经济的不可缺少的补充，一切守法的个体劳动者，应当受到社会的尊重。国家通过税收减免、资金支持、减免工商管理收费、职业培训、免费服务等政策大力支持和鼓励失业人员、下岗职工自谋职业，实现再就业。1981 年和 1983 年，国务院先后颁布了《关于城镇非农业个体经济若干政策性规定》及其《补充规定》，规定了对劳动者从事个体经营实现就业的支持政策。如发展个体经济所需要的场地，由所在城镇的城市规划管理部门与有关部门商定共同作出安排；对于城镇的领有营业执照的个体工商户所需要的原材料和货源，当地国营商业、粮食、供销、物资等部门，根据批准的经营范围积极供应，并同国营和集体单位一样享受批发价格。

（五）国家安置就业

国家安置就业又称国家分配就业，是指根据国家劳动计划，劳动人事行政部门和有关部门将符合政策和法规所规定条件的劳动者分配或安排到一定范围内的用人单位就业。目前国家对少数劳动者仍然负有保证其实现第一次就业的义务，列入国家安置就业的人员有：(1)原是城镇户口的退伍义务兵；(2)原是农业户口的退伍义务兵，仅限于在服役期间荣立二等功或以上等级的立功者和因战、因公致残的二等、三等伤残军人；(3)退出现役的志愿兵，但在服役期间因严重违反纪律或无正当理由坚持要求提前退出现役者应按退伍义务兵处理；(4)军队专业干部；(5)农村户籍的烈士子女（仅限 1 名）；(6)在内地定居的归侨、侨眷和港澳台同胞及其内地眷属；(7)纠正冤、假、错案后，因撤销原判、宣告无罪和依据政策法律不予追究刑事责任而释放的人员中，一般限于原有工作和原无工作，但释放后无家可归、无亲可投者；(8)刑满释放的原军队干部，犯过失罪并在服刑期间表现好适合继续担任干部的可安排转业，其余的一般按退伍处理；(9)按国家规定应当或可以由国家安置就业的其他劳动者。①

第二节　劳动就业的基本原则

劳动就业的基本原则是指在劳动就业过程中必须遵守的基本准则。它是劳动法中所规

① 黎建飞：《劳动与社会保障法教程》，中国人民大学出版社 2007 年版，第 169 页。

定的指导劳动就业工作的总准则。关于劳动就业的基本原则,学界还存在一些争议。一般认为劳动就业的基本原则包括国家促进就业的原则、平等就业和双向选择原则、照顾特殊群体就业原则和限制未成年人就业原则等。

一、国家促进就业的原则

国家促进就业,是指国家采取的帮助公民实现劳动就业的一系列措施的总称。第二次世界大战以后,各国的失业问题比较严重,几乎各国的经济政策都致力于解决就业问题,减少失业,促进就业成为世界各国共同努力的目标。促进就业不仅是劳动过程实现的内在要求,也是国家保障公民生存权的重要举措。我国《劳动法》第10条规定:"国家通过促进经济和社会发展,创造就业条件,扩大就业机会。国家鼓励企业、事业组织、社会团体在法律、行政法规规定的范围内兴办产业或者拓展经营,增加就业。国家支持劳动者自愿组织起来就业和从事个体经营实现就业。"2007年8月30日颁布的《就业促进法》对促进就业方针、政策、原则作了具体而细致的规定。国家对促进就业的措施主要有:(1)通过促进经济发展,创造就业条件,扩大就业机会。一般而言调整产业结构只能解决结构性失业问题;健全就业服务体系只能使劳动者尽快寻找到与之相适应的劳动就业岗位,不能从根本上解决劳动力市场供大于求的失业问题。只有发展经济,创造就业条件,扩大就业机会,才是帮助公民实现就业权的最根本的措施。因为就业的实质是劳动者通过一定的形式与生产资料相结合。经济发展快,生产对劳动力的需求大,职业岗位多,就能更多地吸纳劳动力。只有不断发展经济,才能扩大对劳动力的需求,这是实现充分就业最根本的途径。(2)国家采取措施鼓励企业、事业组织、社会团体在法律、行政法规规定的范围内兴办产业或者拓展经营,增加就业。这是从国家的产业政策与就业政策相衔接的角度来促进就业。国家在产业政策的制定和调整方面促进就业主要是鼓励和调动社会方方面面的积极性,企业、事业组织、社会团体应按照国家有关发展集体经济、开展各种经营的法律、行政法规的规定发展经济事业,开辟就业门路。兴办各类产业,尤其发展第三产业,增加就业岗位,扩大就业容量,实现合理就业。(3)国家支持劳动者自愿组织起来就业和自谋职业。劳动者自愿组织就业是指城镇失业人员、企业富余职工和农村剩余劳动力,在国家和社会的扶持下,自愿组织起来通过举办各种集体经济组织实现就业。国家在资金、货源、场地、原材料、税收等方面给予支持并实行照顾政策。例如,我国有的地方法规规定,享受失业保险的劳动者在失业期间,如果自愿兴办企业或从事个体经营解决就业问题,国家可提供一笔一次性救济金,作为失业者自谋职业的启动资金。(4)建立和完善劳动就业服务体系。建立以职业介绍、职业指导和职业培训为核心内容的就业服务体系,汇集劳动力流动和用人单位用工的需求信息,为劳动者和用人单位缔结劳动关系提供服务。

二、平等就业和自主择业的原则

平等就业是指劳动者就业,不因民族、种族、性别、宗教信仰不同而受歧视,均享有平等的获得就业机会的权利。它具体包括两个方面的内容:一是就业资格的平等,即劳动者的就业资格是平等的,不因民族、种族、性别、宗教信仰不同而受歧视;二是就业能力衡量尺度的平衡,即社会对公民的劳动行为能力要以同一标准进行衡量。平等就业是国家对公民生存权平等保护的要求在劳动就业领域的反映,它客观上要求打破劳动者工人和干部、农村和城市的身份界限，冲破地区封锁，消除条块分割，在全国范围内形成统一的劳动力市场，建立劳动力平等就业的竞争机制。

与平等就业相对的是就业歧视。就业歧视是根据劳动者的户籍、性别、民族、种族、肤色、宗教等因素，限制其选择职业的权利。国际劳工组织也一向重视禁止任何形式的就业歧视，并将就业歧视列为基本国际劳工标准。1958 年国际劳动组织通过了《关于就业及职业的歧视公约》，该公约第 2 条把歧视界定为：基于种族、肤色、性别、宗教、政治见解、民族血统、社会出身或者其他任何区别、排斥或特惠，其后果为取消或损害就业或职业方面的机会平等或待遇平等等。但基于特殊工作本身要求的任何区别、排斥或特惠，不能视为歧视。我国已于 2005 年 8 月批准了该公约。

我国对公民平等的就业权给予了法律上的保障。我国早在 1994 年颁布的《劳动法》第 3 条规定：劳动者享有平等就业和选择职业的权利。该法第 12 条明确规定："劳动者就业，不因民族、种族、性别、宗教信仰不同而受歧视。"针对现实中比较常见的性别歧视，该法第 13 条进一步规定："妇女享有与男子平等的就业权利。在录用职工时，除国家规定的不适合妇女的工种或者岗位外，不得以性别为由拒绝录用妇女或者提高对妇女的录用标准。"因此任何基于民族、种族、性别或宗教信仰的就业歧视在我国都是违法的。

就业歧视可能是企业行为，也可能是政府行为。其中政府行为可能是具体行政行为，也可能是抽象行政行为，即制定包含有就业歧视内容的法规。我国 2007 年颁布的《就业促进法》，更是高度重视公民平等就业权的法律保护，以专章规定了"公平就业"。该法第 25 条和第 26 条分别针对我国比较多见的政府歧视行为和企业歧视行为，明确规定了各级政府和用人单位在反对就业歧视方面的责任。首先各级人民政府应当创造公平就业环境，消除就业歧视，制定政策并采取措施对就业困难人员给予扶持和援助。其次用人单位招用人员、职业中介机构从事职业中介活动，应当向劳动者提供平等的就业机会和公平的就业条件，不得实施就业歧视。

自主择业是指公民根据自己的意愿、才能，结合社会的需要自主地选择职业。公民作为自身劳动力的所有者，有权根据自身的实力，通过平等竞争获得自己理想的职业和工作岗位，取得理想的经济利益。确立公民自主择业，不仅符合公民行使劳动权的价值取向，而且也有利于调动公民劳动的积极性和主观能动性，为公民将自己的劳动潜能最大化地释放出来以服务于社会、服务于国家建设事业提供了条件。

三、照顾特殊就业群体就业的原则

特殊就业群体是指因特殊原因而在就业竞争过程中处于不利地位的人员的总称。照顾特殊群体就业原则的主要体现就是为特殊群体提供特殊就业保障。特殊就业保障的对象包括妇女、残疾人、退役军人和少数民族人员等。特殊就业保障，是指法律法规特别规定的，对特殊群体的就业进行特殊保护所采取的保障措施。我国《劳动法》第 13 条规定："妇女享有与男子平等的就业权利。在录用职工时，除国家规定的不适合妇女的工种或者岗位外，不得以性别为由拒绝录用妇女或者提高对妇女的录用标准。"另外我国的《妇女权益保护法》以及《女职工劳动保护规定》等法律、法规对妇女的劳动就业保护作了具体规定。《劳动法》第 14 条规定："残疾人、少数民族人员、退出现役的军人的就业，法律、法规有特别规定的，从其规定。"我国《残疾人保障法》、《中华人民共和国兵役法》等法律、法规对残疾人和退役军人的就业作了具体的规定。对特殊就业群体进行就业照顾是人类进步和社会文明程度提高的标志。

四、限制未成年人就业的原则

未成年人是指未满18周岁的公民,其中把未满16周岁就业的未成年人称为童工,已满16周岁不满18周岁就业的未成年人称为未成年工。国家为保护未成年人的健康成长,对未成年人的就业年龄予以限制。《劳动法》第15条规定:“禁止用人单位招用未满16周岁的未成年人。文艺、体育和特种工艺单位招用未满16周岁的未成年人,必须依照国家有关规定,履行审批手续,并保障其接受义务教育的权利。”这条规定,体现了国家对未满16周岁的未成年人实行的保护政策。为配合劳动法的实施,国务院发布了《禁止使用童工规定》,在该《规定》中对童工的概念首先作出了明确界定。所谓童工是指未满16周岁,与单位或者个人发生劳动关系,从事有经济收入的劳动或者从事个体劳动的少年、儿童。其次,规定了禁止使用童工的范围,即第一,禁止国家机关、社会团体、企业事业单位和个体工商户、农户、城镇居民等使用童工。第二,禁止各种职业介绍机构以及其他单位和个人为未满16周岁的少年、儿童介绍职业。第三,禁止各级工商行政管理部门为未满16周岁的少年、儿童发个体营业执照。第四,父母或者其他监护人不得允许未满16周岁的子女或被监护人做童工。

对文艺、体育和特种工艺单位因需要招用未满16周岁的未成年人,必须依照国家有关规定,履行审批手续,并保障其接受义务教育的权利。这里所说的国家有关规定,是指《禁止使用童工规定》第8条的规定,即文艺、体育和特种工艺单位,确需招用未满16周岁的文艺工作者、运动员和艺徒时,需报请县级以上(含县级)劳动行政部门批准。对特定单位招用未满16周岁的未成年人,及其所从事的劳动范围作了严格限制,即只能是文艺、体育以及特种工艺单位。

对已满16周岁不满18周岁的未成年工,法律对其可以从事的职业、工种等作了排除式的规定,即未成年工只能从事与其身体的成长发育程度相适应的劳动,且用人单位应对其进行特殊劳动保护。未成年工不得从事重体力劳动,也不得从事高空作业、深水作业等有害生理健康的工作;不准未成年工从事加班加点及夜班工作;在可能范围内,对未成年工实行缩短工作日等。

第三节　特殊群体的就业保障

特殊群体就业保障是指法律、法规和政策特别规定的,国家对妇女、残疾人、少数民族人员、退役军人、高等学校和中等职业学校毕业生、农村富余劳动者、失业人员等特殊群体的就业所采取的特殊保障措施。国家所承担的促进就业保障公民公平就业的任务,在很大程度上是通过为特殊群体提供特殊就业保障来实现的。各级政府应当根据妇女、残疾人、高等学校和中等职业学校毕业、退役军人等不同就业群体的特点,采取相应措施,鼓励社会各方面通过开展有针对性的创业培训、就业服务等活动,提高其就业能力和创业能力,并依法给予扶持和帮助。我国《劳动法》、《妇女权益保障法》、《残疾人保障法》、《兵役法》、《退伍义务兵安置条例》等法律和一系列相关法规,对特殊就业保障作了相应的规定。

一、妇女就业保障

妇女劳动就业权是妇女的一项基本权利，是实现男女平等最重要的基础。自工业化使妇女第一次获得就业机会以来，随着经济发展和社会进步，越来越多的妇女走进职业领域，妇女就业已成为各国的普遍现象。实践证明，妇女就业作为开发、利用劳动力资源的重要方面，对经济、社会发展起着重大的推动作用。但是，妇女的独特生理特点、身体条件和妻子、母亲、家庭主妇的角色，以及经济社会、意识形态等方面的因素，使妇女具有一定的就业障碍，增加了妇女就业的难度。男女在就业机会和待遇上的不平等现象，至今在各国都普遍存在。因此对妇女就业给予保障的核心问题就是保障妇女享受同男子平等的就业权利，为妇女创造更多的就业机会，消除就业上的性别歧视。

为保障妇女就业，许多国际劳工公约和建议书就禁止就业方面的性别歧视作了规定。例如，1951 年的第 100 号公约《男女同工同酬公约》和同名建议书中，要求会员国保证男女工人在得到职业指导、就业咨询、职业培训、工作安排方面，享有平等和同等的权利，男女在获得职业和职务上的机会均等，而不损害有关保护妇女健康和福利的国际规章和国家法律。

为了保障妇女就业，我国《宪法》规定：公民有劳动的权利和义务。妇女在政治、经济、文化、社会、家庭等方面享有与男子平等的权利；《劳动法》第 13 条规定："妇女享有与男子平等的就业权利。在录用职工时，除国家规定的不适合妇女的工种或者岗位外，不得以性别为由拒绝录用妇女或者提高对妇女的录用标准。"另外我国的《妇女权益保护法》以及《女职工劳动保护规定》等法律、法规对妇女的劳动就业保护作了具体规定。主要内容包括以下几个方面：

(一)保障妇女同男子就业机会均等

国家保障妇女享有与男子平等的劳动权利，妇女就业不因性别不同而受歧视。凡适合妇女从事劳动的岗位，用人单位不得拒绝招用。不得以性别为由提高对妇女的录用标准，用人单位招工时，应统一招工条件、录用标准，为妇女提供平等的就业机会。根据《国营企业招用人暂行规定》第 8 条："企业招用工人，凡适合妇女从事的工种，应当招用女工。"《女职工劳动保护规定》第 3 条规定："凡适合妇女从事劳动的工作，不得拒绝招收女职工。"我国《妇女权益保护法》第 23 条规定："各单位在录用职工时，除不适合妇女的工种或者岗位外，不得以性别为由拒绝录用妇女或者提高对妇女的录用标准。"所以，男女就业权利平等，还要求用人单位不得提高对妇女劳动者的录用标准。

(二)实行男女同工同酬

不论男女，只要付出同等劳动，就应当领取同等的报酬。在工资的定级、升级和工资调整中，女职工和男职工应当同等对待。在职工晋职、晋级、评定专业技术职务等方面，也应当坚持男女平等的原则，不得实行差别待遇。不得因女职工在怀孕、生育、哺乳期间而降低其基本工资，女职工生育期间，依照国家规定享受生育待遇。

(三)不得安排禁忌从事的劳动

针对女性身体结构和生理技能的特点，禁止安排女职工从事矿山井下、国家规定的第四级体力劳动强度的劳动和其他女职工禁忌从事的劳动。如果安排妇女从事禁忌性的劳动，同样也是对妇女就业的侵害。同时针对女职工生理机能的变化，在女职工经期、孕期、产期和哺乳期应当给予特殊保护。

(四)用人单位不得非法辞退女职工

任何单位不得以结婚、怀孕、产假、哺乳等为由，辞退女职工或者单方面解除劳动合同。即使劳动合同期限届满，也应当延续到孕期、产期和哺乳期满时，方可终止合同。妇女由于生理上的原因和所担负的人类再生产的特殊责任，在"四期"内不可避免地会影响用人单位的工作。

二、残疾人就业保障

理解、尊重、帮助残疾人，是社会共同的责任。我国《残疾人保障法》第 2 条规定："残疾人是指在心理、生理、人体结构上，某种组织、功能丧失或者不正常，全部或者部分丧失以正常方式从事某种活动能力的人。残疾人包括视力残疾、听力残疾、言语残疾、肢体残疾和其他残疾的人。"残疾人是社会中一个特殊困难的群体，不可能同正常人一样竞争就业。政府和社会有责任帮助残疾人就业，理解、尊重、帮助残疾人，支持残疾人事业，这不仅符合人道主义精神，而且也有利于经济和社会的发展。

为了保障残疾人就业，我国于 1989 年制定了《社会福利企业招用残疾人职工暂行规定》，在 1990 年制定的《残疾人保障法》中对残疾人就业问题设专章作了规定，在《劳动法》中也明确规定对残疾人就业实行特殊保护。国家保障残疾人劳动的权利，各级政府应当对残疾人就业实行统筹规划，为残疾人创造就业条件。我国采取集中与分散相结合和鼓励残疾人自谋职业的方针促进残疾人就业，采取优惠政策和扶持保护措施，通过多渠道、多层次、多种形式，使残疾人就业逐步普及、稳定、合理。我国保障残疾人就业的措施主要有：

(一)集中安置

1990 年制定的《残疾人保障法》第 29 条规定："国家和社会举办残疾人福利企业、医疗机构、按摩医疗机构和其他福利性企业事业组织，集中安排残疾人就业。"集中就业是指残疾人在各类福利企业、医疗机构、按摩医疗机构和其他福利性企业事业组织就业。为了保护残疾人的劳动权益，保护残疾人福利性企业、事业组织的合法权益，要求在职工的招用、聘用、转正、晋级、职称评定、劳动报酬、生活福利等方面不受歧视。对于国家分配的高等学校、中等专业学校、技工学校的残疾毕业生，有关单位不得因其残疾而拒绝接收，拒绝接收的，当事人可以要求有关部门处理，有关部门应当责令该单位接收。残疾职工所在单位应当为残疾职工提供适应其特点的劳动条件和劳动保护。残疾职工所在单位应当对残疾职工进行岗位技术培训，提高其劳动技能和技术水平。

(二)分散安置

《残疾人保障法》第 30 条规定："国家推动各单位吸收残疾人就业，各级人民政府和有关部门应当做好组织、指导工作。机关、团体、企业事业组织、城乡集体经济组织，应当按一定比例安排残疾人就业，并为其选择适当的工作和岗位。"按比例就业应以市为基本实施单位，以《残疾人保障法》和省级人大的实施办法为依据，以市政府令形式在全市统一实施。机关、团体、企业事业组织、城乡集体经济组织，要按照本省制定的有关法规所规定的具体比例，安排残疾人就业；暂时未达到比例的，应按财政部发布的《残疾人就业保障金管理暂行规定》交纳残疾人就业保障金。

(三)残疾人自谋职业

《残疾人保障法》第 33 条规定："对于申请从事个体工商业的残疾人，有关部门应当优先核发营业执照，并在场地、信贷方面给予照顾。”政府有关部门鼓励、帮助残疾人自愿组织起来就业或者从事个体经营和劳动，对残疾人就业实行优惠政策和扶持政策。国家对残疾人福利性企业事业组织和城乡个体劳动者，实行税收减免政策，并在生产、经营、技术、资金、物质、场地等方面给予扶持。

三、退役军人就业保障

退役军人，是指在中国人民解放军和中国人民武装警察部队中因服役期满或法规规定的其他原因退出现役的军人。对退役军人就业实行特殊保障，即由国家进行政策性安置就业，有利于稳定军心，是关系军队建设、经济建设、国家安危和社会安定的大事。早在新中国成立之初，毛泽东同志就指出，对退伍军人要做到“妥善安置，各得其所”。我国《劳动法》、《兵役法》(1984 年)、《中国人民解放军志愿退出现役安置暂行办法》(1983 年)、《关于退伍义务兵安置条例》(1987 年)、《军人抚恤优待条例》(1988 年)、《关于退伍义务兵安置工作随用工单位改革实行劳动合同的意见》(1993 年)、《中国人民解放军士官退出现役安置暂行办法》(1999 年)、《军队转业干部暂行办法》(2001 年)等法律、法规对退役军人就业保障作了详细规定，实行从哪里来到哪里去的原则和妥善安置、各得其所的方针，由专门安置机构在各级地方政府领导下和有关部门协助下具体进行，主要包括如下内容：

(一)伤残退役义务兵就业安置

因公、因战致残的二等、三等革命残疾军人，家居城镇的，由所在地的县、自治县、市、市辖区的人民政府安排力所能及的工作；家居农村的，其所在地区有条件的，可以在企业事业单位安排适当工作，不能安排的，按照规定增发残疾抚恤金，保障他们的生活。对拒不接受伤、残、病退役义务兵的单位，当地政府要依法追究其领导者的责任。

(二)义务兵退役后的就业安置

对义务兵退役后的安置，义务兵退出现役后，按照从哪里来、回哪里去的原则，由原征集的县、自治县、市、市辖区的人民政府根据以下情况分别接收安置：

1. 家居农村的义务兵退出现役后，由乡、民族乡、镇的人民政府妥善安排他们的生产和生活，机关、团体、企业事业单位在农村招收员工时，在同等条件下，应当优先录用退伍军人，荣获二等功以上奖励的，按照家居城镇义务兵退役安置规定，安排工作。

2. 家居城镇的义务兵退出现役后，由县、自治县、市、市辖区的人民政府安排工作，也可以由上一级或者省、自治区、直辖市的人民政府在本地区内统筹安排。入伍前原是机关、团体、企业事业单位正式职工的允许复工、复职，并且按照《兵役法》和《退伍义务兵安置条例》的规定，由当地政府负责安排工作保证退伍义务兵的第一次就业。

(三)退役志愿兵就业安置

志愿兵退役后，由原征集的县、自治区、市、市辖区的人民政府安排工作。遇有特殊情况的也可以由上一级或者省级人民政府统筹安排。自愿回乡参加农业生产的，给予鼓励，并增发安家补助费。志愿兵退役期间，参战或因公致残，基本丧失工作能力的，办理退休手续，由原征集的县、自治区、市、市辖区的人民政府接收安置。

(四)退役军官就业安置

军官退役后，由国家妥善安置。根据《军队转业干部安置暂行办法》的规定，军队干部转业到地方，是国家的一项重要制度。国家对军队专业干部实行计划分配和自主择业相结合的方式安置。计划分配的军队转业干部由党委、政府负责安排工作和职务；自主择业的军队转业干部由政府协助就业，发给退役金。军队转业干部一般由其原籍或入伍时所在省(自治区、直辖市)安置，也可以到配偶随军前或者结婚时常住户口所在地安置。

四、少数民族就业保障

对少数民族人员就业实行特殊保护的政策，是我国民族政策的重要组成部分，是国家促进少数民族地区经济和社会发展的重要手段。我国《劳动法》和《民族区域自治法》对少数民族就业给予特殊保护都作了规定，主要内容有：

(一)优先招用少数民族人员

民族自治地方的企事业单位在招收人员时，要优先招收少数民族人员，并且可以从农村和牧区少数民族人员中招收。隶属于上级国家机关的民族自治地方企事业单位招收人员时，应当优先招收当地少数民族人员。民族自治地方每年编制内的干部和职工自然减员、缺额及国家当年新增用人指标由民族自治地方通过考核予以补充，对少数民族人员优先录用。

(二)培养少数民族人才

民族自治地方的自治机关要采取各种措施从当地民族中大量培养各级干部和各种科学技术、经济管理的专业人才和技术工人，充分发挥他们的作用，并且注意在少数民族妇女中培养各级干部和各种专业技术人才。国家举办民族学院、在高等学校举办民族班、民族预科，专门招收少数民族学生，并且可以采取定向招生、定向分配的办法。高等学校和中等专业学校招收新生时，对少数民族考生适当放宽录取标准和条件。此外国家一直实行帮助各民族自治地方加速发展经济文化建设事业的政策，这也是为少数民族人员就业创造条件，从而保障其就业的根本性措施。

第四节　外国人和台、港、澳居民的就业管理

一、外国人在中国就业

一般而言，一国政府在法律上并不负有保障外国人在本国就业的义务，我国也一样，但是，为了满足我国特殊岗位的需要，我国劳动部、公安部、外交部、外经贸部联合颁布《外国人在中国就业管理规定》(1996 年 1 月 22 日颁布)，对用人单位招收外国劳动者的条件、程序作了不同于招收本国劳动者的规定。

(一)招收外国劳动者的条件

我国允许没有取得居留证件的外国人和来中国留学的外国人在中国就业。没有取得居留证件的外国人包括持有 F 字(访问)、L 字(旅游)、G 字(过境)、J-2 字(临时记者)和 C 字(乘务)签证来中国的外国人，以及因改变原有身份而被公安机关收缴了居留证件的人员；来中国留学的外国人，包括持有 X 字签证来中国留学、进修、实习的人员和来我国进行研究工作的学者。上述人员申请在中国就业必须符合以下条件：(1)年满 18 周岁，身体健康；(2)具有从事其工作所必需的专业技能和相应的工作经历；(3)无犯罪记录；(4)有确定的聘用单

位;(5)持有有效护照或能代替护照的其他国际旅行证件;(6)所从事的工作是国家法律允许外国人从事的。

该规定称外国人在中国就业,是指没有取得定居权的外国人在中国境内依法从事社会劳动并获得劳动报酬的行为。用人单位聘用外国人从事的岗位应是有特殊需要,国内暂缺适当人选,且不违反国家有关规定的岗位。除经文化部批准《临时营业演出许可证》进行营业性文艺演出的外国人外,用人单位不得聘用外国人从事营业性文艺演出。

(二)申请招收外国劳动者的程序

用人单位聘用外国人须为该外国人申请就业许可证,经批准并取得《外国人就业许可证书》后,该外国人凭该《外国人就业许可证书》和授权单位的签证通知函电到中国驻外国的使、领馆申请Z字(职业)签证。外国人应在入境后15日内持就业许可证书和职业签证向劳动部门申请办理《外国人就业证》,30日内持《外国人就业证》到公安机关出入境管理部门申请办理《外国人居留证》。

《外国人就业许可证书》的具体申办程序是:用人单位填写《聘用外国人就业申请表》,向其与劳动行政主管部门同级的行业主管部门提出申请,并提供下列有效文件:(1)拟聘用外国人的履历证明;(2)聘用意向书;(3)拟聘用外国人原因的报告;(4)拟聘用的外国人从事该项工作的资格证明;(5)拟聘用的外国人健康状况证明;(6)法律、法规规定的其他文件。行业主管部门应按照国家有关法律、法规进行审批。批准后,用人单位应持申请表到本单位所在地区的省、自治区、直辖市劳动行政部门或其授权的地市级劳动行政部门办理核准手续。省、自治区、直辖市劳动行政部门或授权的地市级劳动行政部门应指定专门机构即发证机关具体负责签发许可证书工作。发证机关应根据行业主管部门的意见和劳动力市场的需求状况进行核准,并在核准后向用人单位签发许可证书。中央级用人单位、无行业主管部门的用人单位聘用外国人,可直接到劳动行政部门发证机关提出申请和办理就业许可手续。外商投资企业聘雇外国人,无须行业主管部门审批,可凭合同、章程、批准证书、营业执照和前述文件直接到发证机关申领许可证书。

凡符合下列条件之一的外国人可免办就业许可和就业证:(1)由我国政府直接出资聘请的外籍专业技术和管理人员,或由国家机关和事业单位出资聘请,具有本国或国际权威技术管理部门或行业协会确认的高级技术职称或特殊技能资格证书的外籍专业技术和管理人员,并持有外国专家局签发的《外国专家证》的外国人;(2)持有《外国人在中华人民共和国从事海上石油作业工作准证》从事海上石油作业、不需登陆、有特殊技能的外籍劳务人员;(3)经文化部批准持《临时营业演出许可证》进行营业性文艺演出的外国人。

凡符合下列条件之一的外国人可免办许可证书,入境后凭职业签证及有关证明直接办理就业证:(1)按照我国与外国政府间、国际组织间协议、协定,执行中外合作交流项目受聘来中国工作的外国人;(2)外国企业常驻中国代表机构中的首席代表、代表。

(三)劳动合同的签订、履行、变更、解除和终止

用人单位与被聘用的外国人应依法订立劳动合同。劳动合同的期限最长不超过5年。劳动合同期限届满即行终止,按相关规定履行审批手续后可以续订。被聘用的外国人与用人单位签订的劳动合同期满时,其就业证即行失效。如需续订,该用人单位应在原合同期满前30日内,向劳动行政部门提出延长聘用时间的申请,经批准后办理就业证延期手续。外国人被批准延长在中国就业期限或变更就业区域、单位后,应在10日内到当地公安机关办

理居留证件延期或变更手续。被聘用的外国人与用人单位的劳动合同被解除后，该用人单位应及时报告劳动、公安部门，交还该外国人的就业证和居留证件，并到公安机关办理出境手续。因违反中国法律被中国公安机关取消居留资格的外国人，用人单位应解除劳动合同，劳动部门应吊销就业证。

劳动行政部门对就业证实行年检。用人单位聘用外国人就业每满1年，应在期满前30日内到劳动行政部门发证机关为被聘用的外国人办理就业证年检手续。逾期未办的，就业证自行失效。

（四）法律责任

持F字(访问)、L字(旅游)、G字(过境)、J-2字(临时记者)和C字(乘务)签证的外国人，未经劳动人事部门同意不得就业或谋职。对未经中华人民共和国劳动部或者其授权的部门批准私自谋职的外国人，在终止其任职或者就业的同时，可以处1000元以下的罚款；情节严重的，并处限期出境。对私自雇佣外国人的单位和个人，在终止其雇佣行为的同时，可以处1000元以上、50000元以下的罚款，并责令其承担遣送私自雇佣的外国人的全部费用。用人单位与被聘用的外国人发生劳动争议的，应按照《中华人民共和国劳动法》和《中华人民共和国劳动争议调解仲裁法》处理。

二、台、港、澳居民在内地就业

台、港、澳居民在内地就业是指台、港、澳人员依法应聘受雇于内地用人单位从事一定社会劳动并取得劳动报酬或经营收入的行为。内地就业的台、港、澳人员，是指：(1)与用人单位建立劳动关系的人员；(2)在内地从事个体经营的香港、澳门人员；(3)与境外或台、港、澳地区用人单位建立劳动关系并受其派遣到内地一年内(公历年1月1日起至12月31日止)在同一用人单位累计工作三个月以上的人员。

为了保护在内地就业的台、港、澳人员的合法权益，2005年10月1日起施行《台湾香港澳门居民在内地就业管理规定》，根据该规定，台、港、澳人员在内地就业实行许可制度。用人单位拟聘雇或者接受被派遣台、港、澳人员的，应当为其申请办理《台港澳人员就业证》(以下简称就业证)；香港、澳门人员在内地从事个体工商经营的，应当由本人申请办理就业证。经许可并取得就业证的台、港、澳人员在内地就业受法律保护。

用人单位拟聘雇或者接受被派遣的台、港、澳人员，应当具备下列条件：(1)年龄18至60周岁(直接参与经营的投资者和内地急需的专业技术人员可超过60周岁)；(2)身体健康；(3)持有有效旅行证件(包括内地主管机关签发的台湾居民来往大陆通行证、港澳居民往来内地通行证等有效证件)；(4)从事国家规定的职业(技术工种)的，应当按照国家有关规定，具有相应的资格证明；(5)法律、法规规定的其他条件。

用人单位为台、港、澳人员在内地就业申请办理就业证，应当向所在地的地(市)级劳动保障行政部门提交《台湾香港澳门居民就业申请表》和下列有效文件：(1)用人单位营业执照或登记证明；(2)拟聘雇或者接受被派遣人员的个人有效旅行证件；(3)拟聘雇或者接受被派遣人员的健康状况证明；(4)聘雇意向书或者任职证明；(5)拟聘雇人员从事国家规定的职业(技术工种)的，提供拟聘雇人员相应的职业资格证书；(6)法律、法规规定的其他文件。劳动保障行政部门应当自收到用人单位提交的《台湾香港澳门居民就业申请表》和有关文件之日起10个工作日内作出就业许可决定。对符合本规定第6条规定条件的，准予就业许可，颁发就业证;对不符合本规定第 6 条规定条件不予就业许可的,应当以书面形式告知用人单位并说明理由。用人单位聘用台、港、澳人员,应当持就业证到颁发该证的劳动保障行政部门办理聘雇台、港、澳人员登记备案手续。

用人单位与聘雇的台、港、澳人员应当签订劳动合同,并按照《社会保险费征缴暂行条例》的规定缴纳社会保险费。用人单位与聘雇的台、港、澳人员终止或者解除劳动合同,或者被派遣台、港、澳人员任职期满的,用人单位应当自终止、解除劳动合同或者台、港、澳人员任职期满之日起 10 个工作日内,到原发证机关办理就业证注销手续。用人单位与聘雇的台、港、澳人员之间发生劳动争议的,依照国家有关劳动争议处理的规定处理。

香港、澳门人员在内地从事个体工商经营的,由本人持个体经营执照、健康证明和个人有效旅行证件向所在地的地(市)级劳动保障行政部门申请办理就业证。劳动保障行政部门应当自收到香港、澳门人员提交的文件之日起 5 个工作日内办理。在内地从事个体工商经营的香港、澳门人员歇业或者停止经营的,应当在歇业或者停止经营之日起 30 日内到颁发该证的劳动保障行政部门办理就业证注销手续。

用人单位聘雇或者接受被派遣台、港、澳人员,未为其办理就业证或未办理备案手续的,由劳动保障行政部门责令其限期改正,并可以处 1000 元罚款。用人单位与聘雇台、港、澳人员终止、解除劳动合同或者台、港、澳人员任职期满,用人单位未办理就业证注销手续的,由劳动保障行政部门责令改正,并可以处 1000 元罚款。用人单位伪造、涂改、冒用、转让就业证的,由劳动保障行政部门责令其改正,并处 1000 元罚款,该用人单位一年内不得聘雇台、港、澳人员。

第五节　禁止使用童工

我国《劳动法》第 15 条规定:"禁止用人单位招用未满 16 周岁的未成年人。文艺、体育和特种工艺单位招用未满 16 周岁的未成年人,必须依照国家有关规定,履行审批手续,并保障其接受义务教育的权利。"童工是指未满 16 周岁,与单位或者个人发生劳动关系从事有经济收入的劳动或者从事个体劳动的少年、儿童。未满 16 周岁的少年儿童,身体正处于发育成长期,心理也不成熟,是长知识、长身体的时候,尚不具备一个完全劳动者的条件。使用童工不仅剥夺了少年、儿童身心健康发育的权利及受教育的权利,甚至会对国家和社会未来劳动力的供给水平发生影响。因此,禁止使用童工是各国劳动法的重要内容。

为保护未成年人的身心健康,国务院 2002 年颁布、实施的《禁止使用童工规定》明确规定,禁止用人单位招用不满 16 周岁的未成年人。根据规定,包括国家机关、社会团体、企业事业单位、民办非企业单位、个体工商户在内的用人单位,均不得招用不满 16 周岁的未成年人,也就是童工;同时禁止任何单位或个人为不满 16 周岁的未成年人介绍就业,禁止不满 16 周岁的未成年人开业从事个体经营活动。不满 16 周岁的未成年人的父母或其他监护人有义务保障其不被用人单位非法招用,用人单位在招用人员时也须核查被招用人员的身份证,县级以上各级人民政府劳动保障行政部门、公安、工商行政管理、教育、卫生等行政部门以及工会、共青团、妇联等群众组织负有相关义务。

凡用人单位使用童工的,由劳动保障行政部门按照每使用一名童工每月处 5000 元罚款的标准给予处罚;在使用有毒物品的作业场所使用童工的,从重处罚;用人单位在规定期限内仍不改正的,将按照每使用一名童工每月处1万元罚款的标准给予处罚,并吊销营业执照或撤销民办非企业单位登记。单位或个人为不满16周岁的未成年人介绍就业的,按照每介绍一人处5000元罚款的标准给予处罚。拐骗童工,强迫童工劳动,使用童工从事高空、井下、放射性、高毒、易燃易爆以及国家规定的第四级体力劳动强度的劳动,使用不满14周岁的童工,或造成童工死亡或严重伤残的,依照刑法关于拐卖儿童罪、强迫劳动罪或者其他罪的规定,依法追究刑事责任。劳动保障部门、公安机关、工商行政管理部门等国家行政机关工作人员玩忽职守、滥用职权,构成犯罪的,也将依法追究其刑事责任。

但对下列情形,让未满16周岁的少年参加劳动不属于使用童工:(1)文艺、体育单位,确需招用未满16周岁的文艺工作者、运动员和艺徒时,经未成年人的父母或者其他监护人同意,并报经县级以上(含县级)劳动行政部门批准,可以招用不满16周岁的专业文艺工作者、运动员。用人单位应当保障被招用的不满16周岁的未成年人的身心健康,保障其接受义务教育的权利。(2)学校、其他教育机构以及职业培训机构按照国家有关规定组织不满16周岁的未成年人进行不影响其人身安全和身心健康的教育实践劳动、职业技能培训劳动,不属于使用童工。

第六节 就业服务

一、就业服务

劳动就业服务,是指就业服务主体为劳动者实现就业和用人单位招用劳动者提供的社会服务。就业服务是具有普遍意义的干预劳动力市场并能有效调节和改善供求的直接手段,是就业制度和就业政策的重要组成部分。其主要职能在于通过劳动力市场信息、职业介绍、职业指导和相应的职业培训等手段的运用,帮助用人单位用人和劳动者就业。为了加强就业服务和就业管理,培育和完善统一开放、竞争有序的人力资源市场,为劳动者就业和用人单位招用人员提供服务,2007年颁布了《就业服务与就业管理规定》,对《就业促进法》中就业服务与管理、就业援助的相关制度作了进一步细化和完善。

劳动就业服务的内容主要包括就业登记、职业指导、职业介绍、就业援助等。就业登记是指职业介绍机构依法对有就业需求的劳动者和有用人单位需求的用人单位,就其基本情况所进行的登记。它包括求职登记和用人登记等。职业指导是指职业介绍服务机构针对劳动者求职,单位招聘过程中的问题,为劳动者、用人单位提供心理分析、择业技巧、心态调整、技能测试、供求趋势分析、职业设计、用人计划等帮助的行为。职业指导是帮助劳动者实现就业和再就业的重要手段,是为劳动者提供高质量、高水平的就业服务。随着市场就业机制的不断完善,职业指导的作用将显得越来越重要。职业指导的服务对象,一是劳动者(包括符合法定劳动年龄的求职者、各类学校的学生),二是各类用人单位。职业介绍是指有关部门和机构依法为劳动者和用人单位提供沟通和咨询,从而促成劳动者就业和用人单位招工的一种就业服务。它所包含的内容也比较多。就业援助,就是就业服务公共机构对就业援助对象实施优先扶持和重点帮助。

二、公共就业服务

就业服务可以分为公共就业服务和私营就业服务，公共就业服务指的是政府通过研究和发布劳动力市场信息以及提供咨询、帮助等各种方法和手段的综合运用，充当劳动者和用人单位或雇主联系的媒介，便利劳动者的就业过程，改善劳动力市场的组织和运行，促使全部劳动力资源得到合理有效的配置和使用。

公共就业服务机构根据政府确定的就业工作目标任务，制订就业服务计划，推动落实就业扶持政策，组织实施就业服务项目，为劳动者和用人单位提供就业服务，开展人力资源市场调查分析，并受劳动保障行政部门委托经办促进就业的相关事务。县级以上劳动保障行政部门统筹管理本行政区域内的公共就业服务工作，根据政府制订的发展计划，建立健全覆盖城乡的公共就业服务体系。公共就业服务机构不得从事经营性活动，其经费纳入同级财政预算。

根据《公共就业服务与就业管理规定》第 25 条规定，公共就业服务机构免费为劳动者提供以下服务：(1)就业政策法规咨询；(2)职业供求信息、市场工资指导价位信息和职业培训信息发布；(3)职业指导和职业介绍；(4)对就业困难人员实施就业援助；(5)办理就业登记、失业登记等事务；(6)其他公共就业服务。

公共就业服务机构应当加强职业指导工作，配备专(兼)职职业指导工作人员，向劳动者和用人单位提供职业指导服务。职业指导工作人员经过专业资格培训并考核合格，获得相应的国家职业资格证书后方可上岗。公共就业服务机构应当为职业指导工作提供相应的设施和条件，推动职业指导工作的开展，加强对职业指导工作的宣传。公共就业服务机构在劳动保障行政部门的指导下，组织实施劳动力资源调查和就业、失业状况统计工作。

三、职业介绍

职业介绍服务是就业服务的重要内容之一，它是为劳动者求职和用人单位招聘员工提供的中介服务活动。通过职业介绍，促进劳动力市场的培育和发展，促进用人单位和求职者的相互选择，促进劳动力的合理流动，也是政府采取的有效的就业服务措施之一。国际劳工组织在 1919 年《失业公约》中就要求会员国建立公立免费职业介绍所，为劳资双方的就业和用人提供服务。通过 1948 年《就业服务公约》和 1949 年的《收费职业介绍所公约(修正)》，要求会员国发展公益性的职业介绍所，强化职业介绍所的服务性质，同时逐步废除营利性收费职业介绍机构。我国虽然没有批准这方面的公约，但社会主义市场经济的发展，要求国家劳动行政部门转变管理职能，通过建立和完善职业介绍制度，使劳动力的管理从直接支配手段向市场服务的手段转变，促进劳动力市场的健康发展。

(一)职业介绍机构

根据 2007 年颁布的《就业服务与就业管理规定》的规定，职业中介机构，是指由法人、其他组织和公民个人举办，为用人单位招用人员和劳动者求职提供中介服务以及其他相关服务的经营性组织。职业中介实行行政许可制度。设立职业中介机构或其他机构开展职业中介活动，须经劳动保障行政部门批准，并获得职业中介许可证。经批准获得职业中介许可证的职业中介机构，应当持许可证向工商行政管理部门办理登记。未经依法许可和登记的机构，不得从事职业中介活动。职业中介许可证由劳动和社会保障部统一印制并免费发放。

职业介绍机构分为非营利性职业介绍机构和营利性职业介绍机构。其中,非营利性职业介绍机构包括公共职业介绍机构和其他非营利性职业介绍机构。公共职业介绍机构,是指各级劳动保障行政部门举办,承担公共就业服务职能的公益性服务机构。公共职业介绍机构使用全国统一标识。其他非营利性职业介绍机构,是指由劳动保障行政部门以外的其他政府部门、企事业单位、社会团体和其他社会力量举办,从事非营利性职业介绍活动的服务机构。营利性职业介绍机构,是指由法人、其他组织和公民个人举办,从事营利性职业介绍活动的服务机构。

(二)职业介绍机构的设立、批准与登记

根据《就业服务与就业管理规定》规定,设立职业中介机构应当具备下列条件:(1)有明确的机构章程和管理制度;(2)有开展业务必备的固定场所、办公设施和一定数额的开办资金;(3)有一定数量具备相应职业资格的专职工作人员;(4)法律、法规规定的其他条件。

职业中介实行行政许可制度。设立职业中介机构或其他机构开展职业中介活动,须经劳动保障行政部门批准,劳动保障行政部门接到设立职业中介机构的申请后,应当自受理申请之日起20日内审理完毕。对符合条件的,应当予以批准;不予批准的,应当说明理由。劳动保障行政部门对经批准设立的职业中介机构实行年度审验。职业中介机构的具体设立条件、审批和年度审验程序,由省级劳动保障行政部门统一规定。

开办非营利性职业介绍机构,须持劳动保障行政部门的批准文件,根据国家有关规定到相应的登记管理机关进行登记。属于事业单位的,应到机构编制管理机关办理事业单位登记和备案;属于民办非企业单位的,应到民政部门办理登记;开办营利性职业介绍机构的,须持劳动保障行政部门的批准文件,到工商行政管理机关办理企业登记注册。职业介绍机构设立分支机构以及变更或者终止的,应到原审批部门和登记管理机关核准办理有关手续。未经依法许可和登记的机构,不得从事职业中介活动。设立外商投资职业介绍机构以及职业介绍机构从事境外就业中介服务的,应当按照有关规定办理手续。

(三)职业介绍机构的业务范围

职业中介机构可以从事下列业务:(1)为劳动者介绍用人单位;(2)为用人单位和居民家庭推荐劳动者;(3)开展职业指导、人力资源管理咨询服务;(4)收集和发布职业供求信息;(5)根据国家有关规定从事互联网职业信息服务;(6)组织职业招聘洽谈会;(7)经劳动保障行政部门核准的其他服务项目。职业介绍机构工作人员实行持职业资格证书上岗制度。从事职业中介活动,应当遵循合法、诚实信用、公平、公开的原则。禁止任何组织或者个人利用职业中介活动侵害劳动者的合法权益。职业中介机构应当在服务场所明示营业执照、职业中介许可证、服务项目、收费标准、监督机关名称和监督电话等,并接受劳动保障行政部门及其他有关部门的监督检查。职业中介机构提供职业中介服务不成功的,应当退还向劳动者收取的中介服务费。

禁止职业中介机构有下列行为:(1)提供虚假就业信息;(2)发布的就业信息中包含歧视性内容;(3)伪造、涂改、转让职业中介许可证;(4)为无合法证照的用人单位提供职业中介服务;(5)介绍未满16周岁的未成年人就业;(6)为无合法身份证件的劳动者提供职业中介服务;(7)介绍劳动者从事法律、法规禁止从事的职业;(8)扣押劳动者的居民身份证和其他证件,或者向劳动者收取押金;(9)以暴力、胁迫、欺诈等方式进行职业中介活动;(10)超出核准的业务范围经营;(11)其他违反法律、法规规定的行为。

第七节　职业培训

一、职业培训的概念和特征

职业培训,即职业教育、职业训练、职业技术培训或职业技能开发,它是根据现代社会职业需求以及劳动者的从业意愿和条件,对要求就业和在职的劳动者所进行的旨在培养和提高其专业技术知识和职业技能的教育和训练活动。国际劳工组织在1975年《人力资源开发中职业知道和职业培训作用建议书》第150号公约中,对职业培训定义为:职业指导和职业培训指导和培训的目的在于确定和开发人类从事生产性和令人满意的职业生活的能力,通过接受不同形式的教育,提高个人的理解能力,并通过个人或集体,去影响工作和环境。

职业培训是国民教育的一个重要组成部分。它同普通教育既有联系,又有区别。两者都是开发智力、培养人才。普通教育是职业培训的基础,职业培训则是普通教育的延伸和专门化。但是职业培训是直接培养劳动者,使其掌握从事某种职业的必要的专门知识和技能。具有自身的特点:

(一)培训目的的针对性和专业性

职业培训以直接培养和提高劳动者的职业技能为目的,其目标是使受培训者成为一定劳动领域的专门人才,以满足现代社会职业和劳动力供求双方的需要,具有很强的针对性和专业性;而普通教育是以提高受教育者的基础文化水平为目标,具有基础性和普及性。

(二)培训对象的特定性

职业培训是以劳动者为培训对象的人力资源开发,培训对象是社会劳动者,包括失业劳动者、在职的劳动者、企业富余人员和其他求职者;而普通教育一般是以处于学龄期的青少年为主要教育对象。

(三)教育内容的实践性和应用性

职业培训突出专业技术知识和实际操作技能的培养和提高,在教育内容上更侧重实践性和应用性;而普通教育突出基础知识和素质教育,在内容上注重基础性和系统性。

(四)培训手段和方法的灵活性

职业培训是特需教育,注重教育和实践相结合,一般可以根据劳动者自身的要求和条件,采取灵活的教育手段和方法,进行不同层次的教育和训练;而普通教育则采取比较固定的常规教育,一般是全日制教育。

二、职业培训的分类

职业培训根据不同的划分标准,有着不同的分类,一般来讲,主要以受培训的对象是否就业为标志,把职业培训划分为就业前职业培训和就业后职业培训两大类。

(一)就业前职业培训

就业前职业培训,是指对尚未从事社会劳动而有从业意愿的劳动者,进行职业能力的开发和职业技能的教育。受培训的对象主要包括两大部分:一是从未就业的劳动者;二是曾经就业现在失业的劳动者。培训的方式多以在校学习为主要途径,这些培训的实体主要为国家和社会各界举办的各种职业学校和职业培训中心。

(二)就业后职业培训

就业后的职业培训,是指对已经就业的劳动者进行专业知识和职业技能的培训。其目的是为了提高在职职工的技术业务知识和实际操作水平,以提高劳动生产率和适应社会生产力不断发展的需要。随着科学技术在社会实践中得到广泛的应用,企业为求得自身的发展,也在不断地更新设备,引进先进的生产技术,开发新产品,以适应市场经济的需求。社会的进步,企业的发展,必然要求劳动者自身的素质也要不断提高。过去那种劳动者个人自身经验积累和在一般性生产中的培训,已经难以担当劳动力水平提高的重任,因而必须进行周期性的就业后职业培训。就业后职业培训,主要由用人单位举办并承担费用,培训结束后,受训人员仍回原单位工作。这种培训的方式,主要包括脱产培训、半脱产培训和业余培训。依据职业技能标准和培训层次的不同,职业培训又可分为初级、中级、高级职业培训。此外还有其他的分类,如职业培训、实体培训和用人单位培训,自费培训、公费培训和委托代理培训,国内培训和国外培训等。

三、职业培训的形式

(一)学校培训

学校培训是职业培训的一个很重要的部分,其中包括技工学校、职业(技术)学校和成人高等学校教育等形式。

技工学校,是培养中级技术工人的职业学校,它是我国职业教育事业的重要组成部分。学生毕业后,能够扎实地掌握本专业所需要的技术理论基础知识,熟练地掌握基本操作技能,完成中级水平的技术作业。为了适应改革开放对中级技术人才的大量需求,1986 年 11 月 11 日,劳动人事部、国家教育委员会发布《技工学校工作条例》,对技工学校的举办、教学条件、招生、培养目标、课程设置、教学制度及管理制度等都作了具体规定。技工学校是培养技术技能型人才的主要基地。招生对象主要是初中毕业生,学制 3 年。技工学校实行教学实习与科研生产相结合的方式,经过几十年的改革发展,目前技工学校已形成初、中、高级培训并存,学历教育与职业资格证书教育相结合,多层次、多功能、多元化的职业培训体系,遍及机械、电子、航空、电力、石油、冶金、铁路等近 30 个部门和系统。

职业(技术)学校,亦称职业中学,它的主要任务是培养社会急需的初级技术人员。它招生的对象为初中毕业生,课程设置分为普通文化课程和技能课程两部分,但偏重技能训练,学生经考试合格的,发给毕业证,由劳动等部门推荐,用人单位考核,择优录用,也鼓励自主择业。

成人高等学校,是指以在职人员为主要培养对象的教育学校、管理干部学校、职工大学以及独立设置的各类业余大学(包括夜大、电大、函大、刊大等学校)。它所进行的是专职教育和继续教育,是职业培训的较高级形式,是劳动者获得某一专业的文化理论教育的理想途径。依据规定,成人高等学校的毕业人员,即获专科和本科毕业证书者,应享有与普通高校同类专业生同等的待遇。

(二)就业训练中心培训

就业训练中心,是指在各级劳动行政部门领导下,由劳动就业服务机构管理指导的就业训练实体。就业训练中心是培训失业人员的主要基地,其培训对象主要是失业青年和失业职工。就业训练中心组织就业前训练和转业训练，多以实用技术和适应性培训为主，学制灵活，少到1～3个月，多到6～12个月。为了适应社会主义市场经济发展的需要，特别是劳动力市场的建立，客观上要求劳动者必须具备较高的素质，以适应竞争机制。1994年12月，劳动部发布《就业训练规定》，该规定对就业训练中心的职责、就业训练中心的招收对象、就业训练中心的组织与管理等作出了具体规定。

（三）民办学校培训

民办学校是指国家机构以外的社会组织或者个人，利用非国家财产性经费，面向社会举办的学校及其他教育机构。根据2002年颁布的《民办教育促进法》的规定，民办学校可以实施以职业技能培训为主的职业资格培训、技术等级培训、劳动就业职业技能培训。举办实施以职业技能为主的职业资格培训、职业技能培训的民办学校，由县级以上人民政府劳动和社会保障行政部门按照国家规定的权限审批，并抄送同级教育行政部门备案。民办学校对招收的学生，根据其类别、修业年限、学业成绩，可以根据国家有关规定发给学历证书、结业证书或者培训合格证书。对接受职业技能培训的学生，经政府批准的职业技能鉴定机构鉴定合格的，可以发给国家职业资格证书。

（四）劳动预备制度

劳动预备制度是国家为提高青年劳动者素质，培养劳动后备军而建立和推行的一项新型培训制度。从1999年起，在全国城镇普遍推行劳动预备制度。这一制度的基本内容是组织新生劳动力和其他求职人员，在就业前接受1～3年的职业培训和职业教育，使其取得相应的职业资格或掌握一定的职业技能后，在国家政策的指导和帮助下，通过劳动力市场实现就业。实行劳动预备制度的主要对象是城镇不能继续升学并准备就业的初、高中毕业生。各地可从本地实际出发，另行制定培训办法。各地还可以根据实际情况引导城镇失业人员和国有企业下岗职工参加劳动预备培训。

（五）学徒培训

学徒培训，是指由用人单位招收学徒工，在师傅直接指导下，通过实际操作，让其掌握一定技能的培训形式。学徒培训，是一种比较传统的培训形式，目前仍有积极的意义。学徒培训需签订学徒（招收）培训合同或师徒合同，其内容包括培训目标、培训期限、培训标准及培训期间的待遇等。学徒培训关系具有以下特征：首先，它不是劳动关系，在培训期间用人单位与劳动者确立的仅是以传授、学习技艺为内容的学徒关系，只有学徒学艺期满，符合用人单位的录用条件，双方在平等自愿、协商一致的原则下，签订劳动合同，才能确立劳动关系。其次，建立学徒培训关系的目的，是旨在建立正式的劳动关系，受训者是否达到预期的培训要求，是决定能否建立劳动关系的主要根据。

（六）职工培训

职工培训，也称职工教育或在职培训，是指在职职工为了更新文化知识和提高劳动技能而接受的一种训练方式。其特点是：培训对象一般为本单位在职职工，因而培训费用一般应由用人单位承担；培训时间大多安排在生产、工作时间以外，具有业余教育的性质；培训的起点较高，针对性强，主要根据本企业工种（专业）需要进行培训；培训的形式灵活多样。

职工培训是用人单位的一项经常性工作，必须制度化。因此《劳动法》第68条规定："用人单位应当建立职业培训制度，按照国家规定提取和使用职业培训经费，根据本单位实际，有计划地对劳动者进行职业培训"；"从事技术工种的劳动者，上岗前必须经过培训"。根据上述规定，用人单位的职业培训制度包括以下几方面：

1. 按照国家规定提取和使用职业培训经费。1992 年 11 月 20 日，财政部发布的《企业财务通则》规定，职工教育经费属于企业管理经费，在企业成本中列支。职工教育经费主要用于培训人员的工资、保险福利费、校舍修缮费、生产实习费、图书资料费等。

2. 根据本单位的实际工作需要，分期、分批地对劳动者进行职工培训。职工的培训计划，应当根据本单位的实际情况编制，其主要内容应当包括：培训的目的、培训的基本内容、培训方式、培训时间和培训经费等。

3. 从事技术工种的劳动者，上岗前必须经过培训。技术工种，是指劳动过程中操作技术要求相对高的工种。即劳动者上岗前，对所从事的工种，必须有一定的理论认识和操作上的熟练过程，否则不能上岗。这里有两层含义：第一，开始从事技术工种的劳动者上岗前必须经过培训；第二，原来从事其他技术工作，被调动后从事新的技术工种的劳动者，上岗前也要经过培训。

第八节　职业技能鉴定

一、职业技能鉴定

(一)职业技能鉴定的概念与特征

职业技能鉴定是一项基于职业技能水平的考核活动，属于标准参照型考试。它是由考试考核机构对劳动者从事某种职业所应掌握的技术理论知识和实际操作能力作出客观的测量和评价。职业技能鉴定是国家职业资格证书制度的重要组成部分。职业技能鉴定的对象，即国家法律规定可以列为职业技能鉴定的劳动者。依据劳动部 1993 年发布的《职业技能鉴定规定》规定，职业技能鉴定的对象包括：(1)各类职业技术学校和培训机构毕(结)业生，凡属技术等级考核的工种，逐步实行职业技能鉴定；(2)企业、事业单位学徒期满的学徒工，必须进行职业技能鉴定；(3)企业、事业单位的职工以及社会各类人员，根据需要，自愿申请职业技能鉴定。

职业技能鉴定有如下法律特征：职业技能鉴定的主体是由政府批准的专门机构；职业技能鉴定的客体是劳动者所具有的业务水平和操作能力；职业技能鉴定是确认劳动者职业资格的法定形式。

(二)职业技能鉴定机构

依据规定，职业技能鉴定机构分为三个层次：

1. 国家级职业技能鉴定中心。它隶属于劳动和社会保障部，它的主要职责是：参与制定国家职业技能标准和组建国家职业技能鉴定题库；开展职业分类、标准、技能鉴定理论研究及咨询服务；推动全国职业技能竞赛活动。

2. 省级职业技能鉴定中心。它隶属于各省、自治区、直辖市劳动行政部门，它的主要职责是：组织本地区职业技能鉴定工作和具体实施考评员的资格培训；开展职业技能鉴定有关问题的研究和咨询服务；推动本地区职业技能竞赛活动。

3. 行业性职业技能鉴定中心。行业性职业技能鉴定中心，必须通过自行申请，经劳动部批准,有关行业可建立行业的职业技能鉴定指导中心,主要职责是:参与制定国家职业技能标准以外非社会通用的本行业特有工种的职业技能标准;组织本行业特有工种的职业技能鉴定工作和考评员的资格培训;开展职业技能鉴定及有关问题的研究和咨询服务;推动本行业的职业技能竞赛活动。

职业技能鉴定指导中心是事业性机构,在管理上实行中心主任负责制。职业技能鉴定站(所)是具体承担对待业人员、从业人员、军地两用人才、各级各类职业技术院校和其他职业培训机构的毕(结)业生,进行职业技能鉴定的事业性机构。在管理上实行站(所)长负责制。

(三)职业技能鉴定的类别

依据职业技能鉴定的对象不同,以及劳动者所从事工作分工的要求,职业技能鉴定分为两大类:

1. 工人职业技能鉴定。依据劳动部发布的《工人考核条例》规定,工人职业技能考核的主要内容包括:工人的思想政治表现、工人的生产工作实绩、工人的业务技术水平等。其中业务水平的考核,主要按照现行的《工人技术登记标准》或者《岗位规定》的内容,进行业务技术理论和实际操作技能的考核。

2. 技师职业技能鉴定。依据技师聘任制的规定,对其进行职业技能考核,并在考核的基础上,对其资格进行评估和认定。需要指出的是,本节所涉及的职业技能鉴定,是狭义上的职业技能鉴定,并不包括职员、医生、教师、工程技术人员、财会人员等的职业技能鉴定。

二、职业资格证书制度

(一)职业资格的概念

职业资格,是指对劳动者从事某一职业所必需的学识、技术和能力的基本要求,包括从业资格和执业资格。从业资格是指劳动者从事某一专业的学识、技术和能力的起点标准;执业资格是指从业者依法独立开业或从事某一特定专业的学识、技术和能力的必备标准。执业资格是政府对某些责任较大、社会通用性强、关系公共利益的专业实行的就业准入制度。1999年起劳动和社会保障部决定对90个技术性强、服务质量要求较高及覆盖面广、流动性大的职业实行就业准入制度,要求劳动者必须经过相应培训、取得职业资格证书后方可就业上岗。根据就业准入制度,由劳动和社会保障部颁发的职业资格证书是从事相关职业的唯一通行证。

(二)职业资格证书的概念与分类

职业资格证书是通过政府认定的考核鉴定机构,按照国家规定的职业技能标准或任职资格条件,对劳动者的技能水平或职业资格进行客观公正、科学规范的评价和鉴定的结果,是劳动者具备某种职业所需要的专门知识和技能的证明。职业资格证书制度是国际上通行的一种对技术型人才的资格认证制度,既是劳动就业制度的一项重要内容,也是一种特殊形式的国家考试制度。它是按照国家指定的职业技能标准或任职资格条件,通过政府认定的考核鉴定机构,对劳动者的技能水平或职业资格进行客观公正、科学规范的评价和鉴定,对合格者授予相应的国家职业资格证书。与学历文凭证书不同,职业资格证书与某一职业能力的具体要求密切结合,反映特定职业的实际工作标准和规范,以及劳动者从事这种职业所达到的实际能力水平。

我国技术性职业(工种)的职业资格证书,分为“初级技能”、“中级技能”、“高级技能”,以及“技师”、“高级技师”五种,由劳动和社会保障部统一印制,劳动保障部门或国务院有关部门按规定办理和核发。劳动者依法取得的职业资格证书,是劳动者通过职业技能鉴定的法律后果,它是劳动者求职、任职、独立开业和用人单位录用劳动者的主要依据,也是境外就业、对外劳务合作人员办理技能水平公证的有效证件。

思考题

1. 劳动就业的要素有哪些?
2. 我国劳动就业的形式有哪些?
3. 阐述我国劳动就业的基本原则及主要内容。
4. 简述对特殊就业群体的保障措施。
5. 如何保障公平就业?

问题讨论

乙肝病毒携带者可否平等就业?遇到就业歧视通过什么途径解决?

案例:乙肝病毒携带者起诉诺基亚就业歧视索赔50万元

2007年1月18日,黎胜在网上向东莞诺基亚移动电话有限公司投递了应聘测试技术员岗位的简历。之后,黎胜顺利通过笔试和面试。该公司人力资源部通知黎胜被录用,和他谈了薪水等待遇,并要他到指定的医院参加入职体检,如果体检合格他就可以到公司上班了。1月27日,黎胜到东莞同济医院进行入职前的体检。“我以为像诺基亚这样的大公司不会有乙肝歧视,在体检结果还没出来时就主动告诉人力资源部负责人自己是乙肝病毒携带者。该负责人称,情况不太严重不会影响录取。”黎胜告诉记者,1月30日他又一次到东莞同济医院进行测试,检查结果显示其病毒不具有传染性。但是,诺基亚依然拒绝了黎胜。黎胜说,公司给他的答复是“公司所有人都是在同一个饭堂吃饭,同一个工作环境,担心他会传染给公司其他人,建议他换一份轻松点的工作。这是分公司的规定,也是和分公司领导商量过后决定的”。

诺基亚表态:另一候选人更适合。事发后,诺基亚曾对媒体的报道作出声明:诺基亚向来坚持机会均等的原则,无论在任何情况下都不容忍任何歧视行为。诺基亚公司的政策非常清晰:慢性病不是雇佣决定的因素之一。我们在全球范围内都执行这一统一的政策,并严格执行。但如果该疾病使得病患者不能胜任所应聘的职位,或者该疾病让其他人面临健康或安全风险,我们将另案处理。就此事具体而言,该申请者申请的职位需要特殊技能,同时有其他申请者在申请。通过预选,几位候选人进入下一轮筛选。在这新一轮筛选中,诺基亚对候选人进行了通常的评估、面试和能力测试。最后的综合评估结果表明另外一个候选人更适合该职位。诺基亚的有关负责人表示,如果诺基亚公司的员工在此事中有任何不恰当的行为,他们将采取必要措施,并确保针对相关人士重申公司在这方面的政策。“我们目前在东莞工厂有好几位职工就是乙肝病毒携带者，我们正在积极调查此事。”由于原有的工作已经辞掉，诺基亚又拒录，黎胜在起诉“诺基亚乙肝歧视”的同时，开始寻找新的工作岗位。

黎胜接受本报记者采访时沮丧地表示，社会上相当一部分人还戴着有色眼镜看乙肝病毒携带者，所以他在面试新岗位的时候不会再主动告诉对方自己是乙肝病毒携带者，“等体检检出来了再看怎么处理吧”。在诺基亚吃了闭门羹后，黎胜在东莞尝试找了4份工作，但最终因为“身体原因”未能胜任。他说，很多企业在公司规定中都是把乙肝病毒携带者和传染病列为一类。黎胜在电话中告诉记者，诺基亚公司让他承受了巨大的精神压力，他希望除了可以通过法律的手段让该公司作出精神损失赔偿外，还应把“不得歧视乙肝病毒携带者”的条款写进公司的入职标准。

1.2亿乙肝病毒携带者需要有平等劳动权。2007年3月2日，全国最大的乙肝公益网站“肝胆相照论坛”权益版版主陆军从郑州赶到深圳来帮助黎胜，在当地10多名乙肝维权志愿者的协助下，黎胜聘请周立太为代理律师，将东莞诺基亚告上法庭。周立太的助手——汪卫东律师告诉记者，由于法院考虑到诺基亚分公司不具备执行能力，要求把总公司一并起诉，因种种原因就拖到现在了。

在起诉书中，黎胜写道：根据我国宪法及相关法律规定，公民有平等就业的权利，任何单位和个人不能侵犯公民的平等就业权。我国《劳动法》规定，劳动者享有平等就业的权利，劳动者就业不应受到歧视。《病毒性肝炎防治方案》规定，乙肝病毒携带者除了不能献血或从事直接接触入口食品和保育工作外，不能视为现症肝炎病人处理。被告根据体检结果拒绝录用原告的作为，严重侵犯了原告的平等就业权利，使原告精神上受到极大打击。

北京益仁平中心负责人、肝胆相照权益版版主陆军认为，诺基亚在国际上注重社会责任，如果他们在中国推行的标准和国外不一样，反歧视政策在中国没有得到落实，那么，他们“向来坚持机会均等的原则，无论在任何情况下都不容忍任何歧视行为”的说法就会显得苍白无力。陆军希望，诺基亚能够认真就此事作出调查，同时，加强对其在华下属公司的反歧视教育和监管，加强对其在华供应链的稽核。

黎胜激动地告诉记者：“我要用法律给自己讨个说法——反对歧视，中国有1.2亿的乙肝病毒携带者，这1.2亿人也要有平等的劳动权利。”2007年3月12日，北京瑞风律师事务所律师李方平和北京地坛医院主任医师蔡皓东联合向全国人大提交了一份“公民提案”，建议审查易导致乙肝歧视的《食品卫生法》等15部法律、法规或部门规章（包括已经实施或正在拟定、修订的）。他们称，此举的目的是热切期盼通过公民提案的方式表达要求“保障乙肝病原携带者平等教育和工作机会”的诉求，呼吁国家为构建消除乙肝歧视的和谐社会提供相应的立法保障。

第三章 劳动合同

【引例】刘某于2009年6月大学毕业后到广州某科技公司工作，刘某与公司签订了为期两年的劳动合同，约定试用期三个月。2010年7月，刘某因考取了某高校管理学研究生，所以提前30天以书面形式向所在公司申请解除劳动合同。刘某与公司入职时签订的劳动合同约定："劳动合同期限未满劳动者单方提出解除劳动合同的，必须提前30天书面通知用人单位，并缴纳违约金1万元。"但刘某因工作时间较短，暂时拿不出1万元，所以双方产生了纠纷。

请问：劳动合同是什么？劳动者在与用人单位建立劳动关系时必须签署劳动合同吗？劳动合同的内容应当如何确定？解除或终止劳动合同的程序是什么？

第一节 劳动合同法概述

一、劳动合同的概念和特征

（一）劳动合同的概念

劳动合同，亦称劳动契约、劳动协议，我国《劳动法》第16条第1款规定："劳动合同是劳动者与用人单位确立劳动关系、明确双方权利和义务的协议。"劳动合同既是调整劳动关系的基本法律形式，也是确立劳动者与用人单位劳动关系的基本前提，在劳动法中占据核心的地位。根据劳动合同，劳动者加入企业、个体经济组织、事业单位、国家机关、社会团体等用人单位，成为该单位的成员，承担一定的工种、岗位或职务工作，并遵守所在单位的劳动规则和其他规章制度；用人单位则应该及时安排劳动者工作，按照劳动者劳动的具体情况支付劳动报酬，在劳动中根据有关法律、法规和劳动合同的约定提供必要的劳动条件，保障劳动者享有劳动保护、社会保险、福利等权利和待遇。

（二）劳动合同的特征

劳动合同的特征，与其所调整的劳动关系的法律本质有着密切的联系。

劳动合同确实源于民法的雇佣契约，但劳动合同有其自身的特点，其内容之一是作为当事人的劳动者须提供自己的劳动，这有别于一般的商品交换，不能将劳动者提供劳动，雇主给付报酬看作简单的商品交换。为了更好地协调劳动关系，保护劳动者的权益，在社会经济发展和社会理念不断进步的环境下，各国开始颁布大量的劳动法律、法规，涉及工作时间、休息休假、工资、劳动保护、社会保险、集体合同、工会、劳动争议等多方面的内容，劳动法的这些内容，完全超越了民法的规范，劳动法最终从民法中分离出来成为独立的法律部门。

劳动合同在劳动法范畴内被赋予了新的含义，劳动合同尽管也是由合同双方当事人协商签订，也体现为一种“合意”，但是与一般民事合同已有很大区别。为了对处于弱势地位的劳动者给予必要的法律保护，国家对劳动关系进行了很强的干预，相对于民事合同来说，劳动法对劳动合同的内容作了很多的限制，劳动合同已不能简单地适用合同自由原则。劳动合同独立于民事合同，属于劳动法范畴，适用劳动法的基本原则和法理。所以，劳动合同既有一般合同意义上的法律特征，又有其自身独立的法律特征。

劳动合同在一般合同意义上，特征为：(1)诺成合同。指只需要双方当事人意思表示一致劳动合同即可成立，法律不要求劳动者先行提供劳动或用人单位支付劳动报酬作为劳动合同成立的前提。(2)附合合同。指双方当事人就劳动合同内容意思表示一致的过程，在实践中通常是由用人单位草拟劳动合同主要条款，劳动者对其附合表示同意的过程。只要用人单位提出的合同条款不违法，这种附合性合意行为就即为法律所允许。(3)双务合同。指劳动者和用人单位都负有义务，并且各方所负义务既是与各自所享有权利对应的代价，又是实现对方相应权利的保证。(4)有偿合同。指依据劳动合同，劳动者一方面向用人单位提供劳动，另一方面向用人单位取得劳动报酬等劳动力再生产费用，这是一种等量劳动交换的关系。

与民事合同相比较而言，劳动合同特别强调下述法律特征：(1)从属合同。按照劳动合同的约定，劳动者在身份上、组织上、经济上从属于用人单位，遵照用人单位的要求为用人单位劳动，服从于用人单位的管理，完全纳入用人单位的经济组织和生产系统之内。(2)有限自由合同。基于双方当事人的强弱差异和劳动关系的外部效应，需要对劳动合同作政府和社会干预，其契约自由尤其是用人单位的意思自治受到限制。在劳动合同的相关规定中，倾斜性地保护劳动者，限制用人单位的意思自治，是为了保障劳动者享有充分的意思自治，是和我们国家现阶段的劳动用工状况相适应的。(3)继续性合同。劳动合同所约定的权利和义务在劳动关系存续期间继续存在，它不能通过当事人之间的一次给付就实现合同目的，而必须随着时间的推移，通过双方当事人特别是劳动者持续不断地提供劳动才能达到合同目的。继续性合同的一个重要特征是，已经履行的部分(例如劳动者已经付出的劳动)不具有可返还性，无法恢复原状，因此在处理劳动合同因无效、解除等引起的溯及力和责任承担问题时，便不能对劳动者已经付出的劳动适用返还财产的处理方式，而只能采用赔偿损失等其他的处理方式。①

二、我国劳动合同法的立法演变

我国的劳动合同立法，已经历了较长的发展过程。早在土地革命时期，中央苏区的《中华苏维埃共和国劳动法》②，就设有劳动合同的专门章节；抗日战争时期，陕甘宁边区的《陕甘宁边区劳动保护条例(草案)》也有关于劳动合同的法律规范。

---

① 参见王全兴：《劳动法》，法律出版社 2008 年版，第 125～126 页。

② 中华苏维埃共和国成立之后，于 1931 年 12 月 1 日颁布了《中华苏维埃共和国劳动法》，自 1932 年 1 月 1 日开始实施，到 1933 年 10 月，针对实践中存在的问题，又重新修订公布了第二个《劳动法》。《中华苏维埃共和国劳动法》是苏区时期的重要法律。

中华人民共和国成立以来，劳动合同立法一直是劳动立法的一个重要组成部分。1949年11月，中华全国总工会《关于劳资关系暂行办法》第2条规定：“私营企业与被雇佣工人职员学徒及勤杂人员之间的关系属本法规定者，得由劳资双方协议，签订集体合同或劳资契约规定之。”1951年5月，劳动部《关于各地招聘职工的暂行规定》中规定：“招聘职工时雇佣与被雇佣者双方应直接订立劳动契约，须将工作待遇、工时、试用期以及招住远地者来往路费、安置家属等加以规定，并向当地劳动行政部门备案。”此外，劳动部还制定了《失业技术员工登记介绍办法》(1950年)、《关于建筑工程单位往外地招用建筑工人订立劳动合同的办法》(1954年)、《关于订立建筑工人借调合同办法》(1959年)等法规，这些法规都要求通过订立劳动合同来确立劳动关系。社会主义改造完成以后随着固定工制度的普遍实行，在正式工中订立劳动合同的办法消失，有关法规中仅要求临时工与用人单位订立劳动合同。如1962年10月国务院制定的《关于国营企业使用临时工的暂行规定》中，就有“各单位招用临时工，必须签订劳动合同”的规定。

中共十一届三中全会以后，国家的工作重心转移到经济建设上来，在全面进行经济体制改革的同时，劳动合同立法也有了突破性的发展。1980年，国务院发布了《中外合资经营企业劳动管理规定》，要求“合资企业职工的雇佣、解雇和辞职，生产和各种任务，工资和奖励，工作时间和假期，劳动保险和生活福利，劳动保护，劳动纪律等事项，通过劳动合同加以规定”。1982年2月，劳动人事部发出了《积极推行劳动合同制的通知》，确定了实行劳动合同制的目的、要求和步骤，并在全国试行劳动合同制。1984年，国务院先后颁发和批转了关于矿山、建筑和搬运装卸作业从农村招用合同制工的几个规定，使劳动合同的法定适用范围，从国营企业的临时工扩大到正式工中的农民轮换工。1986年，国务院发布了《国营企业实行劳动合同制暂行规定》，要求全民所有制单位招用常年性工作岗位上的工人，统一实行劳动合同制。此后，在《全民所有制企业招用农民合同制工人的规定》(1991年)、《全民所有制企业临时工管理暂行规定》(1989年)、《私营企业管理规定》(1989年)、《关于股份制试点企业劳动工资管理暂行办法》(1993年)、《城乡个体商户管理暂行条例》(1987年)等法规中，都要求把劳动合同作为缔结劳动关系的法律形式。

1994年颁布的《劳动法》，在我国劳动合同立法过程中具有特别重要的意义，为全面推行劳动合同制提供了法律依据。《劳动法》就劳动合同的定义和适用范围，订立、变更和无效，内容、形式和期限，终止和解除等主要问题作出专门规定，为统一和完善劳动合同制度奠定了法律基础，使劳动合同立法进入了一个新的发展阶段。此后，劳动部制定了若干项与《劳动法》配套的有关劳动合同的规章，如《违反和解除劳动合同的经济补偿办法》(1994年12月)、《违反〈劳动法〉有关劳动合同的赔偿办法》(1995年5月)、《关于实行劳动合同制度若干问题的通知》(1996年)，此外，《最高人民法院关于审理劳动争议案件适用法律若干问题的解释》(2001年)中，也就劳动合同适用法律的有关问题作了规定。全国各地都纷纷制定了地方性劳动合同法规，例如《北京市劳动合同规定》(2001年12月24日发布，2002年2月1日起实施)，《上海市劳动合同条例》(2001年11月15日发布，2002年5月1日起实施)。

为了使我国劳动合同制度有更完备的法律保证，十届全国人大常委会于2007年6月29日通过、公布了《中华人民共和国劳动合同法》，自2008年1月1日起施行。2008年9月18日，国务院又颁布了《中华人民共和国劳动合同法实施条例》。《劳动合同法》和《劳动合同法实施条例》的颁布进一步明确了劳动关系中双方当事人的权利和义务，扩大了劳动合同的实施范围、提高了劳动合同的签订率，严格规范了试用期，纠正了劳动合同的短期化和纠正拖欠工资的行为。并对劳务派遣、非全日制用工等作出了规范，弥补了原有《劳动法》的不足，为构建和谐的劳动关系提供了法律保障。

三、劳动合同法的适用范围

劳动合同法的适用范围，即劳动合同法的效力范围。广义上包括劳动合同法在时间、空间、对人、对事四个方面的效力范围，狭义上仅指劳动合同法对人的效力范围。

《劳动合同法》第 2 条规定："中华人民共和国境内的企业、个体经济组织、民办非企业单位等组织（以下称用人单位）与劳动者建立劳动关系，订立、履行、变更、解除或者终止劳动合同，适用本法。国家机关、事业单位、社会团体和与其建立劳动关系的劳动者，订立、履行、变更、解除或者终止劳动合同，依照本法执行。"

具体来说，劳动合同法的适用范围包括以下内容：

第一，时间适用范围即时间上的效力，《劳动合同法》第 98 条明确规定："本法自 2008 年 1 月 1 日起施行。"

《劳动合同法》遵守"法律不溯及既往"的原则，对跨越《劳动合同法》施行前后的劳动合同（劳动关系）也作出了明确的规定："本法施行前已依法订立且在本法施行之日存续的劳动合同，继续履行；本法第十四条第二款第三项规定连续订立固定期限劳动合同的次数，自本法施行后续订固定期限劳动合同时开始计算。本法施行前已建立劳动关系，尚未订立书面劳动合同的，应当自本法施行之日起一个月内订立。本法施行之日存续的劳动合同在本法施行后解除或者终止，依照本法第四十六条规定应当支付经济补偿的，经济补偿年限自本法施行之日起计算；本法施行前按照当时有关规定，用人单位应当向劳动者支付经济补偿的，按照当时有关规定执行。"

第二，空间适用范围又称地域适用范围，就是《劳动合同法》第 2 条规定的"中华人民共和国境内"，即中华人民共和国领土范围内，领土包括领陆、领水（含领海）及领空，这是基于国家主权原则而产生的。当然，由于我国台湾地区的现状，香港特别行政区、澳门特别行政区实行"一国两制"，均为独立的法域，《劳动合同法》并不适用于港、澳、台三地。

第三，对事的适用范围，就是《劳动合同法》第 2 条规定的"建立劳动关系，订立、履行、变更、解除或者终止劳动合同"。

第四，对人的效力范围，即对哪些人适用，这也是狭义劳动合同法的适用范围，依据《劳动合同法》和《劳动合同法实施条例》的规定，我国劳动合同法的适用范围包括直接适用和依照执行两类，每一类都包括劳动关系的双方当事人，即用人单位和劳动者。

直接适用《劳动合同法》的用人单位包括中华人民共和国境内的企业、个体经济组织、民办非企业单位等组织，包括依法成立的会计师事务所、律师事务所等合伙组织和基金会。依照《劳动合同法》执行的包括国家机关、事业单位、社会团体。

《劳动合同法》适用的劳动者，是指达到法定的劳动年龄，依法享有劳动能力的自然人。劳动者一般情况下应为中国公民，即有中华人民共和国国籍的（自然）人。外国人和无国籍人须经许可才能成为我国劳动法上的劳动者，适用《劳动合同法》。

四、劳动合同的分类

(一)按照劳动合同期限划分

按照法律对劳动合同有效期限的要求不同,可以将劳动合同分为固定期限、无固定期限和以完成一定的工作任务为期限的劳动合同三种。《劳动法》第 20 条、《劳动合同法》第 12 条肯定了这种分类方式,这也是大多数国家劳动立法的通例。

固定期限劳动合同,是指用人单位与劳动者约定合同终止时间的劳动合同。是明确规定了合同有效期限并可依法延长期限的劳动合同。劳动关系只在合同有效期限内存续,期限届满则劳动关系终止。无固定期限劳动合同(又称不定期劳动合同),是指用人单位与劳动者约定无确定终止时间的劳动合同。它没有明确规定合同有效期限,劳动关系可以在劳动者的法定劳动年龄范围内和企业的存在期限内持续存在,只有在符合法定或约定条件的情况下,劳动关系才可终止。以完成一定工作任务为期限的劳动合同,是指用人单位与劳动者约定以某项工作的完成为合同期限的劳动合同。此类合同一般用于以下情形:(1)以完成单项工作任务为期限的劳动合同;(2)以项目承包方式完成承包任务的劳动合同;(3)因季节原因临时用工的劳动合同;(4)其他双方约定的以完成一定工作任务为期限的劳动合同。以完成一定工作任务为期限的劳动合同实际上是一种特殊的固定期限劳动合同,但一般不存在合同延期的问题。

从对劳动者的就业保障来说,无固定期限劳动合同对劳动者更有利,尤其是就防止用人单位在使用完劳动者"黄金年龄段"后不再使用劳动者而言,无固定期限劳动合同更有效。所以,我国《劳动合同法》第 14 条也规定了用人单位应当订立无固定期限劳动合同的具体情形:"有下列情形之一,劳动者提出或者同意续订、订立劳动合同的,除劳动者提出订立固定期限劳动合同外,应当订立无固定期限劳动合同:(一)劳动者在该用人单位连续工作满十年的;(二)用人单位初次实行劳动合同制度或者国有企业改制重新订立劳动合同时,劳动者在该用人单位连续工作满十年且距法定退休年龄不足十年的;(三)连续订立二次固定期限劳动合同,且劳动者没有本法第三十九条和第四十条第一项、第二项规定的情形,续订劳动合同的。用人单位自用工之日起满一年不与劳动者订立书面劳动合同的,视为用人单位与劳动者已订立无固定期限劳动合同。"

(二)按照用工方式的不同划分

按照劳动用工方式的不同,劳动合同可分为全日制用工劳动合同、非全日制用工劳动合同和劳务派遣用工劳动合同。

全日制用工劳动合同,又称全职劳动合同,是指劳动者按照国家法定工作时间,从事全职工作的劳动合同。

非全日制用工劳动合同,又称部分时间劳动合同,或弹性工作劳动合同,是指劳动者按照国家法律规定,从事部分时间工作的劳动合同。我国《劳动合同法》第 68 条至第 72 条专门作了特别规定:(1)非全日制用工,是指以小时计酬为主,劳动者在同一用人单位一般平均每日工作时间不超过 4 小时,每周工作时间累计不超过 24 小时的用工形式。(2)非全日制用工双方当事人可以订立口头协议。(3)从事非全日制用工的劳动者可以与一个或者一个以上用人单位订立劳动合同,但是,后订立的劳动合同不得影响先订立的劳动合同的履行。(4)非全日制用工双方当事人不得约定试用期。(5)非全日制用工双方当事人任何一方都可以随时通知对方终止用工。终止用工，用人单位不向劳动者支付经济补偿。(6)非全日制用工小时计酬标准不得低于用人单位所在地人民政府规定的最低小时工资标准。(7)非全日制用工劳动报酬结算支付周期不得超过1日。

非全日制用工既是一种重要的劳动用工形式，也是灵活就业的主要方式。近年来，以小时工为主要形式的非全日制用工在我国发展较快，已突破了传统的全日制用工模式，适应了用人单位灵活用工和劳动者自主择业的需要，已成为促进就业的重要途径。

劳务派遣用工劳动合同，指劳务派遣单位与被派遣劳动者之间订立的劳动合同。我国《劳动合同法》第58条至第67条对劳务派遣专门作了特别规定：(1)劳务派遣用工劳动合同的内容，除应当载明一般劳动合同必须具备的条款外，还应当载明被派遣劳动者的用工单位以及派遣期限、工作岗位等情况；(2)劳务派遣单位应当与被派遣劳动者订立两年以上的固定期限劳动合同，按月支付劳动报酬；(3)被派遣劳动者在无工作期间，劳务派遣单位应当按照所在地人民政府规定的最低工资标准，向其按月支付报酬；(4)劳务派遣单位派遣劳动者应当与接受以劳务派遣形式用工的单位(以下称用工单位)订立劳务派遣协议，劳务派遣单位应当将劳务派遣协议的内容告知被派遣劳动者，不得克扣用工单位按照劳务派遣协议支付给被派遣劳动者的劳动报酬，劳务派遣协议双方也不得向被派遣劳动者收取费用；(5)劳务派遣单位跨地区派遣劳动者的，被派遣劳动者享有的劳动报酬和劳动条件，按照用工单位所在地的标准执行；(6)被派遣劳动者享有与用工单位的劳动者用工同酬的权利；(7)被派遣劳动者有权在劳务派遣单位或用工单位依法参加或者组织工会，维护自身的合法权益。

(三)按照劳动合同存在的形式不同划分

按照劳动合同存在的不同形式，可以分为书面劳动合同和口头劳动合同。

书面劳动合同，又称要式劳动合同，是指以法定的书面形式订立的劳动合同。此类劳动合同适用于当事人之间的权利、义务需要明确的劳动关系。我国《劳动法》第1条、《劳动合同法》第10条都明确规定：建立劳动关系，应当订立书面劳动合同。已建立劳动关系，未同时订立书面劳动合同的，应当自用工之日起一个月内订立书面劳动合同。书面劳动合同是由双方当事人达成权利、义务协议后用文字形式固定下来，作为存在劳动关系的凭证。书面劳动合同把双方当事人的权利、义务条文化，比较严肃，便于履行和监督检查。一旦发生劳动争议，有据可查。因此，它对于减少劳动争议，维护双方当事人的合法权益都有重要作用。

口头劳动合同，又称非要式劳动合同，是指由劳动关系当事人以口头约定的形式产生的劳动合同。我国《劳动合同法》第69条规定："非全日制用工双方当事人可以订立口头协议。"这类劳动合同适用于当事人之间的权利、义务可以短时间内结清的劳动关系。它的履行只能依据当事人的信誉和相互之间的信任。

书面和口头劳动合同，易于区别。为了有助于明确双方之间存在的权利、义务关系，避免不必要的争议，应该尽可能地订立书面劳动合同。

(四)按照产生劳动合同的方式不同划分

按照产生劳动合同的不同方式，可以分为录用合同、聘任合同、借用合同等。

录用合同，指用人单位与被录用劳动者之间，为确立劳动关系，明确双方权利、义务的协议。用人单位招收录用劳动者应当按照预先规定的条件，依法通过面向社会、公开招收、择优录用的方式，与被录用者签订劳动合同。它一般适用于招收录用普通劳动者。

聘用合同，也称聘任合同，指聘用单位与被聘用劳动者之间，为确立劳动关系，明确双方责、权、利的协议。它一般适用于招聘有技术业务专长的劳动者。如企业或事业单位聘请专家、技术顾问、法律顾问、经济顾问等。

借用合同,也称借调合同,指借用单位、被借用单位与被借用人员之间,为确立借用关系,明确相互之间权利、义务的协议。它一般适用于借用单位与被借用单位之间,为技术力量的互通有无或人员的余缺调剂、互相协作而签订的劳动合同。在借调期间,被借用人员与原单位的劳动关系不变,但是,其工作岗位、工作条件和福利待遇等随着借调合同而发生变化。

第二节　劳动合同的订立

一、劳动合同的订立原则

劳动合同的订立,是指劳动合同双方当事人,即劳动者和用人单位就双方的权利义务进行协商,意思表示一致,从而签订对双方具有法律约束力的劳动合同的行为。广义包括订立书面劳动合同和订立口头劳动合同两种情况,狭义仅指订立书面劳动合同。由于《劳动法》和《劳动合同法》都要求建立劳动关系应当订立书面劳动合同,所以,我们讨论的"订立劳动合同"是指狭义的解释。

我国《劳动法》第 17 条规定:"订立和变更劳动合同,应该遵循平等自愿、协商一致的原则,不得违反法律、行政法规的规定。"《劳动合同法》第 3 条规定:"订立劳动合同,应当遵循合法、公平、平等自愿、协商一致、诚实信用的原则。"

(一)合法原则

合法原则是劳动合同订立的根本性原则,指劳动合同双方当事人在订立和履行中必须遵守法律、法规的规定。合法原则具体表现为:

1. 订立劳动合同的主体必须合法。即双方当事人必须具备法律、法规规定的主体资格。劳动者一方必须达到法定劳动年龄,具有劳动权利能力和劳动行为能力;用人单位一方必须具备法人资格或具有公民资格和承担合同义务的能力。

2. 订立劳动合同的目的必须合法。双方当事人不得以订立劳动合同的合法形式掩盖非法意图和违法行为的内容,以达到不良企图的目的。

3. 订立劳动合同的内容必须合法。双方当事人在劳动合同中所设定的权利、义务条款必须符合国家法律、法规和有关政策的相关规定。

4. 订立劳动合同的程序、形式、期限等必须合法。

(二)公平原则

公平原则是指劳动合同的内容应当公平、合理,即在符合法律规定的前提下,劳动合同双方当事人公正、合理地确立双方的权利和义务,为构建和谐稳定的劳动关系奠定基础。

公平原则要求劳动合同双方当事人之间的权利义务要基本平衡,强调一方给付与对方给付之间的等值性,合同上的负担和风险的合理分配。有些劳动合同内容,相关劳动法律、法规往往只规定了一个界限,如最低工资标准、最高工时标准、最长试用期标准,在标准限度内双方自愿达成协议,就是合法的,但有时合法的未必公平、合理。所以公平原则就要求双方当事人在遵循法律、法规要求的前提下,也能遵循社会公德,尤其是用人单位不能凭借优势地位,滥用权力,欺诈劳动者订立不公平的劳动合同。

特别强调的是,《劳动合同法》的立法目的就是倾斜性保护劳动者,是强调"保护劳动者的合法权益",就是为了平衡劳动者和用人单位实质上的不平等,从而实现实质公平。因此在理解劳动合同当事人双方权利义务的配置上不宜强调绝对的对等。

(三)平等自愿原则

平等自愿原则实际上包括两个原则:一是平等原则,二是自愿原则。

平等原则,是指劳动合同的缔约双方具有平等的法律地位、适用同样的法律规则、享有同等的法律保护。尽管劳动者在劳动过程中隶属于用人单位,但是劳动者和用人单位在订立劳动合同时在法律地位上是平等的,用人单位不能将自己的意愿强加给劳动者,随意在劳动合同中附加不平等的条件和内容。

自愿原则,是以承认合同当事人的独立人格、意思自由为前提,是指劳动合同当事人不受他人干涉,根据个人意志自主决定是否订立合同、与谁订立合同以及合同的具体内容。订立劳动合同完全是出于劳动者和用人单位双方的真实意志,是双方协商一致达成的,任何一方不得把自己的意志强加给另一方,任何单位和个人不得强迫劳动者订立劳动合同。在《劳动合同法》中,自愿原则所强调保障的自愿,主要是劳动者的自愿。这也是为了平衡劳动者和用人单位在实际用工中的不平等而提出的。

(四)协商一致原则

协商一致,是指用人单位和劳动者应进行充分的平等协商,对合同的内容达成一致的意思表示后订立劳动合同。

双方当事人自愿协商劳动合同内容是劳动合同订立的基本方式,而一致是指通过协商双方最终达成了共同的意思表示,合同是双方达成合意的结果。实践中,劳动合同一般是由用人单位提供格式合同文本,劳动者一般只需要签字就行了。而在格式合同文本中如果有免除或减轻用人单位的法定责任、排除或限制劳动者的权利的条款存在,当然就不是一致的意思表示,而如果劳动者迫于找工作的压力不得不签订,那么应当认定为无效劳动合同或者部分无效劳动合同。

(五)诚实信用原则

诚实信用原则起源于罗马法,是民法的一项基本原则。诚实信用原则是指双方当事人在订立劳动合同过程中要诚实守信,不得以欺骗或虚假情况取得对方信任,要按照诚信原则履行自己基于合同或者法律规定而对对方所承担的各种义务。

诚实信用原则在劳动合同法中更强调用人单位的诚实信用,如《劳动合同法》第8条中,用人单位的缔约告知义务就重于劳动者的缔约告知义务。"用人单位招用劳动者时,应当如实告知劳动者工作内容、工作条件、工作地点、职业危害、安全生产状况、劳动报酬,以及劳动者要求了解的其他情况;用人单位有权了解劳动者与劳动合同直接相关的基本情况,劳动者应当如实说明"。

二、订立劳动合同的程序

订立劳动合同应遵循一定的程序,根据我国《劳动法》和《劳动合同法》的有关规定以及订立劳动合同的实践,其程序一般为:

(一)要约

第一个阶段,是劳动者和用人单位之间相互选择,其中的一方,劳动者或用人单位提出订立劳动合同的建议,称为要约。

这种选择一般由用人单位的招聘行为和劳动者的应聘行为共同构成。用人单位通过招工简章、广告、网络、报纸、电视等信息渠道向不特定的劳动者提出招聘的要求,劳动者根据招聘要求,自愿进行应聘,通过用人单位的考核后,择优录取。这时一般由用人单位提出要约,并起草劳动合同草案,该草案只是用人单位的单方意见,是提供协商的文书草本。

(二)双方协商

第二阶段是用人单位和劳动者对要约方提出的劳动合同建议应进行平等协商。用人单位应对劳动者如实讲明本单位的真实情况,包括劳动者将要担任的工作任务、劳动报酬、劳动条件、劳动纪律、期限和试用期、社会保险和福利待遇等双方的权利、义务。对这些内容应允许劳动者充分表达自己的意见和要求,经过双方讨论,最后达成一致意见。即要约方的要约经双方反复提出不同意见,最后在新要约的基础上表示新的承诺。在双方意思表示一致后,协商即告结束。

(三)双方签约

第三阶段就是劳动合同的签订。劳动合同双方当事人在签约前必须认真审阅合同文书约定的条件是否真实,是否是经双方协商达成一致的意见。如确认没有分歧意见后,用人单位法人代表和劳动者在劳动合同文本上签字、盖章,并填写年、月、日等必备信息。如果用人单位法人代表不能亲自参加,应当以书面形式委托有关人员代理。劳动合同经双方当事人签字盖章后,合同即告成立。

劳动合同经双方当事人签订后,还应送劳动鉴证机关进行鉴证。

与劳动者及时订立劳动合同是用人单位的法定义务。《劳动合同法》第 10 条"应当订立书面劳动合同"中的"应当",就是"必须"的意思。在法律上,含有"应当"的规定是义务性规定。《劳动合同法》第 10 条还规定:"已建立劳动关系,未同时订立书面劳动合同的,应当自用工之日起一个月内订立书面劳动合同。"这就确立了用人单位及时与劳动者订立书面劳动合同的义务,违反该义务要负相应的法律责任。《劳动合同法》第 82 条规定:"用人单位自用工之日起超过一个月不满一年未与劳动者订立书面劳动合同的,应当向劳动者每月支付二倍的工资。用人单位违反本法规定不与劳动者订立无固定期限劳动合同的,自应当订立无固定期限劳动合同之日起向劳动者每月支付二倍的工资。"第 14 条规定:"用工之日起满一年不与劳动者订立书面劳动合同的,视为用人单位与劳动者已订立无固定期限劳动合同。"以加大用人单位违法成本的方法来促使用人单位及时与劳动者订立书面劳动合同。

三、劳动合同鉴证

(一)劳动合同鉴证的概念

劳动合同鉴证,是指劳动行政管理部门对劳动合同的内容、程序合法性和真实性以及可行性进行审查予以证明的制度,是劳动行政管理、监督和服务的一种手段。1992 年 10 月 22 日劳动部发布《劳动合同鉴证实施办法》,对劳动合同鉴证作了具体规定。鉴证的目的是为了加强劳动合同管理,依法保护劳动合同双方当事人的合法权益。劳动行政部门是劳动合同的鉴证机关。各级劳动行政部门应配备专门人员负责劳动合同鉴证工作。劳动合同鉴证的具体工作由合同签订地或履行地的劳动行政部门承办。

(二)劳动合同鉴证的范围

《劳动合同鉴证实施办法》第4条规定,本办法所指劳动合同包括:

1. 全民所有制单位、集体所有制单位与从城镇和农村招用劳动合同制工人、临时工签订的劳动合同;

2. 实行全员劳动合同制企业单位与企业职工签订的劳动合同;

3. 私营企业雇主招用雇工,个体工商户招用帮工签订劳动合同;

4. 外商投资企业与职工签订的劳动合同;

5. 经双方当事人协商同意变更或续订的劳动合同;

6. 其他劳动合同。

(三)劳动合同鉴证的内容

《劳动合同鉴证实施办法》第5条规定,劳动合同鉴证应审查下列内容:

1. 双方当事人是否具备签订劳动合同的资格;

2. 合同内容是否符合国家法律、法规和政策;

3. 双方当事人是否在平等自愿和协商一致的基础上签订劳动合同;

4. 劳动合同条款是否完备,双方的责任、权利、义务是否明确;

5. 中外文合同文本是否一致。

(四)劳动合同鉴证的程序

1. 当事人应提交的材料:《劳动合同鉴证实施办法》第6条规定,鉴证时,当事人应提交下列材料:(1)签订的劳动合同文本三份;(2)用人单位为法人的,应提供法定代表人身份证明或授权委托书;用人单位不是法人的,应提供其主要负责人的身份证明或授权委托书和国家工商行政管理部门颁发的营业执照;(3)劳动者的身份证明;(4)鉴证部门认为需要提供的其他材料。

2. 双方当事人到场。《劳动合同鉴证实施办法》第7条规定,鉴证时,双方当事人应到场。用人单位一方应为法定代表人、主要负责人,或者委托代理人;劳动者一方应为签订合同本人或委托代理人。

3. 对审查合格的劳动合同文本鉴证人签名加盖公章。《劳动合同鉴证实施办法》第8条规定,对审查合格的劳动合同,鉴证机关予以鉴证。鉴证人员应当在合同文本上签名,并加盖劳动合同鉴证专用章,注明鉴证日期。

(五)鉴证人员的纪律和责任

《劳动合同鉴证实施办法》第13条规定,鉴证人员有下列情形之一者,根据情节轻重,由其所在单位给予批评教育或行政处分:

1. 玩忽职守,造成严重后果的;

2. 有意为不真实、不合法的劳动合同提供鉴证的;

3. 不按国家规定,超标准收费的。

四、劳动合同的内容

我国劳动合同的内容是指劳动者与用人单位双方,通过平等协商所达成的关于劳动权利和劳动义务的具体条款,是劳动合同的核心部分。劳动合同的内容可以分为必备条款和约定条款。

(一)劳动合同的必备条款

必备条款,也叫"法定条款",是指按照国家劳动法规的规定,双方当事人签订的劳动协议中必须具备的条款。《劳动合同法》第 17 条规定:"劳动合同应当具备以下条款:(一)用人单位的名称、住所和法定代表人或者主要负责人;(二)劳动者的姓名、住址和居民身份证或者其他有效身份证件号码;(三)劳动合同期限;(四)工作内容和工作地点;(五)工作时间和休息休假;(六)劳动报酬;(七)社会保险;(八)劳动保护、劳动条件和职业危害防护;(九)法律、法规规定应当纳入劳动合同的其他事项。"所谓"法律、法规规定应当纳入劳动合同的其他事项",如根据《职业病防治法》第 30 条规定:劳动合同应当写明工作过程中可能产生的职业病危害及其后果、职业病防护措施和待遇。《安全生产法》第 44 条规定:"生产经营单位与从业人员订立的劳动合同,应当载明有关保障劳动者劳动安全、防止职业危害的事项,以及依法为劳动者办理工伤社会保险的事项。"

在劳动合同中如果没有具备上述必备条款引发矛盾时,提供劳动合同文本的用人单位应负法律责任。《劳动合同法》第 81 条规定:"用人单位提供的劳动合同文本未载明本法规定的劳动合同必备条款或者用人单位未将劳动合同文本交付劳动者的,由劳动行政部门责令改正;给劳动者造成损害的,应当承担赔偿责任。"

要注意的是,劳动合同中缺少必备条款中的一些条款并不必然无效。《劳动合同法》第 18 条规定:"劳动合同对劳动报酬和劳动条件等标准约定不明确,引发争议的,用人单位与劳动者可以重新协商;协商不成的,适用集体合同规定;没有集体合同或者集体合同未规定劳动报酬的,实行同工同酬,没有集体合同或者集体合同未规定劳动条件等标准的,适用国家有关规定。"

(二)劳动合同的约定条款

约定条款则是法律对于劳动合同内容的提示性规定,是指除了必备条款之外,双方根据具体情况协商认定需要约定的条款。《劳动合同法》第 17 条第 2 款规定:"劳动合同除前款规定的必备条款外,用人单位与劳动者可以约定试用期、培训、保守秘密、补充保险和福利待遇等其他事项。"为防止用人单位滥用约定条款,《劳动合同法实施条例》第 13 条作出了一项禁止性规定:"用人单位与劳动者不得在劳动合同法第四十四条规定的劳动合同终止情形之外约定其他的劳动合同终止条件。"

劳动合同的约定条款具体内容如下:

1. 试用期

试用期,是指包括在劳动合同期限内的,劳动关系还处于非正式状态,用人单位对劳动者是否合格进行考核,劳动者对用人单位是否适合自己的要求进行了解的期限。《劳动合同法》对试用期进行了规范:

(1)试用期的适用次数:同一用人单位与同一劳动者只能约定一次试用期。

(2)试用期的期限:劳动合同期限三个月以上不满一年的,试用期不得超过一个月;劳动合同期限一年以上不满三年的,试用期不得超过两个月;三年以上固定期限和无固定期限的劳动合同,试用期不得超过六个月。试用期包含在劳动合同期限内。劳动合同仅约定试用期的,试用期不成立,该期限为劳动合同期限。

(3)禁止约定试用期的情形:以完成一定工作任务为期限的劳动合同或者劳动合同期限

不满三个月的，不得约定试用期。

(4)试用期的工资标准:《劳动合同法》第 20 条规定:“劳动者在试用期的工资不得低于本单位相同岗位最低档工资或者劳动合同约定工资的百分之八十，并不得低于用人单位所在地的最低工资标准。”从文义解释出发，从汉语的语法结构上来分析，该条“本单位相同岗位最低档工资或者劳动合同约定工资的百分之八十”存在两种不同的含义，为澄清这一问题，《劳动合同法实施条例》第 15 条规定:“劳动者在试用期的工资不得低于本单位相同岗位最低档工资的 80%或者不得低于劳动合同约定工资的 80%，并不得低于用人单位所在地的最低工资标准。”

(5)试用期内解除劳动合同的限制:《劳动合同法》第 21 条规定:“在试用期中，除劳动者有本法第三十九条和第四十条第一项、第二项规定的情形外，用人单位不得解除劳动合同。用人单位在试用期解除劳动合同的，应当向劳动者说明理由。”

2. 培训和服务期

培训条款是指用人单位与劳动者在劳动合同中约定由用人单位为劳动者提供专项培训费用，对其进行专业技术培训的条款。专项培训不是用人单位的法定义务，通过专项培训可以明显提高劳动者的劳动技能，因此一般要同时约定劳动者的服务期。服务期是指用人单位和劳动者在劳动合同签订之时或劳动合同履行的过程之中，由用人单位出资对劳动者进行专业技术技能培训后，经双方协商一致确定的一个服务期限。

对于培训和服务期，《劳动合同法》第 22 条规定:“用人单位为劳动者提供专项培训费用，对其进行专业技术培训的，可以与该劳动者订立协议，约定服务期。劳动者违反服务期约定的，应当按照约定向用人单位支付违约金。违约金的数额不得超过用人单位提供的培训费用。用人单位要求劳动者支付的违约金不得超过服务期尚未履行部分所应分摊的培训费用。用人单位与劳动者约定服务期的，不影响按照正常的工资调整机制提高劳动者在服务期期间的劳动报酬。”《劳动合同法实施条例》第 16 条规定:“劳动合同法第二十二条第二款规定的培训费用，包括用人单位为了对劳动者进行专业技术培训而支付的有凭证的培训费用、培训期间的差旅费用以及因培训产生的用于该劳动者的其他直接费用。”对于劳动合同期和服务期的关系，《劳动合同法实施条例》第 17 条规定:“劳动合同期满，但是用人单位与劳动者依照劳动合同法第二十二条的规定约定的服务期尚未到期的，劳动合同应当续延至服务期满;双方另有约定的，从其约定。”

3. 保守秘密和竞业限制

保守秘密条款，是用人单位与劳动者可以在劳动合同中，约定由劳动者对用人单位的商业秘密和知识产权负保密义务的合同条款，包括对保密的内容、范围、期限和措施等的约定。保密条款常常和竞业限制条款紧密联系在一起。《劳动合同法》第 23 条规定了保密条款和竞业限制条款:“用人单位与劳动者可以在劳动合同中约定保守用人单位的商业秘密和与知识产权相关的保密事项。对负有保密义务的劳动者，用人单位可以在劳动合同或者保密协议中与劳动者约定竞业限制条款，并约定在解除或者终止劳动合同后，在竞业限制期限内按月给予劳动者经济补偿。劳动者违反竞业限制约定的，应当按照约定向用人单位支付违约金。”第 24 条规定了竞业限制条款:“竞业限制的人员限于用人单位的高级管理人员、高级技术人员和其他负有保密义务的人员。竞业限制的范围、地域、期限由用人单位与劳动者约定，竞业限制的约定不得违反法律、法规的规定。在解除或者终止劳动合同后，前款规定的人员到与本单位生产或者经营同类产品、从事同类业务的有竞争关系的其他用人单位，或者自己开业生产或者经营同类产品、从事同类业务的竞业限制期限，不得超过二年。”

4. 补充保险和福利待遇

用人单位与劳动者可以约定对劳动者的补充保险。用人单位补充保险是指由用人单位根据自身经济实力，在国家规定的实施政策和实施条件下为本单位职工所建立的一种辅助性的保险，包括补充养老保险和补充医疗保险等。补充养老保险制度，通常是指企业年金，其特点是依靠企业和个人缴费筹资，通过个人账户管理，养老金待遇与缴费挂钩（工资的40%～50%），完全积累。《劳动法》第九章“社会保险和福利”第75条规定：“国家鼓励用人单位根据本单位实际情况为劳动者建立补充保险。”用人单位与劳动者可以约定对劳动者的福利待遇。福利待遇，一般称作职工福利，又称职业福利或劳动福利，是指用人单位和有关社会服务机构为满足劳动者生活的共同需要和特殊需要，在工资和社会保险之外向职工及其亲属提供一定货币、实物、服务等形式的物质帮助。其中包括：为减少劳动者生活费用开支和解决劳动者生活困难而提供的各种补贴；为方便劳动者生活和减轻职工家务负担而提供的各种生活设施和服务；为活跃劳动者文化生活而提供的各种文化设施和服务。

（三）限制和禁止约定的劳动合同条款

1. 限制约定的劳动合同条款

（1）第二职业条款（兼职条款）。第二职业条款又称兼职条款，即约定劳动者可否从事第二职业以及如何从事第二职业的合同条款。我国《劳动合同法》第39条规定，劳动者同时与其他用人单位建立劳动关系，对完成本单位的工作任务造成严重影响，或者经用人单位提出，拒不改正的，用人单位可以解除劳动合同。第91条规定：用人单位招用与其他用人单位尚未解除或者终止劳动合同的劳动者，给其他用人单位造成损失的，应当承担连带赔偿责任。从这些规定来看，《劳动合同法》并未禁止兼职，而是规定了用人单位的解除劳动合同的权利和用人单位招用兼职人员给其他用人单位造成损失时的连带赔偿责任，以限制其滥用。

（2）违约金和赔偿金条款。违约金和赔偿金条款即约定不履行劳动合同而应支付违约金或赔偿金的合同条款，它包括对违约金或赔偿金的支付条件、项目、范围和数额等内容的约定。《劳动合同法》第25条规定：“除本法第二十二条和第二十三条规定的情形外，用人单位不得与劳动者约定由劳动者承担违约金。”即除了服务期条款和竞业限制条款可以约定由劳动者承担违约金外，用人单位不得与劳动者约定由劳动者承担违约金。

2. 禁止约定的劳动合同条款

（1）歧视条款。歧视条款即约定给予劳动者以歧视待遇的合同条款。这种条款违背了劳动者权益的平等精神，因而为各国立法所明令禁止，有的国家还专门对与工会有关的歧视条款作了禁止性规定。我国劳动立法精神也禁止劳动合同中的歧视条款。

（2）生死条款。生死条款是指劳动合同中规定“合同履行期间，发生死伤病残，公司概不负责”或“工伤概不负责”以及类似内容的条款。生死条款属于违反法律、行政法规的劳动合同，是无效的劳动合同条款，从订立的时候起就没有法律约束力。我国劳动立法精神禁止劳动合同约定生死条款，劳动合同当事人约定则无效。

（3）保证金条款（押金条款）。保证金条款又称押金条款，即约定劳动者向用人单位交纳一定数量货币或其他财物而在有特定违约或解约行为时不予退还，并以此作为缔结劳动关系前提条件的合同条款。我国法律禁止用人单位以任何形式向职工收取保证金和押金等财物，如《劳动合同法》第9条规定："用人单位招用劳动者，不得扣押劳动者的居民身份证和其他证件，不得要求劳动者提供担保或者以其他名义向劳动者收取财物。"据此，劳动合同中约定劳动者交纳保证金也应是无效的。

五、劳动合同的效力

(一)劳动合同效力的概念

劳动合同的法律效力就是指依法赋予劳动合同对双方当事人及相关第三人的法律约束力。我国《劳动法》第17条第2款规定："劳动合同依法订立即具有法律约束力，当事人必须履行劳动合同规定的义务。"《劳动合同法》第1条进一步明确规定："劳动合同由用人单位与劳动者协商一致，并经用人单位与劳动者在劳动合同文本上签字或者盖章生效。"

按照上述规定，依法成立且符合法定生效要件的合同，成立即生效，合同成立与生效之间的时间差可以忽略不计；但在特殊情况下，合同生效要件多于合同成立要件，合同成立后须在合同生效要件完全具备时才生效。例如，附条件或者附期限的合同，依法成立后须在所附条件成就或所附期限届至时才生效；须经审批的合同，依法成立后履行审批手续才生效。所以，劳动合同成立与其生效是两个不同的概念，劳动合同的成立是劳动合同生效的前提条件。但并不意味着成立的劳动合同一定会生效，当然只有依法成立的劳动合同才具有法律约束力。劳动合同的成立是一个事实判断，而合同有效与否则是法律价值判断问题，重点在于判断合同是否符合法律的精神和规定，能否发生法律上的效力。劳动合同的成立是以双方当事人意思表示一致为核心要件。而合同生效的要件则一般包括主体适格、意思表示真实和不违反法律及社会公共利益等多种要素。

(二)劳动合同的无效

劳动合同无效，是指劳动合同由于缺少有效要件而全部或部分不具有法律效力。其中，全部无效的劳动合同，它所确立的劳动关系应予以消灭；部分无效的劳动合同，它所确立的劳动关系可依法存续，只是部分合同条款无效，如果不影响其余部分的效力，其余部分仍然有效。①

《劳动合同法》第26条规定了劳动合同无效的具体情况：

(1)以欺诈、胁迫的手段或者乘人之危，使对方在违背真实意思的情况下订立或者变更劳动合同的。欺诈是指一方故意告知对方虚假情况，或者故意隐瞒真实情况，诱使另一方作出错误意思表示的行为。胁迫是指一方以给另一方及其亲友的生命健康、荣誉、名誉、财产等造成损害为要挟，迫使另一方作出违背真实意愿的意思表示的行为。乘人之危，是指一方利用另一方的危难处境或紧迫需要，迫使另一方作出违背真实意愿的意思表示的行为。

(2)用人单位免除自己的法定责任、排除劳动者权利的。实践中，用人单位如果以要求劳动者放弃法定权利作为签订劳动合同的条件，如工资低于最低工资标准、用人单位可随时解除合同且无须给付经济补偿金、用人单位不给劳动者购买社会保险，约定"工伤单位概不负责"等等，其意图就是要免除其法定责任，这些条款均是无效的。

(3)违反法律、行政法规强制性规定的。这里的法律是指全国人民代表大会或其常务委

---

① 《劳动合同法》第27条规定，劳动合同部分无效，不影响其他部分效力的，其他部分仍然有效。其目的在于维护劳动合同的整体效力，实现劳动合同的履行和相应利益。

员会制定的法律规范，行政法规是指国务院制定的法律规范，名称一般称"条例"，也可以称"规定"、"办法"等。[①] 法律与行政法规因其系由国家最高立法机关、最高行政机关制定，并具有全国范围内的适用效力，所以能规定法律行为的无效，除此之外的法律规范不得作为认定劳动合同无效的依据。

劳动合同无效的认定主体在《劳动合同法》第 26 条中有规定："对劳动合同的无效或者部分无效有争议的，由劳动争议仲裁机构或者人民法院确认。"

由于上述原因导致劳动合同无效或部分无效后，劳动者已经付出劳动的，用人单位应支付劳动报酬。《劳动合同法》第 28 条规定："劳动合同被确认无效，劳动者已付出劳动的，用人单位应当向劳动者支付劳动报酬。劳动报酬的数额，参照本单位相同或者相近岗位劳动者的劳动报酬确定。"这是劳动合同与一般的民事合同相比特殊的地方，因为劳动力一旦付出，无法由用人单位返还劳动者，也无法恢复到合同订约前的状态，因此无效劳动合同的处理不适用《合同法》关于合同无效处理的规定，而是基于利益衡量的法律原则，由用人单位给付劳动者相应报酬。

六、劳动合同订立中的法律责任

劳动法的法律责任，是指用人单位、劳动者及其他劳动法主体因违反劳动法规而依法应当承担的法律后果。劳动法对劳动者是权利本位的，对用人单位是义务本位的，所以在劳动法规中的法律责任制度，以用人单位的法律责任为重点。

劳动合同订立过程中，用人单位的法律责任有：

第一，违法不及时订立劳动合同的法律责任。用人单位自用工之日起超过 1 个月不满 1 年未与劳动者订立书面劳动合同的，应当向劳动者每月支付 2 倍的工资。用人单位违反本法规定不与劳动者订立无固定期限劳动合同的，自应当订立无固定期限劳动合同之日起向劳动者每月支付 2 倍的工资。

第二，订立无效合同的法律责任。由于用人单位的过错订立的无效合同，给劳动者造成损害的，应当承担赔偿责任。

第三，劳动合同欠缺法定必备条款或不依法交付劳动合同文本的法律责任。用人单位提供的劳动合同文本未载明本法规定的劳动合同必备条款或者用人单位未将劳动合同文本交付劳动者的，由劳动行政部门责令改正；给劳动者造成损害的，应当承担赔偿责任。

第四，违法约定试用期的法律责任。用人单位违法与劳动者约定试用期的，由劳动行政部门责令改正；违法约定的试用期已经履行的，由用人单位以劳动者试用期满月工资为标准，按已经履行的超过法定试用期的期间向劳动者支付赔偿金。

第五，违法扣押劳动者证件或设立担保或变相担保的法律责任。用人单位违法扣押劳动者居民身份证等证件的，由劳动行政部门责令限期退还劳动者本人，并依照有关法律规定给予处罚；违法以担保或者其他名义向劳动者收取财物的，或者违法扣押劳动者档案或者其他物品的，由劳动行政部门责令限期退还劳动者本人，并以每人 500 元以上 2000 元以下的

---

① 国务院《行政法规制定程序条例》(自 2002 年 1 月 1 日起施行)第 4 条规定：行政法规的名称一般称"条例"，也可以称"规定"、"办法"等。国务院根据全国人民代表大会及其常务委员会的授权决定制定的行政法规，称"暂行条例"或者"暂行规定"。

标准处以罚款;给劳动者造成损害的,应当承担赔偿责任。

第六,招收在职劳动者的法律责任。用人单位招用与其他用人单位尚未解除或者终止劳动合同的劳动者,给其他用人单位造成损失的,应当承担连带赔偿责任。

在劳动合同的订立过程中,劳动者的法律责任主要是订立无效合同的法律责任,如果劳动者以欺诈、胁迫的手段或者乘人之危,使用人单位在违背真实意思的情况下订立,或者由于其他违反法律、法规的行为造成劳动合同无效或部分无效的,给对方造成损害的,劳动者应当承担赔偿责任。

第三节 劳动合同的履行和变更

一、劳动合同的履行

(一)劳动合同履行的概念

劳动合同的履行,是指劳动合同双方当事人按照合同的约定完成各自的义务,实现劳动过程和各自合法权益的行为。

《劳动法》第 17 条规定:"劳动合同依法订立即具有法律约束力,当事人必须履行劳动合同规定的义务。"《劳动合同法》第 3 条第 2 款规定:"依法订立的劳动合同具有约束力,用人单位与劳动者应当履行劳动合同约定的义务。"

(二)劳动合同履行的原则

合同履行的原则,是合同当事人在履行合同时所应遵循的基本准则。《劳动合同法》第 29 条规定了劳动合同履行的原则:"用人单位与劳动者应当按照劳动合同的约定,全面履行各自的义务。"所谓全面履行,是指劳动者和用人单位应当按照劳动合同的约定全面履行合同项的义务。即要求合同双方当事人必须适当地履行合同的全部条款和各自承担的全部义务,既要按照合同约定的标的及其种类、数量和质量履行,又要按照合同约定的时间、地点和方式履行。全面履行原则包含以下内容:

1. 实际履行

全面履行原则首先强调用人单位和劳动者必须依据劳动合同的约定实际履行各自的义务,劳动合同是劳动者和用人单位确立劳动关系、明确双方劳动权利和义务的协议,经双方协商一致订立后产生约束力,劳动者和用人单位在实际劳动过程中,应按照劳动合同的约定行为。实际履行是将合同文本实践化的过程。

2. 亲自履行

亲自履行是指劳动合同当事人双方都必须以自己的行为履行劳动合同约定的义务,不得由他人代理。劳动关系产生于特定的主体之间,具有很强的人身信赖性和不可替代性,劳动者提供劳动与其人身紧密联系、不可分割,受个人素质、工作技能和工作态度等因素的影响,不同的劳动者提供的劳动质量有明显差别。用人单位选择与特定的劳动者建立劳动关系,是对劳动者综合素质全面考察后所作的判断,劳动合同是在双方彼此信赖的基础上订立的,因此全面履行必然要求当事人应当亲自履行合同规定的义务,而不得由他人代理。劳动者不能将应由自己完成的工作交由第三方代办,用人单位也不能将应由自己对劳动者承担的义务转嫁给第三方承担。

3. 合作履行

按照全面履行原则，双方当事人不仅要严格按合同的约定履行义务，而且当事人在履行劳动合同的过程中应当互相给予对方必要的合作。劳动者在劳动中，遵守劳动纪律，服从单位的管理和安排，用人单位关心劳动者的切实需要，在法律允许的范围内给予各种帮助，解决劳动者遇到的实际困难。劳动关系只有在双方互相协助的基础上才能在既定期限内顺利实现。

（三）履行劳动合同的相关规定

《劳动合同法》第 30 条至第 34 条对履行劳动合同的过程作出了一些具体的规定：

《劳动合同法》第 30 条关注劳动者劳动报酬权利的实现，规定："用人单位应当按照劳动合同约定和国家规定，向劳动者及时足额支付劳动报酬。用人单位拖欠或者未足额支付劳动报酬的，劳动者可以依法向当地人民法院申请支付令，人民法院应当依法发出支付令。"①

《劳动合同法》第 31 条关注劳动者休息休假权利的实现，规定："用人单位应当严格执行劳动定额标准，不得强迫或者变相强迫劳动者加班。用人单位安排加班的，应当按照国家有关规定向劳动者支付加班费。"关于劳动者的工作时间的相关规定，本书第五章有专门的讨论。

《劳动合同法》第 32 条关注劳动者安全健康权利的实现，规定："劳动者拒绝用人单位管理人员违章指挥、强令冒险作业的，不视为违反劳动合同。劳动者对危害生命安全和身体健康的劳动条件，有权对用人单位提出批评、检举和控告。"

《劳动合同法》第 33 条关注当用人单位发生名称、法人代表等事项变更时，劳动者的基本权利保障，规定："用人单位变更名称、法定代表人、主要负责人或者投资人等事项，不影响劳动合同的履行。"即，用人单位变更名称、法定代表人、主要负责人或者投资人等事项，并不改变用人单位这个实体组织独立承担民事责任的性质，用人单位仍要继续履行其与劳动者已经订立的劳动合同。

《劳动合同法》第 34 条关注用人单位发生合并或分立行为时，劳动者的基本权利保障，规定："用人单位发生合并或者分立等情况，原劳动合同继续有效，劳动合同由承继其权利和义务的用人单位继续履行。"对于用人单位合并、分立的法律后果，我国《民法通则》第 44 条规定："企业法人的分立、合并，它的权利和义务由变更后的法人享有和承担。"因此，变更后的用人单位承继的范围包括劳动者，承继的内容包括对劳动合同的继续履行。

二、劳动合同的变更

劳动合同的变更是指劳动合同依法订立后，在合同尚未履行或者尚未履行完毕之前，经用人单位和劳动者单方或双方当事人依法对劳动合同内容作部分修改、补充或者删减的法律行为。这是对劳动合同所约定的权利义务的完善和发展，是保证劳动合同顺利履行的重

① 支付令是人民法院依照《民事诉讼法》规定的督促程序，根据债权人的申请，向债务人发出的限期履行给付金钱或有价证券的法律文书。债权人对拒不履行义务的债务人，可以直接向有管辖权的基层人民法院申请发布支付令，通知债务人履行债务。债务人在收到支付令之日起 15 日内不提出异议又不履行支付令的，债权人可直接申请人民法院强制执行。

要手段。《劳动法》第 17 条规定：“订立和变更劳动合同，应当遵循平等自愿、协商一致的原则，不得违反法律、行政法规的规定。”《劳动合同法》第 35 条进一步重申并规定：“用人单位与劳动者协商一致，可以变更劳动合同约定的内容。变更劳动合同，应当采用书面形式。变更后的劳动合同文本由用人单位和劳动者各执一份。”

劳动合同的变更，仅限于劳动合同内容的变更，不包括当事人主体的变更。劳动合同依法订立后，即具有法律约束力。双方当事人必须履行劳动合同规定的义务，任何一方当事人不得擅自改变劳动合同的内容。但是，在劳动合同履行过程中，由于客观条件的变化，当事双方对于尚未履行或者尚未完全履行的条款可以依法进行变更，所变更的条款必须是合同变更原因直接指向的内容。变更劳动合同，应当采用书面形式，必须由双方当事人签字或盖章生效。因此，未采用书面形式的，应认定劳动合同未变更，仍然按照原劳动合同履行。

劳动合同变更的程序一般包括以下环节：

(1)提出变更要求。需要变更合同的一方当事人，应当按照规定时间提前向对方当事人提出变更合同的要求，说明变更合同的理由、条款、条件，以及请求对方当事人答复的期限。

(2)按期作出答复。接到变更合同要求的另一方当事人，应当在对方当事人要求的期限内作出答复，可以表示同意或不同意变更，也可以提出不同意见而要求另行协商。

(3)签订书面协议。当事人双方均同意变更合同的，应当就合同变更达成书面协议，并签名盖章。变更后的劳动合同文本由用人单位和劳动者各执一份，立即生效。

(4)鉴证或备案。对于在订立时经过鉴证或备案的合同，变更合同的协议签订后也应当办理鉴证或备案手续。

三、劳动合同履行和变更中的法律责任

劳动合同履行和变更中主要产生用人单位及其责任人员违反劳动法律或劳动合同的违约责任。其具体规定有：

第一，制定违法劳动规章制度的法律责任。用人单位制定的劳动规章制度违反法律、法规规定的，由劳动行政部门责令改正，给予警告；给劳动者造成损害的，应当承担赔偿责任。违法劳动规章属于无效劳动规章，自制定之日起就不能作为确定劳动者权利和义务的依据，在其实施过程中已经侵害了劳动者合法权益的，劳动者由此所遭受的损失，应当由用人单位赔偿。

第二，为足额及时支付劳动报酬的法律责任。用人单位未按照劳动合同的约定或者国家规定及时足额支付劳动者劳动报酬的；或者以低于当地最低工资标准支付劳动者工资的；或者用人单位安排劳动者加班但不支付加班费用的，由劳动行政部门责令限期支付劳动报酬、加班费或者经济补偿；劳动报酬低于当地最低工资标准的，应当支付其差额部分；逾期不支付的，责令用人单位按应付金额 50%以上 100%以下的标准向劳动者加付赔偿金。

第三，不履行或不完全履行以及违法履行劳动合同的法律责任。用人单位对劳动合同规定的义务有过错地全部或部分不履行的，除了不能或无须继续履行的情况外，应当继续履行合同；对劳动者因此所遭受的损害，应当予以赔偿；在双方都有过错的情况下，应当按照各自过错的大小承担违约责任。如果在履行期间，用人单位以暴力、威胁或者非法限制人身自由的手段强迫劳动，违章指挥或者强令冒险作业危及劳动者人身安全，侮辱、体罚、殴打、非法搜查或者拘禁劳动者，或者劳动条件恶劣、环境污染严重，给劳动者身心健康造成严重损

害的，依法给予行政处罚；构成犯罪的，依法追究刑事责任；给劳动者造成损害的，应当承担赔偿责任。

第四节 劳动合同的解除和终止

一、劳动合同的解除和终止的概念

劳动合同的解除和终止，是劳动合同效力和劳动合同关系消灭的两种形式。

劳动合同解除，是指在劳动合同生效以后，劳动合同当事人提前消灭劳动合同关系的法律行为，即劳动合同当事人阻却劳动合同存续的意志行为。通过解除行为，使已生效的劳动合同在劳动合同期限届满之前或当事人丧失主体资格之前终止，从而实现当事人特定的目的。劳动合同终止，是指劳动合同所确立的劳动关系因劳动合同解除以外的法律事实而消灭。劳动者与用人单位之间的权利义务不复存在。按照解除劳动合同的方式不同，劳动合同的解除可分为单方解除和协议解除。单方解除，是解除权人行使解除权将合同解除的行为。它不必经过对方当事人的同意，只要解除权人将解除合同的意思表示直接通知对方，或经过人民法院或仲裁机构向对方主张，即可发生合同解除的效果。协议解除，是当事人双方通过协商同意将合同解除的行为。它不以解除权的存在为必要，解除行为也不是解除权的行使。按照解除劳动合同的依据不同，劳动合同的解除又可分为法定解除和约定解除。在法定解除中，解除权是依据劳动法律规定产生的；在约定解除中，解除权则是依据当事人的约定产生。

劳动合同解除与劳动合同终止的区别主要表现在：(1)解除是劳动合同的提前消灭。对于固定期限的劳动合同而言，解除是在合同目的完全实现之前，并且合同当事人双方仍具备法律资格时结束。终止则一般不是提前消灭劳动关系，而是由于劳动合同期满，或当事人资格丧失而结束。(2)解除必须由一方或双方当事人依法作出提前消灭劳动合同关系的意思表示，经一方当事人依法或当事人双方协商一致行使解除权。即使具备劳动合同解除的条件，但如果没有合同当事人主动提出解除劳动合同的意思表示，劳动合同不能自动解除，仍继续有效。终止则可能自动发生，在一定法律事实出现后无须当事人双方合意和任何一方专门作出终止劳动合同的意思表示，只需当事人在具备终止的法定事由时无继续劳动关系的意思表示即可终止。

二、劳动合同解除

(一)当事人双方协商一致解除劳动合同

《劳动法》第 24 条、《劳动合同法》第 36 条都规定了劳动合同双方可以协商解除劳动合同的情形。“经劳动合同当事人协商一致，劳动合同可以解除”，“用人单位与劳动者协商一致，可以解除劳动合同”。当事人双方协商解除劳动合同，要符合以下条件：一是双方当事人之间的劳动合同依法成立且生效；二是协商解除是在被解除的劳动合同依法订立生效之后、尚未全部履行之前；三是双方自愿、平等协商达成一致意见，任何一方当事人不得采取暴力、威胁等手段强制对方同意解除劳动合同；四是双方均有权提出解除劳动合同。双方当事人按照要约、承诺的程序，签订解除劳动合同的书面协议。

要特别注意的是，虽然双方当事人都可以提出解除劳动合同的要约，但是提出解除劳动合同动议的主体不同，经济补偿金的支付也不相同。依据《劳动合同法》第 46 条第 2 项规定，用人单位提出解除劳动合同并与劳动者协商一致解除劳动合同的，用人单位必须依法向劳动者支付经济补偿金；而由劳动者提出解除劳动合同动议并与用人单位协商一致解除劳动合同的，用人单位则不需要向劳动者支付经济补偿金。

（二）劳动者单方提出解除劳动合同

劳动者可以与用人单位协商一致解除劳动合同，也可以按照法律规定单方解除劳动合同。《劳动合同法》第 36 条、第 37 条、第 38 条规定了劳动者可以解除劳动合同的情形，《劳动合同法实施条例》第 18 条将其综合起来进行了列举式规定，共计 13 种情形。劳动者单方解除劳动合同必须符合法律规定的解除条件并按照法定的程序解除劳动合同。按照解除条件和程序的不同，劳动者单方解除劳动合同又可以分为提前 30 日通知解除和试用期内提前 3 日通知解除、随时解除劳动合同、立即解除劳动合同。这些劳动者解除劳动合同的情形适用于固定期限劳动合同、无固定期限劳动合同和以完成一定工作任务为期限的劳动合同。具体规定如下：

1. 提前 30 日书面通知解除和试用期内提前 3 日通知解除

在劳动合同履行过程中，劳动者在用人单位的管理、指挥和监督下从事劳动，完成工作任务。相对于用人单位而言，劳动者处于弱势地位。因此，法律赋予了劳动者劳动合同一般解除权，保障劳动者的就业自主权利。《劳动法》第 31 条规定："劳动者解除劳动合同，应当提前三十日以书面形式通知用人单位。"《劳动合同法》第 37 条规定："劳动者提前三十日以书面形式通知用人单位，可以解除劳动合同。劳动者在试用期内提前三日通知用人单位，可以解除劳动合同。"该规定赋予了劳动者辞职权，使劳动者的择业自主权可以真正得到实现。

劳动者行使法律赋予的劳动合同一般解除权时，不需要特别提出劳动者解除劳动合同的理由，即劳动者单方解除劳动合同无须说明任何理由，只要按照法定的程序和要求提出就可以了，具体程序和要求如下：

第一是劳动者必须履行解除劳动合同的提前告知义务，即提前 30 日书面通知用人单位或试用期内提前 3 日通知。规定劳动者的提前通知，主要是便于用人单位及时安排工作人员的接任，保持用人单位正常的工作秩序，避免因个别劳动者的辞职而给用人单位的生产经营活动带来不利影响。依据《劳动合同法》第 90 条的规定，如果劳动者没有履行提前通知的义务，给用人单位造成损失的，劳动者应当承担赔偿责任。

第二是劳动者要书面正式通知用人单位。解除劳动合同的通知涉及预告期的起算时间，且该通知产生劳动合同解除的法律效果，一旦发生争议，也是非常重要的证据。所以，《劳动法》和《劳动合同法》均要求劳动者提前 30 日解除劳动合同的通知必须是书面形式，正式通知用人单位。但是，在试用期中情况比较特殊，劳动者和用人单位还处于相互考察期，彼此的劳动关系还不稳定，所以为了提高效率，《劳动合同法》规定试用期内劳动者解除劳动合同只需要提前 3 天通知即可，没有要求必须书面形式，即劳动者可以书面通知用人单位解除劳动合同关系，也可以口头通知用人单位解除劳动合同关系。

2. 随时解除劳动合同

劳动者随时解除劳动合同的情况又称即时辞职，是指劳动者无须向用人单位提前通知就可随时通知解除劳动合同的情况。在劳动合同履行过程中，如果用人单位不能按照法律规定或劳动合同约定为劳动者提供安全卫生保护、及时足额支付工资、办理社会保险等，会严重损害劳动者的合法权益，影响劳动者的人身权利和基本生活保障。在这种情况下，应该说是用人单位违反劳动合同在先，如果还要求劳动者提前 30 日通知解除劳动合同，对劳动者是不公平的。因此，法律赋予了劳动者劳动合同特别解除权，即劳动者可以无条件随时解除劳动合同，但在这种情况中，劳动者辞职时还是应该履行通知用人单位的义务，不能不辞而别。由于劳动者随时通知解除劳动合同可能会给用人单位的生产经营活动带来较大影响，所以法律明确规定了劳动者行使劳动合同特别解除权的条件，一般限于在用人单位有过错行为的场合，《劳动合同法》第 38 条规定了劳动者可以随时通知解除劳动合同的具体情形如下：

(1)用人单位未按照劳动合同约定提供劳动保护或者劳动条件的；(2)用人单位未及时足额支付劳动报酬的；(3)用人单位未依法为劳动者缴纳社会保险费的；(4)用人单位的规章制度违反法律、法规的规定，损害劳动者权益的；(5)用人单位以欺诈、胁迫的手段或者乘人之危，使劳动者在违背真实意思的情况下订立或者变更劳动合同的；(6)用人单位免除自己的法定责任、、排除劳动者权利和用人单位违反法律、行政法规强制性规定的；(7)法律、行政法规规定劳动者可以解除劳动合同的其他情形。

3. 立即解除劳动合同

《劳动合同法》第 38 条还规定了在用人单位严重违法、劳动者人身自由和人身安全受到威胁时，劳动者可以立即解除劳动合同而不需要通知用人单位，即可以不辞而别。立即解除劳动合同与上面提到的随时解除劳动合同的区别在于用人单位的过错程度不同。若用人单位实施了一般性的损害劳动者权益的过错行为，则劳动者应在随时辞职时通知用人单位；而当用人单位实施的过错行为严重损害了劳动者权益或者危及劳动者人身自由和安全时，劳动者可以不履行通知义务。这主要包括两种情形：

(1)用人单位以暴力、威胁或者非法限制人身自由的手段强迫劳动者劳动

人身自由是公民各种自由权利中的一项基本权利，是公民参加社会活动和享受其他权利的先决条件，受到我国宪法和法律的保护。用人单位以暴力、威胁或者非法限制人身自由的手段强迫劳动者劳动，严重侵犯了劳动者的人身自由。暴力，是指对劳动者身体实行打击等强制手段，如殴打、捆绑等。威胁，是指以现实的或者可能的危害对劳动者形成精神强制。非法限制人身自由，是指没有限制劳动者人身自由权利的人通过禁止劳动者出入单位等方式，非法限制劳动者按照自己意志支配自己身体活动的自由。强迫劳动，是指用人单位通过上述手段迫使劳动者违背自己的意志提供劳动。用人单位以"暴力"、"威胁"、"非法限制人身自由"等手段强迫劳动者劳动，都属于严重侵犯劳动者人身权利的行为，构成犯罪的，还要追究刑事责任。因此，用人单位以暴力、威胁或者非法限制人身自由的手段强迫劳动者劳动的，劳动者有权随时解除劳动合同，而不需要事先告知用人单位。

(2)用人单位违章指挥、强令冒险作业危及劳动者人身安全

在劳动合同履行过程中，劳动者一般是在用人单位的指挥、监督、管理下提供劳动，完成工作任务的，如果用人单位不遵守生产规律和操作规程，不预防和避免生产风险，就可能会危害劳动者的生命权、健康权。相对于用人单位的用工管理权来说，劳动者的生命权和健康权更重要，更需要优先保护。因此，《劳动法》第 56 条规定：劳动者对用人单位管理人员违章

指挥、强令冒险作业,有权拒绝执行。《劳动合同法》第32条规定:“劳动者拒绝用人单位管理人员违章指挥、强令冒险作业的,不视为违反劳动合同。劳动者对危害生命安全和身体健康的劳动条件,有权对用人单位提出批评、检举和控告。”违章指挥,是指用人单位违反规章制度或者操作规程等既定规则指挥劳动者工作。强令冒险作业,是指用人单位明知进行该作业存在较大风险而不顾劳动者反对,仍然命令劳动者进行该作业。危及劳动者人身安全,是指劳动者所从事的工作存在高度风险,很可能会对劳动者的人身造成损害。面对用人单位违章指挥、强令冒险作业危及自身安全的情形,劳动者有权立即解除劳动合同,而不需要事先通知用人单位。

(三)用人单位解除劳动合同的情形

在劳动合同履行的过程中,劳动者拥有劳动合同的解除权,用人单位也同样拥有劳动合同的解除权。《劳动合同法实施条例》第19条将《劳动合同法》第36条、第39条、第40条、第41条规定的用人单位可以解除劳动合同的情形进行综合,用人单位可以在14种情形下解除劳动合同。这里的劳动合同包括固定期限劳动合同、无固定期限劳动合同和以完成一定工作任务为期限的劳动合同。

法律为了保障劳动者,避免用人单位滥用解除权损害劳动者的合法权益,《劳动合同法》没有赋予用人单位无条件的一般解除权,在用人单位可以解除劳动合同的14种情形中,都必须具备法定许可的条件,否则,即构成非法解除,应当承担法律责任。《劳动合同法》第87条规定:“用人单位违反本法规定解除或者终止劳动合同的,应当依照本法第四十七条规定的经济补偿标准的二倍向劳动者支付赔偿金。”此外,用人单位单方解除劳动合同还必须接受工会的监督。《劳动合同法》第43条明确规定:“用人单位单方解除劳动合同,应当事先将理由通知工会。用人单位违反法律、行政法规规定或者劳动合同约定的,工会有权要求用人单位纠正。用人单位应当研究工会的意见,并将处理结果书面通知工会。”

用人单位可以解除劳动合同的情形,依据解除条件、解除程序的不同,可以分为双方协商解除劳动合同和用人单位单方解除劳动合同:

1. 双方协商一致解除

《劳动合同法》第36条规定:“用人单位与劳动者协商一致,可以解除劳动合同。”当双方当事人均无单方解除权的情况下,或者无单方解除权的当事人在征得有单方解除权的当事人的同意下,双方是可以协议解除劳动合同的,用人单位可以作为解除劳动合同的要约方,经双方协商最终形成解除合意。但考虑到劳动者处于相对弱势地位,如果是由用人单位首先提出协议解除动议的,应当支付劳动者经济补偿金。

2. 用人单位单方解除劳动合同

法律规定的许可性条件出现后,用人单位拥有单方解除劳动合同的权利。具体有以下三种情况:

(1)因劳动者过错,用人单位单方解除劳动合同

用人单位在劳动者发生法定过错的时候,拥有即时辞退的权利。即用人单位无须向劳动者预告或支付经济补偿就可以随时通知辞退劳动者。这项权利一般适用于劳动者经试用不符合录用条件,或者劳动者违纪、违法达到一定严重程度,或者劳动者存在其他过错等情形。

《劳动合同法》第39条对劳动者过错进行了明确的规定:

第一,劳动者在试用期间被证明不符合录用条件的。

在劳动合同约定的试用期内,用人单位有合法有效的证据证明劳动者完全或部分不符合招工时规定的录用条件,有权随时单方解除劳动合同。为了更好地保护劳动者,用人单位使用这项权利时要保证:首先,用人单位和劳动者约定的试用期符合法律规定,并且还处于试用期内,如果约定的试用期不符合法律规定或者试用期通过的,用人单位不得以此项解除劳动合同。其次,用人单位招聘劳动者时,有明确文字表述的录用条件。而劳动者在某些方面的表现与明确表述的录用条件不相符合。用人单位在试用期内解除劳动合同的,应当向劳动者说明理由。

第二,劳动者严重违反用人单位规章制度的。

如果劳动者严重违反用人单位依法制定的、劳动者本人有义务遵循的规章制度,主要指劳动纪律,用人单位可以随时解除劳动合同。用人单位规章制度是指用人单位为加强劳动管理而制定,在本单位实施的保障劳动者依法享有劳动权利和履行劳动义务的行为准则。

对于用人单位的规章制度,《劳动合同法》第 4 条规定:"用人单位应当依法建立和完善劳动规章制度,保障劳动者享有劳动权利、履行劳动义务。用人单位在制定、修改或者决定有关劳动报酬、工作时间、休息休假、劳动安全卫生、保险福利、职工培训、劳动纪律以及劳动定额管理等直接涉及劳动者切身利益的规章制度或者重大事项时,应当经职工代表大会或者全体职工讨论,提出方案和意见,与工会或者职工代表平等协商确定。在规章制度和重大事项决定实施过程中,工会或者职工认为不适当的,有权向用人单位提出,通过协商予以修改完善。用人单位应当将直接涉及劳动者切身利益的规章制度和重大事项决定公示,或者告知劳动者。"用人单位依法制定的规章制度对单位的全体劳动者都具有约束力。

判断劳动者违反劳动规章制度是否"严重",可以根据《企业职工奖惩条例》和《国营企业辞退违纪职工暂行规定》等有关法规认定,并且应当以劳动者在本劳动合同存续期间和法定追究期限内的未经处罚的和法定可重复处罚的违章违纪事实为限,而不能将超出此时间范围或法定不可重复处罚的违章违纪事实累计在内。

第三,劳动者严重失职,营私舞弊,给用人单位造成重大损害的。

这种情况是指劳动者在履行劳动合同期间,违反其忠于职守、维护和增进用人单位利益的义务,有未尽职责的严重过失行为或者利用职务之便牟取私利的故意行为,使用人单位的有形财产、无形财产或人员遭受重大损害,但不够受到刑罚处罚的程度。具体包括两种情况:一是劳动者严重失职,给用人单位的利益造成重大损害,如劳动者因玩忽职守而造成事故,因工作不负责任而经常产生废品,损坏设备工具,浪费原材料或能源;二是劳动者营私舞弊,给用人单位的利益造成重大损害,如劳动者贪污受贿、出卖商业秘密而给用人单位造成重大损失。由于劳动者在履行劳动合同期间,没有按照岗位职责忠实履行自己的义务,有严重过失行为或者利用职务之便牟取私利的故意行为,使用人单位的财产或人员遭受重大损失,用人单位即可单方面解除劳动合同。

这里所指的严重失职或者营私舞弊,必须是导致用人单位的利益遭受重大损害,但不够刑罚处罚的程度,如果劳动者被追究刑事责任,则是依据《劳动合同法》第 39 条第 6 项解除劳动合同。而"重大损害"由劳动规章制度规定。若双方由此发生劳动争议,可以通过劳动争议仲裁委员会对劳动规章制度规定的重大损害进行认定。

第四，劳动者同时与其他用人单位建立劳动关系，对完成本单位的工作任务造成严重影响，或者经用人单位提出，拒不改正的。

在劳动法中，对劳动者参与劳动关系实行“一人一职”原则，即在同一时间内，同一个劳动者只能与一个用人单位的生产资料相结合，从而只参与一个劳动关系。所以对于全日制劳动者而言，一般不允许存在双重劳动关系，经本职劳动关系的用人单位同意，劳动者才可参与兼职劳动关系，并且，兼职劳动关系不得影响本职劳动关系的运行。所以，《劳动合同法》规定，如果全日制劳动者因为兼职对劳动者完成本职劳动关系的劳动任务造成了严重影响，或者虽然没有对完成本职劳动工作任务造成严重影响，但本职劳动关系的用人单位不同意其兼职的行为，要求劳动者解除或终止兼职劳动关系，而劳动者拒不改正的，用人单位有权随时解除劳动合同。

第五，劳动者以欺诈、胁迫的手段或者乘人之危，使用人单位在违背真实意思情况下订立或者变更劳动合同的。

依照《劳动合同法》第 26 条第 1 款第 1 项的规定，由于劳动者以欺诈、胁迫的手段或者乘人之危的手段，导致用人单位在劳动合同订立或者变更中意思表达不真实的，劳动合同无效，用人单位可以随时解除劳动合同。

第六，劳动者被依法追究刑事责任的。

劳动者在劳动合同存续期间，行为构成犯罪而被依法追究刑事责任的，单位可以即时解除劳动合同。刑事责任，是指依照刑事法律的规定，犯罪人应当承担而国家司法机关也强制犯罪人接受的刑法上的否定性评价。劳动部《关于贯彻执行〈中华人民共和国劳动法〉若干问题的意见》（劳部发[1995]309 号）规定，“被依法追究刑事责任”是指：被人民检察院免予起诉的；被人民法院判处刑罚的；被人民法院依据《刑法》第 32 条免予刑事处分的。劳动和社会保障部办公厅《关于职工被人民检察院作出不予起诉决定用人单位能否据此解除劳动合同问题的复函》（劳社厅函[2003]367 号）规定：“人民检察院根据《中华人民共和国刑事诉讼法》第 142 条第 2 款规定作出不起诉决定的，不属于《劳动法》第 25 条第 4 项规定的被依法追究刑事责任的情形。”因此，劳动者被人民法院判处刑罚（包括主刑和附加刑）或者被人民法院免于刑事处分的，用人单位可以解除其劳动合同。

(2)劳动者无过失，用人单位解除劳动合同

劳动者无过失，用人单位解除劳动合同，又称无过失性解除、无过失性辞退，是指劳动合同生效之后，基于客观情况的变化使劳动合同无法履行，为保障用人单位生产经营的利益，用人单位经过预告后解除劳动合同。但是为了加强对劳动者的保护，用人单位在这种情况下解除劳动合同要受到一定的限制，并支付经济补偿。

《劳动合同法》第 40 条具体规定了无过失辞退的三种情形，这三种情形都是在劳动合同履行过程中，客观情况发生了变化，这些原因都不能归因于用人单位或者劳动者。因此，用人单位需要提前 30 日通知劳动者解除劳动合同，为劳动者寻找新的工作提供必要的时间保障；或者额外支付劳动者一个月的工资，作为“代预告金”，以缓解劳动者失业后的生活压力。《劳动合同法实施条例》第 20 条规定：“用人单位依照劳动合同法第四十条的规定，选择额外支付劳动者一个月工资解除劳动合同的，其额外支付的工资应当按照该劳动者上一个月的工资标准确定。”

无过失辞退的三种情形具体如下：

第一，劳动者患病或者非因工负伤，在规定的医疗期满后不能从事原工作，也不能从事由用人单位另行安排的工作的。

“规定的医疗期”是指劳动者根据其工龄等条件，依法可以享受的停工医疗休息并发给病假工资等待遇而不得解除其劳动合同的期间。根据《企业职工患病或非因工负伤医疗期规定》(劳部发[1994]479号)的有关规定，企业职工因患病或非因工负伤，需要停止工作医疗时，根据本人实际参加工作年限和在本单位工作年限，给予3个月到24个月的医疗期。《劳动部关于贯彻执行〈中华人民共和国劳动法〉若干问题的意见》(1年)第76条规定，患特殊病的职工在两年内尚不能痊愈的，经企业和劳动行政部门批准可适当延长医疗期。如果规定的医疗期虽然届满，但劳动者的病伤尚未医疗终结或者医疗终结而其劳动能力受损，经劳动鉴定机构证明，缺乏或丧失从事原工作或者用人单位在现有条件下为其所安排新工作的劳动能力。用人单位另行安排的工作对劳动者劳动能力的要求低于原工作的岗位后，仍不能胜任工作的，用人单位可以预告辞退。

第二，劳动者不能胜任工作，经过培训或者调整工作岗位，仍不能胜任工作的。

这里的“不能胜任工作”是指劳动者不能按要求完成劳动合同中约定的任务或者同工种、同岗位人员的工作量。当然，前提条件是劳动定额标准合法、合理，用人单位不得故意提高定额标准使劳动者无法完成工作任务。用人单位证明应以劳动合同约定的工作内容或者企业职位、岗位工作描述的内容为标准，且这些内容需要事先告知劳动者。如果劳动合同对工作内容没有明确的规定，或者职位、岗位描述不清的，用人单位可以参照平均的同工种同岗位人员的工作量来要求劳动者。

用人单位要特别注意，这项规定并非说劳动者不能胜任工作即可解除劳动合同，而是要在证明劳动者不能胜任工作后，对劳动者进行培训或者调整工作岗位，即用人单位负有协助劳动者适应岗位的义务，应该对其进行基本职业培训，提高职业技能，帮助其适应工作需要。当用人单位对劳动者进行了岗位培训或者调整工作岗位后，劳动者仍不能胜任的，用人单位可以解除劳动合同。

第三，劳动合同订立时所依据的客观情况发生重大变化，致使劳动合同无法履行，经用人单位与劳动者协商，未能就变更劳动合同内容达成协议的。

这里的客观情况，是指履行原劳动合同所必要的客观条件，如自然条件、原材料或能源供给条件、生产设备条件、产品销售条件、劳动安全卫生条件等。客观情况发生变化，是指发生不可抗力或出现导致使劳动合同全部或部分条款无法履行的情况，如企业迁移、被兼并、被上级主管部门撤销等致使劳动合同无法履行或无法完全履行的情况。因客观情况发生重大变化，致使原劳动合同无法履行或者无法完全履行，当事人必须依据变化后的客观情况对劳动合同的变更进行协商，如变更原劳动合同中的工作内容、岗位以及劳动保护、劳动条件、工资报酬等有关条款，双方无法达成一致意见的，用人单位可以预告解除劳动合同。

(3)经济性裁员

经济性裁员是指用人单位由于生产经营状况发生变化而出现劳动力过剩，通过一次性预告辞退部分劳动者，以改善生产经营状况的一种手段。在市场经济中，经济性裁员是用人单位克服经营困难的内在需要的通常做法，具有不可避免性。因此，法律上必须赋予用人单位在一定条件下的经济性裁员自主权，但同时必须对裁员进行一定的限制，以保障劳动者的基本权益。在经济性裁员的劳动合同解除中,劳动者本人一般既无主观过失也无客观过失,完全是由于劳动者自身之外的原因甚至是用人单位的原因而解雇劳动者,是让劳动者对与之无关的行为或者事件承担不利的后果和责任。为了平衡用人单位与被裁劳动者双方的权益,《劳动合同法》第41条对用人单位经济性裁员作出了具体的限制:

第一,裁员规模。《劳动法》未区分规模裁员与规模以下裁员,无论裁员多少都实行同样的裁员制度。而《劳动合同法》第40条规定的裁员制度仅限于规模裁员,即一次裁减20人以上或者裁减不足20人但占企业职工总数的10%以上的裁员。

第二,裁员程序。首先要说明情况。用人单位应当提前30日向工会或者全体职工说明有关裁减人员原因、裁员时间、实施步骤、经济补偿方案等情况。其次是听取意见。用人单位应当听取工会或者职工的意见,对裁员方案进行修改和完善。最后是报告。用人单位应当将裁减人员方案向劳动行政部门报告,听取劳动行政部门的意见。

第三,优先留用和优先录用的义务。在积极性裁员中,企业负有优先留用和优先录用的义务。有三类劳动者属于裁员时用人单位应当优先留用的人员,包括:①与本单位订立较长期限的固定期限劳动合同的劳动者;②与本单位订立无固定期限劳动合同的劳动者;③家庭无其他就业人员,有需要扶养的老人或者未成年人的劳动者。裁员后优先录用,是指用人单位在裁员后近期内重新招用人员的,在同等条件下优先招用被裁减的人员。依《劳动合同法》第41条的规定,裁员后六个月内重新招用人员的用人单位,应当通知被裁减的人;并在同等条件下优先招用被裁减的人员。

第四,用人单位可以进行经济性裁员的许可要件包括:

①用人单位依照企业破产法规定进行重整。2007年6月1日起施行的《企业破产法》第70条第1款规定:"债务人或者债权人可以依照本法规定,直接向人民法院申请对债务人进行重整。"这是指企业法人不能清偿到期债务,并且资产不足以清偿全部债务或者明显缺乏清偿能力而濒临破产的,依照企业破产法经申请人民法院准许进入重整。在重整期间,为挽救企业,减员增效,管理人或债务人都可以决定进行规模裁员。

②生产经营发生严重困难。生产经营发生严重困难,是指用人单位的生产经营状况恶化,难以维持,例如出现企业严重亏损、产品严重积压等情况,并达到当地政府规定的严重困难企业标准,需要通过裁员来摆脱困境。

③企业转产、重大技术革新或者经营方式调整,经变更劳动合同后,仍需裁减人员。企业转产,是指改变主要经营业务内容。重大技术革新,可能导致同样的工作由更少的劳动者即可完成。这样都会使企业出现劳动力技能不匹配或者劳动力过剩的情况,在这种情况下,企业应首先与劳动者协议变更劳动合同以转换岗位,对于无法转换岗位、不能适应新岗位或者在新岗位中已无优势的劳动者,可以裁减。

④其他因劳动合同订立时所依据的客观经济情况发生重大变化,致使劳动合同无法履行。这是兜底性条款,为其他情况下企业的裁减人员提供法律依据。实践中,除了《劳动合同法》第41条列举的三种情形之外,还有一些劳动合同订立时所依据的客观经济情况发生变化的情形,比如国家产业政策调整,企业需要迁移、停产、转产的,也应当允许用人单位进行经济性裁员,以保障企业的经营自主权。

辞退制度中还有用人单位解除劳动合同的禁止性条件,辞退制度中的禁止性条件与许可性条件相对,是指法定的即使在许可辞退的情形下也不得辞退的条件,只有在被禁止辞退的情形消失后，用人单位以许可性条件为依据的辞退权才可以恢复。《劳动合同法》第 42 条规定：“劳动者有下列情形之一的，用人单位不得依照本法第四十条、第四十一条的规定解除劳动合同：(一)从事接触职业病危害作业的劳动者未进行离岗前职业健康检查，或者疑似职业病病人在诊断或者医学观察期间的；(二)在本单位患职业病或者因工负伤并被确认丧失或者部分丧失劳动能力的；(三)患病或者非因工负伤，在规定的医疗期内的；(四)女职工在孕期、产期、哺乳期的；(五)在本单位连续工作满十五年，且距法定退休年龄不足五年的；(六)法律、行政法规规定的其他情形。”据此，劳动合同解除的禁止性条件仅适用于用人单位的无过失性解除(《劳动合同法》第 40 条)和经济性裁员(《劳动合同法》第 41 条)，而不适用于用人单位与劳动者协商解除劳动合同、劳动者单方解除劳动合同以及用人单位单方随时解除劳动合同的情形。

三、劳动合同终止

劳动合同终止分为一般终止和延期终止两种情况：

(一)劳动合同一般终止的事由

1. 劳动合同期满。指固定期限劳动合同所约定的期限届满，或以完成一定工作任务为期限的劳动合同所约定的工作任务已经完成，此时除劳动合同依法续订或依法延期外，劳动合同期满，劳动合同即行终止。

2. 劳动者开始依法享受基本养老保险待遇。指劳动者因达到退休年龄或丧失劳动能力而办理了退休手续，开始依法享受基本养老保险待遇，此时劳动合同即行终止。但是，如果劳动者已具备退休条件，但未开始依法享受基本养老保险待遇的，对劳动合同终止与否以及是否支付经济补偿的问题，《劳动合同法》未作规定。依法理，终止与否的问题，取决于当事人的选择，既可以是协议终止，也可以是用人单位或劳动者单方终止。

3. 劳动者死亡，或者被人民法院宣告死亡或者宣告失踪。劳动关系具有人身属性，不能由其他的第三方替代，所以作为劳动力载体的劳动者死亡或者被宣告死亡(失踪)，劳动关系双方中的劳动者一方不存在了，劳动合同自然终止。宣告死亡，是指自然人下落不明达一定期限(四年或两年)，经利害关系人申请，而由法院宣告其死亡。宣告失踪，是指自然人离开自已的住所或居所，没有任何消息达两年，处于生死不明状态，经利害关系人申请，由法院在查明事实后依法宣告为失踪人。

4. 用人单位被依法宣告破产。我国现行立法中，只有企业破产制度。企业破产，是指企业因不能偿付到期债务而依法经一定程序由法院消灭其主体资格。当企业依法破产后，劳动关系中用人单位的一方消失，所以劳动合同自然终止。

5. 用人单位被吊销营业执照、责令关闭、撤销或者用人单位决定提前解散。这属于经营主体资格消灭的情形，而用人单位资格以经营主体资格为基础，故经营主体资格被消灭，劳动关系中用人单位一方消失，劳动合同自然终止。

6. 法律、行政法规规定的其他情形。这表明，劳动合同终止的事由只可法定，不能由双方当事人约定。

(二)劳动合同延期终止的事由

劳动合同的延期终止，即劳动合同期满时因存在法定的特殊情形，劳动合同应当续延至相应的情形消失时终止。劳动合同的延期终止，主要是为了保障一些处于特殊阶段的劳动者的权益。它作为劳动合同终止的一种特殊形式,与劳动合同期满终止对应,是劳动合同期满终止的例外和对劳动合同期满终止的补充。

延期终止的事由在《劳动合同法》第 45 条中作出了具体的规定:

(1)从事接触职业病危害作业的劳动者未进行离岗前职业健康检查,或者疑似职业病病人在诊断或者医学观察期间的。即劳动合同期满时,从事接触职业病危害作业而未进行离岗前职业健康检查者,劳动合同应当续延至离岗前职业健康检查完毕时终止。而疑似职业病病人,应当续延至诊断期或医学观察期届满时终止。

(2)在本单位患职业病或者因工负伤并被确认丧失或者部分丧失劳动能力的。即工伤劳动者劳动合同的终止,按照国家有关工伤保险的规定执行。

(3)患病或者负伤,在规定的医疗期内的,即患普通病或者非因工负伤者,应当续延至规定的医疗期届满时终止。

(4)女职工在孕期、产期、哺乳期的。即女职工的劳动合同如果在孕期、产期、哺乳期内期限届满的,应当分别续延至规定的孕期、产期、哺乳期届满时终止。

(5)在本单位连续工作满十五年,且距法定退休年龄不足五年的。

(6)法律、行政法规规定的其他情形。

四、经济补偿金和赔偿金

(一)经济补偿金

1. 经济补偿金的概念

经济补偿金是指在劳动合同解除或终止后,用人单位在法定条件下按照法定标准支付给劳动者的经济上的补助。我国在 1986 年国务院的《国营企业实行劳动合同制暂行规定》将其称为"生活补助费",《劳动法》将其命名为"经济补偿",此后我国法律、法规一直沿用此名。我国《劳动法》第 28 条、劳动部 1994 年《违反和解除劳动合同的经济补偿办法》等规定了经济补偿金制度,《劳动合同法》第 46 条、第 47 条对其进行了完善,增加了劳动合同终止的经济补偿和劳动者因用人单位违约或违法而即时辞职的经济补偿。

2. 经济补偿金的适用范围

依据《劳动合同法》第 46 条的规定,用人单位应当向劳动者支付经济补偿的情形包括:

(1)"劳动者依照本法第三十八条规定解除劳动合同的"。即劳动者随时解除劳动合同和立即解除劳动合同的情形。

(2)"用人单位依照本法第三十六多规定向劳动者提出解除劳动合同并与劳动者协商一致解除劳动合同的"。即由用人单位首先提出解除劳动合同提议,双方协商一致解除劳动合同的情形。

(3)"用人单位依照本法第四十条规定解除劳动合同的",即无过失性解除的情形。

(4)"用人单位依照本法第四十一条第一款规定解除劳动合同的"。即经济性裁员的情形。

(5)"除用人单位维持或者提高劳动合同约定条件续订劳动合同,劳动者不同意续订的情形外,依照本法第四十四条第一项规定终止固定期限劳动合同的"。即因劳动合同期满而终止固定期限劳动合同的情形。

(6)"依照本法第四十四条第四项、第五项规定终止劳动合同的"。即因用人单位被依法宣告破产、用人单位被吊销营业执照、责令关闭、撤销或者用人单位决定提前解散(可统称为因用人单位主体资格丧失)而终止劳动合同的情形。

(7)"法律、行政法规规定的其他情形"。如《劳动合同法实施条例》第 22 条规定:"以完成一定工作任务为期限的劳动合同因任务完成而终止的,用人单位应当依照劳动合同法第四十七条的规定向劳动者支付经济补偿。"

3. 经济补偿金的计算方法

《劳动合同法》第 47 条规定:"经济补偿按劳动者在本单位工作的年限,每满一年支付一个月工资的标准向劳动者支付。六个月以上不满一年的,按一年计算;不满六个月的,向劳动者支付半个月工资的经济补偿。劳动者月工资高于用人单位所在直辖市、设区的市级人民政府公布的本地区上年度职工月平均工资三倍的,向其支付经济补偿的标准按职工月平均工资三倍的数额支付,向其支付经济补偿的年限最高不超过十二年。本条所称月工资是指劳动者在劳动合同解除或者终止前十二个月的平均工资。"这个规定限制了对高收入劳动者支付经济补偿金的数量,即从工作年限和月工资基数两个方面限制了高收入劳动者所得的经济补偿金数额。《违反和解除劳动合同的经济补偿办法》(劳部发[1994]481 号)第 11 条第 2 款规定,劳动者的月平均工资低于企业月平均工资的,按企业月平均工资的标准支付。此规定与《劳动合同法》的关于经济补偿标准的规定不抵触且构成互补关系,所以仍继续适用。

关于工作年限的计算,《劳动合同法实施条例》第 10 条进一步规定:"劳动者非因本人原因从原用人单位被安排到新用人单位工作的,劳动者在原用人单位的工作年限合并计算为新用人单位的工作年限。原用人单位已经向劳动者支付经济补偿的,新用人单位在依法解除、终止劳动合同计算支付经济补偿的工作年限时,不再计算劳动者在原用人单位的工作年限。"

关于工资标准的计算,《劳动合同法实施条例》第 27 条进一步规定:"劳动合同法第四十七条规定的经济补偿的月工资按照劳动者应得工资计算,包括计时工资或者计件工资以及奖金、津贴和补贴等货币性收入。劳动者在劳动合同解除或者终止前 12 个月的平均工资低于当地最低工资标准的,按照当地最低工资标准计算。劳动者工作不满 12 个月的,按照实际工作的月数计算平均工资。"

关于经济补偿金的分段计算,《劳动合同法》第 97 条规定:"本法施行前已依法订立且在本法施行之日存续的劳动合同,继续履行。""本法施行之日存续的劳动合同在本法施行后解除或者终止,依照本法第四十六条规定应当支付经济补偿的,经济补偿年限自本法施行之日起计算;本法施行前按照当时有关规定,用人单位应当向劳动者支付经济补偿的,按照当时有关规定执行。"

(二)赔偿金

赔偿金,是指在解除或者终止劳动合同时,对用人单位违反法律规定解除或者终止劳动合同而给劳动者造成经济损失的惩罚性的补偿措施。经济补偿金与赔偿金是两个性质不同的概念,赔偿金适用于用人单位违法解除劳动合同的情形,经济补偿金适用于用人单位依法解除或终止劳动合同的情形。

当用人单位违反法律规定解除或者终止劳动合同时,劳动者可以请求用人单位按照经济补偿标准的 2 倍支付赔偿金。《劳动合同法》第 48 条规定:"用人单位违反本法规定解除或者终止劳动合同,劳动者要求继续履行劳动合同的,用人单位应当继续履行;劳动者不要求继续履行劳动合同或者劳动合同已经不能继续履行的,用人单位应当依照本法第八十七条规定支付赔偿金。"《劳动合同法》第 87 条规定:"用人单位违反本法规定解除或者终止劳动合同的,应当依照本法第四十七条规定的经济补偿标准的二倍向劳动者支付赔偿金。"

对于用人单位违反本法规定解除或者终止劳动合同时经济补偿金和赔偿金的关系,《劳动合同法实施条例》第 25 条规定:"用人单位违反劳动合同法的规定解除或者终止劳动合同,依照劳动合同法第八十七条的规定支付了赔偿金的,不再支付经济补偿。赔偿金的计算年限自用工之日起计算。"这也说明补偿金和赔偿金不能同时适用。

五、解除或终止劳动合同的附随义务

附随义务也叫后合同义务,是指合同关系消灭后,基于诚实信用原则的要求,缔约双方当事人依法应负有某种作为或不作为义务,以维护给付效果,或协助对方处理合同终了的善后事务的义务。在劳动合同解除或终止后,虽然合同约定的权利义务关系已经消灭,但因为过去合同关系的存在,会对当事人双方产生一定的影响,如果一方当事人不顾另一方当事人的利益,滥用权利,就很可能对另一方当事人造成损害。所以,在劳动合同解除或终止后,劳动合同的双方还负有一定的善后性义务,这是劳动合同法中诚实信用原则的具体要求。《劳动合同法》第 50 条将劳动合同的附随义务予以法定化,同时由于劳动合同的特殊性,对附随义务的规定也体现出倾斜保护劳动者的原则。

解除或者终止劳动合同的双方当事人的附随义务包括:

1. 用人单位应当在解除或者终止劳动合同时出具解除或者终止劳动合同的证明,并在 15 日内为劳动者办理档案和社会保险关系转移手续。《劳动合同法实施条例》第 24 条进一步具体规定,用人单位出具的解除、终止劳动合同的证明,应当写明劳动合同期限、解除或者终止劳动合同的日期、工作岗位、在本单位的工作年限。未经劳动者请求,不得记载劳动合同终止或解除的事由,也不得记载对劳动者评价之事项;经劳动者请求,对其不利的评价应当客观真实,并仅限于与职务有关行为的评价。《劳动合同法》第 89 条规定,用人单位违反《劳动合同法》规定未向劳动者出具解除或者终止劳动合同的书面证明,由劳动行政部门责令改正;给劳动者造成损害的,应当承担赔偿责任。

2. 用人单位对已经解除或者终止的劳动合同的文本,至少保存 2 年备查。

3. 用人单位不得扣押劳动者档案或其他物品。《劳动合同法》第 84 条第 3 款规定,劳动者依法解除或者终止劳动合同,用人单位扣押劳动者档案或者其他物品的,由劳动行政部门责令限期退还劳动者本人,并以每人 2000 元以下的标准处以罚款;给劳动者造成损害的,应当承担赔偿责任。

4. 劳动者应当按照双方约定,办理工作交接。妥善解决在劳动合同解除或终止前劳动者所负责的工作,归还因工作需要而使用、占用的用人单位财产和工作资料。用人单位依照《劳动合同法》的有关规定应当向劳动者支付经济补偿的,在办结工作交接时支付。

5. 劳动者有义务保守用人单位的商业秘密和与知识产权有关的秘密事项。劳动者在离开用人单位后保密期未满的,应当在保密期内继续承担保密义务。有竞业限制约定的,在用人单位按约定支付经济补偿的同时应当遵守其竞业限制约定。

六、劳动合同解除和终止的法律责任

在劳动合同的解除和终止中，用人单位和劳动者如果出现违反劳动法规、劳动合同的行为，则都要承担相应的法律责任。具体规定为：

第一，违法扣押劳动者物品的法律责任。劳动者依法解除或者终止劳动合同，用人单位不得扣押劳动者档案或者其他物品，用人单位违反《劳动合同法》的规定，扣押劳动者居民身份证等证件的，由劳动行政部门责令限期退还劳动者本人，并依照有关法律规定给予处罚。用人单位以担保或者其他名义向劳动者收取财物的，由劳动行政部门责令限期退还劳动者本人，并以每人500元以上2000元以下的标准处以罚款；给劳动者造成损害的，应当承担赔偿责任。

第二，未支付经济补偿的法律责任。解除或者终止劳动合同，用人单位未依照《劳动合同法》的规定向劳动者支付经济补偿的，由劳动行政部门责令限期支付经济补偿；逾期不支付的，责令用人单位按应付金额50%以上100%以下的标准向劳动者加付赔偿金。

第三，用人单位违法解除或终止劳动合同的法律责任。用人单位违法解除或者终止劳动合同的，应当依照劳动合同解除或终止的经济补偿标准的2倍向劳动者支付赔偿金。

第四，未提供解除或者终止劳动合同证明的法律责任。用人单位违反《劳动合同法》的规定未向劳动者出具解除或者终止劳动合同的书面证明的，由劳动行政部门责令改正；给劳动者造成损害的，应当承担赔偿责任。

第五，劳动者在解除或者终止劳动合同中违法的法律责任。劳动者违反劳动法律、法规或者劳动合同的规定解除劳动合同的，或者违反劳动合同中约定的保密义务或者竞业限制，给用人单位造成损失的，应当承担赔偿责任。

对于用人单位的法律责任而言，还有一种特殊的情形，即不合格用人单位违法的法律责任问题。不具有合法经营资格的用人单位既有无照(证)经营的违法，又有非法用工的违法等多种违法行为。用人单位不合格的劳动关系，应当强制终止，所签订的劳动合同无效。《劳动合同法》第93条规定："对不具备合法经营资格的用人单位的违法犯罪行为，依法追究法律责任；劳动者已经付出劳动的，该单位或者其出资人应当依照本法有关规定向劳动者支付劳动报酬、经济补偿、赔偿金；给劳动者造成损害的，应当承担赔偿责任。"

第五节　劳务派遣和非全日制用工

一、劳务派遣

(一)劳务派遣的概念

劳务派遣又叫劳动派遣或劳动力派遣，是指派遣单位按照用工单位或劳动力市场的需要招收劳动者并与劳动者订立劳动合同，然后按照其与用工单位订立的劳务派遣协议将劳动者派遣到用工单位劳动，劳动过程由用工单位管理，工资和社会保险费等各项待遇由用工单位提供给派遣单位，再由派遣单位支付给劳动者，并为劳动者办理社会保险登记和缴费等各项事务；用工单位向派遣单位就提供的服务支付劳务费。它是一种特殊的用工形式、就业形式和就业服务形式。劳务派遣一般在临时性、辅助性或者替代性的工作岗位上实施。

劳务派遣具有以下特征：

1. 劳动者的招收和使用相分离。这是劳务派遣的最本质特征。在一般劳动关系中，用人单位直接雇佣和使用劳动者，并向劳动者支付工资报酬，而在劳务派遣中，劳动者虽然与劳务派遣单位建立了劳动关系，但实际使用劳动者的却是用工单位，即招工和用工是相分离的。

2. 劳务派遣中具有三个主体。在一般的劳动关系中，有用人单位和劳动者两个主体，但在劳务派遣中，由于招收与使用劳动者的主体相分离，所以存在三个主体：劳务派遣单位、劳动者和实际用工单位。三个主体间的权利和义务由法律规定。

3. 劳务派遣关系中至少具有两个合同。在一般的劳动关系中，通常存在的是用人单位和劳动者之间的劳动合同，但在劳务派遣关系中，因为多了一个主体，所以至少存在两个合同，一个是劳务派遣单位与被派遣劳动者之间的劳动合同，另一个是劳务派遣单位与用工单位之间的劳务派遣协议。

劳务派遣在我国由职业介绍、劳动人事代理相继发展而来，但不同于职业介绍和劳动人事代理。职业介绍只是中介服务，劳动关系由劳动者与用人单位自己缔结；劳动人事代理虽然服务内容比职业介绍有所扩展，但不具有用人单位身份；而派遣单位具有用人单位的部分身份和职能。与传统的用工方式相比，劳务派遣能够满足用人单位灵活用工的一些需求，得到了广泛的应用，但是，劳务派遣特殊的三方关系构造也容易被一些用人单位利用来逃避法律义务，损害劳动者的权益。因此《劳动合同法》确认了劳务派遣的合法性，同时对其从各个方面进行了规制。

（二）劳务派遣单位

1. 劳务派遣单位的法律地位

劳务派遣单位是招收劳动者并向用工单位派遣的单位。按照《劳动合同法》的规定，劳务派遣单位只能采取公司的组织形式设立。《劳动合同法》第 57 条规定，劳务派遣单位应当依照公司法的有关规定设立，其注册资本不得少于 50 万元。劳务派遣单位的设立条件比《公司法》规定的要更严格，最低注册资本要远远多于一般公司设立的数额。

在实践中，劳务派遣单位与劳动者订立劳动合同，确立劳动者与派遣单位和用工单位的劳动关系，并明确三方各自的劳动权利义务；劳务派遣单位派遣劳动者到用人单位劳动，并履行劳动合同约定的部分与劳动力使用相关的义务。可见，派遣单位作为劳动合同的缔约人和履约人以及劳动者的派遣人，已具备法律意义上用人单位（雇主）内涵的部分必备内容，所以在《劳动合同法》第 58 条中特别强调，派遣单位是《劳动合同法》所称的用人单位，应当履行用人单位对劳动者的相关权利义务。

2. 劳务派遣单位的法定义务

劳务派遣单位对劳动者的法定义务有：

（1）告知义务。订立劳动合同时，除应当写明《劳动合同法》第 17 条规定的事项外，还应当写明被派遣劳动者的用工单位以及派遣期限、工作岗位等情况。即应当将劳务派遣协议的内容告知被派遣劳动者。这是因为，劳动合同应当依据劳务派遣协议订立，劳动者对其将被派往的用工单位和劳务派遣协议有知情权。违反此项告知义务，将构成欺诈，导致劳动合同无效。

(2)支付劳动报酬义务。劳务派遣单位不得以非全日制用工形式招用被派遣劳动者。劳务派遣单位应当与被派遣劳动者订立两年以上的固定期限劳动合同，除法定由用工单位直接支付的项目(如加班费、绩效奖金和与工作岗位相关的福利待遇)外，劳务派遣单位应当按月支付劳动报酬；被派遣劳动者在无工作期间，应当按照所在地人民政府规定的最低工资标准，向其按月支付报酬；用工单位按照劳务派遣协议将其应当负担的劳动报酬支付给派遣单位后，派遣单位应当全额支付给被派遣劳动者而不得以提取管理费等任何理由克扣。劳务派遣单位跨地区派遣劳动者的，被派遣劳动者享有的劳动报酬和劳动条件，按照用工单位所在地的标准执行。

(3)公益性义务。劳务派遣即使对用工单位具有商业性，但对于劳动者应当具有公益性。国际劳工组织明确规定，私营就业机构不得对劳动者以直接或间接的方式全部或部分收取费用，所以，派遣单位提供招工和派遣服务，可以向用工单位收取劳务费，但不得向被派遣劳动者收取费用。①

(4)根据《劳动合同法》第58条，派遣单位还应当履行作为用人单位应当承担而不宜由用工单位承担的义务。例如，为劳动者办理社会保险登记等义务。

另外，按照《劳动合同法》第59条规定，劳务派遣单位派遣劳动者应当与接受以劳务派遣形式用工的单位(以下称用工单位)订立劳务派遣协议。劳务派遣协议应当约定派遣岗位和人员数量、派遣期限、劳动报酬和社会保险费的数额与支付方式以及违反协议的责任。

(三)用工单位

用工单位是接受以劳务派遣形式实际用工的单位，是真正使用被派遣劳动者的主体。用工单位虽然不是劳动合同的缔约人，但是却是劳动力的使用人和劳动合同的履约人，是不完整的用人单位。

劳务派遣形式下的用工单位既有和常规用工单位一样的法定义务，也有由于劳务派遣这一特殊用工形式产生的特殊义务。一般性法定义务有：

(1)按照《劳动法》、《劳动合同法》等法律、法规的规定，提供符合国家劳动标准的劳动条件和劳动保护。包括工资、工时、劳动安全卫生等各个方面的标准。

(2)告知义务。用工单位应当告知被派遣劳动者的工作要求和劳动报酬的情况。对于被派遣劳动者所要从事的具体工作，应当在劳动者被派遣前或上岗前告知其工作任务、职责、规程等具体要求；对于劳动报酬，应当于被派遣劳动者上岗前在劳动合同或其补充协议所约定劳动报酬条款的基础上，作进一步说明，尤其是说明有无变动和变动原因。特别要告知劳动者关于加班费、绩效奖金，和其他与工作岗位相关的福利待遇的支付情况。

(3)教育培训义务。用工单位对被派遣劳动者应当进行工作岗位所必需的培训，其中包括上岗培训、劳动安全卫生培训等。

(4)连续用工的，实行正常的工资调整机制。即延续原用工期限或不间断地再次使用同一个被派遣劳动者的，应当按照本单位正常的工资调整机制，提高被派遣劳动者的劳动报酬。

特定法定义务有：

根据《劳动合同法》的有关规定，劳务派遣中的用工单位不得自行设立劳务派遣单位向

---

① 参见王全兴:《劳动法》，法律出版社2008年版，第193～194页。

本单位或者所属单位派遣劳动者;用人单位应当根据工作岗位的实际需要与劳务派遣单位确定派遣期限,不得将连续用工期限分割订立数个短期劳务派遣协议;不得向被派遣劳动者收取费用;不得将被派遣劳动者再派遣到其他用人单位;除依法辞退被派遣劳动者外,不得将派遣期限未满的被派遣劳动者退回派遣单位。

(四)被派遣劳动者

被派遣劳动者在劳务派遣中最重要的权利就是平等待遇权,即不同个体或群体的劳动者之间平等地享有劳动权利和履行劳动义务,亦即在劳动报酬、工时和休息休假、劳动安全卫生的方面适用相同的标准。

《劳动合同法》第 63 条规定:"被派遣劳动者享有与用工单位的劳动者同工同酬的权利。用工单位无同类岗位劳动者的,参照用工单位所在地相同或者相近岗位劳动者的劳动报酬确定。"同工同酬是指用人单位对于从事相同工作,付出等量劳动且取得相同劳绩的劳动者,应支付同等的劳动报酬。即,劳务派遣的劳动者应当与用工单位内相同或相近岗位的正式工适用相同的劳动报酬标准和分配制度;用工单位无相同或相近岗位正式职工的,应当参照适用用工单位所在地相同或者相近岗位正式工的劳动报酬水平确定其劳动报酬。

《劳动合同法》第 64 条规定:"被派遣劳动者有权在劳务派遣单位或者用工单位依法参加或者组织工会,维护自身的合法权益。"即劳务派遣的劳动者也和其他所有劳动者一样,有权依法参加和组织工会,参与工会活动,这是保障被派遣劳动者享有平等待遇权的重要条件。

(五)劳动合同的解除

劳务派遣的劳动合同解除既涉及一般法如何适用的问题,也有其自己的特殊性。

按照《劳动合同法》的规定,对被派遣的劳动者解除劳动合同,适用协议解除和即时解除两种情况。《劳动合同法》第 65 条规定:"被派遣劳动者可以依照本法第三十六条、第三十八条的规定与劳务派遣单位解除劳动合同。被派遣劳动者有本法第三十九条和第四十条第一项、第二项规定情形的,用工单位可以将劳动者退回劳务派遣单位,劳务派遣单位依照本法有关规定,可以与劳动者解除劳动合同。"也就是说,被派遣劳动者可以依照双方协商一致解除劳动合同,可以在用人单位有过错时随时或立即解除劳动合同。在被派遣劳动者有过错或两种无过失(劳动者患病或者非因工负伤,在规定的医疗期满后不能从事原工作,也不能从事由用人单位另行安排的工作的情形;劳动者不能胜任工作,经过培训或者调整工作岗位,仍不能胜任工作的情形)的情形下,用工单位可以将劳动者退回劳务派遣单位,由劳务派遣单位依法与劳动者解除劳动合同。

在劳务派遣中,劳动关系有两个层次,即被派遣劳动者与派遣单位的劳动合同关系和与用工单位的派遣用工关系。而被派遣劳动者与之协议解除劳动合同的相对人只限于派遣单位。也就是说,可协议解除的只限于劳动合同关系,而不能是派遣用工关系。劳务派遣关系的解除是劳务派遣单位与用工单位之间的问题,不需要与劳动者协商。

劳务派遣用工解除或终止劳动合同的经济补偿金和赔偿金,和解除或终止一般劳动合同完全一样。《劳动合同法实施条例》第 31 条规定:"劳务派遣单位或者被派遣劳动者依法解除、终止劳动合同的经济补偿,依照劳动合同法第四十六条、第四十七条的规定执行。"第 32 条规定:"劳务派遣单位违法解除或者终止被派遣劳动者的劳动合同的,依照劳动合同法第四十八条的规定执行。"

(六)派遣单位和用工单位违法的法律责任

派遣单位和用工单位的各种违法行为,不仅会违反劳动法规,而且还可能违反公司法、行政法等其他法律部门的相关法律。具体法律责任情况如下:

1. 派遣单位的行政责任

对于派遣单位的违法行为,除劳动行政部门外,工商行政管理单位等有关部门也均有权追究其行政责任。《劳动合同法》第 92 条规定的行政责任有:(1)责令改正。派遣单位有违法行为的,首先应当由劳动行政部门和其他有关主管部门责令改正,例如,由劳动行政部门责令补订或修改劳动合同,由社会保险费征缴机构责令补缴社会保险费和缴纳滞纳金。(2)情节严重的行政处罚。派遣单位有违法行为且情节严重的,由劳动行政部门或其他有关主管部门依法按照违法行为所涉及的被派遣劳动者人数,以每人 1000 元以上 5000 元以下的标准处以罚款;并且,由工商行政管理部门吊销营业执照。

2. 连带赔偿责任

由于派遣单位与用工单位是被派遣劳动者的共同雇主,且派遣单位与用工单位对被派遣劳动者存在默示担保关系,所以,无论是派遣单位违法还是用工单位违法,也无论派遣单位与用工单位对违法行为有无共同过错,只要是给被派遣劳动者造成损害的,派遣单位与用工单位应当承担连带赔偿责任。被派遣劳动者可以请求派遣单位或用工单位赔偿全部损失。这种连带赔偿责任制度,对于促使派遣单位与用工单位相互谨慎选择对方和相互制约,具有不可忽视的意义。为此,《劳动合同法》第 92 条规定,劳务派遣单位违反法律规定,给被派遣劳动者造成损害的,派遣单位与用工单位承担连带赔偿责任。

二、非全日制用工

(一)非全日制用工的概念

非全日制劳动,也称部分时间劳动(Part-time Work),是相对于全日制劳动(Full-time Work)而言的,是指劳动者可以与多个雇主建立劳动关系的一种就业形式(后订立的劳动合同不得影响先订立的劳动合同的履行)。非全日制用工是为了弥补全日制用工不足的一种特殊用工形式,与全日制用工相对应,非全日制用工是指以小时计酬为主,劳动者在同一用人单位一般只提供非全日工时劳动的用工形式。《劳动合同法》第 68 条规定,非全日制用工,是指以小时计酬为主,劳动者在同一用人单位一般平均每日工作时间不超过 4 小时,每周工作时间累计不超过 24 小时的用工形式。

(二)非全日制用工的劳动合同

非全日制用工具有短期性、灵活性的特点,其劳动合同的订立也可以比全日制用工劳动合同的订立更简便。《劳动合同法》第 69 条规定:"非全日制用工双方当事人可以订立口头协议。"这就说明,在非全日制用工中,经用人单位和劳动者双方同意,劳动合同既可以采取书面形式,也可以采取口头形式,口头协议的达成即标志劳动关系的成立,口头协议的达成与实际用工对劳动关系的确立具有同等的法律效力。

非全日制劳动合同内容上也有一些特殊的规定:非全日制用工禁止约定试用期,因为非全日制用工本身就以临时性、灵活性为主要特点,约定试用期既与非全日制用工的特征相悖,又给用人单位降低非全日制用工劳动者报酬提供了条件,不利于保护非全日制用工的劳动者权益,所以,《劳动合同法》第 70 条规定,非全日制用工双方当事人不得约定试用期。也是为了适合非全日制用工的基本特征，保障劳动者可以及时足额领取劳动报酬，《劳动合同法》第72条规定，非全日制用工小时计酬标准不得低于用人单位所在地人民政府规定的最低小时工资标准。非全日制用工劳动报酬结算支付周期最长不得超过15日，也就是非全日制劳动者的工资支付是不能按月结算的，这也是在实践中部分用人单位存在的常见违法行为。

《劳动合同法》对非全日制劳动合同的终止采取了简便快捷的规定，在非全日制劳动关系中，任何一方当事人都可以单方终止劳动合同，而无须对方同意；任何一方当事人都可以随时通知对方终止劳动合同，而无须向对方预告；任何一方当事人终止劳动合同，都不需要任何实体性条件；当然，终止非全日制劳动合同，用人单位不须向劳动者支付经济补偿。从事非全日制劳动的劳动者与用人单位在劳动过程中引发的劳动争议，均按照国家劳动争议处理规定执行。

思考题

1. 为什么要实行劳动合同制度？
2. 固定期限劳动合同和“铁饭碗”有什么区别？
3. 订立劳动合同的原则和程序是什么？
4. 劳动合同的内容中必须包括哪些条款？
5. 劳动合同无效的原因和法律后果是什么？
6. 劳动者解除劳动合同的条件和程序是什么？
7. 用人单位解除劳动合同的条件和程序是什么？
8. 劳务派遣中“三个主体，两个合同”是什么？
9. 非全日制用工合同与全日制用工合同的区别是什么？
10. 用人单位违反劳动合同条款应承担的法律责任有哪些？

问题讨论

1. 2011年1月，某建筑公司公开招聘员工，其中要招聘设计人员一名，要求男性，本科以上相关专业毕业，视力(裸眼)1.0以上。刘某除视力条件外，其他要求都符合，为了能够到这家公司工作，刘某在应聘体检中，让自己的孪生兄弟代替自己进行了视力检查，顺利通过了体检，并最终进入该公司工作。刘某与公司签订了3年的劳动合同，并约定了3个月的试用期。刘某在工作中一直表现得不是很好，虽然通过了试用期的考核，但经常由于个人的疏忽导致工作出现差错，甚至给公司带来较大的经济损失。于是，建筑公司以刘某不能胜任工作为由，决定与其解除劳动合同关系。刘某不同意，认为出现工作差错是自己工作时间较短，还没有完全熟悉工作的原因，认为公司不能单方面解除劳动合同，要求继续保持劳动关系。双方经多次协商，不能达成一致，请问这个问题应该如何解决，你的处理意见和理由是什么？

2. 孙某自2006年2月起在某银行工作，当时签订了为期3年的劳动合同。因为孙某专业技术强，综合表现突出，银行于2008年2月送孙某到北京参加了为期1年的金融行业技能专业培训，并为其支付了包括培训费、交通费、生活费在内的相关费用共3.5万元。某银行在送孙某去培训之前，双方签订了补充劳动协议，其中约定，孙某在培训结束后至少要为该银行服务5年，如孙某提前解除劳动合同，按每提前一年1万元的标准进行赔偿。孙某培训结束后，由于个人原因，于2011年5月提出辞职申请书，要求解除劳动合同。银行要求孙某按照约定，赔偿损失3万元，孙某以暂时没有那么多钱为由，在没有作出任何赔偿的情况下就不再到该银行上班了。离开两个月后，孙某回到银行，要求办理退工退档手续，但银行以孙某还未缴纳赔偿金为由，拒绝为其办理档案、社保等相关手续。双方不能协商一致。请问在这个纠纷中，双方各存在哪些问题？纠纷该如何解决，为什么？

第四章 集体合同

【引例】2005年12月1日，某中外合资企业为了稳定、协调劳动关系，与该中外合资企业的工会组织就职工的劳动报酬、工作时间、休息休假、各种福利待遇等事项签订了集体合同，该集体合同的期限为2006年1月1日至2008年12月31日。其中，集体合同规定职工的月工资不低于1500元，2005年12月25日，双方将集体合同提交当地劳动与社会保障部门审查。截至2006年3月25日，劳动与社会保障部门仍未给予答复，该中外合资企业认为该集体合同没有被劳动与社会保障部门批准，因此，该集体合同未生效。于是，该中外合资企业于2007年10月，分别同每一个职工签订劳动合同，职工的月工资标准分别为1200元至1400元不等。

请问：该企业职工的工资应是多少？

第一节 集体合同概述

一、集体合同的概念与特征

（一）集体合同的概念

集体合同，又称团体协议或集体协议，是工会组织（或职工代表）代表职工和其所在的单位订立的有关内部劳动关系达成的协议。国际劳工组织在1951年《关于团体协议的建议书》中将团体协议界定为："个别或多数雇主或雇主团体，与代表工人的团体或者由工人依照国家法令选举并授权的代表缔结的关于规定工作条件及雇佣条件的书面契约。"根据我国《劳动法》和2004年颁布的《集体合同规定》，集体合同分为一般集体合同和专项集体合同。一般集体合同，是指用人单位与本单位职工根据法律、法规、规章的规定，就劳动报酬、工作时间、休息休假、劳动安全卫生、职业培训、保险福利等事项，通过集体协商签订的书面协议；而专项集体合同，是指用人单位与本单位职工根据法律、法规、规章的规定，就集体协商的某项内容签订的专项书面协议。如果没有特别说明，集体合同就是指一般集体合同。集体合同是协调劳动关系、保护劳动者权益的重要手段。在我国，集体合同主要是由工会代表职工与企事业组织签订，没有建立工会的企事业组织，由职工推举的代表与企业签订。

（二）集体合同的特征

在我国，集体合同具有如下特征：

1. 集体合同的主体具有特定性，即一方是劳动者的团体组织——企事业工会或职工代表，另一方是企业或事业组织。集体合同由工会代表企业职工一方与用人单位订立；尚未建立工会的用人单位，可以由职工推举代表与企业签订集体合同。职工代表作为集体合同的一方当事人，其职责与工会相同。

2. 集体合同的内容侧重于维护职工权益的规定。集体合同的内容主要针对劳动报酬、工作时间、休息休假、劳动安全卫生、职业培训、保险福利等事项，是以劳动条件、生活条件为主要内容的，这些内容适用于用人单位和全体劳动者。更侧重于强调用人单位的义务和责任，从而达到维护职工合法权益的目的。

3. 集体合同的订立程序和形式要求严格。依据我国法律法规的规定，集体合同的签订，首先由双方依法产生的代表进行协商，草拟集体合同草案；其次由工会主持召开职工大会或职工代表大会讨论通过，再由双方首席代表签字盖章；最后报送劳动行政部门审查、备案。经劳动行政主管部门审核登记的集体合同才具有法律效力。集体合同必须是书面形式的，我国劳动法律没有规定口头形式的集体合同。

4. 集体合同具有规范的效力。集体合同的内容多涉及国家劳动基准法的规定，它规定用人单位在不低于国家劳动标准的基础上，向职工提供劳动条件与生活条件。根据我国劳动法律、法规的规定，依法订立的集体合同对用人单位和全体职工具有法律约束力。职工与用人单位订立的劳动合同中劳动条件和劳动报酬等标准不得低于集体合同的规定。这就使得集体合同在本单位内部具有规范的效力。

二、集体合同与劳动合同的区别

集体合同与劳动合同有着密切的联系，它们同属于劳动法律体系的重要组成部分，都是调整劳动关系的方法和手段，在协调、稳定劳动关系的过程中发挥着重要作用。但两者之间也存在区别。

（一）合同主体不同

集体合同主体比劳动合同主体广泛。集体合同主体一方是工会、工会团体或职工代表，另一方为雇主或雇主团体；而劳动合同主体是特定的，仅限于劳动者和用人单位（即雇主）。

（二）合同内容不同

集体合同规定劳动者全体和用人单位的权利义务关系，其内容是全体职工普遍关心的一般劳动条件、生活待遇、集体谈判的程序及民主管理的方式；而劳动合同是单个劳动者和用人单位之间的权利义务关系，仅涉及个别劳动者的特殊劳动条件。

（三）合同目的不同

集体合同的目的是通过工会或者劳动者代表与用人单位谈判，平衡个体劳动者与用人单位的力量，保护劳动者的合法权益，协调、稳定劳动关系；而劳动合同的目的是建立劳动关系，明确双方的权利义务。

（四）合同适用范围不同

集体劳动合同适用于签订集体合同的工会或劳动者代表所代表的全体劳动者；而劳动合同则适用于签订劳动合同的劳动者个人和用人单位。

（五）合同效力不同

集体合同的效力高于劳动合同。《劳动法》第 35 条明确规定：“依法签订的集体合同对企业和企业全体职工具有约束力。职工个人与企业订立的劳动合同中劳动条件和劳动报酬等标准不得低于集体合同的规定。”

(六)合同形式要件不同

签订集体合同需要提交职工代表大会或者全体职工讨论通过,由双方首席代表签字,必须采用书面形式,并报劳动行政部门批准;而劳动合同只需劳动者个人与用人单位协商签订,应当采用书面形式,但法律不排除口头形式的劳动合同,同时对事实劳动关系进行保护。

(七)合同纠纷的处理方式不同

集体合同纠纷多为利益争议,且涉及范围较广,各国一般采取政府协同劳资各方协调处理的方式。在我国,《劳动法》第 84 条规定:“因签订集体合同发生争议,当事人协商解决不成的,当地人民政府劳动行政部门可以组织有关各方协调处理。因履行集体合同发生争议,当事人协商解决不成的,可以向劳动争议仲裁委员会申请仲裁;对仲裁裁决不服的,可以自收到仲裁裁决书之日起十五日内向人民法院提起诉讼。”对签订集体合同和履行集体合同发生的争议,采取两种不同的处理方式;而劳动合同争议则采用普通劳动争议处理方式。

三、集体合同的作用

集体合同有劳动法规和劳动合同无法取代的功能,在维护劳动者的合法权益,建立与发展和谐的劳动关系,促进用人单位加强管理等方面具有重要作用。

(一)维护劳动者的合法权益,提高劳动者的生产和生活条件

随着我国市场经济的建立,企业已成为自主经营、自负盈亏、独立面对市场的主体,在市场竞争机制的约束下,为了追求利润最大化,不可避免地与劳动者产生利益冲突,侵犯职工合法权益的事件经常发生:随意延长劳动时间,强迫加班加点;有意拖欠、克扣劳动者工资;忽视劳动安全生产,劳动条件恶劣,对劳动者的身体健康、生命安全造成严重损害;采取非法手段,强迫劳动者进行劳动等,劳动者因为势单力薄,很难为自己争取好的劳动条件和生活福利条件。因为在签订劳动合同时,单个劳动者处于弱势而不足以同用人单位相抗衡,因而难以争取到公平合理的劳动条件。由工会代表全体劳动者同用人单位签订集体合同,就可以规定集体劳动条件,集体劳动条件是本单位内的最低个人劳动条件。因此,集体合同能够纠正和防止劳动合同对于劳动者的过分不公平,使之比较公平合理,也使劳资双方在实力上取得基本的平衡。集体合同制度,发挥了劳动者的集体力量,为劳动者通过同用人单位协商谈判的机制,争取比较优厚的劳动条件和劳动待遇提供了法律保障。依法签订的集体合同,对用人单位和劳动者都具有法律约束力。同时,用人单位与劳动者个人签订的劳动合同中劳动条件和劳动待遇的标准,也不得低于集体合同的规定。这样就能抑制用人单位在竞争中损害劳动者的利益的行为发生,切实保障劳动者合法权益的实现。

(二)加强企业的民主管理,体现职工在企业中的主体地位

职工参与企业的民主管理是我国宪法赋予劳动者的一项基本劳动权利,职工劳动者可以通过集体合同的签订和履行来实现对企业的民主管理权。因为集体合同是广大职工智慧的结晶,它所规定的各项条款的讨论、签字仪式的举行、合同执行情况的检查,都是在职工代表大会主持下进行的,体现了职工参加民主管理的原则。集体合同制度的贯彻实施,可以大大提高职工的主人翁责任感,使职工更加关心企业的生产情况和各项重大问题的决策。

(三)改善企业的经营管理,发挥工会的作用

集体合同对企业行政的经营管理工作提出了各项具体要求,这必然加重了企业行政的责任,督促企业行政的各级负责人都要为履行集体合同规定的义务而努力工作。集体合同还规定了工会的一系列权利与义务,把工会的各项工作同企业的生产经营和维护职工的合法权益紧密地结合起来。所以,工会干部必须尽力完成自己的职责,既要密切联系广大职工,又要协助企业解决生产中出现的问题。集体合同不但充实了工会的工作内容,同时也提高了工会在职工中的威信。实行集体合同制度,有利于更好地发挥工会在稳定企业劳动关系中的积极作用,使工会协调劳动关系和维护职工劳动权益的职能发挥得更直接、更生动、更有效,使工会的“维权”职能实现法制化。

(四)可以弥补劳动法规和劳动合同的不足,健全劳动法制

目前我国虽然已经制定了大量的劳动法规,但还是不够健全,还有无法可依、无章可循的现象存在。集体合同中的有些内容是劳动法规的具体化,有些是在符合劳动法规的前提下作出补充规定,这些内容不但为企业调整劳动关系提供了具体依据,同时也弥补了劳动法规的不足,加强了劳动法制的建设。集体合同对劳动关系的调整,同一般的劳动法律、法规相比,对不同企业劳动关系的针对性比较强,同时也有利于消除或弥补劳动合同存在的某些随意性,给企业劳动关系的调整提供一种新机制。从而使企业劳动关系更和谐、更稳定、更巩固,更有利于促进企业发展。

劳动关系的内容涉及方方面面,如果事无巨细均由劳动合同规定,那么每份劳动合同都将成为一本具有相当篇幅的小册子,订立一份劳动合同将成为一件很不容易的事情。通过集体合同对劳动关系的内容进行全面规定之后,劳动合同则只需就单个劳动者的特殊情况作出规定即可,这样就会大大简化劳动合同的内容,也会大大降低签订劳动合同的成本。由于集体合同和劳动合同具有上述作用,集体合同被认为是劳动合同的“母合同”。

(五)有利于政府从“救火队”到“裁决者”的角色转变

当前很多劳动纠纷,劳动者权益受到侵害,比如矿难问题,社会把矛头都指向政府,认为政府没有尽到责任。但是平心而论,政府在这方面花了很多工夫,发了很多文件,三令五申,却没有收到实效。究其原因,是因为我们的政府管了很多不该管的事,而该管的事却没有管。如果国家有健全的集体合同法律制度,如果在用人单位实行集体合同,那么劳动者完全可以通过自己的力量维护自身权利,政府居中裁决,就不会发生这么多悲剧,政府的压力也将大大减轻。

四、集体合同的产生与发展

(一)世界上其他国家集体合同的产生与发展

集体合同最早产生于18世纪的欧洲资本主义国家。工人阶级为了改善劳动条件和维护自己的利益,提高劳动待遇,兴起了以罢工为主要形式的工人运动,雇主被迫与工人代表通过集体谈判达成团体协议。18世纪末资本主义自由竞争时期,英国雇佣劳动者团体与工厂主通过集体谈判签订的团体契约来维护劳动者的利益,是集体合同的萌芽。英国是世界上最早出现集体谈判和集体合同雏形的国家。它是工人反对雇佣契约的苛刻条件而迫使雇主签订的。

集体合同的发展是坎坷的。从世界范围上看,集体合同经历了禁止、承认和支持的历

程。在集体合同产生之初，政府多采取了禁止的态度。具体表现为通过制定禁止结社法将工会进行集体谈判和签订集体合同视为违法。如英国 1799 年至 1800 年议会通过了《禁止结社书》，宣布了组织工会为非法。在此后的时间里，《禁止工会法》使劳资矛盾更加激烈。不但没有将工会消灭，反而"工会运动是真正地诞生了，更广泛的统一、更普遍的团结开始代替了地方同业俱乐部的狭隘观念"。直到 1871 年工会在英国开始获得合法地位。

政府禁止工会谈判的结果导致工会向地下转移，工会罢工的规模越来越大，手段越来越激烈。承认工会结社、谈判权利成为政府的立法取向。"20 世纪初期开始的资本主义各国的集体合同立法，就是工人阶级长期斗争的胜利成果之一。从此以后，集体合同开始有了法律效力"。世界上集体合同立法最早的国家是新西兰。早在 1904 年，该国就制定了有关集体合同的各种法律。其次是奥地利和荷兰，于 1907 年先后制定了有关集体合同的法律。1911 年瑞士颁布了《债务法》，规定了集体合同问题。

第一次世界大战以后，工人运动进一步高涨。在工人运动的压力下，1918 年 12 月 23 日德国颁布了《集体合同、劳工及使用人委员会和劳动争议仲裁法》，对集体合同作了较为详细的规定。此后又起草了《集体合同法〈草案〉》作为统一劳动法典的一部，于 1921 年 4 月发布。法国于 1919 年 3 月制定了《集体合同特别法》，后来将该法收入劳动法典。芬兰和瑞士分别在 1924 年和 1928 年制定了《集体合同法》。美国于 1935 年颁布的《劳工关系法》也规定了集体合同的内容。1949 年日本修改公布的《工会法》规定：工会和雇主或雇主团体关于劳动条件及其他事项需签订书面合同。第二次世界大战后集体合同作为调整劳动关系的手段在资本主义国家得到了新的发展，集体合同制度已普及各市场经济国家，成为调节劳资关系的一项基本制度。在以原苏联为代表的社会主义阵营，集体合同成为提高劳动生产率、调整劳动关系、促进职工参与管理的手段。

(二)中国集体合同的产生与发展

我国集体合同制度产生于 20 世纪 20 年代新民主主义革命时期，1922 年中国共产党拟定的《劳动法案大纲》明确提出了"劳动者有缔结团体契约权"。把它作为工人运动的斗争纲领之一。在工人运动的强大压力下，国民党政府于 1930 年公布了《团体协约法》，承认工人团体有与雇主或雇主团体缔结团体协约的权利。但"集体合同"这一名称在中国的出现，最早是在 1931 年 11 月颁布的《中华苏维埃共和国劳动法》，而在此之前集体合同称为团体契约。中国共产党十分重视利用集体合同制度来维护工人阶级的利益，曾在革命根据地全面推行集体合同制度。1931 年 11 月，中华苏维埃共和国政府颁布的《中华苏维埃共和国劳动法》对集体合同的内容、法律效力等作出了明确规定。在抗日战争时期，各边区政府颁布的法规，对集体合同也作出了相应的规定，如陕甘宁边区中工会于 1940 年曾制定《陕甘宁边区工厂集体合同暂行条例》。这些法规在维护职工的合法权益方面发挥了一定的作用。

新中国成立以后，集体合同制度有了较大的发展。在 20 世纪 50 年代初期，无论在私营企业或国营企业中都强调推行集体合同制度。《中国人民政治协商会议共同纲领》规定，私人经营的企业应由工会代表工人职员与资方订立集体合同。1949 年的《关于私营工商企业劳资双方订立集体合同暂行办法》，对劳资集体合同的内容、订立合同的原则及手续、合同期限等一系列问题都作出了规定。20 世纪 50 年代，中央和地方各级人民政府在各个产业系统推行集体合同制度。1983 年的《中国工会章程》、1992 年的《工会法》都明确规定，工会基层委员会有权代表本单位职工同企业签订集体合同。1994 年《劳动法》对集体合同作出了明确规定。为了配合《劳动法》的实施，劳动部于1994年12月5日发布了《集体合同规定》对集体协商和集体合同作了全面的规定。2001年10月27日修订的《工会法》进一步明确"工会通过平等协商和集体合同制度，协调劳动关系，维护企业职工劳动权益"的职责。2007年6月29日颁布的《劳动合同法》对集体合同在第五章第一节中专门作了规定，规定了一般集体合同、专项集体合同、行业集体合同和区域集体合同等四种类型的集体合同，使集体合同法律制度更趋完善。

第二节 集体合同的签订

集体合同的签订是指工会或职工代表与企业单位之间，为规定职工集体劳动条件，依法就集体合同条款经过协商一致，设立集体合同关系的法律行为。我国《劳动法》和《集体合同规定》对集体合同签订的程序作了明确的规定。

一、集体合同的签订主体

集体合同的签订主体是职工劳动者和用人单位双方代表。劳动者的代表可以是企业工会、行业工会、区域性工会，甚至是全国性的工会组织，在没有工会组织的情况下，可以由劳动者依法选出并委任的代表担任。用人单位的代表则是指企业或行业性、区域性甚至是全国性的企业组织。我国《劳动法》第33条规定："集体合同由工会代表职工与企业签订；没有建立工会的企业，由职工推举的代表与企业签订。"我国签订集体合同的主体是：在已建立工会组织的企业中，一方是代表全体职工的工会，另一方是企业；在尚未建立工会组织的企业，一方是职工推举的代表，另一方是企业。

二、集体合同的订立程序

（一）集体协商

1. 集体协商的概念

集体协商，亦称集体谈判，是指劳动者通过自己的组织（工会）或职工代表与相应的用人单位（雇主）代表，就劳动标准和劳动条件进行商谈，并签订集体合同的行为。国际劳工组织第154号公约《关于促进集体谈判公约》（1981年）第2条规定："集体谈判"一语包括在以一个雇主、一个雇主团体或一个或一个以上的雇主组织为一方，以一个或一个以上的工人组织为另一方进行的所有谈判，以(a)确定工作条件和雇佣条件；和/或(b)调整雇主和工人之间的关系；和/或(c)调整雇主或其组织同一个工人组织或一个以上的工人组织之间的关系。集体谈判与集体合同密切相关，集体谈判是集体合同签订的前提，集体合同是集体协商的结果。

2. 集体协商的代表

集体协商的代表，是指按照法定程序产生并有权代表本方利益进行集体协商的人员。我国《集体合同规定》明确了集体协商双方的代表人数应当对等，每方至少3人，并各确定1名首席代表。职工一方的协商代表由本单位工会选派。未建立工会的，由本单位职工民主推荐，并经本单位半数以上职工同意。职工一方的首席代表由本单位工会主席担任。工会主席可以书面委托其他协商代表代理首席代表。工会主席空缺的，首席代表由工会主要负责人担任。未建立工会的，职工一方的首席代表从协商代表中民主推举产生。用人单位一方的协商代表，由用人单位法定代表人指派，首席代表由单位法定代表人担任或由其书面委托的其他管理人员担任。

协商代表应当履行的职责有：(1)参加集体协商；(2)接受本方人员质询，及时向本方人员公布协商情况并征求意见；(3)提供与集体协商有关的情况和资料；(4)代表本方参加集体协商争议的处理；(5)监督集体合同或专项合同的履行；(6)法律、法规和规章规定的其他职责。

3. 集体协商的程序

集体协商任何一方均可就签订集体合同或专项集体合同以及相关事宜，以书面形式向对方提出进行集体协商的要求。一方提出进行集体协商要求的，另一方应当在收到集体协商要求之日起 20 日内以书面形式给予回应，无正当理由不得拒绝进行集体协商。

集体协商会议由双方首席代表轮流主持，并按下列程序进行：(1)宣布议程和会议纪律；(2)一方首席代表提出协商的具体内容和要求，另一方首席代表就对方的要求作出回应；(3)协商双方就商谈事项发表各自意见，开展充分讨论；(4)双方首席代表归纳意见。达成一致的，应当形成集体合同草案或专项集体合同草案，由双方首席代表签字。集体协商未达成一致意见或出现事先未预料的问题时，经双方协商，可以中止协商。中止期限及下次协商的时间、地点、内容由双方商定。

4. 集体协商争议的处理

集体协商过程中发生争议，双方当事人不能协商解决的，当事人一方或双方可以书面向劳动保障行政部门提出协调处理申请；未提出申请的，劳动保障行政部门认为必要时也可以进行协调处理。

劳动保障行政部门应当组织同级工会和企业组织等三方面的人员，共同协调处理集体协商争议。集体协商争议处理实行属地管辖，具体管辖范围由省级劳动保障行政部门规定。中央管辖的企业以及跨省、自治区、直辖市用人单位因集体协商发生的争议，由劳动保障部指定的省级劳动保障行政部门组织同级工会和企业组织等三方面的人员协调处理，必要时，劳动保障部也可以组织有关方面协调处理。协调处理集体协商争议，应当自受理协调处理申请之日起 30 日内结束协调处理工作。期满未结束的，可以适当延长协调期限，但延长期限不得超过 15 日。协调处理集体协商争议应当按照以下程序进行：(1)受理协调处理申请；(2)调查了解争议的情况；(3)研究制订协调处理争议的方案；(4)对争议进行协调处理；(5)制作《协调处理协议书》。

协调处理集体协商争议应当制作《协调处理协议书》，《协调处理协议书》应当载明协调处理申请、争议的事实和协调结果，双方当事人就某些协商事项不能达成一致的，应将继续协商的有关事项予以载明。《协调处理协议书》由集体协商争议协调处理人员和争议双方首席代表签字盖章后生效。争议双方均应遵守生效后的《协调处理协议书》。

(二)集体合同草案的讨论通过

根据《劳动法》第 33 条的规定，集体合同草案应当提交职工代表大会或者全体职工讨论通过。《劳动法》第 51 条也作了同样的规定。所以，经双方协商代表协商一致的集体合同草案或专项集体合同草案应当提交职工代表大会或者全体职工讨论。职工代表大会或者全体职工讨论集体合同草案或专项集体合同草案，应当有2/3以上职工代表或者职工出席，且须经全体职工代表半数以上或者全体职工半数以上同意，集体合同草案或专项集体合同草案方获通过。集体合同草案或专项集体合同草案经职工代表大会或者职工大会通过后，由集体协商双方首席代表签字。

（三）集体合同的审查和生效

集体合同草案或专项集体合同草案经职工（代表）大会讨论通过后，由集体协商双方首席代表签字。集体合同或专项集体合同签订或变更后，应当自双方首席代表签字之日起10日内，由用人单位一方将文本一式三份报送劳动保障行政部门审查。劳动保障行政部门对报送的集体合同或专项集体合同应当办理登记手续。

集体合同或专项集体合同审查实行属地管辖，具体管辖范围由省级劳动保障行政部门规定。中央管辖的企业以及跨省、自治区、直辖市的用人单位的集体合同应当报送劳动保障部或劳动保障部指定的省级劳动保障行政部门。

劳动保障行政部门应当对报送的集体合同或专项集体合同的下列事项进行合法性审查：(1)集体协商双方的主体资格是否符合法律、法规和规章规定；(2)集体协商程序是否违反法律、法规、规章规定；(3)集体合同或专项集体合同内容是否与国家规定相抵触。

劳动保障行政部门对集体合同或专项集体合同有异议的，应当自收到文本之日起15日内将《审查意见书》送达双方协商代表。《审查意见书》应当载明以下内容：(1)集体合同或专项集体合同当事人双方的名称、地址；(2)劳动保障行政部门收到集体合同或专项集体合同的时间；(3)审查意见；(4)作出审查意见的时间。《审查意见书》应当加盖劳动保障行政部门的印章。

用人单位与本单位职工就劳动保障行政部门提出异议的事项经集体协商重新签订集体合同或专项集体合同的，用人单位一方应当根据本规定第42条的规定将文本报送劳动保障行政部门审查。劳动保障行政部门自收到文本之日起15日内未提出异议的，集体合同或专项集体合同即行生效。生效的集体合同或专项集体合同，应当自其生效之日起由协商代表及时以适当的形式向本方全体人员公布。

集体合同或专项集体合同期限一般为1年至3年，期满或双方约定的终止条件出现，即行终止。集体合同或专项集体合同期满前3个月内，任何一方均可向对方提出重新签订或续订的要求。

第三节　集体合同的内容和形式

一、集体合同的分类

集体合同涉及的内容复杂而广泛，根据不同的标准，可以将集体合同进行不同的分类。

按照集体合同主体和适用范围的不同，可以划分为企业集体合同、行业集体合同、区域性集体合同和国家集体合同。企业集体合同是由企业工会和用人单位签订；行业集体合同是由行业工会组织与行业雇主团体签订；区域性集体合同是由区域性工会组织与区域性雇主团体签订；国家性集体合同是由全国性工会组织与全国性雇主团体签订。

按照集体合同内容的不同，可划分为一般集体合同和专项集体合同。一般集体合同，是指用人单位与本单位职工根据法律、法规、规章的规定，就劳动报酬、工作时间、休息休假、劳动安全卫生、职业培训、保险福利等事项，通过集体协商签订的书面协议。专项集体合同，是指用人单位与本单位职工根据法律、法规、规章的规定，就集体协商的某项内容签订的专项书面协议。

我国现阶段集体合同主要是企业集体合同和一般集体合同，也包括以劳动安全卫生、女职工权益保护、工资调整机制等方面的专项集体合同。

二、集体合同的内容

集体合同的内容，是指集体合同中对双方当事人具体权利与义务的规定，它集中反映在集体合同条款上。《劳动法》第 33 条规定，企业职工一方与企业可以就劳动报酬、工作时间、休息休假、劳动安全卫生、保险福利等事项，签订集体合同。集体合同的内容主要针对劳动报酬、工作时间、休息休假、劳动安全卫生、职业培训、保险福利等事项，其中以劳动条件、生活福利条件为主要内容。依据《劳动法》和《集体合同规定》的规定，集体合同主要包括下列条款：

1. 劳动报酬主要包括：用人单位工资水平、工资分配制度、工资标准和工资分配形式；工资支付办法；加班、加点工资及津贴、补贴标准和奖金分配办法；工资调整办法；试用期及病、事假等期间的工资待遇；特殊情况下职工工资（生活费）支付办法；其他劳动报酬分配办法。

2. 工作时间主要包括：工时制度；加班加点办法；特殊工种的工作时间；劳动定额标准。

3. 休息休假主要包括：日休息时间、周休息日安排、年休假办法；不能实行标准工时职工的休息休假；其他假期。

4. 劳动安全卫生主要包括：劳动安全卫生责任制；劳动条件和安全技术措施；安全操作规程；劳保用品发放标准；定期健康检查和职业健康体检。

5. 补充保险和福利主要包括：补充保险的种类、范围；基本福利制度和福利设施；医疗期延长及其待遇；职工亲属福利制度。

6. 女职工和未成年工的特殊保护主要包括：女职工和未成年工禁忌从事的劳动；女职工的经期、孕期、产期和哺乳期的劳动保护；女职工、未成年工的定期健康检查；未成年工的使用和登记制度。

7. 职业技能培训主要包括：职业技能培训项目规划及年度计划；职业技能培训费用的提取和使用；保障和改善职业技能培训的措施。

8. 劳动合同管理主要包括：劳动合同的签订时间；确定劳动合同期限的条件；劳动合同变更、解除、续订的一般原则及无固定期限劳动合同的终止条件；试用期的条件和期限。

9. 奖惩主要包括：劳动纪律；考核奖惩制度；奖惩程序。

10. 裁员主要包括：裁员的方案；裁员的程序；裁员的实施办法和补偿标准。

集体合同的内容除了上述内容外，还包括集体合同期限、变更、解除集体合同的程序、履行集体合同发生争议的协商处理办法、违反集体合同的责任、双方认为应当协商的其他内容。

第四节　集体合同的履行、变更、解除和终止

一、集体合同的履行

集体合同的履行，是指集体合同双方按照集体合同的规定履行自己应承担的义务。集体合同一旦生效，就具有法律效力，合同双方必须遵守执行。集体合同的履行应遵循全面履行、协作履行、监督履行的原则。

（一）全面履行原则

全面履行原则是指集体合同当事人应严格按照合同约定的具体条件，全面履行合同约定的义务。例如，企业在集体合同的有效期内，应保证劳动者个人劳动合同的劳动条件和劳动报酬不低于集体合同的约定；工会应敦促劳动者保持和平劳动状态等。为了确保集体合同得到全面履行，双方当事人可以建立集体合同履行的定期监督检查制度。我国《集体合同规定》第 16 条规定："在集体合同规定的期限内，双方代表可对集体合同履行情况进行检查。"

（二）协作履行原则

协作履行原则是指集体合同双方当事人要本着合作、诚实的态度履行合同约定义务。在劳动关系中，劳资双方虽有利益冲突，但在根本利益上有一致性。劳动者决定着企业的质量和效率，对企业的经济效益和长期发展有直接影响。而劳动者待遇的保障也依赖于企业的经济效益，如果企业经营管理不善，效益下降，也会影响劳动者的利益。所以集体合同的协作履行双方有着共同的基础。因此，协作履行原则也是集体合同履行的一个重要原则。

（三）监督履行原则

集体合同签订以后，能否有效地履行，关键的一点，是采取多种形式加强监督检查。集体合同监督检查是指政府劳动行政部门、企业、企业工会、职工群众以及上级工会等有关方面对已生效的集体合同进行检查，督促其全面履行的行为。监督检查是保证集体合同全面履行的重要措施。集体合同的履行需要通过企业、工会和全体职工的共同行为来实现。加强对集体合同的监督检查，有利于增强各义务主体履行义务的主动性。

二、集体合同的变更和解除

集体合同的变更，是指集体合同生效后，未履行完毕之前，由于主观或客观情况发生变化，当事人依照法律规定的条件和程序，对原合同中的某些条款进行增减或修改。集体合同的解除，是指集体合同生效以后，未履行完毕以前，由于主观、客观情况发生变化，当事人依照法律规定的条件和程序，提前终止合同的行为。根据我国《集体合同规定》第 40 条的规定，变更和解除集体合同的情形主要有：

（一）双方协商一致变更和解除集体合同

一方提出变更或解除集体合同的建议，经与对方当事人协商，并取得一致意见。即可变更或解除集体合同。但变更后的合同内容不得违背国家法律、法规的规定。在对原集体合同进行变更和修改后，应在 7 日内报送劳动行政部门审查。如果是解除集体合同，也应在 7

日内向审查集体合同的劳动行政部门提交书面说明。

(二)企业客观情况发生重大变化

集体合同或专项集体合同约定的变更或解除条件出现的;用人单位因被兼并、解散、破产等原因,致使集体合同或专项集体合同无法履行的,双方可以变更或解除集体合同。企业被兼并或者解散,原集体合同主体已经不存在,自然失去效力。企业濒临破产进行整顿期间或企业停产、转产,势必要引起企业生产任务和工作计划等方面的变化,使原集体合同当事人丧失或部分丧失了履行集体合同的能力和条件,在此情况下,法律应允许当事人变更或解除集体合同。

(三)不可抗力导致集体合同难以履行

不可抗力是指无法预料或虽能预料但无法避免的情形。如战争、地震、瘟疫、水灾、旱灾等。如果在集体合同的履行中,出现上述不可抗力的情形,导致合同一方或双方当事人难以履行集体合同约定的义务的,可以变更或解除集体合同。

(四)国家法律、法规和政策发生变化

集体合同订立的重要依据之一是国家的劳动法律、法规和政策。例如,国家有关劳动报酬、劳动安全卫生、休息休假、劳动保险和福利等方面的法规和政策发生了变化,继续执行原集体合同可能导致与现行法律、法规和政策相抵触,必然要引起集体合同的变更或解除。

三、集体合同的终止

集体合同的终止,是指由于某种法律事实的发生而导致集体合同所确立的法律关系的消灭,集体合同效力的丧失。我国《集体合同规定》第 38 条规定:“集体合同或专项集体合同期限一般为 1 至 3 年,期满或双方约定的终止条件出现,即行终止。”可见集体合同终止的原因主要有:

(一)合同期限届满

集体合同的期限为 1 年至 3 年,具体期限依据合同的约定。如果合同中没有明确规定期限,一般应认为有效期为 1 年,有效期满,集体合同即行终止。

(二)约定的终止条件出现

双方当事人在签订集体合同时,可以根据实际情况在合同中规定终止条件。如“当事人一方违反约定使集体合同的履行成为不必要”、“国家对劳动制度进行大改革”,均可以作为集体合同终止的条件加以约定。

第五节 集体合同争议的解决

《劳动法》第 84 条规定:“因签订集体合同发生争议,当事人协商解决不成的,当地人民政府劳动行政部门可以组织有关各方协调处理。因履行集体合同发生争议,当事人协商解决不成的,可以向劳动争议仲裁委员会申请仲裁;对仲裁裁决不服的,可以自收到仲裁裁决书之日起十五日内向人民法院提起诉讼。”集体合同争议的处理方式,与一般劳动争议的处理不尽相同,适用特别审理程序。根据劳动法的规定,集体合同争议分为两类,一类是因履行集体合同发生的争议,另一类是因签订集体合同发生的争议。由于两类争议的特点相异,所以处理的方式也不同。

一、签订集体合同发生争议的处理

因签订集体合同发生的争议，归属于利益争议。因签订集体合同发生的争议，双方当事人应尽量协商自行解决；自行解决不成的，当事人一方或双方可向劳动行政部门的劳动争议协调处理机构提出书面协调处理申请；未提出申请的，劳动行政部门认为必要的，可视情况进行协调处理。我国《劳动法》第 84 条第 1 款规定：“因订立集体合同发生的争议，当事人协商解决不成的，当地人民政府劳动行政部门可以组织有关各方协调处理。”这一规定明确了因签订集体合同发生争议的处理有两个途径，或者说是两条渠道。首先是争议双方要协商解决。其次，如果双方经过充分协商还不能达成一致意见结束争执时，当地人民政府劳动行政部门要组织有关各方协调处理。可以说，我国处理因签订集体合同发生的争议是以行政调解为基本手段的。在处理集体合同争议的过程中，双方当事人都负有以和平方式解决争议的义务。其主要内容有：(1)发生争议时，双方当事人应当平等协商，取得一致的意见；即使难以取得一致意见，不能协商解决，也应通过正常程序，向劳动行政部门申请协调处理，而不得自行采取罢工、闭厂、集体上访、游行等过激方式。(2)在申请和协调处理期间，双方当事人也不得采取前述等过激行为，同时企业不得在此期间解除与职工代表的劳动关系。

根据劳动部 1994 年 12 月发布的《集体合同规定》，因签订集体合同而发生争议的协调处理程序包括：

(一)协调处理的主管部门

劳动与社会保障行政部门是集体协商争议协调处理的主管部门。劳动行政部门协调处理时，应组织同级工会代表、企业方面的代表以及有关方面的代表共同进行。协调处理因签订集体合同发生的争议时，双方当事人应各派代表 3～10 名，并指定 1 名首席代表参加。

(二)协调处理的程序

1. 协调处理的提起

因签订集体合同发生争议，双方当事人不能自行协商解决的，当事人一方或双方可向劳动行政部门的劳动争议协调处理机构提出协调处理申请；未提出申请的，劳动行政部门认为必要时可视情况进行协调处理。

2. 协调处理的管辖

集体协商争议的协调处理实行属地管辖，具体管辖范围由省级劳动保障行政部门规定。中央管辖的企业以及跨省、自治区、直辖市用人单位因集体协商发生的争议，由劳动保障部指定的省级劳动保障行政部门组织同级工会和企业组织等三方面的人员协调处理，必要时，劳动保障部也可以组织有关方面协调处理。

3. 协调程序

协调处理因签订集体合同发生的争议，双方当事人应各选派代表 3～10 名，并指定 1 名首席代表参加。并按照以下程序进行：受理协调处理申请；调查了解争议情况；研究制订协调处理争议的方案；对争议进行协调处理；制作《协调处理协议书》。

其中《协调处理协议书》应当载明：协调处理申请、争议的事实和协调结果；双方当事人不能达成一致的，应将继续协商的某些事项。《协调处理协议书》由双方当事人首席代表和协调处理负责人签字盖章后生效。《协调处理协议书》下达后，争议双方应当执行。

4. 协调处理的期限

劳动行政部门处理因签订集体合同发生的争议，应自决定受理之日起30日内结束。争议复杂或遇影响处理的其他客观原因需要延期时，延期最长不得超过15日。

二、履行集体合同发生争议的处理

履行集体合同发生争议是在集体合同签订后的执行过程中发生的，因此，属于权利争议范围。法律规定，这类争议，当事人协商解决不成的，可以向劳动争议仲裁委员会申请仲裁，对仲裁裁决不服的，可以自收到仲裁裁决书之日起15日内向人民法院提起诉讼。因履行集体合同发生的争议涉及劳动者人数多，社会影响大，直接关系到企业的生产秩序和社会稳定，因此，对这类争议应按照特别审理程序进行。

（一）仲裁的受理

仲裁委员会应当自收到集体合同争议申诉书之日起3日内作出受理与否的决定。决定受理的，应及时组成特别仲裁庭，用通知书或者布告通知当事人；决定不受理的，应当说明理由。

（二）仲裁庭的组成

仲裁委员会处理履行集体合同发生的争议，应当在作出受理决定的同时，由3名以上仲裁员单数组成特别仲裁庭，并用通知书或布告的形式通知当事人。

（三）仲裁的具体程序

特别仲裁庭处理履行集体合同发生的争议的具体程序是：

1. 先行调解，在查明事实的基础上促使当事人自愿达成协议。调解达成协议的，调解书自送达或布告之日起即发生法律效力。

2. 调解未达成协议的，应及时裁决，从组成仲裁庭之日起15日内结束。案情复杂需要延长的，经仲裁委员会批准，延长期限不得超过15日。仲裁结束后，仲裁委员会对受理的争议案及其处理结果应当及时向当地人民政府汇报。

3. 双方当事人任何一方对仲裁裁决不服的，可以自收到裁决书之日起15日内向人民法院提起诉讼。法院受理后，集体合同争议即按民事诉讼程序处理。

（四）仲裁的期限

仲裁庭处理集体劳动争议，应当自组成仲裁庭之日起15日内结束。案情复杂需要延期的，经报仲裁委员会批准，可以适当延期，但是延长的期限不得超过15日。

三、违反集体合同应承担的责任

承担违反集体合同责任的条件主要有两个：一是当事人有违约行为。违约行为是当事人承担违约责任的客观依据，是首要条件。所谓违约行为，即指当事人违反法律和合同约定的义务的行为。包括不履行集体合同或不完全履行集体合同两种情况。不履行，又称完全不履行，是指集体合同当事人根本没有履行集体合同规定的任何义务；不完全履行，是指集体合同当事人没有全面履行集体合同规定的义务或者没有按照集体合同规定的标准条件、履行方式等履行集体合同规定的义务。在实践中，一般来说大多数违反集体合同的违约行为表现为不完全履行，真正不履行的情形比较少。二是违约方要有过错。追究集体合同当事人的违约责任，除坚持要有不履行或不完全履行集体合同行为这一客观事实外，还要看违约方的违约行为在主观上是否有过错。过错是集体合同当事人承担违约责任的主观要件。

所谓过错，是指违约当事人对自己的违约行为及其后果的一种心理状态。它包括故意和过失两种表现形式。故意，是指当事人明知自己的行为会造成违约后果，并希望或放任这种违约结果的发生；过失，是指当事人应该预见自己的行为发生违约的结果，但因疏忽大意没有预见或已经预见但由于轻信能够避免以致引起违约结果的发生。集体合同依法订立后，当事人无论是故意或过失造成合同不能履行或不能完全履行，都应承担违反集体合同的责任。

在实践中，集体合同的违约多属一方的行为。因此，由于当事人一方的过错，造成集体合同不能履行或不能完全履行的，则应由有过错的一方承担违约责任。集体合同的违约行为，有时也是由双方的过错造成的，在这种情况下，就应由双方当事人分别承担各自应承担的法律责任。

(一)企业行政违反集体合同应承担的法律责任

企业行政违反集体合同的责任，即指由于企业行政自己的作为或不作为的过错行为，造成集体合同不能履行或者不完全履行。根据法律规定和集体合同的约定必须承受的法律制裁。企业行政一方违反集体合同所应承担的责任形式主要有：

1. 行政责任。企业行政不履行集体合同规定的义务，应对其主管机关负纪律责任，如果由于其违约行为致使集体合同不能履行时，其主管机关就应依法对企业行政主要责任人员给予警告、记过、撤职等行政处罚或者是批评、教育一类的纪律处分。

2. 经济责任。企业行政违反集体合同规定的法定义务，如违反法律规定的由企业行政负责提供的措施时，集体合同管理部门就可以对其处以罚款处理。如果企业行政的违约行为致使集体合同不能履行或不完全履行时，则应视其违约情形和侵犯工会和职工利益的事实，承担赔偿责任，以补偿对方当事人和职工个人的损失。

3. 继续履行。继续履行集体合同是指企业行政不履行集体合同规定的义务时，根据工会和职工的要求，继续履行集体合同。

4. 支付违约金。企业行政违反集体合同规定的义务，不履行或没有完全履行集体合同，按照法律规定或合同的约定付给对方当事人一定数额的货币。违约金一般由企业行政直接责任人员支付。

5. 刑事责任。如果企业行政管理人员恶意违反集体合同，造成严重后果的，应根据《中华人民共和国刑法》及其有关规定，追究其刑事责任。

(二)企业工会组织违反集体合同的责任

企业工会作为集体合同的一方当事人，同样负有履行集体合同的义务。如果由于企业工会自己的过错，造成集体合同不能履行或不能完全履行时，企业工会同样应承担违反集体合同的法律责任。

按照国际惯例，企业工会不履行集体合同规定的义务，工会会员应承担道义上和政治上的责任。工会本身不负担不履行集体合同的物质赔偿责任。在我国的集体合同中，一般都规定有企业工会承担对职工进行宣传教育、组织劳动竞赛、协助企业行政、实现集体合同所定各项措施等义务。这些义务都是道义上的和政治上的。

(三)职工个人违反集体合同时应承担的法律责任

职工违反集体合同的有关规定，不履行集体合同或不完全履行集体合同规定的义务，同样也应承担相应的法律责任。当然职工个人的责任条件同样须具备违约行为和主观过错两个条件，另外常常还有造成严重后果一类的事实。职工承担的违约责任一般有：

1. 行政责任。由于职工不履行集体合同规定的义务，同时还违反了劳动纪律和企业内部劳动规则，所以应该依据企业内部规章和《企业职工奖惩条例》等法规承担行政责任。

2. 支付违约金。是指职工违反约定义务，支付企业行政一定数额的货币的责任形式。

3. 道义上的责任。

思考题

1. 简述集体合同与劳动合同的联系与区别。
2. 简述实行集体合同制度的作用。
3. 集体合同应包括哪些内容？
4. 简述集体合同争议的处理方式与程序。
5. 在我国进行集体协商，如何确定集体协商代表？

问题讨论

“集体协商”机制下劳动者该如何维权？

案例：加班工资、奖金分配也可纳入集体协商

小李是一家科技公司的高级工程师，公司工会与公司签订了一份包括工作时间、女职工权益保护、基本工资待遇内容的集体合同。小李发现，公司经常安排职工加班加点，却很少发放加班工资。而且，平时大家的收入主要是工资，奖金则是公司年终根据职工的业绩来发放，具有很大的随意性。小李和几名职工多次要求公司对此予以规范，还要求与公司签订关于加班费和奖金分配方案的集体合同，均未果。后小李等多名职工诉至劳动仲裁委员会，劳动仲裁委员会对其申请予以支持。该公司不服裁决诉至法院，法院对该裁决予以维持。

法官解析：依据《劳动合同法》的规定，企业职工一方与用人单位通过平等协商，可以就劳动报酬、工作时间、休息休假、劳动安全卫生、保险福利等事项订立集体合同。加班工资和奖金分配作为劳动者劳动报酬的组成部分，应纳入工资集体协商范畴，可由企业工会与用人单位签订集体合同予以规范。

维权提示：劳动者主张将职工加班工资、奖金分配纳入集体协商时应注意几个问题：(1)集体合同草案应当提交职工代表大会或者全体职工讨论通过，未经讨论通过的集体合同不能对抗职工和用人单位，也不具有相应的法律效力。(2)集体合同需由工会或上级工会指导劳动者推举的代表来代表企业职工一方与用人单位订立，合同签订主体是全体职工与用人单位，工会或上级工会指导劳动者推举的代表都是全体劳动者的代表。没有通过相应合法途径，不能单凭企业大部分职工签字就推定该合同为集体合同。(3)集体合同订立之后，应报送劳动行政部门，如劳动行政部门收到集体合同文本之日起15日内未提出异议，该集体合同才能生效。

集体合同的生效需要履行以下程序：集体协商、双方签字、报送审查备案和公布。①

① 《“集体协商”机制下劳动者该如何维权？》，来源：《工人日报》2010年8月2日。

第五章　工作时间和休息休假

【引例】 白某是某石油化工厂货运装卸组工人，该组有7名工人，工作一般随车辆货运情况而具有不固定性，他们经常在上班时间无事可干，下班后却又忙碌不堪。由于工厂每月给予他们一定的加班工资，他们没有意见。2006年以来，工厂经当地劳动行政部门批准，对企业内部分工作岗位职工实行不定时工作制，白某所在岗位即其中之一。由于工作需要，他有时需要工作超过8小时，却没有以前那样的加班工资，于是向工厂提出在8小时之外应该支付加班工资。工厂认为他有时也存在连续几天没有满8小时工作的情况，而且已经对他实行不定时工作制，因此拒绝其要求。白某不服，向当地劳动争议仲裁委员会提出申诉，请求工厂支付拖欠的加班工资，并根据国家规定加发拖欠工资25%的经济补偿金。

请问：该案应如何处理？

第一节　工作时间概述

一、工作时间的概念

工作时间又称劳动时间，是指法律规定的劳动者在一昼夜或一周内从事劳动或工作的时间限度。工作时间一般以小时为计算单位，包括每日工作的小时数和每周工作的天数和小时数。工作时间是人们进行劳动的时间，是劳动的自然尺度，是衡量每个职工的劳动贡献和付给报酬的计算单位。对于劳动者来说，工作时间是为了劳动报酬必须付出劳动的时间，依据按劳分配的原则，付出多少时间的劳动可以获得相应多少的劳动报酬，但获得劳动报酬的同时，保证劳动者的身体健康及保证劳动者参与社会生活的权利也同样重要，因此，工作时间既是劳动关系的重要内容，也是劳动基准法的核心组成部分。

工作时间具有以下法律特征：(1)工作时间是劳动者履行劳动义务的时间。根据劳动合同的约定，劳动者必须为用人单位提供劳动，劳动者提供劳动的时间即为工作时间。劳动时间有工作小时、工作日和工作周三种，其中工作日指在一昼夜内的工作时间，是工作时间的基本形式。(2)工作时间不限于实际工作时间，是实际工作时间与从事相关活动时间的总和。工作时间的范围，不仅包括作业时间，而且还包括准备工作时间、结束工作时间以及法定劳动消耗时间。其中，法定非劳动消耗时间是指劳动者自然中断的时间、工艺需中断的时间、停工待活时间、女职工哺乳婴儿时间、出差时间等。此外，工人时间还包括依据法律、法规或单位行政安排离岗从事其他活动的时间。(3)工作时间是用人单位计发劳动者报酬的依据之一。劳动者按照劳动合同约定的时间提供劳动,即可以获得相应的工资福利待遇。加班加点的,可获得加班加点工资。(4)工作时间是法定的工作时间,具有基准性的特点。工作时间由法律直接规定,具有相对强行法的性质,劳动者或用人单位不遵守工作时间的规定或约定,要承担相应的法律责任。法律所规定的工作时间是最高工作时间,在此限度以内,用人单位可以根据自己生产经营的具体情况,由集体合同或劳动合同确立相应的工作时间制度。

二、工时立法的起源和发展

工作时间的立法是劳动法立法历史中最古老和最基本的内容,是工业文明的结果。工业革命之前的手工业工人几乎与自然经济状态下的农民一样,日出而作,日落而息。工业革命后,资本家为多得利润,尽力延长劳动时间,劳动者被迫随机器转动而不停地劳作,受雇劳动者均由于长时间连续地进行劳动,精神紧张,体力疲惫,身心健康受到极大摧残,许多童工甚至常因极度劳累而夭亡。① 这种对劳动力的掠夺性、破坏性使用,不仅激起了工人阶级强烈的反抗,也使资产阶级认识到采取“放任”和“不干预”的政策无法扭转劳动力资源日益萎缩和枯竭的危险趋势,因此,亟须用国家法令来限制资本家对工人剥削的程度。在强大的工人运动的压力下,1802 年英国议会通过了一项限制童工工作时间的法律,这就是著名的《学徒健康与道德法》,规定纺织工人 18 岁以下的学徒每日工作时间不得超过 12 小时,并禁止学徒在晚 9 时至清晨 6 时之间从事夜工。这是世界上第一部对工作时间长度进行限制的法律,尽管适用范围有限,但是毕竟开创了工时立法的先河。《学徒健康与道德法》也是资产阶级“工厂立法”的开端,它是为了保护工人的利益的,因此是现代意义的劳动法产生的标志。

在工作时间的立法发展过程中,意义最为重大的就是 8 小时工作制的确立。8 小时工作制是工人阶级长期争取的目标。英国空想社会主义者罗伯特·欧文早在 1817 年 8 月就把 8 小时工作制作为其设想的“理想社会”制度的一项重要内容。1833 年,在欧文的支持下,具有同情心的工厂主约翰·多赫尔蒂等人发动了一场争取 8 小时工作制的运动。1833 年 11 月 25 日,他们在曼彻斯特成立了“全国更生社”,其宗旨是帮助工人阶级获得 8 小时的工作和全天的工资。② 1866 年第一届国际日内瓦代表大会,根据马克思的倡议,提出了“8 小时工作,8 小时自己支配,8 小时休息”的口号,要求各国制定法律予以确认。1884 年,美国和加拿大的 8 个国际性和全国性的工人团体在芝加哥集会,决定举行总同盟罢工,以求实现 8 小时工作制。1886 年 5 月 1 日,美国芝加哥 20 万工人举行大罢工,要求实现 8 小时工作制,经过流血斗争,终于获得 8 小时工作制的权利。因此,1889 年 7 月在巴黎召开的第二国际成立大会上,决定以象征工人阶级团结斗争胜利的 5 月 1 日为国际劳动节。1908 年新西兰用国家立法的形式,确认实行 8 小时工作制,成为世界上最早的关于 8 小时工作制的立法国家。“十月革命”胜利后的第四天,前苏联就颁布了由列宁签署的关于 8 小时工作制的法令,成为社会主义国家的第一个劳动法令。到第一次世界大战后,欧洲大多数国家的劳工立法才以 8 小时工作制为原则,如德、奥、捷克、卢森堡等国于 1918 年采用,法、挪、丹、西、波、葡和瑞士于 1919 年采用。1919 年的《国际劳动宪章》规定,工厂的工作时间以每日 8 小

① 黎建飞:《劳动与社会保障法教程》,中国人民大学出版社 2010 年第 2 版,第 210 页。

② 王全兴:《劳动法学》,高等教育出版社 2008 年第 2 版,第 290 页。

时或每周48小时为标准，每周至少有一次连续24小时的休息，并尽量以星期日为公休日。同年举行的第一届国际劳工大会通过了《限定工业企业中一天工作8小时和一周工作48小时公约》。1921年的第三届国际劳动大会通过了《工业企业中实行每周休息公约》。这两个公约得到了许多国家的批准。此后，8小时工作制才成为标准工时制度。

我国的工时立法一直是劳动立法的重要组成部分。1994年2月3日国务院第146号令发布了《国务院关于职工工作时间的规定》，同年2月8日劳动部、人事部发布了《〈国务院关于职工工作时间的规定〉实施办法》，确定了每天不超过8小时和每周不超过44小时的工作时间制度。这项缩短工作时间的法规，在1994年7月5日通过的《劳动法》中，其基本法的地位得到肯定。《劳动法》专门设置第四章“工作时间和休息休假”，对工作时间作了统一的规定(共10条，第36条至第45条)。1995年3月25日，国务院又修改了1994年2月3日公布的《国务院关于职工工作时间的规定》，将每周44小时工作制缩短为每周40小时。为了配合《劳动法》关于工作时间法律制度的实施，1995年3月25日劳动部发布了《〈国务院关于职工工作时间的规定〉的实施办法》，26日人事部发布了《国家机关、事业单位贯彻〈国务院关于职工工作时间的规定〉的实施办法》，劳动部还公布了《关于企业实行不定时工作制和综合计算工时工作制的审批办法》，1999年国务院发布了《全国年节及纪念日放假办法》，2007年12月14日国务院颁布了《职工带薪年休假条例》。2007年12月14日国务院修订了《全国年节及纪念日放假办法》，至此，我国关于工作时间的立法体系形成。

在当代，缩短工时已成为各国的共同趋势。

三、澳门、香港和台湾地区的工时制度①

在澳门，劳动者的正常工作时间为每天不应超过8小时，不包括开工前的准备工作，及已开始而未完成的交易、活动及服务所需的时间。开工前的准备和完工时的结束工作时间，累计每天不得超过30分钟。每周不应超过48小时。而平常工作时间内应有不少于30分钟的短休，以便劳动者不作超过5小时的连续性工作。

雇主与劳动者之间可按照风俗习惯、工作商定超出正常工作时间至每天10小时半，但该8小时以外的服务不具强制性质。由于超时工作，劳动者每周工作时间可以超过48小时。所谓“超时工作”，系指在正常工作时间以外所提供的一切服务。

上面所指的正常工作时间的限制，在下列情况下可以超越，并无须征得劳动者的同意：(1)如果雇主面临重大的损失或出现不可抗力的情况；(2)如果雇主必须面对不可预料的，或通过雇佣其他劳动者仍不能应付的工作量的增加，但除雇主面临重大损失或出现不可抗力的情况外，每日超过11小时的部分，不具有强制性。在提供超时工作的情况下，劳动者有权收取增加的工资，其金额由雇主与劳动者协商。

上述关于工作时间的规定(即每天不超过8小时，每周不过48小时)，不适用于工商业及服务场所的活动时间，亦不得视为这些场所活动时间的限制条件。

劳动者每周享有连续24小时的休息时间，周假由雇主根据本机构的情况适当安排。只有在下列情况下，才可以通知享受周假日的劳动者提供服务：(1)雇主面临重大的损失或出现不可抗力的情况；(2)雇主必须面对不可预料的，或通过雇佣其他劳动者仍不能应付的工

① 顾肖荣、杨鹏飞：《劳动法比较研究》，澳门基金会1997年版，第96页。

作量的增加；(3)提供服务对确保该机构连续活动是不可缺少或不可代替的。

根据自愿，劳动者也可以在周假日提供服务。周假日提供服务的劳动者，有权在服务日起30日内享受补假1天，并领取相当于平常2倍的报酬。

在香港，实行每日工作不超过8小时，每周不超过48小时的制度。每日劳动时间的最高限额一般为10小时，工作5小时后必须有不少于半小时的用膳或休息时间。香港对雇佣青年的工作时间有专门规定，根据香港地区《雇佣青年(工业)规例》第57C章第8条有关青年雇佣时间的一般条件：

(1)除本规例另有规定外，任何雇主不得在任何工业经营内雇佣青年，除非该青年的工作时间、雇佣期及用膳与休息时间符合以下条件——

(a)所工作的总时数在任何一天不得超过8小时，在任何一星期不得超过48小时；

(b)雇佣期——

(i)(由1988年第41号法律公告废除)

(ii)在任何一天不得超过10小时，并且不得于上午7时前开始，亦不得于晚上7时后终结；

(iii)(由1997年第229号法律公告废除)

(c)不得要求或准许青年连续工作超过5小时而其后无不少于半小时的用膳或休息时间；

(d)除获得处长书面准许外，受雇于该工业经营的所有青年，其按照本条所规定的雇佣期及获容许用膳与休息的时间，均一律相同。

(1A)尽管有第(1)(a)款的规定，青年在与雇主达成协议下，其在工业经营工作的总时数在任何一个星期内的1天或多天可以超过8小时，或在任何一个星期可以超过48小时：但该青年在该星期及下一个星期的工作总时数不得超过96小时。(1988年第41号法律公告)

(2)就本条而言，除非工作因一段不少于半小时的相隔时间而告中断，否则工作须当作属连续性。(1988年第41号法律公告；1997年第229号法律公告)

在台湾地区，劳工每日正常工作时间不得超过8小时，每周工作总时数不得超过48小时。雇主经工会或劳工半数以上同意，可以将一周内一日的平常工作时数(不超过8小时)，分配于其他工作日。其分配于其他工作日的时数，每日不得超过2小时。每周工作总时数仍以48小时为度。

自1966年以后，台湾地区实行每周工作44小时的制度。但台湾地区“立法院”于1996年10月9日通过决议，定于1992年6月月底以前，实行隔周休息两日的制度。实施新的隔周周休两日制后所减少的4个小时工时将分散在其他工作天，总工时没有改变。但台湾地区“行政院人事行政局”局长指出，台湾地区目前经济增长趋缓，还不是公务员缩短办公时间的适当时机。等民间企业半数以上实施隔周周休两日制后，政府机关再配合行动。①

台湾地区有关法例还规定，雇主应置备劳工签到或出勤卡，逐日记载劳工出勤情况。此项簿卡应保存1年。

在坑道或隧道内工作的劳工，以入坑口时起至出坑口时止为工作时间。

因季节关系或因换班、准备或补充性工作，有必要在正常工作时间以外工作的，雇主经工会或劳工同意，并报当地劳动主管机关核备后，可以将正常工作时间延长。其延长的工作时间，男工每日不得超过3小时，1个月超时工作总时数不得超过46小时；女工每日不得超

① 见1996年10月19日《新民晚报》。

2 小时,1 个月超时总时数不得超过 24 小时。

经劳动主管机关核定的特殊行业,雇主经工会或劳工同意,超时工作时间每日可以延长至 4 小时。但其超时总时数男工每月不得超过 46 小时;女工每月不得超过 32 小时。

因天灾、事变或突发事件,必须在正常工作时间以外工作的,雇主可以将每日 8 小时每周 48 小时的正常工作时间延长。但应在延长开始后 24 小时内通知工会;没有工会组织的,应报当地劳动主管机关核备。延长了工作时间,雇主应于事后补给劳工以适当的休息。在坑内工作的劳工,其工作时间不得延长。但以监视为主的工作或有前面所述特殊原因的,可不受此限制。

农林渔牧业、营造业、水电煤气业、大众传播业等,因公众的生活便利或其他原因,有必要调整正常工作时间的,可以由当地劳动主管机关会商该事业主管机关及工会,在必要的限度内以命令的形式调整之。

劳工工作采用昼夜轮班制的,其工作班次,每周更换一次。但经劳工同意的不在此限。实行更换班次时,雇主应给予劳工适当的休息时间。

劳工连续工作 4 小时,至少应有 30 分钟的休息。但实行轮班制或其工作有连续性或紧急性的,雇主可以在工作时间内,另行调配其休息时间。

工作时间的长短与政治、经济、社会环境密切相关,近 10 多年来,中国大陆和香港、澳门、台湾地区的经济都得到了快速发展,为缩短工作时间创造了物质经济基础。目前,中国大陆普遍实行周休两日,工作 40 小时的制度,这是很不容易的。实施周休两日和缩短工时是世界大趋势,可以改善劳动条件,强化国际竞争力,促进家庭伦理的和谐。

四、工时立法的任务和内容

劳动者的工作权和休息权是宪法规定的基本权利。我国《宪法》第 43 条规定:"中华人民共和国劳动者有休息的权利。国家发展劳动者休息和休养的设施,规定职工的工作时间和休假制度。"工时立法的任务之一就在于限制工时长度,保护劳动者的休息权。保证劳动者的休息权,可以调动劳动者的生产、工作积极性,提高工作效率和劳动生产率,同时,劳动者有健康的身体和充沛的精力去进行再生产,参加社会活动,进行业务学习,提高工作能力和生产技术水平。因此,从管理角度规范工时组织和安排,维护生产、工作秩序,以提高工时利用效率也是工时立法的任务。

工时立法的主要内容包括:(1)规定最高工时标准,即规定工时上限,允许在集体合同和劳动合同中约定在此限度内缩短工时长度;(2)规定最低休息时间标准,只规定休息时间的下限,允许在集体合同和劳动合同中约定在此基础上增加休息时间;(3)规定作息办法,为工作时间和休息时间的组织和安排提供规范;(4)规定工时延长制度,限制工时延长和设定工时延长补偿标准;(5)规定侵犯劳动者休息权的法律责任。

第二节　工作时间的种类

关于工作时间的规定是我国劳动法的重要内容之一。根据我国《劳动法》、《关于修改〈国务院关于职工工作时间的规定〉的规定》、《关于企业实行不定时工作制和综合计算工时工作制的审批办法》和相关法律、法规的规定,我国现行的工作时间制度可以分为标准工时、特殊条件下的缩短工时、延长工时、不定时工作制和综合计算工时工作制及计件工时几种。

一、标准工时制

标准工时是指法律规定的在一般情况下普遍适用的,按照正常作息办法安排的工作日和工作周的工时制度。目前我国实行的标准工时是每日不超过 8 小时,每周工作 5 天。标准工时是我国工时制度立法的基础。

我国《劳动法》第 36 条规定:国家实行劳动者每日工作时间不超过 8 小时、平均每周工作时间不超过 44 小时的工时制度。(1995 年国务院令 174 号修改为 40 小时)。这是劳动法对我国现行工时制度的概括规定,它为工时的单项立法提供了标准,这也是我国的最高工时标准,又称法定最长工时。最高工时标准是法定的强制性标准,其法律效力主要表现在:(1)在全国范围内应当普遍执行最高工时标准,除了具备法定情形外,用人单位不得突破法定最长工时的限制;(2)对实行计件工资的劳动者,用人单位应当根据日或周最长工时,合理确定其劳动定额和劳动报酬;(3)企业因生产特点不能按照法定日和周最长工时的要求实行作息办法而采用其他工时形式时,必须符合法定条件,并且履行法定审批程序;(4)实行综合计算工时制,其平均日(周)工时应当与法定日(周)最长工时基本相同;(5)用人单位不遵守最高工时标准,应当追究法律责任。

此外,根据劳动和社会保障部《关于职工全年月平均工作时间和工资折算问题的通知》的规定,制度工作时间的计算方法如下:

年工作日:365 天－104 天(休息日)－11 天(法定节假日)＝250 天

季工作日:250 天÷4 季＝62.5 天/季

月工作日:250 天÷12 月＝20.83 天/月

工作小时数的计算:以月、季、年的工作日乘以每日的 8 小时。

二、缩短工时制

缩短工时制指劳动者从事少于标准工作时间的工时制度。缩短工时制一般是在特殊条件下,即在严重有害健康和劳动条件恶劣以及对女工和未成年工实行特殊保护的条件下,工作时间少于标准工作日时数。我国《劳动法》第 39 条规定:“企业应生产特点不能实行本法第三十六条、第三十八条规定的,经劳动行政部门批准,可以实行其他工作和休息办法。”《国务院关于职工工作时间的规定》第 4 条规定:“在特殊条件下从事劳动和有特殊情况,需要适当缩短工作时间的,按照国家有关规定执行。”及《关于〈国务院关于职工工作时间的规定〉的实施办法》第 4 条规定:“在特殊条件下从事劳动和有特殊情况,需要在每周工作 40 小时的基础上再适当缩短工作时间的,应在保证完成生产和工作任务的前提下,根据《中华人民共和国劳动法》第三十六条的规定,由企业根据实际情况决定。”这对缩短工时制作了原则性规定。根据我国对特殊条件下从事劳动和有特殊情况的职工的工作时间的特殊规定,适用缩短工时制的情况有以下几种:

1. 特殊劳动岗位。从事矿山井下、高山、严重有毒有害、特别繁重和过度紧张的体力劳动的职工,每日工作时间应少于 8 小时。如化工部原国家劳动总局《关于在化工有毒有害作业工人中改革工时制度的意见》规定：一般有毒有害作业工人，可以采用的形式主要有：(1)"三工一休制"，即工作3天，休息1天；(2)每日7小时工作制；(3)"定期轮流脱离接触"一个半月，即工人每年轮流脱离原作业岗位一个半月(包括公休假日在内，下同)，脱离期满后仍回原岗位工作。严重有毒有害作业工人，可以采取的形式主要有：(1)"三工一休制"与"定期轮流脱离接触"相结合的制度，即实行工作3天休息1天的制度后，每年再轮流脱离原作业岗位1个月；(2)每日6小时工作制；(3)"定期轮流脱离接触"两个半月。不论采用哪种形式，其工时缩短的幅度，一般有毒有害作业工人不得超过"三工一休制"的标准，严重有毒有害作业工人不得超过每周工作6天、每天6小时工作制的标准。其他行业缩短工时的形式有煤矿井下实行的4班6小时工作制，个别化工企业试行的"五班三运转"，以及建筑、冶炼、地质勘探、森林采伐、装卸搬运等行业根据本行业情况实行的不同形式的缩短工时制。

2. 夜班工作时间。夜班工作时间一般指当日晚上10时至次日早晨6时之间的时间。从事夜班工作的企业、事业、机关、团体等单位的职工，其工作时间比标准工作日减少1小时，同时按照规定发给夜班津贴。

3. 哺乳未满一周岁婴儿的女职工。哺乳时间是指有不满一周岁婴儿的女职工在工作时间内哺乳婴儿所占用的时间。1988年9月1日施行的《女职工劳动保护规定》第9条规定："有不满一周岁婴儿的女职工，其所在单位应当在每班劳动时间内给予其两次哺乳(含人工喂养)时间，每次三十分钟。多胞胎生育的，每多哺乳一个婴儿，每次哺乳时间增加三十分钟。女职工每班劳动时间内的两次哺乳时间，可以合并使用。哺乳时间和在本单位内哺乳往返途中的时间，算作劳动时间。"

4. 未成年工和怀孕女工。未成年工应实行少于8小时的工作时间。国务院《女职工劳动保护规定》第7条规定："怀孕七个月以上(含七个月)的女职工，一般不得安排其从事夜班劳动；在劳动时间内应当安排一定的休息时间。"

三、延长工时制

延长工时制，是指在法定特殊条件下实行的超过标准工作日长度的工作日制度。它主要适用于从事受自然条件或技术条件限制的具有突击性、季节性作业的职工，并且只能在每年的某段时间实行，以后应当实行缩短工作日或补休的方式抵补。如制盐业、制糖业、菜园、农场等，这些行业忙季可延长工作时间，闲季可缩短工作时间。延长工作日后，应该补休，无法补休时，可以补发工资。

四、不定时工作制

不定时工作制，是指对按其职责要求难以实行定时工作日的职工，所实行的每日无固定工作时数的工时制度。劳动部《关于企业实行不定时工作制和综合计算工时工作制的审批办法》第4条规定："企业对符合下列条件之一的职工，可以实行不定时工作制。(一)企业中的高级管理人员、外勤人员、推销人员、部分值班人员和其他因工作无法按标准工作时间衡量的职工；(二)企业中的长途运输人员、出租汽车司机和铁路、港口、仓库的部分装卸人员以及因工作性质特殊，需机动作业的职工；(三)其他因生产特点、工作特殊需要或职责范围的关系，适合实行不定时工作制的职工。"《关于贯彻〈国务院关于职工工作时间的规定〉的实施办法》第5条规定："因工作性质或者职责限制，不能实行每日工作8小时、每周工作40小时标准工作制度的，由国务院行业主管部门制定实施意见，报人事部批准后可实行不定时工作制或综合计算工作时间制等办法。”劳动部《关于企业实行不定时工作制和综合计算工时工作制的审批办法》第 7 条规定：“中央直属企业实行不定时工作制和综合计算工时工作制等其他工作和休息办法的，经国务院行业主管部门审核，报国务院劳动行政部门批准。地方企业实行不定时工作制和综合计算工时工作制等其他工作和休息办法的审批办法，由各省、自治区、直辖市人民政府劳动行政部门制定，报国务院劳动行政部门备案。”因此，单位实行不定时工作制需得到国家有关部门的审批。对于实行不定时工作制的劳动者，不受《劳动法》关于日延长工作时间和月延长工作时间标准的限制。实行不定时工作时间的人员的工作时间长于标准工作时间的，超出部分不算延长工作时间，也不给予报酬，短于标准工作时间的，也不扣发劳动报酬。但是不定时工作时间并不意味着对工作时间毫无限制。由于其工作的特殊性，用人单位合理地确定劳动定额或其他考核标准就显得十分重要。一般而言，用人单位仍应以标准工作时间为确定依据。

在本章的引例中，白某所在岗位实行不定时工作制后，虽然他有时需要工作超过 8 小时，但超出部分不算延长工作时间，不需要支付加班工资，因此，白某要求工厂支付拖欠的加班工资，并根据国家规定加发拖欠工资 25％的经济补偿金的请求不能得到支持。

同时，劳动部《关于企业实行不定时工作制和综合计算工时工作制的审批办法》第 6 条规定：“对于实行不定时工作制和综合计算工时工作制等其他工作和休息办法的职工，企业应根据《中华人民共和国劳动法》第一章、第四章有关规定，在保障职工身体健康并充分听取职工意见的基础上，采用集中工作、集中休息、轮休调休、弹性工作时间等适当方式，确保职工的休息休假权利和生产、工作任务的完成。”

五、综合计算工时工作制

综合计算工时工作制是指用人单位根据生产经营或工作需要，劳动者的工作时间不宜以日计算，分别以周、月、季、年等为周期综合计算工作时间，但其平均日工作时间和平均周工作时间应与法定标准工作时间基本相同。它主要适用于那些生产受自然条件或技术条件限制的，具有突击性、季节性特点的行业。

劳动部《关于企业实行不定时工作制和综合计算工时工作制的审批办法》第 5 条规定：“企业对符合下列条件之一的职工，可实行综合计算工时工作制，即分别以周、月、季、年等为周期，综合计算工作时间，但其平均日工作时间和平均周工作时间应与法定标准工作时间基本相同。(一)交通、铁路、邮电、水运、航空、渔业等行业中因工作性质特殊，需连续作业的职工；(二)地质及资源勘探、建筑、制盐、制糖、旅游等受季节和自然条件限制的行业的部分职工；(三)其他适合实行综合计算工时工作制的职工。”

实行综合计算工时工作制的企业职工，工作日正好是周休息日的，属于正常工作；工作日正好是法定节假日的，要依照《劳动法》第 44 条第 3 项的规定支付职工的工资报酬。经批准实行综合计算工时工作制的用人单位，在计算周期内若日(或周)的平均工作时间没超过法定标准工作时间，但某一具体日(或周)的实际工作时间工作超过 8 小时(或 40 小时)，“超过”部分不视为加点(或加班)。但综合计算周期内的总实际工作时间不应超过总法定标准工作时间，超过部分应视为延长工作时间并按《劳动法》第 44 条第 1 款的规定支付工资报酬，其中法定休假日安排劳动者工作的，按《劳动法》第 44 条第 3 款的规定支付工资报酬。

而且，延长工作时间的小时数平均每月不得超过 36 小时。

实行综合计算工时工作制需得到国家有关部门的审批，且企业应在保障职工身体健康并充分听取职工意见的基础上，采用集中工作、集中休息、轮休调休、弹性工作时间等适当方式，确保职工的休息休假权利和生产、工作任务的完成。

六、计件工时制

计件工时制，是指职工以完成一定劳动定额为计酬标准的工作时间制度。计件工作日实质上是定时工作日的一种特殊形式。

我国《劳动法》第 37 条规定：“对实行计件工作的劳动者，用人单位应当根据本法第三十六条规定的工时制度合理确定其劳动定额和计件报酬标准。”根据这一规定，计件工时制应有合理的劳动定额和计件报酬标准。而合理的劳动定额，应当以职工在一个标准工作日（每日工作时间不超过 8 小时）或标准工作周（每周工作时间不超过 40 小时）的工作时间内能够完成的计件数量为标准，超过这个标准就等于延长了工作日时间，侵犯了职工的休息权。从这个意义上说，合理确定计件劳动定额是实行计件工作日的关键。

计件工作时间实际上是标准工作时间的特殊转化形式，具有更大的灵活性。实行计件工作时间的劳动者，只要在 8 小时工作时间内完成了当日的劳动定额，就可以把剩余时间作为休息时间，也可以多做定额以取得相应的延长时间的劳动报酬，相反，如果劳动者未能在 8 小时内完成定额，则可以在 8 小时外加点用以完成规定的劳动定额。

实行计件工时制，劳动定额的确定是关键。劳动定额，是指在一定的生产技术和生产组织条件下，为生产一定量合格产品或完成一定量的工作所预先规定的劳动消耗标准，或是在单位时间内预先规定的完成合格产品数量的标准。劳动定额包括两种形式：(1)时间定额，是指生产单位合格产品或完成一定工作所需要的时间。(2)产量定额，是指单位时间内应完成的合格产品的数量。劳动定额水平计算，必须有科学的依据，按先进合理的原则来确定。所谓先进合理，即在正常生产情况下，经过一定的努力，大多数工人按标准工作时间劳动，能够完成定额。确定的劳动定额原则上应当使本单位同岗位 70%以上的劳动者在法定劳动时间内能够完成。

在实行计件工作时间时还应注意：(1)实行计件工资的用人单位，在实行新的工时制度下，应既能保证劳动者享受缩短工时的待遇，又尽量保证劳动者的计件工资收入不减少。(2)如果适当调整劳动定额，在保证劳动者计件工资收入不降低的前提下，计件单位可以不作调整；如果调整劳动定额有困难，就应该考虑适当调整劳动者计件单价，以保证收入不减少。

第三节　延长工作时间及其限制

一、延长工作时间的概念

延长工作时间也就是加班加点，即劳动者根据用人单位的要求，超过法定标准工时进行劳动。其中，加班是指用人单位经过法定批准手续，要求职工在法定节日或公休假日从事工作的时间。加点是指用人单位经过法定批准手续，要求职工在正常工作日之外延长工作的时间。我国《劳动法》第 43 条明确规定："用人单位不得违反本法规定延长劳动者的工作时间。"因此，延长工作时间应严格按照法律、法规的规定执行。之所以对延长工作时间进行严格规定，一方面是保护职工的身体健康，保障劳动者休息权的实现；另一方面也为了推动企业改善经营管理，发展高新技术，增强竞争力。

二、延长工作时间的限制

由于延长工作时间必然占用劳动者的休息时间，侵犯劳动者的休息权，劳动法律、法规规定了一系列限制措施，规范和限制用人单位延长工作时间。

（一）延长工作时间需具备法定条件

我国《劳动法》第 41 条规定："用人单位由于生产经营需要，经与工会和劳动者协商后可以延长工作时间。"即用人单位延长工作时间需具备以下三个条件：(1)由于生产经营需要。生产经营需要主要是指紧急生产任务，如不按期完成，就要影响用人单位的经济效益和职工的收入，在这种情况下，才可以延长职工的工作时间。(2)必须与工会协商。用人单位决定延长工作时间的，应把延长工作时间的理由、人数、时间长短等情况向工会说明，征得工会同意后，方可延长职工工作时间。(3)必须与劳动者协商。用人单位决定延长工作时间，应进一步与劳动者协商，因为延长工作时间要占用劳动者的休息时间，所以只有在劳动者自愿的情况下才可以延长工作时间。

（二）延长工作时间的时间限制

我国《劳动法》第 41 条规定："用人单位由于生产经营需要，经与工会和劳动者协商后可以延长工作时间，一般每日不得超过一小时；因特殊原因需要延长工作时间的，在保障劳动者身体健康的条件下延长工作时间每日不得超过三小时，但是每月不得超过三十六小时。"

（三）延长工作时间适用范围的限制

我国《劳动法》、《女职工劳动保护规定》以及《未成年人保护法》规定，禁止安排未成年工、怀孕 7 个月以上的女工和哺乳未满周岁婴儿的女工加班加点。

三、延长工作时间的待遇标准

我国《劳动法》第 44 条规定，用人单位应当按照下列标准支付高于劳动者正常工作时间工资的工资报酬：(1)安排劳动者延长工作时间的，支付不低于工资的 150％的工资报酬；(2)休息日安排劳动者工作又不能安排补休的，支付不低于工资的 200％的工资报酬；(3)法定休假日安排劳动者工作的，支付不低于工资的 300％的工资报酬。根据上述规定，延长工作时间的工资报酬因延长工作时间的情况不同而分为三个档次，即平时延长工作时间的，为工资的 150％；休息日安排劳动者工作且不能补休的，为工资的 200％；节假日安排劳动者工作的，为工资的 300％。由于延长工作时间的工资明显高于正常工作时间的工资，这就迫使用人单位尽量减少加班加点，以减少延长工作时间工资的增加，从而达到保护劳动者身体健康、提高劳动者劳动积极性的目的。

根据劳动部《关于贯彻执行〈中华人民共和国劳动法〉若干问题的意见》的规定，"劳动者正常工作时间工资"是指劳动合同规定的劳动者本人所在工作岗位（职位）相对应的工资。

休息日或法定休假日加班的，根据劳动部《关于职工工作时间有关问题的复函》的规定，休息日安排劳动者加班工作的，应首先安排补休，不能补休时，则应支付不低于工资的200%的工资报酬。补休时间应等同于加班时间。法定休假日安排劳动者加班工作的，应另外支付不低于工资的300%的工资报酬，一般不安排补休。

四、延长工作时间的特殊规定

根据《劳动法》第42条的规定，特殊情况下，延长工作时间不受程序、时间的限制，主要有以下情形：(1)发生自然灾害、事故或者因其他原因，威胁劳动者生命健康和财产安全，需要紧急处理的；(2)生产设备、交通运输线路、公共设施发生故障，影响生产和公众利益，必须及时抢修的；(3)法律、行政法规规定的其他情形。

根据《〈国务院关于职工工作时间的规定〉的实施办法》第7条的规定，其他情形包括：

1. 在法定节日和公休假日内工作不能间断，必须连续生产、运输或营业的；
2. 必须利用法定节日或公休假日的停产期进行设备检修、保养的；
3. 由于生产设备、交通运输线路、公共设施等临时发生故障，必须进行抢修的；
4. 由于发生严重自然灾害或其他灾害，使人民的安全健康和国家资产遭到严重威胁，需进行抢救的；
5. 为了完成国防紧急生产任务，或者完成上级在国家计划外安排的其他紧急生产任务，以及商业、供销企业在旺季完成收购、运输、加工农副产品紧急任务的。

五、法律责任

延长工作时间的限制措施是工时法的一个重要组成部分，用人单位违反规定时必须依法承担相应的法律责任。

(一)强迫延长工作时间的法律责任

用人单位未与工会和劳动者协商，强迫劳动者延长工作时间，应给予警告，责令改正，并可按每名劳动者每延长工作时间一小时罚款100元以下的标准处罚。

(二)超过法定时数延长工作时间的法律责任

用人单位每日延长劳动者工作时间超过3小时或每月延长工作时间超过36小时的，应给予警告，责令改正，并可按每名劳动者每超过工作时间1小时罚款100元以下的标准处罚。

(三)拒付加班加点工资的法律责任

加班加点工资标准属于法定标准。根据《劳动合同法》第85条的规定，用人单位安排加班不支付加班费的，由劳动行政部门责令限期支付劳动者加班费；逾期不支付的，责令用人单位按应付金额50%以上100%以下的标准向劳动者加付赔偿金。

(四)安排法定禁止延长工作时间人员延长工作时间的法律责任

用人单位安排在哺乳未满一周岁婴儿期间的女职工延长工作时间的，应责令改正，并按每侵害一名女职工罚款3000元以下的标准处罚。用人单位安排怀孕7个月以上的女职工延长其工作时间的，由劳动保障行政部门责令改正，按照受侵害的劳动者每人1000元以上5000元以下的标准计算，处以罚款。

第四节　休息休假制度

一、休息休假的概念和种类

休息休假，又称休息时间制度，是指劳动者在国家规定的法定工作时间以外，免于履行劳动义务而自行支配的时间。换言之，工作时间之外的时间都属于休息时间。它既包括工时制度规定时间之外的时间，也包括节假日和年休假时间。劳动者的休息权是宪法规定的基本权利。我国《宪法》第 43 条规定："中华人民共和国劳动者有休息的权利。国家发展劳动者休息和休养的设施，规定职工的工作时间和休假制度。"根据宪法的这一规定，劳动者的工作权和休息权是紧密联系的，休息时间是与工作时间相对而言的，是劳动者在工作时间以外由个人支配，用于消除身心疲劳、安排自己生活、料理家务、参与社交文体活动等方面的时间，包括工作日内的休息时间、工作日之间的间隔时间、每周休息日、法定节假日、年休假、探亲假等。

二、工作日内的休息时间

工作日内的休息时间是指在工作过程中给予劳动者必要的休息和用餐时间，又称间歇时间，间歇时间一般不包括在工作时间之内。工作休息时间和用餐时间因工作岗位和工作性质的不同而有不同，一般休息 1～2 小时，最少不能少于半小时。间歇时间一般于工作 4 小时后开始，不算作工作时间。有的岗位由于生产不能间断不能实行固定的间歇时间，应使职工在工作时间内有用餐时间。

三、工作日之间的间隔时间

工作日之间的间隔时间是指两个邻近工作日之间的间隔时间，即职工在一个工作日结束后至下一个工作日开始的期间内所享有的休息时间。其长度应以保证劳动者的体力和工作能力得到恢复为标准，按规定此间隔不应少于 15～16 小时，平均每周享有 128 小时的休息时间的权利。实行轮班制的，其班次必须平均调换，一般可在休息日之后调换。在调换班次时，不得让工人连续工作两班。

四、周休息日

周休息日是职工根据国家规定在每周内法定休息的时间。一般为星期六和星期日。《劳动法》第 38 条规定："用人单位应当保证劳动者每周至少休息一日。"即劳动者满一个工作周后至少有一次连续 24 小时不间断的休息时间。1995 年 1 月 1 日生效实施的《劳动法》第 36 条规定："国家实行劳动者每日工作时间不超过八小时、平均每周工作时间不超过四十四小时的工时制度。"即实行的是每周工作五天半、给予一天半公休假日的制度。《国务院关于职工工作时间的规定》第 3 条规定："职工每日工作 8 小时、每周工作 40 小时。"第 9 条规定："本规定自 1995 年 5 月 1 日起施行。1995 年 5 月 1 日施行有困难的企业、事业单位，可以适当延期；但是，事业单位最迟应当自 1996 年 1 月 1 日起施行，企业最迟应当自 1997 年 5

月1日起施行。"国家机关、事业单位实行统一的工作时间,星期六和星期日为周休息日。企业和不能实行统一工作时间的事业单位,可以根据实际情况灵活安排周休息日。企业根据所在地的供电、供水和交通等实际情况,经与工会和职工协商后,可以灵活安排周休息日。因工作需要,不能执行国家统一的工作和休息时间的国家机关和事业单位,可根据实际情况采取轮班制的办法,灵活安排周休息日,并报同级人事部门备案。但是,休息时间的规定,与工作时间一样具有基准性,劳动法上规定的是最低休息时间,用人单位可根据自己生产经营的具体情况,增加休息时间,而不得突破下限标准,因此单位灵活安排周休息日时必须保证劳动者平均每周的休息时间不低于劳动法律的规定。

五、法定节假日

法定节假日是指根据国家、民族的风俗习惯或纪念要求,由国家法律统一规定的用以进行庆祝及度假的休息时间。法定节假日制度是国家政治、经济、文化制度的重要反映,涉及经济社会的多个方面,涉及广大人民群众的切身利益。根据《全国年节及纪念日放假办法》的规定,我国法定节假日主要有以下三类:

1. 全体公民放假的节日:

(1)新年,放假1天(1月1日);

(2)春节,放假3天(农历除夕、正月初一、初二);

(3)清明节,放假1天(农历清明当日);

(4)劳动节,放假1天(5月1日);

(5)端午节,放假1天(农历端午当日);

(6)中秋节,放假1天(农历中秋当日);

(7)国庆节,放假3天(10月1日、2日、3日)。

2. 部分公民放假的节日及纪念日:

(1)妇女节(3月8日),妇女放假半天;

(2)青年节(5月4日),14周岁以上的青年放假半天;

(3)儿童节(6月1日),不满14周岁的少年儿童放假1天;

(4)中国人民解放军建军纪念日(8月1日),现役军人放假半天。

3. 少数民族习惯的节日,由各少数民族聚居地区的地方人民政府,按照各该民族习惯,规定放假日期。

二七纪念日、五卅纪念日、七七抗战纪念日、九三抗战胜利纪念日、九一八纪念日、教师节、护士节、记者节、植树节等其他节日、纪念日,均不放假。

全体公民放假的假日,如果适逢星期六、星期日,应当在工作日补假。部分公民放假的假日,如果适逢星期六、星期日,则不补假。

六、年休假

年休假是指职工每年享受的连续休假期间,在年休假期间工资照付。国家根据劳动者工作年限和劳动繁重紧张程度每年给予一定期间的带薪连续休假,年休假是劳动者一项重要的休息权利。根据2007年12月7日国务院第198次常务会议通过的《职工带薪年休假条例》的规定,我国的年休假制度主要有以下内容:

(一)年休假的适用范围和享受条件

机关、团体、企业、事业单位、民办非企业单位、有雇工的个体工商户等单位的职工连续工作1年以上的,享受带薪年休假。单位应当保证职工享受年休假。职工在年休假期间享受与正常工作期间相同的工资收入。职工累计工作已满1年不满10年的,年休假5天;已满10年不满20年的,年休假10天;已满20年的,年休假15天。国家法定休假日、休息日不计入年休假的假期。

职工有下列情形之一的,不享受当年的年休假:

1. 职工依法享受寒暑假,其休假天数多于年休假天数的;

2. 职工请事假累计20天以上且单位按照规定不扣工资的;

3. 累计工作满1年不满10年的职工,请病假累计2个月以上的;

4. 累计工作满10年不满20年的职工,请病假累计3个月以上的;

5. 累计工作满20年以上的职工,请病假累计4个月以上的。

(二)年休假的安排

单位根据生产、工作的具体情况,并考虑职工本人意愿,统筹安排职工年休假。

年休假在1个年度内可以集中安排,也可以分段安排,一般不跨年度安排。单位因生产、工作特点确有必要跨年度安排职工年休假的,可以跨1个年度安排。

(三)年休假的工资待遇和未休补偿

职工在年休假期间享受与正常工作期间相同的工资收入。单位确因工作需要不能安排职工休年休假的,经职工本人同意,可以不安排职工休年休假。对职工应休未休的年休假天数,单位应当按照该职工日工资收入的300%支付年休假工资报酬。

七、探亲假

探亲假是指职工享有的探望与自己分居两地的父母或配偶的休息时间。根据《国务院关于职工探亲待遇的规定》,我国现行探亲假制度主要有以下内容:

(一)享受探亲假的条件

凡在国家机关、人民团体和全民所有制企业、事业单位工作满一年的固定职工,与配偶不住在一起,又不能在公休假日团聚的,可以享受本规定探望配偶的待遇;与父亲、母亲都不住在一起,又不能在公休假日团聚的,可以享受本规定探望父母的待遇。但是,职工与父亲或与母亲一方能够在公休假日团聚的,不能享受本规定探望父母的待遇。

(二)探亲假的假期

1. 职工探望配偶的,每年给予一方探亲假一次,假期为30天。

2. 未婚职工探望父母,原则上每年给假一次,假期为20天。如果因为工作需要,本单位当年不能给予假期,或者职工自愿两年探亲一次的,可以两年给假一次,假期为45天。

3. 已婚职工探望父母的,每四年给假一次,假期为20天。

探亲假期是指职工与配偶、父、母团聚的时间,另外,根据实际需要给予路程假。上述假期均包括公休假日和法定节日在内。凡实行休假制度的职工(例如学校的教职工),应该在休假期间探亲;如果休假期较短,可由本单位适当安排,补足其探亲假的天数。

(三)探亲假期间的待遇

职工在规定的探亲假期和路程假期内,按照本人的标准工资发给工资。职工探望配偶和未婚职工探望父母的往返路费，由所在单位负担。已婚职工探望父母的往返路费，在本人月标准工资30%以内的，由本人自理，超过部分由所在单位负担。

八、其他假期

除了上述假期外，根据劳动法律规定，还有女职工产假、职工婚丧假等。我国《劳动法》、《女职工劳动保护规定》等法律、法规规定女职工生育享有不少于90天的产假，其中产前假15天，产后假75天。难产的，增加产假15天。多胞胎生育的，每多生育一个婴儿，增加产假15天。女职工怀孕流产的，其所在单位应当根据医务部门的证明，给予一定时间的产假。婚丧假是指劳动者本人结婚以及劳动者的直系亲属死亡时依法享受的假期。职工本人结婚或职工的直系亲属(父母、配偶、子女)死亡时，可以根据具体情况，由本单位行政领导批准，酌情给予1～3天的婚丧假。

思考题

1. 工作时间和休息时间划分的原则。
2. 标准工时形式与非标准工时形式的区别。
3. 非标准工时形式的适用范围。
4. 延长工作时间的限制性规定。

问题讨论

1. 某年春节的农历正月初一是星期三，某厂一套设备必须在节日期间检修，工程师何某从正月初一到初五连续工作5天，假如何某日工资为70元，其5天的工资报酬最低是多少元?

2. 案例分析

2003年，孙某大学毕业后分配至上海某建筑公司任技术员，2005年春节，公司成立科技攻关小组，孙某是成员之一。由于科技攻关未获成功，厂方未给他探亲假。2006年春节前，攻关小组攻关成功。

孙某向公司提出回云南探望父母，公司只批准其20天的假期。孙某到家后，因其父患病住院，需照料，于是他又向厂方请求补休上一年20天的探亲假。前后只用45天，路途时间4天。

公司对批准孙某探亲的20天假按事假扣发了当月工资，另25天作为超假，按高于工资2倍的标准扣发了工资，同时不报销其往返路费。2006年4月，孙某申诉到当地劳动仲裁委，要求单位补发探亲假期间的工资，并报销探亲路费。

(1)孙某要求补休的20天探亲假是否为"超假"?

(2)公司扣发孙某工资、不报销其路费是否正当?

第六章　工资法律制度

【引例】小陈在某公司谋得一职，签订的劳动合同上写明，每月5日为公司的发薪日。开始时，公司遵照规定按时发工资。但后来，公司由于财务账目出了问题，迟迟没有解决，再也没能在每月5日准时发放工资，甚至在20日以前也不能领取，而具体在哪天，也并不确定。小陈想到劳动合同上明文规定每月5日是发薪日，于是，与公司管理者交涉，要求每月按时发给工资，并要求给予一定的拖欠工资补偿。公司管理者拿出《劳动法》，声称他们的做法是有法可依的，并向小陈讲解道：《劳动法》规定的是"工资要按月支付"，只要公司做到了在一个月之内发放工资，就是符合法律规定的，公司不存在拖欠工资问题。

请问：(1)该公司是否存在拖欠工资的行为？(2)如何理解"工资应当按月支付"的含义？

第一节　工资概述

一、工资的概念和特征

劳动法中的"工资"是指用人单位依据国家有关规定或劳动合同的约定，以货币形式直接支付给本单位劳动者的劳动报酬，一般包括计时工资、计件工资、奖金、津贴和补贴、延长工作时间的工资报酬以及特殊情况下支付的工资等。① "工资"是劳动者劳动收入的主要组成部分，它是劳动者的主要经济生活来源。对于用人单位，"工资"则是其产品成本的重要组成部分。

工资具有以下特征：

1. 工资是基于劳动关系发生的劳动报酬。

2. 工资是具有预定性的劳动报酬，必须是事先规定的，事先规定的形式可以是工资法规、工资政策、集体合同、劳动合同。

3. 工资是以货币形式支付的劳动报酬，必须是以法定货币定期支付给劳动者本人。

4. 支付工资是用人单位的法定义务，劳动者取得工资则必须履行劳动合同约定的义务，工资的支付是以劳动者提供的劳动数量和质量为依据的。

① 谢德成：《劳动法与社会保障法》，中国政法大学出版社2009年第2版，第125页。

工资的基本职能包括:(1)分配职能。工资是向职工分配个人消费品的社会形式,职工所得的工资额也就是社会分配给职工的个人消费品的份额。(2)保障职能。工资作为职工的主要生活来源,其首要作用是保障职工及其家属的基本生活需要。(3)激励职能。工资是对职工的劳动的一种评价尺度或手段,对职工的劳动积极性具有鼓励作用。(4)杠杆作用。工资是国家用来进行宏观经济调节的经济杠杆,对劳动力总体布局、劳动力市场、国民收入分配、产业结构变化等都具有直接或间接的调节作用。①

我国十分重视工资立法,到目前为止,已初步形成了工资法规体系,对加强工资管理,保证职工生活水平的稳定和不断提高,协调劳动关系,保证劳动力合理流动,鼓励职工学习文化、钻研技术,提高职工素质和业务技术能力,调动职工的劳动积极性,推动工资制度改革和促进生产的发展等方面,都起到积极的作用。

二、工资分配原则

工资分配原则是由劳动立法确认的贯穿于整个工资制度的基本准则,是实现工资制度立法目的的核心组成部分。工资分配原则的确定,必须符合两项基本要求:一是运用工资这一物质利益杠杆,在全社会构建一种促使劳动者向社会多作贡献的激励机制,最终促进经济的发展;二是合理协调各种利益关系,使工资的分配不至于造成其他不合理的社会现象,以实现促进社会进步的目的。《劳动法》第 46 条规定:“工资分配应当遵循按劳分配原则,实行同工同酬。工资水平在经济发展的基础上逐步提高。国家对工资总量实行宏观调控。”这一规定确立了我国工资分配的原则。

(一)按劳分配原则

按劳分配是社会主义条件下分配制度的根本原则。它要求用人单位根据劳动者劳动的数量和质量来决定其工资报酬。按劳分配本身意味着等量劳动获得等量的报酬。同工同酬是按劳分配原则的必然表现。同工同酬是指用人单位对于从事相同工作,付出等量劳动且取得相同劳绩的劳动者,应支付同等的劳动报酬。

按劳分配原则是由生产资料的社会主义公有制所决定的,是公有制条件下劳动者对生产资料所有权的具体实现形式。在生产资料公有制条件下,社会每一个劳动者都平等地享有参加劳动的权利和义务,都应当尽自己之所能为社会劳动;社会则以劳动为尺度,在作了各项社会扣除后,按劳动者提供的劳动数量和质量进行分配,多劳多得,少劳少得。

按劳分配,要充分体现脑力劳动和体力劳动、复杂劳动和简单劳动、熟练劳动和非熟练劳动、繁重劳动和非繁重劳动之间的差别,要体现奖勤罚懒、奖优罚劣的原则,要体现按劳分配原则,使工资分配同职工个人的责任轻重、技术高低、劳动繁简、劳绩大小密切联系起来。既要反对平均主义,也要反对分配不公、收入高低过分悬殊的做法。社会主义市场经济条件下生产资料所有制实行以公有制为主体、多种所有制形式并存,市场机制在资源配置中起基础性作用。这就决定了按劳分配的实现范围和实现形式必然要发生某种变化。公有制的主体地位,决定了按劳分配原则的主体地位。多种所有制形式并存,决定了不可能实行单一的按劳分配原则,还存在其他多种分配形式。市场机制的基础性作用,则决定了按劳分配不可能直接在全社会范围内实现,而只能在企业内部实行。工资分配应当遵循按劳分配原则,是

① 谢德成:《劳动法与社会保障法》,中国政法大学出版社 2009 年第 2 版,第 126 页。

对企业内部工资分配应当遵循的原则的规定。这一规定是按劳分配的主体地位的具体体现，是按劳分配为主体、多种分配方式并存的分配制度的最基本的组成部分。它并不排斥利息、红利、风险补偿、雇工收入等分配形式作为按劳分配的补充形式而存在，这些分配形式只要是合法的，就应当允许其存在，并且要予以保护。

（二）工资水平随经济发展逐步提高原则

工资水平是指一定区域一定时期内平均工资的高低程度。工资水平是反映经济发展水平和劳动者物质文化生活水平的一个重要指标，同时也在一定程度上体现着国家、用人单位、劳动者个人三者之间的利益分配关系，以及不同行业、不同地区、不同单位、不同工种之间各类劳动者的工资关系。工资水平的高低，直接关系着职工生活的改善。

生产决定分配，只有经济发展才能提供更多的可分配的社会产品，因此工资水平必须与经济发展水平相适应，工资水平的发展必须建立在生产力水平提高的基础上。如果整个社会生产力水平上不去，可供分配的产品很少，工资水平就不能上升，甚至会下降。

这一原则有两层含义：一是职工工资水平必须建立在发展生产的基础上，而且在劳动生产率提高之后，必须逐步提供工资水平；二是要使劳动生产率的增长与工资水平的增长保持适当的比例关系，要求劳动报酬增长的速度不超过劳动生产率提高的速度。

其一，要逐步提高工资水平。社会主义的生产目的，就是要在提高技术的基础上通过经济的不断增长，最大限度地满足社会不断增长的物质和文化的需要。只有在经济发展的基础上逐步提高劳动者的工资水平，才能不断改善劳动者的物质文化生活水平，才能实现劳动者生活从温饱型向小康型的转化。

其二，工资水平只能在经济发展的基础上逐步提高。工资属于分配范畴，分配是由生产所决定的。工资水平的提高只能建立在经济增长和劳动生产率提高的基础上。①

一般来说，影响工资水平的因素主要是：(1)国内生产总值的增长速度；(2)积累基金与消费基金的比例关系；(3)社会生活消费品可供量；(4)新增就业人口数量。根据这些因素，我国长期以来工资总额的增长速度不超过国民收入的增长速度；平均工资的增长速度不超过社会劳动生产率的增长速度。工资水平的提高要以国民收入的增长和社会劳动生产率的提高为前提，并且在提高的速度上要与之相适应。

（三）国家的宏观调控原则

《劳动法》第46条规定："国家对工资总量实行宏观调控。"工资总量是指一定时期内国民生产总值用于工资分配的总数量。根据《关于加强企业工资总额宏观调控的实施意见》的规定，国家对地区、部门全面实行动态调控的弹性劳动工资计划。全国性的公司和计划单列的企业集团原则上实行工资总额同经济效益挂钩的办法，其工效挂钩方案报经劳动部、财政部批准后执行；暂不具备挂钩条件的，可实行弹性计划办法或工资总额包干办法，其弹性计划方案或工资总额包干方案报经劳动部审批后执行。全国性公司、计划单列企业集团，无论实行何种工资调控方式，其工资总额的增长都要严格遵循"两个低于"的原则，对实行工效挂钩、工资总额包干办法的，也要按照弹性计划的效率、效益原则，测算和编制本公司(集团)工资总额增长的中长期规划和年度计划，将其工资总额纳入弹性计划管理。其中企业工资总额按国家统计局规定，是指企业在一定时期内，直接支付给本单位职工的全部劳动报酬。同

① 黎建飞：《劳动与社会保障法教程》，中国人民大学出版社2010年第2版，第196页。

时要逐步扩大弹性计划的调控范围，改进弹性计划的相关经济指标。并开始用非农国内生产总值、非农国内生产总值工资含量、资金利税率、工资利税率、劳动生产率（城镇社会劳动者人均非农国内生产总值）、工业净产值率作为相关经济指标进行试算和试运行。

工资分配的宏观调控原则，以促进社会进步为目的，并通过下述途径贯彻实施：建立正常的工资增长机制，增强工资收入透明度，并使工资增长水平不超过经济效益和劳动生产率增长水平；实行工资总量宏观调控，使消费基金的增长与生产基金的增长相协调；消费与生产比例关系趋于合理；通过工资分配立法，保障劳动者获得基本生活需要；通过行政手段，干预分配和再分配过程；建立与工资分配相关的其他制度，克服按劳分配和用人单位行使工资自主权中可能产生的不合理、不公平现象。

此外，工资水平的增长速度，则直接影响着国民经济的发展。因此，国家对工资实行宏观调控，在社会主义市场经济条件下，工资总量宏观调控的目的在于控制用工成本上升，保持经济总量平衡，为社会发展留出足够的资金，以保证国民经济持续、稳定、协调地发展。目前国家对工资宏观调控的重点放在国有企业。

（四）用人单位自主分配原则

《劳动法》第 47 条规定：“用人单位根据本单位的生产经营特点和经济效益，依法自主确定本单位的工资分配方式和工资水平。”这规定了用人单位有权依法自主确定本单位的工资分配方式和工资水平，确认了企业的工资分配权，这是企业经营自主权的一部分。其中，经济效益包含了劳动生产率和就业状况两个重要的因素。工资分配方式是指单位内部的工资制度，包括工资构成、工资标准、工资形式、工资增长机制等。工资水平是指本单位在一定时期内的职工平均工资。

第二节 基本工资制度

一、工资构成

《关于贯彻执行〈中华人民共和国劳动法〉若干问题的意见》第 53 条规定：劳动法中的“工资”是指用人单位依据国家有关规定或劳动合同的约定，以货币形式直接支付给本单位劳动者的劳动报酬，一般包括计时工资、计件工资、奖金、津贴和补贴、延长工作时间的工资报酬以及特殊情况下支付的工资等。工资是个人消费品分配的一种形式。工资的构成即指工资总额有几部分相互联系的内容组成，一般可分为标准工资（又称基本工资）和非标准工资（又称辅助工资）。

（一）标准工资

标准工资是指按规定的工资标准计算的工资，包括实行结构工资制的基础工资、职务工资和工龄津贴。较之工资额的其他组成部分标准工资具有相对稳定性。具体来说，在企业中，基本工资是根据员工所在职位、能力、价值核定的薪资，这是员工工作稳定性的基础，是员工安全感的保证。同一职位，可以根据其能力进行工资分不同等级。确定基本工资的主要条件是：社会和企业的经济水平，企业的劳动条件状况，生产、工作岗位劳动的繁重程度和复杂程度等。在同等的情况下，职工基本工资的多少，一般反映他们之间的工作能力、业务技术水平和担负职责的差异。它在很大程度上决定职工收入水平的高低。基本工资的最低数额,应当保证职工本人及其平均赡养人口的基本生活需要。在一定时期内,如果社会和企业生产经济条件,或者职工个人业务技术水平和所担负的职责没有发生大的变化,基本工资一般不动。这样,企业的工资支付和职工个人工资收入都比较稳定,有利于组织生产和安排家庭生活。因此,与奖金、津贴、补贴等其他劳动报酬相比,标准工资,具有以下主要特点:(1)常规性,即标准工资所对应的是劳动者在法定工作时间内和正常条件下所完成的恒常劳动或定额劳动。(2)固定性,即劳动者所享有的基本工资在一定期限内一般固定不变或者说不具有浮动性,当然这并不意味着基本工资不可变动;(3)主体性,即基本工资构成劳动者所得全部工资额中的主要部分,亦即占全部工资额的比重较大;(4)基准性,即基本工资往往是计算和确定其他工资收入(如加班加点工资)和其他待遇(如失业、养老等社会保险费的计算)的标准;(5)等级性,即基本工资体现了不同劳动者劳动质量、技能水平、岗位条件等多方面的差异,具有一定的等级级别。基本工资构成工资的基础,是最低工资法、工资集体协商、工资自决制度的主要调整对象和依据,与奖金、津贴、补贴等辅助工资相对应。但是,标准不能及时准确地反映职工在实际劳动和贡献上的具体差别。因此,实行必要的津贴、奖金等辅助工资形式,或者实行联系个人劳动成果的浮动工资制度,有助于弥补基本工资的这种不足,更好地贯彻按劳分配原则。

(二)非标准工资

非标准工资,又称辅助工资,是指标准工资以外的各种工资。包括奖金、津贴、补贴等。

1. 奖金

奖金是企业职工工资收入的组成部分,是贯彻按劳分配原则、支付劳动报酬的辅助形式,是对基本工资的补充。它实质上是对职工提供的有效超额劳动支付的报酬。其目的是为了更好地调动职工的积极性,鼓励职工提高技术、业务水平,提高劳动生产率,从而促进生产发展和企业经济效益的增长。奖金的范围包括:(1)生产(业务)奖包括超产奖、质量奖、安全(无事故)奖、考核各项经济指标的综合奖、提前竣工奖、外轮速遣奖、年终奖(劳动分红)等。(2)节约奖包括各种动力、燃料、原材料等节约奖。(3)劳动竞赛奖包括发给劳动模范,先进个人的各种奖和实物奖励。(4)其他奖金包括从兼课酬金和业余医疗卫生服务收入提成中支付的奖金等。

与标准工资相比,奖金具有以下主要特征:(1)非常规性。即奖金所对应的是劳动者在完成正常劳动的基础上所提供的超额劳动。这里的“超额”主要表现为劳动质量、劳动成果上的超额,如超额完成工作任务等;而工作时间上的超额,则一般可用加班加点工资或补休来补偿。(2)浮动性。即用人单位是否发放奖金或奖金多少,都是经常变动的,因此,奖金又称浮动工资。(3)非普遍性。即法律上不要求给每个劳动者都一定要支付奖金。也就是说,奖金只适用于符合奖励条件的场合。①

2. 津贴

津贴是为了补偿职工在特殊的劳动条件和工作环境下的额外劳动消耗和生活费额外支出而建立的一种辅助工资形式。它保证职工的生活水平不受特殊条件而影响,是职工工资的重要组成部分。与奖金相比,津贴具有以下特点:(1)附加性。津贴属于附加劳动报酬;奖

① 王全兴:《劳动法学》,高等教育出版社2008年第2版,第308页。

金则是一种超额劳动报酬。(2)独立性。津贴除国家另有规定外不与标准工资挂钩,既不按标准工资的比率支付,也不随标准工资的提高比率而提高;奖金同标准工资往往有一种比率关系。(3)稳定性。津贴确定后,在一定期限内比较稳定;奖金则有浮动性。(4)有限性。发给职工的各种津贴一般不应超过本人的基本工资额;奖金在企业中则上不封顶、下不保底。

津贴的种类很多,一般可以分为两类:一类是国家或地区、部门统一制定的津贴;另一类是企业自行建立的津贴。国家统一建立的津贴,一般在企业成本中列支;企业自建的津贴,一般在企业留利的奖励基金或效益工资中开支。按津贴的性质区分,则大体可分为三类:(1)岗位性津贴。岗位津贴是指为了补偿职工在某些特殊劳动条件岗位劳动的额外消耗而建立的津贴。职工在某些劳动条件特殊的岗位劳动,需要支出更多的体力和脑力,因而需要建立津贴,对这种额外的劳动消耗进行补偿。这种类型的津贴具体种类最多,使用的范围最广。例如,高温津贴,是对从事高温繁重劳动的工人建立的临时性补贴。冶金企业中的炼铁、烧结、炼焦、炼钢、轧钢等工种,根据其作业环境的温度、辐射热强度和劳动繁重程度的不同。建立甲、乙、丙不同标准的津贴。另外还有有毒有害津贴、矿山井下津贴、特殊技术岗位津贴、特重体力劳动岗位津贴、夜班津贴、流动施工津贴、盐业津贴、邮电外勤津贴等,都属于岗位性津贴。(2)地区性津贴。地区性津贴是指为了补偿职工在某些特殊的地理自然条件下生活费用的额外支出而建立的津贴。如林区津贴,是为了照顾林区森林工业职工的生活,鼓励职工在林区安心工作,发展林业生产而建立的津贴,并根据林区的具体条件和各类人员的不同情况,分别确定不同的标准。另外还有地区生活费补贴、高寒山区津贴、海岛津贴等。这类津贴一般是由国家或地区、部门建立的。企业所在地区如属这些津贴的执行范围,即可照章执行。(3)保证生活性津贴。保证生活性津贴是指为保障职工实际工资收入和补偿职工生活费用额外支出而建立的津贴。如副食品价格补贴、肉价补贴、粮价补贴等等。这类补贴具体种类不多,主要是由国家或地区、部门建立的。企业属于执行范围的,即可照章执行。有些企业根据需要,在内部也建立了少量这类补贴,如房租、水电补贴等。

根据国家统计局的《〈关于工资总额组成的规定〉若干具体范围的解释》,津贴的范围具体包括了:(1)补偿职工特殊或额外劳动消耗的津贴。具体有:高空津贴、井下津贴、流动施工津贴、野外工作津贴、林区津贴、高温作业临时补贴、海岛津贴、艰苦气象台(站)津贴、微波站津贴、高原地区临时补贴、冷库低温津贴、基层审计人员外勤工作补贴、学校班主任津贴、三种艺术(舞蹈、武功、管乐)人员工种补贴、运动队班(队)干部驻队补贴、公安干警值勤岗位津贴、环卫人员岗位津贴、广播电视天线工岗位津贴、盐业岗位津贴、废品回收人员岗位津贴、殡葬特殊行业津贴、城市社会福利事业单位津贴、环境监测津贴、收容遣送岗位津贴等。(2)保健性津贴。具体有:卫生防疫津贴、医疗卫生津贴、科技保健津贴、各种社会福利院职工特殊保健津贴等。(3)技术性津贴。具体有:特级教师补贴、科研津贴、工人技术津贴、中药老药工技术津贴、特殊教育津贴等。(4)年功性津贴。具体有:工龄津贴、教龄津贴和护士工龄津贴等。(5)其他津贴。具体有:直接支付给个人的伙食津贴(火车司机和乘务员的乘务津贴、航行和空勤人员伙食津贴、水产捕捞人员伙食津贴、专业车队汽车司机行车津贴、小伙食单位补贴等)、合同制职工的工资性补贴以及书报费等。

3. 补贴

补贴是工资构成中较固定和稳定的单元,一般是为保证职工工资水平不受物价上涨或变动影响而支付的各种补贴，如肉类等价格补贴、副食品价格补贴、食价补贴、煤价补贴、房贴、水电站等。其目的是保证劳动者生活水平免受较大冲击。补贴具有基准性特征，在特定的地区，补贴的工资应该大致相等。但与奖金相比，其具有附加性特征，其在工资总额中占的比例相对较小，较之奖金的浮动性相比要稳定。因此激励作用不大。

工资是劳动者劳动收入的主要组成部分，但并非全部。劳动者的以下劳动收入不属于工资范围：(1)单位支付给劳动者个人的社会保险福利费用，具体有：职工死亡丧葬费及抚恤费、医疗卫生或公费医疗费用、职工生活困难补助费、集体福利事业补贴、工会文教费、集体福利费、探亲路费、冬季取暖补贴、上下班交通补贴以及洗理费等。(2)劳动保护方面的费用，具体有：工作服、手套等劳保用品，解毒剂、清凉饮料，以及按照1963年7月19日劳动部等七单位规定的范围对接触有毒物质、矽尘作业、放射线作业和潜水、沉箱作业、高温作业等五类工种所享受的由劳动保护费开支的保健食品待遇。(3)按规定未列入工资总额的各种劳动报酬及其他劳动收入，如根据国家规定发放的创造发明奖、国家星火奖、自然科学奖、科学技术进步奖、合理化建议和技术改进奖、中华技能大奖等，以及稿费、讲课费、翻译费等。

二、工资形式

工资形式是工资制度的重要内容之一，它是指对劳动者实际付出量和相应劳动报酬所得量进行具体的计算与支付的方法，工资形式规定着劳动状况和劳动报酬量之间的比例关系。我国现行的工资形式主要有计时工资、计件工资两种基本形式，另外在一定范围内实行年薪制。

(一)计时工资

计时工资是指按计时工资标准和工作时间支付给个人的劳动报酬。计时工资的基本特点，在于对劳动的计量是以时间来表示的，劳动者的工资取决于本人的工资标准和实际劳动的持续时间。因此，在计时工资形式下，职工所得工资数额同工作时间成正比。计时工资由以下三个要素构成：计量劳动与支付报酬的时间单位；计量劳动量与相应报酬的技术标准；劳动者所付出的实际有效劳动时间。

由于计时工资是直接以劳动时间计算报酬，简单易行，便于计算；同时，由于各种劳动均可以用劳动时间来计量，所以计时工资的适应性强，实行范围广泛，任何部门、任何单位和各类工种、岗位均可采用。由于计算时采用的时间单位不同，计时工资可分为三种具体形式：

1. 小时工资制

小时工资制就是按照小时工资标准和实际工作的小时数来计算工资。小时工资标准按日工资标准除以日法定工作时数求得。

2. 日工资制

日工资制就是根据劳动者的日工资标准和实际工作日数来计算工资。

3. 月工资制

月工资制就是按照劳动者的等级工资制的工资标准来计发工资。企业职工如果出满勤，则按月工资标准支付工资；缺勤则按实际缺勤天数或小时数减发工资。如果加班加点，则发相应的加班日工资或加点小时工资。

月工资制、日工资制和小时工资制各有一定的适用范围。月工资制由于计算方便，适应范围较广，在我国企业得到普遍运用。日工资制则适用于那些生产任务变动频繁，职工流动性大的企业、工种，特别是适用于企业的临时工。小时工资制目前在我国企业中实行较少，但是随着劳动制度的进一步改革，某些企业实行了弹性时间工作制，一部分职工的劳动时间不稳定，往往一天中变化都很大，即需要采用小时工资制。月工资制、日工资制、小时工资制是难以截然分开的，往往结合使用，互为补充，以便于更好地发挥其作用。

4. 日工资、小时工资的折算

按照《劳动法》第51条的规定，法定节假日用人单位应当依法支付工资，即折算日工资、小时工资时不剔除国家规定的11天法定节假日。据此，日工资、小时工资的折算为：

日工资：月工资收入÷月计薪天数

小时工资：月工资收入÷(月计薪天数×8小时)。

月计薪天数＝(365天－104天)÷12月＝21.75天

(二)计件工资

计件工资，是在一定技术条件下，根据职工完成的合格产品数量或工作量，按计件单价支付的劳动报酬。其核心是计件单价，即生产某一单位产品或完成某一单位工作的应得工资额，即单位产品(工作)工资率。在正常条件下，计件单位是根据一定技术等级的职工的工资标准和劳动定额计算出来的，即计件单价＝单位时间的标准工资/单位时间的劳动定额。《劳动法》第37条规定：对实行计件工作的劳动者，用人单位应当根据法定的工时制度合理确定其劳动定额和计件报酬标准。因此，计件工资是计时工资的转化形式。

在我国实践中计件工资主要有以下几种形式：

1. 直接计件工资。计件工人按完成合格产品的数量和计件单价来支付工资。

2. 间接计件工资。按工人所服务的计件工人的工作成绩或所服务单位的工作成绩来计算支付工资；即工人的工资不仅取决于个人劳动成果，而且又取决于为其服务的计件工人的劳动成果。这种工资形式主要适用于辅助工人，计算方法有以下三种：

(1)辅助工人领取其服务对象的平均计件工资。

(2)制定辅助工人间接计件单位，然后按其服务对象完成的合格产品数量计算计件工资额。

(3)根据其服务对象完成定额情况计算工资收入。

3. 有限计件工资。对实行计件工资的工人规定其超额工资不得超过本人标准工资总额的一定百分比；具体办法有多种，如对工人个人实得计件工资规定最高限额，超过最高限额后不计报酬，或采用超额累退计件单位(超过一定数额后，计件单价随产量增加而递减)；采用可变计件单价，即集体计件工资额固定，个人计件单价根据集体产量总数的变动而上下浮动。

4. 无限计件工资。对实行计件工资的工人超额工资不加限制。

5. 累进计件工资。工人完成定额的部分按同一计件单价计算工资，超过定额的部分，则按累进递增的单价计算工资；超额时工资不受限制，亏额时工资不保底，即“上不封顶，下不保底”。这种计件工资形式应用得较为普遍，它把职工的劳动成果和劳动报酬直接联系起来，可有效地调动职工的积极性，促进生产的发展和劳动生产率的提高。

6. 累进(或累退)计件工资。即工人完成劳动定额内部分，按标准计件单价计发工资，超额部分按累进或累退计件单价计发工资。

7. 最终产品计件工资。这是我国推行经济责任制过程中实行的一种集体计件工资形式。它是根据集体完成的最终产品数量和预先确定的计件单价计算工资额，然后再进行内部个人分配。在实行以承包为主要内容的各种经济责任制时大多采用这种分配形式。

（三）年薪

年薪，又称年工资收入，是指以企业会计年度为时间单位计发的工资收入，主要用于公司经理、企业高级职员的收入发放，成为经营者年薪制。年薪制是一种国际上较为通用的支付企业经营者薪金的方式，它是以年度为考核周期，把经营者的工资收入与企业经营业绩挂钩的一种工资分配方式，通常包括基本收入（基薪）和效益收入（风险收入）两部分。

基本收入（基薪）主要依据企业规模（如职工人数、总资产规模等）确定，在很多实行国企经营者年薪制的省份，对于基薪都设定了上限；效益年薪则根据企业完成指标的情况上下浮动。目前，一些地区在效益年薪中还引入了股权激励的方式，将部分效益年薪收入通过各种方式转化为企业股份，由经营者持有。

年薪制具有一定的针对性，适用于特定的对象，主要适用于那些在企业中有实际经营权，并对企业经济效益负有职责的人员，例如董事长、经理等企业高级雇员。年薪制适用周期较长，一般是以年为周期，这是和其考核相关的，对于绝大部分的年薪制适用人员，都是以企业经营年度为周期。此外，年薪制还存在一定的风险，薪酬中的很大一部分是和本人的努力及企业经营好坏情况相挂钩的，因此具有较大的风险和不确定性。

三、工资分配的集体谈判制度

推进收入分配制度改革，抑制不合理的分配差距，规范分配秩序、理顺分配关系，在企业内部建立起与市场经济体制相适应的工资分配共决机制、正常的增长机制和支付保障机制，对构建和谐劳动关系，甚至促进社会和谐稳定，有着重要的影响和意义。因此，全面实行工资集体谈判制度，建立工资分配的共决机制意义重大。

根据 2000 年我国劳动与社会保障部颁布的《工资集体协商试行办法》和 2005 年《劳动和社会保障部、中华全国总工会、中国企业联合会、中国企业家协会关于进一步推进工资集体协商工作的通知》的规定，工资分配的集体谈判制度主要包括以下内容。

工资集体协商，是指职工代表与企业代表依法就企业内部工资分配制度、工资分配形式、工资收入水平等事项进行平等协商，在协商一致的基础上签订工资协议的行为。① 工资协议，是指专门就工资事项签订的专项集体合同。已订立集体合同的，工资协议作为集体合同的附件，并与集体合同具有同等效力。依法订立的工资协议对企业和职工双方具有同等约束力。双方必须全面履行工资协议规定的义务，任何一方不得擅自变更或解除工资协议。职工个人与企业订立的劳动合同中关于工资报酬的标准，不得低于工资协议规定的最低标准。

工资集体协商一般包括以下内容：(1)工资协议的期限；(2)工资分配制度、工资标准和工资分配形式；(3)职工年度平均工资水平及其调整幅度；(4)奖金、津贴、补贴等分配办法；(5)工资支付办法；(6)变更、解除工资协议的程序；(7)工资协议的终止条件；(8)工资协议的违约责任；(9)双方认为应当协商约定的其他事项。协商确定职工年度工资水平应符合国家有关工资分配的宏观调控政策，并综合参考下列因素：(1)地区、行业、企业的人工成本水平；(2)地区、行业的职工平均工资水平；(3)当地政府发布的工资指导线、劳动力市场工资指导

① 关怀、林嘉：《劳动与社会保障法学》，法律出版社 2011 年版，第 159 页。

价位;(4)本地区城镇居民消费价格指数;(5)企业劳动生产率和经济效益;(6)国有资产保值增值;(7)上年度企业职工工资总额和职工平均工资水平;(8)其他与工资集体协商有关的情况。

工资集体协商代表应依照法定程序产生。职工一方由工会代表。未建工会的企业由职工民主推举代表,并得到半数以上职工的同意。企业代表由法定代表人和法定代表人指定的其他人员担任。协商双方各确定一名首席代表。职工首席代表应当由工会主席担任,工会主席可以书面委托其他人员作为自己的代理人;未成立工会的,由职工集体协商代表推举。企业首席代表应当由法定代表人担任,法定代表人可以书面委托其他管理人员作为自己的代理人。协商双方的首席代表在工资集体协商期间轮流担任协商会议执行主席。协商会议执行主席的主要职责是负责工资集体协商有关组织协调工作,并对协商过程中发生的问题提出处理建议。协商双方可书面委托本企业以外的专业人士作为本方协商代表。委托人数不得超过本方代表的1/3。协商双方享有平等的建议权、否决权和陈述权。由企业内部产生的协商代表参加工资集体协商的活动应视为提供正常劳动,享受的工资、奖金、津贴、补贴、保险福利待遇不变。其中,职工协商代表的合法权益受法律保护。企业不得对职工协商代表采取歧视性行为,不得违法解除或变更其劳动合同。协商代表应遵守双方确定的协商规则,履行代表职责,并负有保守企业商业秘密的责任。协商代表任何一方不得采取过激、威胁、收买、欺骗等行为。协商代表应了解和掌握工资分配的有关情况,广泛征求各方面的意见,接受本方人员对工资集体协商有关问题的质询。

工资集体协商按以下程序进行:职工和企业任何一方均可提出进行工资集体协商的要求。工资集体协商的提出方应向另一方提出书面的协商意向书,明确协商的时间、地点、内容等。另一方接到协商意向书后,应于20日内予以书面答复,并与提出方共同进行工资集体协商。在不违反有关法律、法规的前提下,协商双方有义务按照对方要求,在协商开始前5日内,提供与工资集体协商有关的真实情况和资料。工资协议草案应提交职工代表大会或职工大会讨论审议。工资集体协商双方达成一致意见后,由企业行政方制作工资协议文本。工资协议经双方首席代表签字盖章后成立。工资协议签订后,应于7日内由企业将工资协议一式三份及说明,报送劳动保障行政部门审查。劳动保障行政部门应在收到工资协议15日内,对工资集体协商双方代表资格、工资协议的条款内容和签订程序等进行审查。劳动保障行政部门经审查对工资协议无异议,应及时向协商双方送达《工资协议审查意见书》,工资协议即行生效。劳动保障行政部门对工资协议有修改意见,应将修改意见在《工资协议审查意见书》中通知协商双方。双方应就修改意见及时协商,修改工资协议,并重新报送劳动保障行政部门。工资协议向劳动保障行政部门报送经过15日后,协议双方未收到劳动保障行政部门的《工资协议审查意见书》,视为已经劳动保障行政部门同意,该工资协议即行生效。协商双方应于5日内将已经生效的工资协议以适当形式向本方全体人员公布。

工资集体协商一般情况下一年进行一次。职工和企业双方均可在原工资协议期满前60日内,向对方书面提出协商意向书,进行下一轮的工资集体协商,做好新旧工资协议的相互衔接。

开展工资集体协商,要突出重点。各地区要根据地区和企业的不同情况,把职工最关心、最现实、最直接的利益问题作为重点,切实解决企业工资分配中的突出问题。工资集体协商的内容可以是全面的,也可以有所侧重。生产经营正常和效益较好的企业,应重点就工资水平、奖金分配、补贴和福利等进行协商,建立正常的工资增长和调整机制,使广大职工共享企业改革发展的成果。生产经营比较困难的企业,可重点就工资支付办法、离岗职工生活费等进行协商，重在建立工资支付保障机制。在企业改制过程中，要重视从理顺内部分配关系入手，协商确定企业工资分配制度和办法。当前，要通过工资集体协商，着力解决部分企业存在的拖欠、克扣职工工资问题，确保职工工资按时足额发放。

推行工资集体协商，必须妥善处理好各方利益分配关系；依法保障职工的劳动报酬权益，努力实现互利共赢。要正确处理出资人、经营者与职工之间的关系，企业科技管理人员与一般职工之间的关系，不同层次、不同岗位工种职工之间的关系，持股职工与未持股职工之间的关系，按劳分配与按其他生产要素分配之间的关系，工资分配与企业经济性裁员、再就业安置、保险福利之间的关系等等，努力做到统筹兼顾、科学合理、公平公正。实行岗位工资制度的企业，要把确定和调整岗位工资标准作为协商重点；实行计件工资制的企业，要通过协商合理确定工人的劳动定额和计件单价；实行股份制的企业，要正确处理工资分配、股息红利与劳动分红之间的比例关系，防止利润侵蚀工资或工资分配侵蚀利润；实行经营者年薪制的企业，要根据企业实际情况合理确定企业经营者与职工的工资分配关系，既要充分体现对经营管理者劳动的肯定和激励作用，又要切实保证职工工资收入随经济效益的提高逐步增加。

第三节　最低工资制度

一、最低工资的概念和特征

最低工资是指劳动者在法定工作时间或依法签订的劳动合同约定的工作时间内提供了正常劳动的前提下，用人单位依法应支付的保障劳动者个人及其家庭成员的基本生活的最低劳动报酬。正常劳动，是指劳动者按依法签订的劳动合同约定，在法定工作时间或劳动合同约定的工作时间内从事的劳动。劳动者依法享受带薪年休假、探亲假、婚丧假、生育（产）假、节育手术假等国家规定的假期期间，以及法定工作时间内依法参加社会活动期间，视为提供了正常劳动。《劳动法》第 48 条规定：“国家实行最低工资保障制度。最低工资的具体标准由省、自治区、直辖市人民政府规定，报国务院备案。用人单位支付劳动者的工资不得低于当地最低工资标准。”最低工资制度适用于在我国境内的企业、民办非企业单位、有雇工的个体工商户和与之形成劳动关系的劳动者。国家机关、事业单位、社会团体和与之建立劳动合同关系的劳动者，依照相关规定执行。

最低工资具有以下特征：(1)最低工资的范围不仅包括劳动者本人的基本生活需要，而且也包括劳动者赡养的家庭成员的生活需要。(2)最低工资数额由最低工资率确定。最低工资率是指单位时间的最低工资数额。单位时间，在我国一般以月为计算标准。(3)最低工资确定了劳动者的最低工资标准。用人单位在向本单位的劳动者支付工资或通过劳动合同约定工资数额时不得低于最低工资率确定的工资标准，否则约定无效，并按最低工资标准执行。(4)最低工资只有在劳动者在法定工作时间内提供了正常的劳动才能适用。劳动者在病假、事假和学徒期等，不能认为是提供了正常的劳动，但是法定的年休假、探亲假视为提供了正常劳动。

二、最低工资标准的确定

最低工资标准的确定实行政府、工会和企业三方代表民主协商的原则。最低工资标准的确定和调整方案，由省、自治区、直辖市人民政府劳动保障行政部门会同同级工会、企业联合会/企业家协会研究拟订，并将拟订的方案报送劳动保障部。方案内容包括最低工资确定和调整的依据、适用范围、拟订标准和说明。劳动保障部在收到拟订方案后，应征求全国总工会、中国企业联合会/企业家协会的意见。省、自治区、直辖市劳动保障行政部门应将本地区最低工资标准方案报省、自治区、直辖市人民政府批准，并在批准后7日内在当地政府公报上和至少一种全地区性报纸上发布。省、自治区、直辖市劳动保障行政部门应在发布后10日内将最低工资标准报劳动保障部。最低工资标准发布实施后，规定的相关因素发生变化，应当适时调整。最低工资标准每两年至少调整一次。用人单位应在最低工资标准发布后10日内将该标准向本单位全体劳动者公示。

《劳动法》第49条规定："确定和调整最低工资标准应当综合参考下列因素：(一)劳动者本人及平均赡养人口的最低生活费用；(二)社会平均工资水平；(三)劳动生产率；(四)就业状况；(五)地区之间经济发展水平的差异。""最低生活费用"，应为劳动者本人及其赡养人口为维持最低生活需要而必须支付的费用，包括吃、穿、住、行等方面。一般可采取参照国家统计部门统计调查中对调查户数的10%最低收入户的人均生活费用支出额乘以赡养人口系数来计算最低工资额，再根据其他因素作适当调整并确定。

最低工资标准一般采取月最低工资标准和小时最低工资标准的形式。月最低工资标准适用于全日制就业劳动者，小时最低工资标准适用于非全日制就业劳动者。确定和调整月最低工资标准，应参考当地就业者及其赡养人口的最低生活费用、城镇居民消费价格指数、职工个人缴纳的社会保险费和住房公积金、职工平均工资、经济发展水平、就业状况等因素。

确定和调整小时最低工资标准，应在颁布的月最低工资标准的基础上，考虑单位应缴纳的基本养老保险费和基本医疗保险费等因素，同时还应适当考虑非全日制劳动者在工作稳定性、劳动条件和劳动强度、福利等方面与全日制就业人员之间的差异。确定最低工资标准一般考虑城镇居民生活费用支出、职工个人缴纳社会保险费、住房公积金、职工平均工资、失业率、经济发展水平等因素。确定最低工资标准的通用方法有：(1)比重法。即根据城镇居民家计调查资料，确定一定比例的最低人均收入户为贫困户，统计出贫困户的人均生活费用支出水平，乘以每一就业者的赡养系数，再加上一个调整数。(2)恩格尔系数法。即根据国家营养学会提供的年度标准食物谱及标准食物摄取量，结合标准食物的市场价格，计算出最低食物支出标准，除以恩格尔系数，得出最低生活费用标准，再乘以每一就业者的赡养系数，再加上一个调整数。以上方法计算出月最低工资标准后，再考虑对职工个人缴纳的社会保险费、住房公积金，职工平均工资水平，社会救济金和失业保险金标准，就业状况，经济发展水平等进行必要的修正。

三、最低工资的支付

《劳动法》第48条规定："用人单位支付劳动者的工资不得低于当地最低工资标准。"最低工资不包括延长工作时间的工资报酬，以货币形式支付的住房和用人单位支付的伙食补贴，中班、夜班、高温、低温、井下、有毒、有害等特殊工作环境和劳动条件下的津贴，国家法律、法规、规章规定的社会保险福利待遇。实行计件工资或提成工资等工资形式的用人单位，在科学合理的劳动定额基础上，其支付劳动者的工资不得低于相应的最低工资标准。在劳动合同中，双方当事人约定的劳动者在未完成劳动定额或承包任务的情况下，用人单位可低于最低工资标准支付劳动者工资的条款不具有法律效力。劳动者与用人单位形成或建立劳动关系后，试用、熟练、见习期间，在法定工作时间内提供了正常劳动，其所在的用人单位应当支付其不低于最低工资标准的工资。

最低工资不包括：加班工资，以货币形式支付的住房补贴和用人单位支付的伙食补贴，中班、夜班、高温、低温、井下、有毒有害等特殊工作环境和劳动条件下的津贴，国家法律、法规、规章规定的社会保险福利待遇。加班加点工资属于工资，但不属于最低工资。

第四节　工资支付保障

一、工资的支付形式

工资应当以货币形式支付。《劳动法》第50条规定：①原劳动部颁布的《工资支付暂行规定》第5条都规定：工资应当以法定货币支付。以货币形式支付工资符合国际通行做法，这是为了限制以及取消实物支付，使个人收入货币化、规范化，有利于提高收入分配的透明度，加强对用人单位收入分配的财务监督，同时也有利于建立个人收入申报制度，强化个人所得税调节收入分配的功能，更为重要的是保障劳动者的收入。

用人单位应将工资支付给劳动者本人。劳动者本人因故不能领取工资时，可由其亲属或委托他人代领。用人单位可委托银行代发工资。用人单位必须书面记录支付劳动者工资的数额、时间、领取者的姓名以及签字，并保存两年以上备查。用人单位在支付工资时应向劳动者提供一份其个人的工资清单。

二、工资的支付时间

按照规定，工资应当按月支付。按月支付应理解为每月至少发放一次工资，实行月薪制的单位，工资必须每月发放，超过企业与职工约定或劳动合同规定的每月支付工资的时间发放工资即为不按月支付。实行小时工资制、日工资制、周工资制的单位工资也可以按日或按周发放，并且要足额发放。工资必须在用人单位与劳动者约定的日期支付。如遇节假日或休息日，则应提前在最近的工作日支付。实行周、日、小时工资制的可按周、日、小时支付工资，日工资、小时工资可按相关规定进行折算。

对完成一次性临时劳动或某项具体工作的劳动者，用人单位应按有关协议或合同规定在其完成劳动任务后即支付工资。劳动关系双方依法解除或终止劳动合同时，用人单位应在解除或终止劳动合同时一次付清劳动者工资。

在本章引例中，公司的说法不能成立，“工资应当按月支付”，是指工资的支付周期为一个月，而具体的工资支付日期，则以用人单位与劳动者约定的日期为准。小陈与公司签订的劳动合同上写明，每月5日为公司的发薪日，则公司必须按照约定按时发放工资，否则即为拖欠工资的行为，小陈有权要求公司每月按时发给工资，并要求给予一定的拖欠工资补偿。

三、特殊情况下的工资支付

《劳动法》第51条规定：“劳动者在法定休假日和婚丧假期间以及依法参加社会活动期

间，用人单位应当依法支付工资。"本条规定了三种特殊情况下工资的支付，即在法定休假日、婚丧假期间、依法参加社会活动期间，用人单位都应按照劳动者本人履行正常劳动义务时所应得的工资额支付工资。同时根据原劳动部颁布的《工资支付暂行规定》的规定，特殊情况下工资的支付主要有以下几种情形：

（一）法定休假日期间的工资支付

法定休假日，是指法律、法规规定的劳动者休假的时间，包括法定节日以及法定带薪休假。根据国务院发布的《全国年节及纪念日放假办法》，法定节日是指新年元旦（1月1日放假1天）、春节（农历除夕、正月初一、初二放假3天）、劳动节（5月1日放假3天）、国庆节（10月1日、2日、3日放假3天）、清明节（放假3天）、端午节（放假3天）和中秋节（放假1天），共计11天。法定节日期间，用人单位应当依法安排劳动者休假，并依法向劳动者支付工资。《职工带薪年休假条例》规定：机关、团体、企业、事业单位、民办非企业单位、有雇工的个体工商户等单位的职工连续工作1年以上的，享受带薪年休假。单位应当保证职工享受年休假。职工在年休假期间享受与正常工作期间相同的工资收入。

法定带薪休假则包括了带薪年休假、探亲假、产假等。

（二）婚丧假期间的工资支付

婚丧假，是指劳动者本人结婚以及其直系亲属死亡时依法享受的假期。享受婚丧假是劳动者的合法权利，婚丧假期间，用人单位应当按照国家规定和劳动合同约定的工资标准正常支付工资。

（三）探亲假期间的工资支付

探亲假期间是指职工与配偶、父母团聚的时间，另外，根据实际需要给予路程假。凡在国家机关、人民团体和全民所有制企业、事业单位工作满1年的固定职工，与配偶不住在一起，又不能在公休假日团聚的，可以享受探望配偶的待遇；与父亲、母亲都不住在一起，又不能在公休假日团聚的，可以享受探望父母的待遇。职工在规定的探亲假期和路程假期内，按照本人的标准工资发给工资。

（四）依法参加社会活动期间的工资支付

劳动者在法定工作时间内依法参加社会活动期间，用人单位应视同其提供了正常劳动而支付工资。社会活动包括：依法行使选举权或被选举权；当选代表出席乡（镇）、区以上政府、党派、工会、青年团、妇女联合会等组织召开的会议；出任人民法庭证明人；出席劳动模范、先进工作者大会；《工会法》规定的不脱产工会基层委员会委员因工作活动占用的生产或工作时间；其他依法参加的社会活动。

（五）停工期间的工资支付

非因劳动者原因造成单位停工、停产在一个工资支付周期内的，用人单位应按劳动合同规定的标准支付劳动者工资。超过一个工资支付周期的，若劳动者提供了正常劳动，则支付给劳动者的劳动报酬不得低于当地的最低工资标准；若劳动者没有提供正常劳动，应按国家有关规定办理。

（六）延长工作时间时的工资支付

用人单位在劳动者完成劳动定额或规定的工作任务后，根据实际需要安排劳动者在法定标准工作时间以外工作的，应按不低于其本人法定工作时间的150%、200%、300%支付其工资。经劳动行政部门批准实行综合计算工时工作制的，其综合计算工作时间超过法定

标准工作时间的部分，应视为延长工作时间，并应按本规定支付劳动者延长工作时间的工资。

（七）用人单位破产时的工资支付

用人单位依法破产时，劳动者有权获得其工资。在破产清偿中用人单位应按《中华人民共和国企业破产法》规定的清偿顺序，首先支付欠付本单位劳动者的工资。

（八）特殊人员的工资支付

1. 劳动者受处分后的工资支付：(1)劳动者受行政处分后仍在原单位工作（如留用察看、降级等）或受刑事处分后重新就业的，应主要由用人单位根据具体情况自主确定其工资报酬；(2)劳动者受刑事处分期间，如收容审查、拘留（羁押）、缓刑、监外执行或劳动教养期间，其待遇按国家有关规定执行。

2. 学徒工、熟练工、大中专毕业生在学徒期、熟练期、见习期、试用期及转正定级后的工资待遇由用人单位自主确定。

3. 新就业复员军人的工资待遇由用人单位自主确定；分配到企业的军队转业干部的工资待遇，按国家有关规定执行。

此外，《工资支付暂行规定》第16条规定：因劳动者本人原因给用人单位造成经济损失的，用人单位可按照劳动合同的约定要求其赔偿经济损失。经济损失的赔偿，可从劳动者本人的工资中扣除。但每月扣除的部分不得超过劳动者当月工资的20%。若扣除后的剩余工资部分低于当地月最低工资标准，则按最低工资标准支付。

四、欠薪支付保障

《劳动法》第50条明确规定：不得克扣或者无故拖欠劳动者的工资。但现实中，用人单位拖欠工资的情况却比较严重，包括单位非法克扣工资、无故拖欠工资等。克扣是指用人单位对履行了劳动合同规定的义务和责任，保质保量完成生产工作任务的劳动者，不支付或未足额支付其工资。无故拖欠应理解为，用人单位无正当理由在规定时间内故意不支付劳动者工资。针对这一现象，各地的欠薪支付保障措施主要有欠薪保障基金制度、欠薪预警制度。

（一）欠薪保障基金制度

欠薪保障基金制度是指由政府向企业强制性收取一定数额比例的欠薪保障金，建立工资垫付基金，在企业破产等特殊情形造成欠薪时，企业职工可以请求工资垫付基金支付企业所拖欠的薪酬，基金经审核后予以垫付，基金垫付后可以向企业行使代位追偿权。如《深圳经济特区欠薪保障条例》规定：用人单位应当在每年第一季度缴纳400元欠薪保障费。新成立的用人单位于成立次年开始缴纳。欠薪保障费由市社会保险经办机构负责代征。市政府应当根据欠薪保障基金收支情况，提出调整或者停征欠薪保障费的议案，提请市人大常委会审议决定。欠薪保障基金纳入财政专户管理，实行收支分离。欠薪保障基金除用于垫付符合条例规定的欠薪外，不得用于其他用途。

（二）欠薪预警制度

各地已经普遍建立了欠薪报告或欠薪预警制度，如杭州市根据欠薪的严重程度，把预警分为四级。蓝色预警：企业拖欠职工工资1个月，涉及职工人数超过30人或总数5万元以上的一般拖欠行为。由各街道（乡镇）劳动保障监察中队督促企业支付工资。黄色预警：企业拖欠职工工资2个月，涉及职工人数超过50人或总数20万元以上的较重拖欠行为。由各街道(乡镇)劳动保障监察中队会同街道(乡镇)有关部门督促企业支付工资。橙色预警：企业拖欠职工工资3个月，涉及职工人数超过100人或总数60万元以上的严重拖欠行为。由当地劳动保障监察大队责令企业限期支付工资。红色预警：企业拖欠职工工资在4个月及以上，涉及职工人数超过150人以上或总数120万元以上的严重拖欠行为。由市、区(县、市)、街道(乡镇)三级劳动保障部门联合处置，必要时报市有关部门和省级劳动保障部门。而深圳宝安区劳动局建立了劳资关系“红、黄、蓝、绿”四级预警机制。如果一个企业拖欠员工工资达2个月以上，或者1个月内累计被员工有效举报3次，又或擅自延长工作时间每天超过3个小时，符合以上任何一条企业就会被挂上红色预警信号，表明企业劳资关系紧张；如果欠薪1个月以上，或者工资低于最低工资，企业就会被挂上黄色预警信号，表明企业劳资关系比较紧张；存在一般性劳资矛盾的企业则被挂上蓝色预警信号；劳资关系和谐的则挂绿色信号。

第五节 法律责任

用人单位不依法支付劳动者工资的法律责任，《劳动法》第91条规定：用人单位有下列侵害劳动者合法权益情形之一的，由劳动行政部门责令支付劳动者的工资报酬、经济补偿，并可以责令支付赔偿金：

1. 克扣或者无故拖欠劳动者工资的；
2. 拒不支付劳动者延长工作时间工资报酬的；
3. 低于当地最低工资标准支付劳动者工资的；
4. 解除劳动合同后，未依照本法规定给予劳动者经济补偿的。

《劳动合同法》第85条规定：用人单位有下列情形之一的，由劳动行政部门责令限期支付劳动报酬、加班费或者经济补偿；劳动报酬低于当地最低工资标准的，应当支付其差额部分；逾期不支付的，责令用人单位按应付金额50%以上100%以下的标准向劳动者加付赔偿金：

1. 未按照劳动合同的约定或者国家规定及时足额支付劳动者劳动报酬的；
2. 低于当地最低工资标准支付劳动者工资的；
3. 安排加班不支付加班费的；
4. 解除或者终止劳动合同，未依照本法规定向劳动者支付经济补偿的。

❋ 思考题

1. 试述我国工资的基本概念及我国工资立法的基本原则。
2. 最低工资制度的主要内容有哪些?
3. 试述工资分配的集体谈判制度。
4. 试分析欠薪保障制度。

问题讨论

周某是某公司的驾驶员，2008 年 6 月 10 日晚，周某根据单位的要求加班，途中超速行驶撞到同向在前面行驶的一辆摩托车，造成摩托车司机王某受伤、两车损坏的交通事故。经交警部门处理，认定周某负事故全部责任，事故造成王某车辆损坏费用、医疗费、误工费等共计 20 余万元，保险公司理赔后，理赔不足部分 6 万余元由公司支付。事故处理后，公司作出决定，要求周某赔偿公司损失 6 万元的 30%，即 1.8 万余元。从事故发生的次月开始，公司就每月按照最低工资标准支付周某工资，其余均被扣除作为对公司损失的赔偿。2008 年 10 月，周某与公司的合同到期，其拒绝与公司续签劳动合同，并拒绝支付剩余赔偿款 1.4 万元。随后，公司向劳动争议仲裁委申请仲裁，要求裁令周某支付赔偿金 1.4 万元。

请讨论以下问题：周某是否应当赔偿公司的损失？公司每月按照最低工资标准支付周某工资，其余均被扣除作为对公司损失的赔偿，此行为是否符合法律规定？本案应如何处理？

第七章　劳动安全卫生法律制度

【引例】李某(女)与上海某公司签订了为期一年的劳动合同,就在劳动合同到期前一日,李某感觉身体不适至上海市妇幼保健院检查,医生告知李某她怀孕了,同时诊断其有先兆流产现象,并开出病假单建议李某卧床休息一周。

之后李某将怀孕及病况告知其主管胡某,并向胡某请一周病假,胡某要求李某向公司的人力资源部请假,同时主管胡某将李某请假的事情转告了人力资源部经理。11 月 3 日开始,李某继续回到单位上班,并有迟到现象。李某听从医生的建议休息四天后回到单位上班,却被单位通知因李某上班迟到,且没有按照公司所制定的请假制度连续旷工 4 天,已构成严重违反厂规、厂纪,依据公司有关规定,对李某因严重违反厂规、厂纪作出开除并终止劳动关系的决定。2008 年 11 月,因不服单位的开除决定,李某向上海市某区劳动争议仲裁委员会申请仲裁,要求被告恢复劳动关系。2009 年 8 月,仲裁委作出对李某提出的请求事项不予支持的裁决。李某不服,向法院提起诉讼。

请问:法院是否会支持李某的要求被告恢复劳动关系的请求?

第一节　劳动安全卫生立法概况

一、劳动安全卫生的概念

所谓劳动安全卫生,又称劳动保护。国家和用人单位为了保障劳动者在劳动生产过程中的安全与健康,在工作领域及在法律、技术、设备、组织制度和教育等方面所采取的相应措施的总称。

劳动安全卫生包括两个方面:一是劳动安全,二是劳动卫生。劳动安全主要是研究劳动者在生产过程中的人身安全问题;劳动卫生则主要是研究劳动者在生产劳动过程中的职业危害问题,即劳动安全与卫生是劳动保护的两个方面。通常所讲的劳动保护是对劳动者在生产劳动过程中可能引起伤亡和职业危害的保护。它不包括职工其他劳动权利和劳动报酬等方面的保护,也不包括一般的卫生保健和伤病医疗工作。

二、劳动安全卫生工作的内容与任务

(一)劳动安全卫生工作的内容

劳动安全卫生工作的内容是为消除生产劳动过程中不安全、不卫生因素而采取的各种

措施，一般分为管理措施和技术措施两个方面。管理措施主要有：制定劳动安全卫生方针、政策、法规；建立劳动安全卫生组织管理机构；宣传、贯彻、执行劳动安全卫生方针、政策、法规；实行国家劳动安全卫生监督、纠正、惩戒违反法规的行为；进行群众监督；开展劳动安全卫生知识、技术的培训；总结交流劳动安全卫生工作经验等。技术措施有：实施安全技术工程和卫生技术工程；实行生产革新和工艺改革；进行安全卫生科学检验检测；开展劳动安全卫生科学技术研究；采取个人防护等。

（二）劳动安全卫生工作的任务

1. 积极采取各种保证安全生产的技术措施，力争减少或避免工伤事故，保障劳动者的安全。

2. 积极开展职业危害防治，力争防止职业病的发生，保护劳动者的健康。

3. 不断改善劳动条件，为劳动者创造安全、卫生、舒适的环境。

4. 合理安排工作时间和休息时间，搞好劳逸结合。

5. 搞好女职工和未成年工的特殊保护，解决他们在生产劳动中由于生理特性而引起的特殊问题。

三、国内外劳动安全卫生立法概况

18 世纪的工业革命给社会带来了财富，但同时出现了大量生产性危害和不安全因素。世界各国都在探索在保证安全生产的前提下，提高劳动生产率和产品质量的科学方法。美国、日本、英国，甚至印度等国都建立了劳动安全卫生的法规体系，工业发达国家总结出减少和预防伤亡事故和职业病的共同经验是："立法、监察、科研、宣教。"这些成熟的经验值得我国借鉴和学习。

（一）国外劳动安全卫生立法概况

美国职业安全卫生立法，始于 19 世纪，先有州和行业的安全卫生法规。1970 年前，工伤事故、职业危害及其造成的损失日益严重，人力资源受到威胁，每年雇员工伤死亡达 1.4 万人，工伤致残 250 万人，1970 年职业病患者新增 30 万人；每年工业直接经济损失 15 亿美元以上，国民经济总损失额超过 80 亿美元。为了扭转这一日趋严重的形势，经过参、众两院，共和、民主两党，以及劳资双方的长期激烈争议，终于在 1970 年 12 月国会通过了《职业安全卫生法》，并由尼克松总统签署，于 1971 年 4 月生效，成为美国历史上第一个全国性的安全卫生法规，1884 年 10 月，美国职业安全卫生局又修订和颁布了《职业安全与卫生工作条例》，着重补充了该法的监督体制，使其不断完善。

日本政府 1947 年制定了以防止工伤事故为中心的《劳动基准法》。1972 年又发布了《劳动安全卫生法》，该法是一部综合性法规，对安全卫生管理体制、防止危险及健康危害措施、改善安全卫生计划和监督等都作了明确规定。此后，日本劳动省又发布了《劳动安全卫生规则》、《锅炉与压力容器安全规则》、《起重机等安全规则》等。日本的劳动安全卫生法律、法规、规章制度比较健全。

（二）中国的劳动安全卫生立法概况

自 20 世纪 80 年代始，随着社会主义计划经济转向社会主义市场经济的转型，劳动安全卫生法制建设得到长足发展。20 世纪 90 年代以来，制定和颁布了一系列劳动安全卫生及其相关法律。这些法律与行政法规、规章与技术标准，初步构成了中国劳动安全卫生法规体系，对提高企业安全卫生水平，保障职工安全健康权益发挥了重要作用。主要包括：《中华人民共和国矿山安全法》(1992 年 4 月 3 日公布，自 1993 年 5 月 1 日起施行)、《中华人民共和国劳动法》(1994 年 7 月 5 日公布，自 1995 年 1 月 1 日起施行)、《中华人民共和国职业病防治法》(2001 年 10 月 27 日公布，自 2002 年 5 月 1 日起施行)、《中华人民共和国工会法》(2001 年 10 月 27 日修订，自 2001 年 10 月 27 日起施行)、《中华人民共和国安全生产法》(2002 年 6 月 29 日公布，自 2002 年 11 月 1 日起施行)。

此外，我国政府还批准了 4 项职业安全卫生及相关的国际劳工公约，包括《三方协商促进履行国际劳工标准公约》(第 144 号)、《工作场所安全使用化学品公约》(第 170 号)、《建筑业安全和卫生公约》(第 167 号)、《职业安全和卫生公约》(第 155 号)。

第二节　劳动安全卫生法的主要内容

劳动安全卫生制度，是为保护劳动者在劳动过程中的安全和健康而实行的各项法律、法规和规章的统称。我国劳动安全卫生管理制度的主要内容有：(1)安全生产责任制；(2)安全技术措施计划制度；(3)安全生产教育、考核制度；(4)安全生产检查制度；(5)劳动保护检查制度；(6)伤亡事故报告制度。

一、安全生产责任制

所谓安全生产责任制，是根据我国的安全生产方针"安全第一，预防为主，综合治理"和安全生产法规建立的各级领导、职能部门、工程技术人员、岗位操作人员在劳动生产过程中对安全生产层层负责的制度。

实践证明，凡是建立、健全了安全生产责任制的企业，各级领导重视安全生产、劳动保护工作，切实贯彻执行党的安全生产、劳动保护方针、政策和国家的安全生产、劳动保护法规，在认真负责地组织生产的同时，积极采取措施，改善劳动条件，工伤事故和职业性疾病就会减少。反之，就会职责不清，相互推诿，而使安全生产、劳动保护工作无人负责，无法进行，工伤事故与职业病就会不断发生。安全生产责任制是企业岗位责任制的一个组成部分，是企业中最基本的一项安全制度，也是企业安全生产、劳动保护管理制度的核心。

安全生产责任制是经长期的安全生产、劳动保护管理实践证明的成功制度与措施。这一制度与措施最早见于国务院 1963 年 3 月 30 日颁布的《关于加强企业生产中安全工作的几项规定》(即《五项规定》)。《五项规定》中要求，企业的各级领导、职能部门、有关工程技术人员和生产工人，对各自在生产过程中应负的安全责任必须加以明确的规定。生产经营单位和企业安全生产责任制的主要内容是，厂长、经理是法人代表，是生产经营单位和企业安全生产的第一责任人，对生产经营单位和企业的安全生产负全面责任；生产经营单位和企业的各级领导和生产管理人员，在管理生产的同时，必须负责管理安全工作，在计划、布置、检查、总结、评比生产的时候，必须同时计划、布置、检查、总结、评比安全生产工作；有关的职能机构和人员，必须在自己的业务工作范围内，对实现安全生产负责；职工必须遵守以岗位现任制为主的安全生产制度，严格遵守安全生产法规、制度，不违章作业，并有权拒绝违章指挥，险情严重时有权停止作业，采取紧急防范措施。

二、安全技术措施计划制度

安全技术措施计划，是企业生产、技术、财务计划的重要组成部分，也是安全生产工作的重要内容。为了有计划地改善劳动条件，保障职工在生产过程中的安全、健康，提高劳动生产率，企业在编制生产、技术、财务计划的同时，必须每年编制并实施安全技术措施计划。

党和政府历来十分重视有计划地改善劳动条件的工作。1954 年原劳动部发出了《关于厂矿企业编制安全技术劳动保护措施计划的通知》；1963 年发布、1978 年重申的国务院《关于加强企业生产中安全工作的几项规定》，进一步明确要求：企业单位在编制生产、技术、财务计划的同时，必须编制安全技术措施计划，安全技术措施计划所需要的设备、材料，应列入物资供应计划。对于各项措施，应该规定实现的期限和负责人，企业的领导人应该对安全技术措施计划的编制和贯彻执行负责。同时还规定了安全技术措施计划的范围、经费和编制实施程序，要求群众定期检查监督，以保证计划的实现。之后，国务院、国家计委、经委、建委、劳动部、国家物资总局、中华全国总工会等部门单独下文或联合下发了一系列有关文件，对编制和贯彻落实安全技术措施计划作了明确规定。这些规定的贯彻实施，对防止伤亡事故和职业危害，起到了极其重要的作用，今天继续执行这些行之有效的规定，仍具有十分重要的意义。

三、安全生产教育、考核制度

劳动安全生产教育、考核制度是企业帮助职工提高安全生产意识，普及安全技术法规知识，教育和培训职工掌握安全技术常识。安全生产教育、考核制度是预防工伤事故发生的重要措施。

四、安全生产检查制度

安全生产检查制度是对劳动安全卫生法律、法规、制度的切实施行，揭露和消除事故隐患，依法进行的监督检查制度。它是在劳动保护工作中的具体运用，是推动开展劳动保护工作的有效措施。它既包括企业自身对生产卫生工作进行的经常性检查，也包括由地方劳动部门、行业主管部门联合组织的定期检查。既可以对安全卫生进行普遍检查，也可以对某项问题，如防暑降温、电气安全等进行专业重点或季节性检查。

通过检查，督促企业和职工增强安全生产和卫生意识，发现和消除劳动过程中的不安全和不卫生的因素，防患于未然。

五、劳动保护检查制度

劳动保护检查制度是对劳动者在劳动过程中的劳动条件、劳动环境等一系列劳动保护依法进行监督、检查。通过定期或不定期地进行劳动保护监督检查，能有效地确保劳动者在生产过程中的安全和健康，客观提高劳动者的劳动条件，激发劳动者的劳动积极性，并能有效防止和降低劳动过程中伤亡事故的发生。

近年来，我国开始重视工会在劳动保护监督检查工作中的积极作用。通过基层工会、各级地方总工会和产业工会独立组织人员进行劳动安全卫生监督检查以及配合相关主管部门开展相关专项检查，广大劳动者的劳动条件有了一定程度的改善和提高。

六、伤亡事故报告制度

事故报告是一项很重要的工作。事故报告的目的是为了及时、准确地掌握职工伤亡的情况，以利于有关部门及时掌握事故情况并进行事故救援或事故调查处理工作的安排，企业要依照《企业职工伤亡事故报告和处理规定》，对所发生的工伤事故进行及时报告。并且，伤亡事故的及时报告也有利于有关部门研究事故发生的原因和规律，总结经验教训，采取有效措施，减少或消灭工伤事故，以保证安全生产。

（一）轻伤事故的报告

在只有轻伤事故发生的情况下，负伤者或事故现场人员，应当立即直接或逐级报告车间主任（工段长），由车间主任（工段长）在事故当日内上报企业负责人和企业安全技术管理部门。所在车间的领导必须会同其基层生产班组、车间、分厂的领导及安全员，对事故原因进行调查，并将调查结果、处理意见和拟订的改进措施报送厂长、企业安全技术管理部门和企业工会。同时，要填写《职工伤亡事故登记表》送交企业安全技术管理部门，以便其统计和存档。休工三日以上的轻伤事故应列入《职工伤亡事故月报表》，按月向企业主管部门和地方政府报告。

（二）重伤、死亡、重大死亡事故的报告程序

重伤事故、死亡事故或重大死亡事故发生后，负伤人员或事故目击者应立即向班组长及车间领导报告。

车间负责人接到事故通知后要立即报告企业负责人、企业安全技术管理部门和企业工会。

企业负责人必须在 24 小时内用电话、电报、电传等方式快速将事故报告企业主管部门、企业所在地劳动安全监察部门、公安部门、人民检察院和工会组织。事故报告内容应包括发生事故的单位、事故发生时间、事故地点、伤亡情况、事故简要经过及事故原因初步分析等。

企业主管部门和劳动安全监察部门接到死亡、重大死亡事故报告后，应立即按系统逐级上报。死亡事故报至省、自治区、直辖市企业主管部门和安全监察部门，重大死亡事故要在 24 小时内报至国务院有关主管部门和劳动安全监察部门。

至于特别重大事故的报告，由于它所造成的人员伤亡及经济损失极为严重，社会影响极为恶劣，国务院在 1989 年 3 月 29 日颁布了《特别重大事故调查程序暂行规定》（国务院 34 号令）。其中第二章第 7 条至第 11 条和第 15 条明确规定了报告的程序与要求。

企业在对伤亡事故进行报告时，应做到报告内容详尽、报告时间迅速和报告程序正确。

企业发生伤亡事故，如有隐瞒、虚报或者故意延迟不报者，除责成补报外，还要对责任者给予纪律处分；情节严重的，要追究其法律责任。

第三节　职业病的范围和法律责任

一、职业病

（一）职业病的概念及特点

所谓职业病，是指企业、事业单位和个体经济组织（以下统称用人单位）的劳动者在职业

活动中,因接触粉尘、放射性物质和其他有毒、有害物质等因素而引起的疾病。职业病危害,是指对从事职业活动的劳动者可能导致职业病的各种危害。职业病危害因素包括:职业活动中存在的各种有害的化学、物理、生物因素以及在作业过程中产生的其他职业有害因素。

中国古代医籍中已提到有关职业病的内容。古罗马的老普林尼记述了奴工用猪膀胱预防熔矿烟气的办法,瑞士医生帕拉切尔苏斯提出铸造及熔炼中的劳动卫生问题,G.阿格里科拉报告矿工中呼吸病多发,B.拉马齐尼所著《论工匠的疾病》一书,详细分析和记载了多种生产有害因素与职业病的关系。随着大工业生产及自然科学的发展,职业性疾病越来越多。在生产劳动中,接触生产中使用或产生的有毒化学物质,粉尘气雾,异常的气象条件,高低气压,噪声,振动,微波,X射线,γ射线,细菌,霉菌;长期强迫体位操作,局部组织器官持续受压等,均可引起职业病,一般将这类职业病称为广义的职业病。如现代白领阶层长时间伏案工作而引发的颈椎病、肩周炎、痔疮等慢性病。对其中某些危害性较大,诊断标准明确,结合国情,由政府有关部门审定公布的职业病,称为狭义的职业病,或称法定(规定)职业病。

我国自2002年5月1日实施《职业病防治法》以来,取得了一定成绩,但职业病危害和职业病防治的形势仍然严峻。从目前情况来看,我国职业病发病呈现出五大特点:接触职业病危害人数多,患病数量大;职业病危害分布行业广,中小企业危害严重;职业病危害流动性大、危害转移严重;职业病具有隐匿性、迟发性特点,危害往往被忽视;职业病危害造成的经济损失巨大,影响长远。

(二)职业病的范围

我国规定,职业病必须是列在《职业病目录》中,有明确的职业相关关系,按照职业病诊断标准,由法定职业病诊断机构明确诊断的疾病。因此,在工作中得的病不一定是职业病,得了《职业病目录》中的疾病也不一定是职业病。确诊的法定职业病必须向主管部门和同级卫生行政部门报告。凡属法定职业病的患者,在治疗和休息期间及在确定为伤残或治疗无效死亡时,均应按工伤保险有关规定给予相应待遇。最常见的职业病有尘肺、职业中毒、职业性皮肤病等。

要构成《职业病防治法》中所规定的职业病,必须具备四个条件,缺一不可:(1)患病主体是企业、事业单位或个体经济组织的劳动者;(2)必须是在从事职业活动的过程中产生的;(3)必须是因接触粉尘、放射性物质和其他有毒、有害物质等职业病危害因素引起的;(4)必须是国家公布的职业病分类和目录所列的职业病。

由于职业病危害因素种类很多,导致职业病范围很广,不可能把所有职业病都纳入到法定职业病范围。根据我国的经济发展水平,并参考国际上通行的做法,我国卫生部、劳保部文件(卫法监发[2002]108号)《关于印发〈职业病目录〉的通知》,颁布的法定职业病名单,分10类共115种。其中:尘肺13种;职业性放射性疾病11种;职业中毒56种;物理因素所致职业病5种;生物因素所致职业病3种;职业性皮肤病8种;职业性眼病3种;职业性耳鼻喉口腔疾病3种;职业性肿瘤8种;其他职业病5种。分别包括以下类型:

1. 尘肺。有硅肺、煤工尘肺等。

2. 职业性放射病。有外照射急性放射病、外照射亚急性放射病、外照射慢性放射病、内照射放射病等。

3. 职业中毒。有铅及其化合物中毒、汞及其化合物中毒等。

4. 物理因素职业病。有中暑、减压病等。

5. 生物因素所致职业病。有炭疽、森林脑炎等。

6. 职业性皮肤病。有接触性皮炎、光敏性皮炎等。

7. 职业性眼病。有化学性眼部烧伤、电光性眼炎等。

8. 职业性耳鼻喉疾病。有噪声聋、铬鼻病。

9. 职业性肿瘤。有石棉所致肺癌、间皮癌，联苯胺所致膀胱癌等。

10. 其他职业病。有职业性哮喘、金属烟热等。

对职业病的诊断，应由省级以上人民政府卫生行政部门批准的医疗卫生机构承担。

（二）职业病报告制度

我国实行职业卫生监督制度。国务院卫生行政部门统一负责全国职业病防治的监督管理工作。国务院有关部门在各自的职责范围内负责职业病防治的有关监督管理工作。县级以上地方人民政府卫生行政部门负责本行政区域内职业病防治的监督管理工作。县级以上地方人民政府有关部门在各自的职责范围内负责职业病防治的有关监督管理工作。

职业病诊断和鉴定由用人单位和当事人如实向职业病诊断部门提供有关职业卫生情况，配合诊断部门进行调查取证工作，按法定程序取得职业病诊断、鉴定的有关资料。《劳动合同法》规定，从事接触职业病危害作业的劳动者未进行离岗前职业健康检查，或者疑似职业病病人在诊断或者医学观察期间的，用人单位不得解除与劳动者之间的劳动合同。

用人单位实行职业病病人和疑似职业病病人登记报告管理制度。《职业病报告办法》明确规定，职业病报告实行以地方为主逐级上报的办法，不论是隶属国务院各部门，还是地方的企、事业单位发生的职业病，一律由所在地区的卫生监督机构统一汇总上报。可见，我国对职业病负有报告义务的主体是有毒有害企业、各级和各类职业病诊断机构、医疗卫生机构等。

职业病患者的诊疗、康复和复查等费用以及伤残后的有关待遇和社会保障，依照国家有关规定执行。

（三）用人单位的责任

职业病重点在于预防。为预防和控制生产活动中存在的职业危害，保障劳动者的身体健康，避免职业病发生，用人单位应承担的责任主要包括：

1. 用人单位应当组织从事接触职业病危害作业的劳动者进行职业健康检查。

2. 用人单位应当组织接触职业病危害因素的劳动者进行上岗前职业健康检查。

3. 用人单位应当组织接触职业病危害因素的劳动者进行定期职业健康检查。对需要复查和医学观察的劳动者，应当按照体检机构要求的时间，安排其复查和医学观察。

4. 用人单位应当组织接触职业病危害因素的劳动者进行离岗时的职业健康检查。

5. 用人单位对遭受或者可能遭受急性职业病危害的劳动者，应当及时组织进行健康检查和医学观察。

6. 体检机构发现疑似职业病病人应当按规定向所在地卫生行政部门报告，并通知用人单位和劳动者。用人单位对疑似职业病病人应当按规定向所在地卫生行政部门报告，并按照体检机构的要求安排其进行职业病诊断或者医学观察。

7. 职业健康检查应当根据所接触的职业危害因素类别，按《职业健康检查项目及周期》的规定确定检查项目和检查周期。需复查时可根据复查要求相应增加检查项目。

8. 职业健康检查应当填写《职业健康检查表》，从事放射性作业劳动者的健康检查应当填写《放射工作人员职业健康检查表》。

二、法律责任

我国于2001年10月27日第九届全国人民代表大会常务委员会第二十四次会议通过，自2002年5月1日起施行的《中华人民共和国职业病防治法》对发生职业病危害应承担的法律责任作出了明确的规定。

1. 建设单位有下列行为之一的，由卫生行政部门给予警告，责令限期改正；逾期不改正的，处10万元以上50万元以下的罚款；情节严重的，责令停止产生职业病危害的作业，或者提请有关人民政府按照国务院规定的权限责令停建、关闭：

(1)未按照规定进行职业病危害预评价或者未提交职业病危害预评价报告，或者职业病危害预评价报告未经卫生行政部门审核同意，擅自开工的；

(2)建设项目的职业病防护设施未按照规定与主体工程同时投入生产和使用的；

(3)职业病危害严重的建设项目，其职业病防护设施设计不符合国家职业卫生标准和卫生要求施工的；

(4)未按照规定对职业病防护设施进行职业病危害控制效果评价、未经卫生行政部门验收或者验收不合格，擅自投入使用的。

2. 用人单位有下列行为之一的，由卫生行政部门给予警告，责令限期改正；逾期不改正的，处2万元以下的罚款：

(1)工作场所职业病危害因素检测、评价结果没有存档、上报、公布的；

(2)未依法采取职业病防治管理措施的；

(3)未按照规定公布有关职业病防治的规章制度、操作规程、职业病危害事故应急救援措施的；

(4)未按照规定组织劳动者进行职业卫生培训，或者未对劳动者个人职业病防护采取指导、督促措施的；

(5)国内首次使用或者首次进口与职业病危害有关的化学材料，未按照规定报送毒性鉴定资料以及经有关部门登记注册或者批准进口的文件的。

3. 用人单位有下列行为之一的，由卫生行政部门责令限期改正，给予警告，可以并处2万元以上5万元以下的罚款：

(1)未按照规定及时、如实向卫生行政部门申报产生职业病危害的项目的；

(2)未实施由专人负责的职业病危害因素日常监测，或者监测系统不能正常监测的；

(3)订立或者变更劳动合同时，未告知劳动者职业病危害真实情况的；

(4)未按照规定组织职业健康检查、建立职业健康监护档案或者未将检查结果如实告知劳动者的。

4. 用人单位有下列行为之一的，由卫生行政部门给予警告，责令限期改正，逾期不改正的，处5万元以上20万元以下的罚款；情节严重的，责令停止产生职业病危害的作业，或者提请有关人民政府按照国务院规定的权限责令关闭：

(1)工作场所职业病危害因素的强度或者浓度超过国家职业卫生标准的；

(2)未提供职业病防护设施和个人使用的职业病防护用品，或者提供的职业病防护设施和个人使用的职业病防护用品不符合国家职业卫生标准和卫生要求的；

(3)对职业病防护设备、应急救援设施和个人使用的职业病防护用品未按照规定进行维护、检修、检测，或者不能保持正常运行、使用状态的；

(4)未按照规定对工作场所职业病危害因素进行检测、评价的；

(5)工作场所职业病危害因素经治理仍然达不到国家职业卫生标准和卫生要求时，未停止存在职业病危害因素的作业的；

(6)未按照规定安排职业病病人、疑似职业病病人进行诊治的；

(7)发生或者可能发生急性职业病危害事故时，未立即采取应急救援和控制措施或者未按照规定及时报告的；

(8)未按照规定在产生严重职业病危害的作业岗位醒目位置设置警示标识和中文警示说明的；

(9)拒绝卫生行政部门监督检查的。

5. 向用人单位提供可能产生职业病危害的设备、材料，未按照规定提供中文说明书或者设置警示标识和中文警示说明的，由卫生行政部门责令限期改正，给予警告，并处5万元以上20万元以下的罚款。

6. 用人单位和医疗卫生机构未按照规定报告职业病、疑似职业病的，由卫生行政部门责令限期改正，给予警告，可以并处1万元以下的罚款；弄虚作假的，并处2万元以上5万元以下的罚款；对直接负责的主管人员和其他直接责任人员，可以依法给予降级或者撤职的处分。

7. 有下列情形之一的，由卫生行政部门责令限期治理，并处5万元以上30万元以下的罚款；情节严重的，责令停止产生职业病危害的作业，或者提请有关人民政府按照国务院规定的权限责令关闭：

(1)隐瞒技术、工艺、材料所产生的职业病危害而采用的；

(2)隐瞒本单位职业卫生真实情况的；

(3)可能发生急性职业损伤的有毒、有害工作场所、放射工作场所或者放射性同位素的运输、贮存不符合法律规定的；

(4)使用国家明令禁止使用的可能产生职业病危害的设备或者材料的；

(5)将产生职业病危害的作业转移给没有职业病防护条件的单位和个人，或者没有职业病防护条件的单位和个人接受产生职业病危害的作业的；

(6)擅自拆除、停止使用职业病防护设备或者应急救援设施的；

(7)安排未经职业健康检查的劳动者、有职业禁忌的劳动者、未成年工或者孕期、哺乳期女职工从事接触职业病危害的作业或者禁忌作业的；

(8)违章指挥和强令劳动者进行没有职业病防护措施的作业的。

8. 生产、经营或者进口国家明令禁止使用的可能产生职业病危害的设备或者材料的，依照有关法律、行政法规的规定给予处罚。

9. 用人单位违反本法规定，已经对劳动者生命健康造成严重损害的，由卫生行政部门责令停止产生职业病危害的作业，或者提请有关人民政府按照国务院规定的权限责令关闭，并处10万元以上30万元以下的罚款。

10. 用人单位违法造成重大职业病危害事故或者其他严重后果，构成犯罪的，对直接负责的主管人员和其他直接责任人员，依法追究刑事责任。

11. 未取得职业卫生技术服务资质认证擅自从事职业卫生技术服务的，或者医疗卫生机构未经批准擅自从事职业健康检查、职业病诊断的，由卫生行政部门责令立即停止违法行为，没收违法所得；违法所得5000元以上的，并处违法所得2倍以上10倍以下的罚款；没有违法所得或者违法所得不足5000元的，并处5000元以上5万元以下的罚款；情节严重的，对直接负责的主管人员和其他直接责任人员，依法给予降级、撤职或者开除的处分。

12. 从事职业卫生技术服务的机构和承担职业健康检查、职业病诊断的医疗卫生机构有下列行为之一的，由卫生行政部门责令立即停止违法行为，给予警告，没收违法所得；违法所得5000元以上的，并处违法所得2倍以上5倍以下的罚款；没有违法所得或者违法所得不足5000元的，并处5000元以上2万元以下的罚款；情节严重的，由原认证或者批准机关取消其相应的资格；对直接负责的主管人员和其他直接责任人员，依法给予降级、撤职或者开除的处分；构成犯罪的，依法追究刑事责任：

(1)超出资质认证或者批准范围从事职业卫生技术服务或者职业健康检查、职业病诊断的；

(2)不依法履行法定职责的；

(3)出具虚假证明文件的。

13. 职业病诊断鉴定委员会组成人员收受职业病诊断争议当事人的财物或者其他好处的，给予警告，没收收受的财物，可以并处3000元以上5万元以下的罚款，取消其担任职业病诊断鉴定委员会组成人员的资格，并从省、自治区、直辖市人民政府卫生行政部门设立的专家库中予以除名。

14. 卫生行政部门不按照规定报告职业病和职业病危害事故的，由上一级卫生行政部门责令改正，通报批评，给予警告；虚报、瞒报的，对单位负责人、直接负责的主管人员和其他直接责任人员依法给予降级、撤职或者开除的行政处分。

15. 卫生行政部门及其职业卫生监督执法人员有本法第60条所列行为之一，导致职业病危害事故发生，构成犯罪的，依法追究刑事责任；尚不构成犯罪的，对单位负责人、直接负责的主管人员和其他直接责任人员依法给予降级、撤职或者开除的行政处分。

第四节 女职工特殊保护制度

劳动关系是最基本的社会关系之一。由于女性身体结构和生理机能的特点和其在人类繁衍中所扮演的特殊角色，当女性成为劳动者参与劳动时，法律也应当予以特别的保护，对女职工的特殊劳动保护，有利于国家的兴旺发达，有利于民族优秀体质的延续。这也是世界各国普遍实行的一项法律制度。

一、女职工特殊保护的立法概况

所谓女职工的特殊保护，是指根据女性劳动者的身体、生理特点以及哺育教育子女的需要，对女职工在生产劳动中的安全与健康实行保护的特殊法律制度。

目前，我国已经基本上形成了以《宪法》为依据，以《妇女权益保障法》为主体，包括《劳动法》、《女职工劳动保护规定》、《女职工禁忌劳动范围的规定》、《关于女职工生育待遇若干问题的通知》等法律、法规在内的有关女性劳动权利的法律保障体系，不仅规定了男女平等就业和同工同酬的权利，而且对女职工的特殊权益作出了保护性规定，例如女职工禁忌劳动范围、产假、“四期”保护等。但是关于法律是否应该对女职工予以特殊劳动保护规定的争议一直没有停止。

二、女职工特殊保护的内容

（一）劳动权益保护和一般禁忌的劳动

凡适合女性从事劳动的用人单位，不得拒绝招收女职工。《劳动法》规定，妇女享有与男子平等的就业权利。在录用职工时，除国家规定的不适合妇女的工种或者岗位外，不得以性别为由拒绝录用妇女或者提高对妇女的录用标准。女职工在怀孕期、产期、哺乳期的，用人单位不得降低其基本工资或解除劳动合同。禁止安排女职工从事矿山井下、国家规定的第四级体力劳动强度的劳动和其他女职工禁忌从事的劳动。具体来说，女职工禁忌从事的劳动主要包括：(1)矿山井下作业，即常年在矿山井下从事各种劳动，不包括临时性的工作，如医务人员下矿井进行治疗和抢救等；(2)森林业伐木、归楞及流放作业；(3)《体力劳动强度分级》(GB 3869-83)标准中第Ⅳ级体力劳动强度的作业；(4)建筑业脚手架的组装和拆除作业，以及电力、电信行业的高处架线作业；(5)连续负重（指每小时负重次数在 6 次以上）每次负重超过 20 千克，间断负重每次负重超过 25 千克的作业。

（二）特殊生理性保护

1. 经期保护

由于经期女职工的正常生理防御机能暂时减弱，容易引起妇科疾患。因此，对于经期女职工的保护不容忽视。《劳动法》规定，不得安排女职工在经期从事高处、低温、冷水作业和国家规定的第三级体力劳动强度的劳动。对从事以上作业的女职工在月经期间，应当暂时调整、安排合适的工作或者给予一至两天的带薪休息。经医疗单位证明患者有重度痛经以及月经过多的女职工，在月经期间，用人单位给予一至两天的带薪休息。

2. 怀孕期保护

怀孕早期胚胎对内外环境的变化和有毒有害因素，容易引起胚胎疾病。怀孕晚期由于体力消耗较大，容易疲劳，行动不便，需要充足的睡眠和休息，因此也需要予以特别保护。《劳动法》规定，不得安排女职工在怀孕期间从事国家规定的第三级体力劳动强度的劳动和孕期禁忌从事的劳动。对怀孕七个月以上的女职工，不得安排其延长工作时间和夜班劳动。对于妊娠已经满 7 个月的女职工，用人单位应给予女职工工间休息或适当减轻工作。

3. 生育期保护

分娩这一生理过程，会给产妇在精神上和肉体上带来紧张和痛苦，应安排产妇产前、产后的适当休息时间，以保证母体健康和婴儿的健康成长。《劳动法》规定，女职工生育享受不少于 90 天的产假。难产的，增加产假 15 天。多胞胎生育的，每多生育一个婴儿，增加产假 15 天。通常对于女职工怀孕流产（小产）的，用人单位应当根据医务部门的证明，给予必要的产假。通常女职工怀孕不满 4 个月流产时，应根据医疗单位的意见给予 15～30 天的产假，怀孕满 4 个月以上流产的女职工，用人单位应给予 42 天产假。

4. 哺乳期保护

哺乳期保护的目的是为了保证女职工有丰富的、质量好的乳汁，按时哺乳婴儿，保证婴儿吃饱，健康成长。哺乳期一般为一年，体弱婴儿可酌情延长哺乳期。

《劳动法》规定，不得安排女职工在哺乳未满一周岁的婴儿期间，从事国家规定的第三级体力劳动强度的劳动和哺乳期禁忌从事的其他劳动，不得安排其延长工作时间和夜班劳动。

三、女职工特殊保护的意义

（一）对女职工进行特殊保护体现了社会主义制度的优越性

我国是以工人阶级为领导的，以工农联盟为基础的，人民民主专政的社会主义国家。人民是国家的主人，对女职工和未成年工进行特殊保护反映了人民的意志，是符合人民利益的。

（二）有利于促进生产力的发展，有利于国家的兴旺发达

妇女是一种伟大的人力资源。在我国，妇女参加的工作和劳动范围很广，遍布社会的各行各业，为了使女职工有充沛的、持久的精力，以便她们在各项工作岗位上发挥积极作用，必须关心她们的疾苦，认真做好女职工劳动保护工作。这是调动广大女职工积极性的一项重要措施。

（三）有利于民族优秀体质的延续和不断提高，实现优生优育

正是因为女性担负着孕育下一代的特殊义务，所以对女职工的特殊保护不仅是对女职工本身的保护，而且也是对下一代的安全和健康的保护。例如，孕期及哺乳期的女职工从事特别繁重的体力劳动和有毒有害作业，例如铅、苯、汞、磷、尼古丁等物质将会影响到胎儿和婴儿的发育和成长，甚至会造成流产、早产、胎儿的中毒死亡和畸形等。因此，为了使下一代具备优秀的身体素质，必须从法律上保障怀孕和哺乳期的女职工在劳动过程中的安全与卫生。

第五节　未成年工的特殊劳动保护

一、未成年工特殊劳动保护的必要性

未成年工是指年满16周岁，未满18周岁的劳动者。未成年工的特殊保护是针对未成年工处于生长发育期的特点，以及接受义务教育的需要，采取的特殊劳动保护措施。未成年劳动者的身体发育尚未完全定型，正在向成熟过渡，未成年劳动者在参加劳动的同时还要进行学习。过重的、长时间的或过度紧张的劳动，不良的工作环境，不适合的劳动工种或劳动岗位，都会对未成年劳动者的身体健康和学习生活有一定影响。因此，对未成年劳动者应予以保护，使未成年劳动者在参加劳动的同时，身体得到正常发育，学习得到逐步提高，安全有所保障。

二、未成年工特殊劳动保护的内容

（一）根据未成年工的生理特点安排工作

《劳动法》规定，不得安排未成年工从事矿山井下、有毒有害、国家规定的第四级体力劳动强度的劳动和其他禁忌从事的劳动。未成年工禁忌从事的劳动范围主要包括：

1.《生产性粉尘作业危害程度分级》国家标准中第一级以上的接尘作业；

2.《有毒作业分级》国家标准中第一级以上的有毒作业；

3.《高处作业分级》国家标准中第二级以上的高处作业；

4.《冷水作业分级》国家标准中第二级以上的有毒作业；

5.《高温作业分级》国家标准中第三级以上的有毒作业；

6.《低温作业分级》国家标准中第三级以上的有毒作业；

7.《体力劳动强度分级》国家标准中第四级以上的有毒作业；

8. 矿山井下及矿山地面采石作业；

9. 森林业中的伐木、流放及守林作业；

10. 工作场所接触放射性物质的作业；

11. 有易燃易爆、化学性烧伤和热烧伤等危险性大的作业；

12. 地质勘探和资源勘探的野外作业；

13. 潜水、涵洞、涵道作业和海拔 3000 米以上的高原作业(不包括世居高原者)；

14. 连续负重每小时在 6 次以上并每次超过 20 千克，间断负重每次超过 25 千克的作业；

15. 使用凿岩机、捣固机、气镐、气铲、铆钉机、电锤的作业；

16. 工作中需要长时间保持低头、弯腰、上举、下蹲等强迫体位和动作频率每分钟大于 50 次的流水线作业；

17. 锅炉司炉。

未成年工患有某种疾病或具有某些生理缺陷(非残疾型)时，高处作业、低温作业、体力劳动强度的作业比上述的条件更严格一个等级。

(二)对未成年工定期进行健康检查

《劳动法》规定，用人单位应当对未成年工定期进行健康检查。用工单位应在未成年工上岗前，对其进行职业安全教育和培训，并建立未成年工健康检查制度。在未成年工安排工作岗位前，或工作满一年，或年满 18 周岁且距前一次体检已超过半年的，用人单位应安排未成年工到县(市、区)级以上医院进行体检。通常，未成年工体检和登记的费用由用人单位统一承担。

未成年工的健康检查应按专门的《未成年工健康检查表》列出的项目进行。用人单位应根据未成年工的健康检查结果安排其从事适合的劳动，对不能胜任原劳动岗位的，应根据医疗部门的证明，予以减轻劳动量或安排其他劳动。

(三)对未成年工的使用和特殊保护实行登记制度

用人单位招收使用未成年工，除符合一般用工要求外，还应当自用工之日起 30 日内到劳动保障部门办理登记手续，并提供《未成年工健康检查表》、《未成年工登记表》、身份证、劳动合同等有关材料。劳动保障部门对未成年工的特殊劳动保护实行监督、监察。

三、法律责任

《劳动法》第 95 条规定：“用人单位违反本法对女职工和未成工的保护规定，侵害其合法权益的，由劳动行政部门责令改正，处以罚款；对女职工或者未年工造成损害的，应当承担赔偿责任。”1994 年劳动部发布的《违反〈中华人民共和国劳动法〉行政处罚办法》第 12 条规定，用人单位安排未成年工从事矿山井下、有毒有害、国家规定的第四级体力劳动强度的劳动和其他禁忌从事的劳动，应由劳动行政部门责令改正，并按每侵害一名未成年工罚款3000元以下的标准处罚。该《处罚办法》第15条规定，“用人单位未按规定对未成年工定期进行健康检查的，应责令限期改正；逾期不改的，按每侵害一名未成年工罚款3000元以下的标准处罚。”可见，用人单位违反国家关于未成年工劳动保护的规定，应依法承担民事赔偿责任和行政责任。

本案引例中，用人单位向法院提供了其制定的厂规厂纪，规定员工请假必须当面向主管提前一天提出，如不请假不来上班者按旷工处理，连续三天旷工者按自动辞职处理。

法院认为：李某的行为并不符合严重违反被告劳动纪律和规章制度的情形。相反，在此情况下作为用人单位而言，单位理应给予员工适当的照顾和关怀，其执意坚持员工必须向指定人员请假并在获得批准后才能休假的主张显属牵强。单位开除李某并与李终止劳动关系违反了《劳动合同法》的相关规定，李某要求单位恢复劳动关系的诉讼请求合法有据，应当予以支持，遂作出了恢复劳动关系的判决。

根据劳动和社会保障部在《关于贯彻〈劳动法〉若干问题的意见》中的规定：劳动者在孕期、产期、哺乳期内，劳动合同期限届满时，用人单位不得终止劳动合同，合同期限应随孕期、产期、哺乳期的多少自动延续到相应的期限届满为止。因此，李某在合同即将到期前发现怀孕，则劳动关系需顺延至她“三期”结束。

思考题

1. 什么是职业病？它有哪些特点？
2. 女职工特殊保护法律制度的主要内容是什么？
3. 未成年工特殊保护的主要内容是什么？
4. 简述《劳动安全与卫生法》的定义和主要内容。

问题讨论

李某于1996年1月与某矿产企业签订劳动合同，合同到2006年12月31日终止，合同中约定，如果员工有“严重违反用人单位劳动规章管理制度”的行为，用人单位可解除合同，2006年7月，时任煤矿监督员的李某在盯岗期间睡觉，被考核人员发现，企业以其“严重违反用人单位劳动规章管理制度”为由解除了与李某的劳动合同。2007年3月李某向区劳动局投诉，认为其患有尘肺职业病，用人公司不应解除劳动合同，要求区劳动局予以纠正。

请问：(1)李某的尘肺病是否属于职业病？

(2)李某的请求能否得到区劳动行政部门的支持？

第八章 工会法律制度

【引例】 2003年3月5日，某公司与工会签订集体合同，公司代表认为：集体合同应该把企业生产经营目标、成本、销售指标的完成写进条款并作为集体合同的一部分内容，共同保证经营目标的完成，有利于企业的发展，有利于强化企业的凝聚力。工会首席代表持反对意见。

请问：作为工会首席代表，应如何说服公司代表，签订集体合同？

第一节 工会与工会立法概述

一、工会的概述

工会，或称劳工总会、工人联合会。在我国，工会是职工自愿结合的工人阶级的群众组织。工会原意是指基于共同利益而自发组织的社会团体。这个共同利益团体包括诸如为同一雇主工作的员工，在某一产业领域的个人。工会组织成立的主要意图，是为了可以与雇主谈判工资薪水、工作时限和工作条件等等。

工会组织的产生源于工业革命，当时越来越多的农民离开赖以为生的农业涌入城市，为城市的工厂雇主打工，但工资低廉且工作环境极为恶劣，在这种环境下，单个的被雇佣者无能为力对付强有力的雇主，从而诱发工潮的产生，导致工会组织的诞生。20世纪90年代美国琼斯夫人所领导的工会运动，就是一个很好的例子。

最初，工会在很多国家，相当一段长的时间内属于非法组织，统治阶级对成立的非法组织——工会处以酷刑，甚至有的处以死刑。尽管如此，各种工会还是艰难求存，并逐步获得政治权利，最终获得地位的合法化，也因此促进了各国劳工法或工会法的诞生。

随着20世纪后期新自由主义的兴起，各已发展国家的工会势力都有所衰减。在美国，早期的美国工会，只是一些地方行业工会，带有强烈的封建领地性质。随着时代的迁移，工会开始进行全国性的串联。20世纪30年代诞生的全美汽车工人联合会（U. A. W.）是美国最大的工会，不仅人多势壮，而且有政治和经济势力，U. A. W. 拥有9亿美元的罢工基金，能够承担得起一场持续两个多月的罢工，一旦集体罢工，整个工厂将陷入瘫痪状态。例如1998年所发生的通用汽车工人罢工，仅旗下两个零部件厂罢工54天就带来22亿美金的损失。2007年9月24日，通用汽车旗下7.3万员工发动全国性罢工，结果通用汽车不得不签署昂贵的劳资协议，包括建立医保信托基金、保证在美国投资等。

目前,我国有着大量的工会组织,包括地区工会、行业工会等,但普遍观点认为其已经名存实亡,工会已经成为企业内部的一个组织部门,并由组织高层进行工会人事任命,已经没有相对独立的组织和行动。大多只是在某些节日进行象征性的小福利发放及娱乐活动组织。20 世纪 50 年代约有 1/3 的工人加入工会,而到 2003 年时则仅剩 13%;一些高移动性的产业(如制造业)在面临工会运动时,往往以迁厂作为要挟。此外,美国工人组成工会须向全国劳动关系局连署,并在监督下进行选举;但在连署后至投票前这段时间,资方可以采用各种手段对付尚无谈判权的劳工。

二、工会法

1998 年 12 月,第九届全国人大常委会将《工会法》的修改工作列入立法规划。1999 年年初,组成了由全国人大法工委牵头,全国人大内司委和全国总工会参加的修改小组,历时两年零 10 个多月完成了修改工作。新修订的《工会法》已于 2001 年 10 月 27 日由第九届全国人大常委会第二十四次会议审议通过。自 2001 年 10 月 27 日起施行。

新修订的《工会法》共 7 章,57 条。《工会法》有以下特点:既适应了建立和发展社会主义市场经济体制、经济结构的调整、公有制实现形式多元化的实际情况,又突出针对了日益复杂多变的劳动关系;突出了工会的维护职能,明确了职工代表大会制度和集体合同制度这两个主要维权手段,强化了工会组织建设,为最大限度地把广大职工组织到工会中来提供了法律依据和保障;加大了对工会干部的保护力度,强化了具体保护措施,使工会干部可以更加尽职尽责地履行工会的职能;更好地保护了工会发挥桥梁和纽带的作用,落实了工会参与政治、经济、文化和社会生活的途径,明确了工会调处劳动关系的根本机制;明确了工会经费的收缴范围,强化了工会经费的收缴力度,保障了工会组织依法开展活动、实现工会职能的必要物质基础;规定了法律责任,明确了对违法主体的处罚,增强了法律威慑力。

第二节 我国工会的性质地位和组织体系

一、工会的性质和地位

(一)工会的性质

所谓工会的性质,是指工会的本质属性或本质特征,是工会组织区别于其他社会组织的根本标志。我国工会的性质,《工会法》第 2 条第 1 款规定:工会是职工自愿结合的工人阶级的群众组织。这就是对工会性质的新规定。这一规定表明了中国工会具有阶级性和群众性相统一的本质特征。主要体现在三个方面:

1. 工会的阶级性

工会的阶级性,是指工会是真正的工人阶级组织,并以工人阶级作为自己的阶级基础。工会的阶级性主要体现在以下几个方面:

第一,工会会员必须是工人阶级成员。《中国工会章程》规定:“凡在中国境内的企业、事业、机关单位中以工资收入为主要生活来源的体力劳动者和脑力劳动者,不分民族、种族、性别、职业、宗教信仰、教育程度,承认工会章程,都可以加入工会为会员。”《工会法》也明确规定了这一点。参加工会组织的是工人阶级中的分子，是按照工人阶级的特性组织起来，开展活动的。这就把工会成员的构成仅仅限于工人阶级范围之内，把工人阶级作为工会的阶级基础，由此也充分说明了工会具有鲜明的阶级性。

第二，工会必须维护工人阶级利益。我国是以工人阶级为领导的社会主义国家，维护国家利益，巩固人民民主专政是工人阶级义不容辞的责任。工会作为工人阶级群众组织，虽然它维护的重点是工人阶级群众的具体利益，但必须把维护总体利益和维护具体利益结合起来，这是工会的一项基本职责。

2. 工会的群众性

工会的群众性，是指工会是工人阶级在本阶级范围内最广泛的组织。工会的群众性主要体现在以下几个方面：

首先，工会的群众性体现在工会的会员构成具有工人阶级范围内的广泛性。工会并不是个别行业或者个别部门内职工的组织，它最大限度地团结、联合了广大职工群众。工会始终是工人阶级实现阶级联合的最广泛的组织。确定工会组织是否具有广泛性，主要着手于以下两个方面：一方面，要看工会的组织程度，即工会的会员在整个工人阶级成员中所占的比重；另一方面，要看工会组织同本阶级群众之间的联系，即工会组织与职工群众的密切程度，这是真正反映工会组织广泛性的实质内容。所谓实质内容，是指在一般情况下，工会与职工群众之间如果存在着密切的内在联系，则会极大地有利于工会组织程度的提高。因此工会密切同本阶级群众的联系，是工会实现广泛性的客观要求，如果工会脱离广大职工群众，则不可能真正达到组织的广泛性。

其次，工会的群众性体现在工会代表广大会员和职工群众的正当利益，维护他们的合法权益方面。工会代表广大会员和职工群众的正当利益，维护他们的合法权益是工会群众性的核心问题。职工群众是工会组织的主体，是工会赖以存在和发展的基础，广大会员和职工群众对工会的信赖和支持是工会最基本的力量源泉。如果一旦失去工会的代表性，就会失去本阶级群众，那也就无工会群众性之谈。

再次，工会的群众性还体现在工会组织内部的民主性方面。工会内部生活的民主性是工会群众性的必然要求和具体体现。工会内部生活的民主性，一般包括以下几个方面：一是工会组织内部成员之间的地位和权利是平等的，工会内部的事务应当由会员群众当家做主，实行会员群众办工会。二是工会内部应该具有更充分、更广泛的民主生活。工会工作要依靠广大的积极分子和会员群众，工会的活动要从会员群众的意愿和要求出发。工会的一切问题都要经过民主程序，工会的一切工作和活动都要置于会员群众的参与和监督之中。三是工会在工作方法上必须采取和国家机关、行政部门不同的工作方法，即采用吸引的方法、说服的方法和群众自我教育的方法。

最后，工会的群众性还体现在工会组织的自愿性方面。工会不是按照某种指令组织起来的，而是职工群众为了谋求共同利益，实现共同愿望自觉自愿地组织起来的群众团体。工会组织的自愿性包括两个方面：一是坚持职工自愿入会的原则；二是工会组织或者开展的一切活动，必须适合大多数群众的觉悟，建立在群众自觉自愿的基础上。

3. 工会结社的自愿性

自愿原则也是工会的一个基本属性。体现在职工参与工会与否，是每个职工的自由权利，任何组织和个人不得强迫职工加入工会或者不加入工会。

工会的阶级性和群众性的关系

（二）工会的地位

作为职工利益的代表者和维护者，工会维护职工合法权益的一个重要方面，就是代表职工参与国家政治、经济、文化和社会事务的管理，从源头上进行维护。在我国，工会的地位主要体现在三个方面：第一，工会是职工自愿结合的工人阶级的群众组织，工会是执政党联系群众的桥梁和纽带。中国共产党通过工会把党的路线、方针、政策传达到工人群众中去。同时，工人群众的意见、建议和要求通过工会进行汇总反馈，能作为党的决策依据。第二，工会是政府的亲密合作者，是人民政权的重要社会支柱，享有参与管理国家事务，管理经济和文化事业和社会事务的权利。工会协助人民政府开展工作，在政府行使国家行政权力的过程中充分发挥工会民主参与和社会监督的作用，以维护工人阶级领导的，以工农联盟为基础的人民民主专政的社会主义国家政权。第三，工会是会员和职工利益的代表者、维护者，是协调劳动关系不可缺少的一方。工会代表职工与用人单位进行平等协商和签订集体合同，主持职工代表大会的日常工作，达到协调劳动关系，维护职工劳动权益和民主权利的目的。

二、工会的职能

（一）参与的职能

《工会法》第 5 条规定：工会通过各种途径和形式，参与管理国家事务，管理经济和文化事业，管理社会事务。这是工会代表职工权益，依法维护职工利益的重要渠道、途径和形式。特别是在社会主义市场经济的形成过程中，工会履行参与职能更具迫切性和必要性。市场经济是法制经济，市场经济运行的主体都是相应的法律规范。所以，工会要加大对法律、法规执行情况开展群众性监督的力度，主动参与立法，从源头上依法维护职工的权益。

（二）维护职能

《工会法》第 6 条规定，工会在维护全国人民总体利益的同时，维护职工的合法权益。维护职工合法权益是工会的基本职责。由于在劳动关系中，双方主体存在隶属性，即劳动者隶属于用人单位，在劳动者和用人单位这对矛盾中很明显劳动者是弱者，是需要保护的对象。劳动者为了取得平衡，应该依法组建工会，加入工会，在工会的组织下为自己的合法权益而进行抗争，这是非常现实而有效的途径之一。工会维护了职工的合法权益，就是维护了党与群众的血肉联系，就是维护了稳定的大局，就是维护了执政党的执政地位和执政基础。

（三）建设职能

在我国，社会的主要矛盾是人民群众日益增长的物质文化需要同落后的社会生产之间的矛盾。解决这个矛盾的根本出路在于通过改革开放，解放和发展社会生产力。工会代表和维护的职工具体利益的最终实现也在于促进经济的发展和生产力的提高。《工会法》第 7 条规定，工会动员和组织职工积极参加经济建设，努力完成生产任务和工作任务。所以，工会必须从工人阶级的长远利益出发，引导广大职工群众参加建设和改革，努力完成经济和社会发展任务，积极推动社会经济效益和生产力的提高。

（四）教育职能

工会的教育职能包括教育职工不断提高思想道德、技术业务和科学文化素质，建设有理想、有道德、有文化、有纪律的职工队伍。在新时期,劳动者已成为独立、自主、自由的劳动者,他要自我决策、自我负责、自我发展;劳动力进入市场后,劳动者的地位、利益完全取决于个人的素质,要在激烈的市场竞争中取胜,要有效地维护自己的合法权益,就必须有较高的素质。因此,工会为了更好地维护职工的合法权益,就必须履行好教育这一职能。

三、工会的组织体系

我国现已自下而上,遵循民主集中制原则建立了统一规范的工会体系,具体包括:

(一)基层工会组织

基层工会委员会是工会的基层组织,是落实工会各项任务的基本单位。各基层工会委员会由同级工会的会员大会或者会员代表大会民主选举产生,基层工会委员会的主席、副主席由会员大会或者会员代表直接选举产生,或由基层工会委员会选举产生。

(二)地方工会组织

地方总工会委员会是工会的地方组织,地方总工会委员会按照我国行政区划建立,县级以上地方建立地方各级总工会。各级地方总工会委员会由同级工会代表大会民主选举产生,每届任期 5 年。各级地方工会代表大会和地方总工会委员会是各级地方工会的领导机关。各级地方工会代表大会由同级总工会委员会召集,每 5 年举行一次。特殊情况下,由同级总工会委员会提议,经上一级工会批准,可以提前或延期举行。各级地方总工会委员会选举主席一人、副主席若干人、常务委员若干人,组成常务委员会。各级地方总工会委员会全体会议,由常务委员会召集,每年至少举行一次。各级地方总工会常务委员会在委员会全体会议闭会期间,行使委员会的职权。

工会主席、副主席任期未满时,不得随意调动其工作。因工作需要调动时,应当征得本级工会委员会和上一级工会的同意。

(三)产业工会组织

产业工会是按照国民经济体系的行业划分建立起来的工会组织。在同一行业或者性质相近的几个行业建立全国或者地方的产业工会组织,可以开展适合产业特点的活动,反映和解决本产业职工需要解决的共同性问题,使工作更具有针对性。地方产业工会组织的设置由同级地方总工会确定。各级地方产业工会可以按照联合制和代表制原则,由下一级工会组织民主选举的主要负责人和适当比例的有关方面代表组成。

产业工会的全国组织由中华全国总工会确定。产业工会全国委员会可以按照联合制、代表制原则组成,也可以由产业工会全国代表大会选举产生。各级产业工会委员会每届任期 5 年。特殊情况下,经全国总工会批准,可以提前或者延期举行。

目前,铁路、民航、金融等产业工会的领导关系实行产业工会与地方工会双重领导,以产业工会为主;其他地方产业工会实行以地方工会领导为主,同时接受上级产业工会领导的组织体制。

(四)全国总工会

《工会法》规定:“全国建立统一的中华全国总工会。”中国工会全国代表大会每 5 年举行一次,由中华全国总工会执行委员会召集。特殊情况下,由中华全国总工会执行委员会主席团提议,经执行委员会全体会议通过,可以提前或延期举行。中华全国总工会执行委员会在全国代表大会闭会期间,负责贯彻执行全国代表大会的决议,领导全国工会工作。执行委员会闭会期间，由主席团行使执行委员会的职权。主席团下设书记处，书记处在主席团领导下主持全国总工会的日常工作。

第三节 工会的职责、作用和主要活动方式

一、工会的基本职责

工会的基本职责是代表和维护职工的合法权益。

新中国成立以来，我国各级工会在履行代表和维护职工合法权益的职责上，很长时期内强调得不够。造成这个问题的直接原因是在旧体制的制约下，工会长期作为党政的附属机构，工会代表和维护职工合法权益的基本职责长期被忽视，这就使得工会在相当程度上脱离了职工群众。建立社会主义市场经济体制以来，工会的这一基本职责一直在不断地得到加强，但相对于目前广大职工群众合法权益不断遭到严重侵犯的情形时有发生的局面，还需要在立法中进一步予以强调。因此，《工会法》在总则中明确规定了工会的基本职责是代表和维护职工的合法权益，并且该法的其他具体规定也从各个方面对这一职责予以保障和体现。

工会以代表和维护职工合法权益为其基本职责，是工会自身性质的客观要求，是建立和完善社会主义市场经济体制的客观需要，也是坚持我党"全心全意为人民服务"宗旨的重要体现。我们党的根本宗旨是"全心全意为人民服务"。党在任何时候都把群众利益放在第一位，任何情况下都必须全心全意依靠工人阶级，维护工人阶级的政治权利和经济利益。在发展社会主义市场经济的过程中，由于经济关系和劳动关系的变化，特别是在外商投资企业和私营企业中，仍然严重存在着侵犯职工合法权益的现象。因此，强化工会的维护职工合法权益的基本职责，是我们党的根本宗旨的突出体现，也是党对工会的基本要求。只有从代表和维护职工的切身利益出发，才能从根本上调动广大职工的积极性和创造性，才能确保国家的总体利益更快更好地得以实现。

另外，工会在履行维护职工合法权益的职责时，应当处理好维护广大职工群众的具体利益与维护全国人民的总体利益的关系。坚持维护广大职工群众的具体利益与维护全国人民的总体利益相统一，是中国工会履行维护职责时必须坚持的政治原则和法律原则。长期以来，我国工会并不是对于全国人民的总体利益维护不够，而恰恰是在维护职工具体的合法权益上存在着差距。这种情况在计划经济条件下是难以避免的。在向市场经济的过渡过程中，利益的多元化和多元的利益冲突越来越突出，在这当中，工会是职工群众利益的代表，而不是全国人民总体利益的代表，总体利益是以各个具体利益的合理调处为基础实现的。所以，各个具体利益的代表者，只能是以所代表的具体利益为出发点。如果每个具体利益的代表者都以总体利益的维护作为自己维护的首先的和重点的内容，那它就失去了这种具体利益代表者的资格。同时，也就无法再进行具体利益的调处，进而无法实现总体利益。所以，在社会主义市场经济条件下，工会要以维护劳动者或职工群众的合法权益为重点和出发点，但这一维护以不损害全国人民的总体利益为前提。

二、工会的作用

(一)工会是党联系职工群众的桥梁和纽带

工会作为党联系职工群众的桥梁和纽带,主要体现在两个方面:一是工会了解职工群众的意见和要求,及时向党反映,使党制定的政策更好地体现本阶级群众的意志和利益;二是通过党的路线方针、政策提出来以后,工会要根据职工群众的觉悟程度和实际状况,通过自己的工作,帮助职工群众提高认识,使党的主张变成群众的自觉行动,从而把党的主张与群众的意志紧密结合起来。

(二)工会协助人民政府开展工作,充分发挥民主参与和社会监督作用

工会民主参与、社会监督的内容和方式随着工会组织形式的不同而分为两个不同的层次。一个是县级以上各级工会组织参与国家和社会管理。在我们国家,职工群众作为领导阶级的成员,自然享有管理国家的权利。可以说,这一权利是劳动者最根本的权利。另一个是工会参与企事业单位的民主管理和民主监督,以此,《工会法》规定:"全民所有制和集体所有制的企业事业单位的工会,组织职工依照法律规定参加本单位的民主管理和民主监督。"这样就形成了两个层次的民主参与和社会监督,而且这两个层次相辅相成,互相促进。

(三)工会教育职工不断提高思想道德、技术业务和科学文化素质,建设有理想、有道德、有文化、有纪律的职工队伍

《工会法》第31条规定:"工会会同企业、事业单位教育职工以国家主人翁态度对待劳动,爱护国家和企业的财产,组织职工开展群众性的合理化建议、技术革新活动,进行业余文化技术学习和职工培训,组织职工开展文娱、体育活动。"工会组织职工开展群众性的合理化建议、技术革新活动。这项工作是工会多年来积极从事的一项工作,积累了丰富的工作经验,工会应当加强这方面的工作,促进企业的发展。同时,工会通过组织职工开展各种有益的文体活动,使职工在活动中受到熏陶、教育和锻炼,不仅能提高职工的文化素质,而且也可以提高职工的社会主义思想、道德水准和健康水平,使职工得到积极的休息,以更充沛的精力投身于生产中去,提高劳动效率。

(四)工会在一定程度上能协调劳动关系,缓和社会矛盾

市场经济条件下劳动关系的本质是劳动者和资本所有者对立统一的、互惠互利的经济利益关系。工会应把握劳动关系的本质,促进劳动关系的协调稳定。工会依法展开工作,调解劳动关系的新矛盾,代工人说话,替企业解困,为政府分忧,维护劳动关系主体各方的正当合法权益,维护了社会稳定,为经济的发展提供了保障。

三、工会的活动准则

《工会法》明确了工会活动的三个基本准则。

(一)工会必须遵守和维护宪法,以宪法为根本的活动准则

宪法是我国的根本大法,具有最高的法律效力,中国境内的一切个人和组织都必须在宪法规定的范围内进行活动。《工会法》规定,工会必须遵守和维护宪法,以宪法为根本的活动准则,以经济建设为中心,坚持社会主义道路、坚持人民民主专政、坚持中国共产党的领导、坚持马克思列宁主义毛泽东思想邓小平理论,坚持改革开放,依照工会章程独立自主地开展工作。

(二)工会必须坚持党的领导

工会必须坚持党的领导是由我国工会运动的性质决定的。工会是工人阶级最广泛的群众组织,中国共产党是工人阶级的先锋队,是领导我们革命和建设事业的核心力量。因此,工会只有坚持党的领导,才能保持正确的政治方向。中国工会和工人运动,只有在党的领导下,才能始终沿着正确的方向前进。

(三)工会要依照中国工会章程独立自主地开展工作

中国工会章程是依据法律和党的路线、方针、政策,依据工人阶级群众组织的特点和广大职工的愿望、要求制定的。国家保护工会的合法权益不受侵犯。依照中国工会章程独立自主地开展工作,实质上就是按照工会的性质和特点,在宪法、法律和工会章程的范围内,高度发挥其创造性和主动精神,敢于和善于独立自主地开展各项工作,发挥其应有的社会职能和作用。这既是党对工会工作的要求,也是工会组织发挥作用的前提和条件。

第四节 工会的权利与义务

一、工会的权利

(一)参与立法的权利

国家权力机关、行政机关在制定直接涉及职工切身利益的法律、法规、规章时,要听取工会的意见。这里的国家权力机关是指全国人大及其常委会;省、自治区、直辖市人大及其常委会;省会所在市和国务院批准的较大的市的人大及其常委会。这里的行政机关是指国务院及其所属的部、委员会和直属机构以及省、自治区、直辖市人民政府;省会所在市和国务院批准的较大的市的人民政府。

(二)参政议政的权利

县级以上各级人民政府制定国民经济和社会发展计划,对涉及职工利益的重大问题,应当听取同级工会的意见。县级以上各级人民政府及其有关部门研究制定劳动就业、工资、劳动安全卫生、社会保险等涉及职工切身利益的政策、措施时,应当吸收同级工会参加研究,听取工会意见。

(三)参加劳动关系三方协商的权利

《工会法》规定了在我国建立各级人民政府劳动行政部门会同同级工会和企业方面代表,建立劳动关系三方协商机制的法律制度。这一制度的建立,必将对我国今后协调劳动关系产生重大的影响。依照工会法的规定,政府一方由劳动行政部门代表,工会一方由各级地方总工会代表,企业一方目前由企业联合会代表。2001 年 8 月,劳动和社会保障部、中国企业联合会、中华全国总工会召开会议,建立了国家一级劳动关系协商会议制度。三方应当根据工会法的原则规定,建立必要的规范制度,保证工会法的规定落到实处,真正共同研究解决劳动关系方面的重大问题。

(四)维护职工民主权利和劳动权益的权利

依照法律、法规应当实行民主管理的企业、事业单位,就必须实行民主管理。对企业、事业单位不依法实行民主管理的单位,如企业、事业单位的做法违反了法律、法规或违反了职代会决议，工会有权要求予以纠正；对违反民主管理制度的责任人员可以向企业事业单位的上级主管部门提出意见，工会有权要求予以处理。以保障劳动者的民主权利。

企业、事业单位违反劳动法律、法规，侵犯了职工的合法权益时，工会作为职工的群众组织，有权要求企业、事业单位行政方面或者有关部门认真处理。工会对违反劳动法律、法规的行为，要了解情况，调查研究，弄清事实，及时提出意见，要求企业、事业单位行政方面或者有关部门认真纠正处理，不得敷衍了事。

在企业、事业单位克扣职工工资、不提供劳动安全卫生条件，随意延长劳动时间等违反劳动法律、法规的规定，严重侵犯职工劳动权益的时候，工会有权向企业、事业单位交涉，要求企业、事业单位采取措施予以改正。对工会提起交涉的事项，企业、事业单位要予以处理，并向工会作出明确的答复意见，采取措施予以解决。对企业、事业单位拒不改正的，工会可以要求当地人民政府依法作出处理。人民政府要依法处理。

(五)代表职工协商签订集体合同的权利

工会代表职工与企业以及实行企业化管理的事业单位行政方面签订集体合同，主要目的是为了保障本单位职工的劳动权益和其他合法权益，协调企业经营者与企业职工之间带有共性的劳动关系，在发展生产的基础上有计划地逐步提高职工的物质文化生活水平。同时，集体合同把企业经营者和职工各自的义务用合同形式确定下来，使他们在生产经营过程中共担风险、共负责任、共享利益，有利于增强企业活力，促进生产发展，为企业的兴旺发达提供了可靠保障。

本案引例体现的是集体合同的成立应是企业与职工代表协商一致的结果。工会代表企业职工与企业协商集体合同条款的权利受法律确认和保护。集体合同主要是就职工的劳动报酬、劳动条件与休息休假等涉及职工劳动权益的相关内容进行约定，集体合同通常更多的是对用人单位的约束，而企业代表要求将工作任务等内容写进集体合同显然是与集体合同制度不相符的。

(六)主持劳动争议调解的权利

企业工会委员会参加企业的劳动争议调解工作，包括有人员参加企业劳动争议调解委员会。劳动争议调解委员会依法调解本企业劳动争议，在分清是非和民主协商的基础上，达成协议，解决劳动纠纷。工会参加企业的劳动争议调解工作，有利于化解矛盾，增强团结，促进生产，稳定大局。

(七)参加劳动争议仲裁的权利

《工会法》明确规定了地方劳动争议仲裁组织应当有同级工会代表参加。劳动争议仲裁工作是公正合理地处理劳动争议的重要环节，工会代表参加劳动争议仲裁委员会，依法维护职工的合法权益，有利于劳动争议仲裁委员会听取各方面的意见，正确行使仲裁权，解决劳动争议。

二、工会的义务

(一)帮助指导职工签订劳动合同

工会在职工与企业以及实行企业化管理的事业单位签订劳动合同的问题上，应为职工提供帮助、指导。劳动合同的签订直接关系到职工的各项劳动权利包括劳动就业、劳动报酬、劳动安全卫生、社会保险等项权利的实现。工会帮助、指导职工签订劳动合同，便于我国劳动法律、法规的贯彻执行。使企业与职工签订的劳动合同更加符合劳动法律、法规,有利于劳动合同的正确履行,避免或减少劳动争议的发生。由于劳动合同的签订涉及许多法律、法规的问题,工会较职工更熟悉这些法律、法规,因此,在职工与企事业单位签订劳动合同的过程中,需要工会对职工提供帮助、指导。这些帮助和指导主要是对职工做一些宣传解释工作,教育职工认识到签订劳动合同的重要性,如何签订劳动合同,什么是合法的,什么是违法的,在劳动合同中有什么权利,应履行什么义务,怎样正确履行劳动合同,违反劳动合同要承担什么法律责任,发生合同纠纷后怎么办等问题,使职工依法正确签订劳动合同,避免盲目签订、事后反悔等现象发生,便于劳动合同的正确履行,维护职工的合法权益。

(二)协助用人单位办好集体福利事业

工会协助企业、事业单位、机关行政方面办好职工集体福利事业,是工会性质的必然要求。关心职工生活,帮助职工群众解决生活问题,是工会密切联系群众的有效手段。工会只有关心群众生活,为他们办好事、办实事,使广大职工群众感到工会确实是自己的组织,工会才能更广泛地团结群众。工会要做好职工的生活工作,首先要搞好职工的生活福利事业,协助行政兴办集体福利事业,改善各项集体福利设施。工会要做好从事生活后勤职工工作的思想教育工作,提高他们对服务工作的认识,树立良好的服务态度和职业道德观念;组织对生活福利工作的检查,促进服务水平的不断提高;协助行政改善职工的生活条件。

(三)教育、动员职工,促进企业发展

工会应当教育职工以国家主人翁的态度对待劳动。我们国家工人群众是国家的主人,这是我国社会主义性质决定的。现在我国是多种经济成分并存,一些职工在非公有制经济组织中工作,但是,应当指出,这些非公有制经济也是我国社会主义经济的组成部分,在这些非国有经济组织中劳动工作的职工还是国家的主人翁,也还应当以国家主人翁的态度劳动,应当爱护国家和企业的财产。工会在这些方面负有教育职工的责任。

工会应当组织职工开展群众性的合理化建议、技术革新活动。这项工作是工会多年来积极从事的一项工作,积累了丰富的工作经验,工会应当加强这方面的工作,促进企业的发展。工会通过组织职工开展各种有益的文体活动,使职工在活动中受到熏陶、教育和锻炼,不仅能提高职工的文化素质,而且也可以提高职工的社会主义思想、道德水准和健康水平,使职工得到积极的休息,以更充沛的精力投身于生产中去,提高劳动效率。

第五节　法律责任

法律责任是指公民、法人或其他组织实施违法行为所必须承担的法律后果,即因违法行为而在法律上受到的相应制裁。法律责任是一种强制性的责任,是由国家强制力来保障实施的,是违法者所必须承担的。《工会法》对于违反该法的行为应承担的法律责任进行了明确的规定。

一、阻挠职工依法参加工会或者阻挠上级工会帮助、指导职工筹建工会应承担的法律责任

企业阻挠职工依法参加和组织工会的行为方式,主要有:(1)公开阻挠。一些用人单位

公开宣称谁参加工会就开除谁，不准职工参加、组建工会，有的甚至以暴力、威胁的手段来公开阻挠。(2)变相阻挠。一些用人单位采用对参加工会的职工进行打击报复、“穿小鞋”的方式变相阻挠职工参加工会。有的职工因为参加工会被从原来较好的工作岗位调到较差的岗位，工资相应降低；有的因为参加工会，造成原来担任的一些班组长、车间主任等职务被撤销。用人单位无论以直接的方式，还是以间接的方式阻挠职工参加工会，都是违反《工会法》规定的违法行为。

企业阻挠上级工会帮助、指导职工筹建工会，主要是指企业拒绝上级工会派员进厂来帮助、指导职工组建工会工作，对上级工会派员进厂设置重重障碍，甚至使用暴力、威胁的手段阻挠地方总工会派员来帮助、指导职工组建工会。

对于上述两种行为，《工会法》规定了如下法律责任：

一是由劳动行政部门责令改正，拒不改正的，由劳动行政部门提请县级以上人民政府依法处理。二是以暴力、威胁的手段阻挠参加工会或者阻挠上级工会帮助、指导职工筹建工会，造成严重后果，构成犯罪的，依法追究刑事责任。

二、对依法履行职责的工会工作人员无正当理由调动工作岗位，进行打击报复、侮辱、诽谤或者进行人身伤害应承担的法律责任

对依法履行职责的工会工作人员无正当理由调动工作岗位，进行打击报复的，由劳动行政部门责令改正、恢复原工作；造成损失的，给予赔偿。赔偿的范围包括受害的工会工作人员的物质损失和精神损失。物质损失主要包括工资或其他劳动收入的损失以及为保护自己的合法权益，寻求救济而支付的必要的交通费用、误工费用等。除了物质方面的赔偿外，对受害工会工作人员进行适当的精神赔偿是十分必要的。

对依法履行职责的工会工作人员进行侮辱、诽谤或者进行人身伤害的，如果情节特别严重，构成犯罪的，就要依据《中华人民共和国刑法》的规定追究刑事责任；如果情节不是特别严重，尚未构成犯罪的，应当依照《中华人民共和国治安管理处罚条例》的规定，由公安机关给予行政处罚。

三、用人单位因职工参加工会活动或因工会工作人员履行本法规定的职责而与其解除劳动合同的，所应承担的法律责任

职工因参加工会活动，以及工会工作人员因履行本法规定的职责而被解除劳动合同的，由劳动行政部门责令用人单位恢复其工作，并补发被解除劳动合同期间应得的报酬，或者责令给予本人年收入两倍的赔偿。

四、工会工作人员违法损害职工或工会权益的违法行为所应承担的法律责任

工会工作人员违反本法规定，侵害职工或者工会权益的，由同级工会或者上级工会责令改正，或者予以处分。造成损失的，应当承担赔偿责任。因贪污、挪用工会经费，以及收受贿赂等与其担任工作职务有关的其他违法行为，侵害职工或者工会权益，构成犯罪的，要依法追究其刑事责任。

思考题

1. 简述“维护职工合法权益是工会的基本职责”。

2. 工会各级组织是按照什么原则，如何建立的？

3.“工会应当根据经费独立原则，建立预算、决算和经费审查监督制度”是如何具体体现的？

4. 企业、事业单位处分职工，工会如果认为不适当，可以行使哪些权利以及应当履行哪些义务？

问题讨论

如何处理阻挠职工依法参加和组织工会或者阻挠上级工会帮助、指导职工筹建工会的个人或组织？

第九章 劳动争议处理

【引例】王某在A超市做营业员已有8个多月,但两者之间没有签订劳动合同。在最近两个月,由于A超市经营不景气,A超市以货品替代工资发给王某。后王某因此与A超市发生分歧,要求A超市支付两个月工资。

请问:这是否属于劳动争议,应怎样处理?

第一节 劳动争议处理概述

一、劳动争议的概念

劳动争议是指劳动关系的双方当事人因劳动权利与劳动义务发生的纠纷,又称劳动关系纠纷或劳资纠纷。

在劳动者和用人单位建立劳动关系的过程中,还会产生许多与劳动关系密切联系的关系,这些关系的当事人间也会发生争议,但这些争议不是我们所说的劳动争议。例如,劳动行政部门在监督管理过程中对用人单位的违法用工情况进行处罚,用人单位对处罚不服产生的争议,不是劳动争议,属于行政争议的范畴。又如,劳动者通过职业中介找工作的过程中和职业中介发生权利义务纠纷,这种纠纷属于民事纠纷,不是劳动争议。因而,因和劳动关系密切相连的关系产生的纠纷是什么性质,应具体问题具体分析,不应因其和劳动关系密切就一律将其归类为劳动争议。劳动法的研究对象是劳动关系和劳动关系密切的其他关系。但劳动争议的范围只限于劳动关系当事人间发生的劳动权利义务争议,并不包括与劳动关系密切的其他关系当事人间的争议。

将劳动争议与其他性质的争议进行区分的意义在于:我国处理劳动争议采取的是"一裁两审"的模式,不同于解决其他性质争议可以直接进入诉讼程序的处理模式。"一裁两审"中的"裁"是指劳动仲裁。劳动仲裁不同于商事仲裁。商事仲裁的基础是当事人自愿,当事人处理商事纠纷可以选择仲裁,也可以选择诉讼。劳动仲裁与其不同,劳动仲裁委员会对劳动争议的仲裁是劳动争议进行诉讼的前置程序,这个程序是强制性的,当事人不用也不能选择。因此可以看出,对是否是劳动争议的判断不仅仅是理论上对一个概念的把握,而且它也将决定对于争议采取怎样的救济途径。因此,我们需要准确把握劳动争议的概念。为了更好地把握劳动争议的概念,我们看一下劳动争议的特征:

1. 劳动争议的主体特定。劳动争议发生在劳动者和用人单位之间,比其他争议纷繁复杂的当事人身份要单一特定很多。劳动争议主体通常限于用人单位和劳动者，但特殊情况下，劳动者利益的代表和不适格的用人单位也可以成为劳动争议的当事人。例如，劳动者因工伤死亡时，劳动者的近亲属可以作为劳动争议的一方当事人要求补偿或赔偿。又如，《劳动合同法》规定“因履行集体合同发生争议，经协商解决不成的，工会可以依法申请仲裁、提起诉讼”，可见此时，工会被赋予了申请仲裁和诉讼的资格，成为劳动争议的当事人，代表劳动者维护自身利益。

本来不具有劳动权利能力的用人单位不具有用人资格，自然也不是合格的用人单位，不应成为劳动争议的主体，但为了保护劳动者的利益，根据相关法律的规定，其也可以成为劳动争议的当事人。譬如：《最高人民法院关于审理劳动争议案件适用法律若干问题的解释(三)》规定，劳动者与未办理营业执照、营业执照被吊销或者营业期限届满仍继续经营的用人单位发生争议的，应当将用人单位或者其出资人列为当事人。未办理营业执照、营业执照被吊销或者营业期限届满仍继续经营的用人单位，以挂靠等方式借用他人营业执照经营的，应当将用人单位和营业执照出借方列为当事人。

2. 劳动争议产生的基础特定。劳动争议产生的基础是存在劳动关系，不是劳动关系，产生的争议就不是劳动争议，因而说，劳动争议产生的基础特定。但劳动关系的外延是不断变化的，这依靠一国法律的框定。

3. 劳动争议的内容特定。与民事等争议相比，劳动争议的内容相对比较集中，基本围绕劳动关系建立过程中的劳动者与用人单位间的劳动权利、劳动义务而展开。劳动权利和劳动义务可以来自法律的规定，也可以来源于劳动关系双方的约定。其实质是劳动领域中不同利益主体经济利益的冲突，如因劳动报酬、社会保险、福利等发生的纠纷。劳动争议的范围通常都由一国法律确定。像已被废止但对我国处理劳动争议起过重要作用的《企业劳动争议条例》，2007 年通过的《劳动争议调解仲裁法》及最高法院的司法解释对劳动争议的范围都有具体规定。

二、劳动争议的种类

劳动争议的种类不同会面临着不同的处理程序。在理论上，对劳动争议的种类有这么几种分法：

(一)权利争议与利益争议

权利争议是对法律已经规定的或当事人已经约定的权利、义务发生争议，是对既有权利的争议。这类争议由既定的权利而起，或属于侵权，或属于违约，在现实中是可以诉诸法院寻求救济的。利益争议则不同。利益争议是劳动者在和用人单位谈判的过程中，想把一定的劳动条件上升为约定权利而和用人单位发生的争议。利益争议是由于未来权利而发生的争议。利益争议，“在法理上属于‘缔约’之问题”，“基于‘缔约自由’之原则，必须由缔约双方当事人自主进行，法院并没有干预之立场”。① 因而，利益争议在法律上没有可诉性，通常会强调政府及相关组织的协调、斡旋解决。

(二)个人争议与集体争议

根据争议当事人劳动者一方人数的多少，可以将劳动争议分为个人争议和集体争议。

---

① 黄越钦：《劳动法新论》，中国政法大学出版社 2004 年版，第 319～320 页。

《企业劳动争议处理条例》曾规定:“发生劳动争议的职工一方在三人以上,并有共同理由的,应当推举代表参加调解或者仲裁活动。”因而,我国许多教材都将劳动者一方达到三人或三人以上作为集体争议的法定人数。但由于此法已被《劳动争议调解仲裁法》代替,《劳动争议调解仲裁法》所规定的:“发生劳动争议的劳动者一方在十人以上,并有共同请求的,可以推举代表参加调解、仲裁或者诉讼活动”,可以视为我国对集体争议设定了新的人数标准。并且《劳动人事争议仲裁办案规则》将代表人数规定为三到五人,并明确,“代表人参加仲裁的行为对其所代表的当事人发生效力,但代表人变更、放弃仲裁请求或者承认对方当事人的仲裁请求,进行和解,必须经被代表的当事人同意”,实现了与《民事诉讼法》代表诉讼制度人数和代表人授权的衔接。在10人以下的劳动争议可以视为个人争议,个人争议不需代表诉讼。

另外,集体争议要和集体合同争议区分开来。集体合同争议产生的前提必须是已存在集体合同或为签订集体合同而发生的争议。而集体争议可基于集体合同产生,也可不基于集体合同产生。集体争议主要是集体合同争议,但并不限于集体合同争议。因签订集体合同发生的争议属于上述分类中的利益争议,不能通过法律诉讼解决,只能强调相关组织的斡旋、调解解决。《劳动法》第84条对于签订集体合同发生争议就采取了这种方式,“因签订集体合同发生争议,当事人协商解决不成的,当地人民政府劳动行政部门可以组织有关各方协调处理”。《集体合同规定》第49条规定:“集体协商过程中发生争议,双方当事人不能协商解决的,当事人一方或双方可以书面向劳动保障行政部门提出协调处理申请;未提出申请的,劳动保障行政部门认为必要时也可以进行协调处理。”此规定还规定了协调处理集体协商争议应当遵循的程序:(1)受理协调处理申请;(2)调查了解争议的情况;(3)研究制订协调处理争议的方案;(4)对争议进行协调处理;(5)制作《协调处理协议书》。

而因履行集体合同发生的争议,属于权利争议,可以通过仲裁、诉讼解决。《劳动法》就规定:“对于因履行集体合同发生争议,当事人协商解决不成的,可以向劳动争议仲裁委员会申请仲裁;对仲裁裁决不服的,可以自收到仲裁裁决书之日起十五日内向人民法院提起诉讼。”《劳动合同法》第56条还规定:“用人单位违反集体合同,侵犯职工劳动权益的,工会可以依法要求用人单位承担责任;因履行集体合同发生争议,经协商解决不成的,工会可以依法申请仲裁、提起诉讼。”

(三)个体争议与团体争议

这是根据当事人是否是社会团体对劳动争议进行的分类。有学者也称之为个别争议与团体争议。个体争议是指发生劳动争议的当事人是单个的劳动者和单个的用人单位。团体争议是指代表劳动者利益与代表用人单位利益的团体之间发生的争议,如产业工会与行业协会之间发生的争议。由于我国行业协会和劳动者团体力量不足,我国还不具备产生团体争议的土壤。我国现阶段主要存在的还是个体争议。

(四)国内争议与涉外争议

这是根据当事人的国籍不同对劳动争议进行的分类。根据国际通行的原则,处理涉外劳动争议,适用用人单位所在国的法律。

三、劳动争议的处理范围

劳动争议处理范围和劳动争议范围还是有些区别的。劳动争议范围实际上就是劳动争议概念的外延。准确描述概念的外延是个困难的过程,无论是采取列举还是划分的方法对其进行描述，我们都只是在逼近概念的外延。但为了处理劳动争议，在法律上必须对劳动争议概念的外延或者劳动争议范围进行界定，因而，就出现了劳动争议处理范围的概念。劳动争议处理范围是人们对劳动争议范围的人为框定，是劳动争议处理机构受理劳动争议案件的标准。劳动争议的处理范围随着人们对劳动争议案件的研究的逐渐深入会不断调整。

1. 劳动争议处理范围

我国自新中国成立以来的多个有关劳动争议的法律文件，都对劳动争议的处理范围进行了规定。

早在新中国成立之初1950年，我国劳动部颁布的《关于劳动争议解决程序的规定》对一切国营、公营、私营、公私合营及合作社经营的企业中的劳动争议规定了申诉、协商、调解、仲裁、诉讼各种处理劳动争议的手段，并对劳动争议的范围作了规定，包括：(1)劳动条件事项(如工资、工时、生活待遇等)；(2)关于职工之雇佣、解雇及奖罚事项；(3)关于劳动保险及劳动保护事项；(4)关于企业内部劳动纪律与工作规则事项；(5)关于集体合同、劳动契约事项；(6)其他劳动争议事项。

我国国务院1993年颁布的《中华人民共和国企业劳动争议处理条例》，将劳动争议限定为我国境内企业与职工之间发生的以下争议：(1)因企业开除、除名、辞退职工和职工辞职、自动离职发生的争议；(2)执行国家有关工资、保险、福利、培训、劳动保护的规定发生的争议；(3)履行劳动合同发生的争议；(4)法律、法规规定应当依照本条例处理的其他劳动争议。与建国初期劳动争议的处理范围相比，1993年对劳动争议的定义范围有所缩小。

1995年开始实施的《劳动法》扩大了用人单位的范畴，将用人单位扩充到个体经济组织，劳动争议的处理范围间接扩大。

2007年年底通过的《劳动争议调解仲裁法》总结多年的劳动争议处理经验，明确了劳动争议调解的范围，并将劳动争议调解和仲裁的范围进行统一，归纳出它们可以处理的劳动争议类型共6种：(1)因确认劳动关系发生的争议；(2)因订立、履行、变更、解除和终止劳动合同发生的争议；(3)因除名、辞退和辞职、离职发生的争议；(4)因工作时间、休息休假、社会保险、福利、培训以及劳动保护发生的争议；(5)因劳动报酬、工伤医疗费、经济补偿或者赔偿金等发生的争议；(6)法律、法规规定的其他劳动争议。劳动争议处理范围已经相当广阔。

在《劳动争议调解仲裁法》规定的劳动争议范围的基础上，2010年，《最高人民法院关于审理劳动争议案件适用法律若干问题的解释(三)》又对几种案件是否属于劳动争议进行了明确：(1)劳动者以用人单位未为其办理社会保险手续，且社会保险经办机构不能补办导致其无法享受社会保险待遇为由，要求用人单位赔偿损失而发生的争议属于劳动争议，人民法院应予受理。(2)因企业自主进行改制引发的争议属于劳动争议，人民法院应予受理。(3)劳动者依据《劳动合同法》第85条规定，要求用人单位支付加付赔偿金的，属于劳动争议，人民法院应予受理。(4)企业停薪留职人员、未达到法定退休年龄的内退人员、下岗待岗人员以及企业经营性停产放长假人员，因与新的用人单位发生的用工争议属于劳动争议。

2. 非劳动争议范围

对非劳动争议范围，《最高人民法院关于审理劳动争议案件适用法律若干问题的解释(二)》(以下简称《解释(二)》)和《最高人民法院关于审理劳动争议案件适用法律若干问题的解释(三)》(以下简称《解释(三)》)都有规定。《解释(二)》规定下列争议不属于劳动争议：下列纠纷不属于劳动争议：(1)劳动者请求社会保险经办机构发放社会保险金的纠纷；(2)劳动者与用人单位因住房制度改革产生的公有住房转让纠纷；(3)劳动者对劳动能力鉴定委员会的伤残等级鉴定结论或者对职业病诊断鉴定委员会的职业病诊断鉴定结论的异议纠纷；(4)家庭或者个人与家政服务人员之间的纠纷；(5)个体工匠与帮工、学徒之间的纠纷；(6)农村承包经营户与受雇人之间的纠纷。

《解释(三)》明确规定，用人单位与其招用的已经依法享受养老保险待遇或领取退休金的人员发生的用工争议属于劳务关系争议，使实务中类似案件的处理有了法律依据。

总之，通过多部法律规范的明确，我国劳动争议的处理范围逐渐清晰。

四、中国劳动争议的处理制度

劳动争议和劳动争议处理是两个不同的概念。劳动争议是劳动者和用人单位因为劳动权利和劳动义务发生分歧、纠纷的事实状态。劳动争议处理是指通过什么途径、由什么部门、按照什么程序解决劳动纠纷。一些学者又将劳动争议处理称为劳动争议救济。[①]

(一)中国传统的劳动争议处理制度

建国 60 多年来，我国形成了以“协商、调解、一裁两审”为模式的劳动争议处理制度。这个过程充斥着反复与探索，也伴随着大量法律文件的立和废。

1. 建国初期劳动争议处理模式的确立。新中国刚成立不久，劳动部便出台了《市劳动争议仲裁委员会组织及工作规则》、《关于解决劳动争议程序的规定》，希望解决我国多种所有制企业中存在的劳资矛盾尖锐的问题。在《关于解决劳动争议程序的规定》中，我国首先将协商作为解决劳资矛盾的方式，“各企业内发生劳动争议时，应先由争议双方协商解决：双方能协商解决者，成立协议后，申请当地劳动行政机关审查备案。劳动行政机关如认为该项协议有违反政府劳动政策和法令时，得令其修改或废止之”。其次主张调解、仲裁及诉讼模式。“双方不能协商解决者，国营、公营、公私合营与合作社经营之企业，应由争议双方之上级工会组织与上级企业主管机关协商解决；私营企业，应由该产业之工会组织及同业公会协助解决。劳动争议依上述方式处理如仍不能解决，得申请当地劳动行政机关调解；调解不成，由劳动争议仲裁委员会仲裁。劳动争议经仲裁后，如当事人之一方仍不服时，须于仲裁决定书送达后五日内通知劳动行政机关，并向人民法院提出控诉，请求判决。否则，仲裁决定即具有法律效力”。因此，“协商、调解、仲裁、诉讼”这样的劳动争议处理模式在我国建国之初便得以确立。

2. 20 世纪 50 年代劳动争议处理模式的废弃。随着社会主义改造的完成，我国所有制形式单一化，劳动争议数量减少，劳动部于 1955 年以后陆续撤销了劳动争议处理机构，劳动争议的处理工作由信访部门承担，先前确立的劳动争议处理程序被废弃。

3. 20 世纪 80 年代劳动争议处理制度恢复。80 年代，我国开始国营企业用工制度改革，国务院颁布了《国营企业劳动合同制暂行规定》、《国营企业招用工人暂行规定》、《国营企业辞退违纪职工暂行规定》、《国营企业职工待业保险暂行规定》等一系列行政法规。随着用工制度的改革，也产生了建立劳动争议处理制度的要求。1986 年 7 月 31 日，国务院颁布了《国营企业劳动争议处理暂行规定》，恢复了中断多年的劳动争议仲裁和审判制度。

4. 20 世纪 90 年代劳动争议处理制度基本确立。以劳动合同确立劳动关系打破了过去

---

① 王广彬、刘芝祥：《劳动法》，中国政法大学出版社 2009 年版，第 267 页。

依靠行政力量确定人力分配的模式。此后，不同所有制企业内部的劳动争议更加突出，制定统一的劳动争议处理制度势在必行。1993 年，《企业劳动争议处理条例》、《劳动争议仲裁委员会组织规则》、《劳动争议仲裁委员会办案规则》、《企业劳动争议调解委员会组织和工作规则》等一系列法规、规章相继出台，“一调一裁两审”的劳动争议处理制度基本成型。这一制度经过 1994 年颁布的《劳动法》，以法律的形式得以确认。

5. 传统劳动争议处理制度存在的问题。“协商、调解、一裁两审”的传统劳动争议处理制度为解决我国生产实践中存在的劳动争议作出了巨大贡献。但传统的劳动争议处理制度也存在一些问题。譬如，协商、调解、仲裁在解决劳动争议的过程中效果不理想，劳动争议最终多会进入到诉讼程序，争议处理程序过长，劳动争议当事人和国家都要为解决劳动争议付出较大成本。2007 年 12 月 29 日，全国人大颁布《劳动争议调解仲裁法》。该法的颁布和实施标志着我国劳动争议处理制度得到了进一步的完善。

(二)《劳动争议调解仲裁法》对传统劳动争议处理制度的改进

为了解决劳动争议处理周期长的问题，及时处理劳动争议、保护劳动者合法权益，《劳动争议调解仲裁法》按照合法、公正、及时、着重调解的原则，对现行劳动争议处理体制作了必要的改革完善，具体内容是：

1. 规定了部分劳动争议案件可以一裁终局。《劳动争议调解仲裁法》规定，除本法另有规定外，对于小额案件和劳动标准两种类型案件的仲裁裁决是终局裁决。因此，对于这两类案件，当事人可以按照协商、调解、仲裁的程序处理，可以不必进行到诉讼阶段，意在对劳动争议案件进行分类，部分简化劳动争议处理程序。

2. 加强调解程序在劳动争议处理中的作用。主要表现在这些方面：一是额外增加了两种调解机构的类型，意在充实调解机构的力量；二是提高了对劳动争议调解组织及调解员的要求，提高调解能力；三是适当提高了调解协议的效力，赋予劳动者在用人单位不履行达成的因支付拖欠劳动报酬、工伤医疗费、经济补偿或者赔偿金事项的调解协议时，可以持调解协议书向人民法院申请支付令的权利。

3. 实体化劳动争议仲裁机构，专业化仲裁员队伍，加强仲裁力量。劳动争议仲裁委员会作为劳动行政部门代表、工会代表和企业方面代表组成的三方组织，属于虚设机构，缺乏实体机构的支撑。《劳动人事争议仲裁组织规则》首先规定仲裁委员会可以下设实体化的办事机构，具体承担争议调解仲裁等日常工作，意在实体化仲裁机构。其次，提高了仲裁员的选任标准，将曾任审判员的人员纳入仲裁员聘任人选，将劳动行政部门聘任的人选从事劳动争议处理工作的年限由三年提高到五年，对专家学者的职称和律师执业年限也提出了要求，意在提高仲裁员队伍的专业化素质，提高仲裁机构处理劳动争议案件的质量，强化仲裁分量。

4. 延长劳动者申请仲裁的时效，缩短包括仲裁申请受理、仲裁申请书副本送达、仲裁庭组庭、仲裁裁决在内的各种期限，有利于保护劳动者利益。劳动者申请仲裁的时效由以前的 60 日延长至 1 年。仲裁受理期限由以前的自收到仲裁申请之日起 7 日内决定缩短为 5 日内决定；仲裁委员会将仲裁申请书副本送达被申请人的期限由其受理仲裁申请后的 7 日内改为 5 日内；将仲裁委员会应在受理仲裁申请之日起 7 日内组成仲裁庭调整为 5 日内组庭；仲裁裁决的期限由过去的自收到仲裁申请的 60 日内作出，特殊情况可延长 30 日改为自受理仲裁申请之日起 45 日内结束，特殊情况，延长期限不得超过 15 日。普遍缩短了期限，避免劳资诉累。

第二节 劳动争议处理的基本原则

劳动争议处理的基本原则,应是在调解、仲裁、诉讼程序中普遍体现的处理劳动争议的准则。根据《劳动法》第 77 条和第 78 条的规定,“调解原则适用于仲裁和诉讼程序”,“解决劳动争议,应当根据合法、公正、及时处理的原则,依法维护劳动争议当事人的合法权益”,因而,学者多讲调解原则、依法处理原则、公正处理原则、及时处理原则。

一、调解原则

调解是指在第三方的主持、劝说下,争议双方相互体谅、让步最终达到消除争议的一种方法。劳动争议与其他争议不同,劳动争议双方的关系特殊,劳动者和用人单位之间相互对立,又相互依存,因而通过调解方式和平解决纷争,比诉讼方式让双方对簿公堂,更有利于维护劳动者和用人单位的和谐关系,因而,在处理劳动争议的各种程序中,我国特别注重调解的作用。

调解在调解程序中的作用自不必说,我国在仲裁和诉讼程序中也很强调采用调解方式解决纠纷。《劳动争议调解仲裁法》第 42 条规定:“仲裁庭在作出裁决前,应当先行调解。”

但调解也不能久调不决,在调解不成或者调解书送达前,一方当事人反悔的,仲裁庭应当及时作出裁决;法院要及时判决。因而,调解强调自愿调解,而不能是被迫调解。

二、及时处理原则

及时处理原则对于解决劳动争议纠纷是比较重要的。劳动争议背后隐藏的往往是劳动者与用人单位之间的经济利益矛盾,因而及时解决劳动争议有利于维护劳动者利益,帮助用人单位从劳动纠纷中解脱出来,全力投入到生产经营中去。

我国最近几年对处理劳动争议的相关法律进行了调整,缩短处理劳动争议的期限,增强调解、仲裁的效用,力图使劳动争议化解在基层,这也是及时处理原则的体现。

三、依法处理原则

对于任何争议都需要依法处理。对劳动争议依法处理的内涵包括三个层次:第一个层次是依据法律、法规的相关规定;第二个层次是依据集体合同或劳动合同的有效约定;第三个层次是依据合法有效的用人单位的内部约定。《最高人民法院关于审理劳动争议案件适用法律若干问题的解释(一)》第 19 条规定:“用人单位根据《劳动法》第四条之规定,通过民主程序制定的规章制度,不违反国家法律、行政法规及政策规定,并已向劳动者公示的,可以作为人民法院审理劳动争议案件的依据。”这三层内涵可以依次作为处理劳动争议的依据。其中法律、法规的强制性规定效力最高,法律未强制规定的空间赋予了劳动合同当事人自由缔约的权利。关于合同约定与内部规章的效力大小,《最高人民法院关于审理劳动争议案件适用法律若干问题的解释(二)》第 16 条规定:“用人单位制定的内部规章制度与集体合同或者劳动合同约定的内容不一致,劳动者请求优先适用合同约定的,人民法院应予支持。”

四、公正处理原则

公正处理原则是指劳动争议处理机构在解决劳动争议纠纷时，应秉持公平，对争议的任何一方都不偏袒，争议双方当事人应地位平等，平等地适用法律，没有谁可以拥有超越法律的特权。公平公正是法律的基本要义。处理劳动争议应让争议双方感觉到自己得到了应有的、平等的对待。

第三节　劳动争议的调解

我们这里所讲的调解不是泛指劳动争议仲裁程序、诉讼程序中都有的调解环节，而是特指劳动争议调解机构的调解。以前我国的劳动争议调解机构限于企业内部的劳动争议调解委员会，调解的法律依据主要是《企业劳动争议处理条例》第二章的"企业调解"部分和《企业劳动争议调解委员会组织及工作规则》。2007 年我国通过了《劳动争议调解仲裁法》，将劳动争议调解机构扩大为三类组织，上述法规失效，现在劳动争议调解依据的法律主要是《劳动争议调解仲裁法》第二章"调解"部分、《人民调解法》等法律、法规。

一、劳动争议调解的概念

劳动争议调解是指劳动争议双方在劳动争议调解机构的主持协调下，通过对争议问题充分沟通、换位思考，以期找到彼此都能接受的解决纠纷平衡点的一种方式。协商也是《劳动法》提倡的一种解决劳动争议的方式，但调解与协商不同，主要体现在这些方面：

1. 主体不同。协商的主体限于发生争议的两方当事人，而调解的主体牵涉到三方当事人，即争议双方当事人和调解组织。

2. 解决争议的效果不同。协商的前提是当事人自愿，但协商常会因当事人达不成一致意见而中断，因而解决争议的效果不明显。调解由于有第三方力量的介入，并且第三方处于中立者的地位，更容易帮助争议双方达成协议，解决纷争。

二、劳动争议的调解机构

《劳动争议调解仲裁法》对劳动争议处理制度的一个明显改革就是增加了劳动争议调解机构的类型，意在加强我国解决劳动争议纠纷的调解能力，将劳资矛盾及时解决。我国《劳动争议调解仲裁法》第 10 条规定："发生劳动争议，当事人可以到下列调解组织申请调解：(一)企业劳动争议调解委员会；(二)依法设立的基层人民调解组织；(三)在乡镇、街道设立的具有劳动争议调解职能的组织。"由此可见，我国劳动争议调解机构主要包括三种类型：

(一)企业劳动争议调解委员会

企业劳动争议调解委员会是我国最早的劳动争议调解机构，《劳动争议调解仲裁法》对这个调解机构予以保留。在《劳动争议调解仲裁法》出台之前，企业劳动争议调解委员会主要由《企业劳动争议处理条例》和《企业劳动争议调解委员会组织及工作规则》等法规规范。但随着《劳动争议调解仲裁法》的颁布，这些文件已于 2010 年被人力资源和社会保障部废止。现在我国针对企业劳动争议委员会的法律文件主要是《劳动争议调解仲裁法》。

对企业劳动争议调解委员会的组成,《劳动争议调解仲裁法》进行了规定:"企业劳动争议调解委员会由职工代表和企业代表组成。职工代表由工会成员担任或者由全体职工推举产生,企业代表由企业负责人指定。企业劳动争议调解委员会主任由工会成员或者双方推举的人员担任。"与先前的《企业劳动争议调解委员会组织及工作规则》(以下简称《工作规则》)相比,职工代表的选任更为简化,除了可由全体职工推举产生之外,还可以由工会成员直接担任。《劳动争议调解仲裁法》还弱化了《工作规则》中规定的工会代表的角色,将《工作规则》中的职工代表、企业代表、代表中立方的工会代表三方主体改为职工代表、企业代表和作为中立方的调解委员会主任。调解委员会主任不仅可以由工会成员组成,也可以由双方推举的人担任。这主要是考虑到工会代表的就是职工的利益,因此规定企业劳动争议调解委员会由职工代表和企业代表组成;职工代表由工会成员担任或者由全体职工推举产生;主任由工会代表或者双方推举的人员担任。

(二)基层人民调解组织

人民调解组织是我国人民调解制度的重要组成部分。人民调解制度是中国共产党领导人民在革命根据地创建的依靠群众解决民间纠纷的,实行群众自治的一种自治制度。我国曾出台过多部法规对其进行规范,1954 年的《人民调解委员会暂行组织通则》,1989 年的《人民调解委员会组织条例》、2002 年的《人民调解工作若干规定》对其进行了详细规定。2010 年的《人民调解法》说明我国对人民调解的作用开始重新认识。人民调解,是指人民调解组织通过说服、疏导等方法,促使当事人在平等协商的基础上自愿达成调解协议,解决民间纠纷的活动。人民调解委员会是依法设立的调解民间纠纷的群众性组织。《劳动争议调解仲裁法》也将基层人民调解组织作为劳动争议调解机构的一种类型。

1. 基层人民调解委员会。《劳动争议调解仲裁法》第 10 条所说的"依法设立的基层人民调解组织"是指什么?根据劳社部[2008]7 号文——关于印发《中华人民共和国劳动争议调解仲裁法》宣传提纲的通知可知,《劳动争议调解仲裁法》所说的基层人民调解组织是指根据《人民调解委员会组织条例》设立的人民调解委员会,即指村民委员会和居民委员会下设的人民调解委员会。《人民调解工作若干规定》第 10 条规定:"人民调解委员会可以采用下列形式设立:(一)农村村民委员会、城市(社区)居民委员会设立的人民调解委员会;(二)乡镇、街道设立的人民调解委员会;(三)企业事业单位根据需要设立的人民调解委员会;(四)根据需要设立的区域性、行业性的人民调解委员会。"因而,《劳动争议调解仲裁法》中的基层调解组织即是上述四种类型中的第一种类型——农村村民委员会、城市(社区)居民委员会设立的人民调解委员会。

2. 基层人民调解委员会的组成及任务。村民委员会、居民委员会的人民调解委员会委员由村民会议或者村民代表会议、居民会议推选产生。调解委员会由委员三至九人组成,设主任一人,必要时,可以设副主任若干人。人民调解委员会应当有妇女成员,多民族居住的地区应当有人数较少民族的成员。人民调解委员会委员每届任期三年,可以连选连任。人民调解委员会的任务是:调解民间纠纷,防止民间纠纷激化;通过调解工作宣传法律、法规、规章和政策,教育公民遵纪守法,尊重社会公德,预防民间纠纷发生;向村民委员会、居民委员会和基层人民政府反映民间纠纷和调解工作的情况。

3. 人民调解员。人民调解员由人民调解委员会委员和人民调解委员会聘任的人员担任。人民调解员应当由公道正派、热心人民调解工作,并具有一定文化水平、政策水平和法律知识的成年公民担任。

4. 基层调解委员会的调解。人民调解委员会调解民间纠纷不收费。人民调解委员会的工作经费和调解委员的补贴经费,由村民委员会或者居民委员会解决。基层人民调解委员会在基层人民政府和基层人民法院指导下进行工作。基层人民法院、公安机关对适宜通过人民调解方式解决的纠纷,可以在受理前告知当事人向人民调解委员会申请调解。人民调解委员会根据调解纠纷的需要,可以指定一名或者数名人民调解员进行调解,也可以由当事人选择一名或者数名人民调解员进行调解。人民调解员根据调解纠纷的需要,在征得当事人的同意后,可以邀请当事人的亲属、邻里、同事等参与调解,也可以邀请具有专门知识、特定经验的人员或者有关社会组织的人员参与调解。人民调解委员会支持当地公道正派、热心调解、群众认可的社会人士参与调解。人民调解员调解民间纠纷,应当坚持原则,明法析理,主持公道。调解民间纠纷,应当及时、就地进行,防止矛盾激化。人民调解员在调解纠纷的过程中,发现纠纷有可能激化的,应当采取有针对性的预防措施;对有可能引起治安案件、刑事案件的纠纷,应当及时向当地公安机关或者其他有关部门报告。人民调解员调解纠纷,调解不成的,应当终止调解,并依据有关法律、法规的规定,告知当事人可以依法通过仲裁、行政、司法等途径维护自己的权利。

(三)乡镇、街道设立的具有劳动争议调解职能的组织

根据劳社部[2008]7号文——关于印发《中华人民共和国劳动争议调解仲裁法》宣传提纲的通知可知,《劳动争议调解仲裁法》所说的乡镇、街道设立的具有劳动争议调解职能的组织是指在乡镇、街道设立的区域性调解组织等。《人民调解法》附则中规定,乡镇、街道以及社会团体或者其他组织根据需要可以参照本法有关规定设立人民调解委员会,调解民间纠纷。

三、劳动争议的调解范围

根据我国多年来处理劳动争议的经验,《劳动争议调解仲裁法》将劳动争议调解的范围规定为:"(一)因确认劳动关系发生的争议;(二)因订立、履行、变更、解除和终止劳动合同发生的争议;(三)因除名、辞退和辞职、离职发生的争议;(四)因工作时间、休息休假、社会保险、福利、培训以及劳动保护发生的争议;(五)因劳动报酬、工伤医疗费、经济补偿或者赔偿金等发生的争议;(六)法律、法规规定的其他劳动争议。"

四、劳动争议的调解程序

劳动争议的调解程序基本包括申请、调解、达成协议三个步骤。

1. 申请。当事人申请劳动争议调解可以书面申请,也可以口头申请。口头申请的,调解组织应当当场记录申请人的基本情况、申请调解的争议事项、理由和时间。

2. 调解。调解劳动争议,应当充分听取双方当事人对事实和理由的陈述,耐心疏导,帮助其达成协议。

3. 达成或达不成调解协议。经调解达成协议的,应当制作《调解协议书》。《调解协议书》由双方当事人签名或者盖章,经调解员签名并加盖调解组织印章后生效,对双方当事人具有约束力,当事人应当履行。自劳动争议调解组织收到调解申请之日起15日内未达成调

解协议的，当事人可以依法申请仲裁。达成调解协议后，一方当事人在协议约定期限内不履行调解协议的，另一方当事人可以依法申请仲裁。

与废止的《企业劳动争议调解委员会组织及工作规则》相比，《劳动争议调解仲裁法》规定的调解程序也有所不同。

首先，《劳动争议调解仲裁法》对劳动争议申请调解的时间没再进行限定，而《工作规则》是有申请劳动争议调解的时间限制的。《工作规则》规定："当事人申请调解，应当自知道或应当知道其权利被侵害之日起三十日内，以口头或书面形式向调解委员会提出申请，并填写《劳动争议调解申请书》。"《劳动争议调解仲裁法》只规定："当事人申请劳动争议调解可以书面申请，也可以口头申请。口头申请的，调解组织应当当场记录申请人基本情况、申请调解的争议事项、理由和时间。"对申请调解的时间并没有限制。

其次，《劳动争议调解仲裁法》规定的调解期限较短。《劳动争议调解仲裁法》规定："自劳动争议调解组织收到调解申请之日起十五日内未达成调解协议的，当事人可以依法申请仲裁。"即 15 天是劳动争议调解的最长期限。《工作规则》规定："调解委员会调解劳动争议，应当自当事人申请调解之日起三十日内结束。到期未结束的，视为调解不成。"因而，新法比旧规章的调解期限缩短了一半时间。

最后，劳动争议调解协议的效力大大增强。《劳动争议调解仲裁法》规定："经调解达成协议的，应当制作调解协议书"，"调解协议书由双方当事人签名或者盖章，经调解员签名并加盖调解组织印章后生效，对双方当事人具有约束力，当事人应当履行"，"达成调解协议后，一方当事人在协议约定期限内不履行调解协议的，另一方当事人可以依法申请仲裁"。并且还特别规定"因支付拖欠劳动报酬、工伤医疗费、经济补偿或者赔偿金事项达成调解协议，用人单位在协议约定期限内不履行的，劳动者可以持调解协议书依法向人民法院申请支付令。人民法院应当依法发出支付令"。即对于像拖欠劳动报酬等特定事项的调解协议，用人单位不履行时，劳动者可以依调解协议申请支付令，此规定赋予了劳动争议调解书更强的法律效力，在一定程度上避免了现实生活中轻视调解协议，调了白调的现象。《最高人民法院关于审理劳动争议案件适用法律若干问题的解释(二)》也有类似规定："当事人在劳动争议调解委员会主持下达成的具有劳动权利义务内容的调解协议，具有劳动合同的约束力，可以作为人民法院裁判的根据。当事人在劳动争议调解委员会主持下仅就劳动报酬争议达成调解协议，用人单位不履行调解协议确定的给付义务，劳动者直接向人民法院起诉的，人民法院可以按照普通民事纠纷受理。"

为了使包括劳动争议在内的民事纠纷在基层得以解决，《人民调解法》第 33 条进一步规定："经人民调解委员会调解达成调解协议后，双方当事人认为有必要的，可以自调解协议生效之日起三十日内共同向人民法院申请司法确认，人民法院应当及时对调解协议进行审查，依法确认调解协议的效力。人民法院依法确认调解协议有效，一方当事人拒绝履行或者未全部履行的，对方当事人可以向人民法院申请强制执行。人民法院依法确认调解协议无效的，当事人可以通过人民调解方式变更原调解协议或者达成新的调解协议，也可以向人民法院提起诉讼。"即经人民法院确认效力的调解协议便有了强制执行力，使调解协议的效力和调解功效大大增强。

第四节　劳动争议的仲裁

劳动争议仲裁是指由劳动争议仲裁委员会对劳动者与用人单位因劳动关系产生的纠纷依法裁决的活动。在我国,劳动关系当事人不愿调解、调解不成或者达成调解协议后不履行的,可以向劳动争议仲裁委员会申请仲裁,因而,劳动争议调解不是解决劳动争议的必经程序。但劳动争议仲裁是解决劳动纠纷的必经程序。《劳动争议调解仲裁法》规定,除法律另有规定的外,只有对仲裁裁决不服的,可以向人民法院提起诉讼。因而,因劳动争议向法院提起诉讼,经过劳动争议仲裁一般是其前置程序。

我国的劳动争议仲裁制度依据的法律文件主要有:《劳动法》第十章"劳动争议"、《劳动争议调解仲裁法》第三章"仲裁",2008 年 12 月 17 日公布实施的《劳动人事争议仲裁办案规则》、2010 年 1 月 27 日公布实施的《劳动人事争议仲裁组织规则》等法律、法规。

一、仲裁机构

为进一步发挥我国人力资源优势,统筹机关企事业单位人员管理,整合人才市场与劳动力市场,建立统一规范的人力资源市场,我国于 2008 年国务院机构改革中,将人事部和劳动和社会保障部合并成为人力资源和社会保障部,意在打破过去因身份将劳动者分为干部和工人,将人力资源市场分为人才市场和劳动力市场,将劳动过程中产生的争议分为人事争议和劳动争议的划分模式。随后,《劳动人事争议仲裁办案规则》将劳动争议仲裁资源与人事争议仲裁资源整合为劳动人事争议仲裁委员会,《劳动人事争议仲裁组织规则》明确将其定性为由人民政府依法设立,专门处理劳动、人事争议案件的机构。至此,我国对劳动争议与人事争议的处理不再分由两个部门、依据两套法律法规、两种办案程序办理,节约了仲裁资源,方便了当事人。

(一)劳动人事争议仲裁委员会及其办事机构

1. 劳动人事争议仲裁委员会的设立与组成。劳动人事争议仲裁委员会按照统筹规划、合理布局和适应实际需要的原则设立,由省、自治区、直辖市人民政府依法决定。

仲裁委员会由干部主管部门代表,人力资源社会保障行政部门等相关行政部门代表,军队及聘用单位文职人员工作主管部门代表,工会代表,用人单位代表等组成。仲裁委员会组成人员应当是单数。仲裁委员会设主任一名,副主任和委员若干名。仲裁委员会主任由行政部门代表担任。仲裁委员会经费依法由财政予以保障。

2. 劳动人事争议仲裁委员会的职责。仲裁委员会依法履行下列职责:(1)聘任、解聘专职或者兼职仲裁员;(2)受理争议案件;(3)讨论重大或者疑难的争议案件;(4)对仲裁活动进行监督。仲裁委员会应当每年至少召开两次全体会议,研究本委职责的履行情况和重要工作事项。仲裁委员会主任或者 1/3 以上的仲裁委员会组成人员提议召开仲裁委员会会议的,应当召开。仲裁委员会的决定实行少数服从多数的原则。

3. 劳动人事争议仲裁委员会的办事机构。《劳动人事争议仲裁组织规则》规定,仲裁委员会可以下设实体化的办事机构,具体承担争议调解仲裁等日常工作。办事机构名称和仲裁员等工作人员按照地方人民政府规定进行规范和配备。仲裁委员会组成单位可以派兼职仲裁员常驻办事机构,参与争议调解仲裁活动。

根据国务院大部制改革方案和相关法律文件,各地纷纷整合劳动争议和人事争议仲裁委员会。例如:广东省就于2011年撤销原广东省劳动争议仲裁委员会和原广东省人事争议仲裁委员会,成立广东省劳动人事争议仲裁委员会。仲裁委员会主任由广东省人力资源和社会保障厅厅长担任,组成成员来自省总工会、企业联合会、教育厅、省科技厅、监察厅、司法厅等多个部门。由于组成人员来自众多部门,因而劳动人事仲裁委员会主要通过开会方式处理劳动争议疑难案件等其他重要工作,日常工作往往通过其办事机构处理。现在各地纷纷成立劳动人事仲裁院作为劳动人事仲裁委员会的办事机构。广东省劳动人事仲裁委员会就授权广东省劳动人事争议调解仲裁院自2011年3月1日起处理广东省劳动人事争议仲裁委员会管辖的劳动、人事争议案件,并且相关法律文书可以使用"广东省劳动人事争议调解仲裁院"印章。

(二)仲裁庭

仲裁委员会处理争议案件应当组成仲裁庭,实行一案一庭制。处理下列争议案件应当由三名仲裁员组成仲裁庭,设首席仲裁员:(1)10人以上集体劳动、人事争议;(2)有重大影响的争议;(3)仲裁委员会认为应当由三名仲裁员组庭处理的其他案件。简单案件可以由一名仲裁员独任仲裁。记录人员不得由本庭仲裁员兼任。仲裁庭组成不符合规定的,仲裁委员会应当予以撤销并重新组庭。

为了增强劳动人事仲裁的严肃性,《组织规则》还规定,仲裁委员会应当有专门的仲裁场所。仲裁场所应悬挂仲裁徽章,张贴仲裁庭纪律及注意事项等,并配备必要的办案设备。当事人和旁听人员应当遵守仲裁庭纪律,未经仲裁庭许可,不得进行录音、录像、拍照以及其他妨碍庭审的活动。仲裁员在仲裁活动中应当着正装,佩戴仲裁徽章。

(三)仲裁员

1. 仲裁员的聘任条件。仲裁员是由仲裁委员会聘任,依法调解和仲裁争议案件的专业工作人员。仲裁员分为专职仲裁员和兼职仲裁员。仲裁委员会可以依法聘任一定数量的专职仲裁员,也可以根据办案工作需要,依法从干部主管部门、人力资源社会保障行政部门、军队及聘用单位文职人员工作主管部门、工会、企业组织等相关机构的人员以及专家、学者、律师中聘任兼职仲裁员。仲裁员应当公道正派并符合下列条件之一:(1)曾任审判员的;(2)从事法律研究、教学工作并具有中级以上职称的;(3)具有法律知识、从事人力资源管理或者工会等专业工作满五年的;(4)律师执业满三年的。

2. 仲裁员的培训制度。人力资源社会保障行政部门负责对拟聘任的仲裁员进行聘前培训。担任地(市)、县(区)仲裁委员会仲裁员的,参加省、自治区、直辖市人力资源社会保障行政部门组织的仲裁员聘前培训。担任省、自治区、直辖市仲裁委员会仲裁员和副省级城市仲裁委员会仲裁员的,参加人力资源社会保障部组织的聘前培训。人力资源社会保障行政部门负责每年对本行政区域内的仲裁员进行业务培训。

3. 仲裁员的职责。仲裁员自被仲裁委员会聘任之日起,即具有以下职责:(1)依法调解和仲裁争议案件;(2)法律、法规规定的其他职责。仲裁员聘期一般为三年,由仲裁委员会负责考核,考核结果作为解聘和续聘的依据。仲裁员在聘期内有工作岗位变动、考核不合格以及按照本规则规定应予解聘等情形的,仲裁委员会应当予以解聘。仲裁委员会对聘期届满未被续聘的仲裁员、被解聘的仲裁员、辞职的仲裁员以及其他原因不再聘任的仲裁员,应当及时收回仲裁员证和仲裁徽章，并予以公告。

二、仲裁原则

仲裁委员会处理争议案件，应当遵循合法、公正的原则，先行调解，及时裁决。这和劳动争议处理的总原则没有太大区别，在此不再赘述。我们主要介绍一下仲裁过程中，比较有特色的三方原则。

三方原则是指劳动争议仲裁委员会由劳动行政部门、工会、用人单位三方代表组成，分别代表政府、职工利益、用人单位利益，三方在处理劳动争议案件或研究劳动关系问题中，按照民主集中制原则和相关程序，平等协商，共同决定，一起维护三方合法权益的原则。

我国很重视三方原则。1996 年劳动部颁布的《关于进一步完善劳动争议仲裁三方机制的通知》就指出：在处理劳动争议案件的过程中，保证三方仲裁员均可担任首席仲裁员、参加仲裁庭、独任审理案件。对重大案件的审理，三方仲裁员都应出席。审理案件都要坚持公正的立场，不得偏袒任何一方。

2008 年，我国国务院进行机构改革，将原人事部与劳动和社会保障部整合为人力资源和社会保障部，劳动争议仲裁委员会和人事仲裁委员会合并，成立劳动人事争议仲裁委员会。但三方原则依然是劳动仲裁的原则，《劳动人事争议仲裁办案规则》第 4 条第 2 款就规定："仲裁委员会处理因履行集体合同发生的劳动争议，应当按照三方原则组成仲裁庭处理。"

三、仲裁程序

（一）申请和受理

1. 申请

（1）申请仲裁的时效。《劳动争议调解仲裁法》对仲裁时效作了这几方面的调整：一是延长了申请仲裁的时效期间，由过去的 60 日调整为 1 年，从当事人知道或者应当知道其权利被侵害之日起计算。二是针对劳动关系存续期间，用人单位欠薪严重，而劳动者不敢申请仲裁的情况，劳动者申请仲裁不受 1 年时效的限制，但应在劳动关系终止之日起 1 年内提出。三是补充规定了时效中断制度。规定仲裁时效因当事人一方向对方当事人主张权利，或者向有关部门请求权利救济，或者对方当事人同意履行义务而中断。从中断时起，时效期间重新计算。四是完善了时效中止制度。规定因不可抗力或者有其他正当理由，当事人不能在时效期间内申请仲裁的，时效中止。从中止时效的原因消除之日起，时效期间继续计算。

前款规定的仲裁时效，因当事人一方向对方当事人主张权利，或者向有关部门请求权利救济，或者对方当事人同意履行义务而中断。从中断时起，仲裁时效期间重新计算。因不可抗力或者有其他正当理由，当事人不能在本条第 1 款规定的仲裁时效期间申请仲裁的，仲裁时效中止。从中止时效的原因消除之日起，仲裁时效期间继续计算。劳动关系存续期间因拖欠劳动报酬发生争议的，劳动者申请仲裁不受本条第 1 款规定的仲裁时效期间的限制；但是，劳动关系终止的，应当自劳动关系终止之日起 1 年内提出。

（2）仲裁管辖。劳动争议仲裁委员会负责管辖本区域内发生的劳动争议。劳动争议由劳动合同履行地或者用人单位所在地的劳动争议仲裁委员会管辖。双方当事人分别向劳动合同履行地和用人单位所在地的劳动争议仲裁委员会申请仲裁的，由劳动合同履行地的劳动争议仲裁委员会管辖。劳动合同履行地为劳动者实际工作场所地，用人单位所在地为用人单位注册、登记地。用人单位未经注册、登记的，其出资人、开办单位或主管部门所在地为用人单位所在地。

案件受理后，劳动合同履行地和用人单位所在地发生变化的，不改变争议仲裁的管辖。多个仲裁委员会都有管辖权的，由先受理的仲裁委员会管辖。仲裁委员会发现已受理案件不属于其管辖范围的，应当移送至有管辖权的仲裁委员会，并书面通知当事人。对上述移送案件，受移送的仲裁委员会应依法受理。受移送的仲裁委员会认为受移送的案件依照规定不属于本仲裁委员会管辖，或仲裁委员会之间因管辖争议协商不成的，应当报请共同的上一级仲裁委员会主管部门指定管辖。

当事人提出管辖异议的，应当在答辩期满前书面提出。当事人逾期提出的，不影响仲裁程序的进行，当事人因此对仲裁裁决不服的，可以依法向人民法院起诉或者申请撤销。

(3)仲裁参加人。《劳动争议调解仲裁法》对仲裁参加人的规定与以往规定一致，但也补充了新的规定，使仲裁参加人制度更加完善，主要体现在这些方面：

一是规定了当事人。发生劳动争议的劳动者和用人单位为劳动争议仲裁案件的双方当事人。劳动者死亡的，由其近亲属或者代理人参加仲裁活动。同时补充规定了新的内容，即劳务派遣单位或者用工单位与劳动者发生劳动争议的，劳务派遣单位和用工单位为共同当事人。

二是规定了第三人。与劳动争议案件的处理结果有利害关系的第三人，可以申请参加仲裁活动或者由劳动争议仲裁委员会通知其参加仲裁活动。

三是规定了代理人。①委托代理人。当事人可以委托代理人参加仲裁活动。委托他人参加仲裁活动，应当向劳动争议仲裁委员会提交有委托人签名或者盖章的委托书，委托书应当载明委托事项和权限。②法定代理人。丧失或者部分丧失民事行为能力的劳动者，由其法定代理人代为参加仲裁活动。③指定代理人。无法定代理人的，由劳动争议仲裁委员会为其指定代理人。

(4)仲裁申请书。申请人申请仲裁应当提交书面仲裁申请，并按照被申请人人数提交副本。仲裁申请书应当载明下列事项：①劳动者的姓名、性别、年龄、职业、工作单位、住所、通信地址和联系电话，用人单位的名称、住所、通信地址、联系电话和法定代表人或者主要负责人的姓名、职务；②仲裁请求和所根据的事实、理由；③证据和证据来源，证人姓名和住所。

书写仲裁申请确有困难的，可以口头申请，由仲裁委员会记入笔录，经申请人签名或者盖章确认。申请人的书面仲裁申请材料齐备的，仲裁委员会应当出具收件回执。对于仲裁申请书不规范或者材料不齐备的，仲裁委员会应当当场或者在 5 日内一并告知申请人需要补正的全部材料。申请人按要求补正全部材料的，仲裁委员会应当出具收件回执。

2. 受理

劳动争议仲裁委员会收到仲裁申请之日起 5 日内，认为符合受理条件的，应当受理，并通知申请人；认为不符合受理条件的，应当书面通知申请人不予受理，并说明理由。对劳动争议仲裁委员会不予受理或者逾期未作出决定的，申请人可以就该劳动争议事项向人民法院提起诉讼。

(1)受理的情况。仲裁委员会对符合下列条件的仲裁申请应当予以受理，并在收到仲裁申请之日起 5 日内向申请人出具受理通知书：①属于《办案规则》规定的劳动人事争议范围的；②有明确的仲裁请求和事实理由的；③在申请仲裁的法定时效期间内的；④属于仲裁委员会管辖范围的。对不符合第4项规定的仲裁申请，仲裁委员会应当在收到仲裁申请之日起5日内，向申请人作出书面说明并告知申请人向有管辖权的仲裁委员会申请仲裁。

仲裁委员会受理案件后，发现不应当受理的，除管辖错误应当移送有管辖权的仲裁机构外，应当撤销案件，并自决定撤销案件后5日内，书面通知当事人。

仲裁委员会在申请人申请仲裁时，可以引导当事人通过协商、调解等方式解决争议，给予必要的法律释明及风险提示。仲裁委员会受理仲裁申请后，应当在5日内将仲裁申请书副本送达被申请人。被申请人收到仲裁申请书副本后，应当在10日内向仲裁委员会提交答辩书。仲裁委员会收到答辩书后，应当在5日内将答辩书副本送达申请人。被申请人逾期未提交答辩书的，不影响仲裁程序的进行。

被申请人可以在答辩期间提出反申请，仲裁委员会应当自收到被申请人反申请之日起5日内决定是否受理并通知被申请人。决定受理的，仲裁委员会可以将反申请和申请合并处理。该反申请如果是应当另行申请仲裁的争议，仲裁委员会应当书面告知被申请人另行申请仲裁；该反申请如果是不属于本规则规定应当受理的争议，仲裁委员会应当向被申请人出具不予受理通知书。被申请人在答辩期满后对申请人提出反申请的，应当另行提出，另案处理。

(2)不受理的情况。对不符合上述第1项、第2项、第3项条件之一的，仲裁委员会不予受理，并在收到仲裁申请之日起5日内向申请人出具不予受理通知书。对仲裁委员会逾期未作出决定或决定不予受理的，申请人可以就该争议事项向人民法院提起诉讼。

(二)开庭和裁决

1. 开庭

(1)庭前准备。仲裁庭组成：劳动争议仲裁委员会裁决劳动争议案件实行仲裁庭制。仲裁庭由三名仲裁员组成，设首席仲裁员。简单劳动争议案件可以由一名仲裁员独任仲裁。仲裁委员会应当在受理仲裁申请之日起5日内组成仲裁庭并将仲裁庭的组成情况书面通知当事人。仲裁庭应当在开庭5日前，将开庭日期、地点书面通知双方当事人。当事人有正当理由的，可以在开庭3日前请求延期开庭。是否延期，由仲裁委员会根据实际情况决定。

(2)开庭审理。

①不到庭或退庭的后果：申请人收到书面通知，无正当理由拒不到庭或者未经仲裁庭同意中途退庭的，可以按撤回仲裁申请处理，申请人重新申请仲裁的，仲裁委员会不予受理。被申请人收到书面通知，无正当理由拒不到庭或者未经仲裁庭同意中途退庭的，可以缺席裁决。

②回避制度：仲裁员有下列情形之一的，应当回避，当事人也有权以口头或者书面方式提出回避申请：A. 是本案当事人或者当事人、代理人的近亲属的；B. 与本案有利害关系的；C. 与本案当事人、代理人有其他关系，可能影响公正裁决的；D. 私自会见当事人、代理人，或者接受当事人、代理人的请客送礼的。劳动争议仲裁委员会对回避申请应当及时作出决定，并以口头或者书面方式通知当事人。当事人提出回避申请，应当说明理由，在案件开始审理时提出；回避事由在案件开始审理后知道的，也可以在庭审辩论终结前提出；当事人在庭审辩论终结后提出的，不影响仲裁程序的进行，当事人因此对仲裁裁决不服的，可以依法向人民法院起诉或者申请撤销。被申请回避的人员在仲裁委员会作出是否回避的决定前，应当暂停参与本案的处理，但因案件需要采取紧急措施的除外。仲裁员是否回避，由仲裁委

员会主任或其授权的办事机构负责人决定。仲裁委员会主任担任案件仲裁员是否回避，由仲裁委员会决定。

③举证责任：当事人对自己提出的主张有责任提供证据。与争议事项有关的证据属于用人单位掌握管理的，用人单位应当提供；用人单位不提供的，应当承担不利后果。在法律没有具体规定，依上述规则无法确定举证责任承担时，仲裁庭可以根据公平原则和诚实信用原则，综合当事人举证能力等因素确定举证责任的承担。承担举证责任的当事人应当在仲裁委员会指定的期限内提供有关证据。当事人在指定期限内不提供的，应当承担不利后果。当事人因客观原因不能自行收集的证据，仲裁委员会可以根据当事人的申请，参照《中华人民共和国民事诉讼法》的有关规定予以收集；仲裁委员会认为有必要的，也可以决定参照《中华人民共和国民事诉讼法》的有关规定予以收集。仲裁委员会依法调查取证时，有关组织和个人应当协助配合。争议处理中涉及证据形式、证据提交、证据交换、证据质证、证据认定等事项，本规则未规定的，参照民事诉讼证据规则的有关规定执行。

④仲裁请求增加和变更。申请人在举证期限届满前可以提出增加或者变更仲裁请求；仲裁庭对申请人增加或者变更的仲裁请求审查后认为应当受理的，应当通知被申请人并给予答辩期，被申请人明确表示放弃答辩期的除外。申请人在举证期限届满后提出增加或变更仲裁请求的，应当另行提出，另案处理。

⑤庭审中当事人的权利。开庭审理时，仲裁员应当听取申请人的陈述和被申请人的答辩，主持庭审调查、质证和辩论、征询当事人的最后意见，并进行调解。仲裁庭应当将开庭情况记入笔录。当事人或者其他仲裁参加人认为对自己陈述的记录有遗漏或者差错的，有权申请补正。仲裁庭认为申请无理由或者无必要的，可以不予补正，但是应当记录该申请。仲裁员、记录人员、当事人和其他仲裁参加人应当在庭审笔录上签名或者盖章。当事人或者其他仲裁参加人拒绝在庭审笔录上签名或者盖章的，仲裁庭应记明情况附卷。

⑥和解。当事人申请仲裁后，可以自行和解。达成和解协议的，可以撤回仲裁申请，也可以请求仲裁庭根据和解协议制作调解书。

⑦调解。仲裁调解达成协议的，仲裁庭应当制作调解书。调解书应当写明仲裁请求和当事人协议的结果。调解书由仲裁员签名，加盖仲裁委员会印章，送达双方当事人。调解书经双方当事人签收后，发生法律效力。调解不成或者调解书送达前，一方当事人反悔的，仲裁庭应当及时作出裁决。

⑧中止审理。因出现案件处理依据不明确而请示有关机构，或者案件处理需要等待工伤认定、伤残等级鉴定、司法鉴定结论，公告送达以及其他需要中止仲裁审理的客观情形，经仲裁委员会主任批准，可以中止案件审理，并书面通知当事人。中止审理的客观情形消除后，仲裁庭应当恢复审理。

⑨终止审理。当事人因仲裁庭逾期未作出仲裁裁决而向人民法院提起诉讼的，仲裁委员会应当裁定该案件终止审理；当事人未就该争议事项向人民法院提起诉讼，并且双方当事人同意继续仲裁的，仲裁委员会可以继续处理并裁决。

⑩先予执行。仲裁庭对追索劳动报酬、工伤医疗费、经济补偿或者赔偿金的案件，根据当事人的申请，可以裁决先予执行，移送人民法院执行。仲裁庭裁决先予执行的，应当符合下列条件：A. 当事人之间权利义务关系明确；B. 不先予执行将严重影响申请人的生活。劳动者申请先予执行的，可以不提供担保。

2. 裁决

(1)裁决结果。根据裁决结果的效力,可将仲裁裁决分为终局裁决和非终局裁决。

①终局裁决。《劳动争议调解仲裁法》为解决劳动争议处理期限过长的问题,对劳动争议案件进行了分类,规定部分争议一裁终局,这些争议包括:A. 追索劳动报酬、工伤医疗费、经济补偿或者赔偿金,不超过当地月最低工资标准12个月金额的争议;B. 因执行国家的劳动标准在工作时间、休息休假、社会保险等方面发生的争议。

但终局裁决不是绝对的一裁终局,劳动者、用人单位在一定条件下可以推翻裁决,进入诉讼程序,因而一裁终局是有条件的一裁终局。《劳动争议调解仲裁法》第48条赋予劳动者质疑裁决效力的权利:劳动者对上述争议的仲裁裁决不服的,可以自收到仲裁裁决书之日起15日内向人民法院提起诉讼。该法第49条也赋予了用人单位此项权利,但条件要求严格,用人单位需有证据证明仲裁裁决有这些情形之一:A. 适用法律、法规确有错误的;B. 劳动争议仲裁委员会无管辖权的;C. 违反法定程序的;D. 裁决所根据的证据是伪造的;E. 对方当事人隐瞒了足以影响公正裁决的证据的;F. 仲裁员在仲裁该案时有索贿受贿、徇私舞弊、枉法裁决行为的,才可自收到仲裁裁决书之日起30日内向劳动争议仲裁委员会所在地的中级人民法院申请撤销裁决。人民法院经组成合议庭审查核实裁决有前款规定情形之一的,应当裁定撤销。仲裁裁决被人民法院裁定撤销的,当事人可以自收到裁定书之日起15日内就该劳动争议事项向人民法院提起诉讼。

②非终局裁决。除一裁终局争议外,对其他争议的裁决是非终局裁决。当事人对裁决不服的,可以自收到仲裁裁决书之日起15日内向人民法院提起诉讼;期满不起诉的,裁决书发生法律效力。在当事人未起诉前,仲裁裁决处于效力待定阶段。当事人对仲裁裁决部分事项起诉的,整个劳动争议裁决不发生效力。依据是《最高人民法院关于审理劳动争议案件适用法律若干问题的解释》第17条:“劳动争议仲裁委员会作出仲裁裁决后,当事人对裁决中的部分事项不服,依法向人民法院起诉的,劳动争议仲裁裁决不发生法律效力。”

裁决应当按照多数仲裁员的意见作出,少数仲裁员的不同意见应当记入笔录。仲裁庭不能形成多数意见时,裁决应当按照首席仲裁员的意见作出。仲裁庭裁决案件时,其中一部分事实已经清楚,可以就该部分先行裁决,当事人就该部分达成调解协议的,可以先行出具调解书。当事人对先行裁决不服的,可以依照调解仲裁法有关规定处理。仲裁庭裁决案件时,裁决内容同时涉及终局裁决和非终局裁决的,应分别作出裁决并告知当事人相应的救济权利。

(2)裁决期限。仲裁庭裁决案件,应当自仲裁委员会受理仲裁申请之日起45日内结束。案情复杂需要延期的,经仲裁委员会主任批准,可以延期并书面通知当事人,但延长期限不得超过15日。这比《劳动法》规定的仲裁裁决一般应在收到仲裁申请的60日内作出的期限要短。《劳动人事争议仲裁办案规则》第45条还严格规定了裁决期限的计算方法:“有下列情形的,仲裁期限按照下列规定计算:(一)申请人需要补正材料的,仲裁委员会收到仲裁申请的时间从材料补正之日起计算;(二)增加、变更仲裁申请的,仲裁期限从受理增加、变更仲裁申请之日起重新计算;(三)仲裁申请和反申请合并处理的,仲裁期限从受理反申请之日起重新计算;(四)案件移送管辖的,仲裁期限从接受移送之日起计算;(五)中止审理期间不计入仲裁期限内;(六)有法律、法规规定应当另行计算的其他情形的。”

第五节 劳动争议的诉讼

一、劳动争议诉讼的概念

劳动争议诉讼是指劳动争议进入诉讼程序，由法院依照法律程序对劳动争议案件进行审理、判决的活动。对发生法律效力的调解书、裁决书，由于一方当事人逾期不履行的，另一方当事人申请法院执行，也会涉及诉讼程序，这也可算作劳动争议诉讼的范畴。

二、进入劳动争议诉讼的方式

1. 仲裁机构不受理或逾期未作受理决定，当事人提起诉讼。《劳动争议调解仲裁法》第29条规定："对劳动争议仲裁委员会不予受理或者逾期未作出决定的，申请人可以就该劳动争议事项向人民法院提起诉讼。"仲裁委员会受理仲裁申请的期限是5天，自收到仲裁申请之日起计算。

2. 仲裁机构逾期未作出仲裁决定，当事人提起诉讼。《劳动争议调解仲裁法》第43条规定："仲裁庭逾期未作出仲裁裁决的，当事人可以就该劳动争议事项向人民法院提起诉讼。"根据法律规定，仲裁庭作出裁决的期限一般是45日，复杂案件延期不得超过15日。

3. 对仲裁裁决不服的，当事人提起诉讼。《劳动争议调解仲裁法》规定，当事人对劳动争议案件的仲裁裁决不服的，可以自收到仲裁裁决书之日起15日内向人民法院提起诉讼；期满不起诉的，裁决书发生法律效力。

需要注意的是，对于一裁终局的劳动争议案件，用人单位进入诉讼程序，需要经过中级法院撤销仲裁裁决的程序，才可提起诉讼，并需在收到裁定书之日起15日内向法院提起诉讼。

三、我国劳动争议诉讼的管辖

关于劳动争议诉讼的管辖问题，《最高人民法院关于审理劳动争议案件适用法律若干问题的解释》第8条规定："劳动争议案件由用人单位所在地或者劳动合同履行地的基层人民法院管辖。劳动合同履行地不明确的，由用人单位所在地的基层人民法院管辖。"即确定了劳动争议诉讼管辖以劳动合同履行地管辖为主，用人单位管辖为辅的原则，这样比较便于劳动者维权。关于管辖，该解释第9条继续规定："当事人双方就同一仲裁裁决分别向有管辖权的人民法院起诉的，后受理的人民法院应当将案件移送给先受理的人民法院。"

四、劳动争议诉讼与仲裁的衔接

1. 法院对于当事人不服仲裁机构不受理裁决而起诉的处理。根据仲裁机构不受理的原因，可以分为下列情况：

(1)仲裁机构以申请事项不属于劳动争议为由不受理。《最高人民法院关于审理劳动争议案件适用法律若干问题的解释》(以下称《解释》)第2条规定，人民法院应当分别视情况予以处理：属于劳动争议案件的，应当受理；虽不属于劳动争议案件，但属于人民法院主管的其他案件的，应当依法受理。

(2)仲裁机构以超过申请时效为由不受理。《解释》第3条以当时申请仲裁时效60日为依据作出规定：人民法院应当受理；对确已超过仲裁申请期限，又无不可抗力或者其他正当理由的，依法驳回其诉讼请求。对于现在1年的申请时效，我们也可作此理解。

(3)仲裁机构以申请仲裁主体不适格为由不受理。当事人不服，依法向人民法院起诉的，经审查，确属主体不适格的，裁定不予受理或者驳回起诉。

2. 法院对当事人在仲裁机构逾期未受理、未裁决时起诉的处理。《解释》(三)第12条规定："劳动人事争议仲裁委员会逾期未作出受理决定或仲裁裁决，当事人直接提起诉讼的，人民法院应予受理，但申请仲裁的案件存在下列事由的除外：(一)移送管辖的；(二)正在送达或送达延误的；(三)等待另案诉讼结果、评残结论的；(四)正在等待劳动人事争议仲裁委员会开庭的；(五)启动鉴定程序或者委托其他部门调查取证的；(六)其他正当事由。当事人以劳动人事争议仲裁委员会逾期未作出仲裁裁决为由提起诉讼的，应当提交劳动人事争议仲裁委员会出具的受理通知书或者其他已接受仲裁申请的凭证或证明。"

3. 法院对于当事人不服仲裁裁决而起诉的处理。这里面又分几种情况：

(1)对于属于仲裁范围，不属于诉讼范围的案件的处理。《解释》规定："劳动争议仲裁委员会仲裁的事项不属于人民法院受理的案件范围，当事人不服，依法向人民法院起诉的，裁定不予受理或者驳回起诉。"

(2)对于一裁终局案件起诉的处理。《劳动争议调解仲裁法》将两类案件规定为有条件的一裁终局，为了进一步缩短劳动者维权的时间，《解释》(三)将劳动者依据调解仲裁法第47条第1项规定，追索劳动报酬、工伤医疗费、经济补偿或者赔偿金，并且裁决涉及数项的数额均不超过当地月最低工资标准12个月金额的案件，规定为终局裁决案件，法院不再受理，使部分案件不再有条件一裁终局。

对于同一一裁终局案件，劳动者向基层人民法院提起诉讼，用人单位向劳动人事争议仲裁委员会所在地的中级人民法院申请撤销仲裁裁决的，中级人民法院应不予受理；已经受理的，应当裁定驳回申请。被人民法院驳回起诉或者劳动者撤诉的，用人单位可以自收到裁定书之日起30日内，向劳动人事争议仲裁委员会所在地的中级人民法院申请撤销仲裁裁决。

用人单位依照调解仲裁法第49条规定向中级人民法院申请撤销仲裁裁决的，中级人民法院作出的驳回申请或者撤销仲裁裁决的裁定为终审裁定。

思考题

1. 劳动争议的特征。
2. 劳动争议的范围。
3. 我国的劳动争议处理制度。
4. 我国的劳动争议调解机构。
5. 了解我国的劳动争议仲裁程序。
6. 劳动争议案件进入劳动争议诉讼的几种方式。

问题讨论

7月15日，星期五，江北区企业劳动关系协调员"周末课堂"再次开课。这是江北区总工会与宁波市劳动和社会保障局职业技能培训中心共同举行的培训班，共有来自全区企业和社区等基层的78名劳动关系协调员参加。

劳动关系协调员，是江北区总工会为完善劳动争议调处机制的一次新创举，其意在区、街道(镇)、企业三级调解的基础上，着重为企业培养调解劳动争议的"老娘舅"，从源头上控制劳动争议的发生。

企业劳动关系协调员就是创新之一。参加培训后考试合格者将获得国家职业资格证书，年底评选"金牌协调员"，命名"金牌协调室"。去年，江北区通过给基层劳动关系协调员设立"周末课堂"，系统讲授工会和劳动法律法规、劳动合同管理、集体协商和集体合同管理、员工申诉和劳动争议处理、劳动规章制度建设、心理沟通方法和技巧等相关知识，全面提升其劳动争议调处能力。发挥企业解决争议的基础性作用，提升企业自主解决争议的能力，做到"小争议不出企业，一般争议不出街道，重大争议不出区"。

试谈劳动争议调解对于解决劳动争议的作用和我国在劳动争议调解方面的立法举措。

第十章　劳动监察法

【引例】打工妹曾小华于2009年4月受聘于遂川沙子岭科技有限公司工作，月工资600元。由于数月工资被拖欠，曾小华向劳动监察部门举报未获答复，愤而起诉劳动监察部门不履行劳动监察职责。江西省遂川县人民法院受理后，指出被告不行为不符合法律规定，被告随后找到原告受聘公司进行调查处理，后此公司支付了原告工资等费用，原告自愿向法院提出撤诉申请。

请问：劳动监察机构担负着什么职责？

第一节　劳动监察的含义与意义

一、劳动监察的含义

监察，《辞海》将其解释为监督考察、监督检举，其有监督查看之意，也可代表负有监督查看之责的官吏。劳动监察是指法定专门机关为保障劳动法律、法规的实施，对用人单位、其他与劳动关系关联的社会组织执行劳动法律、法规的情况进行检查、纠正、处罚的法律制度。劳动监察是国家介入劳动关系调整的体现。在强资本、弱劳工的不均衡态势下，单靠民法的意思自治原则处理劳资关系，只能将劳动者陷于更加不利的地位。此时，国家力量的介入成为保护劳动者，维护劳资和谐的必然，这也是劳动监察产生和存在的原因。

（一）劳动监察的特征

1. 行政性。实施劳动监察的主体是国家行政机关，劳动监察过程依据的是行政程序，劳动监察机关对于违法行为可以施以行政处罚。这一切使劳动监察带有明显的行政色彩，行政性是劳动监察最主要的特征。

2. 法定性。劳动监察机构的设立源于法律的规定，监督检查的范围由法律设定，监督检查的依据是法律的强行性规定，对违法行为的处罚来自法律的明确授权。因而，劳动监察的权力来自于法律，也受制于法律，法定性明显。

3. 强制性。强制性可以说是行政性的延展。劳动监察的强制性体现在劳动监察不需当事人申请，而由监察部门依职权主动行使监督检查权，无须像进入劳动争议处理程序那样，以当事人自愿申请为条件。另一方面，劳动监察的强制性也对应着行政相对人积极配合检查的义务，法律明确规定，行政相对人不配合劳动监察应承担相应的法律责任，这也是劳动监察强制性的体现。

（二）劳动监察与类似概念的区别

1. 劳动监察与行政监察的区别

行政监察是指行政监察机关对行政机关及其工作人员的行政活动及行政行为进行监督检查的制度。我国国家层次设有监察部，全面负责对国家机关、国家公务人员执法、廉政、效能等方面的监督。比较劳动监察和行政监察，不同之处主要有这些方面：

（1）监察对象不同。劳动监察的对象主要是用人单位和职业中介等社会组织。行政监察的对象比较特殊，是履行公共管理职能的行政机关和其工作人员，行政权力巨大。

（2）监察机关的性质不同。劳动监察机关和行政监察机关虽然都是行政机关，但劳动监察机关实现的是社会管理的职能，而行政监察机关是行政系统内部专司监督职能的机关，实现的是对国家行政权力的监督和控制。

（3）监察内容不同。劳动监察的内容是用人单位或其他社会组织有无违法用工或其他不遵守劳动法律、法规的行为；行政监察监督的是行政机关及其公务人员有无违法执政、渎职贪腐、效率低下的问题。

（4）法律依据不同。行政监察依据的是《中华人民共和国行政监察法》，劳动监察依据的是《劳动保障监察条例》。

2. 劳动监察和劳动监督的区别

劳动监察的主体是劳动行政部门，是国家对于用人单位等组织是否遵守劳动法律、法规的监督，是国家对劳动关系进行管理的体现。劳动监督和劳动监察的内容是一样的，都是对用人单位等组织是否存在违反劳动法律、法规的情况进行监督，只是监督的主体更为广泛。劳动监督除包括劳动监察部门的监察外，还包括县级以上政府、各级工会、劳动者、任何组织和个人对用人单位违法行为的监督。《劳动保障监察条例》就赋予了这些主体的监督权利："各级工会依法维护劳动者的合法权益，对用人单位遵守劳动保障法律、法规和规章的情况进行监督"；"任何组织或者个人对违反劳动保障法律、法规或者规章的行为，有权向劳动保障行政部门举报"；"劳动者认为用人单位侵犯其劳动保障合法权益的，有权向劳动保障行政部门投诉"。

3. 劳动监察和劳动仲裁的区别

（1）两种行为性质不同。劳动监察是劳动行政机关对用人单位等组织用工是否有违法行为进行监督检查，是一种行政执法行为；劳动仲裁是劳动仲裁机构作为中立方对劳动关系双方存在的争议进行调解裁决的过程，是一种准司法性质的行为。

（2）两者介入争议的方式也不同。劳动监察一般是劳动行政机关依职权主动行为，行政主体在实施监察行为时具有单方意志性，不必与行政相对方协商或征得其同意，即可依法主动作出；而劳动仲裁需由劳动争议当事人提出仲裁申请，劳动仲裁机构才会受理，劳动仲裁机构不会主动干预，具有被动性。

（3）申请仲裁、监察或举报的时效不同。申请劳动仲裁的时效为一年；而举报、投诉、主动监察用人单位有违反劳动法律、法规行为的时效是两年。劳动者申请监察保护的时间比仲裁长。

（4）两者处理争议的依据不同。劳动监察只能适用劳动法律、法规的强行性规定；劳动仲裁则既可以适用法律强行性规定，又可以适用劳动合同有效条款或者企业内部合法有效的规章制度作为处理争议的依据。

(5)两者处理结果发生效力的时间不同。劳动行政部门对用人单位作出的行政处理结果，一旦作出，便有了确定力，行政相对人应立即执行，即使不服处理结果进行了行政复议或行政诉讼，在申请复议或行政诉讼期间，也不影响行政决定的执行；而劳动仲裁机构作出的裁决，并不立即发生法律效力，而是处于效力待定状态，当事人对劳动争议仲裁的仲裁裁决不服的，可以在法定期限内向人民法院起诉，只有法定期限届满，双方当事人不起诉的，仲裁裁决才发生效力。

(6)追究法律责任的形式不同。劳动监察追究的是民事责任和行政责任；而劳动仲裁一般限于追究民事责任。

(7)两者收集证据的方式不太相同。劳动监察不仅要求当事人自已举证，劳动行政机关还会依职权主动取证；劳动仲裁采取“谁主张，谁举证”，除法律规定外，仲裁机构不主动取证。

(8)两者达到的效果不同。劳动监察既可以是事后矫正，也可以是事前预防；而劳动仲裁则属于事后矫正。

劳动监察与劳动仲裁间的分工。尽管劳动监察与劳动仲裁存在上述不同，但相关法律规定，当出现劳资矛盾时，两者都是解决矛盾的途径，但由于两者在受案范围方面存在一定交叉，常给当事人维权带来困扰。为了便于劳动者维权以及监察部门与仲裁机构进行分工，我国《关于实施〈劳动保障监察条例〉若干规定》第 15 条就这样规定：“有下列情形之一的投诉，劳动保障行政部门应当告知投诉人依照劳动争议处理或者诉讼程序办理：(一)应当通过劳动争议处理程序解决的；(二)已经按照劳动争议处理程序申请调解、仲裁的；(三)已经提起劳动争议诉讼的。”即劳动监察不接受已处理过的或已进入劳动争议处理程序的重复申请。第 16 条进一步规定：“下列因用人单位违反劳动保障法律行为对劳动者造成损害，劳动者与用人单位就赔偿发生争议的，依照国家有关劳动争议处理的规定处理：(一)因用人单位制定的劳动规章制度违反法律、法规规定，对劳动者造成损害的；(二)因用人单位违反对女职工和未成年工的保护规定，对女职工和未成年工造成损害的；(三)因用人单位原因订立无效合同，对劳动者造成损害的；(四)因用人单位违法解除劳动合同或者故意拖延不订立劳动合同，对劳动者造成损害的；(五)法律、法规和规章规定的其他因用人单位违反劳动保障法律的行为，对劳动者造成损害的。”即对于涉及损害赔偿等对处理争议能力要求较高的案件，由劳动仲裁或诉讼等劳动争议处理程序发挥裁决优势进行处理。

实践中处理两者交叉范围案件的原则。对于劳动监察和劳动仲裁同时有权管辖的范围，像订立、履行劳动合同、劳动报酬、社会保险等原因发生的争议，可以按照这样的原则处理：当事人自愿、严重案件监察、疑难案件仲裁。当事人在自愿选择仲裁或监察的过程中，应考虑哪种方式更有利于保护自己的权益，主要可从这些方面比较：申请处理时效、管辖、适用法律、处理时间长短、执法力度等。申请仲裁时效短，申请监察时效长，若已超过一年的时效，只能走监察途径。劳动争议进行仲裁的管辖地较多，可由劳动合同履行地或者用人单位所在地的劳动争议仲裁委员会管辖；而走监察途径，劳动者只能向用人单位注册登记地的劳动监督机构举报投诉。劳动争议若只是牵涉到法律的强制性规定，劳动者可以选择监察；若还涉及约定条款或企业内部规定，最好选择仲裁。劳动仲裁处理周期短，受理之日起最长 60 日处理结束；劳动监察立案后最长 90 日处理结束。对于同一违法案件，劳动监察的执法力度往往大于劳动仲裁，劳动仲裁后，用人单位一般只是承担民事责任；劳动监察执法时，用人单位一般还要承担行政责任。

二、劳动监察的意义

（一）保障劳动法律、法规的有效实施

改革开放以后，中国经济高速发展。中国的劳动关系也由过去的行政支配色彩过浓，发展成为由劳动合同双方当事人自由确定。这个过程伴随着大量劳动法律、法规的出现。我国劳动领域的法律、法规涉及就业促进、劳动合同、集体合同、工资福利、劳动标准、特殊职工保护、劳动安全卫生、劳动争议处理、社会保险等多个方面。但大量立法并不一定意味着良好的法律效果，法律效果的好坏最终取决于法律的执行。法律的执行一方面来自于法律受众的自愿履行，另一方面，也需要国家的强制力保障法律的最终实施。劳动监察代表的就是一种保障法律实施的行政强制力。劳动监察机关对违法单位进行纠正、处罚，使违法单位预见到违法的不利后果，必将促动它们守法，使法律、法规得以有效实施。

（二）有助于建立良好的劳动环境，实现劳动者与用人单位双赢

劳动监察监督检查用人单位是否存在违法用工的同时，还对职业中介等人力资源市场中的组织进行监督，这不仅有利于实现企业内部良好的用工环境，而且还有利于创造良好的整体用工环境。这样的外部环境不仅有利于保护劳动者权益，而且有助于劳动者高效率就业，形成劳动者和用人单位的良好互动，帮助用人单位的创造利润等目标的实现，达到劳动者与用人单位的双赢。

（三）有利于经济建设稳定、持续发展

保障法律的实施，实现劳资双方的双赢，最终的目的都是为了实现经济的良性发展。和谐的劳资关系是实现企业赢利，经济发展的可靠保证。劳资关系矛盾频发，实现经济发展就变为空谈。劳动监察使用人单位迫于国家的强制力在法律限度内保障劳动者的权利，维护了劳动关系的稳定，有利于经济建设稳定、持续的发展。

第二节　劳动监察立法的回顾与比较

一、国际劳动监察立法回顾

劳动监察起源于英国工业革命时期。18 世纪下半叶，英国工业革命爆发。随着生产技术的不断革新，大量工厂建立。但工人的工作及生活状况令人担忧，引起众多社会改革家对政府的批评。英国政府迫于压力，于 1802 年通过了第一部工厂立法，规定限制学徒工作时间，改善其生活状况。为了保障法案的正常实施，法案规定任命两名视察员，一名法官、一名牧师，负责视察工厂；法官有权对违反规定的工厂主处以 2～5 英镑的罚款。[①]

1833 年英国又颁布了一部新的工厂法。随后，英国政府任命四名监察员，负责监督法案的实施，并定期向政府报告工人的工作生活情况，这成为劳动监察制度诞生的标志。

1919 年，根据《凡尔赛和约》，国际劳工组织（International Labor Organization——ILO），作为国际联盟的附属机构成立。1946 年 12 月 14 日，它成为联合国的一个专门机构。

① 孙东波：《19 世纪英国工厂立法初探》，硕士学位论文，百度文库第 20 页。

它主张通过劳工立法来改善劳工状况，进而“获得世界持久和平，建立社会正义”。国际劳工组织的三方协调机制在隶属于联合国的机构中是独一无二的。即各成员国代表团由政府2人，工人、雇主代表各1人组成，三方都参加各类会议和机构，独立表决。国际劳工组织的一项重要活动是从事国际劳工立法。国际劳工立法主要采取两种形式：公约和建议书。公约以出席国际劳工大会2/3以上代表表决通过的方式制定，会员国可在任何时间自主决定履行批准手续，即对该国产生法律约束力，对不批准的国家则无约束力。建议书以同样方式制定，但无须批准，其作用是供会员国在相关领域制定国家政策和法律、法规时参考。

1919年10月，第一次国际劳工大会通过的若干公约中，就包括一项《劳动监察（卫生机构）建议书》，该建议书呼吁对工人的健康进行保护。而1923年通过的《劳动监察建议书》则明确了劳动监察的基本原则、监察范围以及监察员的权利地位、监察组织规则等。其后于1947年、1969年和1995年国际劳工组织分别通过了《工商业劳动监察公约》、《劳动监察（农业）公约》和《劳动监察公约（81号）议定书》，将保护范围扩大到工业、商业、农业、教、科、文、卫等各个领域。[①]

19世纪70年代至20世纪初，美国及很多欧洲国家普遍通过立法设立了劳动监察制度。

20世纪50年代以来，劳动监察制度在世界上很多国家和地区得到普遍建立。

劳动监察的目的是监督劳动法律、法规的实施，实现社会的公平公正。因此，劳动监察人员常被冠以“社会警察”的角色定位。

二、其他国家的劳动监察立法

（一）美国劳动监察立法及体制

美国对劳动关系实施调整的政府部门主要是两个：一是美国联邦劳工部，二是美国国家劳动关系委员会。1913年，美国联邦劳工部独立成部。有人力资源署、劳资关系署、工资、劳工标准署等多个机构，下设妇女管理局、工资工时处、劳工标准局、雇工补偿局、联邦合同服从局和劳工统计局。美国劳工部主要有两个职责：一是制定劳动法律，包括综合性立法和具体劳动标准法律，前者如1935年的《劳动关系法》，后者如《最低工资法》；二是进行劳动监察。美国国家劳动关系委员会依据《劳动关系法》建立。它的职能是依据《劳动关系法》处理工会和雇主的关系。这两个部门相互独立，行政上没有隶属关系，但工作上密切联系。

美国有健全、有效的劳动监察体制，劳动监察官员依据法律有权进入任何工厂进行监察。目前，美国劳工部各个部门的专职监察官员共有800人，可随时到各地进行监察。但是，这800人的专职监察队伍即使全部出动，也只能解决全国企业中6%的问题，因此，美国劳工部将各类监察内容制定出监察标准，要求雇主执行。下面主要介绍一下美国工资工时和职业安全卫生方面的监察制度。

1. 美国工资工时标准监察制度。美国工资工时监察制度的执法体制，由联邦执法和州执法两个部分组成。就联邦立法而言，最主要的劳动标准立法是1938年制定并不断得到修改的《公平劳动标准法》，内容包括最低工资、工作时间、加班工资、禁止童工和保护未成年工等方面。执法机构为联邦劳工部就业标准管理司（ESA）所属的工资工时处（WHD）。州立法分别由各州的相关机构监督实施。

---

① 杨琳：《国际劳动监察发展简史》，载《湖南工人报》，2011年3月16日第4版。

工资工时处于1938年设立。几经发展，现已成为美国规模最大、权力最强的劳动执法部门之一。美国工资工时处实施监察的方式分为两种：一是根据投诉和举报开展监察；二是根据职权主动开展监察。其中前者是最主要的方式。

在实际监察的过程中，如果雇主无正当理由拒绝接受监察，地区办公室有权将案件提交劳工部的法务机构，由行政法官签署调查令。如果雇主仍不接受调查，即构成藐视法庭，将受到严厉处罚。

在事实调查结束之后，由监察员提出处理建议，与雇主协商最后的处理结果。如果协商无法达成一致，由地区办公室副主任进行二次协商。若二次协商仍达不成协议，案件将提交大区办公室，决定是否以劳工部的名义提起诉讼。

如果雇主不履行欠薪还款协议或者法庭判决，相关的债务将可能变成国债，由国库追偿。

对于重犯，或者违法情节严重的雇主，工资工时处在要求雇主赔偿雇员损失的同时，还会实施行政罚款。行政罚款的额度同违法情节相关，由工资工时处直接决定。

对查实存在违法行为，但缺乏改正诚意的雇主，劳工部可以认定其产品为"危险产品"，在雇主切实改正违法行为之前，禁止部分或全部产品发运销售或销往他州。签发货物销售禁令由劳工部法务部门通过召开听证会的方式决定。

2. 美国职业安全卫生监察制度。美国劳工部职业安全卫生监察局（OSHA）自1971年成立，工作方针是确保每一个工人的生命安全健康，使每一个工人都有一个幸福完整的家。联邦职业安全健康监察局对5种情况实施优先监察：(1)存在处于紧急危险状态下的情况。应要求雇主立即采取措施或撤离人员；(2)发生3人以上重大死亡事故。雇主必须在8小时内将事故上报联邦职业安全与健康监察局；(3)接到反映雇主违反安全标准或工作条件不安全不健康的报告；(4)来自其他联邦机构、个人或新闻媒体的灾害信息；(5)跟踪监察以前查证的违法行为是否得到纠正。此外对高危害性工业或工作场所实施定期监察。

监察步骤主要有：(1)确定监察方式。职业安全健康监察局先对案件分出轻重缓急，再进行处理。对可暂缓解决的问题一般采取电话或传真调查方式。被调查的雇主必须在5个工作日内以书面形式答复，确认存在的问题，并阐述已采取或计划采取哪些行之有效的措施。如果答复充分，可使反映雇主违反安全标准的人员满意，联邦职业安全与健康监察局一般不进行现场监察。(2)现场监察。对于重大的问题，监察局进行现场监察。现场监察前，监察员必须利用各种渠道熟悉和掌握监察现场的有关情况，包括历史情况等；准备携带的个人防护设备和测试用的各种检测仪器。到达监察现场，监察员必须主动出示贴有本人照片和编号的联邦职业安全与健康监察局统一印制的证件。(3)召开会议。首先由监察员说明联邦职业与健康监察局对该单位进行安全监察的理由，介绍监察的范围、巡行程序、雇员的请求和与雇员的面晤情况。然后，由雇主选派一名雇员代表陪同监察员进行现场监察。(4)巡行。监察员在现场对一切可能造成人员伤害的地点进行安全监察、记录并取证。在巡行期间，监察员还随时向雇主提出可立即纠正的一些明显违规行为。安全监察过程中，监察员应尽可能减少对场所内工作的干扰，同时，对所看到的商业机密必须给予保密。(5)会议总结。巡行结束后，监察员主持召开有雇主和雇员代表参加的第二次会议，主要讨论安全监察结果。根据监察结果，监察员提出哪些地方已违反了国家安全标准，并提出自己的看法和建议，同时说明有可能因雇主违规而发生传票。雇主有权提出申述。(6)违规行为的处理。联邦职业安全与健康监察局必须在违规发生6个月内向雇主发出传票和处罚决定。传票中应明确指出雇主违反了哪些安全条例和标准，给予处罚的类别和要求整改的最后期限。违规行为分为非严重违规、严重违规、故意违规、重复违规和未能达到限期整改要求等 5 种。违规处罚标准规定：对严重违规行为最高处以 7000 美元的罚款，对故意违规和重复违规的行为最高处以 70000 美元的罚款。(7)对上诉的规定。在收到传票和处罚决定后如不服，雇主可在 15 个工作日内以正式书面通知形式上报地区安全监察处，要求对指控的违规问题和作出的处罚决定进行申诉。联邦职业安全与健康监察局将雇主申诉的材料及时移交给美国职业安全与健康复审委员会，由复审委员会最终独立裁决。

美国对劳动监察员制定完备的培训考核制度，要求监察员向职业化发展，制定有监察员的专门职级，每年进行考核，并决定其职级的晋升，并非经常性的调动。

(二)日本劳动监察立法及体制

1. 劳动监察机构及职能。在日本，保障劳动法律实施的机关是在厚生劳动省(相当于人力资源和社会保障部)设 1 个劳动基准局，在全国各都道府县设 47 个劳动基准局和 343 个劳动基准监察署。劳动基准局的职能主要有以下两个方面：一是为了明示并确保劳动基准关联法律中规定的，如劳动时间等方面的劳动标准和条件而进行监察指导。二是面对不断增加的个别劳动关系中的劳动争议，通过由都道府县的劳动基准局局长基于劳动者或用人单位的申请在对争议事实调查整理的基础上进行劝告指导的争议解决制度来促进劳动争议的早期自主解决。基准监察署(其中含 4 个分署)负责对全国各地用人单位的劳动基准法等关联法律的执行情况进行监察、指导和处理。劳动基准监察署的工作可概括为：(1)到企业现场进行监察、指导；(2)对重大、恶劣违法案件进行司法处分；(3)应答处理劳动者的求助、投诉；(4)调查核实工伤事故发生的原因并进行防止再次发生的指导；(5)组织用人单位召开集体参加的说明会；(6)处理用人单位等提出的与劳动基准监察相关的许可、认可申请；(7)支付工伤保险补偿金等；(8)对生产设备等的安全性进行检查；(9)进行工伤等劳动情报数据的调查统计。

2. 劳动基准监察官

任用资格。劳动基准监察官是厚生劳动省作为特殊司法警官招录的国家公务员。主要被分配在厚生劳动省的各部/局、都道府县劳动基准局、劳动基准监察署从事劳动基准法关联的劳动行政业务。在调查处理违反劳动法规的案件时，有作为特殊司法警官侦查犯罪的职权。因此要求必须通过作为劳动基准监察官的特殊公务员资格考试。参加这种资格考试的人员又被规定必须具备如下条件：(1)在参加考试当年的 4 月 1 日年龄已满 21 岁、不满 29 岁；(2)未满 21 岁但大学已经毕业或者即将毕业或者被人事院认定具有同等程度学历的人员。

三、我国的劳动监察立法

新中国成立以后，我国的劳动监察主要集中在劳动安全卫生领域。1956 年 5 月 25 日，我国通过《工厂安全卫生规程》、《建筑安装工程安全技术规程》和《工人职员伤亡事故报告规程》，此后还通过了《蒸汽锅炉安全监察规程》、《煤矿安全生产试行规程》、《冶金矿山安全规程》、《压力容器安全监察规程》、《化学矿山安全规程》(试行)、《矿山安全条例》和《矿山安全监察条例》、《民用核设施安全监督管理条例》、《化学危险物品安全管理条例》。大量安全规程和条例遍及矿山、冶金等危险行业或涉及危险物品及器具。

1986 年，国务院发布《国营企业实行劳动合同制暂行规定》，探索对国营企业固定用工制度进行劳动合同制度改革。在随后的《国营企业招用工人暂行规定》《全民所有制企业临时工管理暂行规定》《企业职工奖惩条例》《禁止使用童工规定》等一系列法规中，都有劳动部门监督检查的相关规定，但对于劳动监察还没有形成统一、系统的法律制度。

1993 年 8 月，原劳动部发布了《劳动监察规定》，对劳动监察的含义、监察的内容、监察的程序进行了较为系统的规定，将原来劳动监察的范围由劳动安全卫生扩展到了更为广泛的用人单位执法领域。法律规定带来了机构的建制，1994 年 1 月，原劳动部设立劳动关系与监察司。随后，1994 年《劳动法》以法律的形式规定了劳动监察制度。1995 年的《劳动监察员管理办法》、《劳动监察员准则》成为选择劳动监察人员、管理监察人员、监察人员行为的依据。机构上，各级劳动行政部门相应建立了劳动监察机构，全面开展执法工作。此后，原劳动部又出台了《劳动监察程序规定》、《劳动行政处罚若干规定》、《劳动行政处罚听证若干规定》、《处理举报劳动违法行为规定》等，劳动监察方面的法律规定日渐完善。

1999 年 1 月《社会保险费征缴暂行条例》公布，劳动监察的范围进一步扩大，从劳动领域扩大到社会保险领域。

劳动监察立法的不断完善伴随着劳动行政机构的不断改革。建国初期，我国的劳动监察工作主要集中在生产安全和职业卫生领域，这个工作一直由劳动部门及其内设司局负责。随着《劳动监察规定》的出台，劳动监察的范围急剧扩充。为了更好地实现劳动监察管理，我国对劳动监管范围作了分工，将安全生产和职业卫生的监管职能从劳动行政部门分离出来，交给安全生产和卫生部门管理。我国在 1998 年国务院机构改革中，专门成立了安全生产局，由国家经贸委管理，将原属劳动部的安全生产监管职能移交给国家经贸委。2000 年、2001 年年初，分别成立国家煤矿安全监察局、国家安全生产监督管理局，由原国家经贸委管理，这两个机构实行"一个机构、两块牌子"，统一履行全国安全生产综合监管和煤矿安全监察的职责。2003 年，又将国家安全生产监督管理局升格为国家安全生产监督管理总局，并将它由部属机构调整为国务院直属机构，行使全国安全生产综合监管和煤矿安全监察执法职能。一般劳动监察职能与安全生产卫生监察职能分离，一般劳动监察职能由国务院部门——人力资源与社会保障部负责。

2004 年 11 月，国务院公布的《劳动保障监察条例》，提高了劳动监察的立法位阶，从劳动监察的职责、内容到劳动监察的执法手段都作了系统规定，标志着我国劳动监察进入了一个新的发展时期。

2007 年 6 月，《劳动合同法》颁布，强化了监察职责，进一步确立了监察的法律地位。

2008 年国务院机构改革中，新组建的人力资源和社会保障部设立了劳动监察局，加强了政府依法监管人力资源市场、调整劳动关系、发展社会保险的职责。

第三节　我国的劳动监察法律制度

一、劳动监察的主体

劳动监察主体是指履行劳动监察职责的机构或人员，在我国主要是指劳动监察机构和具有劳动监察资格的监察员。

(一)劳动监察机构

劳动监察机构是代表国家履行劳动监察职责的法定机构。由于我国将劳动监察的范围扩展到社会保障领域,因而,劳动监察机构现在也常被称作劳动保障监察机构。根据《劳动保障监察条例》的规定:国务院劳动保障行政部门主管全国的劳动保障监察工作,县级以上地方各级人民政府劳动保障行政部门主管本行政区域内的劳动保障监察工作。劳动监察工作由劳动保障行政部门的内设机构负责。

由于我国针对生产安全的监管成立了专门的部门——国家安全生产监督管理总局,负责监察工作,因而,我国劳动保障行政部门监察工作并不包括生产安全的监察。根据《劳动保障监察条例》第 35 条的规定,“劳动安全卫生的监督检查,由卫生部门、安全生产监督管理部门、特种设备安全监督管理部门等有关部门依照有关法律、行政法规的规定执行”,可以看出,我国《劳动保障监察条例》中的劳动监察机构并不包括卫生部门、安全生产监督管理部门、特种设备安全监督管理部门,我国劳动监察的主体只是承担一般监察事务的劳动保障行政部门。

在 2008 年的机构改革中,原人事部与劳动和社会保障部合并,成立人力资源和社会保障部。因此,2008 年后,主管我国劳动保障监察工作的是国务院人力资源和社会保障部。根据国务院办公厅《关于印发人力资源和社会保障部主要职责内设机构和人员编制规定的通知》(国办发[2008]68 号),人力资源和社会保障部下设劳动监察局,将原劳动和社会保障部法制司下面的劳动监察处升格为局,以解决劳动监察执法级别不高、人手不足的问题。之所以叫做“局”,而不称为“司”,主要是为了表明劳动监察局不仅是个机关部门,而且是要对地方劳动监察业务进行实实在在的管理和指导。劳动监察局主要承担以下职责:拟订劳动监察工作制度;组织实施劳动监察,依法查处和督办重大案件;指导地方开展劳动监察工作;协调劳动者维权工作,组织处理有关突发事件;承担其他人力资源和社会保障监督检查工作。

地方各省人力资源和社会保障厅一般都内设劳动监察局,负责行使人力资源和社会保障监督检查权;各地级市一般会在市人力资源和社会保障局下设劳动监察处,作为负责劳动监察的内设机构,设立劳动监察支队作为局属事业单位,有的地方只设立劳动监察支队作为专司监察职能的行政机构,下设劳动监察大队负责所属区域的劳动监察。

委托监察。《劳动保障监察条例》规定,县级、设区的市级人民政府劳动保障行政部门可以委托符合监察执法条件的组织实施劳动保障监察。这是委托监察的法律依据。

(二)劳动监察员

根据 1994 年的《劳动监察员管理办法》,劳动监察员是县级以上各级人民政府劳动行政部门执行劳动监督检查公务的人员。劳动监察员分为专职和兼职两种类型。县级以上各级人民政府劳动行政部门根据工作需要配备专职劳动监察员和兼职劳动监察员。专职劳动监察员是劳动行政部门专门从事劳动监察工作的人员,兼职劳动监察员是劳动行政部门非专门从事劳动监察工作的人员。兼职监察员,主要负责与其业务有关的单项监察,须对用人单位处罚时,应会同专职监察员进行,即兼职监察员没有独立的处罚权。劳动监察人员执行公务,有权进入用人单位了解其遵守劳动法律、法规的情况,查阅必要的资料,并对劳动场所进行检查。

由于监察领域扩展到社会保障领域,劳动监察员也常被称作劳动保障监察员。

1. 劳动监察员的任职条件。《劳动监察员管理办法》规定劳动监察员应当具备以下任职条件:(1)认真贯彻执行国家法律、法规和政策;(2)熟悉劳动业务,熟练掌握和运用劳动法律、法规知识;(3)坚持原则,作风正派,勤政廉洁;(4)在劳动行政部门从事劳动行政业务工作三年以上,并经国务院劳动行政部门或省级劳动行政部门劳动监察专业培训合格。

2. 劳动监察员的任命程序。劳动监察员需通过专门的任命程序任命,并报国务院劳动行政部门备案。专职劳动监察员和兼职劳动监察员的任命程序略有不同。专职劳动监察员的任命,由劳动监察机构负责提出任命建议并填写《中华人民共和国劳动监察员审批表》,经同级人事管理机构审核,报劳动行政部门领导批准。兼职劳动监察员的任命,由有关业务工作机构按规定推荐人选,并填写《中华人民共和国劳动监察员审批表》,经同级劳动监察机构和人事管理机构进行审核,报劳动行政部门领导批准。劳动行政部门经批准任命的劳动监察员由劳动监察机构办理颁发《中华人民共和国劳动监察证件》的手续。劳动监察员任命后,地方各级劳动行政部门按照规定填写《中华人民共和国劳动监察证件统计表》,并逐级上报省级劳动行政部门,由省级劳动行政部门汇总,并报国务院劳动行政部门备案。

3. 劳动监察员的培训考核制度。各级劳动行政部门应建立劳动监察员培训制度,制订培训计划,按岗位技能要求,组织进行职业技能、专业理论知识等方面的培训,不断提高监察人员的政治素质和业务素质。劳动监察员实行每三年进行一次考核验证制度。对经考核合格的换发新证,并填写报送《中华人民共和国劳动监察证件统计表》。持证人未按规定考核验证或经考核不能胜任劳动监察工作的,注销其《中华人民共和国劳动保障监察证》。

4. 劳动监察员的职权。劳动监察人员执行公务,有权进入用人单位了解其遵守劳动法律、法规的情况,查阅必要的资料,并对劳动场所进行检查。专职劳动监察员对违法行为享有处罚权。劳动保障监察员进行调查、检查,不得少于2人,并应当佩戴劳动保障监察标志、出示劳动保障监察证件。劳动保障监察员办理的劳动保障监察事项与本人或者其近亲属有直接利害关系的,应当回避。劳动保障行政部门应当为举报人保密;对举报属实,为查处重大违反劳动保障法律、法规或者规章的行为提供主要线索和证据的举报人,给予奖励。

5. 劳动监察员的执法原则及责任。劳动监察员必须坚持严肃执法、文明执法的原则,做到有法必依、执法必严、违法必究。劳动保障监察员应当忠于职守,秉公执法,勤政廉洁,保守秘密。任何组织或者个人对劳动保障监察员的违法违纪行为,有权向劳动保障行政部门或者有关机关检举、控告。对越权或非公务场合使用劳动监察证件,或利用职权谋取私利、违法乱纪的劳动监察人员,应给予批评教育;情节严重的,由任命机关撤销任命、收缴其劳动监察证件,并给予行政处分;触犯刑律的,由司法机关依法追究刑事责任。

二、劳动监察的对象和内容

1. 劳动监察的对象。劳动监察的对象主要有三类主体:第一类是企业和个体工商户;第二类是职业介绍机构、职业技能培训机构和职业技能考核鉴定机构;第三类是国家机关、事业单位、社会团体。其依据的是《劳动保障监察条例》,该条例第2条规定:“对企业和个体工商户进行劳动保障监察,适用本条例。对职业介绍机构、职业技能培训机构和职业技能考核鉴定机构进行劳动保障监察,依照本条例执行。”第34条规定:“国家机关、事业单位、社会团体执行劳动保障法律、法规和规章的情况,由劳动保障行政部门根据其职责,依照本条例实施劳动保障监察。”

2. 劳动监察的内容。《劳动保障监察条例》规定的劳动监察的内容限于对监察对象遵守法律、法规情况等一般事务的监察,并不包括对生产安全、职业卫生、特种设备安全等对监察要求较高的特殊事务的监察。《劳动保障监察条例》规定的劳动监察的内容具体包括:(1)用人单位制定内部劳动保障规章制度的情况;(2)用人单位与劳动者订立劳动合同的情况;(3)用人单位遵守禁止使用童工规定的情况;(4)用人单位遵守女职工和未成年工特殊劳动保护规定的情况;(5)用人单位遵守工作时间和休息休假规定的情况;(6)用人单位支付劳动者工资和执行最低工资标准的情况;(7)用人单位参加各项社会保险和缴纳社会保险费的情况;(8)职业介绍机构、职业技能培训机构和职业技能考核鉴定机构遵守国家有关职业介绍、职业技能培训和职业技能考核鉴定的规定的情况;(9)法律、法规规定的其他劳动保障监察事项。

2007 年通过的《劳动合同法》对劳动监察的内容有所增加。《劳动合同法》第 74 条规定:"县级以上地方人民政府劳动行政部门依法对下列实施劳动合同制度的情况进行监督检查:(一)用人单位制定直接涉及劳动者切身利益的规章制度及其执行的情况;(二)用人单位与劳动者订立和解除劳动合同的情况;(三)劳务派遣单位和用工单位遵守劳务派遣有关规定的情况;(四)用人单位遵守国家关于劳动者工作时间和休息休假规定的情况;(五)用人单位支付劳动合同约定的劳动报酬和执行最低工资标准的情况;(六)用人单位参加各项社会保险和缴纳社会保险费的情况;(七)法律、法规规定的其他劳动监察事项。"其中将劳务派遣、合同解除也归入了劳动监察的范围。

三、劳动监察的职权

劳动保障行政部门实施劳动保障监察,履行下列职责:(1)宣传劳动保障法律、法规和规章,督促用人单位贯彻执行;(2)检查用人单位遵守劳动保障法律、法规和规章的情况;(3)受理对违反劳动保障法律、法规或者规章的行为的举报、投诉;(4)依法纠正和查处违反劳动保障法律、法规或者规章的行为。劳动保障监察以日常巡视检查、审查用人单位按照要求报送的书面材料以及接受举报投诉等形式进行。

本章引例中的劳动者向劳动监察部门举报用人单位拖欠工资的情况,但劳动监察部门未答复,没有履行监察职责,属于行政不作为,后在成为被告后积极履行监察职责,原告撤诉,避免了败诉结果。

四、劳动监察的程序

劳动监察的程序依据的法律文件主要是劳动与社会保障部 2004 年年底颁布的《关于实施〈劳动保障监察条例〉若干规定》(以下简称《若干规定》)。在这个规定中,劳动监察的程序被分为受理与立案、调查与检查、案件处理三个步骤。

(一)受理与立案

劳动监察的立案分为主动立案和被动立案。主动立案是指劳动行政部门通过日常巡视检查、书面审查、举报等发现用人单位有违反劳动保障法律的行为,自主进行立案调查的情况。被动立案是劳动行政部门在劳动者投诉后,对被监察主体违法行为立案调查的情况。只有在劳动者投诉时,才有劳动保障行政部门受理、立案的问题。

主动立案较为简单,立案填写《立案审批表》后,报劳动保障监察机构负责人批准。劳动保障监察机构负责人批准之日即为立案之日。

对于劳动者的投诉,劳动保障监察部门应分情形处理:

1. 受理并立案。《若干规定》第 18 条规定:"对符合下列条件的投诉,劳动保障行政部门应当在接到投诉之日起 5 个工作日内依法受理,并于受理之日立案查处:(一)违反劳动保障法律的行为发生在 2 年内的;(二)有明确的被投诉用人单位,且投诉人的合法权益受到侵害是被投诉用人单位违反劳动保障法律的行为所造成的;(三)属于劳动保障监察职权范围并由受理投诉的劳动保障行政部门管辖。"

2. 不受理。对不符合上述第 18 条第 1 款第 1 项规定的投诉,即违法行为发生超过两年的投诉,劳动保障行政部门应当在接到投诉之日起 5 个工作日内决定不予受理,并书面通知投诉人。两年的期限,自违反劳动保障法律、法规或者规章的行为发生之日起计算;违反劳动保障法律、法规或者规章的行为有连续或者继续状态的,自行为终了之日起计算。

3. 告知投诉人按其他程序处理。对于三类投诉劳动保障行政部门应当告知投诉人依照劳动争议处理或者诉讼程序办理:(1)应当通过劳动争议处理程序解决的;(2)已经按照劳动争议处理程序申请调解、仲裁的;(3)已经提起劳动争议诉讼的。

对于什么是上述规定的"应当通过劳动争议处理程序解决的"案件,《若干规定》第 16 条作了进一步解释:"下列因用人单位违反劳动保障法律行为对劳动者造成损害,劳动者与用人单位就赔偿发生争议的,依照国家有关劳动争议处理的规定处理:(一)因用人单位制定的劳动规章制度违反法律、法规规定,对劳动者造成损害的;(二)因用人单位违反对女职工和未成年工的保护规定,对女职工和未成年工造成损害的;(三)因用人单位原因订立无效合同,对劳动者造成损害的;(四)因用人单位违法解除劳动合同或者故意拖延不订立劳动合同,对劳动者造成损害的;(五)法律、法规和规章规定的其他因用人单位违反劳动保障法律的行为,对劳动者造成损害的。"即这些涉及赔偿问题的案件由劳动争议处理程序处理。

《若干规定》第 17 条还规定:"劳动者或者用人单位与社会保险经办机构发生的社会保险行政争议,按照《社会保险行政争议处理办法》处理。"即劳动者或用人单位与社会保险经办机构发生的社保争议走行政复议或行政诉讼途径。

(二)调查与检查

1. 劳动监察可以采取的调查、检查措施。《若干规定》第 26 条规定的监察机构可以采取的调查、监察措施包括:(1)进入用人单位的劳动场所进行检查;(2)就调查、检查事项询问有关人员;(3)要求用人单位提供与调查、检查事项相关的文件资料,必要时可以发出调查询问书;(4)采取记录、录音、录像、照相和复制等方式收集有关的情况和资料;(5)对事实确凿、可以当场处理的违反劳动保障法律、法规或规章的行为当场予以纠正;(6)可以委托注册会计师事务所对用人单位工资支付、缴纳社会保险费的情况进行审计;(7)法律、法规规定可以由劳动保障行政部门采取的其他调查、检查措施。

2. 劳动监察员调查、检查的程序要求及义务。(1)劳动保障监察员进行调查、检查不得少于 2 人。劳动保障监察机构应指定其中 1 名为主办劳动保障监察员。(2)劳动保障监察员对用人单位遵守劳动保障法律情况进行监察时,应当遵循以下规定:进入用人单位时,应佩戴劳动保障监察执法标志,出示劳动保障监察证件,并说明身份;就调查事项制作笔录,应由劳动保障监察员和被调查人(或其委托代理人)签名或盖章。被调查人拒不签名、盖章的,应注明拒签情况。

劳动保障监察员进行调查、检查时,应当依法履行职责,秉公执法;保守在履行职责过程中获知的商业秘密；为举报人保密。

3. 劳动监察员的回避及回避程序。劳动保障监察员实施劳动保障监察时，有下列情形之一的，应当回避：(1)本人是用人单位法定代表人或主要负责人的近亲属的；(2)本人或其近亲属与承办查处的案件事项有直接利害关系的；(3)因其他原因可能影响案件公正处理的。

当事人认为劳动保障监察员应当回避的，有权向劳动保障行政部门申请回避，回避申请应采用书面形式。劳动保障行政部门应在收到申请之日起 3 个工作日内作出回避决定。承办人员的回避，由劳动保障监察机构负责人决定；劳动保障监察机构负责人的回避，由劳动保障行政部门负责人决定。作出回避决定前，承办人员不得停止对案件的调查处理。对回避申请的决定，应当告知申请人。

4. 劳动监察采取证据登记保存措施的条件及程序。有下列情形之一的，劳动保障行政部门调查、检查时，可以采取证据登记保存措施：(1)当事人可能对证据采取伪造、变造、毁灭行为的；(2)当事人采取措施不当可能导致证据灭失的；(3)不采取证据登记保存措施以后难以取得的；(4)其他可能导致证据灭失的情形的。

采取证据登记保存措施应当按照下列程序进行：(1)劳动保障监察机构提出证据登记保存申请，报劳动保障行政部门负责人批准；(2)劳动保障监察员将证据登记保存通知书及证据登记清单交付当事人，由当事人签收。当事人拒不签名或者盖章的，由劳动保障监察员注明情况；(3)采取证据登记保存措施后，劳动保障行政部门应当在 7 日内及时作出处理决定，期限届满后应当解除证据登记保存措施。

在证据登记保存期内，当事人或者有关人员不得销毁或者转移证据；劳动保障监察机构及劳动保障监察员可以随时调取证据。

5. 调查时限。劳动保障行政部门对违反劳动保障法律的行为的调查，应当自立案之日起 60 个工作日内完成；情况复杂的，经劳动保障行政部门负责人批准，可以延长 30 个工作日。

(三)案件处理

1. 当场对案件作出处理的程序。对用人单位存在的违反劳动保障法律的行为事实确凿并有法定处罚(处理)依据的，可以当场作出限期整改指令或依法当场作出行政处罚的决定。当场作出限期整改指令或行政处罚决定的，劳动保障监察员应当填写预定格式、编有号码的《限期整改指令书》或《行政处罚决定书》，当场交付当事人。

当场处以警告或罚款处罚的程序：(1)口头告知当事人违法行为的基本事实、拟作出的行政处罚、依据及其依法享有的权利；(2)听取当事人的陈述和申辩；(3)写预定格式的《处罚决定书》；(4)《当场处罚决定书》应当由劳动保障监察员签名或者盖章；(5)《处罚决定书》当场交付当事人，由当事人签收。劳动保障监察员应当在 2 日内将《当场限期整改指令》和《行政处罚决定书》存档联交所属劳动保障行政部门存档。

2. 不能当场作出处理的程序。不能当场作出处理的案件，劳动保障监察员经调查取证，应当提出初步处理建议，并填写《案件处理报批表》。《案件处理报批表》应写明被处理单位的名称、案由、违反劳动保障法律行为的事实、被处理单位的陈述、处理依据、建议处理意见。

3. 处理作出前，用人单位的权利。对违反劳动保障法律的行为作出行政处罚或者行政处理决定前，应当告知用人单位，听取其陈述和申辩；法律、法规规定应当依法听证的，应当告知用人单位有权依法要求举行听证；用人单位要求听证的，劳动保障行政部门应当组织听证。

4. 案件处理结果。劳动保障行政部门对违反劳动保障法律的行为，根据调查、检查的结果，作出以下处理：(1)对依法应当受到行政处罚的，依法作出行政处罚决定；(2)对应当改正未改正的，依法责令改正或者作出相应的行政处理决定；(3)对情节轻微，且已改正的，撤销立案。

经调查、检查，劳动保障行政部门认定违法事实不能成立的，也应当撤销立案。

发现违法案件不属于劳动保障监察事项的，应当及时移送有关部门处理；涉嫌犯罪的，应当依法移送司法机关。

5. 案件处理的期限。劳动保障行政部门立案调查完成后，应在 15 个工作日内作出行政处罚(行政处理或者责令改正)或者撤销立案的决定；特殊情况，经劳动保障行政部门负责人批准可以延长。

6.《劳动监察行政处罚(处理)决定书》的形式及送达要求。《劳动监察行政处罚(处理)决定书》应载明下列事项：(1)被处罚(处理)单位的名称、法定代表人、单位地址；(2)劳动保障行政部门认定的违法事实和主要证据；(3)劳动保障行政处罚(处理)的种类和依据；(4)处罚(处理)决定的履行方式和期限；(5)不服行政处罚(处理)决定，申请行政复议或者提起行政诉讼的途径和期限；(6)作出处罚(处理)决定的行政机关名称和作出处罚(处理)决定的日期。《劳动保障行政处罚(处理)决定书》应当加盖劳动保障行政部门印章。

《劳动保障监察限期整改指令书》、《劳动保障行政处理决定书》、《劳动保障行政处罚决定书》应当在宣告后当场交付当事人；当事人不在场的，劳动保障行政部门应当在 7 日内依照《中华人民共和国民事诉讼法》的有关规定，将《劳动保障监察限期整改指令书》、《劳动保障行政处理决定书》、《劳动保障行政处罚决定书》送达当事人。作出行政处罚、行政处理决定的劳动保障行政部门发现决定不适当的，应当予以纠正并及时告知当事人。劳动保障监察案件结案后应建立档案。档案资料应当至少保存三年。

7. 案件处理决定的履行。劳动保障行政处理或处罚决定依法作出后，当事人应当在决定规定的期限内予以履行。当事人对劳动保障行政处理或行政处罚决定不服，申请行政复议或者提起行政诉讼的，行政处理或行政处罚决定不停止执行。法律另有规定的除外。

当事人确有经济困难，需要延期或者分期缴纳罚款的，经当事人申请和劳动保障行政部门批准，可以暂缓或者分期缴纳。

当事人对劳动保障行政部门作出的行政处罚决定、责令支付劳动者工资报酬、赔偿金或者征缴社会保险费等行政处理决定逾期不履行的，劳动保障行政部门可以申请人民法院强制执行，或者依法强制执行。

除依法当场收缴的罚款外，作出罚款决定的劳动保障行政部门及其劳动保障监察员不得自行收缴罚款。当事人应当自收到《行政处罚决定书》之日起 15 日内，到指定银行缴纳罚款。

地方各级劳动保障行政部门应当按照劳动保障部有关规定对承办的案件进行统计并填表上报。地方各级劳动保障行政部门制作的《行政处罚决定书》，应当在 10 个工作日内报送上一级劳动保障行政部门备案。

第四节 我国劳动监察的行政处罚

行政处罚是劳动监察过程中重要的执法手段，正因为劳动行政部门拥有行政处罚权，劳动监察才能保障法律、法规的贯彻执行。与此相比，处理劳动争议的各种机构、负有劳动监督职责的工会，虽然可以处理劳动争议，或者帮助劳动者维权，但是都没有处罚违法行为的权力，因而行政处罚是劳动监察的特征，也是劳动监察的重要手段。

与《行政处罚法》规定的行政处罚种类相比，我国劳动监察中适用的行政处罚种类主要有：警告、罚款、没收违反所得、吊销营业执照。根据我国《劳动法》、《劳动保障监察条例》、《劳动合同法》等法律、法规的规定，我国劳动监察进行行政处罚的违法行为主要有：

1. 对用人单位违反特殊职工保护规定的行政处罚

我国对于女职工和未成年工试行特殊保护制度。我国《劳动法》、《女职工劳动保护规定》、《女职工禁忌劳动范围的规定》、《女职工保健工作规定》、《未成年工特殊保护规定》对女职工和未成年工的工作都提出了明确的保护要求，用人单位应按要求执行。对于未执行的单位，《劳动保障监察条例》第 23 条规定了处罚的标准："用人单位有下列行为之一的，由劳动保障行政部门责令改正，按照受侵害的劳动者每人 1000 元以上 5000 元以下的标准计算，处以罚款：(一)安排女职工从事矿山井下劳动、国家规定的第四级体力劳动强度的劳动或者其他禁忌从事的劳动的；(二)安排女职工在经期从事高处、低温、冷水作业或者国家规定的第三级体力劳动强度的劳动的；(三)安排女职工在怀孕期间从事国家规定的第三级体力劳动强度的劳动或者孕期禁忌从事的劳动的；(四)安排怀孕 7 个月以上的女职工夜班劳动或者延长其工作时间的；(五)女职工生育享受产假少于 90 天的；(六)安排女职工在哺乳未满 1 周岁的婴儿期间从事国家规定的第三级体力劳动强度的劳动或者哺乳期禁忌从事的其他劳动，以及延长其工作时间或者安排其夜班劳动的；(七)安排未成年工从事矿山井下、有毒有害、国家规定的第四级体力劳动强度的劳动或者其他禁忌从事的劳动的；(八)未对未成年工定期进行健康检查的。"

2. 对用人单位违法扣押劳动者证件、收取劳动者财物的处罚

对于用人单位违法扣押劳动者证件、财物的行为，《劳动保障监察条例》第 84 条规定："用人单位违反本法规定，扣押劳动者居民身份证等证件的，由劳动行政部门责令限期退还劳动者本人，并依照有关法律规定给予处罚。用人单位违反本法规定，以担保或者其他名义向劳动者收取财物的，由劳动行政部门责令限期退还劳动者本人，并以每人五百元以上二千元以下的标准处以罚款；给劳动者造成损害的，应当承担赔偿责任。"

3. 对用人单位违反工作时间规定的处罚

各国对于延长工作时间都是严格控制的。对于用人单位违法延长工作时间的行为，《劳动保障监察条例》第 25 条明确规定了行政处罚措施："用人单位违反劳动保障法律、法规或者规章延长劳动者工作时间的，由劳动保障行政部门给予警告，责令限期改正，并可以按照受侵害的劳动者每人 100 元以上 500 元以下的标准计算，处以罚款。"

4. 对用人单位有严重侵犯劳动者人身权利行为的处罚

《劳动合同法》规定：用人单位有下列情形之一的，依法给予行政处罚；构成犯罪的，依法

追究刑事责任;给劳动者造成损害的,应当承担赔偿责任:(1)以暴力、威胁或者非法限制人身自由的手段强迫劳动的;(2)违章指挥或者强令冒险作业危及劳动者人身安全的;(3)侮辱、体罚、殴打、非法搜查或者拘禁劳动者的;(4)劳动条件恶劣、环境污染严重,给劳动者身心健康造成严重损害的。

5. 对用人单位少缴、骗取社会保险基金的处罚

在社会保险金监察方面,劳动行政部门也有行政处罚权。《劳动保障监察条例》第 27 条规定:"用人单位向社会保险经办机构申报应缴纳的社会保险费数额时,瞒报工资总额或者职工人数的,由劳动保障行政部门责令改正,并处瞒报工资数额 1 倍以上 3 倍以下的罚款。骗取社会保险待遇或者骗取社会保险基金支出的,由劳动保障行政部门责令退还,并处骗取金额 1 倍以上 3 倍以下的罚款;构成犯罪的,依法追究刑事责任。"

6. 对用人单位使用童工的处罚

对于不满 16 周岁的未成年人,我国是禁止用人单位招用的。《禁止使用童工规定》对这种行为规定了严厉的处罚措施:"用人单位使用童工的,由劳动保障行政部门按照每使用一名童工每月处 5000 元罚款的标准给予处罚;在使用有毒物品的作业场所使用童工的,按照《使用有毒物品作业场所劳动保护条例》规定的罚款幅度,或者按照每使用一名童工每月处 5000 元罚款的标准,从重处罚。劳动保障行政部门并应当责令用人单位限期将童工送回原居住地交其父母或者其他监护人,所需交通和食宿费用全部由用人单位承担。

用人单位经劳动保障行政部门依照前款规定责令限期改正,逾期仍不将童工送交其父母或者其他监护人的,从责令限期改正之日起,由劳动保障行政部门按照每使用一名童工每月处 1 万元罚款的标准处罚,并由工商行政管理部门吊销其营业执照或者由民政部门撤销民办非企业单位登记;用人单位是国家机关、事业单位的,由有关单位依法对直接负责的主管人员和其他直接责任人员给予降级或者撤职的行政处分或者纪律处分。"

7. 对劳务派遣单位违反劳务派遣相关规定的处罚

《劳动合同法》新增了劳务派遣的规定,也相应规定了劳务派遣单位的违法责任。《劳动合同法》第 92 条规定:"劳务派遣单位违反本法规定的,由劳动行政部门和其他有关主管部门责令改正;情节严重的,以每人一千元以上五千元以下的标准处以罚款,并由工商行政管理部门吊销营业执照;给被派遣劳动者造成损害的,劳务派遣单位与用工单位承担连带赔偿责任。"

8. 对非法用工单位的处罚

非法用工单位不具有用工资格,不是《劳动法》中规定的合法用工主体,《劳动保障监察条例》规定:"对无营业执照或者已被依法吊销营业执照,有劳动用工行为的,由劳动保障行政部门依照本条例实施劳动保障监察,并及时通报工商行政管理部门予以查处取缔。"

9. 对职业中介等社会组织违反相关劳动法规的处罚

职业中介等社会组织也是劳动行政部门的监察对象。《劳动保障监察条例》第 28 条规定:"职业介绍机构、职业技能培训机构或者职业技能考核鉴定机构违反国家有关职业介绍、职业技能培训或者职业技能考核鉴定的规定的,由劳动保障行政部门责令改正,没收违法所得,并处 1 万元以上 5 万元以下的罚款;情节严重的,吊销许可证。"还规定:"未经劳动保障行政部门许可,从事职业介绍、职业技能培训或者职业技能考核鉴定的组织或者个人,由劳动保障行政部门、工商行政管理部门依照国家有关无照经营查处取缔的规定查处取缔。"

10. 用人单位不履行劳动监察相对义务的处罚

作为劳动监察相对人，用人单位和其他社会组织承担着配合监察的义务，不履行这些义务就意味着承担责任。《劳动保障监察条例》第 30 条规定："有下列行为之一的，由劳动保障行政部门责令改正；对有第(一)项、第(二)项或者第(三)项规定的行为的，处 2000 元以上 2 万元以下的罚款：(一)无理抗拒、阻挠劳动保障行政部门依照本条例的规定实施劳动保障监察的；(二)不按照劳动保障行政部门的要求报送书面材料，隐瞒事实真相，出具伪证或者隐匿、毁灭证据的；(三)经劳动保障行政部门责令改正拒不改正，或者拒不履行劳动保障行政部门的行政处理决定的；(四)打击报复举报人、投诉人的。违反前款规定，构成违反治安管理行为的，由公安机关依法给予治安管理处罚；构成犯罪的，依法追究刑事责任。

在其他专项内容的法律规范中还有劳动监察行政处罚的规定，在此不再一一赘述。

思考题

1. 劳动监察的含义与特征。
2. 劳动监察和劳动仲裁的区别。
3. 劳动监察的意义。
4. 劳动监察员的任职条件。
5. 劳动监察的内容。

问题讨论

劳动保障监察，是根据国家劳动保障法律、法规，规范劳资行为、维护劳动者权益的体制内途径。但目前其执法监管能力还无法适应劳动关系矛盾"井喷"的速度……

"在一些地方，企业老板就是当地政府费尽心思请来的座上宾，出了劳动案件，打个招呼就'内部消化'了"，中国劳动关系学院王向前教授说："这些地方政府领导太在乎招商引资环境，把 GDP 当成升迁的"命根子"，因为地方政府的利益也裹挟其中。"

"我觉得当前一些地方政府对劳动保障监察执法的忽视和边缘化，并不都是被动的。在'劳动监察损害投资环境'的短视观念下，没有人愿意强化这个部门的执法力量"，王向前认为，"而事实上，劳动关系的和谐稳定恰恰是投资环境中极其重要的部分。试问哪个老板愿意到一个动不动就闹停工、砸机器、堵马路、断掌讨薪的地方投资兴业？"

请谈谈劳动监察的作用及我国劳动监察存在的问题及原因。

第十一章 社会保障法基础理论

【引例】申诉人原为被诉人职工,1994 年 6 月开始在被诉人处储蓄所工作,2002 年 6 月调离被诉人。在劳动关系存续期间,被诉人没有按照有关法律规定为申诉人缴纳失业保险金,社会养老保险费从 1998 年 7 月至 2001 年 12 月已缴纳。2005 年 10 月,申诉人得知被诉人没有为其依法缴纳社会养老保险金和失业保险金,于是向劳动争议仲裁委员会申请仲裁,请求劳动争议仲裁委员会裁决被诉人补缴申诉人养老保险费、失业保险金。被诉人辩称:申诉人原为被诉人处的临时工,其养老保险费按省行统一规定从 1998 年 7 月开始缴纳,失业保险金全系统均未缴纳,不可能单为申诉人办理有关缴纳手续;申诉人于 2002 年 6 月调离被诉人处,现在申请劳动仲裁已超过仲裁时效。仲裁委认为:被诉人作为用人单位,应严格按照国家有关规定为申诉人足额缴纳各项社会保险费,这是被诉人的法定义务。被诉人是否已为申诉人缴纳了各项社会保险费、缴纳的数额是多少,申诉人均不知道,被诉人认为申诉人提出的仲裁请求已超过仲裁时效的抗辩理由不能成立,被诉人已从 1998 年 7 月开始为申诉人缴纳了养老保险费和全系统均未办理失业保险金缴纳手续的抗辩理由亦不能成立。因此,裁决被诉人为申诉人补缴养老保险费和失业保险金。

请问:上述案例反映了社会保障的哪些特征?

第一节 社会保障法的概念

一、社会保障概述

(一)社会保障的概念

社会保障(social security)作为一个法律概念,最早出现在美国 1935 年颁布的《社会保障法》(*Social Security Act*)中,随后被新西兰、英国等国家使用。我国《国民经济和社会发展第七个五年计划》首次以官方文件使用了这一概念。

由于各国在政治制度、经济条件、文化背景以及历史传统等方面存在差异,各国对社会保障的含义进行了不同的界定。美国 1999 年出版的《社会工作词典》将社会保障定义为:“一个社会对那些遇到了已经由法律作出定义的困难的公民,如年老、生病、年幼或失业的人提供的收入补助。”《新大不列颠百科全书》对社会保障的定义是:“社会保障是对病残、失业、作物失收、丧偶、妊娠、抚养子女或退休的人提供现金待遇。”国际劳工局对社会保障的界定是:社会保障即社会通过一系列的公共措施对其成员提供的保护,以防止他们由于疾病、妊娠、工伤、失业、残疾、老年及死亡而导致的收入中断或大大降低而遭受经济和社会困窘,对社会成员提供的医疗照顾以及对有儿童的家庭提供的补贴。① 德国学者艾哈德认为,社会保障是为因生病、残疾、年老等原因而丧失劳动能力或遭受意外而不能参与市场竞争者及其家人提供的基本生活保障,其目的是通过保障使之重新获得参与竞争的机会。②

我国学者也从不同角度给社会保障下了不同的定义。郭崇德教授认为,社会保障是指社会成员因年老、疾病、伤残、失业、生育、死亡灾害等原因而丧失劳动能力或生活遇到障碍时,有从国家、社会获得基本生活需求的保障。③ 陈良瑾教授认为,社会保障是指国家和社会通过国民收入的分配与再分配,依法对社会成员的基本生活权利予以保障的社会安全制度。④ 葛寿昌教授认为,社会保障是社会(国家)通过立法,采取强制手段,对国民收入进行分配和再分配形成社会消费基金,对基本生活发生困难的社会成员给予物质上的帮助,以保证社会安定的一种有组织的措施、制度和事业的总称。⑤ 郑功成教授认为,社会保障是国家依法强制建立的、具有经济福利性的国民生活保障和社会稳定系统;在中国,社会保障应该是各种社会保险、社会救助、社会福利、军人保障、医疗保健、福利服务以及各种政府或企业补助、社会互助保障等社会措施的总称。⑥ 郑秉文教授认为,社会保障是与社会主义市场经济的体制基础相适应的,国家和社会依法对社会成员的基本生活予以保障的社会安全制度。⑦

尽管各国对社会保障进行了不同的界定,但这些界定仍然存在一些相同之处:都强调了社会保障的目标和实现方式,即国家通过立法的方式建立相关制度为有困难的社会成员提供帮助,以满足其基本生活需要。

我们认为,社会保障是指国家通过立法建立的对社会成员在生、老、病、死、伤残、失业、丧失劳动能力,或因其他原因面临生活困难,或社会成员在维护国家安全、社会秩序方面作出贡献和牺牲时,给予本人或其家属物质帮助,以保障其基本生活需要并提高生活水平、实现社会公平和社会进步的制度。

(二)社会保障的特征

1. 保障性。社会保障的首要目标在于保障全体社会成员在遭遇生、老、病、死、伤残、失业、丧失劳动能力等风险时,能够从国家和社会获得必要的帮助和补偿,以满足其基本生活需要。基本生活需要是社会保障的水平线,也是社会保障制度的关键要素。如果社会保障水平低于其社会成员的基本生活需要,那么就失去了"保障"的意义;如果社会保障水平过高地超过了其社会成员的基本生活需要,则超越了社会保障制度的承载能力。因此,保障社会成员的基本生活需要是社会保障的根本目的。从1883年德国制定的《疾病保险法》到1935年美国颁布的《社会保障法》,都把社会保障与社会安全联系在一起。只有社会成员的基本生活得到了保障,人们才能安居乐业,国家才能稳定发展。因此,保障性是社会保障的首要

---

① 孟醒:《统筹城乡社会保障》,经济科学出版社2005年版,第6页。
② 覃有土、樊启荣:《社会保障法》,法律出版社1997年版,第6页。
③ 郭崇德:《社会保障学概论》,北京大学出版社1992年版,第12页。
④ 陈良谨:《社会保障教程》,知识出版社1990年版,第5页。
⑤ 葛寿昌:《社会保障经济学》,复旦大学出版社1990年版,第2页。
⑥ 郑功成:《社会保障学》,商务印书馆2000年版,第11页。
⑦ 郑秉文、和春雷:《社会保障分析导论》,法律出版社2001年版,第3页。

特征和根本目的。

2. 社会性。社会保障的社会性主要体现在三个方面。第一,社会保障解决社会风险问题,这种社会风险自工业社会以来已普遍存在并严重威胁着人们的生存,必须由国家通过制定社会保障制度来确保国民的生存权的实现。第二,社会保障的对象是全体社会成员,无论其职业、户籍、行业如何,只要其生存发生了困难,都应给予其基本生活的物质保障。因为每一个社会成员都可能面临生、老、病、死、伤、残以及失业等风险,需要社会给予保障,而且以公有制为主体的社会主义国家有责任使所有社会成员获得社会保障的权利。第三,社会保障实行社会化的运作方式,社会保障资金实行社会统筹,通过建立专门的社会保障管理机构进行社会化管理,当社会成员在遭遇暂时或永久的风险、生存发生困难时,由社会保障管理机构向其提供基本生活保障。

3. 强制性。社会保障的强制性是指社会保障制度是由国家通过立法建立并由国家强制实施的。在现代社会,各国基本上通过立法规定了社会保障的不同层次和范围,当人们的基本生活状况符合法律规定的条件时,他们就能够享受社会保障的权利。同时,也规定了享受社会保障的条件,只有符合条件者,才能享受社会保障待遇。在社会保障的各项制度中,尤以社会保险的强制性最为突出。我国《劳动法》第 72 条规定:"用人单位和劳动者必须依法参加社会保险,缴纳社会保险费。"由此可见,依法参加社会保险是用人单位和劳动者的义务,是否参加社会保险、参加何种社会保险以及保险费如何缴纳,法律都有明确规定,用人单位和劳动者没有自由选择的权利,只能按照法律规定执行。因此,社会保障具有鲜明的强制性特征。强制性是社会保障制度运作的必要手段,也是社会保障制度得以存在和实施的保证。

4. 公平性。社会保障的公平性主要体现在两个方面,一方面实行公平保障是社会保障追求的目标,另一方面实现该目标的方式必须是公平的方式。虽然社会保障基金的分配不可能绝对平均,但是社会成员在享受社会保障的机会和权利方面具有机会均等和利益均享的特征。只要社会成员的生存发生困难,就都可以获得均等的社会保障的权利和机会,并享有获得基本均等的物质帮助的权利。如我国《宪法》第 45 条规定:"中华人民共和国公民在年老、疾病或者丧失劳动能力的情况下,有从国家和社会获得物质帮助的权利。"因此,社会保障制度是一项公平保障制度,公平性是社会保障的重要特征。

5. 互济性。社会保障的互济性主要是指社会成员之间的互助共济。社会保障基金来源于国家财政支持以及社会成员的缴纳或捐助,如社会保险基金主要来源于用人单位和劳动者个人缴纳,国家在特殊情况下给予财政补贴;社会救济资金主要由国家财政支持,同时鼓励社会组织和个人的捐赠。因此,社会保障实际上是国家对国民收入进行再分配的一种方式,是国民收入在不同群体之间的转移。由于社会成员遭遇社会风险的情况不同,单个成员的风险承受能力有限,通过社会保障的互济性,能够解决不同情况下不同社会成员的特殊需要。当某些社会成员遭遇社会风险时,向其提供物质帮助,维持其基本生活,从而在全体社会成员之间实现和维持一种公平的状态。

在本章的引例中,被诉人作为用人单位,按照我国《劳动法》的规定有义务为劳动者足额缴纳包括养老保险费和失业保险金在内的各项社会保险费,不因整个系统未缴纳而不缴纳,也不能自行选择缴纳一部分保费,体现了社会保障的强制性特征。申诉人虽然为临时工,但是应当与其他职工在社会保障方面享有同等的权利。原劳动部办公厅对《关于临时工的用工形式是否存在等问题的请示》的复函(劳办发[1996]215 号)中指出:"《劳动法》实施后,所有用人单位与职工全面实行劳动合同制度，在用人单位各类职工享有的权利是一样的，因此，过去意义上相对于正式工而言的临时工已经不复存在，用人单位在临时性岗位上用工，可以在劳动合同期限上有所区别。”因此，用人单位应当为临时工缴纳养老保险费和失业保险金。被诉人应当为申诉人缴纳养老保险费和失业保险金，体现了社会保障的公平性。

(三)社会保障的内容

社会保障是国家以再分配的手段，保障公民基本生活需要，维护社会安定的一种制度安排。社会保障的内容包括社会保险、社会救济、社会优抚和社会福利四个方面。

1. 社会保险

社会保险，是指国家通过立法建立的，对劳动者在其生、老、病、死、伤、残、失业以及发生其他生活困难时，给予物质帮助，以满足其基本生活需要的一项社会保障制度。按照我国《劳动法》的规定，社会保险项目分为养老保险、失业保险、医疗保险、工伤保险和生育保险。其中，养老保险的目的是帮助公民抵御丧失劳动能力的危险，失业保险的目的是帮助公民抵御因失去工作导致收入中断的危险，医疗保险的目的是帮助公民抵御疾病危险，工伤保险的目的是帮助公民抵御职业伤害危险，生育保险的目的是帮助公民抵御生育危险。社会保险基金主要由用人单位和劳动者缴纳，国家只在特殊情况下给予财政补贴。国家通过建立社会保险基金，使劳动者在年老、疾病、工伤、失业、生育等情况下依法从国家和社会处获得物质帮助，实质上是国家通过强制手段，把国民收入的一部分进行有目的的分配和再分配。由于社会保险的保障对象是广大劳动者，并承担着每个劳动者整个生命过程中所能遇到的造成其工资收入损失的所有风险，因此，社会保险是社会保障制度的核心内容，在整个社会保障体系中居于核心地位。

2. 社会救济

社会救济，是指国家和社会对于因自身、自然和社会原因造成生活困难、不能维持最低生活水平的人员给予物质帮助，以维持其最低生活水平的一项社会保障制度。从历史发展看，社会救济先于社会保险。早在1536年，法国就通过立法要求在教区进行贫民登记，以维持贫民的基本生活需求。1601年，英国制定了《济贫法》，规定对贫民进行救济。中国古代的“义仓”也是一种救济制度。这些都是初级形式的社会救济制度。社会救济的实质是保障生存权，国家和社会向救济对象提供的仅仅是满足其最低生活需要的物质帮助，以维持其最基本的生活，因此，社会救济的标准较低。社会救济属于社会保障体系的最低层次，是社会保障制度中的最后一道安全网。

3. 社会优抚

社会优抚，是指国家和社会对为维护国家安全和社会秩序作出贡献和牺牲的人员及其家属在物质上给予优待、抚恤和安置，确保他们的生活水平不低于当地群众的平均水平，并带有褒扬性质的一项社会保障制度，是社会保障中一种较为特殊的保障方式。社会优抚包括社会优待、社会抚恤以及安置保障。在我国，社会优抚的对象主要是革命烈士军属、复员退伍军人、残疾军人及其家属等；社会优抚的内容主要包括提供抚恤金、优待金、补助金，举办军人疗养院、光荣院，安置复员退伍军人等。社会优抚制度的建立，有利于维护军人的合法权益，促进国防和军队的现代化建设，维护社会稳定，推动经济发展和社会进步。

4. 社会福利

广义的社会福利，是指国家为改善和提高全体社会成员的物质生活和精神生活所提供的福利津贴、福利设施和社会服务的总称,如消费品分配、社会保险、社会救济以及一切公共消费等都可以称为社会福利。狭义的社会福利,是指除社会保险、社会救济以外的其他所有能改善和提高人民生活水平的保障措施和公益性事业。西方福利国家和我国主张的社会福利分别属于广义和狭义概念。按照享受对象的不同,社会福利可以分为一般的社会福利、职工福利和特殊的社会福利。一般的社会福利是国家和社会为全体社会成员举办的社会文化教育事业以及市政建设、社会服务等措施。职工福利是职工所在单位为本单位职工及其家属提供的福利,以改善其物质文化生活,包括举办集体福利设施、建立各种补贴、提供劳务或发放实物等措施。特殊的社会福利是国家和社会向老人、儿童、残疾人等社会中需要给予特殊关心的人群举办的福利事业,包括残疾人福利、儿童福利、老人福利等。

二、社会保障法的概念、特征和调整对象

(一)社会保障法的概念

关于社会保障法的概念,从国内有关社会保障法的著述看,主要存在以下几种定义。覃有土教授从部门法之间的区别标志来定义,认为社会保障法是指调整社会保障关系的法律规范的总称。① 方乐华教授从社会保障的功能出发进行定义,认为社会保障法是指国家为维护社会安定和经济稳步发展而制定的,保障社会成员基本生活需要和经济发展享受权的各种法律规范的总称。② 史探经教授认为,社会保障法是调整以国家和社会为主体,为了保证有困难的劳动者和其他社会成员以及特殊社会群体成员的基本生活并逐步提高其生活质量而发生的社会关系的法律规范的总和。③ 林嘉教授认为,社会保障法属于社会法的范畴,是调整社会保障关系的法律规范,具体而言,社会保障法是调整以国家、社会和全体社会成员为主体,为了保证社会成员的基本生活需要并不断提高其生活水平,以及解决某些特殊社会群体的生活困难而发生的经济扶助关系的法律规范的总和。④

考察以上几种关于社会保障法的定义,均有一定的缺陷。第一种定义的缺陷在于定义项"社会保障关系"本身是一个不太明确的概念,很难使人对社会保障法这个概念有一个清晰的把握,因而不是一个完整的定义。第二种定义仅强调了社会保障法的功能,犯了定义过宽的逻辑错误。因为"国家为维护社会安定和经济稳步发展而制定的,保障社会成员基本生活需要和经济发展享受权的各种法律规范"不仅包括社会保障法,而且也可以包括其他一些法律规范,诸如民法、经济法甚至刑法中的许多规范同样有此功能。因此,这个定义也未能揭示概念的本质和内涵。第三种定义同样犯了定义过宽的逻辑错误,因为社会保障法的主体应包括国家、社会(用人单位)和全体社会成员,而"以国家和社会为主体"势必将部分社会保障法律规范排除在外。第四种定义相对比较全面地反映了社会保障法的内涵,但是将社会保障法的调整对象限定为经济扶助关系过于狭窄。

如果要考虑给社会保障法下一个明确的定义,需要明确社会保障法与其他法律之间所调整的社会关系的区别。综合以上几种关于社会保障法的定义,我们认为,社会保障法是指

① 覃有土、樊启荣:《社会保障法》,法律出版社 1997 年版,第 69 页。

② 方乐华:《社会保障法论》,世界图书出版公司 1999 年版,第 23 页。

③ 史探经:《社会保障法研究》,法律出版社 2000 年版,第 31 页。

④ 林嘉:《劳动法和社会保障法》,中国人民大学出版社 2009 年版,第 301 页。

调整以国家、社会和全体社会成员为主体，为了满足全体社会成员的基本生活需要并不断提高其生活水平，以及解决某些特殊社会群体的生活困难而发生的社会关系的法律规范的总和。

（二）社会保障法的特征

1. 广泛的社会性。社会保障法属于社会法的范畴，因而社会性是社会保障法最主要的特征。其社会性主要体现在三个方面：第一，目的具有社会性。社会保障法的主要目的是通过保障社会成员的基本生活需要来实现社会的稳定和发展。第二，享受权利的主体具有普遍性。社会保障的权利由全体社会成员享有，而且随着经济的发展，可以享受保障的成员数目以及可以享受的社会保障项目会越来越多。按照我国《宪法》的规定，中国公民平等地享有社会保障的权利。在国际上，有些国家之间还订有社会保障待遇互惠协议，保护旅居国外的本国公民平等地享受旅居国社会保障的权利和待遇。第三，义务和责任的承担具有社会化趋势。社会保障制度的长久发展，需要整个社会的参与。社会保障法规定，社会保障基金由国家、用人单位和社会成员三方共同负担，从而将责任和义务分散到整个社会，以资金来源的多渠道来保证社会保障的正常运转。

2. 强制性规范与任意性规范相结合。社会保障法本质上属于社会法，既不同于注重意思自治的私法，也不同于强调国家干预的公法，具有公法与私法相结合的特征。在社会保障制度中，对于涉及全体社会成员基本保障权益的项目，包括社会保障项目的确立、社会保障资金的筹集和缴纳、社会保障的享受人群范围以及社会保障金的发放，社会保障法均以强制性规范形式进行规定，任何单位和个人都必须严格遵守，不得任意改变和选择。对于一些临时性、突发性事件中的社会保障方式，除强制性规定外，还有一些任意性规范，允许当事人选择适用。如救灾扶贫中的捐赠，就是由社会成员自愿选择的。因此，社会保障法具有强制性规范与任意性规范相结合、以强制性规范为主的特征。

3. 实体性规范与程序性规范相统一。实体性规范规定社会关系参加者的实体权利和义务，程序性规范则规定实体性规范的运用和实现的程序，目的是为了保障实体性规范的实现。社会保障法调整的是一个在社会保障领域中由各种社会关系、各个运行环节组成的系统，因而社会保障法就必须不仅有具体的权利义务的规定，而且还要有维持程序正常运转的程序性规定。例如《社会救济法》，既有救济对象所享受的权利义务的实体规定，又有救济对象资格认定以及救济款物发放手续的程序性规定。正是由于社会保障法所调整的社会关系的复杂性，社会保障法既有实体性规范，也有程序性规范。

4. 特定的立法技术性。社会保障的运营须以数理计算为基础，这使得社会保障法在立法上有较高的技术性。其中，最典型的是“大数法则”和“平均数法则”在社会保障基金的筹措立法中经常用到。另外，还有一些保障项目在费率、范围等的确定上经常用到统计技术。以养老保险为例，我国养老保险立法中的关键技术，涉及退休后平均存活年数的确定、养老保险基金的社会统筹范围的确定、养老保险费率的确定等种种问题，都需要运用数理技术来确定。

（三）社会保障法的调整对象

社会保障法的调整对象是以国家、社会和全体社会成员为主体，为了满足全体社会成员的基本生活需要并不断提高其生活水平，以及解决某些特殊社会群体的生活困难而发生的社会关系。一言以蔽之，社会保障法的调整对象是社会保障关系。理解社会保障法的调整对象,需要明确社会保障关系的特征、主体、类型以及内容。

1. 社会保障法所调整的社会保障关系的特征

社会保障关系的特征可以从三个方面来理解:第一,社会保障关系产生于社会保障活动的过程中。社会保障活动是产生社会保障关系的基础,没有社会保障活动就不会产生社会保障关系。第二,社会保障关系具有人身性和财产性相结合的特征。社会保障主要包括社会保险、社会救济、社会优抚和社会福利等内容。其中,社会保险、社会救济和社会优抚都是针对特定的社会群体,或者需要符合一定的条件,只有具备一定的主体身份才能享受相应的保障项目。即使是主体非常广泛的社会福利,仍有部分项目是为特殊群体如残疾人、孤寡老人等提供的,仍需要具有一定身份才能享受。因此,社会保障关系具有人身性。而社会保障的核心是给付,通过向特定对象提供物质帮助,满足其基本生活需求或提高其生活水平,从这个意义上说,社会保障关系是一种典型的财产关系。因此,社会保障关系是一种以人身关系为基础的财产关系,具有人身性和财产性相结合的特征。第三,社会保障关系具有权利义务的不对等性。这种权利义务的不对等性是指在社会保障关系中,既有无须履行义务的法定权利,也有不享受任何权利的法定义务。前者体现在社会救济、社会优抚和社会福利法律关系中,享受社会保障权利的公民,不需要履行任何社会保障义务,如缴费义务,只要符合一定的条件或主体身份,即可享受社会保障权利。例如在社会救济关系中,只要公民生活在国家规定的贫困线和最低生活标准以下,就可以获得救济。而在社会保险关系中,这种权利义务的不对等性体现得更为明显。用人单位对养老保险、失业保险、医疗保险、工伤保险和生育保险均负有缴费义务,但不享受任何社会保险待遇,而劳动者对工伤保险和生育保险没有缴费义务,仍可以享受工伤保险待遇和生育保险待遇。

2. 社会保障法所调整的社会保障关系的主体

从社会保障法的概念可以看出,社会保障关系的主体包括三方,即国家、社会和全体社会成员。第一,国家或政府是社会保障关系中不可缺少的主体。任何一个国家社会保障制度都离不开政府的参与。一方面,社会保障运作需要大量的资金,需要政府的财政支持,尤其在社会救济和社会福利中,政府财政是主要的资金来源;另一方面,社会保障制度的有序运作必须在政府的管理监督下进行。当然,政府是一个泛化的概念,社会保障项目的确立、社会保障的管理和运作、监督乃至争议的解决,都要通过具体的社会保障机构以及国家的职能部门来操作。因而,在社会保障实施过程中,社会保障职能机构就始终代表着国家一方。第二,社会保障制度需要社会的参与和支持,因此,社会也是社会保障关系的主要主体。社会保障关系主体中的"社会",在我国主要指用人单位和社会保障管理机构。在社会保险关系中,用人单位是主要的缴费主体,根据我国《社会保险法》的规定,我国目前的社会保险包括养老保险、医疗保险、工伤保险、失业保险和生育保险等五个保险项目,用人单位在这五个社会保险项目中都必须承担缴费义务,劳动者只需就养老保险、医疗保险和失业保险三个项目缴费,而且,用人单位的缴费比例也比劳动者个人缴费更高。同样,社会保障制度得以有序运行,离不开社会保障管理机构的参与。第三,基于社会保障法的社会性特征,全体社会成员都应当是社会保障关系的主体。从目前我国许多保障措施来看,无论是"国家、用人单位、劳动者三方负担",还是"社会统筹与个人账户相结合",都体现了力图使经济发展与社会公平兼顾的原则,所以社会和社会成员个人是社会保障制度的重要主体。特别是社会成员个人,其在社会保障关系中的主体身份具有双重性,不仅是社会保障的受益主体,而且在社会保险的一些项目上也是缴费主体。

3. 社会保障法所调整的社会保障关系的内容

关于社会保障关系的内容，理论上主要有两种观点：一种观点认为，社会保障只限于对公民最低生活的保障，是社会福利中的最低层次；另一种观点认为，社会保障不仅包括对公民最低生活的保障，还包括逐步提高公民的生活水平。这两种观点实际上反映了不同国家在不同阶段社会保障关系的不同内容。

我国与西方福利国家在社会保障的范围上是不一样的。西方福利国家的社会保障是社会福利的一部分，社会保障是社会福利中的最低层次，可以认为社会保障关系的内容限于对公民最低生活的保障。而我国社会保障制度本身包含了社会福利，因而我们的社会保障关系的内容不应只限于对公民最低生活的保障。社会福利是国家为改善和提高全体社会成员物质、精神生活而采取的措施，提供的设备和服务，社会福利是社会保障的最高境界。因此，在我国，社会保障关系的内容应包括保障公民最低生活和逐步提高公民生活水平两个方面。当然，由于社会福利具有普遍性和高水平的特点，它必须是在经济发展水平达到较高程度时才能充分实施，否则会导致“福利危机”，阻碍经济的发展。因此，在我国现阶段，经济发展水平还不足以实现高水平的社会福利，社会保障关系的内容主要体现为保障公民的基本生活需要，但应将逐步提高公民的生活水平作为未来社会保障制度的一个发展目标。

4. 社会保障法所调整的社会保障关系的类型

社会保障关系可以从不同的角度进行不同的划分。从内容上看，社会保障关系可分为社会保险关系、社会救济关系、社会福利关系和社会优抚关系。从主体上看，社会保障关系涉及国家、社会成员、社会保障管理机构、用人单位、劳动者等主体之间的社会保障关系；从体制上看，社会保障关系可以分为社会保障管理关系、社会保障资金筹集关系、社会保障给付关系、社会保障资金运营关系、社会保障监督关系等。概括地讲，社会保障关系就是在社会保障实施过程中国家、用人单位以及社会成员之间所发生的各种关系的总和。

具体来说，社会保障关系包括以下几种类型：第一，政府与社会保障管理机构之间的关系。其间包括了委托、管理和监督的关系，政府委托并管理社会保障管理机构对社会成员进行给付和帮助，而社会保障管理机构必须接受政府的监督。第二，国家与社会成员之间的关系。主要是一种给付关系，明确国家的职责和义务以及社会成员应享受的保障性权利。第三，社会保障管理机构与社会成员之间的关系。通过法律明确社会保障管理机构对社会成员的职责以及社会成员参加社会保障的权利与义务。第四，国家与用人单位之间的关系。主要指国家与用人单位之间因社会保障费用的征收与缴纳而发生的关系。第五，用人单位与劳动者之间的关系。通过法律明确用人单位劳动者应当履行的保障责任以及劳动者在用人单位应享受的社会保障待遇。第六，社会保障管理机构之间的关系。它是指社会保障职能机构由于职责划分的不同而形成的分工协作关系。包括社会保障资金的筹集机构、管理机构、运营机构和发放机构，它们应各自有明确的分工，但又在职能上相互衔接，构成一个统一运作的整体。第七，社会保障运行过程中的监督关系。即各种监督方式在对社会保障运行的监督中所形成的关系。通过法律明确有关监督组织的建立、各种监督机构的职责、权限划分及其监督程序。第八，社会保障基金运营中的关系。即社会保障基金的管理与运营中发生的各种关系。通过法律明确社会保障基金在运营中与国家财政、投资市场、有关经济实体之间的权利与义务。此外，就广义而言，社会保障关系还包括社会保障争议的处理关系。

这些关系并非是单独存在的，它们往往呈现出错综复杂的特点。

第二节　社会保障法的功能和原则

一、社会保障法的功能

随着社会保障制度的广泛推行，社会保障愈来愈显示出其强大的生命力。世界各国纷纷采取立法的手段对社会保障制度进行改革和调整。社会保障法在促进经济增长和社会进步的过程中，发挥着重要的功能。概括起来，社会保障法具有以下四个功能。

（一）社会保障法有利于促进市场经济的发展

社会保障制度是市场经济建立和发展的必要条件之一。社会保障法在促进市场经济发展方面发挥着重要的功能。第一，社会保障法具有保护和配置劳动力的功能。保护劳动力的再生产和合理配置劳动力资源是市场经济的客观要求。在市场经济条件下，出现优胜劣汰的竞争是不可避免的，这就必然会导致部分劳动者可能要退出劳动力市场，使其及其家属失去收入而面临生存危机。此时，社会保障法可以通过各种帮助，使这部分社会成员摆脱生存危机的困扰，维持其基本生活水平，从而使劳动力的再生产成为可能。同时，社会保障法还可以通过建立全社会统一的社会保障网络及健全的社会保险制度，解除社会成员因变换工作或家庭迁徙带来的后顾之忧，从而促进劳动力的合理流动，实现劳动力资源的有效配置，实现社会经济的正常运行。第二，社会保障法具有促进就业的功能。随着市场经济的发展，社会保障项目日益增多，给社会成员提供了更多的社会保障服务。就社会保障制度的运作来说，它是一项覆盖全国的服务系统，需要大量的工作人员参加并提供各种服务，这就为劳动者提供了更多的就业机会。因此，我国在建立健全社会保障制度的同时，社会保障法关于推动和促进就业的功能也得到了发挥。第三，社会保障法具有平衡社会供求关系的功能。经济要保持健康的发展，就要保持需求与供给的总体平衡。社会保障法可以通过调节社会保障待遇的支出来平衡社会供求关系。社会保障支出与市场经济的发展程度是成反比的。当市场经济发展强劲、失业率低时，社会保障支出会相应缩减，社会保障基金规模因此增大，抑制了社会需求的过度膨胀，最终使得社会的总需求与总供给达到平衡；当经济衰退、失业增大时，社会保障支出就会增加，通过失业给付及其他社保待遇的给付可以抑制个人收入减少的趋势，提高失业者和生活困难者的购买力，从而加大社会的有效需求，在一定程度上促进了经济的复苏。从这种意义上说，社会保障法具有调节市场经济中供求关系的蓄水池作用，能够在一定程度上调节经济过热或过冷的现象，促进国民经济良性循环。第四，社会保障法具有调节投资、融资的功能。社会保障资金具有较高的稳定性，社会保障基金经过长期的积累，会形成庞大的资产，成为投资、融资的一大财源。国家通过立法规定社会保障基金的投资项目和投资比例，指导投资的方向，促使社会保障基金向国家基础设施和重点项目投资，社会保障法也因此成为国家对国民经济进行宏观调控的有效手段。可见，社会保障法在促进市场经济发展方面发挥着重要的作用。

（二）社会保障法有利于实现社会公平

社会公平，是人类社会发展中产生的一种客观要求。社会公平体现在经济利益方面主要是社会成员之间没有过分悬殊的贫富差别。市场经济的基本特征之一就是竞争，有竞争就会有差异，竞争的结果就是强者恒强，弱者恒弱，出现贫富的两极分化，导致社会分配的不公平。要实现社会公平，需要借助国家力量对国民收入进行再分配。社会保障法以立法的形式，通过税收和强制投保等渠道筹措保障基金，然后由国家进行二次分配，通过社会保障基金在高收入者和低收入者之间的转移支付，使国民收入再分配向低收入者倾斜，从而缩小社会成员之间的收入差距，维持低收入者的基本生活，在一定程度上缩小贫富差距，弥补市场经济的缺陷，缓和社会矛盾，最终实现社会公平。社会保障法也因此被称为"社会公平的调节器"。

（三）社会保障法有利于维护社会稳定

社会稳定是一个国家发展的基本前提，没有社会的稳定，就没有经济的发展和社会的进步，而社会保障法则是社会稳定的重要防线。社会稳定的基础主要取决于人们心态的稳定，而心态的稳定又来源于人们的安全感。社会保障制度本身就是一种社会安全体系，健全和完善的社会保障能够为人们提供这种安全感。社会保障法通过对没有生活来源者、贫困者、遭遇不幸者和一切失去劳动能力或工作岗位的劳动者救助，满足其基本生活需要，消除社会成员的不安全感，以维护社会稳定。因此，社会保障法又被誉为"社会安全网"和"社会减震器"。20 世纪 70 年代，西方一些福利国家虽然在某一时期出现了很高的失业率，但其社会秩序却比较稳定，这很大程度上归功于社会保障发挥的"安全网"作用。国际劳工组织在总结各国社会保障制度的作用时指出："没有社会的安定，就没有社会的发展；没有社会保障，就没有社会安定。"这一概括充分说明了社会保障具有维护社会稳定的功能。

（四）社会保障法有利于保障人权

人权是人的各种权利（包括经济、政治、社会、文化、人身的权利）的有机统一，其实质内容和目标是人的生存和发展。因此，生存权和发展权是人权之本。现代法治理念以保证公民基本人权为核心，而社会保障法是保障人权的基本手段。在现代社会中，一定的财产是人们生存、发展以及参与社会活动的基础。保障每个公民都能够拥有可以维持其基本生活需要的财产，就成为公民的最基本人权。社会保障通过社会保险、社会救济满足了人们的基本生活需要，从而保障了其生存权。另外，社会保障法通过各种社会福利满足人们的文化、教育等精神生活方面的需要，以提高人们的生活质量和自身素质，从而保障其发展权。宪法作为法治国家的至高法典对此作出了纲领性规定。如我国《宪法》第 45 条规定："中华人民共和国公民在年老、疾病或者丧失劳动能力的情况下，有从国家和社会获得物质帮助的权利。国家发展为公民享有这些权利所需要的社会保险、社会救济和医疗卫生事业。国家和社会保障残疾军人的生活，抚恤烈士家属，优待军人家属。国家和社会帮助安排盲、聋、哑和其他有残疾的公民的劳动、生活和教育。"社会保障法的目的主要是为了保障全体社会成员在遭受各种意外和风险时的基本生活，并通过举办各种福利事业提高全体社会成员的生活水平，从而保障全体社会成员的生存权和发展权。

二、社会保障法的原则

社会保障法的基本原则是指集中反映社会保障法的本质和精神，贯穿社会保障法律体系始终并起主导作用的根本准则。它体现了社会保障法的基本理念和价值取向，是社会保障法的核心和灵魂，具有高度的概括性和抽象性的特点。社会保障法的基本原则主要包括以下几点：

（一）普遍保障原则

普遍保障原则是指社会保障对象包括全体社会成员，强调全体社会成员平等地享有社会保障权，不因其年龄、种族、性别和宗教信仰等不同而受到限制。

坚持普遍保障原则是社会保障制度本身的要求，是各国社会保障立法共同奉行的一条基本原则。社会保障的社会性特点表明社会保障制度本身含有保障全体社会成员之意。社会保障法应当对所有社会成员同等对待，只要符合社会保障的法定条件，都有权享受社会保障待遇。1948年《世界人权宣言》明确规定，所有公民，作为社会成员之一，都享有社会保障权。国际劳工组织发布的1952年《社会保障公约（最低标准）》，要求各国政府为国民提供至少达到最低标准的社会保障。我国《宪法》第45条规定：“中华人民共和国公民在年老、疾病或者丧失劳动能力的情况下，有从国家和社会获得物质帮助的权利。国家发展为公民享受这些权利所需要的社会保障、社会救济和医疗卫生事业。”公民在法律面前一律平等，意味着每一个公民在其生活发生困难时，依法有权从国家和社会处获得物质帮助。我国传统的社会保障立法建立在依城乡界限和所有制界限而形成的社会成员身份差别的基础上，造成社会成员之间在社会保障权利方面不平等，阻碍了劳动力的合理流动，制约了市场体系的完善。因此，我国社会保障立法应坚持普遍保障原则，平等对待全体社会成员。

我国社会保障立法在坚持普遍保障原则的同时，也应考虑我国的具体国情。我国目前社会经济发展不平衡，东、中、西部社会经济发展水平差距很大，特别是城乡之间的社会经济、文化差别是一个短期内难以消除的社会问题。因此，我国在贯彻普遍保障原则时，应当根据本国国情或本地区情况确定相应的社会保障政策，采取不同的方法和标准，而不能像发达资本主义国家尤其是福利国家一样，采取无差别地适用全体公民的社会保障标准。具体而言，社会保障法应明确全体社会成员均平等地享有获得社会保障的权利，同时制定适合城乡之间、各经济区域之间、各地区之间的社会保障水平和标准。

（二）社会保障水平与经济发展水平相适应原则

社会保障是国家运用经济手段来解决特定社会问题和实施社会政策的一项宏观调控措施。社会保障制度的建立和发展，必须与社会发展阶段和经济发展水平相适应。社会保障水平以经济发展水平为基础和条件，经济发展水平决定社会保障水平。

社会保障水平必须与经济发展水平相适应，过低或者过高的保障水平对社会保障制度自身的运行和社会经济的发展都会产生负面影响。若社会保障水平过低，社会保障程度不足，社会成员的基本生活得不到保障，则不能很好地实现社会保障的功能，不利于社会的稳定与发展。一些发展中国家的实践证明，社会保障制度的缺位与低水平，不利于社会秩序的稳定，也制约经济的发展。反之，若社会保障水平过高，社会保障资金投入过多，则必然挤压经济发展资金，影响必要的社会资本积累，且不利于激励劳动者的积极性，从而影响整个社会的经济发展。同时，过高的保障水平导致用人单位和劳动者个人缴费的增加，引起产品成本的上升，从而影响企业的国际竞争力。西方福利国家的社会保障实践证明，社会保障水平并非越高越好。

社会保障水平受经济发展水平制约，而且必须适应经济发展水平，即社会保障水平必须适度。适度的社会保障水平，有利于社会保障功能的实现，在保障公民基本生活水平的同时，能够激励劳动者的积极性，提高劳动者的素质，有利于提高劳动生产率，从而有利于实现社会保障制度的良性运行并推动和促进经济发展和社会进步。判断社会保障水平是否适度的标准，主要是社会保障制度在保证公民一定经济生活水平的基础上，能否实现自身平衡与良性运行，对国民经济发展能否起到促进作用。[①] 因此，社会保障的发展水平应建立在既能保障公民的基本生活又能促进国民经济的健康发展上；既要保证社会稳定，又能激励社会成员积极劳动，提高社会成员自身素质，促进社会进步。

我国目前尚处于社会主义初级阶段，社会经济还不发达，人民的生活水平普遍较低，这就决定了我国目前社会保障水平处于较低层次。就现阶段而言，满足人民的基本生活需求，是我国社会保障制度的重要目标。另外，我国经济发展水平不平衡，东西部差异和城乡差距较大，因此，社会保障水平不平衡。当然，随着我国社会经济的发展和社会保障制度的不断完善，我国的社会保障水平将会更加合理。

（三）公平与效率兼顾原则

市场经济追求效率与竞争，不可避免地会导致社会的不公平。社会保障制度的推行，有利于社会公平的实现。但如果保障的项目过多，标准过高，就极易导致效率的丧失。因为全面的、高标准的保障体系，容易滋生社会成员的惰性心理和不劳而获的思想。高福利制度体现了形式上的“公平”，却牺牲了经济效率。因此，应当妥善处理公平与效率的关系。

公平与效率都是社会保障追求的目标。社会保障制度的公平在于通过立法明确社会成员的社会保障权利，并对国家、社会、个体的义务作出公平的规定，实现社会保障权利与义务的平衡。社会保障制度的效率旨在通过社会保障基金的积累和合理利用，维护社会稳定和促进经济发展。公平与效率不可偏废，二者应当兼顾。

公平与效率兼顾是要求在公平与效率两个目标之间寻求动态的平衡。一般来说，公平的获取方式有两种，一是以平等求公平，即平等的条件、平等的机会和平等的规则与分配；二是以不平等求公平，即承认有条件的差别待遇，强调对社会财富的再分配和对社会上处于不利地位的人给予一定的补偿和救济。社会保障制度就是通过国家干预经济建立一种向公平倾斜的机制，对于暂时退出市场竞争的社会成员提供新机会，对于永久退出市场竞争的社会成员提供基本生活保障，从而实现社会的公平。然而，单纯地追求公平是不科学的，因为公平必须以效率和发展所带来的物质基础为依据。公平与效率兼顾是社会发展中必须妥善处理的一对矛盾，社会保障必须坚持两者相结合的原则。第一，在社会保障基金的筹集、发放、管理等方面尽量做到机会均等。社会保障法必须对国家、社会、社会成员三方社会保障主体的权利、义务和责任进行合理的划分和组合，实行社会保障费用由三方共同负担的制度，强调社会成员权利与义务对等。国家负担社会救济、社会优抚安置等保障，公平对待全体社会成员，只要符合法定条件，人人均可享受。第二，缴费责任的设置与社会保障权利的享受应力争平衡，既要保证社会保障制度的实施，又要稳定和促进经济的发展。在缴费责任设置方面，社会保障法在规定用人单位的缴费责任时，应尽量使各个单位之间所承受的负担大体平衡；在规定个人缴费责任时，也要考虑缴费者的个人利益，以调动其参与社会保障的积极性。在确定劳动者的保障待遇时，其标准也应当基本统一，但同时也应考虑劳动者的贡献大小，让对社会贡献大的劳动者享受较高的社会保障待遇，以激励所有社会成员勤奋工作，提高劳动生产率和经济效益。

---

① 蒋月：《劳动法与社会保障法》，浙江大学出版社2010年版，第249页。

(四)权利与义务一致原则

权利与义务一致是指权利的享有与义务的承担应当相平衡。在社会保障法律关系中,当社会成员生活遇到困难或有其他法定条件时有权获得社会保障金,但在此之前,他又必须依照社会保障法的规定,缴纳一定数量的社会保险金或履行其他方面的义务。也就是说,社会成员既是社会保障的权利主体,也是社会保障的义务主体,权利的享有以义务的履行为前提。当然,就社会成员个人而言,权利义务相一致并不意味着他所享受的权利与应承担的义务恰好相等,也并不意味着履行了缴费义务就必然享受社会保障待遇,或者没有履行缴费义务就必然不能享受社会保障待遇。因为每位社会成员的保障需求以及对社会的贡献大小不同,其获得的社会保障的范围和标准就有差别。对于无收入者、低收入者,或先天不具备劳动能力的社会成员,社会保障法保障他们的最低生活需求,所需经费由国家财政支付,以体现国家对这部分人应尽的救助责任。因此,在社会保障关系中,权利与义务一致不是绝对的,只能在社会整体层次做到一致,而非在个人层次上完全统一。

(五)社会化原则

社会化原则是指将社会保障作为全社会共同参与的事业,实现社会保障资金来源、社会保障管理以及社会保障责任的社会化。

社会保障是国家运用经济手段来解决特定社会问题和实施社会政策的一项宏观调控措施。国家负担对社会成员的社会保障是现代国家的一个重要职责,但国家不应是唯一的社会保障义务主体。因为社会保障本身具有社会性,需要全体社会成员的参与。没有社会成员参与的社会保障体系,是难以长久的,也不能成其为"社会保障"。近年来,西方一些国家的社会保障制度调整的内容之一,就是减轻国家的责任,加强社会成员个人和社会组织的责任,将更多的责任分散到社会。这样不仅可以减轻国家的责任,而且还可以激励社会成员更多地发挥自己的工作能力。因此,我国社会保障立法应当坚持社会化原则,尽可能动员最广大的社会力量来共同参与社会保障事业。具体而言,坚持社会化原则,包括三个方面的内容。第一,社会保障资金来源的社会化。社会保障资金的筹集,必须坚持国家、用人单位、个人三方负担的原则。这一原则,不仅是对"权利义务相一致"原则的具体落实,而且通过用人单位和个人的缴费,能够实现收入再分配,充分发挥社会保障作为社会公平调节器的作用。如在社会保险中,社会保险基金主要由用人单位和劳动者缴纳,国家在特殊情况下进行财政补贴;在社会救济中,救济资金主要来源于国家财政支出,同时鼓励社会组织和个人进行捐赠。第二,社会保障管理的社会化。社会保障对象的广泛性和特殊性决定了社会保障要实行社会化管理模式。我国传统的社会保障管理体制具有严重的"国家保障"和"企业保障"的色彩,社会保障管理过于集中和僵化,缺乏社会大众的参与,导致管理效率和服务质量低下。因此,我国应改变传统的单一的管理模式,实行社会化管理模式,实行集中和分散相结合。具体而言,社会保障立法和政策的制定,集中统一于主管部门,并由该部门全面规划社会保障事业,协调各方面的利益。具体业务经办机构和服务设施,应该深入基层社区,与社会大众保持密切联系,及时了解社会保障实施的情况和问题,在给付发放、服务提供上,充分利用金融机构、社会组织和团体的力量,从而节约管理费用,提高工作效率。第三,社会保障责任的社会化。当今社会,全体社会成员都承受着诸如失业、伤残、疾病、老龄等社会风险。对于这些社会风险完全由社会成员个人承担是不可能实现的,而且对于社会成员中的弱者也不公平。这就要求全体社会成员互助共济,有条件地共同分担这些风险。因此,国家应当通过立法建立社会的共同责任机制，使社会风险在一定条件下由全体社会成员共同承担。以通过对部分社会成员的特别保护，来达到对全体社会成员的共同保障，从而维护正常的社会秩序，促进社会的发展和进步。①

当然，社会保障的社会化原则并不表明它已不是政府的一项职责。从应付市场失灵、对经济进行宏观调控的角度而言，社会保障仍然是政府的一项重要职责，而且，社会保障的实施还需要政府的强制性措施。但是，政府的职责只应限定在宏观调控这一点上，更多具体的职责还是需要借助于社会，让社会来分担和履行社会保障的具体职责。

思考题

1. 社会保障的含义是什么？如何理解社会保障的特征？
2. 社会保障包括哪些内容？
3. 社会保障法的概念和特征是什么？
4. 如何理解社会保障法的调整对象？
5. 社会保障法的功能有哪些？
6. 社会保障法应遵循哪些基本原则？
7. 在我国，由国家财政支撑的保障项目包括以下几类？（　　）

A. 养老保险　　B. 社会救济
C. 社会优抚　　D. 社会福利

8. 社会保障制度旨在满足人们什么水平的生活需要？（　　）

A. 小康生活需要　　B. 基本生活需要
C. 富裕生活需要　　D. 现代化生活需要

9. 社会保障的核心内容是什么？（　　）

A. 社会保险　　B. 社会救济
C. 社会优抚　　D. 社会福利

问题讨论

1. 国外社会保障立法模式有三种：一是“一法为主”型，如美国以综合性法律《社会保障法》为主，其法律数量不多；二是“多法并行”型，如日本即采用由多部平行的社会保障法律共同构成社会保障法系统；三是“混合立法”型，即由国家既颁布有部分社会保障方面的专门法律，又同时将另一些社会保障关系纳入其他部门立法体系中规范，从而形成一种混合性的社会保障立法模式。“混合立法”型模式显然缺陷最大，不利于社会保障法制建设。在“一法为主”和“多法并行”的两种模式中，我国应作何种选择，学术界有不同见解。有学者认为，首先制定《社会保障法》作为母法，再在此基础上制定若干社会保障子法，即采用“一法为主”型的

① 黎建飞：《社会保障法(第二版)》，中国人民大学出版社 2006 年第 2 版，第 12 页。

母子法结构来完成我国的社会保障立法，依法学理论和立法技术的要求，一个部门法的立法工作，最好首先制定一部统一的综合性的法典式法律，再在此基础上陆续颁布单行法、实施细则、条例及司法解释等。①

请思考：我国社会保障立法应该采取哪种立法模式？

2. 张某在北京市某通信技术公司（以下简称技术公司）工作，月工资为 8000 元。当初，签订合同时，技术公司对张某说，可以给你较高的工资，但除了工资以外，公司不再提供任何的福利待遇。以后若遇医疗、养老、失业等问题，应由自己解决，公司不再承担任何责任。由于张某对社会保险不太了解，也就同意了单位提出的条件，与技术公司签订了为期三年的劳动合同。合同明确约定，公司不为张某缴纳社会保险费。工作以后，张某为解决自己的后顾之忧，每月从工资中拿出一部分钱，向保险公司投保了一份商业保险。后来，张某通过法律咨询才知道，企业为职工缴纳各项社会保险费是企业的法定义务，因此，张某要求技术公司为他缴纳社会保险。技术公司以劳动合同有约定，张某已经向保险公司投保了商业保险为由，拒绝了张某的请求，张某遂向劳动争议仲裁委员会申请仲裁。请思考以下问题：

（1）张某与技术公司所订劳动合同中有关不缴纳社会保险费的约定是否有效？

（2）技术公司是否应当为张某缴纳社会保险费？

---

① 徐智华、刘连安：《社会保障立法问题研究》，http://www.lawtime.cn/info/baoxian/changshi/2010123053320.htm，下载时间：2011 年 7 月 23 日。

第十二章　社会保险法

【引例】刘某等四人应聘到某公司，公司在待遇方面提出如果职工坚持要求办理社会保险的话，从职工工资中每月扣除300元。刘某等觉得还是多拿点工资好，至于办不办社会保险，也没什么关系。于是双方签订了三年的劳动合同，在合同中规定每月工资2000元，对社会保险事宜公司不予负责。

后来，劳动保障部门在进行检查中发现，该单位没有依法为签订劳动合同的职工办理社会保险，遂对其下达《限期整改指令书》，要求该公司为刘某等办理参加社会保险手续。该公司则认为，公司不负责社会保险是经双方协商同意，在劳动合同中已明确约定的。①

请问：对于劳资双方协商约定不办理社会保险的条款是否具有法律效力？什么是社会保险？不参加社会保险当事人双方要承担什么样的责任？

第一节　社会保险概述

一、社会保险的概念

社会保险是指国家通过立法，以保险的方式强制实行的，对劳动者因年老、疾病、工伤、失业、生育等原因而暂时或永久性丧失劳动能力或劳动机会，造成收入中断、减少或负担增加时，依法从国家和社会处获得物质帮助的制度。

《社会保险法》第2条规定：国家建立基本养老保险、基本医疗保险、工伤保险、失业保险、生育保险等社会保险制度，保障公民在年老、疾病、工伤、失业、生育等情况下依法从国家和社会处获得物质帮助的权利。

社会保险作为一种物质帮助制度，既是保障劳动者基本生活、维护社会安定的需要，也是宪法赋予劳动者的一项基本权利，是国家和社会对全体劳动者应负的责任。

1. 社会保险具有下列基本特征：

(1)社会性。《社会保险法》是"为了规范社会保险关系，维护公民参加社会保险和享受社会保险待遇的合法权益，使公民共享发展成果，促进社会和谐稳定，根据宪法制定"，具有维护社会安定的功能，因而其范围比较广泛，包括社会上不同层次、不同行业、不同职业

① 参考法律快车《员工自愿放弃社保单位也不能不缴纳》，http://www.lawtime.cn/info/laodong/shehuibaoxian/20110307100599.html，下载日期2011年8月11日。

的劳动者。《社会保险法》第3条规定:社会保险制度坚持广覆盖、保基本、多层次、可持续的方针。

(2)强制性。《社会保险法》第4条规定:中华人民共和国境内的用人单位和个人依法缴纳社会保险费。所以,社会保险具有强制性,通过立法强制单位和个人参加,政府参与组织社会保险的组织和运作。此外,在保险的项目、收费标准、待遇水平等内容上,投保人和被投保人必须遵守法律强制性的规定,不得随意改变。

(3)共济性。社会保险是在全社会范围内统一筹资,建立保险基金,使之在不同的劳动者之间进行横向转移调剂使用,以解决劳动者因劳动风险造成的生活困难,实现互助共济,集合多数人的力量来均衡分担少数人遭遇的社会风险。《社会保险法》第71条规定:国家设立全国社会保障基金,由中央财政预算拨款以及国务院批准的其他方式筹集的资金构成,用于社会保障支出的补充、调剂。

(4)分担性。社会风险应由全体社会成员共同承担,个人、用人单位、国家都应承担社会保险责任。《社会保险法》第2条规定:国家建立基本养老保险、基本医疗保险、工伤保险、失业保险、生育保险等社会保险制度,保障公民在年老、疾病、工伤、失业、生育等情况下依法从国家和社会处获得物质帮助的权利。

2. 社会保险与商业保险的区别

社会保险作为保险的一种类型,和一般商业保险有明显的区别:

(1)性质不同。社会保险是国家通过立法形式实施的为保障劳动者的基本生活而建立的一种社会保障制度,具有社会保障性质,它是国家对劳动者承担的一种社会责任,具有非营利性的特点;而商业保险具有商业性质,是一种由商业保险公司进行经营、以营利为目的的金融活动。

(2)对象不同。社会保险是基于劳动关系而确定的,其参保对象为劳动者,凡法律规定应参加社会保险的劳动者,必须参加投保,属于强制性保险,目的是保障劳动者及其家属的基本生活;而商业保险的参保对象则是社会全体成员,由公民自愿参加,属于任意性保险,以人的生命和身体为保险对象。

(3)费用负担不同。社会保险的保险费用来自多层次、多方面,一般由政府、用人单位、劳动者个人三方共同负担,而且政府和用人单位要承担主要部分;商业保险的保险费用是由投保人缴纳,而不由国家负担。

(4)保险原则不同。社会保险实行强制原则、非营利原则、物质帮助原则和偏重公平原则;商业保险实行自愿原则、营利原则、经济补偿原则和偏重效率原则。

(5)作用不同。社会保险是保障劳动者丧失劳动能力和劳动机会之后的基本生活;而商业保险则是在投保人遭遇到被保事故时,给予一定的经济补偿以减轻其损失。

3. 社会保险的功能

社会保险是基于劳动风险的存在而设立的一种社会保障制度。劳动者在劳动过程中如果遇到意外事故(如疾病、伤残、失业、生育等)或者发生衰老,导致暂时或者永久丧失劳动能力或者劳动机会时,就会失去劳动收入,断绝生活来源,使生存失去保障。为了确保劳动者的生存和劳动力再生产,保持社会稳定,推动经济发展,国家对因丧失劳动能力或劳动机会的劳动者,给予一定的物质帮助,以维持其基本生活需要。因此,社会保险具有以下功能:

(1)生存保障功能。社会风险使得人们丧失生活来源,陷入贫困,从而面临生存危机。

社会风险包括人身风险与工作风险。人身风险又包括年老、疾病、工伤、生育风险；工作风险包括失业风险。社会保险制度通过社会保险基金，化解社会风险，为面临生存危机的人们提供基本的生存保障，将个人风险转化为社会风险，让社会为个人风险埋单，避免个人遭遇风险时因独木难支而陷于困境甚至绝境，保障其生存尊严。

(2)秩序维持功能。社会风险往往威胁到社会多数人的生存安全，进而威胁社会秩序的安定。而社会保险作为社会稳定的"安全网"、"调节器"，不仅可以使社会成员产生安全感，还能缓解社会矛盾，从而通过对个体生存的保障，实现对社会秩序的维持。

(3)激励自足功能。社会保险制度不仅通过保险机制将社会风险外部化，而且也强化社会成员的责任意识，即社会成员不仅要对自己和家庭成员的福利承担更大的责任，而且还要为维持新的制度和防止欺诈承担更多的责任。如失业保险制度不仅仅为失业劳动者提供生存保障，而且鼓励和帮助处于劳动年龄的社会成员到其有能力工作的岗位工作，因此，失业保险的对象为非自愿失业者，失业保险待遇给付的基本标准应低于当地最低工资标准，高于城市居民最低生活保障标准的水平。

(4)社会公平的功能。社会保险可以通过强制征收保险费，设立保险基金，对收入较低或失去收入来源的社会成员给予物质帮助，在一定程度上实现社会的公平分配。

(5)劳动力再生产的功能。对于那些暂时退出劳动岗位的社会成员，社会保险可以确保其基本的生活需要，使劳动力的供给和再生产成为可能。

二、社会保险法律关系

社会保险法律关系，有广义和狭义之分，广义的社会保险法律关系是指社会保险关系的主体，在社会保险活动中，依据社会保险法形成的权利义务关系。具体包括社会保险资金筹集关系、社会保险待遇支付关系、社会保险监督关系以及社会保险争议解决关系等。① 狭义的社会保险法律关系则是指社会保险当事人之间依法形成的收取和缴纳社会保险费、支付和享受社会保险待遇的相互权利、义务关系。从具体内容上看，主要包括征缴主体、雇主和雇员基于社会保险费用的征缴而产生的法律关系，以及给付主体、给付辅助机构与被保险人(包括被保险人之外的其他保险对象)基于社会保险待遇给付而发生的法律关系。社会保险当事人包括保险人、投保人、被保险人和受益人等，在社会保险法律关系中，他们各自既享有一定的权利，又承担一定的义务。

(一)社会保险法律关系的要素

社会保险法律关系的要素是指构成法律关系的必要条件，包括主体、客体和内容。

1. 社会保险法律关系的主体

社会保险法律关系的主体是指依法参加社会保险法律关系，享受社会保险权利和承担社会保险义务的人。具体包括：

(1)保险人。又称承保人，我国称社会保险经办机构，是指依法经办社会保险业务的主体。主要包括社会保险费用征缴主体和社会保险待遇给付主体。我国当前的社会保险经办机构由劳动保障行政部门按照国务院有关规定设立，受劳动保障行政部门管理，在法律性质上属于相对独立的、事业性的、非营利性的法人机构。

① 参见王昌硕主编：《劳动和社会保障法学》，中国劳动社会保障出版社 2005 年版，第 221 页。

保险人的主要职责有：

①社会保险登记。用人单位应当自成立之日起30日内凭营业执照、登记证书或者单位印章，向当地社保经办机构申请办理社保登记，社保经办机构应当自收到申请之日起15日内予以审核，发给社会保险登记证件。用人单位应当自用工之日起30日内为其职工向社保经办机构申办社保登记。未办理社保登记的，由社保经办机构核定其应当缴纳的社会保险费。

②建档。即为用人单位建立档案，完整、准确地记录参加社会保险的人员、缴费等社保数据，妥善保管登记、申报的原始凭证和支付结算的会计凭证。

③个人权益记录。即应及时、完整、准确地记录参加社会保险的个人缴费和用人单位为其缴费的情况，以及享受社会保险待遇等个人权益记录，定期将个人权益记录单免费寄送个人。

④咨询服务。即应免费为用人单位和个人提供社会保险咨询等相关服务。

⑤社保待遇支付。即应按时足额支付社保待遇。

⑥公布和汇报社保基金情况。即应定期向社会公布参加社会保险情况以及社保基金的收入、支出、结余和收益情况，定期向社会保险监督委员会汇报社保基金的收支、管理和投资运营情况。

⑦社会保险稽核。稽核是指社保经办机构依法对社会保险费缴纳情况和社会保险待遇领取情况进行的核查。

⑧受理举报、投诉。对于属于本机构职责范围的，应依法处理；对于职责范围以外的，应书面通知并移交有权处理的部门处理。

⑨加强内部管理，即应建立健全业务、财务、安全和风险管理制度，完善社会保险信息系统。

(2)被保险人。亦称受保人，是指对社会保险标的具有保险利益的主体。被保险人是指对社会保险标的享有保险利益，并享有社会保险待遇给付请求权的主体。一般指已由用人单位为其投保或已由本人投办社会保险的劳动者。根据被保险人资格取得方式，被保险人可以分为两种：强制被保险人和任意被保险人。强制被保险人是指依据法律规定必须参加社会保险的被保险人，其被保险人资格的取得是基于法律规定。任意被保险人是指符合法定条件，通过申请而取得参加社会保险资格的被保险人。

①被保险人的权利主要有：依法领取社会保险金和享受其他社会保险待遇，查询与本人有关的社会保险缴费记录，要求保险人提供社会保险咨询及其他服务，监督保险人和用人单位的社会保险工作，就与本人有关的社会保险争议提请仲裁、行政裁决、行政复议或提起诉讼。

②被保险人的义务有：依法按时足额缴纳社会保险费。

(3)投保人。亦称要保人，是指为被保险人建立社会保险关系，缴纳社会保险费用的主体。一般为用人单位，在有的情况下，劳动者也是投保人。

①投保人的主要义务有：按规定参加社会保险，为被保险人投办法定项目的社会保险，按期、足额向保险人缴纳保险费，就保险合同条款向被保险人作如实陈述，接受保险人的检查监督。

②投保人的主要权利有：向保险人查验本单位缴费记录，要求保险人提供社会保险咨询，监督保险工作，就与本单位有关的社会保险争议提请仲裁、行政裁决、行政复议或提起诉讼。

(4)受益人。是基于同被保险人的一定关系而享有一定保险利益的主体。一般限于法定范围内的与被保险人存在亲属关系的主体。受益人的社会保险受益权,并不是就被保险人所得保险待遇分享利益,而是有权在被保险人所得保险待遇之外,或者在被保险人死亡之后,按照法定项目和标准获得物质帮助。其保险待遇给付请求权是由被保险人的权利移转或延伸而来的。如劳动和社会保障部《因工死亡职工供养亲属范围规定》对被保险人因工死亡时,其他可以请领工伤保险待遇的保险对象的资格的取得和丧失进行了规定。根据其规定,死亡职工供养亲属,是指该职工的配偶、子女、父母、祖父母、外祖父母、孙子女、外孙子女、兄弟姐妹。

(5)社会保险辅助机构。社会保险辅助机构是指对社会保险制度的运行起协助作用的专业机构,如医疗保险和工伤保险中的定点医疗机构。医疗服务机构主要分为三类:主管机关指定的医疗服务机构、社会保险经办机构指定的医疗服务机构以及社会保险经办机构开设的医疗服务机构。

(6)监督人。监督人是指在社会保险法律关系的运行过程中,享有监督权利和职责的主体。监督包括立法机关的监督,行政机关的监督,司法机关的监督,还有社会保险要接受工会的监督以及社会的监督,做到信息公开、透明。根据《社会保险法》第 6 条的规定:国家对社会保险基金实行严格监管。国务院和省、自治区、直辖市人民政府建立健全社会保险基金监督管理制度,保障社会保险基金安全、有效运行。县级以上人民政府采取措施,鼓励和支持社会各方面参与社会保险基金的监督。第 9 条规定:工会依法维护职工的合法权益,有权参与社会保险重大事项的研究,参加社会保险监督委员会,对与职工社会保险权益有关的事项进行监督。第 76 条规定:各级人民代表大会常务委员会听取和审议本级人民政府对社会保险基金的收支、管理、投资运营以及监督检查情况的专项工作报告,组织对本法实施情况的执法检查等,依法行使监督职权。第 80 条规定:统筹地区人民政府成立由用人单位代表、参保人员代表,以及工会代表、专家等组成的社会保险监督委员会,掌握、分析社会保险基金的收支、管理和投资运营情况,对社会保险工作提出咨询意见和建议,实施社会监督。

2. 社会保险法律关系的客体

社会保险法律关系的客体是指社会保险法律关系的权利、义务所指向的对象。社会保险法律关系的客体主要是社会保险费用征缴行为、社会保险待遇给付行为以及社会保险监督行为。

3. 社会保险法律关系的内容

社会保险法律关系的内容是指社会保险法律关系主体在社会保险活动中依法所享有的权利、义务。社会保险法律关系的内容主要在于两个方面,即社会保险费用缴纳请求权、社会保险费用缴纳义务以及社会保险待遇给付请求权、社会保险待遇给付义务。

(二)社会保险法律事实

法律事实是法律规范所规定的,能够引起法律后果即法律关系产生、变更和消灭的现象。[①] 社会保险法律事实是指社会保险法律规范所规定的,能够引起社会保险法律关系产生、变更或者消灭的各个事实。社会保险法律事实,以是否以权利主体的意志为转移为标准可以分为事件和行为:前者主要是指不以权利主体意志为转移的法律事实,主要包括保险事故和缴费年限;后者则是指以权利主体的意志为转移的法律事实,主要包括民事法律行为、

① 参见朱景文:《法理学》,中国人民大学出版社 2008 年版,第 445 页。

行政行为以及行政合同。

引起社会保险法律关系产生、变更或者消灭的事实往往不是单一事实，通常情形下，是由多个事实相结合而整体上所引发的，因此属于事实构成。

（三）社会保险法律关系的性质

社会保险法是社会法，其性质具有公私兼容性，因此，社会保险法律关系也呈现出公私兼容的属性。一方面，基于社会保险基础关系，被保险人对保险人享有社会保险待遇给付请求权，而保险人承担相应的给付义务，而该义务实际是由第三人——社会保险辅助机构来替代履行。该社会保险辅助机构替代履行的义务则是基于其与保险机构之间的行政行为或者行政合同关系，所以，被保险人的社会保险待遇给付请求权的产生以及社会保险辅助机构替代履行义务的产生都是基于公法上的关系。我国《社会保险费征缴暂行条例》等法律规定，社会保险争议应通过行政渠道寻求救济。由此可知立法者乃是将其定位为公法关系。另一方面，被保险人与社会保险辅助机构之间由于相应的辅助服务如医疗服务所形成的关系，与一般人在社会保险辅助机构接受相应服务形成的关系并无二致，所以其相互之间还具有私法上的关系。

三、社会保险待遇的享受条件

享受社会保险待遇，必须具有法定条件。对于不同项目的社会保险待遇来说，其享受条件不尽相同。一般包括两个方面的要求：

（一）享受社会保险待遇的主体资格

有资格享受社会保险待遇的，必须是被保险人和受益人。

关于被保险人资格，国外有关法律通常是采取列举或概括规定被保险人的范围，或者列举规定不享受社会保险待遇劳动者的办法予以确定。我国社会保险制度原来规定的被保险人的范围也非常狭窄，仅限于具有城镇户籍在国有企业、集体企业、外资企业工作的固定工和合同工，经过近几年来的不断改革，不仅把私营企业的劳动者、自由职业者、个体工商业者纳入社会保险范围，而且把进城务工的农民、外国人也纳入了社会保险范围。《社会保险法》第 4 条规定：中华人民共和国境内的用人单位和个人依法缴纳社会保险费，有权查询缴费记录、个人权益记录，要求社会保险经办机构提供社会保险咨询等相关服务。个人依法享受社会保险待遇，有权监督本单位为其缴费的情况。第 95 条规定：进城务工的农村居民依照本法规定参加社会保险。第 96 条规定：征收农村集体所有的土地，应当足额安排被征地农民的社会保险费，按照国务院规定将被征地农民纳入相应的社会保险制度。第 97 条规定：外国人在中国境内就业的，参照本法规定参加社会保险。社会保险基本上包括了各种用人单位、各种用工形式的劳动者，从而使我国社会保险基本上覆盖到全社会。

关于受益人资格，国外的有关规定大致为被保险人的合法配偶、未成年子女，由被保险人供养的年老双亲、成年残障子女等。我国有关法规列举了若干种职工亲属可作为受益人，例如：被保险人的年满 60 岁或完全丧失劳动能力的祖父、父亲、丈夫；未从事有固定报酬工作的祖母、母亲、妻子；子女（包括遗腹子女、养子女、继子女、非婚生子女）；依靠被保险人生活且年龄未满 16 岁或已满 16 岁但完全丧失劳动能力或在普通中学学习的弟妹；其父亲死亡或完全丧失劳动能力、母亲未从事有固定报酬工作的孙子女；以及被保险人自幼依靠他人抚养长大，现抚养人男方年满 60 岁或完全丧失劳动能力，女方未从事有固定报酬工作，需依靠被保险人供养其共同居住等。从这些规定所体现的精神看，作为受益人应当是本人没有生活来源而被保险人对其负有供养义务的人，一般是被保险人的直系亲属，如父母、祖父母、子女、孙子女以及配偶，特殊情况下其旁系亲属如弟妹和被保险人负有特殊供养义务的人，也可以作为受益人。

（二）实际发生法定的社会保险事故

社会保险事故，是指衰老、疾病、伤残、失业、生育等劳动风险事故。只有在保险事故已实际发生的情况下，被保险人和受益人才有权实际获得社会保险待遇。法律上关于社会保险事故作为社会保险待遇享受条件的规定，主要有：

1. 以保险事故作为划分险种的依据，发生不同的保险事故，则享受不同的社会保险待遇。如《社会保险法》第 17 条规定：参加基本养老保险的个人，因病或者非因工死亡的，其遗属可以领取丧葬补助金和抚恤金；在未达到法定退休年龄时因病或者非因工致残完全丧失劳动能力的，可以领取病残津贴。所需资金从基本养老保险基金中支付。养老保险、医疗保险、工伤保险、失业保险、生育保险等分别对应不同的保险事故。

2. 发生的保险事故须限于保险责任范围内，否则不能享受保险待遇。如《社会保险法》第 37 条规定：职工因下列情形之一导致本人在工作中伤亡的，不认定为工伤：(1)故意犯罪；(2)醉酒或者吸毒；(3)自残或者自杀；(4)法律、行政法规规定的其他情形。

3. 某些保险事故的发生须持有合法有效的证明。如失业必须进行失业登记，《社会保险法》第 50 条规定：用人单位应当及时为失业人员出具终止或者解除劳动关系的证明，并将失业人员的名单自终止或者解除劳动关系之日起 15 日内告知社会保险经办机构。失业人员应当持本单位为其出具的终止或者解除劳动关系的证明，及时到指定的公共就业服务机构办理失业登记。失业人员凭失业登记证明和个人身份证明，到社会保险经办机构办理领取失业保险金的手续。失业保险金领取期限自办理失业登记之日起计算。伤残必须经过残废等级鉴定；疾病必须经正规医疗机构诊断证明等。

除了上述几项条件外，还存在着一个履行缴纳保险费义务应否成为享受社会保险待遇必要条件的问题。一般来说，凡属应由被保险人自己投保的项目，享受社会保险待遇应以履行缴纳保险费义务为必要条件。但是，对于应由用人单位投保的项目，在用人单位不履行或者不完全履行缴纳保险费义务的情况下，被保险人和受益人仍然有权要求支付法定的保险待遇，因为社会保险是强制性保险，用人单位必须履行缴费义务，社会保险经办机构也有责任对用人单位的缴费情况实施监督。

四、社会保险基金统筹

社会保险基金，是社会保险制度的核心，没有社会保险基金，社会保险制度就无法正常运转。社会保险基金一般按不同险种分别单独建立，如养老保险基金、医疗保险基金、失业保险基金、工伤保险基金、生育保险基金等。在下面的内容中我们将具体介绍。

五、社会保险的宏观管理和监督

1. 社会保险的宏观管理

国家负有发展社会保险事业的职责，因而必须对社会保险实行宏观管理，其内容主要是：

(1)国务院和县级以上各级地方政府都设立社会保险主管机关，分别主管全国和本行政区内的社会保险工作。《社会保险法》第7条规定：国务院社会保险行政部门负责全国的社会保险管理工作，国务院其他有关部门在各自的职责范围内负责有关的社会保险工作。县级以上地方人民政府社会保险行政部门负责本行政区域的社会保险管理工作，县级以上地方人民政府其他有关部门在各自的职责范围内负责有关的社会保险工作。

(2)建立统一的社会保险制度。2010年10月28日十一届全国人大常委会第十七次会议出台的《社会保险法》是中国特色社会主义法律体系中起支架作用的重要法律。从法律上明确国家建立基本养老、基本医疗和工伤、失业、生育等社会保险制度，并对确立基本养老保险关系转移接续制度，提高基本养老保险基金统筹层次，建立新型农村社会养老保险制度和新型农村合作医疗制度等作出原则性规定，还进一步完善了用人单位和参保人员对社会保险的监督，强化了各级人大常委会对社会保险基金收支、管理和投资运营情况的监督职权。一方面，说明这部法律对基本养老保险、基本医疗保险和工伤、失业、生育保险作出的制度安排是基本原则规定，是制定操作性实施办法和规范社会保险行为必须遵循的依据；另一方面，强调这部法律不仅是社会保障领域的根本性法律，而且更是中国特色社会主义法律体系的一个重要组成部分，是国家的一部根本性法律。

(3)制订社会保险事业发展规划，并将其纳入国民经济和社会发展规划。《社会保险法》第5条规定：县级以上人民政府将社会保险事业纳入国民经济和社会发展规划。国家多渠道筹集社会保险资金。县级以上人民政府对社会保险事业给予必要的经费支持。国家通过税收优惠政策支持社会保险事业。第3条规定：社会保险制度坚持广覆盖、保基本、多层次、可持续的方针，社会保险水平应当与经济社会发展水平相适应。

(4)监督社会保险经办机构和有关机构的社会保险工作。《社会保险法》第6条规定：国家对社会保险基金实行严格监管。国务院和省、自治区、直辖市人民政府建立健全社会保险基金监督管理制度，保障社会保险基金安全、有效运行。县级以上人民政府采取措施，鼓励和支持社会各方面参与社会保险基金的监督。

(5)对违反社会保险法行为的处理。《社会保险法》第82条规定：任何组织或者个人有权对违反社会保险法律、法规的行为进行举报、投诉。社会保险行政部门、卫生行政部门、社会保险经办机构、社会保险费征收机构和财政部门、审计机关对属于本部门、本机构职责范围的举报、投诉，应当依法处理；对不属于本部门、本机构职责范围的，应当书面通知并移交有权处理的部门、机构处理。有权处理的部门、机构应当及时处理，不得推诿。第83条规定：用人单位或者个人认为社会保险费征收机构的行为侵害自己合法权益的，可以依法申请行政复议或者提起行政诉讼。用人单位或者个人对社会保险经办机构不依法办理社会保险登记、核定社会保险费、支付社会保险待遇、办理社会保险转移接续手续或者侵害其他社会保险权益的行为，可以依法申请行政复议或者提起行政诉讼。个人与所在用人单位发生社会保险争议的，可以依法申请调解、仲裁，提起诉讼。用人单位侵害个人社会保险权益的，个人也可以要求社会保险行政部门或者社会保险费征收机构依法处理。

(6)制裁社会保险工作中的违法行为。《社会保险法》第84条规定：用人单位不办理社会保险登记的，由社会保险行政部门责令限期改正；逾期不改正的，对用人单位处应缴社会保险费数额1倍以上3倍以下的罚款，对其直接负责的主管人员和其他直接责任人员处500元以上3000元以下的罚款。第85条规定：用人单位拒不出具终止或者解除劳动关系证明的，依照《中华人民共和国劳动合同法》的规定处理。第86条规定：用人单位未按时足额缴纳社会保险费的，由社会保险费征收机构责令限期缴纳或者补足，并自欠缴之日起，按日加收万分之五的滞纳金；逾期仍不缴纳的，由有关行政部门处欠缴数额1倍以上3倍以下的罚款。

(7)对社会保险事业给予政策优惠和扶持。《社会保险法》第5条规定：县级以上人民政府将社会保险事业纳入国民经济和社会发展规划。国家多渠道筹集社会保险资金。县级以上人民政府对社会保险事业给予必要的经费支持。国家通过税收优惠政策支持社会保险事业。

2. 社会保险的监督

社会保险是一项关系到国家和社会整体利益和长远利益的重要社会事业，必须实行国家和社会监督。整个监督体系包括：

(1)权力机关的监督。《社会保险法》第6条规定：国务院和省、自治区、直辖市人民政府建立健全社会保险基金监督管理制度，保障社会保险基金安全、有效运行。第76条规定：各级人民代表大会常务委员会听取和审议本级人民政府对社会保险基金的收支、管理、投资运营以及监督检查情况的专项工作报告，组织对本法实施情况的执法检查等，依法行使监督职权。第77条规定：县级以上人民政府社会保险行政部门应当加强对用人单位和个人遵守社会保险法律、法规情况的监督检查。

(2)工会的监督。《社会保险法》第9条规定：工会依法维护职工的合法权益，有权参与社会保险重大事项的研究，参加社会保险监督委员会，对与职工社会保险权益有关的事项进行监督。

(3)劳动行政主管部门的监督。即各级劳动行政主管部门对同级社会保险经办机构实施社会保险业务的监督，以及对用人单位履行缴纳社会保险费义务的检查监督。《社会保险法》第79条规定：社会保险行政部门对社会保险基金的收支、管理和投资运营情况进行监督检查，发现存在问题的，应当提出整改建议，依法作出处理决定或者向有关行政部门提出处理建议。社会保险基金检查结果应当定期向社会公布。

(4)社会监督。设有社会保险经办机构的地区，应当成立由政府、用人单位、劳动者三方代表组成的社会保险监督机构，在同级人大常委会的领导下，负责对社会保险基金管理进行监督。《社会保险法》第80条规定：统筹地区人民政府成立由用人单位代表、参保人员代表，以及工会代表、专家等组成的社会保险监督委员会，掌握、分析社会保险基金的收支、管理和投资运营情况，对社会保险工作提出咨询意见和建议，实施社会监督。

(5)国家财政监督、审计监督。即国家各级审计机关对社会保险经办机构的财务收支情况进行审计。《社会保险法》第78条规定：财政部门、审计机关按照各自职责，对社会保险基金的收支、管理和投资运营情况实施监督。

(6)群众监督。即用人单位和劳动者对社会保险工作实行监督，他们不仅有权对社会保险经办机构及其工作人员的违法行为进行举报，而且有权对任何单位和个人在社会保险申报、缴费、领取待遇等方面的隐瞒、欺诈等违法行为进行举报。《社会保险法》第82条规定：任何组织或者个人有权对违反社会保险法律、法规的行为进行举报、投诉。社会保险行政部门、卫生行政部门、社会保险经办机构、社会保险费征收机构和财政部门、审计机关对属于本部门、本机构职责范围的举报、投诉，应当依法处理；对不属于本部门、本机构职责范围的，应当书面通知并移交有权处理的部门、机构处理。有权处理的部门、机构应当及时处理,不得推诿。

第二节 基本养老保险

一、养老保险

(一)养老保险的概念和形式

养老保险又称老年保险或年金保险,是指国家通过立法强制建立养老保险基金,在被保险人达到法定的退休年龄并退出劳动岗位时,可以从养老保险基金中领取养老金,以保证其基本生活的一种社会保险制度。其目的是向退出劳动领域的老年人提供物质帮助,以使其老有所养,安度晚年。养老保险是世界各国普遍实行的一种社会保障制度,世界上最早进行养老保险立法的国家是德国,早在1889年,德国就颁布了《养老和伤残保险法》。养老保险也是我国社会保障制度的重要组成部分,是社会保险五大险种中最重要的险种之一。

我国养老保险制度包括职工基本养老保险(包括无雇工的个体工商户、未在用人单位参加基本养老保险的非全日制从业人员以及其他灵活就业人员)、新型农村社会养老保险制度、城镇居民社会养老保险制度。

(二)养老保险的特征

养老保险作为社会保险最重要的险种之一,除了具备社会保险的一般特征外,还具有以下特征:

1. 养老保险的保险对象是劳动者

多数国家和地区将养老保险的被保险主体限定于劳动者,我国现行制度亦然。我国《社会保险法》规定了职工基本养老保险、无雇工的个体工商户、未在用人单位参加基本养老保险的非全日制从业人员以及其他灵活就业人员的养老保险、新型农村社会养老保险、城镇居民社会养老保险等,为从事一定的社会劳动的人提供老年基本生活保障。

2. 养老保险应对的社会风险具有确定性。养老保险所针对的社会风险与其他社会保险所针对的社会风险不同,其他社会保险所针对的工伤、失业、疾病、生育等风险的发生与否具有不确定性;而老年是一种可以预测的、必经的生命现象,是人们在年老丧失劳动能力时生活不能维持的风险,因此,养老保险的保险标的并非是老年本身,而是被保险人老年退休后因为所得中断而面临的经济的不安全,具有确定性。

3. 养老保险法律关系具有稳定性

养老保险法律关系的各个构成要素多由法律直接规定,养老保险法律关系发生后,各方主体的地位及其权利义务关系就明确、稳定地确定下来,自被保险人退休始一直延续到被保险主体的生命终止。在养老保险法律关系存续期间,当事人权利义务的内容可能有一些轻微的调整,但一般不会发生剧烈的变化。

4. 养老保险以保障老年生活安全为目的

养老保险金是退休者的主要甚至是唯一的生活来源,因此,养老保险金应以满足退休人员的基本生活需要为标准。劳动者在劳动期间就不必为老年生活而担忧,促进整个社会的安定。社会保险法在其立法宗旨中也指出是维护劳动者的社会保险权益、解除劳动者的后顾之忧，促进社会公平、正义与和谐。这就要求养老金标准的确定，既要考虑到与原工资水平的适当差别，但又不能差距过大。由于养老保险金享受的时间长，在给付期间不可避免地会出现物价上涨或通货膨胀的情况。为保障退休者的实际生活水平与整个社会消费水平相适应，应根据物价指数或通货膨胀率的变动情况，适时调整养老保险金的水平。所以，《社会保险法》第 18 条规定：国家建立基本养老金正常调整机制。根据职工平均工资增长、物价上涨的情况，适时提高基本养老保险待遇水平。

5. 养老保险金实行国家、雇主和劳动者三方共担

《社会保险法》第 11 条规定：基本养老保险基金由用人单位和个人缴费以及政府补贴等组成。养老保险制度的运行和发展的基础是养老保险基金的建立，只有最大限度地集中全社会的力量，才能使养老保险基金有充分的保障，解决劳动者的年老丧失生活来源的风险。因此，对于养老保险金，多数国家实行国家、雇主和劳动者三方共担的原则。国家、雇主和劳动者三方分担的比例应当合理确定。国际劳工组织确定的社会保障筹资原则要求劳动者个人所承担的费用比例，不应超过全部费用的一半。当然，具体分担比例应充分考虑各国的经济状况。在多数国家，雇主的负担比例高于劳动者个人。长期以来，我国实行养老保险费用完全由国家和企业包下来的办法，职工不承担任何费用，产生了很多弊端。改革开放以来，我国明确提出“基本养老保险基金实行国家、企业、个人三方共同负担”。

6. 养老保险是适用范围最广泛的社会保险项目

养老保险是社会保险最重要的保险项目，也是适用范围最广泛的险种，要保证每个劳动者老年的基本生活，就必须尽可能多地将劳动者纳入养老保险的范围，《社会保险法》第 3 条规定：社会保险制度坚持广覆盖、保基本、多层次、可持续的方针。因而养老保险的享受者数量庞大，关系到每一个劳动者的切身利益，社会影响较大。

二、职工基本养老保险

《社会保险法》第 10 条规定：职工应当参加基本养老保险，由用人单位和职工共同缴纳基本养老保险费。无雇工的个体工商户、未在用人单位参加基本养老保险的非全日制从业人员以及其他灵活就业人员可以参加基本养老保险，由个人缴纳基本养老保险费。公务员和参照公务员法管理的工作人员养老保险的办法由国务院规定。

(一)职工基本养老保险适用范围

《社会保险法》第 10 条对职工基本养老保险覆盖范围给予了明确的规定，对此，国务院《关于印发事业单位工作人员养老保险制度改革试点方案的通知》(国发[2008]10 号)的规定，也明确了我国职工基本养老保险的适用范围。

1. 企业职工

企业职工是参加基本养老保险的主力，企业从所有制形式来看包括国有企业、城镇集体企业、外商投资企业、城镇私营企业，而根据企业责任形式则包括城镇企业法人、合伙企业以及个人独资企业，但原则上企业经营资格的取得都必须经过工商登记。因此，《社会保险法》规定，用人单位应当自成立之日起 30 日内凭营业执照、登记证书或者单位印章，向当地社会保险经办机构申请办理社会保险登记。职工基本养老保险实行社会统筹与个人账户相结合。基本养老保险基金由用人单位和个人缴费以及政府补贴等组成。

2. 灵活就业人员

灵活就业人员是指以非全日制、临时性、季节性、弹性工作等灵活多样的形式实现就业的人员，包括未雇佣其他劳动者，主要依靠个人以及家庭成员从事生产经营的无雇工的个体工商户、非全日制从业人员以及律师、会计师、自由撰稿人、演员等自由职业者等等。灵活就业人员可以自愿参加职工基本养老保险，由个人承担相应的缴纳保险费的义务。

3. 事业单位职工

事业单位有管理类、公益类、经营类等类型。根据国务院办公厅转发人事部《关于在事业单位试行人员聘用制度意见的通知》(国办发[2002]35号)的规定，目前我国的事业单位分为三类：(1)参照《公务员法》管理的事业单位，即根据《公务员法》的相关规定，由法律、法规授权依法履行公共管理职能的事业单位。(2)实行企业化管理的事业单位。实行企业化管理的事业单位是指国家不再核发经费，实行独立核算、自负盈亏的事业组织。(3)以科、教、文、卫为代表的事业单位，该类事业单位又称为公益性的事业单位，即国家出于社会公益目的，由国家机关举办或者其他组织利用国有资产举办的，从事教育、科技、文化、卫生等活动的社会服务组织。

第一种类型的事业单位及其工作人员实行退休养老制度，费用由国家或者单位负担，个人不缴费。

第二种类型的公益类事业单位，《社会保险法》中未就其工作人员基本养老保险单独规定，应解释为维持2008年3月14日，国务院发布的《事业单位工作人员养老保险制度改革试点方案》所确定的改革方向。目前，事业单位工作人员养老保险制度改革与事业单位分类改革在山西、浙江、广东、上海、重庆地区正在配套推行，但是，至今改革试点仍是停滞不前，其原因在于改革有失公平。武汉大学政治文明与政治发展研究中心主任虞崇胜表示，养老保险制度改革最终是要缩小机关、事业单位和企业三者之间的待遇差距，实行三者联动。如果三者不能联动的话，这种改革制度推行起来肯定有阻力。更何况改革还有一个"参照物"，那就是国家公务员。虞崇胜认为，只要享受养老保险制度的人，都应该用一个尺度来衡量和分配养老金。目前，工人的额度最少，事业单位职工次之，公务员的最高。这其中，公务员的退休养老金又与事业单位相差较大，明显是一种更优惠的待遇。①

第三种类型的事业单位及其工作人员参加职工基本养老保险。在《劳动合同法》实施以前，此类事业单位及其工作人员之间形成人事关系，适用人事管理的相关规定，他们的养老保险主要是适用机关、事业单位养老保险制度，不参与职工基本养老保险；《劳动合同法》实施以后，除法律、行政法规或者国务院另有规定的外，都应该适用《劳动合同法》的相关规定。

4. 在中国境内就业的外国人

《社会保险法》第97条规定："外国人在中国境内就业的，参照本法规定参加社会保险。"

所谓外国人，是指依照《国籍法》的规定不具有中国国籍的人员，包括具有外国国籍人员和无国籍人员。

外国人在中国境内就业的，参照《社会保险法》规定参加社会保险。所谓参照，是指原则

---

① 参见李景体：《消息称事业单位养老基金改革有失公平已无果而终》，载新浪网：http://news.sina.com.cn/c/20101115/051221471277.shtml。下载日期2011年8月16日.

依照《社会保险法》执行，但允许有所变通。在没有变通规定时，外国人应当依照《社会保险法》参加社会保险。在有权机关作出变通规定时，外国人参加社会保险按照变通规定执行，这些变通规定包括《社会保险费征缴暂行条例》、《有关社会保险的双边协定》，变通的内容包括是否需要参加社会保险以及参加哪几项社会保险。

按照《外国人在中国就业管理规定》，外国人在中国就业，是指没有取得定居权的外国人在中国境内依法从事社会劳动并获取劳动报酬的行为，包括在中国企业和外资企业及其子公司、办事机构就业的。台湾地区居民、香港地区和澳门地区居民属于中国公民，适用《台湾香港澳民居民在内地就业管理规定》，按照《社会保险费征缴暂行条例》的规定缴纳社会保险费，不适用第 97 条规定。

5. 公务员和参照《公务员法》管理的工作人员的养老保险

公务员和参照《公务员法》管理的工作人员（即参公管理工作人员）的养老保险制度适用的对象包括①：

一是公务员，即依法履行公职，纳入国家行政编制，由国家财政负担工资福利的工作人员。因此，只有同时符合上述三个标准或条件的国家工作人员，才是国家公务员。而我国公务员与其他职业的主要区别在于行政编制问题，其需要经过人事部门和组织部门的审批确定，具体包括：(1)国家行政机关中除工勤人员以外的所有工作人员，包括政府机关、人大和政协机关；(2)司法机关工作人员，如法官、检察官，《法官法》、《检察官法》有相关的制度规定；(3)除工勤人员以外的民主党派机关工作人员与中国共产党机关工作人员。

二是参照《公务员法》管理的工作人员。根据《公务员法》的规定，参照《公务员法》管理的单位及其工作人员应符合以下条件：(1)法律、法规授权的具有公共事务管理职能的事业单位，如党委系统事业单位担负的党的领导机关工作职能以及政府系统事业单位行使的行政管理职能包括：政策、规划的研究制定；行政执法、行政审批、行业管理等；(2)“除工勤人员（劳动者）以外的工作人员”；(3)“经批准参照”《公务员法》进行管理。符合条件的事业单位，应由主管部门提交审批表等材料经当地组织部门或人事部门批准。

由于公务员和参照《公务员法》管理工作人员的职业具有一定的特殊性，因此，他们的养老保险制度与企业等私部门的职工的养老保险制度相比，具有以下特点：

一是国家财政补贴。公务员和参照《公务员法》管理的工作人员其行使的是行政管理权力，因此，他们的权力、义务产生的基础通常是国家的行政授权和任命。“公务员、法官、军人不是雇员，因为他们参与的是一个通过公法行为建立起来的公法上的服务关系，有独立的公法规则调整，比如《联邦公务员法》、《公务员权利法律总纲》，特别是这些公职人员的雇佣条件，首先工资是法律规定的”②，而不是根据劳动合同的约定产生，因此，对于他们的养老保险，国家的财政补贴是重要的资金来源。

二是待遇优厚。由于受公务员和参照《公务员法》管理的工作人员职业的稳定性更高，人员流动率较低等因素的影响，因此，从全球公务员的养老保险制度比较来看，无论

---

①　部分域外国家的公务员养老保险制度的适用对象包括政府机关、军事、教育和其他公共机构的职员，而我国目前的公务员和参照《公务员法》管理的工作人员养老保险的适用对象不包括军事机关工作人员和公益性事业单位的工作人员。

②　[德]W. 杜茨：《劳动法》，张国文译，法律出版社 2005 年第 5 版，第 17 页。

是退休年龄、服务期限，还是养老待遇水平及其增长率，公务员的待遇都要比企业等私部门的工作人员优厚。①

我国现行的公务员和参公管理工作人员养老制度的依据主要是《关于安置老弱病残干部的暂行办法》（国发[1978]104号）、《国务院关于老干部离职休养的暂行规定》（国发[1980]253号）、《中央组织部、劳动人事部关于女干部离休退休年龄问题的通知》、《关于机关事业单位离退休人员计发离退休费等问题的实施办法》（国人部发[2006]60号）等，各地也都颁布了相应的规范性文件。

（二）基本养老保险费的筹集和管理

《社会保险法》第11条规定：“基本养老保险实行社会统筹与个人账户相结合。基本养老保险基金由用人单位和个人缴费以及政府补贴等组成。”因此，养老保险费用的筹集主要包括养老保险基金和个人账户两个部分。

1. 基本养老保险基金的组成

（1）用人单位和个人缴费

养老保险费由企业和被保险人共同承担。其中企业缴纳基本养老保险费的比例，一般不得超过企业工资总额的20%，具体比例由省、自治区、直辖市人民政府确定。少数省、自治区、直辖市因离退休人数较多、养老保险负担过重，确需超过企业工资总额20%的，应报劳动部、财政部审批。企业缴纳的基本养老保险费在税前列支。个人缴纳基本养老保险费的比例，1997年不得低于本人缴费工资的4%，1998年起每两年提高1个百分点，最终达到本人缴费工资的8%。有条件的地区和工资增长较快的年份，个人缴费比例提高的速度应适当加快。目前各地养老保险个人缴费基本上都达到了本人缴费工资8%的比例。

城镇个体工商户和灵活就业人员参加基本养老保险则由自己缴费，其缴费基数为当地上年度在岗职工的平均工资，缴费比例为20%。

（2）基本养老保险费利息和其他收益

筹集的养老保险基金必须存入财政部门在国有商业银行开设的社会保障基金财政专户，职工养老保险基金收支相抵后的结余额，除留足两个月支付费用外，80%左右应用于购买特种定向债券，对存入银行的基金按照中国人民银行规定的同期城乡居民储蓄利率计息，购买国家债券的利息收入免交税费并转入基金。

（3）财政补贴

《社会保险法》第13条规定：国有企业、事业单位职工参加基本养老保险前，视同缴费年限期间应当缴纳的基本养老保险费由政府承担。基本养老保险基金出现支付不足时，政府给予补贴。

（4）滞纳金

《社会保险法》第86条规定：“用人单位未按时足额缴纳社会保险费的，由社会保险费征收机构责令限期缴纳或者补足，并自欠缴之日起，按日加收万分之五的滞纳金。”滞纳金并入社会保险基金。

---

① 参见孙守纪、黄晓鹏：《国外公务员养老保险制度改革及其启示》，载《中国社会科学院研究生院学报》2008年第4期。

(5)其他可以纳入基本养老保险基金的资金

其他依法可以纳入基本养老保险的资金主要是指法律规定的上述资金之外的应该纳入养老保险基金的资金,如《关于深化企业职工养老保险制度改革的通知》第7条规定,养老保险基金营运所得收益,全部并入基金并免征税费。

2. 个人账户资金

目前我国养老保险个人账户全部由个人缴费形成,其为本人缴费工资的8%。城镇个体工商户等自谋职业者以及采取各种灵活方式就业的人员参加社会保险也采取社会统筹和个人账户相结合的模式,但是,由城镇个体工商户与灵活就业人员自己承担相应的缴费义务,城镇个体工商户和灵活就业人员参加基本养老保险的缴费基数为当地上年度在岗职工的平均工资,缴费比例为20%,其中8%记入个人账户。此外,个体工商户的从业人员(雇工)也要参加养老保险,其保险费用由个体工商户以及从业人员共同承担。

(三)基本养老保险关系的转移、接续

1. 基本养老保险关系转移、接续的类型

(1)因用人单位原因导致的基本养老保险关系的转移、接续。城镇企业成建制跨省搬迁,应按规定办理企业和职工养老保险关系转移手续。在职职工个人账户记账额度全部转移,资金只转移个人缴费部分,转入地社会保险经办机构应按个人账户记账额度全额记账。在这种情况下,用人单位应向转出地社会保险经办机构提出申请,由经办机构审核后开具转移证明,注明职工人数、参加社会保险有关情况等,由转入地经办机构负责接续其社会保险关系。

(2)因被保险人改变就业地导致的基本养老保险关系的转移。《社会保险法》第19条规定,个人跨统筹地区就业的,基本养老保险关系随本人转移,且缴费年限累计计算;并授权国务院制定具体办法。

2. 基本养老保险关系转移、接续的制度规定

2009年12月28日,国务院办公厅转发了人力资源和社会保障部、财政部《城镇企业职工基本养老保险关系转移、接续暂行办法》(国办发[2009]66号),明确了基本养老保险关系转移、接续制度的具体内容。

(1)适用对象:参加城镇企业职工基本养老保险的所有人员,包括农民工。但已经按国家规定领取基本养老保险待遇的人员,不再转移基本养老保险关系。

(2)转关系,也转资金。参保人员跨省流动就业转移基本养老保险关系时,按下列方法计算转移资金:一是个人账户储存额:1998年1月1日之前按个人缴费累计本息计算转移,1998年1月1日后按计入个人账户的全部储存额计算转移。二是统筹基金(单位缴费):以本人1998年1月1日后各年度实际缴费工资为基数,按12%的总和转移;参保缴费不足1年的,按实际缴费月数计算转移。

(3)转移程序。基本养老保险关系的转移涉及以下三个流程:一是新参保地审核转移、接续申请并向原参保地发出同意接受函,二是原参保地办理转移手续,三是新参保地接受转移手续和资金。上述每个流程最多需在15个工作日内完成,共计45个工作日。

(4)领取地点。一是户籍地为主;二是户籍所在地与参保地不一致时,以累积缴费较长(满10年)的参保地为辅,若每个参保地累积缴费年限均不满10年的,则仍在户籍所在地领取。

(5)农民工基本养老保险关系的转移、接续。一是对于中断就业或者返乡的农民工,不允许退保,而是保留缴费记录和个人账户资金,且个人账户资金继续计息。待返回城镇就业并继续参保缴费的,无论其回到原参保地就业还是到其他城镇就业,均累计计算其缴费年限,合并计算其个人账户储存额,符合待遇领取条件的,与城镇职工同样享受基本养老保险待遇。二是农民工不再返回城镇就业的,其在城镇的参保缴费记录及个人账户全部有效,并根据农民工的实际情况,或在其达到规定领取条件时享受城镇职工基本养老保险待遇,或转入新型农村社会养老保险。①

(四)基本养老保险待遇的给付

1. 基本养老保险待遇的给付条件

(1)达到国家规定的退休年龄并办理相关手续的

国家法定的企业职工退休年龄是男年满60周岁,女工人年满50周岁,女干部年满55周岁。从事井下、高温、高空、特别繁重体力劳动或其他有害身体健康工作的,退休年龄为男年满55周岁,女年满45周岁;因病或非因工致残,由医院证明并经劳动鉴定委员会确认完全丧失劳动能力的,退休年龄为男年满50周岁,女年满45周岁。其中从事井下、高温、高空、特别繁重体力劳动或其他有害身体健康工作的职工提前退休,必须满足以下条件:①从事高空和特别繁重体力劳动工作累计满10年的;②从事井下、高温工作累计满9年的;③从事其他有害身体健康工作累计满8年的。除了国家有明确规定的外,严格限制提前退休。②

(2)缴纳基本养老保险费累计缴费年限满15年的

《社会保险法》第16条规定:"参加基本养老保险的个人,达到法定退休年龄时累计缴费满十五年的,按月领取基本养老金。参加基本养老保险的个人,达到法定退休年龄时累计缴费不足十五年的,可以缴费至满十五年,按月领取基本养老金;也可以转入新型农村社会养老保险或者城镇居民社会养老保险,按照国务院规定享受相应的养老保险待遇。"第21条第2款规定:"参加新型农村社会养老保险的农村居民,符合国家规定条件的,按月领取新型农村社会养老保险待遇。"即年满60周岁、未享受城镇职工基本养老保险待遇的农村有户籍的老年人,可以按月领取养老金。新农保制度实施时,已年满60周岁、未享受城镇职工基本养老保险待遇的,不用缴费,可以按月领取基础养老金,但其符合参保条件的子女应当参保缴费;距领取年龄不足15年的,应按年缴费,也允许补缴,累计缴费不超过15年;距领取年龄

---

① 参见林嘉:《劳动法和社会保障法》,中国人民大学出版社2011年第2版,第308页。

② 除了国务院《关于工人退休、退职的暂行办法》(国发[1978]104号)规定的情形外,可以提前退休的情形包括:一是,国务院《关于在若干城市试行国有企业破产有关问题的通知》(国发[1994]59号)和《关于在若干城市试行国有企业兼并破产和职工再就业有关问题的补充通知》(国发[1997]10号)规定的,国务院确定的111个"优化资本结构"试点城市的国有破产企业中距离法定退休年龄不足5年的职工。二是,原劳动保障部、国家经贸委《关于切实做好纺织行业压锭减员分流安置工作的补充通知》(劳社部发[1998]6号)规定,有压锭任务的国有纺织企业中,符合规定条件的纺纱、织布工种的挡车工。三是,全国企业兼并破产和职工再就业工作领导小组《关于贯彻执行〈中共中央办公厅、国务院办公厅关于进一步做好资源枯竭矿山关闭破产工作的通知〉有关问题的意见》规定,关闭破产矿山的全民所有制职工(含劳动合同制职工)执行提前5年(男55周岁,女干部50周岁,女工人45周岁)退休的政策。其中,从事经原劳动部和有关行业主管部门批准的井下、高温、高空、特别繁重体力劳动和其他有害健康的特殊工种的职工可提前10年(男50周岁,女40周岁)退休。

超过15年的,应按年缴费,累计缴费不少于15年。

2. 基本养老保险待遇的给付内容

我国养老保险待遇的给付内容主要包括:

(1)基本养老金。基本养老金根据个人累计缴费年限、缴费工资、当地职工平均工资、个人账户金额、城镇人口平均预期寿命等因素确定。当上述因素变化时,基本养老金也要相应地调整。《社会保险法》第18条规定:"国家建立基本养老金正常调整机制。根据职工平均工资增长、物价上涨情况,适时提高基本养老保险待遇水平。"

(2)丧葬补助金、抚恤金和病残津贴。《社会保险法》第17条规定:"参加基本养老保险的个人,因病或者非因工死亡的,其遗属可以领取丧葬补助金和抚恤金;在未达到法定退休年龄时因病或者非因工致残完全丧失劳动能力的,可以领取病残津贴。所需资金从基本养老保险基金中支付。"

三、新型农村居民养老保险制度

《社会保险法》第20条规定:国家建立和完善新型农村社会养老保险制度。新型农村社会养老保险实行个人缴费、集体补助和政府补贴相结合。这是对新型农村社会养老保险的原则性规定。

农村居民养老保险是指在基本模式上实行社会统筹与个人账户相结合,在筹资方式上实行个人缴费、集体补助、政府补贴相结合的社会养老保险制度。2009年9月,国务院出台《关于开展新型农村社会养老保险试点的指导意见》,引导农村居民普遍参保。

1. 进城务工的农村居民的养老保险

进城务工的农村居民是指与用人单位建立劳动关系的农村居民,即农民工。国务院《关于解决农民工问题的若干意见》指出:"他们(农民工)户籍仍在农村,主要从事非农产业,有的在农闲季节外出务工、亦工亦农,流动性强,有的长期在城市就业,已成为产业工人的重要组成部分。"因此,农民工具有以下特点:(1)具有农村户籍;(2)从事非农业生产;(3)长期在城市就业。据统计,2009年度全国农民工总量为22978万人,其中外出农民工数量为14533万人。截至2009年年末参加基本养老保险的农民工人数为2647万人,比上年年末增加231万人。

进城务工的农村居民养老保险是指以进城务工的农村居民为保险对象的养老保险制度。与城镇职工养老保险制度相比,其具有以下特点:(1)保险对象的特殊性,即以进城务工人员为保险对象。(2)保险关系的不稳定性。进城务工的农村居民往往工作变动频繁,流动性大,这使得他们的养老保险关系也具有不稳定性。(3)缺乏全国性的制度规范。目前主要是由地方性法规对农民工的养老保险问题予以调整,因此,进城务工的农村居民养老保险的模式各不相同,如上海建立农民工综合保险制度,而广州则是直接将农民工纳入城镇职工基本养老保险制度。

《社会保险法》对进城务工的农村居民的养老保险问题未作具体规定,仅在第95条规定:"进城务工的农村居民依照本法规定参加社会保险。"

进城务工的农村居民与城镇职工没有身份差别,应当与城镇职工一样参加社会保险,纳入与职工相关联的职工基本养老保险等社会保险制度中。所以,进城务工的农村居民参加养老保险存在以下两种制度选择:一是在用人单位所在地参加职工基本养老保险,二是在户籍所在地参加新型农村社会养老保险。如果进城务工的农村居民为无雇工的个体工商户、未在用人单位参加基本养老保险的非全日制从业人员以及其他灵活就业人员的，则可以自愿选择参加职工基本养老保险或参加新型农村社会养老保险。

2. 新型农村居民社会养老保险

新型农村社会养老保险，简称新农保，是指以农村非城镇户籍的居民为保险对象的养老保险制度。

国务院于2009年9月1日颁布《关于开展新型农村社会养老保险试点的指导意见》(国发[2009]32号)，决定2009年在全国选择10%的县(市、区、旗)开展新型农村社会养老保险试点，以后逐步扩大试点，全国普遍实施，2020年之前基本实现对农村适龄居民的全覆盖，并明确了各级财政对新农保的补助政策。

新型农村社会养老保险试点的基本原则是"保基本、广覆盖、有弹性、可持续"。参保对象为年满16周岁(不含在校学生)、未参加城镇职工基本养老保险的农村居民，可以在户籍地自愿参加新农保。新农保基金由个人缴费、集体补助、政府补贴构成。(1)个人缴费。参加新农保的农村居民应当按规定缴纳养老保险费。缴费标准目前设为每年100元、200元、300元、400元、500元5个档次，地方可以根据实际情况增设缴费档次。参保人自主选择档次缴费，多缴多得。国家依据农村居民人均纯收入增长等情况适时调整缴费档次。(2)集体补助。有条件的村集体应当对参保人缴费给予补助，补助标准由村民委员会召开村民会议民主确定。鼓励其他经济组织、社会公益组织、个人为参保人缴费提供资助。(3)政府补贴。政府对符合领取条件的参保人全额支付新农保基础养老金，其中，中央财政对中西部地区按中央确定的基础养老金标准给予全额补助，对东部地区给予50%的补助。

地方政府应当对参保人缴费给予补贴，补贴标准不低于每人每年30元；对选择较高档次标准缴费的，可给予适当鼓励，具体标准和办法由省(区、市)人民政府确定。对农村重度残疾人等缴费困难群体，地方政府为其代缴部分或全部最低标准的养老保险费。

国家为每个新农保参保人建立终身记录的养老保险个人账户。个人缴费，集体补助及其他经济组织、社会公益组织、个人对参保人缴费的资助，地方政府对参保人的缴费补贴，全部记入个人账户。个人账户储存额目前每年参考中国人民银行公布的金融机构人民币一年期存款利率计息。

新农保与城镇职工基本养老保险等其他养老保险制度的衔接办法，由人力资源和社会保障部会同财政部制定。要妥善做好新农保制度与被征地农民社会保障、水库移民后期扶持政策、农村计划生育家庭奖励扶助政策、农村"五保"供养、社会优抚、农村最低生活保障制度等政策制度的配套、衔接工作，具体办法由人力资源和社会保障部、财政部会同有关部门研究制定。

3. 被征地农民的养老保险

被征地农民是指因征地影响当事人基本生活，大大降低当事人收入和生活来源的情形。国务院有关文件中曾规定是无地农民，即土地全部被征收的才是被征地农民。最近国务院文件中将被征地农民扩大为失去全部或者大部分土地的农业人口，具体对象由各地确定。

为了满足近年我国工业化和城镇化加速发展的需求，各地政府征收了大量的集体所有土地，而如何安置和保障被征地农民成为重要的社会问题。2006年国务院办公厅转发劳动保障部《关于做好被征地农民就业培训和社会保障工作指导意见》(国办发[2006]29号)，明确了根据被征地农民的具体情况及所在地区社会保障制度的实践进行“分类保障”,如“对城市规划区内的被征地农民,应根据当地经济发展水平和被征地农民不同年龄段,制定保持基本生活水平不下降的办法和养老保障办法。对符合享受城市居民最低生活保障条件的,应按规定纳入城市居民最低生活保障范围。有条件的地区可将被征地农民纳入城镇职工养老、医疗、失业等社会保险参保范围,通过现行城镇社会保障体系解决其基本生活保障问题。对城市规划区外的被征地农民,凡已经建立农村社会养老保险制度、开展新型农村合作医疗制度试点和实行农村最低生活保障制度的地区,要按有关规定将其纳入相应的保障范围。没有建立上述制度的地区,可由当地人民政府根据实际情况采取多种形式保障被征地农民的基本生活,提供必要的养老和医疗服务,并将符合条件的人员纳入当地的社会救助范围”。

在征地过程中,依照法律的规定支付土地补偿费和安置补助费,尚不能使被征地农民保持原有生活水平的,不足以支付因征地而无地的农民社会保障费用的,省级人民政府应当批准增加安置补助费。

因此,《社会保险法》第96条规定:“征收农村集体所有的土地,应当足额安排被征地农民的社会保险费,按照国务院规定将被征地农民纳入相应的社会保险制度。”尽管目前国务院并未形成统一的被征地农民的养老保险制度规定,但我们认为,原则上应根据被征地农民的年龄、失地程度、户籍以及就业状况确定其具体应参加何种基本养老保险,如在就业年龄内,且安置就业的,则应参加职工基本养老保险;仍保留农业户籍的,则可参加新农保。

四、城镇居民社会养老保险

城镇居民社会养老保险,是指针对未参加其他社会养老保险制度、未就业的城镇居民所建立的一项社会养老保险制度。

《社会保险法》第22条规定:国家建立和完善城镇居民社会养老保险制度。省、自治区、直辖市人民政府根据实际情况,可以将城镇居民社会养老保险和新型农村社会养老保险合并实施。从第22条的规定可知,城镇居民社会养老保险的实施方式有两种:一是单独建立城镇居民社会养老保险制度,将其与新农保相区别;二是与新农保合并实施。

目前城镇居民社会养老保险尚处于各地试行阶段,尚没有全国性的制度规范。如陕西省颁布了《关于开展城镇居民社会养老保险试点的指导意见》(陕政发[2010]28号),浙江省颁布了《关于建立城乡居民社会养老保险制度的实施意见》(浙政发[2009]62号),重庆市颁布了《城乡居民社会养老保险试点工作指导意见》等。

从以上各地规范性文件的规定可以看出,我国城镇居民社会养老保险制度的基本原则为广覆盖的原则。即城镇居民社会养老保险制度是为填补职工基本养老保险和公务员基本养老保险覆盖范围之外的区域,为未参加前两个养老保险项目的城镇居民提供养老保障。因此,上述地方性的城镇居民社会养老保险的适用对象几乎均为:年满16周岁(不含在校学生),未纳入公务员和参照《公务员法》管理的工作人员的养老保险、未纳入职工基本养老保险等现有社会保险制度的城镇居民。

城镇居民社会养老保险的参保方式以自愿参保为原则,凡符合条件的,可以根据自身情况,自主决定是否参加城镇居民社会养老保险,并且根据各地规定,他们通常还可以自主选择个人缴费的档次。

第三节 基本医疗保险

一、医疗保险概述

(一)医疗保险的概念

医疗保险是指人们因生病或非因工负伤需要治疗时,由国家或社会为其提供必需的医疗服务及物质帮助的一种社会保险法律制度。

我国在1951年《中华人民共和国劳动保险条例》中就建立起了劳动医疗保险制度,它是我国社会保障制度的重要组成部分,也是社会保险的重要项目之一。但随着改革开放,到20世纪70年代末,传统医疗保险法律制度存在的弊病日益突出,为此,1998年12月14日,国务院发布了《关于建立城镇职工医疗保险制度的决定》。1999年1月14日,国务院又发布实施了《社会保险费征缴暂行条例》,加快了医疗保险改革。在大力加强城镇职工基本医疗保险制度改革的同时,2002年10月中共中央、国务院作出《关于进一步加强农村卫生工作的决定》,进一步明确了农村卫生工作的指导思想、工作目标、工作措施和工作责任;2003年1月国务院转发了卫生部、财政部、农业部《关于建立新型农村合作医疗制度的意见》,在我国农村逐步建立起由政府组织、引导、支持,由农民自愿参加,由个人、集体和政府多方筹资,以大病统筹为主的新型农村合作医疗制度。

劳动者在其一生中不可避免地会发生疾病或遇到伤害,一旦生病或受伤害,就必然存在医疗服务和费用支出问题,病情和伤势越重,医疗费用就越高,给本人和家庭带来的经济损失也就越大。因此,医疗保险具有保险需求的普遍性和广泛适用的必要性,应尽可能扩大其覆盖范围,使更多的人能够因其而受益,保证劳动者在遇到疾病或受伤害时得到基本医疗,不至于因为治疗而影响生活、陷入贫困。

我国医疗保险制度包括城镇基本医疗保险与新型农村合作医疗保险制度。在基本医疗保险制度之外,政府鼓励建立补充医疗保险机制。

(二)医疗保险法律制度的类型

医疗保险法是以人们对医疗服务的客观需要为核心产生和发展起来的,因此,以医疗服务的需求和供给,也就是筹资模式和服务模式最为突出。目前国际上医疗保险法可分为以下四大类型,即自愿保险、强制储蓄、强制保险和国家出资。

1. 自愿保险模式,即国家不介入医疗保险的运行,由个人自愿选择医疗保险组织对其提供医疗保险。其中又可分为社区保险和商业保险两类,前者的保险者属于非营利组织,而后者的保险者以赚取利润为目的。目前,无论在发达国家还是在发展中国家,社区医疗保险模式仅仅扮演补充性的角色。我国在改革开放前的农村合作医疗体制就是一种社区保险模式。在发达国家中,以商业保险为医疗保险制度主干的国家唯有美国,而对于65岁以上的老年人、贫困者和严重的残疾人员,美国同时还实行了以国家出资的医疗救助模式作为补充。

2. 强制性医疗储蓄模式,是指国家通过立法强制劳资双方建立医疗保险储蓄账户并用以支付个人及家庭成员的医疗费用的一种医疗保险模式。目前,世界上只有新加坡将强制储蓄制度作为医疗保障制度的主干,因此这一模式一般被称为"新加坡模式"。该制度完全实行个人积累，由雇主和雇员按月依工资的一定比例缴纳公积金，并存入医疗储蓄账户。医疗储蓄主要用于支付雇员及其家人的住院费用。这一制度可以帮助所有人实现医疗费用风险在其健康与生病时期分摊，但是缺乏在健康人群与生病者之间分散风险的机制以及完全缺乏再分配机制，无论是从风险分担还是从公平的角度来看，都不能令人满意，因而其适用范围不太广泛。

3. 强制保险模式，即国家立法规定一定范围的人群必须参加医疗保险，保险费由雇主和雇员承担，保险费实行现收现付，被保险人的年龄、性别和健康状况与缴费水平无关，享受的医疗待遇也不受缴费多少影响。与前两种模式相比，这种医疗保障制度的抗风险性和公平性得到了极大的增强。低收入者或者没有工作者可能无力或无法参保，但是国家一般通过社会救助体系把弱势群体也纳入全民社会医疗保险之中。目前，世界上有上百个国家采取这种模式，如德国、荷兰、哥斯达黎加等。

4. 免费全民医疗保险模式，亦即全体国民无论贫富，均可获得近乎免费的医疗服务。这种模式较社会保险模式在公平性方面更进一步，以英国、瑞典、爱尔兰、丹麦、芬兰、加拿大等福利国家为主要代表。英国于 1946 年制定《国民健康服务法》，对全体国民实行免费医疗，国民（甚至外国籍居民）没有任何条件限制，均可免费享受国民健康服务。加拿大联邦政府于 1966 年制定了《全民疾病保险法案》，1972 年全面实施全民健康保险制度。医疗保险基金主要来自联邦所得税和省所得税，所有公民，不论其经济状况如何，都自动成为医疗保险计划的投保人和保险待遇享受者。

目前，世界上大多数转型国家采纳了德国式社会保险的基本架构。中国城镇职工基本医疗保险制度改革在此基础上加上了新加坡模式（即个人账户）的要素，但《社会保险法》并未明确规定医疗保险制度中采用个人账户模式。具有英国统治背景的发展中国家和地区（例如马来西亚、斯里兰卡以及我国香港地区）选择了英国式的公费医疗体制。另外一些国家和地区则选择了加拿大式的全民健康保险制度。

二、城镇医疗保险制度

《社会保险法》第 25 条规定：国家建立和完善城镇居民基本医疗保险制度。城镇居民基本医疗保险实行个人缴费和政府补贴相结合。享受最低生活保障的人、丧失劳动能力的残疾人、低收入家庭 60 周岁以上的老年人和未成年人等所需个人缴费部分，由政府给予补贴。按照现行立法与政策，我国城镇基本医疗保险制度主要包括两类，即城镇职工基本医疗保险与城镇居民基本医疗保险制度，两类基本医疗保险的基本内容有相同之处，但差别也很明显。在基本医疗保险制度之外，政府鼓励推行补充医疗保险机制。

我国的城镇医疗保险制度建立于 20 世纪 50 年代，我国的城镇医疗保险制度主要分为两种：一种是适用于企业职工的劳保医疗制度，另一种是适用于机关事业单位工作人员的公费医疗制度。劳保医疗制度是依据 1951 年政务院《劳动保险条例》建立的，公费医疗制度则是根据 1952 年政务院《关于全国各级人民政府、党派、团体及所属单位的国家工作人员实行公费医疗预防的指示》建立起来的。这两种医疗体制完全由国家和企业承担医疗费用，社会化程度低，造成医疗资源严重分配不公，根本不能适应计划经济向市场经济转轨的需要。正是在这样的背景下，自 20 世纪 80 年代以来，我国开始了医疗保险制度的改革，1998 年，国务院发布《关于建立城镇职工基本医疗保险制度的决定》，建立了城镇职工基本医疗保险制度。但只在城镇职工中实行医疗保险制度，意味着城镇自由职业者或个体劳动者、城乡非劳动者得不到基本医疗保险，这种有违医疗保险法的实质公平性的制度也遭到了社会的质疑。因此，2007年，国务院发布了《关于开展城镇居民基本医疗保险试点的指导意见》，目的是通过试点，探索和完善城镇非职工居民基本医疗保险的制度体系，形成合理的筹资机制、健全的管理体制和规范的运行机制，逐步建立以大病统筹为主的城镇居民基本医疗保险制度。《社会保险法》明确了我国城镇基本医疗保险制度包括职工基本医疗保险、城镇居民基本医疗保险。

（一）城镇医疗保险的覆盖范围和缴费办法

1. 城镇医疗保险的覆盖范围

《社会保险法》对基本医疗保险的覆盖范围，不再对职工进行区分，私营企业及其职工、城镇个体经济组织业主及其从业人员都应该统一纳入职工基本医疗保险。《社会保险法》第23条规定：职工应当参加职工基本医疗保险，由用人单位和职工按照国家规定共同缴纳基本医疗保险费。无雇工的个体工商户、未在用人单位参加职工基本医疗保险的非全日制从业人员以及其他灵活就业人员可以参加职工基本医疗保险，由个人按照国家规定缴纳基本医疗保险费。对于城镇居民基本医疗保险制度，《社会保险法》仅有原则性规定，目前该制度的法律基础主要是2007年《关于开展城镇居民基本医疗保险试点的指导意见》。

2. 城镇医疗保险的缴费办法

（1）城镇职工基本医疗保险

《社会保险法》规定了职工和用人单位的共同缴费义务，同时规定了退休职工如果达到法定退休年龄时累计缴费达到国家规定年限的，退休后不再缴费。具体的缴费比例由1998年《关于建立城镇职工基本医疗保险制度的决定》规定，用人单位缴费率应控制在职工工资总额的6%左右，职工缴费率一般为本人工资收入的2%。随着经济发展，用人单位和职工缴费率可作相应调整。因此，有些发达地区的缴费率远远高于6%，如上海的单位缴费率为10%，北京的单位缴费率为9%。对此，《实施〈中华人民共和国社会保险法〉若干规定》第7条规定：《社会保险法》第27条规定的退休人员享受基本医疗保险待遇的缴费年限按照各地规定执行。

（2）城镇居民基本医疗保险

《社会保险法》第25条规定，城镇居民基本医疗保险实行个人缴费和政府补贴相结合。享受最低生活保障的人、丧失劳动能力的残疾人、低收入家庭60周岁以上的老年人和未成年人等所需个人缴费部分，由政府给予补贴。2007年《试点意见》对城镇居民基本医疗保险的缴费作出了更为详细的规定。城镇居民基本医疗保险以家庭缴费为主，政府给予适当补助。参保居民按规定缴纳基本医疗保险费，享受相应的医疗保险待遇，有条件的用人单位可以对职工家属参保缴费给予补助。国家对个人缴费和单位补助资金制定税收鼓励政策。试点城市应根据当地的经济发展水平以及成年人和未成年人等不同人群的基本医疗消费需求，并考虑当地居民家庭和财政的负担能力，恰当确定筹资水平；探索建立筹资水平、缴费年限和待遇水平相挂钩的机制。对中西部地区以及社会弱势群体，政府给予了更多的资助。2007年《关于开展城镇居民基本医疗保险试点的指导意见》规定，对试点城市的参加城镇医疗保险的居民，政府每年按不低于人均40元给予补助，其中，中央财政从2007年起每年通过专项转移支付，对中西部地区按人均20元给予补助。在此基础上，对属于低保对象的或重度残疾的学生和儿童参保所需的家庭缴费部分，政府原则上每年再按不低于人均10元给予补助，其中，中央财政对中西部地区按人均5元给予补助；对其他低保对象、丧失劳动能力的重度残疾人、低收入家庭60周岁以上的老年人等困难居民参保所需家庭缴费部分，政府每年再按不低于人均60元给予补助，其中，中央财政对中西部地区按人均30元给予补助。

(二)城镇医疗保险基金的筹集与管理

1. 城镇医疗保险基金的统筹

《社会保险法》对医疗保险基金等规定逐步实行省级统筹，具体时间、步骤由国务院规定。由于城镇居民基本医疗保险从2007年下半年开始在试点城市启动，因而基金的统筹和城镇职工基本医疗保险一样，基本定位在以地级以上行政区(包括地、市、州、盟)为统筹单位。但总体上统筹层次过低，给资金的筹集带来困难，也削弱了医疗保障的互济功能。

2. 医疗保险基金的统账结合

目前我国城镇职工医疗保险基金由统筹基金和个人账户构成。职工个人缴纳的基本医疗保险费全部计入个人账户。用人单位缴纳的基本医疗保险费分为两部分：一部分用于建立统筹基金，一部分划入个人账户。划入个人账户的比例一般为用人单位缴费的30%左右，具体比例由统筹地区根据个人账户的支付范围和职工年龄等因素确定。

2007年《关于开展城镇居民基本医疗保险试点的指导意见》对城镇居民基本医疗保险没有采取统账结合的制度安排，而是规定“参保居民按规定缴纳基本医疗保险费，享受相应的医疗保险待遇”，而《社会保险法》对医疗保险中的个人账户未作规定。

3. 特殊人群的缴费问题

离休人员、老红军和二等乙级以上革命伤残军人，解决他们的生活和医疗问题是政府必须承担的责任，保持他们的医疗待遇不变，体现了党和政府对他们的关心。

离休人员、老红军的医疗管理办法由省、自治区、直辖市人民政府制定。二等乙级以上革命伤残军人的医疗待遇不变，医疗费用按原资金渠道解决，由社会保险经办机构单独列账管理。医疗费支付不足部分，由当地人民政府帮助解决。

退休人员参加基本医疗保险，个人不缴纳基本医疗保险费。《社会保险法》规定，参加职工基本医疗保险的个人，达到法定退休年龄时累计缴费达到国家规定年限的，退休后不再缴纳基本医疗保险费，按照国家规定享受基本医疗保险待遇；未达到国家规定年限的，可以缴费至国家规定年限。对“退休人员享受基本医疗保险待遇的缴费年限按照各地规定执行”①。

国家公务员在参加基本医疗保险的基础上，享受医疗补助政策，具体办法另行制定。

企业下岗职工的基本医疗保险费，包括单位缴费和个人缴费，均由再就业服务中心以当地上年度职工平均工资的60%为基数缴纳。

为了不降低一些特定行业职工现有的医疗消费水平，在参加基本医疗保险的基础上，作为过渡措施，允许建立企业补充医疗保险。企业补充医疗保险费在工资总额4%以内的部分，从职工福利费中列支，福利费不足列支的部分，经同级财政部门核准后列入成本。

(三)医疗保险费用的支付

《社会保险法》第28条规定：符合基本医疗保险药品目录、诊疗项目、医疗服务设施标准

---

①《实施〈中华人民共和国社会保险法〉若干规定》第7条。

以及急诊、抢救的医疗费用，按照国家规定从基本医疗保险基金中支付。这是对基本医疗保险基金支付制度的原则规定。

1. 基本医疗保险药品目录

基本医疗保险用药范围通过制定《基本医疗保险药品目录》进行管理。纳入《药品目录》的药品，应是临床必需、安全有效、价格合理、使用方便、市场能够保证的药品，并具备下列条件之一：(1)《中华人民共和国药典》(现行版)收载的药品；(2)符合国家药品监督管理部门颁发标准的药品；(3)国家药品监督管理部门批准正式进口的药品。

以下药品不能纳入基本医保用药范围：(1)主要起营养滋补作用的药品；(2)部分可以入药的动物及动物脏器，干(水)果类；(3)用中药材和中药饮片泡制的各类酒制剂；(4)各类药品中的果味制剂、口服泡腾剂；(5)血液制品、蛋白类制品(特殊适应征与急救、抢救除外)；(6)社会保险行政部门规定基本医疗保险基金不予支付的其他药品。

《药品目录》分"甲类目录"和"乙类目录"。"甲类目录"的药品是临床治疗必需，使用广泛，疗效好，同类药品中价格低的药品，"甲类目录"由国家统一制定，各地不得调整。"乙类目录"的药品是可供临床治疗选择使用，疗效好，同类药品中比"甲类目录"药品价格略高的药品，"乙类目录"由国家制定，各统筹地区可适当进行调整，增加和减少的品种数之和不得超过国家规定的"乙类目录"药品总数的15%。

《药品目录》原则上每两年调整一次，各省、自治区、直辖市的《药品目录》也进行相应调整。

2. 基本医疗保险诊疗项目

基本医疗保险诊疗项目应符合以下条件：(1)临床诊疗必须安全有效、费用适宜；(2)由物价部门制定了收费标准；(3)在由定点医疗机构为参保人员提供的定点医疗服务范围内。

基本医疗保险支付部分费用的诊疗项目范围按照国家规定的《基本医疗保险诊疗项目范围》确定。属于基本医疗保险支付部分费用诊疗项目目录以内的，先由参保人员按规定比例自付后，再按基本医疗保险的规定支付。

3. 基本医疗服务设施标准

基本医疗保险医疗服务设施是指由定点医疗机构提供的，参保人员在接受诊断、治疗和护理过程中所必需的生活服务设施，主要包括住院床位费或门(急)诊留观床位费。基本医疗保险基金不予支付的生活服务项目和服务设施费用，主要包括：(1)就(转)诊交通费、急救车费；(2)空调费、电视费、电话费、婴儿保温箱费、食品保温箱费；(3)陪护费、护工费、洗理费、门诊煎药费；(4)膳食费；(5)文娱活动费以及其他特需生活服务费用。

(四)基本医疗保险费用的结算

《社会保险法》第29条规定：参保人员医疗费用中应当由基本医疗保险基金支付的部分，由社会保险经办机构与医疗机构、药品经营单位直接结算。社会保险行政部门和卫生行政部门应当建立异地就医医疗费用结算制度，方便参保人员享受基本医疗保险待遇。从社会保险法的规定可以看出基本医疗保险费用结算包括：

1. 直接结算制度

参保人员医疗费用中应当由基本医疗保险基金支付的部分，由社保经办机构与医疗机构、药品经营单位直接结算，此谓"直接结算"。该制度的确立，改变了过去先由参保人支付全部医疗费用，然后再就其中应由医保基金支付的部分，到社保经办机构报销的做法，极大地方便了参保人员。

2. 异地就医

异地就医，是指参加基本医疗保险的人员在自己所在的统筹地区以外的中国境内地区就医的情况。异地就医以职工退休后到异地居住的情况为主。目前，异地就医报销医疗费难是亟待解决的一个主要问题。《社会保险法》第29条的规定明确要求社会保险行政部门和卫生行政部门应当建立异地就医医疗费用结算制度，方便参保人员享受基本医疗保险待遇。

3. 异地就医结算

(1)参保人员短期出差、学习培训或度假等期间，在异地发生疾病并就地紧急诊治发生的医疗费用，一般由参保地按参保地规定报销。

(2)参保人员因当地医疗条件所限需异地转诊的，医疗费用结算按照参保地有关规定执行。参保地负责审核、报销医疗费用。有条件的地区可经地区间协商，订立协议，委托就医地审核。

(3)异地长期居住的退休人员在居住地就医，常驻异地工作的人员在工作地就医，原则上执行参保地政策。参保地经办机构可采用邮寄报销、在参保人员较集中的地区设立代办点、委托就医地基本医疗保险经办机构代管报销等方式，改进服务，方便参保人员。

(4)对经国家组织动员支援边疆等地建设，按国家有关的规定办理退休手续后，已按户籍管理的规定异地安置的参保退休人员，要探索与当地医疗保障体系相衔接的办法。

(五)社保经办机构规范医疗服务行为的规定

社会保险经办机构根据管理服务的需要，可以与医疗机构、药品经营单位签订服务协议，规范医疗服务行为。医疗机构应当为参保人员提供合理、必要的医疗服务。

1. 定点医疗机构

定点医疗机构是指经统筹地区社会保险行政部门审查，并经社保经办机构确定的，为基本医疗保险参保人员提供医疗服务的医疗机构。“参保人员在协议医疗机构发生的医疗费用，符合基本医疗保险药品目录、诊疗项目、医疗服务设施标准的，按照国家规定从基本医疗保险基金中支付”①。除急诊和急救外，参保人员在非选定的定点医疗机构就医发生的费用，基本医疗保险基金不予支付。但“参保人员确需急诊、抢救的，可以在非协议医疗机构就医；因抢救必须使用的药品可以适当放宽范围。参保人员急诊、抢救的医疗服务具体管理办法由统筹地区根据当地实际情况制定”②。参保人员在不同等级的定点医疗机构就医，个人负担医疗费用的比例可有所差别，以鼓励参保人员到基层定点医疗机构就医。

2. 定点药店

定点零售药店是指经统筹地区社会保险行政部门审查，并经社保经办机构确定的，为基本医疗保险参保人员提供处方外配服务的零售药店。

3. 服务协议

社保经办机构可以与定点医疗机构、定点药店签订包括服务人群、服务范围、服务内容、服务质量、医疗费用(药费)结算办法、医疗费用支付标准以及医疗费用(药费)审核与控制等内容的协议，明确双方的责任、权利和义务。协议有效期一般为一年。

---

① 《实施〈中华人民共和国社会保险法〉若干规定》第8条第1款。

② 《实施〈中华人民共和国社会保险法〉若干规定》第8条第2款。

（六）不在基本医疗保险基金支付范围内的医疗费用的规定

符合《基本医疗保险药品目录》、诊疗项目、医疗服务设施标准以及急诊、抢救的医疗费用原则上由基本医疗保险基金支付，但并不意味着前述费用均由基本医疗保险基金支付，一些已经由其他方面支付的医疗费用不再纳入基本医疗保险基金支付的范围。

不纳入基本医疗保险基金支付范围的医疗费用包括：

1. 应当从工伤保险基金中支付的。工伤保险是社保体系中立法最完善、制度最成熟、模式最统一的一项制度。工伤保险待遇大体可分为四类，即工伤医疗康复待遇、辅助器具配置待遇、伤残待遇和死亡待遇。在工伤医疗康复待遇中，治疗工伤所需的挂号费、医疗康复费、药费、住院费等费用符合《工伤保险诊疗项目目录》、《工伤保险药品目录》、工伤保险住院服务标准的，从工伤保险基金支付，对于该部分费用，基本医疗保险基金不予支付。

2. 应当由第三人负担的。这主要是指由于第三人侵权，导致参保人员的人身受到伤害而产生的医疗费用，前述医疗费用应由侵权人负担，基本医疗保险基金不予支付。但因第三人不支付参保人员的医疗费，或者因侵权人逃逸等无法确定侵权人是谁的，为了保证受害的参保人员能够获得及时的医疗救治，基本医疗保险基金应先行支付该参保人员的医疗费用。基本医疗保险基金先行支付后，医保经办机构取得代位追偿权，有权向侵权人追偿医疗费用。所谓的"第三人不支付"，既包括第三人有能力支付而拒不支付，也包括第三人没有能力或者暂时没有能力而不能支付或者不能立即支付的。

3. 应当由公共卫生负担的。公共卫生是指政府组织全社会共同努力，改善社会卫生条件，预防控制传染病和其他疾病流行，培养良好卫生习惯和文明生活方式，达到预防疾病、促进人民群众身体健康所提供的医疗服务。公共卫生主要由政府提供，主要包括计划免疫、妇幼保健、应急救治、采供血以及传染病、慢性病、地方病的预防控制等。凡是现阶段基本公共卫生服务能向公众免费提供的项目，不作为基本医疗保险基金支付的范围。

4. 在境外就医的。公民因旅游、探亲、学习培训、从事商务活动等出境，其在境外就医发生的医疗费用，基本医疗保险基金不予支付，可以通过参加所在国或地区的医疗保险或者购买商业保险的方式解决。此处的"境外"，包括香港、澳门和台湾地区。

（七）补充医疗保险

补充医疗保险是指在基本医疗保险制度以外，政府鼓励的由商业保险机构或社会保险机构等各类组织举办并自担风险的医疗保险制度。与基本医疗保险不同，补充医疗保险实行自愿性原则，但只有参加了基本医疗保险的职工和用人单位才能参加社会补充保险。为了妥善解决职工基本医疗保险范围以外的费用负担，使参保职工特别是困难职工一旦发生大额医疗费用时能获得更有效的救济，政府对补充医疗保险给予政策上的鼓励和扶持。目前，我国补充医疗保险主要包括：

1. 企业补充医疗保险。这是依据企业经营效益和行业特点，经国家社会保障行政管理部门批准设立，由企业和职工按照国家有关规定缴费建立企业补充医疗保险基金，用以支付企业职工基本医疗保险待遇以外医疗费用负担的社会医疗保险制度。

2. 职工商业补充医疗保险。这是由社会保险机构主办，并由商业保险公司经办，用以支付职工基本医疗保险待遇以外医疗费用负担的补充医疗保险。

3. 职工互助医疗保险。这是指由工会主办和经办的，用以支付职工基本医疗保险待遇以外医疗费用负担的补充医疗保险。中华全国总工会主办的"中国职工保险互助会"是以职工互助形式从事保险业务的组织，其资金主要来源于职工互助会会员的个人缴费、各级行政部门给予的一定补助、工会资助、资金自身利息的增值。

三、新型农村合作医疗保险制度

新型农村合作医疗保险制度是由政府组织、引导、支持，农民自愿参加，个人、集体和政府多方筹资，以大病统筹为主的农民医疗互助共济制度。农民以家庭为单位自愿参加新型农村合作医疗，按时足额缴纳合作医疗经费。在《社会保险法》设定的我国医疗保险制度框架中，新型农村合作医疗制度是覆盖农村居民的医疗保险制度。我国农村合作医疗，在改革前是通过集体和个人集资，为农村居民提供低廉费用的医疗保健服务的一种互助互济制度。这种农村合作医疗属于社区医疗保险，政府并不给予补贴，只是通过建立自愿性的非营利性的农村合作医疗保险制度，为农民提供医疗保障。它既是我国医疗保障制度中有中国特色的组成部分，也是我国农村社会保障体系中的重要内容。农村合作医疗制度自产生以来，经历了从繁荣到低潮的阶段。自 2003 年以来，新型农村合作医疗的建设成为政府在农村建设中的重点内容。具体而言，它是由县政府负责，国家兴办并且给予补贴的、自愿性、非营利性的医疗保险。

新型农村合作医疗保险的基本内容包括：

1. 政府的财政支持

国家在构建新型农村合作医疗保险的过程中，强调各级政府在新型农村合作医疗制度中的财政责任。国务院 2002 年《关于进一步加强农村卫生工作的决定》规定，省级人民政府负责制定农村合作医疗和医疗救助补助资金统筹管理办法。省、市（地）、县级财政都要根据实际需要和财力情况安排资金，对农村贫困家庭给予医疗救助资金支持，对实施合作医疗按实际参加人数和补助定额给予资助。中央财政通过专项转移支付对贫困地区农民、贫困家庭医疗救助给予适当支持。从 2003 年起，中央财政对中西部地区除市区以外的参加新型农村合作医疗的农民每年按人均 10 元安排合作医疗补助资金，地方财政对参加新型农村合作医疗的农民补助每年不低于人均 10 元，具体补助标准由省级人民政府确定。按照卫生部、财政部《关于做好 2008 年新型农村合作医疗工作的通知》，从 2008 年开始，各级财政对参加合作医疗农民的补助标准提高到每人每年 80 元。

2. 新型农村合作医疗保险的覆盖范围

根据 2003 年《关于建立新型农村合作医疗制度的意见》，新型农村合作医疗制度覆盖到全体农村居民。所有农村居民都可以以家庭为单位自愿参加新型农村合作医疗，按时、足额缴纳合作医疗经费。自 2003 年以来，新型农村合作医疗试点工作积极、稳妥地推进，取得了显著成效，较好地完成了试点工作的预期目标。经国务院新型农村合作医疗部际联席会议研究决定，从 2007 年开始，全国新型农村合作医疗由试点阶段进入全面推进阶段，覆盖全国 80%以上的县（市、区）。农村居民是新型农村合作医疗保险的主要覆盖人群。相对于“传统合作医疗覆盖的对象是农民”这一表述，新的提法对于加快城镇化，缩小城乡差别，妥善解决城镇职工与农村居民之间的“中间人群”的医疗保障，具有更重要的现实意义。

3. 资金的筹集

新型农村合作医疗制度实行农民个人自愿缴费、集体扶持和政府资助相结合的筹资机制，多方筹集医疗保险资金。此外，鼓励和引导社会力量及个人出资捐赠，也是新型农村合作医疗制度的筹资途径之一。

4. 医疗费用的支付

新型农村合作医疗立足于大病保险，政策方向以大病为主，即政府补助和农民自缴都“主要补助大额医疗费用或住院费用”。医疗费用的支付方式，以县为单位集中审核、报销费用，但也有试点城市采取超过自付标准后，住院费用由合作医疗保险经办机构和医疗机构结算的支付办法。

5. 合作医疗基金的管理

新型农村合作医疗基金主要用于参加新型农村合作医疗人员在定点医院发生的住院医药费补偿，兼顾门诊医药费补偿。各地对合作医疗基金管理有不同的规定，但基本的管理可以分以下三个部分：

(1)基金收入。基金收入包括乡镇征缴、各级财政拨款、企业赞助、上年结余等，一般直接打入银行专用收入账户。

(2)基金分配。所有的基金收入由县合管办统一保管，并采用严格的收支两条线管理方式，对收入的基金必须根据需要划入不同的账户，如现金专用收入账户、银行专用收入账户、个人收入专用账户、风险基金账户或基本基金账户等，不同的账户对应不同的需要。

(3)基金支出。合管办从银行专用收入账户转出一部分基金到现金支出账户和银行专用支出账户，参合人员在门诊、住院发生费用后，可到合管办或者合管所直接报销，由合管部门从现金支出账户直接支付给参合人员。有些县、市也规定，参合人员可以在医院发生费用后直接在医院报销，由医院垫付报销费用，然后每个月或者每个季度由合管部门与医院结算，合管部门直接从银行专用支出账户转出资金到医院。每年的基金如有剩余，合管部门把基金按照一定的比例从银行专用收入账户转到风险基金账户，当下一年度因为参合人员报销额度的增加而发生基金赤字时，将会由风险基金账户负责支出，保证报销费用的完整和连续性。

按照卫生部等7部委2006年联合下发的《关于加快推进新型农村合作医疗试点工作的通知》，基金管理要做到专户储存、专款专用，严格实行基金封闭运行，确保合作医疗基金和利息全部用于参合农民的医疗补助。要建立、健全既方便农民又便于监管的合作医疗审核和报销办法，实行基金使用管理的县、乡、村公示制度，把合作医疗报销情况作为村务公开的重要内容，探索农民参与监督和民主管理的长效机制，保证农民的知情权和监督权。要加强对合作医疗基金管理和使用的专项审计，发现问题，及时纠正。

第四节　工伤保险

一、工伤保险及工伤保险法

(一)工伤保险的概念及特征

工伤保险，又称职业伤害赔偿保险，是指职工因工作遭受事故伤害或者患职业病而获得医疗救治和经济补偿，促进工伤预防和职业康复，分散用人单位风险的一项社会保险制度。

工伤保险法是调整工伤保险关系的法律规范的总称。工伤保险法是社会保险法的组成部分，其调整对象是工伤保险关系，是职工因工作遭受事故伤害或者患职业病而获得医疗救治和经济补偿时，对劳动者或其亲属给予物质帮助过程中发生的社会关系。

工伤保险作为社会保险的一个子项目，既具有社会保险的一般特征，又具有不同于社会保险其他子项目的特征。具体而言，工伤保险的特征有：

1. 强制性。工伤保险是国家通过立法强制实施的一项社会保障制度。我国境内的企业、事业单位、社会团体、民办非企业单位、基金会、律师事务所、会计师事务所等组织和有雇工的个体工商户都有义务参加工伤保险，为其全体职工或雇工缴纳工伤保险费，否则，如果发生工伤事故，有义务参加而未参加工伤保险的用人单位将承担不利的法律后果，其应当按照法定的标准支付工伤职工或其近亲属相应的工伤保险待遇。2011 年生效的修改后的《工伤保险条例》进一步扩大了工伤保险制度覆盖的职业人群，同时，在第 31 条规定：社会保险行政部门作出认定为工伤的决定后发生行政复议、行政诉讼的，行政复议和行政诉讼期间不停止支付工伤职工治疗工伤的医疗费用。使工伤职工能够得到及时救治，也从制度上遏制了部分用人单位恶意诉讼的企图。《工伤保险条例》、《工伤认定办法》还增加了对不参加工伤保险和拒不协助工伤认定调查核实的用人单位的行政处罚规定，用人单位应当参加工伤保险而未参加的，补缴应当缴纳的工伤保险费并按日加收万分之五的滞纳金，逾期仍不缴纳的，处以欠缴数额 1 倍以上 3 倍以下的罚款。对拒不协助对事故进行调查核实的，处 2000 元以上 2 万元以下罚款。这些规定加大了强制力度，更好地保护了职工的权益。

2. 保障性。《工伤保险条例》扩大了工伤保险制度覆盖的职业人群，不论何种用工形式的职工，在发生工伤时，工伤保险都会及时为劳动者提供医疗救治，并对劳动者本人或其近亲属提供一定的经济补偿，使劳动者及其家庭的基本生活得到保障。

3. 权利与义务不对等性。工伤保险的保险费用全部由用人单位缴纳，劳动者个人不承担缴纳费用义务。当发生工伤时，职工个人可以依据法定的标准享受工伤保险待遇。这是工伤保险与养老保险、医疗保险、失业保险的不同之处。

4. 补偿性。工伤保险不同于其他社会保险，其他社会保险是基于保障劳动者的基本生活需要而设立，而工伤保险则是基于因工伤残、死亡或患职业病的劳动者的赔偿责任而设立。因此，工伤保险应坚持损害补偿原则来确定给付待遇，即不仅要考虑劳动者维持原来本人及其家庭基本生活费用来源的实际情况，同时还要考虑伤害程度、伤害性质及医疗康复和激励等因素进行适当经济补偿。对此《工伤保险条例》明确了将工伤预防的宣传、培训等费用纳入基金支付的规定，并且授权人力资源和社会保障部会同财政、卫生和安全生产监督管理等部门制定工伤预防费的提取比例、使用和管理办法，为开展工伤预防工作提供了经费保障。同时，《工伤保险条例》还将原由用人单位支付的工伤职工“住院伙食补助费”、“统筹地区以外就医的交通食宿费”及“终止或解除劳动关系时的一次性医疗补助金”，改由工伤保险基金统一支付，进一步规范统一了工伤职工的待遇标准，保证及时发放，减轻了参保用人单位的负担，提高了企业参加工伤保险的积极性。

（二）工伤保险法的基本原则

工伤保险法的基本原则是贯穿于工伤保险法始终的宗旨，是立法者在工伤保险领域的基本政策的集中体现，也是工伤保险法律适用的指导思想。工伤保险法的基本原则如下：

1. 无过失补偿原则

无过失补偿原则是指无论职业伤害的损害后果是否出于可归责于雇主、劳动者或者第三方的原因，只要符合法定的工伤范围并按照法定的程序申请，就可以享受相应的工伤保险待遇。无过失补偿可以使职业伤害发生后，劳动者所受损害能够得到及时、公正的救济，既使雇主不用直接承担赔偿责任，又有利于雇主正常的生产经营活动。但是，工伤保险补偿不究过失是相对的，如果职工受到伤害是由于自身的故意如自杀、自残，或是实施了法律禁止的行为，如故意犯罪、醉酒或吸毒，则不能获得补偿。

2. 预防、补偿、康复相结合的原则

工伤保险是针对职工因工伤残、死亡或患职业病的补偿责任而设立的，还致力于工伤预防和事故受害者的康复，而工伤预防应作为其首要的任务。只有强化工伤预防，防患于未然，减少甚至避免工伤事故的发生，才是应对工伤最有效的措施，最符合工伤保险的根本目的，也最符合劳动者的根本利益，才能最大限度地发挥工伤保险法的功能。工伤补偿是工伤保险制度的立法宗旨。工伤保险待遇的设置、工伤保险基金的筹集等，目的都在于使因工作遭受事故伤害或者患职业病的职工能够得到及时的医疗救治和经济补偿，使其本人及其家属的基本生活能够得到保障。实施职业康复计划可以最大限度地帮助工伤受害者重返工作岗位，尽可能地恢复工伤职工的劳动能力，促使他们重返工作岗位。

3. 雇主承担缴费义务的原则

我国《工伤保险条例》第 10 条第 1 款规定："用人单位应当按时缴纳工伤保险费。职工个人不缴纳工伤保险费。"这是与其他社会保险项目的一个重要区别。雇主承担的保险费可以计入成本，最终计入其生产的产品价格或提供的服务的费用中，转嫁到社会承担。由所有工伤保险的投保主体分摊保险费建立工伤保险基金，将个别雇主发生工伤事故的赔偿由工伤保险基金支付，而且国家根据不同行业的工伤风险程度确定行业的差别费率，并根据工伤保险费使用、工伤发生率等情况在每个行业内确定若干费率档次，所以对于作为投保主体的雇主来说，其负担的费用是较低的，整个社会成本也是较低的。

（三）工伤保险法的适用范围

工伤保险法的适用范围是指工伤保险法的效力范围。目前我国国家机关与企业等组织推进工伤保险制度的进程不同，同时，我国事业单位正在进行改革，不同类型的事业单位其工作人员的工伤问题适用不同的法律、法规。具体如下：

1. 企业、事业单位、社会团体、民办非企业单位、基金会、律师事务所、会计师事务所等组织和有雇工的个体工商户及其雇工

2011 年生效的《工伤保险条例》，扩大了工伤保险的适用范围，将不参照《公务员法》管理的事业单位、社会团体，以及民办非企业单位、基金会、律师事务所、会计师事务所等组织也纳入了工伤保险的适用范围。中华人民共和国境内的企业、事业单位、社会团体、民办非企业单位、基金会、律师事务所、会计师事务所等组织的职工和个体工商户的雇工，均有依照《工伤保险条例》的规定享受工伤保险待遇的权利。

2. 国家机关及公务员和参照《公务员法》管理的事业单位、社会团体及其工作人员

《工伤保险条例》第 65 条规定：公务员和参照《公务员法》管理的事业单位、社会团体的工作人员因工作遭受事故伤害或者患职业病的，由所在单位支付费用。具体办法由国务院社会保险行政部门会同国务院财政部门规定。这里的工作人员是指依法履行公职，纳入国家行政编制的工作人员，而不包括工勤人员等。工勤人员人员一旦发生工伤，应当按照《工伤保险条例》的相关规定处理。

3. 非法用工单位伤亡人员

《工伤保险条例》第66条规定:无营业执照或者未经依法登记、备案的单位以及被依法吊销营业执照或者撤销登记、备案的单位的职工受到事故伤害或者患职业病的,由该单位向伤残职工或者死亡职工的近亲属给予一次性赔偿,赔偿标准不得低于本条例规定的工伤保险待遇;用人单位不得使用童工,用人单位使用童工造成童工伤残、死亡的,由该单位向童工或者童工的近亲属给予一次性赔偿,赔偿标准不得低于本条例规定的工伤保险待遇。具体办法由国务院社会保险行政部门规定(参照人力资源和社会保障部2010年修订的《非法用工单位伤亡人员一次性赔偿办法》)。前款规定的伤残职工或者死亡职工的近亲属就赔偿数额与单位发生争议的,以及前款规定的童工或者童工的近亲属就赔偿数额与单位发生争议的,按照处理劳动争议的有关规定处理。

二、工伤认定

(一)工伤认定

工伤,又称职业伤害,是指职工因工作遭受事故或者患职业病的伤害。所以工伤的受害者应为劳动者,工伤须同工作有关联,工伤包括事故伤害和职业病伤害两种类型。

工伤认定是指工伤认定机构按照法定的程序,依据一定的标准对职工遭受事故伤害或者患病伤害是否属于工伤进行确认的行为。工伤认定是工伤保险制度的一个重要环节,也是决定受伤职工或者其近亲属是否可以享受工伤保险待遇的关键因素。

(二)工伤范围

1. 应当认定为工伤的情形

工伤范围的界定,必须以立法中的明文规定为依据。《工伤保险条例》第14条规定:职工有下列情形之一的,应当认定为工伤:(1)在工作时间和工作场所内,因工作原因受到事故伤害的;(2)工作时间前后在工作场所内,从事与工作有关的预备性或者收尾性工作受到事故伤害的;(3)在工作时间和工作场所内,因履行工作职责受到暴力等意外伤害的;(4)患职业病的;(5)因工外出期间,由于工作原因受到伤害或者发生事故下落不明的;(6)在上下班途中,受到机动车事故伤害的;(7)法律、行政法规规定应当认定为工伤的其他情形。

2. 视同工伤的情形

在某些情形下,职工受到伤害与其工作不存在直接或间接的关系,但法律出于整体利益的考虑,将这些情形也纳入了工伤范围,视同工伤。

《工伤保险条例》第15条规定:职工有下列情形之一的,视同工伤:(1)在工作时间和工作岗位,突发疾病死亡或者在48小时之内经抢救无效死亡的;(2)在抢险救灾等维护国家利益、公共利益活动中受到伤害的;(3)职工原在军队服役,因战、因公负伤致残,已取得《革命伤残军人证》,到用人单位后旧伤复发的。职工有前款第(1)项、第(2)项情形的,按照本条例的有关规定享受工伤保险待遇;职工有前款第(3)项情形的,按照本条例的有关规定享受除一次性伤残补助金以外的工伤保险待遇。

3. 不得认定为工伤或者视同工伤的情形

在某些情形下,职工受到伤害是由于自身的故意或者是实施了法律禁止的行为导致的。所以法律给予了否定性评价,不予认定为工伤或者视同工伤。

《工伤保险条例》第16条规定:职工有下列情形之一的,不得认定为工伤或者视同工伤:

(1)因犯罪或者违反治安管理伤亡的;(2)醉酒导致伤亡的;(3)自残或者自杀的。

(三)工伤认定的程序

1. 工伤认定申请程序

(1)申请主体

根据《工伤保险条例》、《工伤认定办法》的规定,我国工伤认定的申请主体主要包括:

①职工所在单位。职工发生事故伤害或者按照《职业病防治法》的规定被诊断、鉴定为职业病的,所在单位应当自事故伤害发生之日或者被诊断、鉴定为职业病之日起 30 日内,向统筹地区劳动保障行政部门提出工伤认定申请。遇有特殊情况,经报劳动保障行政部门同意,申请时限可以适当延长。用人单位未按规定提出工伤认定申请的,工伤职工或者其直系亲属、工会组织在事故伤害发生之日或者被诊断、鉴定为职业病之日起 1 年内,可以直接向用人单位所在地的统筹地区劳动保障行政部门提出工伤认定申请。按照《工伤保险条例》第 17 条第 1 款的规定应当由省级劳动保障行政部门进行工伤认定的事项,根据属地原则由用人单位所在地的设区的市级劳动保障行政部门办理。用人单位未在《工伤保险条例》第 17 条第 1 款规定的时限内提交工伤认定申请,在此期间发生符合本条例规定的工伤待遇等有关费用由该用人单位负担。

②工伤职工或其近亲属、工会组织。《工伤认定办法》第 5 条规定:“用人单位未在规定的时限内提出工伤认定申请的,受伤害职工或者其近亲属、工会组织在事故伤害发生之日或者被诊断、鉴定为职业病之日起 1 年内,可以直接按照本办法第四条规定提出工伤认定申请。”工会组织依法维护工伤职工的合法权益,对用人单位的工伤保险工作实行监督。用人单位依照《工伤保险条例》的规定应当参加工伤保险而未参加的,由劳动保障行政部门责令改正;未参加工伤保险期间用人单位职工发生工伤的,由该用人单位按照《工伤保险条例》规定的工伤保险待遇项目和标准支付费用。此时,职工所在单位是否同意(签字、盖章)不是必经程序。

(2)申请材料

职工所在单位、工伤职工及其近亲属、工会组织提出工伤认定申请,都应当提交完整、真实的材料,供社会保险行政部门进行工伤认定之用。这些材料包括:

①工伤认定申请表;

②与用人单位存在劳动关系(包括事实劳动关系)的证明材料。即劳动、聘用合同文本复印件或者与用人单位存在劳动关系(包括事实劳动关系)、人事关系的其他证明材料;

③医疗机构出具的受伤后诊断证明书或者职业病诊断证明书(或者职业病诊断鉴定书)。

工伤认定申请表应当包括事故发生的时间、地点、原因以及职工伤害程度等基本情况。工伤认定申请人提供材料不完整的,劳动保障行政部门应当一次性书面告知工伤认定申请人需要补正的全部材料。申请人按照书面告知要求补正材料后,劳动保障行政部门应当受理。

2. 工伤认定程序

(1)工伤认定机构

我国工伤认定机构是用人单位所在地统筹地区的社会保险行政部门。《工伤认定办法》第 4 条规定:职工发生事故伤害或者按照《职业病防治法》的规定被诊断、鉴定为职业病的,所在单位应当自事故伤害发生之日或者被诊断、鉴定为职业病之日起30日内，向统筹地区社会保险行政部门提出工伤认定申请。遇有特殊情况，经报社会保险行政部门同意，申请时限可以适当延长。按照前款规定应当向省级社会保险行政部门提出工伤认定申请的，根据属地原则应当向用人单位所在地设区的市级社会保险行政部门提出。

(2)工伤认定申请的受理

工伤认定申请人提交的申请材料符合要求，属于社会保险行政部门管辖范围且在受理时限内的，社会保险行政部门应当受理。

社会保险行政部门收到工伤认定申请后，应当在15日内对申请人提交的材料进行审核，材料完整的，作出受理或者不予受理的决定；材料不完整的，应当以书面形式一次性告知申请人需要补正的全部材料。社会保险行政部门收到申请人提交的全部补正材料后，应当在15日内作出受理或者不予受理的决定。社会保险行政部门决定受理的，应当出具《工伤认定申请受理决定书》；决定不予受理的，应当出具《工伤认定申请不予受理决定书》。

(3)工伤认定申请的调查核实

社会保险行政部门受理工伤认定申请后，可以根据需要对申请人提供的证据进行调查核实。社会保险行政部门进行调查核实，应当由两名以上工作人员共同进行，并出示执行公务的证件。社会保险行政部门工作人员在工伤认定中，可以进行以下调查核实工作：①根据工作需要，进入有关单位和事故现场；②依法查阅与工伤认定有关的资料，询问有关人员并作出调查笔录；③记录、录音、录像和复制与工伤认定有关的资料。调查核实工作的证据收集参照行政诉讼证据收集的有关规定执行。社会保险行政部门工作人员进行调查核实时，有关单位和个人应当予以协助。用人单位、工会组织、医疗机构以及有关部门应当负责安排相关人员配合工作，据实提供情况和证明材料。

社会保险行政部门在进行工伤认定时，对申请人提供的符合国家有关规定的《职业病诊断证明书》或者《职业病诊断鉴定书》，不再进行调查核实。《职业病诊断证明书》或者《职业病诊断鉴定书》不符合国家规定的要求和格式的，社会保险行政部门可以要求出具证据部门重新提供。

社会保险行政部门受理工伤认定申请后，可以根据工作需要，委托其他统筹地区的社会保险行政部门或者相关部门进行调查核实。

社会保险行政部门工作人员进行调查核实时，应当履行下列义务：①保守有关单位的商业秘密以及个人隐私；②为提供情况的有关人员保密。

社会保险行政部门工作人员与工伤认定申请人有利害关系的，应当回避。

职工或者其近亲属认为是工伤，用人单位不认为是工伤的，由该用人单位承担举证责任。用人单位拒不举证的，社会保险行政部门可以根据受伤害职工提供的证据或者调查取得的证据，依法作出工伤认定决定。

(4)工伤认定

社会保险行政部门应当自受理工伤认定申请之日起60日内作出工伤认定决定，出具《认定工伤决定书》或者《不予认定工伤决定书》。

《认定工伤决定书》应当载明下列事项：①用人单位全称；②职工的姓名、性别、年龄、职业、身份证号码；③受伤害部位、事故时间和诊断时间或职业病名称、受伤害经过和核实情况、医疗救治的基本情况和诊断结论；④认定工伤或者视同工伤的依据；⑤不服认定决定申请行政复议或者提起行政诉讼的部门和时限；⑥作出认定工伤或者视同工伤决定的时间。

《不予认定工伤决定书》应当载明下列事项：①用人单位全称；②职工的姓名、性别、年龄、职业、身份证号码；③不予认定工伤或者不视同工伤的依据；④不服认定决定申请行政复议或者提起行政诉讼的部门和时限；⑤作出不予认定工伤或者不视同工伤决定的时间。

《认定工伤决定书》和《不予认定工伤决定书》应当加盖社会保险行政部门工伤认定专用印章。

社会保险行政部门受理工伤认定申请后，作出工伤认定决定需要以司法机关或者有关行政主管部门的结论为依据的，在司法机关或者有关行政主管部门尚未作出结论期间，作出工伤认定决定的时限中止，并书面通知申请人。

社会保险行政部门对于事实清楚、权利义务明确的工伤认定申请，应当自受理工伤认定申请之日起15日内作出工伤认定决定。

社会保险行政部门应当自工伤认定决定作出之日起20日内，将《认定工伤决定书》或者《不予认定工伤决定书》送达受伤害职工（或者其近亲属）和用人单位，并抄送社会保险经办机构。《认定工伤决定书》和《不予认定工伤决定书》的送达参照民事法律有关送达的规定执行。

工伤认定结束后，社会保险行政部门应当将工伤认定的有关资料保存50年。

三、劳动能力鉴定与工伤保险待遇

（一）劳动能力鉴定

职工发生工伤，经治疗伤情相对稳定后存在残疾、影响劳动能力的，应当进行劳动能力鉴定。劳动能力鉴定是指劳动能力鉴定委员会根据法定的标准，对工伤职工的劳动功能障碍程度和生活自理障碍程度的等级鉴定。

劳动功能障碍分为十个伤残等级，最重的为一级，最轻的为十级。

生活自理障碍分为三个等级：生活完全不能自理、生活大部分不能自理和生活部分不能自理。

劳动能力鉴定标准由国务院劳动保障行政部门会同国务院卫生行政部门等部门制定。发生工伤事故先作工伤认定，后作劳动能力鉴定。工伤认定是定性，劳动能力鉴定是定量。先定性后定量。

1. 劳动能力鉴定机构

根据《工伤保险条例》的规定，我国劳动能力鉴定机构分为两级：设区的市级劳动能力鉴定委员会和省、自治区、直辖市劳动能力鉴定委员会。省、自治区、直辖市劳动能力鉴定委员会和设区的市级劳动能力鉴定委员会分别由省、自治区、直辖市和设区的市级社会保险行政部门、卫生行政部门、工会组织、经办机构代表以及用人单位代表组成。劳动能力鉴定委员会建立医疗卫生专家库。列入专家库的医疗卫生专业技术人员应当具备下列条件：(1)具有医疗卫生高级专业技术职务任职资格；(2)掌握劳动能力鉴定的相关知识；(3)具有良好的职业品德。

2. 劳动能力鉴定程序

根据《工伤保险条例》的规定，用人单位、工伤职工或者其近亲属都是申请劳动能力鉴定的主体，申请主体必须首先向设区的市级劳动能力鉴定委员会提出申请，并应当提供工伤认

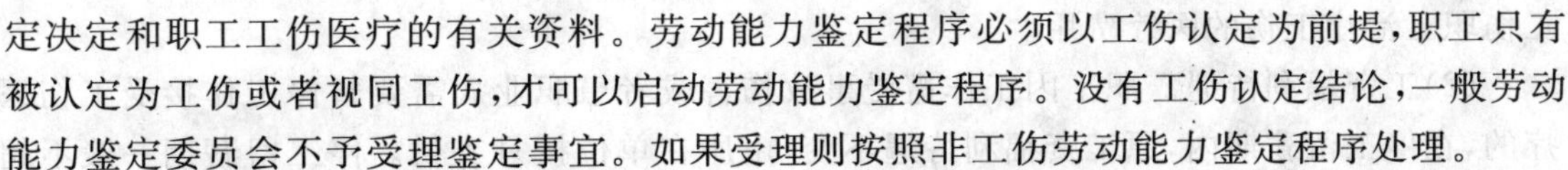

定决定和职工工伤医疗的有关资料。劳动能力鉴定程序必须以工伤认定为前提,职工只有被认定为工伤或者视同工伤,才可以启动劳动能力鉴定程序。没有工伤认定结论,一般劳动能力鉴定委员会不予受理鉴定事宜。如果受理则按照非工伤劳动能力鉴定程序处理。

(1)初次鉴定

设区的市级劳动能力鉴定委员会收到劳动能力鉴定申请后,应当从其建立的医疗卫生专家库中随机抽取 3 名或者 5 名相关专家组成专家组,由专家组提出鉴定意见。设区的市级劳动能力鉴定委员会根据专家组的鉴定意见作出工伤职工劳动能力鉴定结论;必要时,可以委托具备资格的医疗机构协助进行有关的诊断。设区的市级劳动能力鉴定委员会应当自收到劳动能力鉴定申请之日起 60 日内作出劳动能力鉴定结论,必要时,作出劳动能力鉴定结论的期限可以延长 30 日。劳动能力鉴定结论应当及时送达申请鉴定的单位和个人。

(2)再次鉴定

申请鉴定的单位或者个人对设区的市级劳动能力鉴定委员会作出的鉴定结论不服的,可以在收到该鉴定结论之日起 15 日内向省、自治区、直辖市劳动能力鉴定委员会提出再次鉴定申请。再次鉴定申请提出并经受理后,初次鉴定结论不发生法律效力。再次鉴定的期限法律并没有明确规定,一般再次鉴定的期限应与初次鉴定的期限相同。省、自治区、直辖市劳动能力鉴定委员会作出的劳动能力鉴定结论为最终结论。所以,我国劳动能力鉴定实行两级鉴定终局制。由于劳动能力鉴定结论与工伤职工的工伤保险待遇水平直接挂钩,劳动能力鉴定工作应当客观、公正。劳动能力鉴定委员会组成人员或者参加鉴定的专家与当事人有利害关系的,应当回避。

(3)复查鉴定

自劳动能力鉴定结论作出之日起 1 年后,工伤职工或者其直系亲属、所在单位或者经办机构认为伤残情况发生变化的,可以申请劳动能力复查鉴定。劳动能力复查鉴定期限法律无明确规定。

(二)工伤保险待遇

1. 工伤医疗期间待遇

(1)医疗待遇。职工因工作遭受事故伤害或者患职业病进行治疗(包括工伤康复)的,享受工伤医疗待遇。职工治疗工伤应当在签订服务协议的医疗机构就医,情况紧急时可以先到就近的医疗机构急救。治疗工伤所需费用符合《工伤保险诊疗项目目录》、《工伤保险药品目录》、《工伤保险住院服务标准》的,从工伤保险基金支付。

职工住院治疗工伤的,由所在单位按照本单位因公出差伙食补助标准的 70%发给住院伙食补助费;经医疗机构出具证明,报经办机构同意,工伤职工到统筹地区以外就医的,所需交通、食宿费用由所在单位按照本单位职工因公出差标准报销。

工伤职工治疗非工伤引发的疾病,不享受工伤医疗待遇,按照基本医疗保险办法处理。

工伤职工到签订服务协议的医疗机构进行康复性治疗的费用,治疗工伤所需费用符合《工伤保险诊疗项目目录》、《工伤保险药品目录》、《工伤保险住院服务标准》的,从工伤保险基金支付。《工伤保险诊疗项目目录》、《工伤保险药品目录》、《工伤保险住院服务标准》,由国务院劳动保障行政部门会同国务院卫生行政部门、药品监督管理部门等部门规定。

工伤职工在停工留薪期满后仍需治疗的,继续享受工伤医疗待遇。社会保险行政部门作出认定为工伤的决定后发生行政复议、行政诉讼的,行政复议和行政诉讼期间不停止支付工伤职工治疗工伤的医疗费用。

(2)工资福利待遇。职工因工作遭受事故伤害或者患职业病需要暂停工作接受工伤医疗的,在停工留薪期内,原工资福利待遇不变,由所在单位按月支付。停工留薪期一般不超过12个月。伤情严重或者情况特殊,经设区的市级劳动能力鉴定委员会确认,可以适当延长,但延长不得超过12个月。工伤职工评定伤残等级后,停发原待遇,按照本章的有关规定享受伤残待遇。工伤职工在停工留薪期满后仍需治疗的,继续享受工伤医疗待遇。生活不能自理的工伤职工在停工留薪期间需要护理的,由所在单位负责。

(3)生活护理待遇。工伤职工已经评定伤残等级并经劳动能力鉴定委员会确认需要生活护理的,从工伤保险基金按月支付生活护理费。生活护理费按照生活完全不能自理、生活大部分不能自理或者生活部分不能自理3个不同等级支付,其标准分别为统筹地区上年度职工月平均工资的50%、40%或者30%。

2. 工伤致残待遇

(1)一至四级伤残待遇。职工因工致残被鉴定为一级至四级伤残的,保留劳动关系,退出工作岗位,享受以下待遇:①从工伤保险基金按伤残等级支付一次性伤残补助金,标准为:一级伤残为24个月的本人工资,二级伤残为22个月的本人工资,三级伤残为20个月的本人工资,四级伤残为18个月的本人工资;②从工伤保险基金按月支付伤残津贴,标准为:一级伤残为本人工资的90%,二级伤残为本人工资的85%,三级伤残为本人工资的80%,四级伤残为本人工资的75%。伤残津贴实际金额低于当地最低工资标准的,由工伤保险基金补足差额;③工伤职工达到退休年龄并办理退休手续后,停发伤残津贴,享受基本养老保险待遇。基本养老保险待遇低于伤残津贴的,由工伤保险基金补足差额。职工因工致残被鉴定为一级至四级伤残的,由用人单位和职工个人以伤残津贴为基数,缴纳基本医疗保险费。

(2)五级、六级伤残待遇。职工因工致残被鉴定为五级、六级伤残的,享受以下待遇:①从工伤保险基金按伤残等级支付一次性伤残补助金,标准为:五级伤残为16个月的本人工资,六级伤残为14个月的本人工资;②保留与用人单位的劳动关系,由用人单位安排适当的工作。难以安排工作的,由用人单位按月发给伤残津贴,标准为:五级伤残为本人工资的70%,六级伤残为本人工资的60%,并由用人单位按照规定为其缴纳应缴纳的各项社会保险费。伤残津贴实际金额低于当地最低工资标准的,由用人单位补足差额。经工伤职工本人提出,该职工可以与用人单位解除或者终止劳动关系,由用人单位支付一次性工伤医疗补助金和伤残就业补助金。具体标准由省、自治区、直辖市人民政府规定。

(3)七级至十级伤残待遇。职工因工致残被鉴定为七级至十级伤残的,享受以下待遇:①从工伤保险基金按伤残等级支付一次性伤残补助金,标准为:七级伤残为12个月的本人工资,八级伤残为10个月的本人工资,九级伤残为8个月的本人工资,十级伤残为6个月的本人工资;②劳动合同期满终止,或者职工本人提出解除劳动合同的,由用人单位支付一次性工伤医疗补助金和伤残就业补助金。具体标准由省、自治区、直辖市人民政府规定。

3. 配置辅助器具待遇

《工伤保险条例》第30条规定:工伤职工因日常生活或者就业需要,经劳动能力鉴定委员会确认,可以安装假肢、矫形器、假眼、假牙和配置轮椅等辅助器具,所需费用按照国家规定的标准从工伤保险基金支付。

4. 工伤职工工伤复发待遇。工伤职工工伤复发,确认需要治疗的,《工伤保险条例》第

29 条、第 30 条和第 31 条规定的工伤待遇。

5. 因工死亡待遇

职工因工死亡，其直系亲属可以从工伤保险基金领取丧葬补助金、供养亲属抚恤金和一次性工亡补助金。

(1)丧葬补助金。丧葬补助金为 6 个月的统筹地区上年度职工月平均工资；

(2)供养亲属抚恤金。供养亲属抚恤金按照职工本人工资的一定比例发给由因工死亡职工生前提供主要生活来源、无劳动能力的亲属。标准为：配偶每月 40%，其他亲属每人每月 30%，孤寡老人或者孤儿每人每月在上述标准的基础上增加 10%。核定的各供养亲属的抚恤金之和不应高于因工死亡职工生前的工资。供养亲属的具体范围由国务院劳动保障行政部门规定。

(3)一次性工亡补助金。一次性工亡补助金标准为 48 个月至 60 个月的统筹地区上年度职工的月平均工资。具体标准由统筹地区的人民政府根据当地经济、社会发展状况规定，报省、自治区、直辖市人民政府备案。

伤残职工在停工留薪期内因工伤导致死亡的，其直系亲属从工伤保险基金领取丧葬补助金、供养亲属抚恤金和一次性工亡补助金的待遇。

一级至四级伤残职工在停工留薪期满后死亡的，其直系亲属可以从工伤保险基金领取丧葬补助金、供养亲属抚恤金的待遇。

6. 特殊情形下的工伤保险待遇

(1)职工因工外出期间发生事故或者在抢险救灾中下落不明的，从事故发生当月起 3 个月内照发工资，从第 4 个月起停发工资，由工伤保险基金向其供养亲属按月支付供养亲属抚恤金。生活有困难的，可以预支一次性工亡补助金的 50%。职工被人民法院宣告死亡的，其近亲属可以按照规定享受因工死亡待遇。①

(2)用人单位分立、合并、转让的，承继单位应当承担原用人单位的工伤保险责任；原用人单位已经参加工伤保险的，承继单位应当到当地经办机构办理工伤保险变更登记。②

(3)用人单位实行承包经营的，工伤保险责任由职工劳动关系所在单位承担。③

(4)职工被借调期间受到工伤事故伤害的，由原用人单位承担工伤保险责任，但原用人单位与借调单位可以约定补偿办法。④

(5)企业破产的，在破产清算时优先拨付依法应由单位支付的工伤保险待遇费用。⑤

(6)职工被派遣出境工作，依据前往国家或者地区的法律应当参加当地工伤保险的，参加当地工伤保险，其国内工伤保险关系中止；不能参加当地工伤保险的，其国内工伤保险关系不中止。⑥

(7)职工(包括非全日制从业人员)在两个或者两个以上用人单位同时就业的，各用人单

---

① 《工伤保险条例》第 39 条。

② 《工伤保险条例》第 41 条第 1 款。

③ 《工伤保险条例》第 41 条第 2 款。

④ 《工伤保险条例》第 41 条第 3 款。

⑤ 《工伤保险条例》第 41 条第 4 款。

⑥ 《工伤保险条例》第 42 条。

位应当分别为职工缴纳工伤保险费。职工发生工伤,由职工工作受到伤害时的单位依法承担工伤保险责任。①

(8)职工所在用人单位未依法缴纳工伤保险费,发生工伤事故的,由用人单位支付工伤保险待遇。用人单位不支付的,从工伤保险基金中先行支付。从工伤保险基金中先行支付的工伤保险待遇应当由用人单位偿还。用人单位不偿还的,社会保险经办机构可以依照《社会保险法》第63条的规定追偿。②

(9)由于第三人的原因造成工伤,第三人不支付工伤医疗费用或者无法确定第三人的,由工伤保险基金先行支付。工伤保险基金先行支付后,有权向第三人追偿。③

7. 停止享受工伤保险待遇的情形

工伤职工有下列情形之一的,停止享受工伤保险待遇:

(1)丧失享受待遇条件的。工伤职工一旦恢复劳动能力或生活能够自理的,则停止享受工伤保险待遇。工伤职工供养亲属如果丧失享受抚恤金情况的,也不得继续享受供养亲属抚恤金。

(2)拒不接受劳动能力鉴定的。劳动能力鉴定结论是确定工伤职工或其供养亲属享受工伤保险待遇的科学依据。如果工伤职工或其供养亲属没有正当理由拒绝接受劳动能力鉴定的,则工伤职工或其供养亲属的工伤保险待遇难以确定,也就不能享受相应的工伤保险待遇。

(3)拒绝治疗的。工伤保险制度的主要目的是给工伤职工提供医疗救治和经济补偿,以帮助工伤职工尽快恢复劳动能力,重返工作岗位。如果工伤职工无故拒绝治疗,将影响其劳动能力的恢复,所以停止其享受工伤保险待遇。

四、工伤保险基金

《工伤保险条例》第7条规定:工伤保险基金由用人单位缴纳的工伤保险费、工伤保险基金的利息和依法纳入工伤保险基金的其他资金构成。

(一)工伤保险基金的筹集

工伤保险基金的筹集是指法定机构按照工伤保险法规定的征缴对象和比率,定期向征缴对象征收工伤保险费以建立工伤保险基金的行为。

1. 工伤保险基金的构成

根据《工伤保险条例》的规定,我国工伤保险基金由用人单位缴纳的工伤保险费、工伤保险基金的利息和依法纳入工伤保险基金的其他资金构成。其中,工伤保险费是工伤保险基金的主要来源。在我国,工伤保险费的缴费主体是用人单位,职工个人不缴纳工伤保险费。因此,所有纳入工伤保险范围的用人单位都应当按时、足额地缴纳工伤保险费,以保证工伤保险基金的支付能力。"依法纳入工伤保险基金的其他资金"主要包括因用人单位欠缴工伤保险费而加收的滞纳金、社会捐赠等资金。

2. 工伤保险费率机制

---

① 《实施〈中华人民共和国社会保险法〉若干规定》第9条。

② 《社会保险法》第41条。

③ 《社会保险法》第42条。

《社会保险法》第34条规定：国家根据不同行业的工伤风险程度确定行业的差别费率，并根据使用工伤保险基金、工伤发生率等情况在每个行业内确定费率档次。行业差别费率和行业内费率档次由国务院社会保险行政部门制定，报国务院批准后公布施行。社会保险经办机构根据用人单位使用工伤保险基金、工伤发生率和所属行业费率档次等情况，确定用人单位的缴费费率。

按照《关于工伤保险费率问题的通知》，我国国民经济行业分为三类，分别确定不同的费率，平均缴费率原则上控制在职工工资总额的1%左右。一类行业属于风险较小行业，如金融保险、商业、餐饮业、邮电、广播等，基准费率为0.5%左右；二类行业为中等风险行业，如农林水利、一般制造业，基准费率为1%；三类行业为风险较大行业，如石油开采加工、矿山开采加工等，基准费率为2%左右。

在三类行业中，一类行业不浮动，二类和三类行业的用人单位可实行浮动费率，参考因素是用人单位工伤保险费使用、工伤发生率、职业病危害程度等因素，一至三年浮动一次。具体浮动办法是，在行业基准费率的基础上，可上下各浮动两档。上浮第一档为本行业基准费率的120%，第二档为150%；下浮第一档为本行业基准费率的80%，第二档为50%。

由社保经办机构首先确定用人单位所属行业种类和基准费率，再根据用人单位使用工伤保险基金、工伤发生率的情况确定用人单位内部的浮动费率档次，计算得出用人单位的缴费费率。工伤发生率越高、工伤保险基金使用越多，用人单位缴费就越多；工伤发生率越低、工伤保险基金使用越少，用人单位缴费就越少。

（二）工伤保险基金的支出

《社会保险法》第38条规定：因工伤发生的下列费用，按照国家规定从工伤保险基金中支付：(1)治疗工伤的医疗费用和康复费用；(2)住院伙食补助费；(3)到统筹地区以外就医的交通食宿费；(4)安装配置伤残辅助器具所需费用；(5)生活不能自理的，经劳动能力鉴定委员会确认的生活护理费；(6)一次性伤残补助金和一至四级伤残职工按月领取的伤残津贴；(7)终止或者解除劳动合同时，应当享受的一次性医疗补助金；(8)因工死亡的，其遗属领取的丧葬补助金、供养亲属抚恤金和因工死亡补助金；(9)劳动能力鉴定费。

除上述支出外，任何单位或者个人都不得将工伤保险基金用于投资经营、兴建或者改建办公场所、发放奖金，或挪作其他用途，否则，违法单位或个人将承担行政责任或刑事责任。例如，工伤保险经办机构的管理费不得从工伤保险基金中提取，而由财政拨付。工伤保险基金应当留有一定比例的储备金，用于统筹地区重大事故的工伤保险待遇支付；储备金不足支付的，由统筹地区的人民政府垫付。储备金占基金总额的具体比例和储备金的使用办法，由省、自治区、直辖市人民政府规定。

五、工伤保险争议处理

我国法律将工伤保险争议按照争议双方之间的主体地位的不同分为两大类，分别提供了不同的救济途径：

1. 作为平等主体的用人单位与工伤职工及其近亲属之间因工伤保险权利、义务发生争议的，属于劳动争议，适用劳动争议处理程序。

根据《劳动争议调解仲裁法》的规定，用人单位与工伤职工及其近亲属因工伤待遇发生争议的，工伤职工及其近亲属可以与用人单位进行协商，也可以请工会或者第三方共同与用人单位协商，达成和解协议；当事人不愿协商、协商不成或者达成和解协议后不履行的，可以向调解组织申请调解；不愿调解、调解不成或者达成调解协议后不履行的，可以向劳动争议仲裁委员会申请仲裁；对仲裁裁决不服的，除法律另有规定外，可以向人民法院提起诉讼，人民法院按照《民事诉讼法》进行审理。此处的"法律另有规定"是指某些劳动争议实行有限的一裁终局制，包括工伤职工追索工伤医疗费不超过当地月最低工资标准12个月金额的争议，因执行国家的劳动标准在工伤保险方面发生的争议。但是，劳动者对上述仲裁裁决不服或者用人单位有证据证明上述仲裁裁决可撤销的，可以向人民法院提起诉讼。

2. 不平等主体之间因工伤保险权利、义务发生争议的，属于行政争议，适用行政复议或行政诉讼程序。

《工伤认定办法》第23条规定："职工或者其近亲属、用人单位对不予受理决定不服或者对工伤认定决定不服的，可以依法申请行政复议或者提起行政诉讼。"发生工伤争议的，有关单位或者个人可以依法申请行政复议，也可以依法向人民法院提起行政诉讼，取消了行政复议前置程序，从而缩短了争议处理的程序和时间，有利于保护工伤职工的合法权益。

第五节　失业保险

一、失业与失业保险法

失业是指具有劳动能力并有劳动意愿的劳动者，在劳动年龄范围内得不到就业机会或者就业后又失去工作的状态。各国对失业的具体界定有所不同。国际劳工组织将失业界定为：在调查期内达到一定年龄并满足以下条件者：(1)没有工作，即不在有报酬的职业或自营职业中；(2)本人当前可以工作，具有劳动能力；(3)正在寻找工作。

失业保险，国家通过立法强制建立社会统筹基金，对因失业而暂时中断生活来源的劳动者在法定期间内提供物质帮助，以维持其基本生活需要的一项社会保险制度。

失业保险法是调整失业保险关系的法律规范的总称，即调整国家建立失业保险基金，对因失业而中断生活来源的劳动者在法定期间内提供失业保险金以维持其基本生活而产生的社会关系的法律规范的总称。

失业保险法是社会保险法的重要组成部分，其内容主要包括失业保险法的基本原则、失业保险的保障对象、失业保险基金的来源、享受失业保险待遇的条件、失业保险金的支付标准和期限、失业保险金的管理和监督等。

按照不同的标准，可以将失业划分为不同的类型。理论上一般将失业分为摩擦性失业、结构性失业、周期性失业、季节性失业和技术性失业五种类型。

失业保险有以下特点：

1. 失业保险参保对象的普遍性。参保单位不分行业、所有制性质，不分城镇职工还是农民工，所有参加失业保险的职工，在解除或终止劳动关系后，只要符合条件都有享受失业保险待遇的权利。

2. 失业保险的对象仅限于非自愿事业，不包括自愿失业。

3. 失业保险中的物质帮助，不仅指失业救济金，还包括组织生产自救、转业训练等其他物质帮助形式。

4. 失业保险具有双重功能，即既保障失业者的基本生活，又促进失业者实现再就业，从而减少失业。

5. 失业保险待遇的给付具有期限性。以防止“养懒汉”现象的发生。

6. 强制性。失业保险是通过国家立法强制实施的，在失业保险制度覆盖范围内的单位及职工有参加失业保险并缴费的义务。

7. 互济性。失业保险基金主要面向社会筹集，由单位、个人共同负担，筹集的失业保险资金，全部并入失业保险基金，在统筹地区内统一调度使用以发挥互济功能。

二、失业保险的对象

失业保险对象是指失业保险的被保险人，即依法参加失业保险，当保险事故发生时享有失业保险待遇请求权的劳动者。

我国失业保险对象根据《社会保险法》第 44 条规定：职工应当参加失业保险，由用人单位和职工按照国家规定共同缴纳失业保险费。第 45 条规定：“失业人员符合下列条件的，从失业保险基金中领取失业保险金：(一)失业前用人单位和本人已经缴纳失业保险费满一年的；(二)非因本人意愿中断就业的；(三)已经进行失业登记，并有求职要求的。”《失业保险条例》第 2 条规定：“城镇企业事业单位、城镇企业事业单位职工依照本条例的规定，缴纳失业保险费。城镇企业事业单位失业人员依照本条例的规定，享受失业保险待遇。本条所称城镇企业，是指国有企业、城镇集体企业、外商投资企业、城镇私营企业以及其他城镇企业。”因此，我国失业保险的对象是所有与用人单位建立劳动关系的劳动者。

《失业保险条例》将城镇所有企业、事业单位及其职工都纳入了失业保险的范围，并且规定各省级人民政府可以确定社会团体及其专职人员、民办非企业单位及其职工、城镇有雇工的个体工商户及其雇工可否纳入失业保险范围。目前，公务员和参照《公务员法》管理的工作人员未纳入失业保险范围。

三、失业保险基金的筹集

失业保险基金的筹集是指社会保险经办机构依法通过收取失业保险费等方式筹措、聚集资金。失业保险基金的来源，目前国际上存在 5 种模式：

1. 完全由政府承担。采取此种模式的国家主要是基于社会福利的理念，将失业保障理解为公民的基本福利，如澳大利亚等。

2. 完全由雇主承担。采取此种筹资方式的国家认为，劳动者失业是由于社会经济波动以及用人单位的解雇所导致的，并非由于劳动者自身的过错，因此，失业保险费用由雇主负担，如美国、冰岛等。

3. 政府与雇主双方负担，如意大利等。

4. 雇主与雇员双方负担，如加拿大、法国以及荷兰等。

5. 雇主、雇员、政府三方负担，如日本。

我国《社会保险法》规定，用人单位和职工按照国家规定共同缴纳失业保险费。城镇企业事业单位按照本单位工资总额的 2% 缴纳失业保险费，职工按照本人工资的 1% 缴纳失业保险费。保险基金主要由四部分构成：用人单位和职工缴纳的失业保险费；失业保险基金利息收入；财政补贴；依法纳入失业保险基金的其他资金。交费单位向当地社会保险经办机构登记、申报和交费；职工个人交费由单位代扣，同单位交费一同缴纳。

四、失业保险待遇的给付

(一)失业保险待遇的给付条件

失业的劳动者符合法定条件时，可以向社会保险经办机构申请，请求给付相应的失业保险待遇。失业保险待遇的给付条件包括：

1. 失业者原是职工且达到一定工龄。失业者是指已经就业并且连续工作一定期限后失去原职业的劳动者。达到就业年龄但从未就业者不包括在内。《社会保险法》和《失业保险条例》规定，失业保险的参保对象为城镇企业、事业单位的职工，且连续工龄应满 1 年以上。

2. 失业者须是非自愿中断就业。即失业并非是出于劳动者个人意愿而是由于客观原因导致劳动者暂时失去劳动机会。《失业保险条例》明确规定享受失业保险待遇者是非因本人意愿中断就业的。那些因自愿离职而导致失业的失业人员不能享受失业保险待遇。但是如何确定申请人是否属于非自愿性失业呢？根据原劳动和社会保障部发布的《失业保险金申领发放办法》的规定：“非因本人意愿中断就业的是指下列人员：(一)终止劳动合同的；(二)被用人单位解除劳动合同的；(三)被用人单位开除、除名和辞退的；(四)根据《中华人民共和国劳动法》第三十二条第二、三项与用人单位解除劳动合同的；(五)法律、行政法规另有规定的。”

3. 失业者履行了一定的缴费义务。职工享受失业保险待遇，必须是参加了失业保险并履行缴纳保险费的义务，并实际缴纳失业保险费满 1 年以上的劳动者。

4. 失业者领取失业保险金未超过期限。为了促进失业者再就业，很多国家都规定了连续领取失业保险金的最长期限，期满者一般不再发给失业救济金。我国《社会保险法》第 46 条规定：失业人员失业前用人单位和本人累计缴费满 1 年不足 5 年的，领取失业保险金的期限最长为 12 个月；累计缴费满 5 年不足 10 年的，领取失业保险金的期限最长为 18 个月；累计缴费 10 年以上的，领取失业保险金的期限最长为 24 个月。重新就业后，再次失业的，缴费时间重新计算，领取失业保险金的期限与前次失业应当领取而尚未领取的失业保险金的期限合并计算，最长不超过 24 个月。

(二)失业保险待遇的给付标准

失业保险待遇的给付是为了保障失业人员的基本生活，因此给付的保险金应是低于失业人员原来的工资水平，并且根据不同参保人员所缴纳的失业保险费的不同，领取失业保险金的标准也应有所差别。

我国《失业保险条例》第 18 条规定：“失业保险金的标准，按照低于当地最低工资标准、高于城市居民最低生活保障标准的水平，由省、自治区、直辖市人民政府确定。”然而，各地的最低工资本身就较低，以此为基础的失业保险金就更低，其结果是一方面，大量的失业者因失业保险金过低难以保障基本的生存；另一方面，则是失业保险基金大量的结余因通胀而贬值。因此，《社会保险法》取消最低工资的上限限制，而仅规定：“失业保险金的标准，不得低于城市居民最低生活保障标准。”具体由省、自治区、直辖市人民政府确定。

(三)失业人员享受基本医疗保险待遇

失业人员在领取失业保险金期间，参加职工基本医疗保险，享受基本医疗保险待遇。失业人员应当缴纳的基本医疗保险费从失业保险基金中支付，个人不缴纳基本医疗保险费。失业保险基金所支付的基本医疗保险费包括个人应当缴纳的部分和用人单位应当缴纳的部分。

(四)失业人员在领取失业保险金期间死亡的失业保险待遇和待遇竞合处理

失业人员在领取失业保险金期间死亡的，参照当地对在职职工死亡的规定，向其遗属发给一次性丧葬补助金和抚恤金。所需资金从失业保险基金中支付。个人死亡同时符合领取基本养老保险丧葬补助金、工伤保险丧葬补助金和失业保险丧葬补助金条件的，其遗属只能选择领取其中的一项。

失业保险丧葬补助金是指对失业人员在领取失业保险金期间死亡的，由失业保险基金支付给其遗属一定数额的，用以安排丧葬事宜的资金。抚恤金是指失业人员在领取失业保险金期间死亡的，由失业保险基金发给其亲属的费用。失业人员在领取失业保险金期间死亡的，按照当地对在职职工死亡的待遇规定，对其家属一次性发放丧葬补助金和抚恤金。

除失业保险规定了丧葬补助金外，基本养老保险、工伤保险也规定了丧葬补助金，如果死亡失业人员的遗属同时符合领取多个险种的丧葬补助金的条件时，只能自主选择一项保险基金的丧葬补助金。

(五)领取失业保险金的程序

《劳动合同法》第 50 条规定，用人单位应当在解除或者终止劳动合同时出具解除或者终止劳动合同的证明，并在 15 日内为劳动者办理档案和社保关系转移手续。《社会保险法》据此规定，当劳动者失业时，“用人单位应当及时为失业人员出具终止或者解除劳动关系的证明，并将失业人员的名单自终止或者解除劳动关系之日起十五日内告知社会保险经办机构。失业人员应当持本单位为其出具的终止或者解除劳动关系的证明，及时到指定的公共就业服务机构办理失业登记。失业人员凭失业登记证明和个人身份证明，到社会保险经办机构办理领取失业保险金的手续。失业保险金领取期限自办理失业登记之日起计算”。

办理失业登记是领取失业保险金的重要条件，失业登记的主要内容有失业人员的个人情况，原就业情况，失业时间、原因等失业情况。办理失业登记后，失业人员一般可以接受公共职业介绍机构提供的免费职业介绍、职业指导服务；参加适应市场需求的职业培训并按规定减免培训费用；按规定享受各项就业扶持政策；符合失业保险金申领条件的，按规定申领失业保险金和其他的失业保险待遇。

失业人员申领失业保险金应填写《失业保险金申领表》，并出示以下证明材料：本人身份证明；所在单位出具的终止或解除劳动合同证明；失业登记及求职证明；经办机构规定的其他材料。经办机构受理失业人员领取失业保险金申请之后，应当及时对申领者的资格进行审核认定。对审核符合条件的，按规定计算申领者领取失业保险金的数额和期限，在失业保险金申领表上填写审核意见和核定金额，并建立失业保险金领取台账，同时将审核结果告知失业人员，发给领取失业保险待遇证件。对经审核不符合条件的，也应告知失业人员，并说明原因。失业保险金按月发放，可以由经办机构开具单证，失业人员凭单证到指定银行领取。

（六）关于失业保险关系转移接续

《社会保险法》规定职工跨统筹地区就业的，其失业保险关系随本人转移，缴费年限累计计算。我国失业保险基金的统筹层次为直辖市和地市级。所谓失业保险基金的统筹层次，是指失业保险基金在一定的行政区域内实行统一筹集、管理和使用的制度。

2002年，原劳动和社会保障部办公厅发布《关于单位成建制跨统筹地区转移和职工在职期间跨统筹地区转换工作单位时失业保险关系转迁有关问题的通知》，规定城镇企业事业单位成建制跨统筹地区转移或职工在职期间跨统筹地区转换工作单位的，失业保险关系应随之转迁。其中，跨省、自治区、直辖市的，其在转出前单位和职工个人缴纳的失业保险费不转移；在省、自治区内跨统筹地区的，是否转移失业保险费由省劳动保障行政部门确定。转出地失业保险经办机构应为转出单位或职工开具《失业保险关系转迁证明》。转出单位或职工应在开具证明后60日内到转入地经办机构办理失业保险关系接续手续，并自在转出地停止缴纳失业保险费的当月起，按转入地经办机构核定的缴费基数缴纳失业保险费。转出前后的缴费时间合并计算。转入地经办机构应及时办理有关手续，并提供相应服务。

五、失业保险待遇的停止支付

失业保险金的发放是附条件的，包括实体和程序两方面的条件，当所有条件符合时，经过失业人员申请，应该给付相应的失业保险金，而当所有必要条件之一缺失时，则应该停止发放失业保险金。《社会保险法》第51条规定："失业人员在领取失业保险金期间有下列情形之一的，停止领取失业保险金，并同时停止享受其他失业保险待遇：（一）重新就业的；（二）应征服兵役的；（三）移居境外的；（四）享受基本养老保险待遇的；（五）无正当理由，拒不接受当地人民政府指定部门或者机构介绍的适当工作或者提供的培训的。"

第六节　生育保险

一、生育保险的概念及其特点

生育保险，是指国家通过立法以强制的方式筹集生育保险基金，在职工因怀孕、分娩无法从事正常的生产劳动而中断经济来源时，由国家和社会给予职工提供收入补偿、医疗服务和生育休假，以确保参保职工在生育期间的生活维持和健康养护，从而维持社会人口再生产的一项社会保险制度。

生育保险是我国社会保险制度的一种，和其他社会保险相比有如下特点：

1. 生育保险的被保险人为职工

生育保险的对象主要为妇女，这是由其生育的特定生理现象决定的。但在某些国家，包括在我国的某些省区，也有向生育妇女的配偶提供一定待遇的情形。《社会保险法》第53条规定："职工应当参加生育保险。"第54条规定："用人单位已经缴纳生育保险费的，其职工享受生育保险待遇；职工未就业配偶按照国家规定享受生育医疗费用待遇。所需资金从生育保险基金中支付。"所以，享受生育保险待遇的范围是全体职工，不仅仅是女职工，而且还包括男职工；不仅仅是劳动法中的劳动者，而且还应包括国家机关、事业单位的工作人员以及参保职工未就业的配偶。

2. 生育保险的待遇较高

为了保证新一代劳动力有较高的先天素质，同时又要保护生育妇女的身体健康，对生育保险待遇的给付标准确定得比较高。生育保险待遇包括女职工因怀孕、生育发生的检查费、接生费、手术费、住院费、药费和计划生育手术费等医疗服务费用的补偿，还包括产假以及作为妇女在生育期内的收入损失补偿的生育津贴，数额一般相当于生育前的工资水平。在我国，生育保险还配合国家的人口控制政策，对实行晚婚、晚育的生育妇女制定了一系列奖励政策。

二、生育保险的内容

(一)生育保险基金的筹集

生育保险根据“以支定收，收支基本平衡”的原则筹集资金，由企业按照其工资总额的一定比例向社保经办机构缴纳生育保险费，建立生育保险基金。《社会保险法》第 53 条规定：“职工应当参加生育保险，由用人单位按照国家规定缴纳生育保险费，职工不缴纳生育保险费。”因此，生育保险基金主要来自于用人单位缴纳的生育保险费。生育保险费的提取比例由当地政府根据计划内生育人数和生育津贴、生育医疗费等项费用确定，并可根据费用支出情况适时调整，但最高不得超过工资总额的 1%。生育保险基金由劳动部门所属的社会保险经办机构负责收缴、支付和管理。

社会保险经办机构筹集的生育保险基金应存入社会保险经办机构在银行开设的生育保险基金专户。银行应按照城乡居民个人储蓄同期存款利率计息，所得利息转入生育保险基金。社会保险经办机构可从生育保险基金中提取管理费，用于本机构经办生育保险工作所需的人员经费、办公费及其他业务经费。管理费标准，各地根据社会保险经办机构人员设置情况，由劳动部门提出，经财政部门核定后，报当地人民政府批准。管理费提取比例最高不得超过生育保险基金的 2%。生育保险基金及管理费不征税费。企业必须按期缴纳生育保险费。对逾期不缴纳的，按日加收 2‰的滞纳金。滞纳金转入生育保险基金。滞纳金计入营业外支出，纳税时进行调整。

根据各地的规定，社会保险经办机构可以将一定比例的生育保险基金进行资本运营，主要是进行一些低风险的投资，以期保值增值，投资所得的收益应该纳入生育保险基金。此外，国家为了提高生育保险待遇水平和覆盖率等，对于生育保险进行的专项财政补贴也应该纳入生育保险基金。

(二)生育保险待遇的给付

1. 生育保险待遇的条件

申领生育保险待遇的职工应该参加了生育保险，即其所在的企业应该办理了生育保险的登记，且为其按时、足额缴纳了生育保险费。《社会保险法》第 54 条规定：“用人单位已经缴纳生育保险费的，其职工享受生育保险待遇；职工未就业配偶按照国家规定享受生育医疗费用待遇。所需资金从生育保险基金中支付。”所以，享受生育保险的条件之一是参保的职工以及参保职工的未就业配偶。

2. 生育保险待遇的内容

享受生育保险待遇的参保职工以及参保职工的未就业配偶，可享受的待遇包括：(1)生育医疗费用,主要有女职工因怀孕、生育发生的检查费、接生费、手术费、住院费、药费和计划生育手术费。生育津贴,是指根据国家法律、法规规定对职业妇女因生育而离开工作岗位期间,给予的生活费用。在实行生育保险社会统筹的地区,由生育保险基金按本单位上年度职工的月平均工资的标准支付,支付期限一般与产假期限相一致,不少于 90 天。

3. 生育医疗费的项目

生育医疗费是指由生育保险基金承担的与生育有关的医护费用。具体包括:

(1)生育的医疗费用。女职工在妊娠期、分娩期、产褥期内,因生育所发生的检查费、接生费、手术费、住院费、药费等医疗费用,以及生育出院后因生育引起疾病的医疗费,均由生育保险基金支付。在生育期间超出规定的医疗服务费和药费(含自费药品和营养药品的药费)由职工个人负担。

(2)计划生育的医疗费用。是指职工因实行计划生育需要,实施放置(取出)宫内节育器、流产术、引产术、绝育及复通手术所发生的医疗费用。对于职工在基本医疗保险定点医疗机构和经计划生育行政管理部门、劳动保障部门认可的计划生育服务机构实施计划生育手术的,其费用可以由相应的社会保险基金支付。

(3)法律、法规规定的其他项目费用。生育的医疗费用、计划生育的医疗费用等大都是基础性服务项目,医疗服务项目相对比较固定、费用也比较低廉,服务保障水平高于医疗保险,没有规定起付线和封顶线,门诊产前检查、住院分娩或者出现高危情况下的医疗费用均可由生育保险基金支付。

4. 申领生育保险待遇的程序

申领生育保险待遇是指符合参加生育保险的生育者或其所在企业,在其生育或流产后,依法向社会保险经办机构申请支付生育津贴、医疗服务费用等的步骤。根据《企业职工生育保险试行办法》,女职工生育或流产后,由本人或所在企业持当地计划生育部门签发的《计划生育证明》,婴儿出生、死亡或流产证明,到当地社会保险经办机构办理手续,领取生育津贴和报销生育医疗费。

社会保险经办机构应当自受理申请之日起 20 日内,对生育妇女享受生育生活津贴、生育医疗费补贴的条件进行审核。符合条件的,核定其享受期限和标准,并予以一次性计发;不符合条件的,应当书面告知。一般而言,社会保险经办机构在进行审核时,主要是对于生育者本人是否符合相应的条件以及相应的保险待遇标准进行审核,对于下列生育、计划生育手术医疗费用,生育保险基金不予支付:(1)不符合国家或者本市计划生育规定的;(2)不符合所在地基本医疗或生育保险就医规定的;(3)不符合所在地基本医疗或生育保险药品目录、诊疗项目和医疗服务设施项目规定的;(4)按照规定应当由个人负担的费用等等。

(三)生育保险待遇项目及标准

生育保险待遇是指女职工在生育期间依法享有的由生育保险基金支付的费用。其项目和标准主要是:

1. 女职工生育享受产假。为了保护母婴的身体健康,生育保险对职工产前产后规定了生育休假。生育休假一般包括母育假(产假)、父育假(母亲产假期间的父亲育儿假)和育儿假(母亲产假后父母双亲任何一方的育儿休假)。《女职工劳动保护规定》,女职工产假为 90 天,其中产前休假 15 天。难产的,增加产假 15 天。多胞胎生育的,每多生育一个婴儿,增加产假 15 天。女职工怀孕流产的,其所在单位应当根据医务部门的证明,给予一定时间的产假。《上海市女职工劳动保护办法》规定：女职工生育后有困难的，经本人申请、单位批准，可请哺乳假 6 个半月等。《南京市人口与计划生育规定》对符合晚育规定的夫妇，男性可以享受 15 天的护理假期。我国目前关于父育假的规定多是各地对于晚育者的一种奖励措施，属于计划生育政策的内容，而并非我国生育保险待遇的内容。

2. 享受计划生育手术休假

公民实行计划生育手术享受国家规定的休假，按照卫生部、国家计划生育委员会《关于转发〈节育手术常规〉的通知》和《劳动部关于女职工生育待遇若干问题的通知》的有关规定执行。具体各种计划生育手术后的假期包括：(1)放置宫内节育器：自手术日起休息两天，重体力劳动者，在术后一周内不做重劳动。(2)取宫内节育器：当日休息 1 天(包括有尾丝节育器)。(3)输精管结扎：休息 7 天。(4)单纯输卵管结扎：休息 21 天。(5)人工流产：休息 14 天。人工流产同时放置宫内节育器：休息 16 天。人工流产同时结扎输卵管：休息 1 个月。(6)中期终止妊娠：休息 1 个月。中期终止妊娠同时结扎输卵管：休息 40 天。(7)产后结扎输卵管：按产假另加 14 天。上述规定，如遇特殊情况，由医师决定。

3. 生育津贴

生育者因生育而离开工作岗位期间，为保障生育者产假期间的基本生活需要，由生育保险基金支付其生育津贴，《社会保险法》第 56 条规定："职工有下列情形之一的，可以按照国家规定享受生育津贴：(一)女职工生育享受产假；(二)享受计划生育手术休假；(三)法律、法规规定的其他情形。生育津贴按照职工所在用人单位上年度职工月平均工资计发。"此外，有的地区还规定女职工在生育后，给予男职工一定假期，以照顾生育后的妻子，假期工资照发。

第七节 社会保险费征缴

一、社会保险费征缴的含义

社会保险费征缴是指在社会保险基金的筹集过程中，劳动者和用人单位按照规定的数额和期限向社会保险管理机构缴纳的费用，它是社会保险基金的最主要来源。也可以认为是作为社会保险的保险人国家为了承担法定的社会保险责任，而向被保险人(劳动者和用人单位)收缴的费用。

劳动者参加社会保险，缴纳合理的社会保险费，是享受社会保险权利和履行社会保险义务相统一原则的具体表现。上述基本医疗保险、养老保险和工伤保险、失业保险以及生育保险的顺利实现都离不开资金的保障，因此，社会保险费的足额、及时征缴至关重要。也正因为如此，社会保险费的缴纳与社会保险基金的建立，是社会保险法律制度的核心内容。2010 年颁布的《社会保险法》第 4 条规定：中华人民共和国境内的用人单位和个人依法缴纳社会保险费，个人依法享受社会保险待遇，有权监督本单位为其缴费的情况。

二、社会保险费的分担方式和征缴比例

社会保险费是用于社会保险的专项资金，在社会保险费的征缴过程中，首先要解决的是社会保险费的筹集问题，而其中社会保险费的分担方式和征缴比例最为关键。

(一)社会保险费的分担方式

社会保险费从总体上讲来源于整个社会,但国家、企业、个人三方负担的具体形式和数量比例,不同的国家和不同的保障项目有所不同,表现为不同负担对象的具体组合。

具体来说有七种分担方式:

1. 由劳动者负担。这种方式一方面是为了增强劳动者的责任感,减轻国家和用人单位的负担,但另一方面却增加了劳动者的经济负担,经济发达国家往往不采取这种方式。目前少数国家,如巴西,在失业保险等少量项目上采取由劳动者全部负担的方式。

2. 由用人单位负担。这种方式有利于减轻劳动者的经济负担和后顾之忧,也有利于减轻国家的财政负担,但却增加了用人单位的负担,不利于用人单位的发展。因此,这种负担方式一般仅用于工伤保险,以加强用人单位的安全生产。目前,由用人单位缴纳全部工伤保险费是许多国家通用的做法。少数国家,如以色列的失业保险亦采取这种方式。

3. 由国家负担。这种方式由于需要较充裕的财力,因此仅有一些发达国家的某些社会保险项目采用,一般国家难以负担。少数发达国家如英国、德国等国的某些社会保险项目采用了由政府全部承担费用的方式。

4. 由劳动者和国家共同负担。这种方式的特点是用人单位不需负担保险费用支出,劳动者负担少量保险费,绝大部分由国家支付。它减轻了用人单位的经济负担,有利于用人单位自身的发展和资金积累,也有助于政府推行社会保险。澳大利亚、瑞士和法国等国的疾病和生育保险采用这种方式。

5. 由劳动者和用人单位共同负担。这种方式从德国创设疾病保险时开始便已使用,它有助于加强用人单位内部的风险管理,避免风险事故的发生,也有利于劳动力资源的合理流动与配置,有利于用人单位自身的经济发展。目前绝大多数国家的疾病保险均采取这种负担方式。此外,法国、新加坡等国的老年、残疾和遗属保险,挪威、阿根廷等国的生育保险以及瑞典、法国的失业保险,保险费也都由劳动者和用人单位共同负担。

6. 由用人单位和政府共同负担。其特点是劳动者不承担缴费义务,减轻了劳动者的经济负担,有利于扩大社会保险范围。一些经济发达国家如德国、日本等国的工伤保险,意大利的失业保险以及瑞典等国的疾病生育保险,都采取了这种方式。

7. 由劳动者、用人单位和政府三方共同负担。这种方式能较好地调动各方的积极性,既便于推广社会保险,也有助于社会保险的正常运行和发展。该方式最早适用于德国1889年创建的养老保险中,也是目前世界上多数国家采用的缴纳社会保险费的方式。①

在我国目前实行的养老、失业、工伤、医疗和生育五项保险中,养老保险和医疗保险实行社会统筹和个人账户相结合,失业保险要求企业和职工都缴费,这三项最重要的社会保险项目是由国家、用人单位和劳动者个人三方负担的,工伤和生育两项保险劳动者个人不缴纳社会保险费。总的来说,我国的社会保险费是由用人单位、劳动者和国家三方合理负担的。这不仅满足了用人单位对合格劳动力充足供给的期望,也促进了劳动者关注将来的不安全事件并愿意为其改善作出一些贡献,更使得政府在改善公民的劳动能力和生活质量方面履行了其应有的责任。

---

① 王益英主编:《社会保障法》,中国人民大学出版社2000年版,第42～43页。

(二)社会保险费的征缴比例

社会保险费征缴比例又称为社会保险费率,是指社会保险机构在一定时期计算和收取保险费的比率。社会保险费率是征缴保险费的依据和标准,社会保险费本身则是社会保险工作所需要的正常开支和保险待遇支付的资金来源。社会保险费率制定的科学与否直接关系到社会保险制度能否长期稳定发展。因此,从总体上讲,社会保险费率要以保护待遇支付和正常的业务支出为标准。社会保险费率定得过高,必然加重用人单位和劳动者个人的经济负担,不利于社会保险事业的发展;社会保险费率定得过低,社会保险机构收取的保险基金不足,又会导致社会保险难以维持。

1. 制定社会保险费征缴比例应遵循的原则

(1)缴费水平与待遇水平挂钩。即应收缴的社会保险基金总体上与社会保险待遇的给付大致持平,否则将入不敷出。

(2)保持一定积累率。即应保证社会保险基金有一定程度的积累,以保证劳动者生活质量不因通货膨胀和失业率增高而下降。

(3)不得以营利为目的。社会保险的目的是为了保障劳动者的基本生活和社会稳定,社会保险的管理运行机构在具体经营过程中,不得为了赢利而提高社会保险费率,影响劳动者的生活质量。

2. 社会保险费的征缴比例

社会保险费征缴比例因社会保险项目不同,在不同国家三方所负担的比例也有所不同。总的来说,劳动者大于或等于政府的负担比例,用人单位大于劳动者和政府的负担比例,政府负担着最后的支付责任。

社会保险必须根据各种风险事故的发生概率,并按照给付标准事先估计的给付支出总额,求出被保险人所负担的一定比率,作为厘定保险费的标准。而且,与商业保险不同,社会保险费的计算,除风险因素外,还需要考虑更多的社会经济因素,以使费率公平合理。

具体来说,社会保险费的征缴比例由四个因素决定。一是社会保险项目的性质。一般而言,对社会的影响较大,涉及面广的项目由政府负担的比例较高。二是国家的社会保险政策。当国家为发展某些社会保险项目时,会采用对该项目的社会保险费负担比例较大的政策。当国家为限制某些社会保险项目时,会采用对该项目的社会保险费负担比例较小的办法进行限制。三是缴费三方的收入状况。目前绝大多数国家的社会保险经费体系的构成为:劳动者和用人单位按工资总额的一定百分比缴纳保险费,政府则根据财力提供补充;四是国家在一定时期的经济政策。国家可以根据一定时期社会经济的发展状况,加大或减少用人单位的负担比例,达到对经济进行宏观调控的目的,从而也对三方的负担比例产生影响。

《劳动法》第 71 条规定:社会保险水平应当与社会经济发展水平和社会承受能力相适应。第 72 条规定:社会保险费的费基、费率依照有关法律、行政法规和国务院的规定执行。社会保险基金按照保险类型确定资金来源,逐步实行社会统筹。用人单位和劳动者必须依法参加社会保险,缴纳社会保险费。为此,在 1999 年《社会保险费征缴暂行条例》(以下简称《征缴条例》)颁布后,各省、自治区、直辖市按照劳动保障部和财政部的统一要求,每年报批原行业统筹企业基本养老保险缴费比例,并严格按两部批复的缴费比例执行。2003 年,劳动和社会保障部对各地原行业统筹企业缴纳基本养老保险费的比例进行了统一调整。《社会保险法》第12条规定：用人单位应当按照国家规定的本单位职工工资总额的比例缴纳基本养老保险费，记入基本养老保险统筹基金。职工应当按照国家规定的本人工资的比例缴纳基本养老保险费，记入个人账户。无雇工的个体工商户、未在用人单位参加基本养老保险的非全日制从业人员以及其他灵活就业人员参加基本养老保险的，应当按照国家规定缴纳基本养老保险费，分别记入基本养老保险统筹基金和个人账户。

以养老保险为例，从多数国家的缴费水平看，基本养老保险的保险费率一般是雇主和雇员的缴费不超过雇员工资的20%。目前我国的缴费比例情况如下：

(1)用人单位的缴费基数和缴费比例

按照现行政策，用人单位缴纳基本养老保险费的比例，一般不超过企业工资总额的20%，具体比例由省、自治区、直辖市人民政府确定。目前基本养老保险实行地方统筹，各地经济发展水平和缴费职工对退休人员抚养比不一样，各地缴费基数和缴费比例也不一样。有的地方以企业工资总额为缴费基数，如辽宁、吉林、河南、浙江等多数省、市，有的地方以全部职工缴费工资之和为基数，如北京、天津、深圳等部分省、市。各地缴费比例相差比较大，如深圳就业人口多，退休人员少，用人单位的缴费比例为职工缴费工资总额的10%；浙江用人单位缴费比例为全部工资总额的16%；辽宁由于是老工业基地，退休人员比较多，又做实个人账户，用人单位缴费比例超过20%。过高的缴费基数和缴费比例，增加了企业的负担，影响了职工工资的增长，而各地缴费比例不一样，经济发达地区缴费比例低，经济欠发达地区缴费比例高，也影响了这些地区的竞争力。因此，基本养老保险应当实行全国统一的缴费基数和缴费比例，提高养老保险的统筹层次，平衡经济发达地区和欠发达地区用人单位的缴费负担。

(2)职工个人缴费基数和缴费比例

按照现行政策，职工个人按照本人缴费工资的8%缴费，记入个人账户。缴费工资为本人上一年度月平均工资。月平均工资应按国家统计局规定列入工资总额的统计项目计算，包括工资、奖金、津贴、补贴等。月平均工资超过当地职工平均工资300%以上的部分，不计入个人缴费工资基数；低于当地职工平均工资60%的，按60%计算缴费工资基数。职工个人缴纳的养老保险费全部记入个人账户，形成个人账户基金，用于退休后个人账户养老金的发放。

(3)灵活就业人员的缴费基数和缴费比例

按照现行政策，城镇个体工资户等灵活就业人员参加基本养老保险的缴费基数为当地上年度职工的月平均工资，缴费比例为20%，其中8%记入个人账户。为了鼓励灵活就业人员参加基本养老保险，不少地方规定灵活就业人员可以在当地上年度职工的月平均工资60%至300%之间选择缴费基数。

实行统一的参保缴费和待遇享受政策，更能体现社会公平，同时也有利于这些人员养老保险关系转移接续，为他们跨地区流动创造条件。

三、社会保险费的征缴范围

1999年施行的《征缴条例》规定了社会保险费征缴的范围和筹集方式。其中，规定基本养老保险费的征缴范围为国有企业、城镇集体企业、外商投资企业、城镇私营企业和其他城镇企业及其职工，实行企业化管理的事业单位及其职工。基本医疗保险费的征缴范围为国有企业、城镇集体企业、外商投资企业、城镇私营企业和其他城镇企业及其职工,国家机关及其工作人员,事业单位及其职工,民办非企业单位及其职工,社会团体及其专职人员。失业保险费的征缴范围为国有企业、城镇集体企业、外商投资企业、城镇私营企业和其他城镇企业及其职工,事业单位及其职工。

对于个体工商户是否纳入基本养老和基本医疗以及失业保险,《征缴条例》未作硬性规定。而是授权各省、自治区、直辖市人民政府根据当地实际情况,可以规定将城镇个体工商户纳入基本养老保险、基本医疗保险的范围,并可以规定将社会团体及其专职人员、民办非企业单位及其职工以及有雇工的城镇个体工商户及其雇工纳入失业保险的范围。《社会保险法》第 10 条则对此进行了明确和细化,规定了无雇工的个体工商户、未在用人单位参加基本养老保险的非全日制从业人员以及其他灵活就业人员可以参加基本养老保险,由个人缴纳基本养老保险费。此外,《社会保险法》还首次明确将农村人口和城镇人口纳入国家社会保障体系,提出国家建立和完善新型农村社会养老保险制度和城镇居民社会养老保险制度。考虑到全国各地经济发展的不平衡性,地区差异较大,社会保险法授权各省、自治区、直辖市人民政府根据实际情况,可以将城镇居民社会养老保险和新型农村社会养老保险合并实施。

四、社会保险费的征缴方式

世界各国社会保险基金的征缴方式受制度类型、管理方式和历史传统等的影响不尽相同,总的来说有两大类。一类是由用人单位将应缴纳的保险费和代扣劳动者的保险费,统一向国家税务机关缴纳,构成国家财政的一种特别基金,由有关部门管理使用。国际上大约有 20 多个国家和地区的大部分险种由用人单位将应缴纳的保险费和代扣劳动者的险费,统一上缴其所属的地方各级社会保险部门,并由各级社会保险部门统一管理和使用,如美国、英国、加拿大、瑞典等国便采用这种方式;另一类是由专门的征收机构征收,这种方式为国际上大多数国家和地区所采用。这种方式又分为两种情况:一种是由行政机关下属的事业部门征收,典型的如日本由厚生省下属的社会保险局征收。另一种是由非政府的公法人自治机构征收,典型的如法国通过“社会保险和家庭津贴征收联盟”机构统一征收社会保险费,在全法国共有 105 个分支机构。[①]

我国对社会保险费征缴的规定在《社会保险法》出台前主要见于《征缴条例》中。该条例第 5 条规定了国务院劳动保障行政部门负责全国的社会保险费征缴管理和监督检查工作,县级以上地方各级人民政府劳动保障行政部门负责本行政区域内的社会保险费征缴管理和监督检查工作。但该条例只明确了养老、医疗和失业三项社会保险费实行集中、统一征收,对于工伤和生育保险的统一征收则授权各省、自治区、直辖市人民政府规定,即这两个险种既可以由税务机关征收,也可以由劳动保障行政部门按照国务院规定设立的社会保险经办机构(以下简称社保经办机构)征收。《社会保险法》也只规定了县级以上人民政府加强社会保险费的征收工作。社会保险费实行统一征收,至于是由税务机关还是由社会保险经办机构来统一征收,新法鉴于理论界仍存争议而暂时搁置争议,留待将来条件成熟时再确定由谁

---

① 全国人大常委会法工委等组织编写:《中华人民共和国社会保险法释义》,中国劳动社会保障出版社 2010 年版,第 219 页。

征收以及如何征收。目前阶段，为了保证社会保险费征收工作的平稳有序开展，在还未出台新规之前，仍适用《征缴条例》。

五、社会保险费征缴中不同主体的职责与义务

社会保险费征缴实行属地登记制度。社会保险登记的主管部门是社会保险经办机构。《社会保险法》规定了保险费征缴机构、用人单位、劳动者及其他相关部门在社会保险费征缴中的职责和义务。

（一）用人单位的义务

1. 申办本单位社会保险登记。所有依法应当参加社会保险的用人单位和劳动者都要按照法律的规定缴纳社会保险费。《社会保险法》第57条规定：用人单位应当自成立之日起30日内凭营业执照、登记证书或者单位印章，向当地社保经办机构申请办理社会保险登记。用人单位的社会保险登记事项发生变更或者用人单位依法终止的，应当自变更或者终止之日起30日内，到社保经办机构办理变更或者注销社会保险登记。社会保险登记是社会保险制度"收、管、支"三个环节的重要责成部分，是对社会保险的用人单位进行管理的主要手段，也是正常开展社会保险工作的重要基础。

2. 申办本单位职工社会保险登记。《社会保险法》第58条规定：用人单位应当自用工之日起30日内为其职工向社会保险经办机构申请办理社会保险登记。未办理社会保险登记的，由社会保险经办机构核定其应当缴纳的社会保险费。

3. 按时足额缴费。《社会保险法》第60条规定：用人单位应当自行申报，按时足额缴纳社会保险费，职工应当缴纳的社会保险费由用人单位代扣代缴，非因不可抗力等法定事由不得缓缴、减免。用人单位未按规定申报应当缴纳的社会保险费数额的，按照该单位上月缴费额的110％确定应当缴纳数额；缴费单位补办申报手续后，由社会保险费征收机构按照规定结算。

4. 告知义务。《社会保险法》第60条规定：用人单位应当按月将缴纳社会保险费的明细情况告知本人。

（二）社会保险费征收机构的职责

社会保险费征收机构的主要职责：一是按时足额征收社会保险费，二是将缴费情况定期告知用人单位和个人。

1. 对用人单位和劳动者申办社会保险进行审核和登记

《社会保险法》规定：社会保险经办机构应当自收到用人单位申请社保登记之日起15日内予以审核，发给社会保险登记证件。对于未办理社会保险登记的用人单位，社会保险经办机构有义务核定其应当缴纳的社会保险费。在用人单位的社会保险登记事项发生变更或者用人单位依法终止而向社会保险经办机构申办变更或者注销社会保险登记时，社保经办机构应给予审核并变更或注销登记。另外，对于自愿参加社会保险的无雇工的个体工商户、未在用人单位参加社会保险的非全日制从业人员以及其他灵活就业人员向社会保险经办机构申办社会保险登记的，社保经办机构应当审核并登记。

2. 按时足额征收社会保险费

《社会保险法》第61条规定：社会保险费征收机构应当依法按时足额征收社会保险费，并将缴费情况定期告知用人单位和个人。该法第63条规定了当用人单位未按时足额缴纳

社会保险费时，由社会保险费征收机构责令其限期缴纳或者补足。如果用人单位逾期仍未缴纳或者补足社会保险费时，社会保险费征收机构可以向银行和其他金融机构查询其存款账户，并可以申请县级以上有关行政部门作出划拨社会保险费的决定，书面通知其开户银行或者其他金融机构划拨社会保险费。另外，如果用人单位账户余额少于应当缴纳的社会保险费时，社会保险费征收机构可以要求该用人单位提供担保，签订延期缴费协议。如果用人单位未足额缴纳社会保险费且未提供担保的，社会保险费征收机构可以申请人民法院扣押、查封、拍卖其价值相当于应当缴纳社会保险费的财产，以拍卖所得抵缴社会保险费。这些规定相比《征缴条例》赋予了社会保险费征收机构较大的强制力度，这些强制措施有利于保证社会保险费的按时足额征收。

3. 定期告知参保单位和参保人缴费情况的义务

《社会保险法》在规定用人单位应当将缴纳社会保险费的情况按月告知本人的前提下，明确要求社会保险费征收机构有义务将用人单位和劳动者缴纳社会保险费的情况定期告知用人单位和劳动者本人。该规定将促进用人单位、劳动者与社会保险费征缴机构之间的信息沟通。至于定期告知的时间限度在《社会保险法》中没有规定，应按各级人民政府的规定执行。

（三）劳动者的义务

劳动者的义务是按时向社会保险费征收机构缴费。其中，对于在用人单位参加社会保险的全日制从业的劳动者，其缴费义务由用人单位代为履行扣缴。因此，此处主要阐述无雇工的个体工商户、未在用人单位参加社会保险的非全日制从业人员以及其他灵活就业人员的义务。《社会保险法》首次对上述人员的社会保险费征缴作了较为细致而明确的规定。具体而言，这类参保人员的义务有：

1. 申办社保登记。《社会保险法》第 58 条规定：自愿参加社会保险的无雇工的个体工商户、未在用人单位参加社会保险的非全日制从业人员以及其他灵活就业人员，应当向社会保险经办机构申请办理社会保险登记。

2. 向社保征收机构缴费。《社会保险法》第 60 条规定：无雇工的个体工商户、未在用人单位参加社会保险的非全日制从业人员以及其他灵活就业人员，可以直接向社会保险费征收机构缴纳社会保险费。

（四）其他部门的职责

《征缴条例》实施以来，社保经办机构在办理社会保险登记的过程中，遇到了各种各样的困难，如用人单位成立后不依法到社保经办机构进行社会保险登记的现象时有发生，用人单位在工商行政管理部门、机构编制管理机关和民政部门变更登记后不及时到社保经办机构办理变更社会保险登记手续的情况比较普遍，甚至存在有的用人单位终止后不及时到社保经办机构办理注销社会保险登记手续的情况。为了避免上述情况的发生，加强用人单位登记管理部门与社会保险经办机构之间的配合，《社会保险法》规定：在社会保险费征缴的过程中，工商行政管理部门、民政部门和机构编制管理机关应当及时向社保经办机构通报用人单位的成立、终止情况，公安机关应当及时向社保经办机构通报个人的出生、死亡以及户口登记、迁移、注销等情况。

第八节 社会保险基金

一、社会保险基金的含义和特点

(一)社会保险基金的含义

社会保险基金是指为保障公民在年老、患病、工伤、失业和生育时获得必要的帮助,在国家法律的强制规定下,通过向公民及其所在用人单位按照缴费基数的一定比例缴纳以及通过其他合法方式筹集的,用于社会保险待遇支出的专项资金。社会保险基金不同于政府性基金和商业投资基金,其设立目标、基金性质、资金来源和适用范围等都与其他基金有很大区别。社会保险基金制度是按照互助共济、保障生活的原则建立的,旨在为实施社会保险项目,保证收支平衡,专款专用的制度。社会保险基金是社会保险制度的物质基础,因此,是社会保险的核心制度之一。

社会保险基金一般由养老保险基金、医疗保险基金、失业保险基金、工伤保险基金和生育保险基金等社会保险项目的基金构成。目前,国际上大部分国家的法定社会保险基金都采用雇主、雇员和国家三方负担的原则。即由雇主与雇员缴费,国家在税收、利率和财政上自助的方式来筹集社会资金,并主要通过货币支付方式提供各类险种的社会保险金。

(二)社会保险基金的特点

1. 强制性

社会保险是一种国家行为,是将国家的社会政策通过立法手段在全社会强制推行的,任何单位和个人都无权根据自己的意愿决定是否参加社会保险,凡属于法律规定范围的成员都必须无条件地参加社会保险,并按规定履行缴纳保险费的义务,社会保险的缴费标准和待遇项目、保险金的给付标准等均由国家的法律、法规或地方性法规规定统一确定。这种强制性具体表现在:

(1)社会保险费征收机构依法具有强制征缴保险费的责任

《劳动法》第 74 条规定:"社会保障经办机构依照法律规定收支、管理和运营社会保障基金……"《社会保险法》第 69 条规定:社会保险基金在保证安全的前提下,按照国务院的规定投资运营实现保值增值。社会保险基金不得违规投资运营,不得用于平衡其他政府预算,不得用于兴建、改建办公场所和支付人员经费、运行费用、管理费用,或者违反法律、行政法规的规定挪作其他用途。这意味着:首先,社会保险基金管理机构是以基金代理人的身份,在相关法律条例规定的职责范围内,按照法定比例向统筹义务单位和个人收取款额,对抗拒和拖延者,有权依法起诉,由司法机关强制其履行义务;其次,基金管理机构对社会保险基金的投资运营、投资组合与投资数额的确定都必须依法进行,以确保基金具有稳定的资金来源和安全有效的管理效率。最后每一级基金管理机构的职责及办事程序,每一项保障资金的征缴、支付、管理和运营的原则和方法都应建立在法制化、规范化的基础之上。

(2)用人单位有按时足额缴纳保险费的法定义务

《社会保险法》第 57 条、第 58 条、第 60 条、第 62 条、第 63 条都规定了用人单位必须按照相关的规定在规定的时间内为本单位和本单位劳动者申办社会保险登记,并必须在规定的时间内按时足额缴纳社会保险费，否则将承担相应的法律责任。

(3)个人要承担一定的缴费义务

为了体现权利和义务相统一的原则，无论是用人单位的劳动者还是无雇工的个体工商户、未在用人单位参加社会保险的非全日制从业人员以及其他灵活就业人员，都要承担一部分社会保险费用。而且个人的缴费标准和待遇项目、保险金的给付标准等均由国家法律、法规和地方政府的条例统一规定，个人作为被保险人没有权利选择和变更的权利。目前虽然我国不同地区的缴费标准允许在一定幅度内浮动，但其缴费的义务是明确的。

2. 社会性

推行社会保险基金虽然从表面上看是一种国家行为，但从社会保险的保障对象、财务运行和基金管理等方面来看，社会保险又具有广泛的社会性，是一种社会行为。具体表现为以下几个方面：

(1)社会保险基金保障对象的社会性

社会保险基金制度是社会化大生产的产物，它克服了“家庭保障”的局限性，体现了与生产社会化相适应的劳动力再生产社会化的本质要求。全体社会成员，不分城市和乡村，不分部门和行业，也不分就业单位的所有制性质和有无职业，只要生存发生困难，原则上都应普遍地、无例外地由社会保险基金体系给予基本的物质生活保障。在一定的生产力水平条件下，社会成员之间可以存在保险基金的筹集方法、享受保险项目的多少、标准高低以及保障形式等方面的不同，但不应存在基本的生存保障有无的差别。从我国社会保险发展的历史轨迹，我们也清晰地看到了我国的社会保险的覆盖范围，从有职业者向自由职业者和无职业者扩展，从城市向农村扩展的发展轨迹。

(2)社会保险基金的筹集责任和义务的社会化

社会保险基金的建立具有明显的社会政策目的性，即国民在遭受社会风险的背景下，为其提供基本的收入保障，以保证社会稳定和经济、社会的协调发展。一方面，国家承认对丧失劳动能力和失去劳动机会的劳动者的基本生活保障是社会的责任，因此需要借助整个社会力量保障劳动者的基本生活；另一方面，在解决社会风险所引起的生活困难方面，个人也应承担一定的责任。因此，在社会保险基金的筹集上，我国采取国家、用人单位和个人共同缴费、共担风险的方式保证了社会保险基金来源的社会化。①

(3)社会保险基金管理的社会化

社会保险基金在管理上尽管受到国家不同程度的干预，但是这种干预的最终目的是为了使社会保险基金在尽可能大的范围内统筹使用，以更好地体现社会事业社会办的原则。

3. 统筹互济性

《宪法》第44条明确规定：国家依照法律的规定实行企事业组织的职工和国家机关工作人员的退休制度；第45条规定：中华人民共和国公民在年老、疾病或者丧失劳动能力的情况下，有从国家和社会处获得物质帮助的权利。社会保险通过国民收入的分配和再分配形成专门基金，将社会创造的价值、财富和其他利益，在国家、用人单位和社会成员之间进行适当均衡，以弥补市场竞争与市场分配的某些“无能为力”。其中，不同比例的资金供统一调剂使用，形成风险共担的社会共同责任机制，达到富裕人群对贫困人群、健全人群对残疾人群、年

① 林义主编：《社会保险基金管理》，中国劳动社会保障出版社2007年第2版，第9～10页。

轻人群对年老人群的人道关怀。①

社会保险基金以提供普遍的社会经济补偿为目标。一般地，在形成社会保险基金的过程中，高收入的社会劳动者比低收入的劳动者缴纳较多的保险费；而在使用的过程中，一般都是根据实际需要进行调剂，不是完全按照缴纳保险费的多少给付保险金，因此，社会保险具有较强的统筹互济因素，个人享受的权利与承担的义务并不严格对应。

由于社会保险的保障水平取决于经济发展水平所建立起来的雄厚物质基础，基于我国目前的经济发展水平和国民收入的实际情况，至今为止，我国的社会保险还不能实现社会成员的全覆盖，同时，由于地区经济发展水平的不平衡，除了基本养老保险基金逐步实行全国统筹外，其他社会保险基金尚处于逐步实行省级统筹阶段，具体时间和步骤还有待国务院规定。

4. 保值和增值性

社会保险基金在运转的过程中，将征收的保险费经过长年储存积累，在劳动者丧失劳动能力或劳动机会的时候从积累的资金中为其提供补充。因此，从财务的角度看，积累起来的社会保险基金的实质是对被保险人的负债，随着保险给付事件的发生最终都要逐渐支付给被保险人。如何保证这些积累起来的社会保险基金尽可能不受或少受人口结构的变化、平均寿命的延长、工资和保障待遇水平的提高、物价变动、通货膨胀等因素的影响，运用有效的手段，以求得社会保险基金的保值和不断增值就成为社会保险经办机构的重要职责。

同时，社会保险基金的统筹互济性决定了被保险人领取的保险金通常高于其所缴纳的保险费，其差额除了政府补贴和企业缴纳的部分费用外，还需要保险基金的运营收入来进行补充，利用时间差和数量差来实现基金的保值和增值，在这一点上，社会保险基金同商业保险基金相似。

5. 监督性

基于社会保险基金的是广大人民群众的“保命钱”，为防范其运营过程中的风险，确保其安全性和保值增值，对社会保险基金的使用、分配和运营进行有效监督成为社会保险基金监管任务的重中之重。随着我国社保基金规模的扩大，其监管任务也日益加重。2011 年，全国社保基金规模将接近 1 万亿人民币。预计到“十二五”规划末，社保基金规模将达到 2 万亿元。近些年来，社会保险基金的监管在一些地方出现了一些问题，在基金保值增值困难的情况下，挪用、挤占社会保险基金的现象也时有发生。为此，如何强化监督是未来社保基金管理过程中的难点和重点。自 1998 年以来，我国加强了对社会保险基金的监管，改革和调整了社保基金的统一管理体制、实行基金收支两条线管理、对基金财务加强审计等措施，但在基金监管体系建设、监管方式以及监管手段等方面还存在不少问题，需要进行进一步的改革和探索。

二、社会保险基金的性质与分类

（一）社会保险基金的性质

《社会保险法》第 64 条规定：社会保险基金专款专用，任何组织和个人不得侵占或者挪用。社会保险基金具有专款专用的性质，即社会保险基金只能按照特定的范围、特定的标准

① 张广科：《社会保障基金——运行与监管》，上海财经大学出版社 2008 年版，第 3～4 页。

用于劳动者的养老、工伤、医疗、失业、生育保险等项目的支出，而不允许挪作他用，更不能用于弥补政府的财政赤字。这是各国在社会保险发展进程中一直遵循的原则。

社会保险基金的专款专用性质是由社会保险的性质与本质决定的。社会保险是一国的基础公共社会政策，这种社会政策服务于既定的社会目标，并以法律作为保障，规定为劳动者的权利，由国家法律来保证实施。同时，社会保险又是一种有效的经济补偿手段，通过所有社会劳动者的互济互助实现对少数劳动者的收入损失补偿。因此，社会保险是由国家根据全体社会劳动者的共同需求，以保险的形式对个人收入实行调解，是一种特殊性质的个人消费品再分配手段。

社会保险基金的专款专用关系到社会保险能否建立在可靠的物质基础之上，能否保证各项社会保险项目支付的需要和社会保险能否持续发展的重要问题。因此，对于社会保险基金日常的收缴、支付、存放和运营，都要有严格的管理制度，接受审计和监督，避免保险基金的浪费和不合理开支，以保证基金的合理支付。这样才能做到专项基金专项使用，不挪作他用。

（二）社会保险基金的分类

社会保险基金按照基金的性质和特征可以划分为不同的种类。

1. 按照社会保险项目的专门用途及其功能分类

按照社会保险项目的专门用途及其功能分类，有基本养老、基本医疗、失业、工伤和生育保险基金。这种划分方式也是我国《社会保险法》所采纳的划分方法。

由于我国职工基本养老保险和职工基本医疗保险都实行统账结合模式，即统筹账户和个人账户相结合，因此职工基本养老保险基金和职工基本医疗保险基金还有统筹基金和个人账户基金之分。随着社会保险制度从职工逐步扩展到城乡居民，社会保险基金还有新的类别，包括新型农村社会养老保险基金、城镇居民社会养老保险基金和城镇居民基本医疗保险基金等。

(1)基本养老保险基金

基本养老保险是社会保险子系统中最为重要的项目，也是整个社会保险基金制度中最为基础的项目。它是政府在法定范围内，依法征缴的用于支付劳动者退休养老待遇的专项基金。我国目前的养老保险基金中，企业缴纳的费用一般是按职工缴费工资总额和规定的比例在税前提取，缴费比例由各省政府确定，一般不超过本企业职工工资总额的20%。个人缴费通常是其工资基数的8%。政府则在必要的时候通过财政补贴的形式进行补充。此外，养老保险基金存入银行或购买国债的利息收入以及滞纳金等并入基本养老保险基金，构成基金来源之一。基本养老保险是养老保险基金的最基本形式，除此之外，还有企业补充养老保险基金和个人养老保险基金两个层次，但其资金来源与基本养老保险基金有所不同。

(2)基本医疗保险基金

基本医疗保险基金是国家以社会保险形式建立的，强制性地由国家、企业和个人集资建立的基金，当个人因疾病需要医疗服务时，由社会保险机构提供医疗费用补充。我国目前的医疗保险基金筹集的框架结构是将基本医疗保险基金划分为“统筹基金”和“个人账户”两个部分。职工个人缴纳的基本医疗保险费约为本人工资的2%，全部计入个人账户；用人单位缴纳的基本医疗保险费约为职工工资总额的6%，分为两部分：一部分（约70%）用于建立统筹基金（也称共济账户），用于住院或者大病治疗；一部分（约30%）划入个人账户，用于门诊或小病的治疗。

(3)工伤保险基金

工伤保险基金是指劳动者因工作而受到伤害、患病、残疾乃至死亡,暂时或永久丧失劳动能力时,从国家和社会获得医疗、生活保障及必要的经济补偿所需要的资金。同其他社会保险相比,工伤保险的赔偿性质较为显著,因此,工伤保险金一般都由企业负担,劳动者个人不缴费。现代劳动法理论认为,在劳动关系双方当事人中,用人单位作为劳动力的使用者,负有保护劳动者在劳动过程中的安全和健康的法定义务,这既是对劳动者的义务,也是对国家的义务,是一种基于法律规定而非合同约定所产生的赔偿责任。工伤保险基金缴费比例按用人单位工资总额的一定比例税前提取,列入生产成本。

(4)失业保险基金

失业保险基金是由国家立法,强制征收失业保险费而建立起来的,对因非自愿失业而造成的劳动风险给予补偿的资金。与其他社会保险基金不同,失业保险基金采取适度征集的原则,以避免丰裕的失业保险基金带来过度标准的失业保障待遇。因为失业保障待遇标准过高将带来不利的社会和经济后果,造成劳动者对失业保险的依赖思想,不愿接受工资偏低或“不体面”的工作。同时,失业风险通常只涉及少数劳动者,因此其规模相对较小。我国失业保险基金有三个主要来源:一是企业和个人缴纳的保险费。目前的失业保险费费率是结构式的,即企业缴费费率是缴费基数的2%,事业单位为1%;企业职工个人缴费为本人应缴失业保险费基数的1%,事业单位职工为0.5%。二是失业保险费的利息收入。三是财政补贴。

(5)生育保险基金

生育保险基金是专门针对女性劳动者在因生育子女而暂时丧失劳动能力时,从社会和国家处得到保健服务和物质帮助所需要的资金。生育保险基金根据“以支定收,收支基本平衡”的原则进行筹集,主要是考虑生育保险享受人数和计划生育政策相联系,预测准确度高,风险相对较小。参加统筹的企业,按照规定的比例缴纳生育保险费,职工个人不缴费。目前由于全国各地区经济发展不平衡,生育费用支付也很不平衡,因此生育保险基金的提取比例由各地政府确定,但最高不超过企业职工工资总额的1%,企业缴纳的生育保险费可以直接列入管理费用。

2. 按筹资模式分类

社会保险基金按筹资模式可以分为社会统筹模式和个人账户模式。前者主要体现为社会成员之间横向的收入调剂和风险分担,后者主要体现为职工一生收入的纵向调剂和风险分担。结合基金有无积累,我国目前采用的是社会统筹和个人账户相结合的部分基金积累制。该模式是一种制度创新,它在维持社会统筹现收现付的基础上引进个人账户积累的形式,即积累基金建立在个人账户上,具有激励作用和监督作用,同时又保持了社会统筹互济的机制。

3. 按基金的运营管理方式分类

按照基金的运营管理方式可分为财政性基金、市场信托管理基金、公积金基金。

财政性基金又分为预算内管理资金和预算外管理资金。凡是体现政府职能并凭借或依靠国家所赋予的职权取得的收入都属于财政性资金,应纳入财政管理范围;预算外资金则是国家机关、事业单位和社会团体为履行或代行政府职能,依据国家法律、法规和规章而收取、提取和安排使用的未纳入国家预算管理的各种财政性资金。

市场信托管理基金是指其来源是按契约或章程，由用人单位和职工（或用人单位一方）缴存，记入个人账户，由基金法人委托受托人管理基金，基金营运管理通过市场竞争委托金融中介机构具体运作。

公积金基金是按照法律、法规的规定，由用人单位和职工缴存，计入个人账户，产权归个人所有的基金。它不属于财政性资金，也不同于银行的储蓄行资金，由法律规定用途和领取条件，并由法定机构营运管理，综合用于养老、医疗等保障功能。

除此之外，社会保险基金还可以按照基金所有权分为公共基金、个人基金和机构基金等。

三、社会保险基金的筹集和管理

（一）社会保险基金的筹集

社会保险基金的筹集是指在一定的组织和资源条件的制约下，国家或社会保障机构为维持社会保障制度收支平衡而对资金的筹措过程。

1. 社会保险基金的筹集原则

社会保险基金的筹集应当遵循的原则有三个：一是应当兼顾实现社会目标、政治目标和经济目标，即保障大多数人的基本权利、调节不同阶层利益关系的平衡以及兼顾社会生产力的发展；二是应当兼顾中长期目标和短期目标；三是应当明确界定政府和单位、个人之间的责任边界。

根据上述原则，结合我国正处于体制转换时期社会保险的积累较少、社会保险基金筹集的经验不足的特点，一方面不能操之过急，要有计划、有步骤地推进社会保险基金的积累；另一方面要采取多层次、多渠道筹集社会保险基金的方法，在基金来源上不能依靠一种或几种政策工具来解决，以避免对某一行业或某一领域造成过大的压力和负面影响。为此，《社会保险法》第 64 条规定：基本养老保险基金逐步实行全国统筹，其他社会保险基金逐步实行省级统筹，具体时间、步骤由国务院规定。

2. 我国社会保险基金的统筹层次

社会保险基金的统筹层次关系到在多大范围内调剂使用社会保险基金，统筹层次越高，基金规模和调剂使用的范围就越大。社会保险基金统筹层次低是我国社会保险制度存在的突出问题之一。目前，基本养老保险在制度上已基本实现了省级统筹，但运行到位还需一定时间，其他四项社会保险基金的统筹层次很多还处于县市一级。统筹层次低带来的问题主要有四个，一是造成社会保险关系跨地区转移难，不利于劳动者合理有序流动；二是各统筹地区根据当地实际情况确定社会保险制度的做法使得各地在社会保险基金征缴、经办、运营及待遇支付等方面存在很大差异，给参保人的社会保险关系的转移、接续带来障碍，还导致不同统筹地区之间的参保人待遇水平及用人单位负担等方面不平衡，甚至引起地区之间不当竞争，引发社会矛盾；三是统筹层次低导致覆盖人群小，基金收入有限，难以抵御风险；四是运行成本高、效率低。因此《社会保险法》首次提出了基本养老保险基金逐步实现全国统筹，其他四项社会保险逐步实行省级统筹，意义重大。但其实现过程由于涉及各地利益格局的重大调整，需要周密设计，稳健推进。

（二）社会保险基金的管理

1. 社会保险基金的管理原则

我国社会保险基金实行分账管理和专户管理原则。

(1)分账管理原则

《社会保险法》第 64 条规定：社会保险基金按照社会保险险种分别建账，分账核算，执行国家统一的会计制度。

首先，由于各项社会保险在保险目的、覆盖人群、筹资方式、运行方式和支付项目等方面不尽相同，如果账目混合，难以平衡各险种资金之间的关系。如可能导致缴纳的养老保险费被用于支付他人的工伤保险待遇。同时，由于各项社会保险基金的规模都非常大，需要精细化和规范化的管理，只有分别建账，分账核算，不得相互挤占和挪用，才能切实保护参保人的合法权益。

其次，在分账的基础上实行统账分离。统账分离即社会统筹基金与个人账户基金分开管理。分开管理的原因是基于两种基金的区别。其中，社会统筹基金属于社会集体所有，实行的是随收即付的财务制度，它可以通过代际转移使风险在几代人之间进行分散；个人账户基金属于被保险人个人所有，实行的是完全积累的财务制度，其风险不能实现代际转移。二者间的上述差异决定了其管理应有所区别。社会统筹基金更注重社会公平，强调安全性和流动性；而个人账户基金更注重效率，强调收益性与安全性的平衡。因此，社会统筹基金一般交给与政府相对独立的非营利性投资机构来管理，而个人账户基金则一般交给特定的专业投资机构来管理。

(2)专户管理原则

《社会保险法》第 68 条规定：社会保险基金存入财政专户，具体管理办法由国务院规定。

财政专户是指在各级财政和社会保险行政主管部门共同认定的商业银行开设的，用于对预算外资金收支进行统一核算和集中管理的专门账户。社会保险基金收入和结余存放关系到基金的安全。我国自 1997 年开始实行社会保险基金存入财政专户进行管理。

2. 社会保险基金的管理

由于社会保险基金的长期性特征，必须对其实施有效的监督管理，以保护社会成员的经济利益，防范各种风险。随着我国社会保险制度的改革与深化和保障范围的扩大，基金增长的幅度将随之提高。社会保险基金的规模日益扩大。到 2006 年年底，我国养老、医疗、失业、工伤、生育保险五项社会保险基金总收入 8517 亿元，基金累计结余达到 8006 亿元。如何有效管理规模巨大的社会保险基金，对于社会保险制度的正常稳定运行、减轻政府日益增大的社会保险费用负担和完善资本市场意义重大。

社会保险基金的管理包括预算管理、投资运营管理和信息管理。

(1)预算管理

社会保险基金的预算是指社会保险机构根据社会保险制度实施计划和要求，按年度编制的、经法定程序审批的社会保险基金财务收支计划。它反映了社会保险事业发展计划的规模和方向，是国家财政预算的组成部分。对社会保险基金实行预算管理，既有利于保证基金收支平衡，并留有适当结余，以避免对国家财政收入产生不利影响，又有利于加强基金监管，建立有效的制约机制。

《社会保险法》第 65 条规定：社会保险基金通过预算实现收支平衡。县级以上人民政府在社会保险基金出现支付不足时，给予补贴。由于我国社会保险基金尚未实现全国统筹，因此，《社会保险法》规定社会保险基金按照统筹层次设立预算并按照社会保险项目分别编制。对于社会保险基金的预算、决算草案的编制、审核和批准，则依照法律和国务院的规定执行。其中，《预算法》和《国务院关于施行社会保险基金预算的意见》（国发[2010]2号）是社会保险基金预算方面的主要依据。

(2)投资运营管理

在通货膨胀的趋势下，社会保险基金在保障安全的同时，实现保值、增值十分必要。尤其是对于部分积累型的养老保险，其缴费和待遇领取相隔长达几十年，如果不能实现保值、增值，保险待遇水平将大打折扣。而将社会保险基金存入银行或购买国债都由于回报率低而难以达到保值、增值的目的，必须将基金予以投资运营。

投资运营必然有市场风险，为了防控投资中的风险，《社会保险法》第69条规定：社会保险基金在保证安全的前提下，按照国务院的规定投资运营实现保值、增值。同时，该条第2款还对社会保险基金的运营作了禁止性规定，即社会保险基金不得违规投资运营，不得用于平衡其他政府预算，不得用于兴建、改建办公场所和支付人员经费、运行费用、管理费用，或者违反法律、行政法规的规定挪作其他用途。

(3)信息管理

社会保险关系到广大人民群众的切身利益，因此，将社会保险基金运行的情况及时向社会公开既是规范基金管理、加强对基金社会监督的重要措施，又是保障用人单位和参保人的知情权的必要法律手段。

《社会保险法》第70条规定了社会保险基金的信息公开主体是社会保险经办机构，信息公开的内容是参加社会保险情况以及社会保险基金的收入、支出、结余和收益情况，信息公开的时间为定期公开。对于定期的期限，法律没有明确规定，实践中可根据实际情况或长或短，但最长不应超过一年。对于公开的方式，法律也未作明确规定，各地应本着尽量公开、增强公开效果的原则，采用政府公报、政府网站、新闻发布会、报纸、广播电视等多种方式进行公开。

四、全国社会保障基金

我国是世界人口第一大国，为了应对我国人口老龄化高峰时期来临所带来的社会保险支付缺口，2000年8月，国务院决定建立全国社会保障基金，同时设立社会保障基金理事会，负责该基金的管理运营。

全国社会保障基金不同于社会保险基金，这两个基金的设立目的、资金来源、支付用途和运营方式等方面都不相同。全国社会保障基金是中央政府在国家层面设立的基金，而社会保险基金只在统筹地区设立。在设立目的和支付用途上，全国社会保障基金定位于完善社会保障体系的战略储备型资金，主要用于应对人口老龄化高峰时期的社会保障缺口，用于社会保障支出的补充调剂，不用于解决社会保险一般收支平衡的问题，也不专门用于弥补社会保险基金支付缺口；在资金来源上，全国社会保障基金主要是中央财政预算拨款和国务院批准的其他筹资方式如彩票公益金、国有股减持或者转持划入的资金或股权资产；在管理运营上，全国社会保障基金的管理运营机构是全国社会保障基金理事会。

第九节　社会保险经办

一、社会保险经办的含义及其法律地位

社会保险经办，即社会保险的管理服务。是指由法定主体依照法律授权筹集管理社会保险基金、办理社会保险事务、提供社会保险服务的所有公共管理和服务活动的总称。社会保险经办的定位为政府的公共管理服务机构，其基本特征可以用"记录一生、跟踪一生、服务一生、保障一生"这16个字来概括。

社会保险经办是具体实施社会保险制度的重要一环，但改革开放以来，《劳动法》以及国务院有关法规对社会保险经办机构的性质、职能和主要任务等虽然作过一些规定，但是这些规定总的来看比较零散，法律层次不高，有些规定已经不能适应社会保障制度改革和发展形势的需要，为此，2010年颁布的《社会保险法》是社会保险事业创立以来对社会保险经办工作最全面、最系统规定的一部法律，在社会保险法律的发展过程中具有极其重要的地位。一方面，社会保险经办是贯彻《社会保险法》的基本手段和重要载体。《社会保险法》的相关规定必须通过社会保险经办的具体实施环节才能得以实现。另一方面，社会保险经办的管理服务水平既决定着社会保险制度的运行水平，也决定着《社会保险法》执行的实际效果。

二、社会保险经办的基本内容

(一)社会保险经办机构设置和经费来源

1. 社会保险经办机构的设置

社会保险经办机构，是指具有法定授权、实施社会保险服务管理的职能机构，是社会保险经办的主体。《社会保险法》第72条规定：统筹地区设立社会保险经办机构。社会保险经办机构根据工作需要，经所在地的社会保险行政部门和机构编制管理机关批准，可以在本统筹地区设立分支机构和服务网点。目前，我国社会保险经办机构基本上是按行政区划设立的。在中央一级，人力资源和社会保障部下设社会保险事业管理中心，依据法律、法规授权和受部委托，组织拟订全国社会保险管理服务工作总体规划和实施方案，综合管理、指导地方社会保险管理服务工作；在地方，各省、自治区、直辖市以及地市、区县三级地方政府分别设立社会保险经办机构，负责具体执行社会保险政策、经办社会保险事务、管理社会保险基金、为参保人员提供政策咨询、权益记录查询和其他社会保险的公共服务。经过多年的建设，目前我国社会保险经办服务体系已形成了一个覆盖全国的、从中央到省、市、县四级政府分层设置、分级管理的经办组织系统。

相比以往的规定，《社会保险法》对社会保险经办的规定有两点突破：一是规定统筹地区内经办机构可以实行垂直管理的体制，以便更好地保证政令畅通、标准一致和服务高效；二是重视基层公共服务网点的建设，提高公共服务的可及性，让老百姓更便捷地分享社会保险的公共服务。①

---

① 徐延君：《社会保险法"给力"社保经办》，载《中国社会保障》2010年第12期。

2. 社会保险经办的经费来源

社会保险经办机构是服务型政府的职能机构，其经费由财政部予以保障。社会保险经办费用主要有工作人员经费、经办社会保险发生的基本运行费用和管理费用。这些费用由设立该社会保险经办机构的统筹地区的财政予以保障。

(二)社会保险经办机构的职能

社会保险经办机构的职能包括管理和服务两个方面。同时，相比以往的规定，《社会保险法》赋予了社会保险经办机构追偿、处罚以及对参保单位不依法参保采取强制措施的权力，更好地体现了社会保险经办机构在社会保险管理服务中的主体地位。

1. 管理职能

(1)管理社会保险事务的日常运作

这主要是指社会保险的日常业务管理。主要包括：

一是社会保险经办机构作为参保人员的代表，购买医疗服务，与医保定点服务机构签订服务协议，以规范医疗服务行为，负有保护参保人员合法权益的职责。在此过程中，社会保险经办机构有责任对定点医疗机构和定点药店进行管理。

二是核定社会保险缴费基数，确定用人单位工伤缴费费率。

(2)管理社会保险基金

社会保险经办机构的另一个重要管理职责是对社会保险基金进行管理。主要包括：

一是征收社会保险费并对账户进行管理，包括基本养老保险个人账户管理和基本医疗保险账户管理。《社会保险法》第 59 条规定：社会保险费实行统一征收，实施步骤和具体办法由国务院规定。《征缴条例》中规定了基本养老保险费、基本医疗保险费和失业保险费集中统一收费。目前，这三项社会保险费的征收机构有的地区是由社会保险经办机构统一征收，有的地区则是由税务部门统一征收。因此，对于由社会保险经办机构征收的社会保险费应当由其进行管理。

二是编制社会保险基金预算、决算草案。《社会保险法》第 67 条规定：社会保险基金预算、决算草案的编制、审核和批准，依照法律和国务院规定执行。同时，《国务院关于实行社会保险基金预算的意见》(国发[2010]2 号)规定：统筹地区社会保险基金预算草案由社会保险经办机构编制，经本级人力资源社会保障部门审核汇总，财政部门审核后，由财政和人力资源社会保障部门联合报本级人民政府审批。社会保险费由税务机关征收的，社会保险基金收入预算草案由社会保险经办机构会同税务机关编制。

三是负责会计核算和财务管理，并及时向有关方面公布或提供相关信息。《社会保险法》第 70 条规定：社会保险经办机构应当定期向社会公布参加社会保险情况以及社会保险基金的收入、支出、结余和收益情况。该法第 80 条第 2 款规定：社会保险经办机构应当定期向社会保险监督委员会汇报社会保险基金的收支、管理和投资运营情况。在财务管理上，《征缴条例》第 22 条规定：社会保险基金实行收支两条线管理，即基金的征集与支付业务，分别由两个相同的职能部门负责运作，但通过两个不同的业务渠道实施，使基金的征集与支付相互制约。

(3)管理社会保险信息

一方面，《社会保险法》赋予了社会保险经办机构获取业务数据和共享其他部门相关信息的权力。《社会保险法》第 74 条规定：社会保险经办机构通过业务经办、统计、调查获取社会保险工作所需的数据，有关单位和个人应当及时、如实提供。

另一方面，社会保险机构自身也有信息披露的义务。体现在：首先，社会保险经办机构应当及时为用人单位建档，记录数据，并妥善保管；其次，社会保险经办机构应当及时、完整准确地为参保人记录其个人缴费和单位为其缴费以及享受社会保险待遇等个人权益记录，定期将个人权益记录单免费寄送本人；最后，参保单位和个人有权查询、核对本单位或本人信息，向社会保险经办机构咨询情况。对于参保单位和个人的信息，社会保险经办机构不得以任何形式泄露。

与上述管理职能相对应，《社会保险法》赋予了社会保险经办机构追偿、处罚以及对参保单位不依法参保采取强制措施的权力。包括：强制征收社会保险费、向第三人追偿垫支的社会保险基金等，如《社会保险法》第 63 条规定：用人单位未及时足额缴纳社会保险费的，社会保险费征收机构责令其限期缴纳或补足。该法第 30 条规定：医疗费用依法应当由第三人负担，第三人不支付或者无法确定第三人的，由基本医疗保险基金支付。基本医疗保险基金先行支付后，有权向第三人追偿。第 41 条规定：职工所在用人单位未缴纳工伤保险费，发生工伤事故的，由用人单位支付工伤保险待遇。用人单位不支付的，从工伤保险基金中先行支付。从工伤保险基金中先行支付的工伤保险待遇应当由用人单位偿还。用人单位不偿还的，社保经办机构可以依照本法第 63 条的规定追偿。第 42 条规定：由于第三人的原因造成工伤，第三人不支付医疗费用或无法确定第三人的，由工伤保险基金先行支付。工伤保险基金先行支付后，有权向第三人追偿。这些规定既保障了劳动者的合法权益，也体现了工伤保险的强制性。结束了以往劳动者因第三人造成的工伤和因用人单位不缴纳工伤保险造成无法享受工伤保险待遇的无助状况，对劳动者的保护力度大大增强，是《社会保险法》立法的进步。

2. 服务职能

社会保险经办机构除了履行管理职能外，还提供社会保险服务。具体包括待遇支付、档案管理、咨询服务等。目前，对社会保险进行社会化管理服务是社会保险经办机构完善其服务职能的重要工作任务，包括对社会保险待遇进行社会化发放、退休人员移交社区管理、社会保险关系的跨地区转移接续以及劳动保障工作平台开展社会化服务等。

上述社会保险经办机构的各项职能，是一个相互间有着内在的结构性、功能性联系的统一整体。只有用科学发展观指导经办工作，认真履行社会管理和公共服务职能，按照“规范化、信息化、专业化”的要求，大力加强经办机构建设、业务建设、队伍建设，不断发现并解决管理服务中存在的问题，切实提高经办能力，提升服务水平，为参保群众提供优质服务，才能实现社会保障事业的科学发展，让人民群众得到更多的实惠。

三、社会保险经办机构的信息化建设

为促进社会保险经办行为的规范化，提高工作效率，增强管理的透明度和决策的科学性，发挥社会保险体系的整体效益，《社会保险法》特别对社会保险经办的信息化建设作了规定。《社会保险法》第 75 条规定：全国社会保险信息系统按照国家统一规划，由县级以上人民政府按照分级负责的原则共同建设。

（一）社会保险信息化的含义及意义

社会保险信息化是指社会保险经办机构凭借现代电子信息技术手段，通过开发和利用社会保险信息资源，优化和提高社会保险经办业务流程和管理服务水平的工作过程，是社会保险经办机构管理服务的技术支撑。

社会保险信息化建设的意义在于：首先，它能够促进经办行为规范化，优化业务流程、规范办事程序和管理权限，同时，系统对每个人的操作情况都有详细的记录，可以进行事后监督，从而为监督管理提供了有效的手段；其次，进行社会保险信息化建设能够提高经办工作的效率，由于社会保险经办活动琐碎庞杂，数据量大、计算复杂、实效和安全性要求高、信息存储的时间长，依靠人工处理无法满足管理的需要，必须使用计算机管理信息系统才能满足管理的需要；再次，可以增加管理的透明度和决策的科学性，便于社会公众的监督；最后，将社会保险的诸多信息有机地组织在一起，实现信息共享，既节约了资源，又可以充分发挥社会保险体系的整体效益。①

(二)社会保险信息化建设的主要内容

社会保险信息化建设的主要内容是将信息技术与社会保险经办业务相结合，建设社会保险管理信息系统。该系统是我国政府管理信息系统的一个重要组成部分，简称“金保工程”，指在政务统一的网络平台上，以中央—省—市三级网络为依托，支持人力资源社会保障业务经办、公共服务、基金监管和宏观决策等核心应用，覆盖全国的、统一的人力资源社会保障电子政务工程。

“金保工程”由国家统一规划，其总体目标有两个：一是建立一个中心，组建三级网络；二是建设两个系统，实现四大功能。前者指全国社会保险信息网络采用城市—省级—中央三级构架，城市、省级社会保险数据库要覆盖整个辖区内全部参保单位与个人数据，要建立标准统一的集中式资源数据库。后者指利用信息技术，整合和优化业务处理模式，建立社会保险和劳动力市场两个应用系统，具备业务经办、公共服务、基金监管和宏观决策四大功能。

“金保工程”的建设内容包括六个方面：网络系统、数据系统、应用系统、安全系统、设备与软件配置以及土建及配套工程。其建设由县级以上人民政府按照分级负责的原则共同建设。②

第十节 社会保险监督

社会保险制度运行的好坏关系到一国的基本民生，因此，如何对其进行有效的监督在全世界范围内都是一个十分重要的课题。加强国家和社会有关方面对社会保险的监督管理是社会保险制度安全稳定运行的根本保证。现代社会保险的迅速发展，巨额的社会保险基金的快速流动，加之金融工具的不断创新，经济、社会和市场等诸多因素的不断变化，使社会保险的管理活动，尤其是社会保险基金运行呈现复杂多样的情况，同时也赋予社会保险监督更

① 全国人大常委会法工委等组织编写：《中华人民共和国社会保险法释义》，中国劳动社会保障出版社2010年版，第266页。

② 全国人大常委会法工委等组织编写：《中华人民共和国社会保险法释义》，中国劳动社会保障出版社2010年版，第267～269页。

为丰富的含义和内容。①

一、社会保险监督概述

(一)社会保险监督的含义

社会保险监督是指依据国家相关的法规和政策,由国家授权专门机构(行政监管机构、专职监管部门)、利害关系者及有关方面对社会保险运行的全过程和结果实行监视、督促和管理,使其遵守国家有关法律、法规和政策要求,以确保社会保险制度正常稳定运行,最大限度地保障被保险人的合法利益。

总体而言,社会保险监督包括三个方面:一是对社会保险基金的收支、管理、投资运营情况的监督;二是对用人单位和个人遵守社会保险法律、法规情况的监督;三是对社会保险日常工作的监督。其中,对社会保险基金的监督是社会保险监督的重点。

(二)社会保险监督的意义

社会保险是为了保障劳动者在年老、失业、疾病、生育时的基本生活需要和基本医疗需求,依照相关的法律、法规而强制建立的专项制度。其中,社会保险的资金主要来源于单位和个人,部分来源于政府的财政补贴。社会保险的运行机构也是由特定机构来进行运作的,如何保障社会保险基金安全稳定运行、确保社会保险实施机构公开透明地运转,必须建立切实有效的监督机制。具体来讲,建立健全社会保险监督体系的意义有:

1. 有利于防止权力滥用

古往今来的社会实践表明,不受制约的权力就有可能导致腐败。由于社会保险的管理职能相对固定地集中在少数专门从事社会保险管理的人员手中,从而使社会保险管理职能相对独立化,这就有可能导致担任公职的社会保险管理人员由社会的代表蜕变为社会的特权者,滥用职权甚至以权谋私。而国家权力的权威性和强制性又会导致这些管理人员在缺乏制衡与制约的情况下,将国家权力的权威性演化为个人专断,把自己的意志强加于社会,给社会造成损害。基于人们对权力自身性质的这些认识,要防止权力的腐败和滥用,就必须建立健全社会保险的监督体系,在管理部门内部及其与其他相关部门之间建立起权力制衡关系,将权力置于经常性的、有效的监控之中。

早在上个世纪 90 年代,我国相关条例就规定对社会保险基金实行专项管理、专户存储、专款专用,任何部门、单位和个人不得挪作他用。但由于我国缺乏统一而有效的监管措施和内部控制机制,违规动用社会保险基金的行为时有发生。2002 年 9 月,因诈骗农村社会养老保险金 2000 万元,原海南大龙实业有限公司总经理被判处死刑。2004 年 3 月,山西省太原市中级人民法院审判了一起涉案金额巨大的社保基金挪用诈骗案。几名被告人共挪用社保基金 7659 万元,金融诈骗涉案近 1.8 亿元。2006 年 5 月,河北省电力公司社保中心原基金管理员非法挪用 3817 万元社保基金炒股,被廊坊市中级人民法院以挪用公款罪一审判处有期徒刑 15 年。2006 年 7 月,上海市劳动和社会保障局局长祝均一因涉嫌违规使用 32 亿元社保基金而被隔离审查,最终被长春市中级人民法院认定受贿约 160 万元、挪用公款 10 亿元以及滥用职权罪,数罪并罚,执行判处有期徒刑 18 年。据不完全统计,自 1998 年以来,全国清理回收挤占挪用基金 160 多亿元。至 2005 年年底,还有 10 亿元没有回收入账。截

① 张广科:《社会保障基金——运行与监管》,上海财经大学出版社 2008 年版,第 211 页。

至“十五”期末，劳动和社会保障部接到挤占挪用基金举报案件96件。[①]

2. 有利于充分发挥社会保险体系的整体效益

在社会保险监督的过程中，重点是对社会保险基金进行监管。社会保险基金是社会保险制度的物质基础，是社会保险制度可持续发展的重要支撑。因此，在建立完善社会保险体系的新形势下，客观上需要建立和发展与社会保险体系相适应的监管制度，对基金的收缴、支付、结余和运营管理进行独立的监督检查，确保其规范化、制度化，以发挥社会保险体系的整体效益。同时，通过对社会保险基金的有效监管，有利于社会保险基金的保值、增值。由于通货膨胀会造成结余基金本身贬值，导致社会保险基金支出增加。我国人口老龄化使得社会保险基金的保值、增值具有紧迫性，通过对社会保险基金的保值和增值过程进行监管，保持基金的购买力不随社会经济的发展而下降。

目前，由于基金将存续一个较长的时间，易受到通货膨胀的影响，对基金保值、增值的要求也比较高，所以我国社会保险基金采用的是部分积累模式。通过对基金进行有效监管，不仅可以确保基金安全，而且还可以促进基金经办和运营机构建立良好的基金运营结构和信息反馈体系，逐步改善管理方式和运营环境，合理配置基金资源，稳步提高投资效益，最终实现保值、增值的目标。

3. 有利于维护劳动者的合法权益

对社会保险实施监管旨在保障劳动者在年老、失业、疾病、伤残、生育时的基本生活需要。但在过去一段时间，由于社会公众对社会保险基金运营情况和社会保险经办机构的运转难以充分了解，部分地方在社会保险基金的征缴、管理、运营、支付的过程中出现违规行为，使公众的利益受到侵害，导致部分单位和个人对社会保险产生了信任危机。社会保险基金监管机构代表参保人员对基金的运行和社会保险经办机构的日常运转进行严格的监管成为必要，以切实维护劳动者的合法权益。

为此，早在1993年《中共中央关于建立社会主义市场经济体制若干问题的决议》就已经提出：建立由政府有关部门和社会公众参加的社会保险基金监督组织，监督社会保险基金的收支和管理。2000年，国务院在《关于完善城镇社会保障体系的试点方案》中进一步指出：要建立由政府部门、用人单位、职工代表和专家等组成的社会保障监督委员会，依法对社会保障政策的执行和基金管理的情况进行监督。有关部门要切实履行监督职能，对玩忽职守、徇私舞弊和贪污、挪用、扣压、拖欠社会保障资金等行为依法予以查处。2010年的《社会保险法》进一步将上述意见和试点做法纳入法律层面加以明确规定。

（三）社会保险监督的原则

1. 法律监管和政府行政监管并重的原则

社会保险自身的运行特点，决定了首先必须对社会保险制度的全过程，尤其是社会保险基金实施依法管理，政府监管部门和各监督主体应当严格遵守《中华人民共和国各级人民代表大会常务委员会监督法》（以下简称《监督法》）、《社会保险法》、《劳动保障监察条例》、《征缴条例》等法律、法规，按照法律赋予监管机构的法律地位、权威和职责依法独立行使行政监督权力，对社会保险费的征缴、社会保险基金的投资营运与管理、社会保险金给付等实施法律监管，不受其他部门和个人的干预，以确保监督的严肃性、强制性、权威性和有效性。政府

① 张广科：《社会保障基金——运行与监管》，上海财经大学出版社2008年版，第213页。

监管机构利用法律手段管理社会保险基金经办机构和运营业务。

社会保险的法律监管主要体现在三个方面：一是监管对象的权利、义务，以及管理和运营的行为标准具有法定性；二是监管机构的法律地位、监管权力与监管职责，及其行为标准和管理办法具有法定性；三是监管机构与其他机构之间的关系具有法定性，如监管机构与政策制定部门、中介机构、国内外相关机构的关系。

同时，我国的现实国情决定了政府行政监管对养老保险机制的稳健发展具有重要意义。社会保险最终体现国家的社会政策目标，因此，政府的行政性监管也显得至关重要。

2. 综合监管、协调发展、区别对待的原则

社会保险是一项复杂的系统工程和长期计划，必须充分考虑社会保险的社会政策效应、财政经济效应和政治效应。为此，应运用多种监管方式进行综合监管，既注重同国家财政政策、金融政策和社会政策的协调配套，又注重保证社会保险计划的近期、中期、长期的稳健发展。同时，多层次的社会保险构架，又需要强调对企业补充保险和其他保险计划区别对待的原则，实现多层次社会保险的协调发展。

3. 坚持安全第一、风险防范、注重保值、增值的基金营运原则

在社会保险监督中，对社会保险基金的监督是重中之重。社会保险基金运营必须把基金的安全性原则放在首位，这既是国家职责的体现，又涉及千家万户的切身利益和对社会保险运行的公众信任。因而，安全第一、风险防范原则应贯穿社会保险基金监管过程的始终。

安全第一、风险防范原则要求监管机构通过监管，保护国家利益，维护基金安全与稳健运行，确保参保人员的合法权益，防止以权谋私、违规运作，避免基金流失以及由此引起的社会保险金支付困难。安全稳健是一切基金监管机构监督管理工作的基本目标，否则，可能危及社会保障的基金基础，从而引发社会动荡。同时，该原则还要求监管机构必须谨慎地对待社会保险基金的准入资格与退出，规范社会保险基金监督检查结果的定论与处理，创造一个良好的监督管理环境。

4. 独立性原则

所谓独立性原则，是指监管机构依照法律独立行使行政监管权力，对所检查的管理运营活动及责任保持独立地位，有关检查人员不参与相关机构的管理运营活动，如有利害关系和亲属关系，应予以回避，不受其他机关、单位、社团和个人的干预。主要体现在两个方面：一是监管机构与监管对象、其他机构既要密切合作，又要划清职责界限，互不干涉、越位；二是监管机构对经办机构和运营机构执法时，不能受其他机构、个人的左右，以保持相对的独立性。

5. 科学性原则

社会保险监管是一门处于发展和完善的管理科学。它包含了监管组织体系、监管方式体系、监管法律体系，以及管理运营预警体系和风险监测体系等。监管机构必须运用先进的科学技术手段，以强有力的行政监督体系为基础，运用信息技术，建立严密适度的监督法律体系和科学规范的监督指标体系，不断提高监管的质量和效率，推动社会保险监督工作迈向科学化。

(四)社会保险监督的任务目标

1. 维护劳动者的合法权益

社会保险基金的性质和功能决定着基金监管的出发点。社会保险的根本性政策目标之

一就是为广大人民群众解除后顾之忧，使广大人民群众得到基本的生活保障，使人民群众的生活水平随着经济发展稳步提高。因此，维护广大劳动者的权益，是社会保险监督的根本目的。

2. 健全社会保险基金的监督体系

建立和健全社会保险监督体系是完善社会保险制度的重要组成部分，对于确保社会保险制度的运行具有重要的意义。社会保险监督体系主要包括立法机关对行政机关的监督、各行政机关内部监督、专门监督和社会监督几个方面。这几种监督方式之间既相互独立，又在一定层面上相互结合，目前，我国的社会保险监管体系将贯彻“法制、监管、自律、规范”的监管工作方针，加快建设以行政监督为主体的社会保险监管体系。

3. 确保社会保险基金的安全和实现社会保险基金保值、增值

从近几年来看，我国的养老保险基金、失业保险基金、医疗保险基金的收支规模越来越大，加强管理和监督的任务也越来越重。由于基金来源不同，管理主体不同，运作方式差异很大。为此要进一步完善社会保险基金管理制度，依法规范社会保险经办机构和财政专户管理机构的运作行为，加强监督管理，及时纠正违规违纪问题，严防基金收支过程中的种种问题，保证积累基金的安全和社会保险基金资产的完整性。

在确保基金安全的同时，实现社会保险基金的保值、增值，提高基金投资管理的收益是加强基金管理和监督的重要目标。为此要督促制订社会保险基金收支和管理计划，完善基本养老保险个人账户基金管理制度，逐步拓展投资渠道，规范运作行为，提高基金投资回报率。

4. 维护社会稳定

社会保险的根本性目标之一是维护社会稳定。社会稳定，是我国经济和社会稳步健康发展的前提。社会保险制度实施的好坏与否，将直接关系到广大人民群众的基本生活和切身利益，从而也影响着我国社会的稳定。目前，我国正处于经济结构调整、经济体制转型时期，社会保险与社会稳定之间的关系更为密切。

二、社会保险监督的具体制度安排

（一）社会保险监督的监督主体

1. 各级人民代表大会常务委员会

《社会保险法》第 76 条规定：各级人民代表大会常务委员会听取和审议本级人民政府对社会保险基金的收支、管理、投资运营以及监督检查情况的专项工作报告，组织对本法实施情况的执法检查等，依法行使监督职权。

各级人大是保证社会保险制度正确运行和社会保险基金安全完整的极为重要的监督主体，是人民行使监督权的集中体现。过去，由于缺乏专门法律的支撑，各级人大的监督作用未得到充分体现，《社会保险法》实施后，各级人大对社会保险的监督将逐步经常化和规范化，体现了立法部门对执法部门的监督。

2. 各级社会保险行政部门

《社会保险法》第 77 条规定：县级以上人民政府社会保险行政部门应当加强对用人单位和个人遵守社会保险法律、法规情况的监督检查。社会保险行政部门对社会保险的监督属于行政部门的监督，属于法定的行政监督形式。根据《劳动保障监察条例》、《工伤保险条

例》、《失业保险条例》和《征缴条例》，相关社会保障行政部门有权对用人单位和个人遵守社会保险法律、法规的情况进行监督检查。

3. 各级财政部门和审计部门

《社会保险法》第78条规定：财政部门、审计机关按照各自职责，对社会保险基金的收支、管理和投资运营情况实施监督。为严格对社会保险基金的监管，除社会保险行政部门有权对社会保险基金的收支、刮泥和投资运营情况进行监督之外，还应当对社会保险基金实施更为独立的财政监督和审计监督。财政部门和审计部门的监督作为外部监督可以弥补社会保险行政部门自我监督的不足。

4. 社会保险监督委员会

除了上述具有管理职能的部门的监督外，为加强对社会保险基金的监督，《国务院关于印发完善城镇社会保障体系试点方案的通知》(国发[2000]42号)要求建立由政府部门、用人单位、职工代表和专家等组成的社会保障监督委员会，依法对社会保障政策的执行和基金管理情况进行监督。目前，全国已有30个省(区、市)成立了社会保障(险)监督委员会，作为统筹、协调、指导本行政区域内社会保险基金监督工作的议事协调机构，由人民政府负责人任主任，办公室设在省级人民政府社会保险行政部门。实践证明，社会保险监督委员会对规范社会保险基金管理行为，保障基金安全发挥了积极作用，因此，该做法在《社会保险法》第80条中得到了肯定和吸收。社会保险监督委员会成员由用人单位代表、参保人员代表、工会代表和专家组成，保证了监督委员会的中立性和独立性，能够更好地发挥对社会保险的监督职能。应当说，以非政府部门的各界代表组成监督委员会对社会保险基金实施监督是《社会保险法》的一个创新。

5. 参保用人单位或个人

用人单位和个人是社会保险相关法律关系的直接权利义务人，他们对社会保险的监督主要体现在《社会保险法》第83条的规定中：用人单位或者个人认为社会保险费征收机构的行为侵害自己合法权益的，可以依法申请行政复议或者提起行政诉讼。作为社会保险相关法律关系权利义务的直接承受者，用人单位和个人的监督是直接而十分重要的。

6. 其他组织或者个人

社会保险覆盖人群广，关系到全体公民的切身利益，仅依靠国家机关的监督还不足以保障社会保险运行不出纰漏，因此，应当充分发挥社会监督的作用，鼓励任何组织或者个人对社会保险进行广泛的监督。《社会保险法》第82条规定：任何组织或者个人有权对违反社会保险法律、法规的行为进行举报、投诉。这也体现了目前我国社会建设中强化社会监督，为公众实施监督创造条件，完善群众举报违法行为的相关制度建设。同时，及时对举报、投诉进行处理不仅是加强社会保险监督的需要，而且也是推进有关部门依法行政的要求。①

(二)各社会保险监督主体的职责和监督方式

1. 人大常委会通过听取和审议本级政府的专项工作报告，组织执法检查进行的监督

这种监督方式是各级人大常委会行使监督权的一种重要方式，也是人大常委会的一项法定职权。《监督法》第8条第1款规定，各级人民代表大会常务委员会每年选择若干关系

---

① 全国人大常委会法工委等组织编写：《中华人民共和国社会保险法释义》，中国劳动社会保障出版社2010年版，第287页。

改革发展稳定大局和群众切身利益、社会普遍关注的重大问题，有计划地安排听取和审议本级人民政府、人民法院和人民检察院的专项工作报告。听取政府的专项工作报告具有经常性、针对性、及时性以及实践性的特点，是各级人大常委会加强监督工作，实施经常性监督的有效途径。社会保险是关系到人民群众的切身利益，其收支、管理、投资运营情况，社会普遍关注，理应列为关系改革发展稳定大局的重大问题，由各级人大常委会听取和审议本级人民政府的专项工作报告，充分行使监督权。因此，《社会保险法》第 76 条规定：各级人民代表大会常务委员会听取和审议本级人民政府对社会保险基金的收支、管理、投资运营以及监督检查情况的专项工作报告，组织对本法实施情况的执法检查等，依法行使监督职权。

根据《监督法》的相关规定，社会保险基金的专项工作报告由各级人民政府负责人向本级人大常委会报告，也可以委托社会保险行政部门负责人向人大常委会报告。听取和审议专项工作报告前，委员长会议或者主任会议可以组织本级人大常委会组成人员和本级人大代表对有关工作进行视察或者专题调查研究。参加视察或者专题调查研究的代表可以列席常委会会议，听取专项工作报告并提出意见。听取专项工作报告后，常委会组成人员将审议意见交由本级人民政府研究处理。人民政府应当将研究处理情况由其办事机构送交本级人大专门委员会或者常委会有关工作机构征求意见后，向常委会提出书面报告。常委会认为必要时，可对专项工作报告作出决议；本级人民政府应当在决议规定期限内，将执行决议情况向常委会报告。常委会听取本级人民政府对社会保险基金的收支、管理、投资运营以及监督检查情况的专项工作报告及审议意见，人民政府对审议意见研究处理情况或者执行决议情况的报告，向本级人大代表通报并向社会公布。

在对《社会保险法》实施情况的执法检查上，常委会根据年度执法检查计划，组织执法检查组。执法检查组的组成人员，从本级人大常委会组成人员以及本级人大专门委员会中确定。执法检查组在执法检查结束后应当及时提出执法检查报告，由委员长会议或者主任会议决定提请常委会审议。然后由常委会组成人员将该审议意见连同执法检查报告，一并交由本级人民政府研究处理。人民政府应当将研究处理情况由其办事机构送交本级人大专门委员会或者常委会有关工作机构征求意见后，向常委会提出报告。必要时，由委员长会议或者主任会议决定提请常委会审议，或者由常委会组织跟踪检查；常委会也可以委托本级人大有关专门委员会或其有关工作机构组织跟踪检查。常委会对本法实施情况的监督检查报告及审议意见，人民政府对其研究处理情况的报告，向本级人大代表通报并向社会公布。

2. 社会保险行政机关进行的日常执法检查监督

日常执法检查监督是社会保险行政部门的职责和监督方式。其监督检查的对象主要有两个方面，首先，是通过对用人单位和个人遵守社会保险法律、法规的情况进行监督检查。主要是劳动保障行政部门对用人单位参加各项社会保险和缴纳社会保险费的情况实施劳动保障监察。监督检查的主要内容有：职工是否依法参加社会保险；用人单位是否依法按时足额缴纳社会保险费和参保人是否依法享受社会保险待遇。其次，是对社会保险基金的收支、管理和投资运营的情况进行监督检查。《社会保险法》第 79 条规定：社会保险行政部门在对社会保险基金实施监督检查的过程中，有权采取查阅、记录、复制与社会保险基金收支管理和投资运营相关的资料，对可能被转移、隐匿或者灭失的资料予以封存；有权询问与调查事项有关的单位和个人，要求其对与调查事项有关的问题作出说明、提供有关证明材料；对隐匿、转移、侵占、挪用社会保险基金的行为予以制止。

社会保险行政部门实施监督检查是行政执法行为，代表国家行使权力，被检查的用人单位和个人有配合的义务，不得以任何理由拒绝检查，应当按照要求如实提供与社会保险有关的资料，不得提供虚假资料、谎报或者隐瞒情况，否则将承担相应的法律责任。

3. 专门机关对社会保险基金的收支、管理和投资运营情况进行的财务和审计监督

《社会保险法》中的专门机关在这里指的是财政部门和审计机关。其中，财政部门的监督方式主要有：将社会保险基金纳入财政专户，进行专款专用的监督；制定社会保险基金财务制度，规范财务管理行为；审核社会保险基金预算和决算等。审计机关的监督方式则是通过依法独立检查被审计单位的会计凭证、会计账簿、财务会计报告以及其他与财政收支、财务收支有关的资料和资产，监督财政收支、财务收支的真实性、合法性和效益性。

收支规模庞大的社会保险基金，已经成为影响社会宏观经济活动的一个重要因素。相关数据显示，在发达国家，用于社会保障的转移支付已经占到其财政预算支出总额的30%～60%，发展中国家的比例稍低一些，但一般也在10%以上。就收入方面而言，社会保险费率的提高将降低单位的经营活力，进而影响社会产品的供给量，妨碍经济的增长；就支出方面而言，在经济高涨时期，用于社会保险的开支过大，会推高总需求，导致经济过热，从而可能引发通货膨胀。因此，对社会保险资金的运营在常态监管的基础上进行专门监管也就成为了必要的选择。

4. 社会保险监督委员会对社会保险工作的全面监督

社会保险监督委员会对社会保险的监督作为一种新型监督方式，其职责是对社会保险实施全方位的监督。然而，由于其属于社会监督，因此，在具体职责上，与人大监督和行政监督不同，主要是掌握、分析社会保险基金的收支、管理和投资运营情况，对社会保险工作提出咨询意见和建议。按照《社会保险法》第80条的规定，其监督方式一是定期听取社会保险经办机构对社会保险基金收支、管理和投资运营情况的汇报，二是聘请会计师事务所对社会保险基金的收支、管理和投资运营情况进行年度审计和专项审计。

5. 用人单位和参保个人通过行政救济和司法救济手段进行的事后的个案监督

用人单位和参保个人往往与社会保险费征收机构有着直接的利害关系，因此其监督也往往是最直接的。然而，由于这种监督发生在用人单位和个人认为社会保险费征收机构的行为侵害其合法权益之后，是一种事后监督，加之用人单位和个人不具备国家权力性，因此，这种监督只能通过行政和司法救济的手段实现。《社会保险法》第83条规定：用人单位或者个人对社会保险经办机构不依法办理社会保险登记、核定社会保险费、支付社会保险待遇、办理社会保险转移接续手续或者侵害其他社会保险权益的行为，可以依法申请行政复议或者提起行政诉讼。个人与所在用人单位发生社会保险争议的，可以依法申请调解、仲裁，提起诉讼。用人单位侵害个人社会保险权益的，个人也可以要求社会保险行政部门或者社会保险费征收机构依法处理。

6. 其他组织和个人进行的举报、投诉监督

为拓宽监督渠道和尽可能发挥社会监督的作用，《社会保险法》规定了与社会保险工作无直接利害关系的其他组织和个人有权通过举报、投诉的方式对一切违反社会保险法律、法规的行为进行监督。对于该举报和投诉，有关部门和机构必须依法处理。其中对属于本部门、本机构职责范围的，应当及时依法处理，不得推诿。对不属于本部门、本机构职责范围的，应当书面通知并移交有权处理的部门、机构处理。

第十一节 法律责任

一、违反社会保险法的责任的概念及形式

(一)违反社会保险法责任的概念

社会保险法与其他法律一样,以国家强制力为后盾,而法律责任就是法律强制力的体现,它是社会保险法得以贯彻实施的有力保障。违反社会保险法的责任,即违反社会保险法的法律责任,是指社会保险关系主体因违反社会保险法律、法规而依法应当承担的法律后果。

这一概念包含两个方面的内容:

第一,违反社会保险法的责任主体是指用人单位、劳动者以及社会保险经办机构、社会保险行政部门等管理部门。承担法律责任的既可能是自然人,也有可能是法人和政府机关。

第二,上述主体必须实施了违反社会保险法律、法规的行为。引起法律责任这一消极的法律后果。引起消极后果首先是主体违反了法律规范的事先规定。这些规定说明事先存在着社会保险关系主体的义务。它们包括作为基准法的《社会保险法》、《劳动法》和《劳动合同法》,也包括其他单行的社会保险法规,如《征缴条例》、《劳动保障监察条例》、《工伤保险条例》、《失业保险条例》等。其次是引起的消极后果要有违法的法律事实,即存在违法行为。这些违法行为可以以积极作为的方式表现,也可以以消极不作为的方式表现。最后,对于违反社会保险法的责任的追究,必须以国家强制力为保证,由有权的国家机关依法予以实施。

(二)违反社会保险法责任的形式

根据法律调整和违法行为所侵害的社会关系性质、特点以及侵害的程度等,社会保险关系主体违反社会保险法应承担的法律责任有三种基本形式:行政责任、民事责任和刑事责任。

1. 行政责任

行政责任,是指社会保险关系主体,主要是用人单位和社会保险行政部门实施了社会保险法律、法规所禁止的行为,引起行政法上必须承担的法律后果,依法应当给予的行政制裁。对违反社会保险法的行为人追究行政责任是由社会保险关系具有一定的行政隶属性特征所决定的。行政责任的形式分为行政处分和行政处罚两种。

(1)行政处分

行政处分是针对社会保险行政部门或有关部门的工作人员违反社会保险法律、法规,情节轻微,不够追究刑事责任而给予的一种行政制裁。制裁的种类、权限、程序由《行政机关公务员处分条例》规定。根据该规定,行政处分有警告、记过、记大过、降级、降职、撤职和开除六种形式,针对不同的违法行为及其程度予以适用。

(2)行政处罚

行政处罚是指社会保险行政部门或有关部门,对相关违法部门和用人单位违反社会保险法律、法规,尚未构成犯罪的行为给予的一种行政制裁。根据《行政处罚法》的规定,行政处罚的种类主要有警告、罚款、没收违法所得、没收非法财物、责令停产停业、暂扣或者吊销

许可证、暂扣或者吊销执照和行政拘留等形式。在《社会保险法》中规定的违反社会保险法适用的行政处罚主要为没收违法所得、吊销执业资格和罚款。

需要说明的是,《社会保险法》中多次提到的“责令改正”、“责令限期缴纳或补足社会保险金”以及“责令退回保险金”,该种方式有人认为是行政处罚,但也有人认为并不是独立的行政处罚种类,而是行政机关在行政管理过程中采取的一种行政管理措施,一般在实施行政处罚的同时附加使用。本书倾向于后一种观点。此外,滞纳金也是承担社会保险责任的一种形式,这种形式属于间接强制执行。

由于《社会保险法》在“法律责任”一章中较多地规定了用人单位和社会保险行政部门违反社会保险法的责任,因此,行政责任成为《社会保险法》及其相关法律、法规中社会保险关系当事人承担法律责任的主要形式。这在一定程度上体现了《社会保险法》作为社会法的特殊性。《社会保险法》通过强化相关部门和用人单位行政责任的方式,有利于保护参保人的合法权益,有助于社会公平的实现,这与《社会保险法》的立法宗旨相一致的。

2. 民事责任

民事责任是指在平等的法律关系中,一方当事人实施了违反社会保险法律、法规规定的行为,侵犯了另一方当事人的合法权益,或者造成一定的财产损失时应承担的具有经济赔偿性质的法律责任。在社会保险法律关系中,用人单位与劳动者是平等的民事主体,具有相应的民事权利和义务,如果有一方当事人不履行义务或不能完全履行义务,给对方当事人造成损失的,应当承担民事责任。至于用人单位和参保者与社会保险管理和经办机构等行政部门之间虽然存在管理与被管理的关系,但是,当行政部门及其工作人员因其违法行为给参保人和用人单位造成损失的,其亦应当承担赔偿责任。该赔偿责任的性质属于行政赔偿还是民事赔偿,有人认为属于民事赔偿,本书认为该赔偿是基于行政管理关系而发生的,因而属于行政赔偿责任。

3. 刑事责任

刑事责任是指社会保险有关管理和经办部门以及用人单位和个人违反社会保险法律、法规,情节后果严重,构成犯罪应当承担的法律责任。刑事责任是最严重的一种法律责任。追究刑事责任的主体只能是司法机关。一般而言,只有触犯了我国现行《刑法》的规定才承担刑事责任,但《社会保险法》中有些条款也体现了《刑法》的相关内容,因此行为人一旦违反这些规定,其社会危害性已超出行政制裁和民事制裁的范围,构成犯罪,就必然要承担刑事责任。

行政责任、民事责任和刑事责任是违反社会保险法责任的三种基本形式,也是社会保险法得以贯彻实施的重要保障。三种责任形式既可以单独适用,也可以对一种违反社会保险法的行为同时适用两种或三种责任形式。值得注意的是,在适用的过程中,要防止以刑代罚、以罚代赔等不合法现象的发生。

二、用人单位违反社会保险法的行为及处理

(一)用人单位不办理社会保险登记的行为及处理

《社会保险法》第57条规定:“用人单位应当自成立之日起三十日内……向当地社会保险经办机构申请办理社会保险登记。”这说明,用人单位进行社会保险登记是其法定义务,但是实践中一些用人单位从自身利益出发,拒不参加社会保险,逃避社会保险缴费义务,损害

了劳动者的合法权益的同时，也将导致社会保险法的制度实施落空。为此，《社会保险法》第84条规定："用人单位不办理社会保险登记的，由社会保险行政部门责令限期改正；逾期不改正的，对用人单位处应缴社会保险费数额一倍以上三倍以下的罚款，对其直接负责的主管人员和其他直接责任人员处五百元以上三千元以下的罚款。"该规定比《征缴条例》规定的情节严重的处一千元以上五千元以下的罚款、情节特别严重的处五千元以上一万元以下的罚款的规定在罚款额度上虽然有所降低，但不再有情节严重和特别严重的限制条件，且限期改正逾期后将对用人单位和责任人员实行双罚，因此，其处罚力度有所加大。

(二)用人单位拒不出具终止或者解除劳动关系证明的行为及处理

《社会保险法》第50条规定："用人单位应当及时为失业人员出具终止或者解除劳动关系的证明，并将失业人员的名单自终止或者解除劳动关系之日起十五日内告知社会保险经办机构。失业人员应当持本单位为其出具的终止或者解除劳动关系的证明，及时到指定的公共就业服务机构办理失业登记。失业人员凭失业登记证明和个人身份证明，到社会保险经办机构办理领取失业保险金的手续。"《劳动合同法》第50条也规定了用人单位应当在解除或者终止劳动合同时出具解除或者终止劳动合同的证明，并在15日内为劳动者办理档案和社会保险关系转移手续。

但在实践中，有的用人单位在解除或者终止劳动合同后故意刁难劳动者，不开具有关证明，甚至扣押劳动者的档案，影响了劳动者社会保险关系的转移接续和享受失业保险待遇。如果单纯给用人单位科以处罚并不能解决失业人员的损失，为此，《社会保险法》规定这种情形按照《劳动合同法》第89条的责任规定处理，即用人单位未向劳动者出具解除或终止劳动合同的书面证明，由劳动行政部门责令改正；给劳动者造成损害的，应当承担赔偿责任。

用人单位拒不出具终止或者解除劳动关系证明的行为，给劳动者造成的损害包括两个方面，一是失业人员由于没有相关书面证明而不能领取失业保险金和享受基本医疗保险待遇的损失；二是失业人员由于没有相关书面证明而不能根据有关国家规定在再就业或者自主创业时可享受的税收等优惠政策造成的损失。对于这些损失由于都是因用人单位不按规定出具解除或者终止劳动合同的书面证明造成的，因此，理应由其承担赔偿责任。

(三)用人单位未按时足额缴费的行为及处理

社会保险费是社会保险基金的主要来源，用人单位能否按时足额缴纳社会保险费，关系到社会保险基金的安全和社会保险制度的有效运行。同时，用人单位依法按时足额为劳动者缴纳社会保险费也是其职工享受社会保险待遇的前提。《社会保险法》第60条规定了用人单位应当自行申报、按时足额缴纳社会保险费，非因不可抗力等事由不得缓缴和减免。实践中，有的用人单位社会保险法律意识淡薄，不愿承担缴费义务，甚至恶意欠费；还有一些没有生产能力、生产项目和效益收入的企业，因为不具备缴费能力，只申报却不缴费。

用人单位未按时足额缴纳社会保险费将影响社会保险基金的安全和社会保险制度的有效运行，甚至间接损害参保人的合法权益，因此，《社会保险法》第86条规定：用人单位未按时足额缴纳社会保险费的，由社会保险费征收机构责令限期缴纳或者补足，并自欠缴之日起，按日加收万分之五的滞纳金；逾期仍不缴纳的，由有关行政部门处欠缴数额一倍以上三倍以下的罚款。其中，责令限期缴纳或者补足的主体是社会保险费征收机构，而处以罚款的则是社会保险行政部门或有关行政部门。因为社会保险经办机构属于事业单位，没有行政处罚权。

三、社保经办机构违反社会保险法的行为及处理

(一)社保经办机构骗取社保基金支出的行为及处理

由于我国社会保险基金监管制度起步晚,相关法律、法规不够健全,尽管有《征缴条例》、《社会保险费征缴监督检查办法》和《社会保险稽核办法》等行政法规和部门规章对社会保险基金进行监督,但骗取社会保险基金支出的现象仍时有发生,尤其是社保经办机构由于直接处在社会保险工作的一线,对其利用职务之便骗取基金支出的可能性必须加强监督。

实践中,欺诈、伪造证明材料或者其他手段种类繁多,包括允许非参保人以参保人的名义就医,允许使用医疗保险个人账户基金购买保健品、化妆品及其他用品,提供虚假疾病诊断证明、病例、处方和医疗费票据等资料,弄虚作假将不符合工伤条件的人员认定为工伤职工等。由于骗取社会保险基金支出的行为一方面具有主观恶意,另一方面严重侵犯了社会保险基金的安全,需要加大对这类行为的处罚力度。为此,《社会保险法》第 87 条规定:“社会保险经办机构……以欺诈、伪造证明材料或者其他手段骗取社会保险基金支出的,由社会保险行政部门责令退回骗取的社会保险金,处骗取金额二倍以上五倍以下的罚款。”该规定对骗取社保基金行为的惩处力度比《劳动保障监察条例》、《工伤保险条例》和《失业保险条例》的相关规定大大提高,这些条例规定:骗取社会保险待遇或者骗取社会保险基金支出的,其罚款金额均为骗取金额的一倍以上三倍以下。由于《社会保险法》是基本法律,其法律位阶高于上述条例,所以《社会保险法》实施后,上述条例中的罚款规定将不再执行,统一按照《社会保险法》的罚款额度进行执法。

(二)社保经办机构擅自更改社会保险费缴费基数、费率的行为及处理

《征缴条例》第 3 条规定:社会保险费的费基、费率依照有关法律、行政法规和国务院的规定执行,社保经办机构不得随意调整。缴费基数和费率决定了社会保险基金的收入,反映了国家的社会保险费的负担水平,应当由国家作出规定。社会保险费征收机构擅自更改社会保险费基数和费率,导致基金少收时损害社会保险基金的安全,多收时则会加重用人单位的负担,都是违法行为。为此,《社会保险法》第 90 条规定:社会保险法征收机构擅自更改社会保险费缴费基数、费率,导致少收或多收社会保险费的,由有关行政部门责令其追缴应当缴纳的社会保险费或者退还不应当缴纳的社会保险费;对直接负责的主管人员和其他直接责任人员依法给予处分。另外,《失业保险条例》第 30 条规定:劳动保障行政部门和社保经办机构的工作人员滥用职权、徇私舞弊、玩忽职守,造成失业保险基金损失的,由劳动保障行政部门追回损失的失业保险基金;构成犯罪的,依法追究刑事责任;尚不构成犯罪的,依法给予行政处分。

因此,社保经办机构擅自更改社会保险费缴费基数、费率的法律责任承担形式有三种:一是有关行政部门责令其追缴或者退还少收或多收的社会保险费,二是对直接负责的主管人员和其他直接责任人员给予行政处分。由于社保经办机构工作人员属于参照《公务员法》管理的工作人员,根据《公务员法》的规定给予包括警告、记过等形式在内的处分;三是根据《失业保险条例》第 30 条,社保经办机构的工作人员滥用职权、徇私舞弊、玩忽职守,造成失业保险基金损失,构成犯罪的,依法追究刑事责任。

(三)社保经办机构隐匿、转移、侵占、挪用社保基金或者违规投资运营行为及处理

社会保险基金是社会保险制度的经济物质基础,其安全运行与否关系到一国的经济和

社会稳定。《社会保险法》第 69 条规定:社会保险基金在保证安全的前提下,按照国务院规定投资运营实现保值、增值。社会保险基金不得违规投资运营,不得用于平衡其他政府预算,不得用于兴建、改建公共场所和支付人员经费、运行费用、管理费用,或者违反法律、行政法规的规定挪作其他用途。隐匿、转移、侵占、挪用社会保险基金或者违规投资运营将造成社会保险基金流失,影响社会保险基金的安全和支付能力,因此,必须承担相应的法律责任。

按照《社会保险法》第 91 条的规定,隐匿、转移、侵占、挪用社会保险基金或者违规投资运营行为的法律责任承担方式有四种:一是责令追回,使被隐匿、转移、侵占、挪用社会保险基金或者违规投资运营的社会保险基金恢复到原来状态。有权责令追回的主体是社会保险行政部门、财政部门和审计机关;二是没收违法所得,将侵占、挪用、违规投资所得的收益、利息收归国有;三是对直接负责的主管人员和其他直接责任人员依法给予处分;四是可能构成犯罪的,依法追究刑事责任。

(四)社保经办机构泄露用人单位和个人信息的行为及处理

用人单位信息可能关系到用人单位的商业秘密,而个人信息可能关系到个人隐私,这些信息一旦泄露到社会,将会影响用人单位的经济利益和个人的正常生活。同时,如果这些信息被不法分子利用,就容易侵犯个人隐私甚至引发社会安全事件。2007 年 11 月 20 日,英国财政大臣达林发表紧急声明,承认英国皇家税务及海关总署通过快递公司送交国家审计署的两张光盘遗失,光盘上记录的是 2500 多万人的个人机密信息,包括儿童福利补贴受益人及其父母的姓名、住址、出生日期、儿童福利补贴号码、国家保险号码以及相关银行账号等信息,引发了英国人的恐慌。[①]

在社会保险登记、社会保险费征收等过程中,社会保险经办机构及其工作人员掌握了大量的用人单位和个人信息,为了加强信息安全,《社会保险法》第 81 条规定了社会保险经办机构及其工作人员应当依法为用人单位和个人的信息保密,不得以任何形式泄露。对于泄露用人单位和个人信息的,《社会保险法》第 92 条规定了两项法律责任:一是对直接负责的主管人员和其他直接责任人员给予处分;二是给用人单位或者个人造成损失的,应当承担赔偿责任。承担赔偿责任的前提是能够证明损失的造成是由社会保险经办机构及其工作人员造成的。此外,《刑法》第 253 条还规定了泄露用人单位和个人信息的刑事责任:国家机关或者金融、电信、交通、教育、医疗等单位的工作人员,违反国家规定,将本单位在履行职责或者提供服务过程中获得的公民个人信息,出售或者非法提供给他人,情节严重的,处 3 年以下有期徒刑或者拘役,并处或者单处罚金。

(五)社保经办机构及其工作人员其他违反社会保险法的行为及处理

为促使社保经办机构及其工作人员更好地履行有关社会保险法的法定职责、维护参保人的合法权益和社保基金的安全运行,同时也为了使违反社会保险法的责任落到实处,有必要对社保经办机构及其工作人员的行为进行约束和界定,为此,《社会保险法》第 89 条规定了以下行为为违反社会保险法的行为:

一是未履行社会保险法的法定职责;

二是未将社会保险基金存入财政专户;

---

① 李卉:英国 2500 万人资料被政府丢失,近半数人面临危险,新浪新闻网,http://news.sina.com.cn/w/2007-11-22/020512945887s.shtnl,下载日期:2007 年 11 月 22 日。

三是克扣或者拒不按时支付社会保险待遇；

四是丢失或者篡改缴费记录、享受社会保险待遇记录等社会保险数据、个人权益记录；

五是有违反社会保险法律、法规的其他行为。

对于上述违法行为，社保经办机构及其工作人员应承担的法律责任有三种形式：一是由社会保险行政部门责令改正；二是对因上述违法行为给社会保险基金、用人单位或者个人造成损失的，依法承担赔偿责任；三是对直接负责的主管人员和其他直接责任人员依法给予行政处分。此外，如果社会保险经办机构及其工作人员触犯了刑法，还将依法追究其刑事责任。其刑事责任可能涉及的罪名包括滥用职权罪、玩忽职守和受贿罪等。

四、其他主体违反社会保险法的行为及处理

（一）社会保险服务机构违反社会保险法的行为及处理

基本医疗保险的目的是最大限度地满足人民群众的基本医疗需求，医疗机构、药品经营单位是医疗服务的提供方，应当为参保人员提供合理、必要的医疗服务。因此，《社会保险法》第 31 条规定，社会保险经办机构根据管理服务的需要，可以与医疗机构、药品经营单位签订服务协议，规范医疗服务行为。一方面，这些机构的功能在社会保险中不可或缺，另一方面，其医疗服务活动必须依法进行。如果其利用医疗服务活动骗取社会保险基金的支出、侵吞社会保险基金的，按照《社会保险法》第 87 条的规定，除了责令退回骗取的社会保险金，并处骗取金额两倍以上五倍以下的罚款外，还应由社会保险经办机构与其解除服务协议。对于直接负责的主管人员和其他直接责任人员是医师的，还要吊销其职业资格。

（二）税务部门擅自更改社会保险费缴费基数、费率的行为及处理

鉴于我国目前的社会保险费征收机构尚未实现完全统一，有些地方的工伤和生育保险不是由社会保险经办机构征缴，而是由税务部门征缴的，因此，如果税务部门发生擅自更改社会保险费缴费基数、费率的行为，则按照上述《社会保险法》第 90 条对社会保险经办机构相同行为的处罚进行处理。

（三）其他主体主要是个人骗取社会保险待遇的行为及处理

目前，我国社会保险改革不断深化，随着社会保险覆盖面日益扩大，社会保险基金面临欺诈的风险也增大。实践中，以欺诈、伪造证明材料或者其他手段骗取社会保险待遇的形式多样，如有的伪造身份证明或冒用他人身份证明骗取养老保险金；有的伪造、编造档案年龄、特殊工种年限和病历等办理提前退休；有的伪造、编造人事档案，以增加视同缴费年限；甚至出现了已经去世的人仍在领取养老保险待遇的案例。近些年来，各地纷纷爆出了冒领养老金的事件，2010 年，仅河南省就查出冒领人数 1191 人，冒领养老金 382 万元。[①] 2011 年 1 月，广东省社保局通过省级基金核算系统数据与省公安系统信息比对，发现 787 个正在享受新农保养老金的参保人员，却早在参保之前已经死去，同时，通过与广东省职工养老保险信息比对，查出在农保、城保两个制度内重复领取待遇的有 97 人。

骗领、冒领社会保险基金等欺诈行为的屡屡发生直接影响了社会保险基金的安全。为

---

① 王灿，《扎紧“篱笆”严防冒领养老金，郑州市将建立养老保险待遇防冒领监督机制》，载《大河报》2011 年 3 月 18 日第 2 版。

此,《社会保险法》第 88 条规定:以欺诈、伪造证明材料或者其他手段骗取社会保险待遇的,由社会保险行政部门责令退回骗取的社会保险金,处骗取金额两倍以上五倍以下的罚款。该规定比《劳动监察条例》、《工伤保险条例》和《失业保险条例》中的骗取社会保险待遇或社会保险基金支出行为处一倍以上三倍以下的罚款标准更高,处罚力度更大。

(四)社会保险行政部门和其他有关行政部门及其工作人员泄露用人单位和个人信息的行为及处理

除了社会保险经办机构在开展社会保险业务的过程中,能够获取用人单位和个人的信息外,在社会保险监督检查等过程中,社会保险行政部门、卫生行政部门、审计部门等有关行政部门及其工作人员也接触了大量的用人单位和个人的信息,因此,这些主体也应当依法为用人单位和个人的信息保密,不得以任何形式泄露。如果泄露,其承担的法律责任与社会保险经办机构相同。

(五)国家工作人员滥用职权、玩忽职守、徇私舞弊的行为及处理

国家工作人员在社会保险管理和监督工作中起着非常重要的作用,如果他们滥用职权、玩忽职守或徇私舞弊,将使社会保险制度的有效实施存在危机。这里的国家工作人员不仅指社会保险行政部门的国家工作人员,还包括卫生行政部门、财政部门、审计机关等机构的国家工作人员。滥用职权是指违反法定职权和程序,滥用、超越职权的行为,如社会保险费征收机构违法减免用人单位应当缴纳的社会保险费。玩忽职守是指不履行法律所赋予的职权,构成违法失职行为,如经办机构工作人员缺乏责任心,对工作马虎,疏于管理,造成社会保险基金被挪用或流失。徇私舞弊是指为了个人私利或亲友私情,不按法律、法规的规定办事,给社会保险基金造成损失。

对于国家工作人员在社会保险管理、监督工作中的上述行为,应当依照《公务员法》给予行政处分。构成犯罪的,依法追究刑事责任。

思考题

1. 社会保险具有哪些特征和功能?
2. 社会保险待遇的享受条件有哪些?
3. 职工基本养老保险适用范围有哪些?
4. 医疗保险法律制度有哪些类型?
5. 工伤保险的范围和程序是怎样规定的?
6. 社会保险基金的特点和管理原则是什么?
7. 社会保险监督的各主体的监督方式有哪些?
8. 社会保险法律责任的主要形式及特点。

问题讨论

2007 年,一起轰动全国的社保案由吉林省长春市中级人民法院审判,引发了法学界和

实务界对社保基金监管问题的讨论。在该案中,原上海劳动和社会保障局局长祝均一因受贿罪、挪用公款罪以及滥用职权罪,数罪并罚,被长春市中级法院一审判处有期徒刑18年,没收个人财产人民币30万元。

1999年至2006年,被告人祝均一利用职务便利,将上海市劳动和社会保障局的巨额资金借贷给张荣坤控制的上海沸点投资发展有限公司使用,并为其他单位和个人谋取利益,从中收受贿赂总计折合人民币166万余元。祝均一利用职务便利挪用公款人民币13亿元,供张荣坤控制的公司用于营利活动。祝均一还有违规运营社保资金、擅自决定违规收取保费回扣等滥用职权行为,致使国家和人民的利益遭受重大损失。

此案一审判决生效后,祝均一开始服刑。然而,2008年2月,祝均一被公诉机关再度以滥用职权罪提起公诉。此次祝均一被诉滥用职权罪的指控事实与前次不同,祝被控挪用的是上海市小城镇保险基金。起诉书上称:该案犯罪事实系在查办陈良宇案件中发现,祝均一于2004年5月1日至2006年7月17日期间,擅自决定将小城镇基本保险基金98.07亿元、小城镇补充保险基金60.49亿元,以委托贷款、信托等方式投入运营,违规运营金额达158.56亿元,截至社保案发前尚有124.21亿元没有追回。

公诉机关指控,上海市政府颁布的《小城镇社会保险暂行办法》明确规定,小城镇保险基金应该专款专用,不得擅自动用,而祝均一明知此系小城镇保险基金,却滥用职权,擅自动用,给国家人民造成了巨大的损失。

上海城镇保险基金又称小城镇保险基金,简称"镇保"。"镇保"是由上海市政府于2003年设立的一项社会保险基本制度,设立之初意在解决失地农民的社会保险问题,当时属于上海市的一项"创举",全国仅上海有该项制度。"镇保"不仅有基本保险部分,还有补充保险部分,是基本保险的社会统筹和补充保险的个人账户结合在一起的综合性社会保险制度。"镇保"的基本保险部分目前包括了养老、医疗、失业、生育和工伤保险;补充保险部分,则包括补充养老、补充医疗保险和被征地人员生活补贴等用途。

祝均一辩护律师则认为:在第一次起诉时,此次祝均一被诉的挪用小城镇保险基金的情况已经被有关部门所掌握。2007年6月,审计署2007年86号《上海市社保基金运营及管理情况专项审计报告》中,对祝均一挪用"镇保"的事实已经详细说明。但在2007年9月第一次起诉时,该罪名并未被起诉。而公诉机关则认为:该罪名既不属于漏罪,也不属于新罪,是应该起诉而在前次起诉中被遗漏的罪名。同时,辩护律师认为,根据上海市政府颁布的《小城镇社会保险暂行办法》的第52条第3款规定:镇保基金来源包括镇保基金的增值运营收入。如果不允许运营,那么基金何来增值运营收入。

2008年3月20日,吉林省长春市中级人民法院以滥用职权罪判处祝均一有期徒刑6年,结合前次判决数罪并罚后,仍决定执行有期徒刑18年。

目前,一方面,我国社保支出增长快,社保资金将来支出的压力很大,因此社保基金保值、增值是现实要求,另一方面,根据《全国社会保障基金投资管理暂行办法》,社保基金的投资范围限于银行存款、买卖国债和其他具有良好流动性的金融工具,包括上市流通的证券投资基金、股票、信用等级在投资级以上的企业债、金融债等有价证券。但是,委托贷款、信托等方式不在允许运营的范围内。同时,目前镇保基金在全国层面尚无相关法律规定,唯一可借鉴的是社保基金的管理规定。

据不完全统计,自1998年以来,全国清理回收挤占挪用社保基金160多亿元,至2005年年底,还有10亿元没有回收入账。如何建立社保基金征缴、管理、发放的科学运营模式,如何建立有效的监管机制和公众监督机制，已经成为当下中国社保问题的燃眉之急。上海社保基金案发生后，有关部门迅速作出反应，劳动和社会保障部、监察部表示将建立专项检查制度，每年组成联合检查组，对部分省市的社保基金征缴、支付、管理和发放情况进行专项检查，并直接对市县进行抽查。

请结合相关社会保险法学理论和司法实践，谈谈你对该案的看法以及该案所涉及的我国现行社会保险基金制度的见解。

第十三章 社会救济法

【引例】张某系珠海市香洲区城镇居民，没有工作，无生活来源，未结婚，无子女，有残疾证，有一位无劳动能力和经济来源的母亲。自2001年10月开始，张某因左手上臂患肿瘤自己到多家医院进行诊疗并接受手术治疗。应张某的申请，2003年5月香洲区民政局审查批准每月向其发放最低生活保障救济金300元，并按每月42元(300元的14%)发放基本医疗保障费用，还于6月12日从低保基本医疗资金中批出800元给其用于治病，8月6日又对其进行临时救助6000元。香洲区政府从香洲区扶贫济困资金中分两次救助张某10000元用于治病，市总工会救助3500元，市红十字会救助3000元，市残联救助5000元，区残联救助3000元。2003年10月10日张某又向香洲区政府、香洲区民政局申请要求8万元的切除肿瘤手术治疗费用，未得到批准。于是，张某以对方不履行社会救济义务为由将珠海市香洲区人民政府、珠海市香洲区民政局向珠海市中级人民法院提起诉讼。

法院经审理后认为，原告张某属于无劳动能力、无生活来源、无法定赡养、抚养义务人，符合社会救济的条件。香洲区民政局作为香洲区的社会救济主管部门，依据《广东省社会救济条例》和《中华人民共和国残疾人保障法》对张某实施的社会救济符合法律、法规的规定。社会救济是一种最低生活保障救济，是为了保障救济对象的基本生存需要，原告左手上臂患肿瘤需进行手术治疗，按照原告的主张，所需费用多达8万元，这一费用标准已远远超过了社会救济的一般标准，故两被告提出该手术不属基本医疗范围的主张成立。而且两被告等多家单位对原告进行了不同程度的救助，给予其一定数额的治病费用，这些均体现了国家和社会对残疾人的救助，但这并不意味着两被告需要承担原告继续手术的费用。故原告要求被告救济8万元手术费的请求没有法律依据。判决驳回原告张某的诉讼请求。

请问：上述案例反映了社会救济的哪些特征？

第一节 社会救济法概述

一、社会救济的概念和特征

(一)社会救济的概念

目前，国际上对社会救济尚无统一的定义。一般认为，社会救济也称为社会救助，是指国家和社会对于因自身、自然和社会原因造成生活困难、不能维持最低生活水平的人员给予物质帮助，以维持其最低生活水平的一项社会保障制度。社会救济是最古老最基本的社会保障方式，在实现社会公平，维护社会稳定，构建社会主义和谐社会等方面发挥着重要的作用。

(二)社会救济的特征

1. 社会救济的对象具有特殊性。社会救济的根本目的在于扶贫济困，向因各种原因陷入生活困境的人员提供帮助，以满足其最基本的生活需要。社会救济的对象具有特殊性，仅限于因各种原因导致收入水平低于最低生活保障水平的人员，包括遭遇灾害、丧失劳动能力以及低收入人员。因此，为了保证有限的社会救济经费切实用到最需要的人身上，在实施社会救济之前，需要对申请救济人员的收入情况进行调查，经确认其个人收入或家庭成员人均收入低于最低生活保障标准时，才会给予相应的社会救济。

2. 社会救济具有无偿性。生存权和发展权是现代社会公民的基本人权，获取社会救济是公民的一项基本权利。社会救济是国家和社会不容推卸的责任，每个人都应得到最基本的生活保障。社会救济的资金主要来源于国家财政和地方财政，列入国家总预算支出，社会成员无须缴纳费用，符合条件者即可获得社会救济。

3. 社会救济的标准较低。社会救济属于社会保障体系的最低层次，是社会保障制度中的最后一道安全网。社会救济的实质是保障生存权，国家和社会向救济对象提供的仅仅是满足其最低生活需要的物质帮助，以维持其最基本的生活，故社会救济的标准较低。社会救济的标准不能太高，只要能满足救济对象的最基本生活需求即可，以避免产生依赖心理或者不劳而获的思想。

在本章的引例中，由于张某属于无劳动能力、无生活来源、无法定赡养、抚养义务人，符合社会救济的条件，因此得到了香洲区民政局和香洲区政府的救济，反映了社会救济的对象具有特殊性的特征。社会救济是一种最低生活保障救济，是为了保障救济对象的基本生存需要，张某要求两被告在提供基本救济外还要支付多达8万元的手术费用，远远超过了社会救济的一般标准，因而这一主张没有得到法院的支持。说明社会救济的标准较低，仅仅是满足救济对象的基本生活需要。另外，社会救济的资金主要来源于财政支持，张某享受社会救济是无偿的，体现了社会救济的无偿性特征。综上所述，本章的引例体现了社会救济的救济对象具有特殊性、无偿性以及低标准性三大特征。

二、社会救济法的概念、特征和原则

(一)社会救济法的概念

社会救济法是调整在国家和社会对因自身、自然和社会原因陷入生活困境、不能维持最低生活水平的人员提供物质帮助过程中发生的社会关系的法律规范的总称。简而言之，社会救济法是调整社会救济关系的法律规范的总称。社会救济法是社会保障法的重要内容，对于保障社会成员的基本生活、维护社会稳定以及促进经济的发展具有重要的意义。

(二)社会救济法的特征

1. 社会救济法以实现社会公平为价值基础。社会救济基于国家财政向社会困难群体提供基本生活保障，不是强调国家公权力对公民私权利的干预，而是强调国家调节对国民收入的分配和再分配，承担对社会困难群体的救济责任和义务，保证困难群体的基本生活，在公平与效率之间寻求适度平衡，一定程度上实现了社会公平。

2. 社会救济法是实体法和程序法的统一。在现代社会,贫困被主要归因于社会,接受社会救济以满足最基本的生活需要是公民的一项基本权利,而提供社会救济以保证公民的生存权则是国家和社会不可推卸的责任。有关社会救济的权力的实施和权利的实现不仅是行政行为和司法行为,而且具有严格的程序。因此,社会救济法不仅规范了社会救济法律关系主体的权利和义务,而且还规定了主体资格的确认、救济程序以及权利义务实现方式等,所以社会救济法是实体法与程序法的统一。

3. 社会救济法具有严格的法定性和强制性。社会保障法是社会公平的调节器,也是维护社会稳定的安全网。社会救济法是社会保障法的重要组成部分,是社会救济发挥其"调节器"、"安全网"功能的法律依据和制度保障。因此,有关社会救济的实体规范和程序规范,除任意性规范如社会捐赠外,任何组织或个人均不能任意变更;任何对社会救济法的违反都将承担相应的法律责任。

4. 社会救济法是给付法,具有明显的给付性。给付关系是社会救济法调整的核心关系,许多有关社会救济的法律规范都有量化的给付内容,如《城市居民最低生活保障条例》规定了城市居民最低生活保障的标准及待遇的发放。

(三)社会救济法的原则

1. 平等救济原则。生存权是每个社会成员共同享有的权利,社会救济法应当平等地保障公民的社会救济权。凡是本人收入不能满足其最低生活需要或者遭遇灾害事故无法正常生活的公民,都有权获得社会救济。而且,社会救济也是国民收入再分配的一种方式,在保障贫困人员的基本生活的同时,能够较好地解决贫富差距的问题,实现社会的公平正义。

2. 国家责任原则。国家责任是现代社会救济制度的重要标志。社会救济的国家责任原则是指国家(具体表现为政府)应当采取积极措施推动社会救济工作,为社会救济提供制度供给、财政给付、监督管理、引导民间救济责任等多方面的支持,保障社会救济事业的可持续发展,最终实现公民的社会救济权利。① 现代国家之所以要以法律的形式确立社会救助的政府责任,是因为社会救助制度实际上就是一种国家强制性的权利和利益分配机制。② 将国家责任原则确立为社会救济法的一项基本原则,有利于保障公民社会救济权,有利于实现社会的公平正义。

3. 协助自立原则。社会救济既要帮助救济对象渡过眼前的难关,更要帮助其摆脱贫困,协助其自强自立,过上更好的生活。因此,社会救济不仅仅是简单的金钱帮助,而是通过"生产自救"、"以工代赈"、职业培训等积极的方式,将扶贫济困与自力更生结合起来,使他们真正实现脱贫致富。

4. 合理确定救济标准原则。合理确定救济标准原则包含两个方面的内容,一是合理确定社会救济的条件,二是合理确定社会救济的给付标准。虽然全体社会成员均有权平等地享受社会救济,但救济对象的确定还是有条件的。只有符合条件的人,才能获得社会救济。社会救济制度设立的根本目的就是扶贫济困,满足那些因各种原因导致贫困的人的基本生活需要。因此,社会救济的条件应当是贫困的事实。要确定救济对象是否贫困,必须合理确

① 杨思斌:《论社会救助法中的国家责任原则》,http://www.civillaw.com.cn/article/default.asp?id=53297,下载日期:2011年7月28日。

② 王伟奇:《最低生活保障制度的实践》,法律出版社2008年版,第12页。

定贫困线。贫困线的确定应当充分考虑当地经济发展状况、生活水平以及平均收入等因素，以满足基本生活需要为标准。社会救济的标准太高或太低都会使社会救济制度难以发挥正常作用。因此，合理确定社会救济的条件和给付标准非常重要。

三、社会救济法律关系

社会救济法律关系是指由社会救济法调整的国家和社会在对因自身、自然和社会原因陷入生活困境、不能维持最低生活水平的人员提供物质帮助过程中发生的各种社会关系。

（一）社会救济法律关系的主体

社会救济法律关系的主体包括权利主体和义务主体。权利主体也称为受益主体，是国家和社会实施社会救济的利益归属者和最终受益者。由于社会救济的对象的特殊性，社会救济法律关系的权利主体限于由于各种原因导致生活困难、不能维持最低生活水平的人。社会救济法律关系的义务主体是指承担社会救济责任、实施社会救济行为的人，即社会救济的给付主体，主要包括政府和非政府社会力量。

（二）社会救济法律关系的客体

社会救济法律关系的客体（即社会救济权利和义务共同指向的对象）是社会救济给付行为，包括现金给付、实物给付和社会服务性给付行为。

（三）社会救济法律关系的内容

社会救济法律关系的内容是社会救济权利和社会救济义务。获得社会救济权是一项基本人权，凡生活困难不能满足基本生活需要的人都有权从国家和社会处获得社会救济。向生活困难人员提供社会救济以保障其基本生活是国家和社会不可推卸的责任和义务。

（四）社会救济法律关系的类型

社会救济法在调整社会救济活动过程中形成了以下几种法律关系，包括社会救济给付法律关系、管理法律关系、监督法律关系和争议解决法律关系。

1. 社会救济给付法律关系。主要是指社会救济行政主管部门与社会救济对象之间形成的支付与受付关系。

2. 社会救济管理法律关系。主要是指社会救济行政主管部门关于救济资金筹集、管理、运营过程中发生的关系。

3. 社会救济监督法律关系。对社会救济主管部门的监督，包括内部监督和外部监督。内部监督是指社会救济主管部门内部互相监督，外部监督一般包括金融监督和社会监督。

4. 社会救济争议解决法律关系。社会救济争议主要指公民与主管部门之间就社会救济资格、救济标准、救济范围以及期限等方面所发生的争议。

第二节 城市社会救济制度

一、城市居民最低生活保障制度

城市居民最低生活保障制度，是国家对城市中的贫困居民，按照最低生活保障标准给予基本生活保障的制度。为了妥善解决城市居民生活困难的问题，国务院于 1997 年发布《关于在全国建立城市居民最低生活保障制度的通知》，这标志着我国全面启动城市居民最低生活保障制度。1999 年 10 月 1 日，国务院颁布的《城市居民最低生活保障条例》正式开始施行，这意味着我国城市居民最低生活保障制度步入了法制化的发展轨道。

（一）救济对象

最低生活保障是为收入水平低于当地最低生活保障标准的贫困人员提供的救济。《城市居民最低生活保障条例》第 2 条规定：“持有非农业户口的城市居民，凡共同生活的家庭成员人均收入低于当地城市居民最低生活保障标准的，均有从当地人民政府获得基本生活物质帮助的权利。前款所称收入，是指共同生活的家庭成员的全部货币收入和实物收入，包括法定赡养人、扶养人或者抚养人应当给付的赡养费、扶养费或者抚养费，不包括优抚对象按照国家规定享受的抚恤金、补助金。”可见，城市居民最低生活保障制度的救济对象是持有非农业户口且家庭成员人均收入低于当地城市居民最低生活保障标准的城市居民。具体而言，城市居民最低生活保障制度的救济对象主要包括三类人员：一是无生活来源、无劳动能力、无法定赡养人或抚养人的城市居民；二是领取失业救济金期间或失业救济期满仍未重新就业，家庭人均收入低于最低生活保障标准的城市居民；三是在职人员和下岗人员在领取工资、基本生活费后及退休人员领取退休金后，其家庭人均收入仍低于最低生活保障标准的城市居民。

（二）救济标准

我国《城市居民最低生活保障条例》第 6 条规定：“城市居民最低生活保障标准，按照当地维持城市居民基本生活所必需的衣、食、住费用，并适当考虑水电燃煤（燃气）费用以及未成年人的义务教育费用确定。直辖市、设区的市的城市居民最低生活保障标准，由市人民政府民政部门会同财政、统计、物价等部门制定，报本级人民政府批准并公布执行；县（县级市）的城市居民最低生活保障标准，由县（县级市）人民政府民政部门会同财政、统计、物价等部门制定，报本级人民政府批准并报上一级人民政府备案后公布执行。城市居民最低生活保障标准需要提高时，依照前两款的规定重新核定。”据此，我国城市居民最低生活保障标准的确定，既要保障城市居民的基本生活，又要综合考虑物价指数、社会平均生活水平以及政府财政的承受能力等多种因素。而且，城市居民最低生活保障标准不是固定不变的，随着生活水平的提高和物价的上涨，救济标准应当相应提高，以保证救济对象的基本生活。

（三）资金来源

社会救济作为政府责任，其资金应当主要来源于政府财政支出。同时，基于社会救济的社会化特点，应当鼓励更多的社会力量参与到社会救济事业中。因此，城市居民最低生活保障资金主要来源于两个方面，一是政府财政支出，二是社会组织的捐赠和资助。我国《城市居民最低生活保障条例》第 5 条规定：“城市居民最低生活保障所需资金，由地方人民政府列入财政预算，纳入社会救济专项资金支出项目，专项管理，专款专用。国家鼓励社会组织和个人为城市居民最低生活保障提供捐赠、资助；所提供的捐赠资助，全部纳入当地城市居民最低生活保障资金。”

（四）救济方式和程序

我国《城市居民最低生活保障条例》第 7 条至第 11 条对城市居民最低生活保障的救济方式和程序进行了明确规定。

1. 救济方式。城市居民最低生活保障的救济方式主要是现金救济，也有个别地方采取现金与实物相结合的救济方式。另外，地方各级人民政府及其有关部门，应当对享受城市居民最低生活保障待遇的城市居民在就业、从事个体经营等方面给予必要的扶持和照顾。

2. 救济程序。根据《城市居民最低生活保障条例》的规定，城市居民最低生活保障的救济程序主要包括申请、审核和审批、公示、发放四个步骤。

(1)申请。申请享受城市居民最低生活保障待遇，由户主向户籍所在地的街道办事处或者镇人民政府提出书面申请，并出具有关证明材料，填写《城市居民最低生活保障待遇审批表》。

(2)审核和审批。城市居民最低生活保障待遇，由其所在地的街道办事处或者镇人民政府初审，并将有关材料和初审意见报送县级人民政府民政部门审批。管理审批机关为审批城市居民最低生活保障待遇的需要，可以通过入户调查、邻里访问以及信函索证等方式对申请人的家庭经济状况和实际生活水平进行调查核实。申请人及有关单位、组织或者个人应当接受调查，如实提供有关情况。

县级人民政府民政部门经审查，对符合享受城市居民最低生活保障待遇条件的家庭，应当区分下列不同情况批准其享受城市居民最低生活保障待遇：对无生活来源、无劳动能力又无法定赡养人、扶养人或者抚养人的城市居民，批准其按照当地城市居民最低生活保障标准全额享受；对尚有一定收入的城市居民，批准其按照家庭人均收入低于当地城市居民最低生活保障标准的差额享受。县级人民政府民政部门经审查，对不符合享受城市居民最低生活保障待遇条件的，应当书面通知申请人，并说明理由。管理审批机关应当自接到申请人提出申请之日起的 30 日内办结审批手续。

(3)公示。对经批准享受城市居民最低生活保障待遇的城市居民，由管理审批机关采取适当形式以户为单位予以公布，接受群众监督。任何人对不符合法定条件而享受城市居民最低生活保障待遇的，都有权向管理审批机关提出意见；管理审批机关经核查，对情况属实的，应当予以纠正。

(4)发放。城市居民最低生活保障待遇由管理审批机关以货币形式按月发放；必要时，也可以给付实物。地方各级人民政府及其有关部门，应当对享受城市居民最低生活保障待遇的城市居民在就业、从事个体经营等方面给予必要的扶持和照顾。

另外，享受城市居民最低生活保障待遇的城市居民家庭人均收入情况发生变化的，应当及时通过居民委员会告知管理审批机关，办理停发、减发或者增发城市居民最低生活保障待遇的手续。管理审批机关应当对享受城市居民最低生活保障待遇的城市居民的家庭收入情况定期进行核查。在就业年龄内有劳动能力但尚未就业的城市居民，在享受城市居民最低生活保障待遇期间，应当参加其所在的居民委员会组织的公益性社区服务劳动。

二、城市流浪乞讨人员救济制度

(一)城市流浪乞讨人员救济制度概述

城市流浪乞讨人员是城市中一个特殊的困难群体，他们居无定所，靠沿街乞讨的方式获取钱物来生存。随着农村经济体制改革的展开，大量农村人口向城市流动，城市流浪乞讨人员数量增多，给城市的公共秩序带来了冲击。为了救济、教育和安置城市流浪乞讨人员，维护城市社会秩序和安定团结，国务院于 1982 年制定了《城市流浪乞讨人员收容遣送办法》(以下简称《收容遣送办法》)，规定对家居农村流入城市乞讨、城市居民中流浪街头乞讨以及其他露宿街头生活无着的人员予以收容遣送。该办法使收容遣送成为一项涉及社会救济、社会教育、社会管理和社会治安的多元性社会事务行政管理工作。1991 年,国务院印发了《关于收容遣送工作改革问题的意见》,将无合法证件、无固定住所、无稳定收入的"三无"人员纳入收容遣送之列。后来,收容遣送人员又扩大到无身份证、暂住证、务工证等"三证"不全的流浪人员。至此,收容遣送的对象从生活无着的流浪乞讨人员和其他流浪乞讨者,变为流动人口,特别是农村进城但证件不全、住所不定者,收容遣送也变成了单纯的治安管理,社会救济的成分基本丧失。2003 年"孙志刚事件"之后,流浪乞讨现象成为社会各界普遍关注的一大焦点问题,并引发了社会救济制度的迅速变革。2003 年 6 月 20 日,国务院废止了实施了 20 多年的《收容遣送办法》,代之以《城市生活无着的流浪乞讨人员救助管理办法》(以下简称《救助管理办法》)。为落实《救助管理办法》的规定,民政部于 2003 年出台了《城市生活无着的流浪乞讨人员救助管理办法实施细则》。《救助管理办法》及其实施细则的出台,彰显着政府对人权的尊重与保障,标志着针对城市流浪乞讨人员的救济制度的正式确立。

(二)我国城市流浪乞讨人员救济制度的主要内容

1. 救济原则。《救助管理办法》及其实施细则确立了我国对城市流浪乞讨人员的救济采取自愿受助原则和无偿救济原则。所谓自愿受助原则,是指求助人向救助管理站自愿求助,经询问符合救助对象的范围,救助管理站应当给予救助。任何人不得强制流浪乞讨人员接受救助。同时,受助人员可以放弃接受救助,在事先告知救助站后即可离开救助站,救助站不得限制。但是,未成年人及其他无民事行为能力人和限制民事行为能力人离开救助站,须经救助站同意。受助人员擅自离开救助站的,视同放弃救助,救助站应当终止救助。所谓无偿救助,是指救助站不得向受助人员、其亲属或者所在单位收取费用,不得以任何借口组织受助人员从事生产劳动,所需经费由财政予以保障。

2. 救济对象。《救助管理办法》第 1 条规定救济对象是在城市生活无着的流浪乞讨人员,具体是指因自身无力解决食宿,无亲友投靠,又不享受城市最低生活保障或者农村五保供养,正在城市流浪乞讨度日的人员。虽有流浪乞讨行为,但不具备前款规定情形的,不属于救助对象。

3. 救济方式。救助站根据受助人员的需要提供下列救助:提供符合食品卫生要求的食物;提供符合基本条件的住处;对在站内突发急病的,及时送医院救治;帮助与其亲属或者所在单位联系;对没有交通费返回其住所地或者所在单位的,提供乘车凭证。

4. 资金来源。《救助管理办法》第 3 条规定:"县级以上城市人民政府应当采取积极措施及时救助流浪乞讨人员,并应当将救助工作所需经费列入财政预算,予以保障。国家鼓励、支持社会组织和个人救助流浪乞讨人员。"据此可知,对城市流浪乞讨人员的救济经费主要来源于财政预算,同时社会组织和个人捐赠也作为城市流浪乞讨人员救济资金的重要来源。

5. 救济机构及管理。《救助管理办法》第 4 条规定:"县级以上人民政府民政部门负责流浪乞讨人员的救助工作,并对救助站进行指导、监督。公安、卫生、交通、铁道、城管等部门应当在各自的职责范围内做好相关工作。"第 14 条规定:"县级以上人民政府民政部门应当加强对救助站工作人员的教育、培训和监督。救助站工作人员应当自觉遵守国家的法律法规、政策和有关规章制度,不准拘禁或者变相拘禁受助人员;不准打骂、体罚、虐待受助人员或者唆使他人打骂、体罚、虐待受助人员;不准敲诈、勒索、侵吞受助人员的财物;不准克扣受助人员的生活供应品;不准扣压受助人员的证件、申诉控告材料;不准任用受助人员担任管理工作;不准使用受助人员为工作人员干私活;不准调戏妇女。违反前款规定,构成犯罪的,依法追究刑事责任；尚不构成犯罪的，依法给予纪律处分。”可见，《救助管理办法》规定了城市流浪乞讨人员的救济机构为民政部门，淡化了公安部门的角色，强化了对流浪乞讨人员社会救济的意义，体现了政府对流浪乞讨人员的救济责任。同时，该办法还对民政部门、救助站及其工作人员的救济管理行为作出了具体规范，明确了责任主体，强化了责任追究机制。

《城市生活无着的流浪乞讨人员救助管理办法》的颁布与实施，有效地解决了城市生活无着的流浪乞讨人员的基本生活问题，在维护城市社会治安、促进社会的和谐与稳定等方面发挥了重要的作用。但由于新制度在出台时比较仓促，实际运行中存在一些问题，如救助对象甄别困难、自愿求助者少、求助者中很多人并非是所谓“生活无着的流浪乞讨人员”、临时救助无法满足特殊求助对象的需求、受助人员返回住所地或所在单位非常困难、街头流浪乞讨人员有增多的趋势、部分地区落实救助管理经费有困难、救助服务不能贴近受助者、很多救助管理人员专业素养较差等。以上救助管理制度在实践中暴露出的问题，有些是制度细节设计不周导致的，这是可以通过调整和健全制度设计来解决的；有些问题是制度设计的整体思路还存在问题，如果不作大的修正，就不可能解决问题；有些问题则是与其他制度衔接不好、与目前社会经济发展状况相联系的，如果不着眼于相关制度的完善、不着眼于解决目前社会经济发展中的突出问题，是很难指望救助管理制度发挥最佳效益的。① 关于城市流浪乞讨人员问题的解决，是一个系统的社会工程，有赖于整个社会保障制度以及其他配套制度的完善。

第三节　农村社会救济制度

农村社会救济并不是我国社会救济制度中的特殊救济项目，而是基于我国城乡二元分割的特殊国情，将社会救济制度中面向农村实施的救济项目单独介绍。农村社会救济制度是指国家和社会为农村中的因各种原因导致生活困难的贫困对象提供帮助，以维持其基本生活的制度。目前我国农村社会救济制度主要有农村最低生活保障制度、五保供养制度、农村特困户定期定量救济制度、农村医疗救助制度以及扶贫救济制度等。

一、农村最低生活保障制度

农村最低生活保障制度，是国家和社会为保障收入难以维持最基本生活的农村贫困人口而建立的一种社会救济制度。从 1997 年开始，我国部分有条件的省市逐步建立了农村最低生活保障制度。2007 年 7 月 11 日，国务院发布了《关于在全国建立农村最低生活保障制度的通知》，就农村最低生活保障制度的目标、保障标准和对象范围、申请及管理程序、资金来源等内容作出了基本的规范。

(一)农村最低生活保障制度的目标

建立农村最低生活保障制度的目标是：通过在全国范围建立农村最低生活保障制度，将符合条件的农村贫困人口全部纳入保障范围，稳定、持久、有效地解决全国农村贫困人口的

① 洪大用：《城市流浪乞讨人员的救助与管理》，http://www.china.com.cn/zhuanti2005/txt/2005-09/08/content_5960953.htm，下载日期：2011 年 7 月 29 日。

温饱问题。

(二)农村最低生活保障标准和对象范围

农村最低生活保障标准由县级以上地方人民政府按照能够维持当地农村居民全年基本生活所必需的吃饭、穿衣、用水、用电等费用确定，并报上一级地方人民政府备案后公布执行。农村最低生活保障标准要随着当地生活必需品价格变化和人民生活水平提高适时进行调整。农村最低生活保障对象是家庭年人均纯收入低于当地最低生活保障标准的农村居民，主要是因病残、年老体弱、丧失劳动能力以及生存条件恶劣等原因造成生活常年困难的农村居民。

(三)农村最低生活保障的申请和管理程序

1. 申请、审核和审批。申请农村最低生活保障，一般由户主本人向户籍所在地的乡(镇)人民政府提出申请；村民委员会受乡(镇)人民政府委托，也可受理申请。受乡(镇)人民政府委托，在村党组织的领导下，村民委员会对申请人开展家庭经济状况调查、组织村民会议或村民代表会议民主评议后提出初步意见，报乡(镇)人民政府；乡(镇)人民政府审核后，报县级人民政府民政部门审批。

2. 民主公示。村民委员会、乡(镇)人民政府以及县级人民政府民政部门要及时向社会公布有关信息，接受群众监督。公示的内容重点为：最低生活保障对象的申请情况和对最低生活保障对象的民主评议意见，审核、审批意见，实际补助水平等情况。对公示没有异议的，要按程序及时落实申请人的最低生活保障待遇；对公示有异议的，要进行调查核实，认真处理。

3. 资金发放。最低生活保障金原则上按照申请人家庭年人均纯收入与保障标准的差额发放，也可以在核查申请人家庭收入的基础上，按照其家庭的困难程度和类别，分档发放。要加快推行国库集中支付的方式，通过代理金融机构直接、及时地将最低生活保障金支付到最低生活保障对象账户。

4. 动态管理。乡(镇)人民政府和县级人民政府民政部门要采取多种形式，定期或不定期调查了解农村困难群众的生活状况，及时将符合条件的困难群众纳入保障范围；并根据其家庭经济状况的变化，及时按程序办理停发、减发或增发最低生活保障金的手续。保障对象和补助水平变动情况都要及时向社会公示。

(四)农村最低生活保障资金

农村最低生活保障资金的筹集以地方为主，地方各级人民政府要将农村最低生活保障资金列入财政预算，省级人民政府要加大投入。地方各级人民政府民政部门要根据保障对象人数等提出资金需求，经同级财政部门审核后列入预算。中央财政对财政困难地区给予适当补助。农村最低生活保障资金实行专项管理，专账核算，专款专用，严禁挤占挪用。

二、农村五保供养制度

五保供养是指对符合规定的村民在吃、穿、住、医、葬方面给予生活照顾和物质帮助。五保供养制度是我国在农村长期以来实施的一项社会救济制度。1994 年，国务院发布《农村五保供养工作条例》，以法规的形式对五保供养的性质、对象、内容、形式等作出了明确规定，同年民政部发布《敬老院管理暂行办法》，进一步加强了农村敬老院的建设。为了做好农村五保供养工作，保障农村五保供养对象的正常生活，促进农村社会保障制度的发展，国务院于 2006 年发布新的《农村五保供养工作条例》，进一步完善了农村五保供养制度。

（一）五保供养的对象

新《农村五保供养工作条例》规定，老年、残疾或者未满16周岁的村民，无劳动能力、无生活来源又无法定赡养、抚养、扶养义务人，或者其法定赡养、抚养、扶养义务人无赡养、抚养、扶养能力的，享受农村五保供养待遇。

五保供养对象的确定，需要符合法定的程序。享受农村五保供养待遇，应当由村民本人向村民委员会提出申请；因年幼或者智力残疾无法表达意愿的，由村民小组或者其他村民代为提出申请。经村民委员会民主评议，对符合本条例第6条规定条件的，在本村范围内公告；无重大异议的，由村民委员会将评议意见和有关材料报送乡、民族乡、镇人民政府审核。乡、民族乡、镇人民政府应当自收到评议意见之日起20日内提出审核意见，并将审核意见和有关材料报送县级人民政府民政部门审批。县级人民政府民政部门应当自收到审核意见和有关材料之日起20日内作出审批决定。对批准给予农村五保供养待遇的，发给《农村五保供养证书》；对不符合条件不予批准的，应当书面说明理由。乡、民族乡、镇人民政府应当对申请人的家庭状况和经济条件进行调查核实；必要时，县级人民政府民政部门可以进行复核。申请人、有关组织或者个人应当配合、接受调查，如实提供有关情况。

农村五保供养对象不再符合本条例第6条的规定条件的，村民委员会或者敬老院等农村五保供养服务机构（以下简称农村五保供养服务机构）应当向乡、民族乡、镇人民政府报告，由乡、民族乡、镇人民政府审核并报县级人民政府民政部门核准后，核销其《农村五保供养证书》。农村五保供养对象死亡，丧葬事宜办理完毕后，村民委员会或者农村五保供养服务机构应当向乡、民族乡、镇人民政府报告，由乡、民族乡、镇人民政府报县级人民政府民政部门核准后，核销其《农村五保供养证书》。

（二）五保供养的内容

新《农村五保供养工作条例》第9条规定，农村五保供养包括下列供养内容：供给粮油、副食品和生活用燃料；供给服装、被褥等生活用品和零用钱；提供符合基本居住条件的住房；提供疾病治疗，对生活不能自理的给予照料；办理丧葬事宜。农村五保供养对象未满16周岁或者已满16周岁仍在接受义务教育的，应当保障他们依法接受义务教育所需费用。

（三）五保供养的形式

农村五保供养对象可以自行选择供养形式，可以在当地的农村五保供养服务机构集中供养，也可以在家分散供养。集中供养的农村五保供养对象，由农村五保供养服务机构提供供养服务；分散供养的农村五保供养对象，可以由村民委员会提供照料，也可以由农村五保供养服务机构提供有关供养服务。

（四）五保供养的资金来源

旧的《农村五保供养工作条例》规定，五保供养是农村的集体福利事业。农村集体经济组织负责提供五保供养所需的经费和实物，乡、民族乡、镇人民政府负责组织五保供养工作的实施。新《农村五保供养工作条例》则将农村五保供养对象全部纳入财政供养范畴。其第11条规定，农村五保供养资金，在地方人民政府财政预算中安排。有农村集体经营等收入的地方，可以从农村集体经营等收入中安排资金，用于补助和改善农村五保供养对象的生活。农村五保供养对象将承包土地交由他人代耕的，其收益归该农村五保供养对象所有。具体办法由省、自治区、直辖市人民政府规定。中央财政对财政困难地区的农村五保供养，在资金上给予适当补助。

三、农村特困户定期定量救济政策

农村特困户是农村困难群众中最困难的群体，且自救能力差，迫切需要政府给予必要的救济，以确保他们的基本生活。2003年，民政部办公厅发布《关于进一步做好农村特困户救济工作的通知》，要求各级民政部门积极争取财政支持向因病因残丧失劳动力、鳏寡孤独、因灾害等造成家庭生活常年困难的农村特困户发放《农村特困户救助证》，实行定期定量救济。同时，要求各级民政部门充分调动社会各方面的积极性，多方筹措资金，开展社会互助，对特困户进行医疗、子女就学等救助，切实保障农村特困户的基本生活。对农村特困户的定期定量救济政策，在一定程度上确保了农村特困户的基本生活，为农村的稳定与发展发挥了重要的作用。

四、农村医疗救助制度

农村医疗救助制度是政府拨款和社会自愿捐助等多渠道筹资，对患大病农村五保户和贫困农民家庭实行医疗救助的制度。2003年11月18日，民政部、卫生部和财政部发布了《关于实施农村医疗救助的意见》，对建立和实施农村医疗救助制度，提出了一些意见。为了加强农村医疗救助基金管理，保证资金的合理有效使用，2004年1月5日财政部和民政部发布《农村医疗救助基金管理试行办法》，对农村医疗救助基金的用途、来源、管理和使用原则等内容进行了规定。

（一）救助对象与救助办法

1. 救助对象。农村医疗救助制度主要针对符合条件的农村贫困农民，包括农村五保户，农村贫困户家庭成员以及地方政府规定的其他符合条件的农村贫困农民。救助对象的具体条件由地方民政部门会同财政、卫生部门制定，报同级人民政府批准。

2. 救助办法。农村医疗救助制度的救助办法包括：(1)开展新型农村合作医疗的地区，资助医疗救助对象缴纳个人应负担的全部或部分资金，参加当地合作医疗，享受合作医疗待遇。因患大病经合作医疗补助后个人负担医疗费用过高，影响家庭基本生活的，再给予适当的医疗救助。(2)尚未开展新型农村合作医疗的地区，对因患大病个人负担费用难以承担，影响家庭基本生活的，给予适当医疗救助。(3)国家规定的特种传染病救治费用，按有关规定给予补助。医疗救助对象全年个人累计享受医疗救助金额原则上不超过当地规定的医疗救助标准。对于特殊困难人员，可适当提高医疗救助水平。

（二）医疗救助服务的内容

1. 已开展新型农村合作医疗的地区，由农村合作医疗定点卫生医疗机构提供医疗救助服务；未开展新型农村合作医疗的地区，由救助对象户口所在地乡（镇）卫生院和县级医院等提供医疗救助服务。

2. 提供医疗救助服务的医疗卫生机构等应在规定范围内，按照本地合作医疗或医疗保险用药目录、诊疗项目目录及医疗服务设施目录，为医疗救助对象提供医疗服务。

3. 遇到疑难重症需转到非指定医疗卫生机构就诊时，要按当地医疗救助的有关规定办理转院手续。

4. 承担医疗救助的医疗卫生机构要完善并落实各种诊疗规范和管理制度，保证服务质量，控制医疗费用。

（三）基金的筹集和管理

1. 医疗救助基金的筹集。农村医疗救助基金是用于农民贫困家庭医疗救助的专用基金。基金通过政府拨款和社会各界自愿捐助等多渠道筹集，按照公开、公平、公正、专款专用、量入为出、收支平衡的原则进行管理和使用。具体而言，农村医疗救助基金由三部分组成：地方各级财政每年年初根据实际需要和财力情况安排医疗救助资金，列入当年财政预算；中央财政通过专项转移支付对中西部贫困地区农民贫困家庭医疗救助给予适当支持；社会捐赠及其他资金纳入医疗救助基金。

县级人民政府要建立独立的农村医疗救助基金。基金来源包括财政拨款、彩票公益金、社会各界自愿捐助、利息收入等。具体包括：地方各级财政每年根据本地区开展农村医疗救助工作的实际需要和财力状况，在年初财政预算中合理安排农村医疗救助资金；地方各级民政部门每年从留归民政部门使用的彩票公益金中提取一定比例或一定数额的资金用于农村医疗救助；鼓励社会各界自愿捐赠资金用于农村医疗救助；农村医疗救助基金形成的利息收入；按规定可用于农村医疗救助的其他资金。

2. 医疗救助基金的管理。农村医疗救助基金用于资助救助对象参加当地新型农村合作医疗或补助救助对象的大病医疗费用，以及符合国家规定的特种传染病救治费用。基金必须专款专用，不得提取管理费或列支其他任何费用。

农村医疗救助的享受对象及救助金额，由个人提出申请，村民代表会议评议，乡镇人民政府审核，县级民政部门根据县级人民政府的具体规定审批。经批准的救助对象参加当地新型农村合作医疗缴费有困难的，由农村医疗救助基金给予资助，并对患大病救助对象难以自付的医疗费用给予适当补助。国家规定的特种传染病救治费用按有关规定经批准后支付。

农村医疗救助基金的筹集、管理和使用情况，以及救助对象、救助金额等情况应通过张榜公布和新闻媒体等方式定期向社会公布，接受社会监督。农村医疗救助基金必须全部用于农村贫困家庭的医疗救助，任何单位和个人不得截留、挤占、挪用。民政、财政、审计等部门要定期不定期对农村医疗救助基金的使用情况进行监督检查，发现问题及时纠正，并及时向当地人民政府和有关部门报告。

五、农村扶贫救济制度

农村扶贫是国家以资金或技术输入等方式对农村贫困户和贫困地区予以资助，以帮助其脱贫致富的一种社会救济制度。我国从 1986 年开始在全国范围内开展了有计划、有组织和大规模的开发式扶贫，以 1994 年 3 月《国家“八七”扶贫攻坚计划》的公布实施为标志，我国扶贫开发进入了攻坚阶段。为加快解决在一定程度和特定地区仍然存在的贫困问题，国务院于 2001 年 6 月颁布了《中国农村扶贫开发纲要(2001—2010 年)》，提出了今后十年中国农村扶贫开发的目标任务、指导思想和方针政策。在扶贫开发的过程中，我国坚持开发式扶贫方针,[①]通过多种方式和途径,采取综合配套措施,帮助农村贫困人口脱贫。

另外,国家还制定了许多支持贫困地区、贫困农户发展的优惠政策。其中,帮助贫困农户发展的优惠政策有:对尚未解决温饱问题的贫困户,免除粮食订购任务;根据实际情况,适当延长扶贫贷款的使用期限,放宽抵押和担保条件;按照农业税条例的有关规定,减免农业税和农业特产税。支持贫困地区经济开发的优惠政策有:中央政府逐步加大对贫困地区的财政转移支付力度,各有关省、自治区、直辖市建立二级转移支付制度,为贫困地区提供财力支持。对贫困县新办企业和发达地区到贫困地区兴办的企业,在三年内免征所得税;根据谁受益、谁负担的原则,适当提高库区建设基金和库区维护基金标准,专项用于解决水库移民的温饱问题。

(一)农村扶贫贷款制度

农村扶贫贷款是增加对农村贫困地区的财政投入和低息信贷的供给,以此来促进农村贫困地区经济发展和提高农村贫困户的生产能力。扶贫贷款是农村扶贫开发的主要资金来源,主要用于重点贫困地区,支持能够带动贫困人口增加收入的种养业、劳动密集型企业、农产品加工企业、市场流通企业以及基础设施建设项目。《中国农村扶贫开发纲要(2001—2010年)》提出,对各类企业到贫困地区兴办的有助于带动贫困户增加收入的项目,应视项目效益给予积极支持。在保障资金安全的前提下,适当放宽贫困地区扶贫贷款项目的条件,根据产业特点和项目具体情况,适当延长贷款期限。积极稳妥地推广扶贫到户的小额信贷,支持贫困农户发展生产。扶贫贷款执行统一优惠利率。优惠利率与基准利率之间的差额由中央财政据实补贴。扶贫贷款资金来源主要是中央和省级政府的投入以及国外的贷款。

(二)农村科技扶贫制度

从1986年开始,中国政府有关部门根据国家扶贫开发的总体战略和要求,适时提出科技扶贫的目标、措施和实施办法,并于1996年提出《1996—2000年全国科技扶贫规划纲要》,加强对科技扶贫的政策指导。为进一步增强贫困地区反贫困的能力,国务院专项安排科技扶贫资金,用于优良品种和先进实用技术的引进、试验、示范、推广,以及科技培训等。1995年以来,国家教委和财政部联合组织实施了"国家贫困地区义务教育工程",投入大量资金到贫困县、革命老区和少数民族地区,帮助这些地区普及九年义务教育。此外,我国政府还动员大专院校、科研院所在贫困地区积极推广农业先进实用技术,组织科技人员到贫困地区挂职任教,组织科研单位到贫困乡、村宣传普及农业技术。组织对国家重点扶持贫困县的县级干部和贫困地区的乡镇干部的培训,开展对农村科技人员和农民技术骨干的实用技术培训,这些方式既提高了管理者的素质,也增强了农民脱贫致富的能力。

抓好智力开发,科技扶贫,提高劳动者和管理者的素质,是扶贫的根本。在科技扶贫制

---

① 国务院新闻办公室于2001年10月发布的《中国的农村扶贫开发》中提出,开发式扶贫方针主要包括五个方面内容:第一,倡导和鼓励自力更生、艰苦奋斗的精神,克服贫困农户中普遍存在的"等、靠、要"思想。第二,针对贫困地区基础设施薄弱、抵御自然灾害能力较差的实际情况,国家安排必要的以工代赈资金,鼓励、支持贫困农户投工投劳,开展农田、水利、公路等方面的基础设施建设,改善生产条件。第三,国家安排优惠的扶贫专项贴息贷款,制定相关优惠政策,重点帮助贫困地区、贫困农户发展以市场为导向的种植业、养殖业以及相应的加工业项目,促进增产增收。第四,开展农业先进实用技术培训,提高贫困农户的科技文化素质,增强自我发展能力。第五,扶贫开发与水土保持、环境保护、生态建设相结合,实施可持续发展战略,增强贫困地区和贫困农户的发展后劲。

度的实施过程中，应当围绕支柱产业和商品基地建设的需要，选择实用技术，发展各种类型的科技扶贫组织，开发对农民的技术培训，提高贫困户掌握和运用科学技术的能力，真正实现脱贫致富。

(三)农村移民扶贫开发制度

移民扶贫开发是指生存条件极其恶劣地区的贫困农户通过移民搬迁、异地开发的方式，开辟解决温饱问题的新途径。我国移民扶贫开发，按照群众自愿、就近安置、量力而行、适当补助四项原则进行。我国移民扶贫开发的主要做法有：一是插户移民。即由贫困户自行投亲靠友，分散安置，政府给予一定补助。二是政府建移民开发基地安置移民。既要保证可稳定解决迁入户的温饱问题，又要保证不破坏迁入地的生态环境。三是吊庄移民。即采取搬迁初期两头有家的形式，待移民点得到开发，生产生活基本稳定后再完全搬迁。移民扶贫开发是扶贫开发工作的重要组成部分，是推动生产、生活条件和生态环境极其恶劣地区贫困人口脱贫致富的有效途径。

(四)农村以工代赈制度

根据2005年12月国家发展和改革委员会发布的《国家以工代赈管理办法》的规定，以工代赈是指政府投资建设基础设施工程，受赈济者参加工程建设获得劳务报酬，以此取代直接救济的一种扶持政策。现阶段，以工代赈是一项农村扶贫政策。国家安排以工代赈投入建设农村小型基础设施工程，贫困农民参加以工代赈工程建设，获得劳务报酬，直接增加收入。以工代赈投入分为实物投入和资金投入，用于国家确定的扶持地区，并向贫困人口多、脱贫难度大、基础设施薄弱的革命老区、少数民族地区、边疆地区和特困地区倾斜。以工代赈投入重点建设与贫困地区经济发展和农民脱贫致富相关的农村小型基础设施工程，建设内容是县乡村公路、农田水利、人畜饮水、基本农田、草场建设、小流域治理，以及根据国家要求安排的其他工程。各级发展改革部门是以工代赈的行政主管部门，承担以工代赈工作的具体管理职责。

以工代赈是中国传统的救济方式之一，也是农村社会救济的有效方式。实施以工代赈政策对于解决农村贫困问题，促进农村经济的发展具有重要的意义。第一，通过组织赈济对象参加工程建设，使赈济对象得到必要的收入和最基本的生活保障，达到赈济的目的。第二，在政策实施地区形成一批公共工程和基础设施，对当地经济社会的发展长期发挥作用。第三，可在一定程度上缓解政策实施地区农村劳动力剩余的问题，有利于社会稳定。同时，还可以激发群众自力更生、艰苦奋斗的精神，摆脱“等、靠、要”等消极意识。

第四节　救灾救济制度

一、救灾救济制度概述

救灾救济制度是指国家和社会对因遭遇各种自然灾害以及其他特定灾害事件造成生存危机的社会成员进行抢救与援助，以维持其最低生活水平并使其脱离灾难和危险的一项社会救济制度。我国是一个自然灾害频发的国家，因此，建立健全救灾救济制度具有重要的意义。新中国成立以来，国务院先后制定了一系列有关救灾救济方面的行政法规，同时民政部也出台了大量相关的政策性文件。2010年7月8日国务院颁布了《自然灾害救助条例》,确立了灾害救助工作的基本法律制度,对灾害救助的综合协调机制、灾前救助准备、灾害应急救助、灾后过渡性安置和恢复重建,以及灾害救助款物管理等各环节的工作进行了全面系统的规定,这标志着灾害救助工作迈上规范化、制度化、法制化的新台阶。目前我国政府的救灾工作方针是"政府主导、分级管理、社会互助、生产自救",按照灾情和灾害造成损失的大小,根据救灾工作分级管理、救灾资金分级负担的原则,中央和地方政府相应给予资金补助,同时重视和强调民间力量的参与,并通过《救灾捐赠管理办法》保护救灾捐赠人、受赠人和灾区受益人的合法权益。

二、救灾救济款物的管理和使用

(一)救灾救济款物的管理

县级以上人民政府财政部门、民政部门负责自然灾害救助资金的分配、管理并监督使用情况。县级以上人民政府民政部门负责调拨、分配、管理自然灾害救助物资。

(二)救灾救济款物的使用

1. 救灾救济款物实行专款专用、无偿使用原则。定向捐赠的款物,应当按照捐赠人的意愿使用。政府部门接受的捐赠人无指定意向的款物,由县级以上人民政府民政部门统筹安排用于自然灾害救助;社会组织接受的捐赠人无指定意向的款物,由社会组织按照有关的规定用于自然灾害救助。自然灾害救助款物用于受灾人员的紧急转移安置,基本生活救助,医疗救助,教育、医疗等公共服务设施和住房的恢复重建,自然灾害救助物资的采购、储存和运输,以及因灾遇难人员亲属的抚慰等项支出。

2. 救灾救济款物使用的监督机制。受灾地区人民政府民政、财政等部门和有关社会组织应当通过报刊、广播、电视、互联网,主动向社会公开所接受的自然灾害救助款物和捐赠款物的来源、数量及其使用情况。受灾地区村民委员会、居民委员会应当公布救助对象及其接受救助款物数额和使用情况。各级人民政府应当建立健全自然灾害救助款物和捐赠款物的监督检查制度,并及时受理投诉和举报。县级以上人民政府监察机关、审计机关应当依法对自然灾害救助款物和捐赠款物的管理使用情况进行监督检查,民政、财政等部门和有关社会组织应当予以配合。

三、救灾捐赠

救灾捐赠是以救灾为目的而开展的社会公益和慈善活动,是在发生较严重的突发性自然灾害后,由政府部门或社会团体等机构有组织地向海内外各界募集资金和物资,帮助解决灾区和灾民因灾造成的困难。为了规范救灾捐赠活动,加强救灾捐赠款物的管理,保护捐赠人、救灾捐赠受赠人和灾区受益人的合法权益,2008年4月民政部制定了《救灾捐赠管理办法》,原《救灾捐赠管理暂行办法》同时废止。

(一)救灾捐赠的原则

1. 自愿原则。作为一种社会公益和慈善活动,救灾捐赠应当是完全自愿的,禁止强行摊派或者变相摊派。

2. 无偿原则。救灾捐赠是无偿的,捐赠者除提出较为具体的捐赠对象、具体的使用方式(如指明捐款用于灾民某一具体方面的需要)、对捐款适用的必要监督措施(如要求报告使用情况或到救济地点考察)等合理意愿外,不能附加任何政治条件或其他同救灾目的不相关的条件。

(二)救灾捐赠的主体

救灾捐赠主体包括救灾募捐主体、救灾捐赠人、救灾捐赠受赠人。救灾募捐主体是指在县级以上人民政府民政部门登记的具有救灾宗旨的公募基金会。救灾捐赠人可以是国内外的个人和组织。救灾捐赠受赠人包括县级以上人民政府民政部门及其委托的社会捐助接收机构、经县级以上人民政府民政部门认定的具有救灾宗旨的公益性民间组织以及法律、行政法规规定的其他组织。

(三)救灾捐赠的接受

1. 县级以上人民政府民政部门接受救灾捐赠款物,根据工作需要可以指定社会捐助接收机构、具有救灾宗旨的公益性民间组织组织实施。乡(镇)人民政府、城市街道办事处受县(县级市、市辖区)人民政府委托,可以组织代收本行政区域内村民、居民及驻在单位的救灾捐赠款物。代收的捐赠款物应当及时转交救灾捐赠受赠人。

2. 救灾捐赠受赠人接受救灾捐赠款物时,应当确认银行票据,当面清点现金,验收物资。捐赠人所捐款物不能当场兑现的,救灾捐赠受赠人应当与捐赠人签订载明捐赠款物种类、质量、数量和兑现时间等内容的捐赠协议。捐赠人捐赠的食品、药品、生物化学制品应当符合国家食品药品监督管理和卫生行政等政府相关部门的有关规定。救灾捐赠受赠人接受救灾捐赠款物后,应当向捐赠人出具符合国家财务、税收管理规定的接收捐赠凭证。对符合税收法律、法规规定的救灾捐赠,捐赠人凭捐赠凭证可以享受税收优惠政策。

3. 境外救灾捐赠。国务院民政部门负责对境外通报灾情,表明接受境外救灾捐赠的态度,确定受援区域。国务院民政部门负责接受境外对中央政府的救灾捐赠。县级以上地方人民政府民政部门负责接受境外对地方政府的救灾捐赠。具有救灾宗旨的公益性民间组织接受境外救灾捐赠的,应当报民政部门备案,法律、行政法规另有规定的除外。救灾捐赠受赠人接受的外汇救灾捐赠款,应当全部结售给指定的外汇银行;境外救灾捐赠物资的检验、检疫、免税和入境,按照国家的有关规定办理。对免税进口的救灾捐赠物资不得以任何形式转让、出售、出租或者移作他用。

(四)救灾捐赠款物的管理和使用

1. 救灾捐赠款物的管理。国务院民政部门负责管理全国救灾捐赠工作。县级以上地方人民政府民政部门负责管理本行政区域内的救灾捐赠工作。救灾捐赠受赠人应当对救灾捐赠款指定账户,专项管理;对救灾捐赠物资建立分类登记表册。具有救灾宗旨的公益性民间组织应当按照当地政府提供的灾区需求,提出分配、使用救灾捐赠款物方案,报同级人民政府民政部门备案,接受监督。

2. 救灾捐赠款物的使用

救灾捐赠款物的使用范围:解决灾民衣、食、住、医等生活困难;紧急抢救、转移和安置灾民;灾民倒塌房屋的恢复重建;捐赠人指定的与救灾直接相关的用途;经同级人民政府批准的其他直接用于救灾方面的必要开支。

在国务院民政部门组织开展的跨省(自治区、直辖市)或者全国性救灾捐赠活动中,国务院民政部门可以统一分配、调拨全国救灾捐赠款物。县级以上人民政府民政部门根据灾情和灾区实际需求,可以统筹平衡和统一调拨分配救灾捐赠款物,并报上一级人民政府民政部门统计。对捐赠人指定救灾捐赠款物用途或者受援地区的,应当按照捐赠人意愿使用。在捐赠款物过于集中同一地方的情况下，经捐赠人书面同意，省级以上人民政府民政部门可以调剂分配。发放救灾捐赠款物时，应当坚持民主评议、登记造册、张榜公布、公开发放等程序，做到制度健全、账目清楚，手续完备，并向社会公布。

3. 救灾捐赠的监督。县级以上人民政府民政部门应当会同监察、审计等部门及时对救灾捐赠款物的使用发放情况进行监督检查。捐赠人有权向救灾捐赠受赠人查询救灾捐赠财产的使用、管理情况，并提出意见和建议。对于捐赠人的查询，救灾捐赠受赠人应当如实答复。救灾捐赠款物的接受及分配、使用情况应当按照国务院民政部门规定的统计标准进行统计，并接受审计、监察等部门和社会的监督。救灾捐赠、募捐活动及款物分配、使用情况由县级以上人民政府民政部门统一向社会公布，一般每年不少于两次。集中捐赠和募捐活动一般应在活动结束后一个月内向社会公布信息。

思考题

1. 什么叫社会救济？社会救济有哪些特征？
2. 社会救济法的基本原则有哪些？
3. 建立最低生活保障制度有何意义？请谈谈对我国最低生活保障制度的看法。
4. 我国对农村贫困人员的社会救济措施有哪些？
5. 如何有效使用救灾捐赠款物？
6. 除了本书列举的我国社会救济的基本内容外，你认为我国还有哪些制度可以列入社会救济制度的范畴？
7. 试分析我国社会救济制度的不足，并提出完善对策。

问题讨论

2008 年 5 月 12 日，我国四川省汶川地区发生大地震，造成重大人员伤亡和财产损失，从地震发生之日起，全中国展开了支援四川等灾区的抗震救灾工作。在官方的慈善系统之外，中国民间组织积极参与各类救灾、救援活动，被认为是中国公民社会蓬勃成长的标志，也是有效实施救灾的必经途径。然而民间力量参与赈灾募捐、救援的力度和广度，较之官方慈善系统仍有天壤之别，至今仍面临诸多法律和政策的障碍。首先，我国民间慈善组织取得法律人格非常困难，突破了资金的门槛后还要遭遇主管机关的尴尬，如果找不到主管机关，基金会也没法成立。所以很多名人设立的慈善基金都没有取得独立的法人资格，而是在红十字会或者慈善协会等主流机构下进行运作。在高门槛、双重管理等机制的制约下，众多民间组织得不到社团法人资格，只能以公司注册，结果从事慈善的人不仅要花钱，而且要和公司一样交税。其次，慈善捐赠只意味着传统的组织捐赠，缺乏其他的方式，更缺乏对其他方式的制度引导。

问题：

1. 如何建立公益信托制度？
2. 如何从法律角度规范义工？
3. 关于私人向民间慈善机构捐助后具体的税收优惠规范应怎样制定和完善？

第十四章 社会优抚法

【引例】一个有20年军龄以上的军人,1985年复员后,因某些原因,个人开业行医。2000年得知个体户也可以参加养老保险社会统筹,就找到了社会保险经办机构,说明自己愿意补缴养老保险费。但是,经办机构一工作人员提出,该军人在部队服兵役期间也要补缴。

根据我国相关政策法律的规定,请问该工作人员的说法对吗?为什么?

第一节 社会优抚制度的内涵和体系

一、社会优抚的内涵

优抚,是“优待”和“抚恤”的简称。社会优抚制度,是指国家和社会按照规定,对法定的优抚对象提供一定的物质帮助和服务,确保其生活不低于当地一般生活水平的一种带有褒扬和抚慰性质的特殊社会保障制度。具体来说,社会优抚制度是针对军人及其家庭设立的一项特殊的社会保障措施,是由国家和社会按照法律、政策的有关规定,对法定的优抚对象以提供津贴、服务和安置条件等方式,在入学、就业、救济、贷款、住房等方面给予优厚待遇,以确保其受人尊敬的社会地位和一定生活水平的社会保障制度。社会优抚的根本目标是弘扬社会正义和体现社会需要。建立并完善社会优抚制度,对鼓舞军队广大官兵士气及调动群众参军卫国的积极性,以及保障优抚对象的工作和生活都有巨大的积极作用。抚恤、优待和安置是社会优抚的典型形式。①

二、社会优抚的特征

(一)社会优抚的优抚对象具有法定性

根据我国现行法律、法规,我国的优抚对象包括:

1. 现役军人和武警官兵。指按照《中华人民共和国兵役法》的规定,正在服现役的军官(包括由现役军官改任的文职干部)和士兵。保留军籍的军队离休干部按现役军人对待。

2. 革命伤残军人。指经规定的审批机关批准,并取得中华人民共和国民政部制发的《革命伤残军人证》的人员。

① 郑功成:《社会保障学》,中国劳动社会保障出版社2005年版,第223页。

3. 复员退伍军人。包括复员军人和退伍军人两部分人员。是指在1954年10月31日之前入伍,后经批准从部队复员的人员。退伍军人,是指从1954年11月1日开始试行义务兵役制以后参加中国人民解放军,持有退伍或复员军人证件的人员。

4. 军人家属。包括革命烈士家属、因公牺牲军人家属、病故军人家属、现役军人家属等。其中革命烈士家属,是指经规定机关批准,取得中华人民共和国民政部制发的《革命烈士证明书》的家属;因公牺牲军人家属,是指经规定机关批准,取得《革命军人因公牺牲证明书》的家属;病故军人家属,是指经规定机关认定,取得《革命军人病故证明书》的家属;现役军人家属,是指按照《中华人民共和国兵役法》的规定,正在服现役的军人的家属。

(二)社会优抚的直接责任主体主要是政府

我国《宪法》明确规定:"国家和社会保障残废军人的生活,抚恤烈士家属,优待军人家属。"军人优抚权作为宪法权利,要求国家这个义务主体以及社会要承担起其宪法职责。任何义务主体不得以任何形式不履行或拖延履行法定义务,否则应该追究其法律责任。因此,我国《军人抚恤优待条例》第3条规定:"军人的抚恤优待,实行国家和社会相结合的方针,保障军人的抚恤优待与国民经济和社会发展相适应,保障抚恤优待对象的生活不低于当地的平均生活水平。"第4条规定:"国家和社会应当重视和加强军人抚恤优待工作。军人抚恤优待所需经费由国务院和地方各级人民政府分级负担。中央和地方财政安排的军人抚恤优待经费,专款专用,并接受财政、审计部门的监督。"通过规定社会优抚的各种手段以政府有关部门实施为主,社区组织实施为辅;其资金来源也是以政府财政支出为主,以社会统筹为辅,就可以做到责任明确,多层次,全方位地切实保障军人的优抚权利。

(三)社会优抚的内容具有综合性

社会优抚承担着对军人提供全面保障的责任。例如,对有特殊困难的退伍义务兵和现役军人家属提供的扶持生产、减免税收等帮困济贫的政策措施,具有社会救助的特征;对军转干部提供的离退休待遇或就业安置,对革命烈士家属和伤残人员的抚恤等,具有社会保险的特征;而为优抚对象提供的乘车、船、飞机等的优惠及优先解决其住房、就业、子女入托入学、医疗、工作调动等特殊待遇,又有了社会福利的性质。所以说,社会优抚制度是一个以特殊社会群体为保障对象的综合社会保障体系。

(四))社会优抚的待遇标准具有褒扬和激励性

由于优抚对象对国家和社会的贡献和牺牲较大,所以有关立法规定,社会优抚对军人及其家属的保障待遇要高于普通国民的一般保障标准。这不但为军人及其家属提供了基本生活保障,而且使他们的生活水平高于当地群众的一般生活。这样的待遇标准,对保障对象来说,稳定可靠、吸引力大,对军队建设有强大的激励作用;对其他国民来说则是一种宣传教育,有利于调动群众参军卫国的积极性,有利于进一步促进社会主义精神文明建设。

(五)社会优抚的保障目标具有双重性

一般的社会保障是保障被给付者的基本生活需要,属于基本性的社会保障,目的是促进社会稳定与和谐发展;而社会优抚不但为军人及其家属提供了基本的生活保障,而且还要使他们的生活水平高于当地群众的一般生活,体现出褒扬革命军人和对军人及其家属优待的特征。可见,社会优抚除了能达到社会稳定与和谐发展这一一般性的目标外,还可实现稳定军心、巩固国防的目标。

三、社会优抚的作用

(一)社会优抚是国家长治久安的重要保障

优抚事业是和国家的军事活动紧密相连的,它的地位和作用与军队的地位和作用紧密相关。而“兵者,国之大事,死生之地,存亡之道,不可不察也”,[①]可见,军队是国家政权的重要组成部分,只要有国家存在,就必然有军队存在。只有建立社会优抚制度,褒扬革命军人并对军人及其家属进行优待,才能使军队稳定并正常发挥作用,促进国防和军队建设。可见,支持军队建设,加强军政、军民团结,做好社会优抚工作,必将促进国家长治久安和社会稳定与和谐发展。

(二)社会优抚有利于促进社会经济的发展和繁荣

国家通过社会优抚可以增强军队实力,融洽军政、军民关系,安定军心,促进军队的建设;而军队实力的增强,不但能在保卫国家和维护和平方面发挥重要作用,而且还可以为社会经济建设创造和谐、安定的环境,并通过军队在和平时期直接参与地方建设,为社会经济发展作出贡献。

(三)社会优抚有利于激励军队和民众的献身精神

国家通过优抚工作,从直接的作用看,就是鼓舞和调动了军事人员的民族献身精神。而从间接的作用来看,通过优抚活动还可以使军人的献身精神得到弘扬,使民众和各界人士的爱国热情得到鼓舞,从而使国家的精神文明建设得到进一步发展。

(四)社会优抚具有社会稳定器作用

社会优抚项目的实施,使优抚对象在生活上享有一定的优厚待遇,解除优抚对象在物质生活及上学、就业、医疗、住房等方面的困难,使他们能安心地生产和生活,而他们的生活稳定也就解除了军人的后顾之忧,使他们能安心服役,尽心尽力地完成军队的任务。相反,如果优抚对象在生活和工作上得不到合理的安排和必要保障,不仅会造成他们物质和精神上的损害,从而可能导致社会出现不稳定因素,而且极可能对军人的服务心态产生负面影响。

四、我国社会优抚的体系

从目前我国社会优抚的体系看,主要包括退伍军人就业安置、现役军人及其家属优抚、伤残烈属优抚以及军人退休社会保障等四个部分。在这四个方面中,军人的安置保障包括退伍安置和离退休安置,其中退伍安置又包括对转业军官和复原的志愿兵及退伍的义务兵的安置。当前,对转业军官的安置是由组织部门和人事部门负责安排工作;志愿兵和家住城镇、属非农业户口的义务兵,由民政部门和劳动部门负责安排工作;家住农村、属农业户口的义务兵,按“从哪里来,到哪里去”的原则安置;离退休安置的基本原则则是,除一部分由军队安置外,其余全部由民政部门接收安置。[②] 由于军人安置保障这一部分工作政策性强,变化性大,所以本章只在此作简略的介绍,下面着重就现役军人及其家属、伤残烈属等的优抚问题进行介绍。

---

① 孙武著,曹操注,郭化若译:《孙子兵法》,上海古籍出版社2006年版,第2页。

② 参见谢根成:《劳动和社会保障法学》,暨南大学出版社2010年版,第342～343页。

第二节 社会抚恤制度

抚恤主要指慰问伤残人员或死者家属并发给一定数额的费用，帮助其解决生活上的困难，保障其生活水平不低于当地群众的一般生活水平。其对象主要是革命烈士家属、因公牺牲人员的家属和病故军人家属，因战、因公或因病致残的革命伤残军人。这种抚恤的实施，由国家负责。

社会抚恤制度分为死亡抚恤和伤残抚恤两大类。

一、死亡抚恤

(一)概念

死亡抚恤，是国家对革命烈士家属、因工牺牲和病故军人家属及因公牺牲的国家机关工作人员家属、人民警察家属发放一定数额的费用，给予生活帮助的制度。

(二)死亡抚恤的对象及其认定

根据我国有关立法的规定，死亡抚恤的对象及其认定，内容如下：

1. 烈士

现役军人死亡，符合下列情形之一的，批准为烈士：

(1)对敌作战死亡，或者对敌作战负伤在医疗终结前因伤死亡的；

(2)因执行任务遭敌人或者犯罪分子杀害，或者被俘、被捕后不屈遭敌人杀害或者被折磨致死的；

(3)为抢救和保护国家财产、人民生命财产或者执行反恐怖任务和处置突发事件死亡的；

(4)因执行军事演习、战备航行飞行、空降和导弹发射训练、试航试飞任务以及参加武器装备科研试验死亡的；

(5)在执行外交任务或者国家派遣的对外援助、维持国际和平任务中牺牲的；

(6)其他死难情节特别突出，堪为楷模的。

此外，现役军人在执行对敌作战、边海防执勤或者抢险救灾任务中失踪，经法定程序宣告死亡的，按照烈士对待。

批准烈士的权限为，属于因战死亡的，由军队团级以上单位政治机关批准；属于非因战死亡的，由军队军级以上单位政治机关批准；属于前述第6项规定情形的，由中国人民解放军总政治部批准。

2. 因公牺牲

现役军人死亡，符合下列情形之一的，确认为因公牺牲：

(1)在执行任务中或者在上下班途中，由于意外事件死亡的；

(2)被认定为因战、因公致残后因旧伤复发死亡的；

(3)因患职业病死亡的；

(4)在执行任务中或者在工作岗位上因病猝然死亡，或者因医疗事故死亡的；

(5)其他因公死亡的。

此外,现役军人在执行对敌作战、边海防执勤或者抢险救灾以外的其他任务中失踪,经法定程序宣告死亡的,按照因公牺牲对待。

关于因公牺牲的认定,现役军人因公牺牲,由军队团级以上单位政治机关确认;属于第5项规定情形的因公牺牲,则由军队军级以上单位政治机关确认。

3. 病故军人

现役军人除因患职业病死亡的以及在执行任务中或者在工作岗位上因病猝然死亡,或者因医疗事故死亡的情形以外,因其他疾病死亡的,确认为病故。

现役军人非执行任务死亡或者失踪,经法定程序宣告死亡的,按照病故对待。

现役军人病故的认定,由军队团级以上单位政治机关负责。

(三)死亡抚恤待遇及支付标准

1. 死亡一次性抚恤

死亡一次性抚恤主要指根据死亡性质和本人死亡时的工资收入一次性发给革命烈士家属、因公牺牲军人家属、病故军人家属的抚恤金。

现役军人死亡,根据其死亡性质和死亡时的月工资标准,由县级人民政府民政部门发给其遗属一次性抚恤金。支付标准如下:

烈士和因公牺牲的,为上一年度全国城镇居民人均可支配收入的20倍加本人40个月的工资;病故的,为上一年度全国城镇居民人均可支配收入的2倍加本人40个月的工资。月工资或者津贴低于排职少尉军官工资标准的,按照排职少尉军官工资标准计算。

此外,获得荣誉称号或者立功的烈士、因公牺牲军人、病故军人,其遗属在应当享受的一次性抚恤金的基础上,由县级人民政府民政部门按照下列比例增发一次性抚恤金:

(1)获得中央军事委员会授予荣誉称号的,增发35%;

(2)获得军队军区级单位授予荣誉称号的,增发30%;

(3)立一等功的,增发25%;

(4)立二等功的,增发15%;

(5)立三等功的,增发5%。

2. 遗属定期抚恤

遗属定期抚恤主要指国家对符合规定条件的革命烈士家属、因公牺牲家属、病故军人家属发给抚恤金,用以抚慰遗属,并帮助解决长期的生活困难。

根据我国有关立法的规定,对符合下列条件之一的烈士遗属、因公牺牲军人遗属、病故军人遗属,发给定期抚恤金:

(1)父母(抚养人)、配偶无劳动能力、无生活费来源,或者收入水平低于当地居民平均生活水平的;

(2)子女未满18周岁或者已满18周岁但因上学或者残疾无生活费来源的;

(3)兄弟姐妹未满18周岁或者已满18周岁但因上学无生活费来源且由该军人生前供养的。

对符合享受定期抚恤金条件的遗属,由县级人民政府民政部门发给《定期抚恤金领取证》。定期抚恤金标准应当参照全国城乡居民家庭人均收入水平确定。定期抚恤金的标准及其调整办法,由国务院民政部门会同国务院财政部门规定。

县级以上地方人民政府对依靠定期抚恤金生活仍有困难的烈士遗属、因公牺牲军人遗属、病故军人遗属，可以增发抚恤金或者采取其他方式予以补助，保障其生活不低于当地的平均生活水平。

享受定期抚恤金的烈士遗属、因公牺牲军人遗属、病故军人遗属死亡的，增发6个月其原享受的定期抚恤金，作为丧葬补助费，同时注销其领取定期抚恤金的证件。

现役军人失踪，经法定程序宣告死亡的，在其被批准为烈士，确认为因公牺牲或者病故后，又经法定程序撤销对其死亡宣告的，由原批准或者确认机关取消其烈士、因公牺牲军人或者病故军人资格，并由发证机关收回有关证件，终止其家属原享受的抚恤待遇。

二、伤残抚恤

（一）概念

伤残抚恤，是国家和社会保障革命伤残人员包括革命伤残军人、伤残人民警察、伤残机关工作人员、伤残民兵民工等的基本生活的优抚制度。

（二）伤残抚恤的事故范围

根据我国有关立法的规定，伤残抚恤的事故范围如下：

1. 因战致残

因战致残是指对敌作战负伤致残，经医疗终结，符合评残条件的各种情况。其具体范围是：对敌作战中负伤致残的；临战前在战区执行潜伏、侦察、巡逻、后勤保障等任务，遭敌人武器伤或其他意外伤致残的；平时在边境线执行潜伏、侦察、巡逻、后勤保障等任务，遭敌人武器伤或误伤致残的；对敌斗争中被俘不屈负伤致残的。

2. 因公致残

因公致残是指在执行公务中致残，经医疗终结，符合评残条件的各种情况。其具体范围是：在从事军事训练、施工、生产等任务和上、下班途中，遭到非本人责任和无法抗拒的意外伤致残的；在执行任务中被犯罪分子伤害致残的；在维护社会治安、抢救和保护人民生命、国家和集体财产时，被犯罪分子致伤或遭意外伤致残的；因患职业病致残的；因医疗事故致残的，也按因公致残对待。

3. 因病致残

因病致残是指义务兵在服役期间患精神病以外的疾病，经医疗基本终结，符合二等乙级以上病残条件的各种情况。

（三）伤残等级的划分与评定

伤残等级的评定程序一般是：医疗终结时，在部队指定的医院对残情进行检查，符合评残条件时再由医院提出评定伤残等级的意见，报军级以上卫生部门或大军区卫生部门批准并发给《革命伤残军人抚恤证》，凭证按照规定享受伤残军人优待抚恤。除特殊情况外，现役军人退役后一般不再办理评残手续。

此外，因战、因公、因病致残性质的认定和残疾等级的评定权限是：

1. 义务兵和初级士官的残疾，由军队军级以上单位卫生部门认定和评定；

2. 现役军官、文职干部和中级以上士官的残疾，由军队军区级以上单位卫生部门认定和评定；

3. 退出现役的军人和移交政府安置的军队离休、退休干部需要认定残疾性质和评定残疾等级的，由省级人民政府民政部门认定和评定。

（四）伤残抚恤待遇

我国军人伤残抚恤标准，除了根据其伤残原因、伤残等级等加以区分外，还根据其有无工作分别发给伤残保健金或伤残抚恤金。具体规定如下：

1. 退出现役的残疾军人，按照残疾等级享受残疾抚恤金。残疾抚恤金由县级人民政府民政部门发放。因工作需要继续服现役的残疾军人，经军队军级以上单位批准，由所在部队按照规定发给残疾抚恤金。

2. 退出现役的因战、因公致残的残疾军人因旧伤复发死亡的，由县级人民政府民政部门按照因公牺牲军人的抚恤金标准发给其遗属一次性抚恤金，其遗属享受因公牺牲军人遗属抚恤待遇。

3. 退出现役的因战、因公、因病致残的残疾军人因病死亡的，对其遗属增发 12 个月的残疾抚恤金，作为丧葬补助费；其中，因战、因公致残的一级至四级残疾军人因病死亡的，其遗属享受病故军人遗属抚恤待遇。

退出现役的一级至四级残疾军人，由国家供养终身；其中，对需要长年医疗或者独身一人不便分散安置的，经省级人民政府民政部门批准，可以集中供养。

根据我国法律的规定，我国伤残军人的抚恤标准还应随国民经济的发展和人民生活水平的提高而逐渐提高。

第三节　社会优待

社会优待是国家、社会、群众对烈属，因工牺牲、病故军人家属，革命伤残军人、现役军人及其家属，带病回乡复退军人，退伍红军老战士等优抚对象给予帮助和照顾，对军人及其亲属提供维持一定生活水平和生活质量的资金和服务的保障项目。《中华人民共和国兵役法》第 51 条规定："现役军人，革命残废军人，退出现役的军人，革命烈士家属，牺牲、病故军人家属，现役军人家属，应当受到社会的尊重，受到国家和人民群众的优待。"根据我国《兵役法》和《军人抚恤优待条例》等法律、法规的相关规定，社会优待主要包括：

一、发放优待金

为切实保障优抚对象的生活略高于当地居民的平均生活水平，激励军人保卫祖国、献身国防，1984 年颁布的《兵役法》规定，由乡、镇人民政府采取平衡负担的办法，通过农民群众统筹给予农村义务兵家属现金优待。对家居城镇的义务兵家属生活困难的，由县、市、市辖区人民政府给予适当的现金补助。这种依法统筹的用于义务兵家属、革命烈士家属等优抚对象优待的经费，称为优待金。目前，一些省、市、自治区对城镇籍的义务兵家属实行了普遍的优待。2004 年、2011 年的《军人抚恤优待条例》，均重申了优待金制度。规定义务兵服现役期间，其家属由当地人民政府发给优待金或者给予其他优待，优待标准不低于当地平均生活水平。

关于优待金的来源，主要是通过以下途径解决：一是财政拨款；二是军属所在单位或军人参军前所在单位承担；三是通过社会统筹方式解决。

优待金标准的确定，一是要与当地经济条件和群众生活水平相适应；二是要保障优抚对象相当或略高于当地一般群众的生活水平；还要考虑优待金筹集的可行性。

二、发给烈士遗属烈士褒扬金

我国2011年8月1日施行的《军人抚恤优待条例》第12条规定：“现役军人死亡被批准为烈士的，依照《烈士褒扬条例》的规定发给烈士遗属烈士褒扬金。”从而明确了烈士遗属的烈士褒扬金制度，使工作更加规范化。

烈士褒扬金的标准，是上一年度全国城镇居民人均可支配收入的30倍。战时，参战牺牲的烈士褒扬金标准可以适当提高。

三、社会生活中的优待

(一)现役军人及其家属的优待

1. 对现役军人的优待

义务兵和初级士官入伍前的承包地(山、林)等，应当保留；服现役期间，除依照国家有关规定和承包合同的约定缴纳有关税费外，免除其他负担。

义务兵从部队发出的平信，免费邮递。

义务兵退出现役后，报考国家公务员、高等院校和中等专业学校，按照有关的规定予以优待。

本章引例中工作人员的说法对就是错误的。因为：第一、国家规定，个人和单位同时向社会保险机构缴纳养老保险费的最早时间是1986年，而且开始只限于合同制工人。社会保险部门要该军人补缴服兵役期间的养老保险费，等于把缴费时间推前到60年代。第二、转业、复员、退伍军人在我军服兵役期间，凡计算为军龄的，转、复、退后都应计算为工龄，这是对子弟兵的优待。转业军人在地方安排工作，只是职业的转变。国家从未有让在籍军人缴纳养老保险费的规定。即使他们不接受这种安排，回乡务农，或搞个体经营等，军龄也都应该计算为工龄，工龄是社会保险制度中的特定概念，也主要在社会保险范围内起作用。第三、养老保险社会统筹根据2000年国务院发布的《关于完善城镇社会保障体系的试点方案》规定，基本养老保险制度的覆盖范围应扩展到城镇所有企业及其职工和个体经营者。该军人个人开业行医属于个体经营者，又在城镇，应该在养老保险扩展范围之内。该军人要求参加养老社会保险统筹是合理的。个人愿意补缴养老保险费，只要当地政府有合理的规定，是可以的。

2. 对现役军人家属的优待

义务兵家庭优待金，不分城乡入伍一律给予优待。义务兵家庭优待金由当地人民政府负责发给，资金渠道明确，优待标准既包括货币形式即优待金，又包括其他形式的优待，其标准不低于当地平均生活水平。在农村义务兵家属的优待中，农村义务兵家属的优待金，一般以乡镇为单位统筹，有的地方已实行全县统筹。标准主要有四种形式：(1)同农村整体劳力全部收入相联系；(2)同农村人均年收入相联系；(3)同农村强劳力年收入和参军年限相联系；(4)同农村人均年收入和参军年限相联系。不少地方，还对立功的义务兵，加发其家属优待金。如果军人家属享受优待金后，生活还有困难的，国家给予适当补助。

此外，军属在我国还享有其他方面的优待，如符合某类条件的军属在其入托、入学、就业、住房、参军、看病以及贷款和救助等方面均享有一定的优待。

（二）革命烈士家属以及牺牲、病故军人家属的优待

我国对革命烈士家属，牺牲、病故军人家属的优待形式主要有介绍就业、组织生产、节日慰问以及在日常生活中给予多种优先权等。

（三）革命伤残军人优待

伤残军人优待在医疗待遇方面主要有：

1. 领取伤残保健金的革命伤残军人，享受其所在单位的医疗待遇。

2. 领取伤残抚恤金的二等乙级以上（含二等乙级）的革命伤残军人，享受卫生部门的公费医疗待遇。

3. 领取伤残抚恤金的三等革命伤残军人因伤口复发治疗所需医疗费由当地民政部门解决，因病所需要医疗费本人支付有困难的，由当地民政部门酌情给予补助。

4. 因战、因公致残，领取伤残抚恤金的革命伤残军人伤口复发，经批准到外地治疗或安装假肢的，其交通、住宿费用和住院期间伙食费由县、市、市辖区民政部门给予适当补助；领取伤残保健金的革命伤残军人伤口复发医疗和经批准需到外地安装假肢的，其交通、住宿费用，由其所在单位按公伤待遇办理。

（四）复员、退伍军人的优待

1. 根据《军人抚恤优待条例》的规定，复员军人未参加工作，因年老体弱，生活困难的，按照规定的条件，由当地民政部门给予定期定量补助，并逐步改善他们的生活待遇。

2. 享受补助资格的具体条件

(1)孤老的；

(2)年老体弱、丧失劳动能力，生活困难的；

(3)带病回乡不能参加生产劳动，生活困难的；

3. 在部队期间立功受奖，服役年限长，贡献较大的，定期定量补助标准还应适当提高。

第四节　社会优抚制度的发展与完善

一、社会优抚工作面临的问题[①]

新中国成立以来，我国的优抚工作已经取得了一定的成效。但不容否定，当前优抚工作依然存在较多问题。表现在：

（一）社会化参与程度不高，一定程度上制约了我国优抚保障事业的发展

优抚对象是为国家作出牺牲和贡献的特殊社会群体，是国家和社会的有功之臣，理应受到国家和社会的普遍尊重和特殊优待。但长期以来，在国家大的工作布局中，并没有把优抚对象作为需要特殊优待、特别照顾的对象，没有把优抚工作作为一项特殊的工作予以高度重视，加之长期的和平环境，导致了全社会抚恤优待意识的淡化，优抚工作日益被边缘化。所以，社会力量参与优抚保障的途径还不是很多，作为社会化实质性标志的社会中介组织和民间机构尚未真正参与到优抚保障中来，制约了我国优抚保障事业的

① 本节参考了巢键茜：《劳动法与社会保障法》，科学出版社 2007 年版，第 280～281 页。

发展。

（二）资金投入不足，导致优抚制度的保障功能弱化

由于社会化参与程度不高，优抚经费没有建立正常的增长机制，致使优抚保障仅限于来自国家有限的经济资助，服务保障难以落到实处。例如优抚医院、光荣院承担着对优抚对象的治疗、康复、休养、供养的任务，但它们大都建于20世纪50年代初期，大都年久失修，破旧不堪。优抚医院缺乏必要的医疗设备，影响诊断治疗；光荣院设施简陋，难以提供较好的生活保障。革命烈士纪念馆也由于缺乏维修经费而破旧漏雨，难以发挥褒扬烈士、教育后人的功能。再加之一个时期以来，国家优抚保障经费的增长落后于经济和社会的发展速度，导致优抚待遇的提高常陷入困境。

（三）参与社会竞争的能力先天不足，优抚对象在社会主义市场经济的竞争中适应性差

由于历史、个人以及主客观等多方面的原因，我国部分优抚对象家庭特别是伤残军人、在乡老复员军人、带病回乡退伍军人家庭人口素质低、劳动力匮乏、年老体弱，面对当前的市场经济，参与社会竞争的能力先天不足，适应能力不强，难免存在等靠要的思想，从而使得部分优抚对象家庭自我保障、自我发展的能力十分薄弱。

（四）随着经济体制改革和劳动用工制度的转变，在一些地区不同程度地出现了退伍转业干部安置难的问题

在过去的计划经济体制下，安置工作可以通过各级政府逐级指定来完成。在市场经济体制下，计划经济体制下的那一套模式根本行不通，企业有用人自主权，各级政府机关事业单位定编定岗、精简机构，这些都给安置工作带来了很大的困难。

上述问题的存在，给优抚安置工作带来了很大的影响。但社会优抚关系到国家的稳定大局，为适应市场经济体制的需要，优抚制度也面临进一步完善的问题。

二、社会优抚的改革与完善

"优抚工作是国家和社会依法对以军人及其家属等对象实行优待抚恤和抚慰的一项特殊社会工作。有国家就有军队，有军队就有优抚工作，无论是革命战争年代、还是和平建设时期，优抚工作对于维护社会稳定、促进国防和军队建设都有着特殊作用"①。基于此，必须改革和完善我国现行的社会优抚制度。

（一）增强全社会的优抚意识，发动社会各方参与社会优抚保障

抚恤和优待首先是政府的责任，但社会也有应尽的义务。所以，一方面应该千方百计地在各级政府的决策层，在全社会形成尊重优抚对象、关心优抚对象的良好氛围，在制定政策时对他们采取优于一般保障对象的特殊措施，使他们优先优惠进入政府的各种社会保障体系，优先优惠享受扶持政策和社会公益服务，并得到优于其他对象的特殊照顾，确保优抚对象的特殊地位高于一般保障对象，生活水平高于一般人民群众的平均生活水平。另一方面，中央政府又不是唯一的责任主体，各地政府以及社会组织和社会团体在优抚工作中所起的作用和担负的责任也是很重要的。所以要发挥多渠道、多元化的保障作用，充分调动新型社会组织和社会阶层包括国有企业、集体企业、私营企业、外资企业，特别是非公有制经济组织的力量，关怀、尊重优抚对象，通过各种方式为他们排忧解难，努力营造爱国拥军的浓

① 孙绍骋：《对抚恤优待制度改革的思考》，载《理论视野》2007年第6期。

厚社会氛围。

（二）加强统一立法，建立健全优抚保障中的相关法律法规制度

法规制度对社会优抚制度的改革和发展有着至关重要的作用。如果法规制度不健全，社会优抚制度便将无法可依，必将加大基层社会优抚工作的难度，不利于维护社会优抚对象的合法权益，从而影响了社会优抚制度的发展。当前，与劳动制度、住房、医疗等制度的改革相比，优抚法规明显滞后。而在市场经济条件下，过去可以用行政命令解决的问题，现在仅靠行政手段已行不通了，所以国家应尽快制定军人抚恤优待法，由各级民政部门制定实施细则，并负责监督法规的实施。我国作为优抚大国，至今没有一部是通过全国人大及其常委会立法的优抚保障法律，优抚工作规定只是附庸于《国防法》、《兵役法》等法律条款里，而且很多的项目仅停留在部门规章和行政命令的层次上，这十分不利于优抚工作的开展。要改变这种状况，必须制定全国统一适用的抚恤优待法，使广大优抚对象的权益切实得到有效保障。

（三）完善医疗保障机制，建立国家和社会共同支撑的优抚对象医疗保障体系

建立国家和社会共同支撑的医疗保障体系，是当前解决优抚对象医疗问题的主要途径。具体来说可以采取以下措施：通过将优抚对象的医疗问题纳入现有医疗保障体系解决优抚对象的基本医疗。例如，利用三至五年的时间，力争将优抚对象全面纳入城镇职工基本医疗保险及其补充保险、农村合作医疗制度和医疗救助制度，并体现出适当的优惠和照顾；对进入保险的对象，大病起付标准可以适当降低，最高限额可以适当提高，报销比例可以适当增加。通过加大各级财政投入解决优抚对象重大特殊医疗困难，进一步加大财政争取力度，逐步完善对重点优抚对象的医疗资金补助机制，从政策上鼓励并支持建立大病补助基金。通过动员社会力量的参与，多方筹措资源给予优抚对象更多的优厚待遇。例如可以依托市、县、乡（镇）医院和医疗机构，建立健全优抚对象医疗保障服务网络，启动巡回医疗上门服务，开通优抚对象就诊绿色通道，为优抚对象每年至少常规体检一次。开展为优抚对象“送医送药送健康”活动，发挥政府举办的非营利性医疗机构的作用，落实医疗减免政策等。

（四）深化优抚事业单位的改革，改革抚恤的方式，改单纯发放抚恤金为发放抚恤金与扶持抚恤对象发展经济相结合的方式，变“输血”为“造血”

优抚事业单位是国家为优抚对象而建立的休养院、疗养院和光荣院等机构，在市场经济条件下，这些由国家全额拨款的事业单位普遍存在经费不足等问题，影响了优抚对象的生活。在新形势下，一方面应变“输血”为“造血”，一些优抚单位可充分利用自身优势，加大改革力度，通过为社会提供一些医疗、康复等服务，弥补经费不足，进一步减员增效。另一方面，可培育和发展民间非营利组织参与优抚工作，分担国家的责任。例如，可从现有的基层群众性优抚服务组织中，引导一批经济实力强、管理规范、制度健全、有一定专业水平的组织，转变为具有独立法人资格的社会团体或民间机构，使其实体化、专业化，成为职业化的从事优抚保障的社会团体或民间机构，为优抚对象提供医疗、康复、保健、供养以及社会公益服务。这样，既能切实履行政府职能，又能充分利用社会财力、人力、物力以及管理服务的优势，为广大优抚对象服务，以减轻政府的负担，分担国家的责任。

（五）改革退伍军人安置办法

在退伍军人安置方面，当前也不能沿袭计划经济的老路，必须创新退伍军人的安置办

法。在市场经济条件下，劳动力的配置以市场为主要手段，在这一大背景下，再用行政手段来安置退伍军人必然要遇到重重阻力。所以，应进一步开展和规范现役军人和退伍军人的技术和技能培训，转变退伍人员的传统观念，加强教育培训投入力度，增强退伍军人的竞争能力，提高竞争意识，鼓励其自谋出路，使军人真正成为社会有用之才；对自谋出路的安置对象应组织开展相应的帮扶和济困工程，给予一定的经济补偿，并以制度的形式规范下来，要充分利用高校招生改革的契机，加强安置对象的教育和培训，包括正规学历教育等。

（六）整体设计制度改革，做好社会优抚保障与城乡社会保障体系的衔接工作

当前，在城乡社会保障制度改革的背景下，尤其是社会保险制度改革后，强调权利义务的对等关系，享受保障权利与缴费的时间和多少有关联，极可能使优抚对象的利益受损。所以，应该建立健全军人保险制度，同时做好军人保险和社会保险的衔接工作，以维护优抚对象的合法权益。设计制度时，应把大量军人服务性保障交给社会机构，逐步形成军队与社会结合紧密、完整配套、高效使用的社会优抚保障体系。要实行从政府领导、民政主导、部门协助到社会共同参与的社会优抚保障机制；加快推进优待金社会统筹，特别要积极探索社会团体和组织参与优抚保障的途径，解决优抚对象在医疗、交通、住房、入学、参军、补助、救济等方面的困难，真正为其提供现金补助、政策和社区优待，以最大限度地发挥社会经济资源的优势。①

思考题

1. 与其他社会保障项目相比，社会优抚具有哪些特点？
2. 简述我国社会优抚体系。
3. 我国社会优待制度包括哪些内容？
4. 社会优待的对象和标准有哪些？
5. 死亡抚恤的对象有哪些？
6. 伤残抚恤的内容是什么？

问题讨论

优抚安置工作，是国家和社会依法对优抚安置对象的物质与精神生活提供服务的特殊社会保障，是构建社会主义和谐社会必须高度重视并努力做好的一项工作。拥军优抚安置工作与国家政济、经济社会发展紧密相连，与政权建设、国防和军队建设、社会稳定、广大群众的利益密切相关，做好这项工作，是构建社会主义和谐社会的内在要求。做好拥军优抚安置工作，促进社会公平正义。优抚安置对象大都当过兵、服过役，有的还打过仗，有功于国家和人民，应当得到特殊的优待优惠和关怀照顾。2006 年中央财政下拨优抚安置事业费 220

① 参见姜新生、杜晓娜：《军人优抚制度存在的问题及解决思路》，载《军事经济研究》2010 年第 6 期；于军、殷达喜：《关于构建优抚保障体系的思考》，载《中国民政》2006 年第 6 期。

多亿元，比“十五”初期增加了170多亿元，增幅达340%。为建立维护抚抚安置对象合法权益的长效机制，近年来先后出台了《军人抚恤优待条例》、《双拥模范城（县）创建命名管理办法》、《军队离休退休干部移交政府安置交接工作办法》、《关于扶持城镇退役士兵自谋职业优惠政策的意见》和《关于加强和改进军队无军籍退休退职职工移交安置工作的意见》等政策法规，并完善了与之相配套的军人残疾等级评定标准、军休干部医疗住房交通保障、军人及其家属涉法问题等40多个具体政策规定，基本形成了与社会主义市场经济相适应，与国防建设相协调，与法律法规相衔接的拥军优抚安置政策法规体系，有效地保障了优抚安置对象的生产生活。做好拥军优抚安置工作，促进社会稳定和谐。

问题：请结合以上材料，说明优抚工作的主要内容。

第十五章　社会福利法

【引例】一对带着孩子的外地农民夫妇，在北京街头一家快餐厅前向过路人叫卖儿子。骑在他们肩上的小孩手中的纸牌上写着：小孩被当地汽车轧伤已成残疾，他们无能力追究肇事方的责任也抚养不起小孩，期望好心人收留。针对弱势群体，许多地方开设了义务法律援助，但许多见识少文化低的民众在遇到纠纷或法律问题时仍找不到求助门径，一些人盲目地到北京用欠妥的方法处理自己遇到的问题。

请从社会福利的角度提出对该案问题的处理建议。

第一节　概述

一、社会福利的概念

社会福利是现代社会广泛使用且争议最大的一个概念，人们往往根据各自的立场和目的给予这个概念以不同的解释。从一般抽象的意义来说，福利就是能使人们生活幸福的各种条件，它既包括人的身体应得到的保护和照顾，也包括影响人的智力和精神自由发展的各种因素。而作为"社会福利"，就更超出了个人的范畴，涉及社会根据什么来帮助人们生活的幸福，需要通过什么样的制度和政策安排来保证他们生活的幸福。

社会福利所包括的内容十分广泛，不仅包括生活、教育、医疗方面的福利待遇，而且也包括交通、文娱、体育、欣赏等方面的待遇。社会福利是一种服务政策和服务措施，其目的在于提高广大社会成员的物质和精神生活水平，使之得到更多的享受。同时，社会福利也是一种职责，是在社会保障的基础上保护和延续有机体生命力的一种社会功能。

我国的社会福利，被认为是社会保障体系的一部分，是指国家和社会通过举办各种福利事业和采取各种福利措施，为社会成员提供基本生活保障并不断改善生活状况的一种社会保障制度。①

二、社会福利的特征

（一）社会福利具有无偿性和功利性

社会福利是由政府和社会举办和实施旨在提升全社会成员生活质量的一种社会保障制

① 韩君玲：《劳动与社会保障法简明教程》，商务印书馆2005年版，第265～266页。

度，全体社会成员或特定群体的所有人都有权享受这种福利，且无须交费或尽其他义务，所以它基本是无偿的，这也是社会福利与单位职工福利等其他福利区别的最大特征之一。当然，每一项社会福利计划的出台，都是以缓和某些突出的社会矛盾为终极目标的，所以又总是带有明显的功利主义目的。

（二）社会福利的对象具有普遍性

社会福利以保证全体社会成员都能过上尊严、健康、文明的生活，平等地参与社会生活，获得全面的发展为宗旨。社会福利作为国家和社会向全体社会成员提供的一种福利，与保障对象的个人财产状况、宗教信仰、民族、教育程度等无关。虽然有的项目任何人都有权享受，有的项目则只针对特殊群体，但从人的生命周期和状态看，即使是针对特殊群体的社会福利，对于所有同类福利对象也同样具有普遍性。

（三）社会福利目标具有一致性和高层次性

根据相关的规定，享受社会福利，与每个人的经济地位、职业背景无太多关系，也无须与其贡献挂钩，它对于所有同类保障对象，无论其贫富贵贱均给予一致的或基本一致的福利待遇标准。所以，社会福利目标具有一致性。当然，这种社会福利标准的一致性只能是相对的，目前也只能在局部地区或用人单位内部实现。此外，社会福利所提供的服务的目标具有高层次性，其以提高社会成员的生活质量为主要目的，不仅满足社会成员的基本物质生活需要，还以满足高层次的精神生活需要为己任，促进人的全面发展。

（四）社会福利具有内容的服务性和多样性

社会福利注重向人们提供福利设施和福利服务，较少运用直接货币补贴的方式。这种提供的主要是服务而非现金方式，与社会保险和社会救助提供的主要是现金而非服务，有着明显的不同，所以社会福利的内容具有服务性。同时，社会福利项目众多，涉及面广，具有多样性。例如，就服务项目看，有医疗卫生服务、文化教育服务、劳动就业服务、住宅服务、孤老残幼服务、犯罪矫治及感化服务心理卫生服务、公共福利服务等；就服务对象来看，则包括老年人、残疾人、妇女、儿童、青少年、军人及其家属、贫困者，以及其他需要帮助的社会成员和家庭等。

（五）社会福利的资金来源具有单向性

社会福利资金主要来源于国家与社会。与社会保险费用实行三方负担原则不同，社会福利的资金来源于国家和社会，社会成员享受各种社会福利无须缴费。从国家来说，社会福利资金主要来源于国家税收；从社会来说，社会福利资金主要来源于各单位的福利资金或各种社会募捐。从各国社会福利资金的筹集来看，国家财政预算拨款和社会募捐相结合，已成为社会福利资金筹集的发展模式。①

三、社会福利的分类

根据不同的标准，对社会福利可作如下分类：

1. 从社会福利采取的给付形式的不同，社会福利可划分货币形式的福利、实物形式的福利和服务形式的福利。

货币形式的福利，是指通过给付货币的形式向福利对象提供福利待遇的情况。如按月

---

① 参见黎建飞：《劳动法和社会保障法》，中国人民大学出版社2003年版，第493～494页。

提供的子女补贴、带薪休假等。

实物形式的福利，是指通过给付实物的形式向福利对象提供福利待遇的情况。如免费午餐、向残疾老人提供免费假肢的社会福利等。

社会服务形式的福利，是指通过提供服务的形式向福利对象提供福利待遇的情况。如对失业工人实行的免费就业咨询等等。

2. 从享受福利待遇的不同对象划分，社会福利可分为妇女儿童福利、老年人福利、残疾人福利、劳动者福利和家庭福利。

妇女儿童福利是国家和社会为了满足妇女、儿童的特殊需要和维护其特殊利益而提供的照顾与福利服务。

老年人福利是指国家和社会为了发扬敬老爱老美德，安定老人生活，维护老人健康，充实老人精神文化生活为目的而采取的政策措施和提供的设施和服务。老人福利的对象为属于老龄和长寿年龄的老人，而不管是否享有退休金。

残疾人福利是指国家和社会对残疾的公民在年老、疾病、缺乏劳动能力及退休、失业、失学等情况下提供基本的物质帮助，并根据社会的经济、文化发展水平，给予残疾人相应的康复、医疗、教育、劳动就业、文化生活、社会环境等方面的权益保障，实现残疾人"平等、参与、共享"的目标。残疾人福利包括向残疾人免费提供就业训练、福利生产及康复服务和学校教育等等。

劳动者福利是指在业者和失业者享受到的社会福利服务。

家庭福利是指有关机构向家庭关系不和及有纠纷户提供的咨询、帮助，帮助家庭中未成年人健康成长等项目。

3. 根据不同的目的划分，社会福利可分为社会公共福利、特殊性社会福利和职业劳动福利。

社会公共福利是指政府为全体公民提供的全面性的福利。公共福利的内容十分广泛，涉及人民生活的诸多方面，教育福利、卫生福利、文化康乐福利以及住房福利、环境保护等都属于公共福利。

特殊性社会福利是指由国家和社会举办的以某一特定群体为对象的专门性福利事业，如为残疾人举办的各种福利企业，为无依无靠的老人举办的敬老院，为孤儿举办的孤儿院等。即是残疾人福利、儿童福利、老人福利等。

职业劳动福利是行业和单位为满足职工物质文化生活需要，保证职工一定生活质量而提供的工资以外的津贴、设施和服务的社会福利项目。

四、社会福利的意义

社会福利在社会保障体系中具有重要地位。社会保障体系是指社会保障各个有机构成部分系统的相互联系、相辅相成的总体，社会保障体系作为社会的"安全网"，它对社会稳定和社会发展有着重要的意义。我国的社会保障体系，主要包括社会保险、社会福利、社会救助、社会优抚等几个方面。在社会保障法律体系中，社会保险旨在为人们的例如生老病死这些一般生活风险提供保护；社会补偿旨在为人们在遭遇例如战争、暴力行为这些特殊的生活风险而受到损害时提供保护；社会救济旨在为那些不能从社会保险或者社会补偿中获得待遇，或者从社会保险或社会补偿中获得的待遇不能维持其基本生活需要的人们提供的保护。

而社会福利旨在为提高和改善人们的生活质量以及人们的全面发展而提供的物质帮助和服务设施，例如住房津贴、教育津贴、青少年津贴、老年公寓、博物馆等。社会福利是社会保障的最高层次，是实现社会保障的最高纲领和目标，它的目的是增进群众福利，改善国民的物质文化生活，所以，它把社会保障推上了最高阶段。社会福利的意义在于：

（一）举办社会福利，有利于实现社会劳动力的解放和再生产，促进社会经济的发展

随着生产的社会化，原来属于家庭的某些职能必然转为社会职能，劳动者的某些生活条件必然由家庭供给转为社会供给。例如，在社会主义制度下，妇女获得解放，大批离开家庭走向社会，对儿童的保育、教育需要，就要求国家和社会建立福利设施来加以支持；随着科技进步，生产设备的更新，对劳动力提出了更高的文化技术要求，这就要求国家和社会在教育培训方面承担更大的责任。此外，通过职工福利为职工提供生活方便，例如通过举办职工食堂、职工宿舍、浴室等设施，为职工上下班提供交通车或交通费补贴，使职工不必为吃、住、行等生活问题发愁；有的职工因遇特殊事件，发生经济困难，通过福利补助给予解决，就能解除他们的生活困难和精神上的负担等等，解决了职工自己难以解决的生活困难，可以使职工能够积极努力地投入生产和工作，从而有力地促进生产的发展。

（二）举办社会福利，有利于满足社会成员的物质生活和精神生活需要

社会福利对满足人们的精神生活需要，提高人们的文化修养，促进社会主义精神文明建设起着不少作用。例如，通过建立各种俱乐部、图书馆、阅览室、体育场所等福利设施，开展文娱、体育及其他业余文化活动，使人们在业余时间能得到文化艺术享受，从而可以丰富人们的文化生活，满足人们精神生活的需要，提高人们的文化素质和道德修养。而多种文化福利设施的建立，能吸引广大人民群众在业余时间把自己的精力用在提高文化、科学和技术水平上，也有利于促进社会主义精神文明建设。

（三）举办社会福利事业，可以体现和促进国家、社会和个人的和谐发展

从当前的形势看，在社会主义市场经济条件下，由于消费品实行按劳分配原则，必然造成劳动者之间由于生活富裕程度的不同而形成的事实上的不平等。同时，虽然国家的、集体的、个人的根本利益是一致的，但在此前提下，也必然存在着各自的物质利益诉求。经济上的差别和不同的物质利益，不可避免地会形成人与人之间的矛盾。如果任其发展不加以调节，就有可能导致矛盾激化，影响社会的安定团结。社会福利作为一种有效的调节手段，通过建立社会福利来调节人们在经济上的差别，缩小了由于收入上的差距所引起的不公平感。所以，社会福利制度能协调社会主义社会中的矛盾，促进社会安定团结与和谐发展。

五、社会福利制度的基本原则

（一）符合社会主义发展阶段的实际情况，注重可持续发展，量力而行的原则

一切从实际出发，实事求是，是已经被我国革命和建设证明了的事业成功的法宝，对于当前举办社会福利制度，自然同样需要。所以，我国社会福利事业的发展，应该坚持社会福利水平与经济发展水平和各方面的承受能力相适应，实现社会福利可持续发展的原则。当前要建立一个完整的国民福利体系，首先要解决福利制度和项目的“从无到有”的问题，其次循序渐进地解决待遇水平的“由低到高”的问题。既要抓紧建立群众有迫切需求的保障项目，又要根据财政和经济支撑的能力确定适度的保障水平，建立可持续发展的长效机制。由于中国社会福利体系建设还处于起步阶段，各方面制度和机制尚不完善，因此既要立即着手

解决制度缺失的问题，又要结合城镇化，老龄化的趋势，统筹考虑保障资金长期供求平衡的问题，实现可持续发展。

(二)坚持公平与效率相结合，以公平为首要原则

要把全体国民人人享有社会福利，减少工业化进程中两极分化，促进社会公平和稳定，作为社会福利体系建设的首要目标。实现社会福利的共享性，逐步消除因户籍、性别、职业、地位等身份差别所导致的不平等。特别是为贫困家庭的子女提供平等的受教育与其他的发展机会，防止贫困代际相传。在强调社会福利公平性原则的同时，也要兼顾效率，保护发展活力，使社会福利体系能有效地促进经济长期可持续增长。即在社会福利保障项目和保障标准的设定上，要充分考虑效率原则，但社会福利的保障又只能追求相对公平，不能追求绝对公平。

(三)贯彻全社会办社会福利事业的原则

社会福利体系从根本上说是政府行为，政府必须在社会福利制度建设上发挥主导作用，积极推动立法，增加财政收入，提供更多的公共服务。但社会风险的抵御，也要求全体社会成员互相帮助，共同分担，因此必须通过强制性的立法建立社会共同责任机制，尽可能动员全社会的力量来共同参加社会保障事业。所以，要发挥市场和家庭的作用，调动社会组织的资源和各方面的积极性，共同推进社会福利体系建设。在社会福利模式的选择上，要将缴费性的社会保险和免费性的福利项目结合起来，以形成政府、单位和个人共同承担责任的机制。

第二节　我国的社会福利

一、社会公共福利

(一)社会公共福利的含义

公共福利是社会福利的重要项目，它是国家和社会为满足全体社会成员的物质及精神生活基本需要而兴办的公益性设施和提供的相关服务。公共福利的内容十分广泛，涉及人民生活的诸多方面，教育福利、卫生福利、文化康乐福利以及住房福利等都属于公共福利。

(二)我国社会公共福利的发展

我国传统福利制度经历了新中国成立之初的奠基时期、文革时候的停滞时期以及改革开放以来的重建和发展时期。经过“文化大革命”的十年动荡，人们更加明白了社会福利的重要作用，重新积极构筑福利体系，调整福利的分工合作。1978 年五届人大决定重新设置民政部，结束了全国社会救济、社会福利、优抚安置事务无主管部门的局面；国务院则先后颁行了《关于安置老弱病残干部的暂行办法》、《关于工人退休、退职的暂行办法》、《关于军队干部离职休养的暂行规定》、《退伍义务兵安置条例》、《军人抚恤条例》等法规，这些都有力地推动和促进了社会福利理论和实践的发展，培养了一批专业的从事社会福利工作的专业人才。经过努力，我国老年福利事业稳步推进，儿童福利事业取得重大进展，残疾人福利事业发展迅速，总之，我国社会福利已取得了长足的发展。

但是，在看到成绩之余也必须清醒地意识到，现实生活中也还存在着一些值得重视的社

会问题,我国的社会福利事业当前仍存在较多突出的矛盾。例如,随着经济发展和社会进步,特别是人口老龄化、家庭小型化、农村城市化进程的加快,使人民群众急剧增长的对社会福利服务的需求与现有的福利供给严重不足的矛盾日益加剧,导致社会福利的供给严重不足,远远不能满足社会发展的需要;由于社会福利事业的发展要与经济政治发展状况密切相关,因此我国各地经济政治发展的不平衡性决定了城乡之间、东部与西部地区之间社会福利事业发展很不平衡,经济发达与欠发达地区在社会福利机构的资金投入、人员素质和管理水平、服务质量等方面相差甚远,社会福利事业发展不平衡,地区差异明显;从社会福利服务工作的岗位职责和专业技能要求来看,现有的服务队伍还远不能适应社会工作发展的客观要求,专业水平较低,专门技术人员、专业社会工作者和管理人员较为缺乏,导致社会福利服务队伍的专业化水平较低,已严重影响了福利服务内容和项目的扩展和服务质量的提高,因此整体素质有待提高。可见,适应市场机制和社会发展的需要,在对传统福利制度进行重大改革的基础上逐步确立起一整套社会福利制度,已是社会保障领域一段时期内的重要工作。

当前,应当加快建立适合我国国情的社会福利制度,要以不断改善和提高社会成员的生活质量为追求目标,走社会化、多层次化的社会福利发展道路。应重新建立适合我国国情的教育津贴和住房津贴制度;建立和完善劳动年龄或学校毕业年龄以前人员的青少年援助制度;分离福利与就业的内在联系,使职工与企业和单位之间只具有劳动工资关系,使职工用自己的劳动收入根据需要购买从社会福利中分离出来的市场化服务;要将社会福利与社会救济作比较明确的界分;要将社会福利社会化与第三产业提供服务区分开来。

(三)我国社会公共福利的种类

1. 住房福利

(1)我国住房保障体系历史沿革

我国的住房保障,大致经历了以下几个发展阶段:计划经济时代,其特点是住房产权公有、实物分配、低租金使用的福利性住房保障;住房改革起步阶段,1991 年上海率先试行住房公积金制度,初步提出住房商品化思想;住房保障制度全面推进阶段,1994 年《国务院关于深化城镇住房制度改革的决定》提出实行住房商品化、社会化,1998 年《关于进一步深化城镇住房制度改革、加快住房建设的通知》提出停止福利分房,逐步实行住房分配货币化,建立多层次住房供应体系即廉租房、经济适用房、商品房;住房社会保障体系构建阶段,2003 年改革重点转向"多数家庭购买或承租普通商品住房"的改革方向,2007 年进一步明确要求建立健全城市廉租房制度、改进和规范经济适用房制度、改善棚户区、旧住宅区、农民工等居住条件。

(2)我国住房福利的性质

关于住房是否属于社会福利的内容,有三种不同的观点:第一种观点认为住房只具有纯粹的商品性而不具有福利性,它与其他消费品一样,社会成员要支付货币去购买,住房属于个人所有;第二种观点则认为住房可以通过社会福利的形式,由国家和社会在工资分配之外进行分配;第三种观点具有折中性,认为住房具有商品性,同时也具有福利性。

笔者认为,社会保障体系应当包括住房保障,社会保障采取的保障居民基本住房需要的措施是多元化的,既有救助性质的措施,也有保险性质和福利性质的措施。福利性质的措施最为普遍,主要有两种:一是政府对住房提供直接支付或转移支付,即以多种形式提供住房补贴。二是国家作出政策性规定,要求住房建设必须划出一定数量的住房以低于市场价格出售给低收入家庭，或者政府直接兴建经济房屋，也称廉价房屋或福利房屋定向出售给低收入家庭。所以说，住房既具有商品性，同时也具有福利性。

(3)我国住房福利的特征

第一，住房是一种复杂的商品。其复杂性表现为在对其进行估价、生产以至供求双方的买卖交易等都必须在大量占有各方面信息的基础上来作出选择。

第二，住房的空间固定性。住房与土地相连，无可移动性，这意味着住房的选择也就是与工作地点的联系和相应的诸如学校和购物中心等社区服务设施以及邻里关系的选择。

第三，住房价格昂贵。住宅消费在家庭消费中占有很大的比重。

第四，住房的使用寿命长。在任何一段时间内新建的住房仅占社会住房存量的一部分，年住房供应量一般只占存量住房的2%～3%，并且很容易受住房需求变化的影响。住房的投资建设活动将对建成区空间环境产生长远的影响。

第五，住房是现代社会中居民个人和家庭正常生活的基本需求品。住房作为居住生活的空间是无法替代的，无论贫富，都需要居住设施。

(4)我国现行的住房保障体系①

鉴于住房的特性及其重要性，目前世界各国政府都以不同方式参与住房的建设和分配，通过住房政策的调控体现其市场性与福利性的结合性。我国现行的住房保障体系为：

第一，住房公积金制度

住房公积金由国家机关、事业单位、各种类型企业、社会团体和民办非企业单位及其在职职工，各按职工工资的一定比例逐月缴存，归职工个人所有，住房公积金专户存储，专项用于职工购买、建造、大修自住住房，并可向职工个人住房贷款。

住房公积金资金来源分为两部分：职工个人按月从工资中扣除用以缴存；职工所在单位按月为职工个人缴存。其中账户归职工个人所有，专款专用。

第二，廉价住房制度

与低保制度属同一层次，面向城镇最低收入家庭，采用实物配租、租金补贴、对租住现有公房的“双困”家庭实行租金减免形式。

对按政府规定价格出租的公有住房和廉租住房，暂免征收房产税、营业税。廉租住房制度以财政预算安排为主，多渠道筹措廉租住房资金，实行以住房租赁补贴为主，实物配租、租金核减为辅的多种保障方式。对住房面积和家庭收入在当地政府规定标准之下的家庭，当地政府按申请、登记、轮候程序给予安排，保障其基本要求。

第三，经济适用住房制度

经济适用住房制度是在住房实物分配向市场化转变中，为解决广大中低收入家庭的住房问题而建立的一种住房保障制度。

经济适用住房是由政府提供政策优惠，限定建设标准，供应对象和销售价格，具有保障性质的政策性商品住房。符合下列条件的家庭可以申请购买或承租一套经济适用住房：有当地城镇户口(含符合当地安置条件的军队人员)或市、县人民政府确定的供应对象；无房或现住房面积低于市、县人民政府规定标准的住房困难家庭；家庭收入符合市、县人民政府规定的收入线标准的；市、县人民政府规定的其他条件。

---

① 参见王全兴：《劳动法学》，高等教育出版社2008年第2版，第447～449页。

第四,限价商品房制度

在政府提供税收优惠、金融支持或货币补贴的前提下,为满足当地中低收入家庭的住房需求而建立的住房保障制度。实行“限套型、限房价、竞地价、竞房价”,以公开招标的方式确定开发建设行为。

2. 卫生福利

(1)概念

卫生福利,是指国家和社会以保障公民健康为目的所提供的以医疗和保健为内容的公共福利。

(2)基本目标

基本卫生保健是社会福利的重要内容。我国卫生福利的基本目标是要实现“人人健康”。

(3)基本内容

第一,为公民提供医疗方面的社会救助和社会保险;

第二,为病患者恢复健康提供必要的医疗场所、医疗设施和医疗照顾;

第三,国家卫生系统和社会福利机构向全社会提供增进性、预防性、治疗性和综合性的促进人人健康的服务,提供清洁的卫生环境,开展妇婴保健和计划生育等内容。

3. 教育福利

教育福利,是指国家和社会以提高国民素质为目的所提供的以兴办和扶持教育,实现全体公民的受教育权利为内容的公共福利。教育福利包括:

(1)义务教育

义务教育,即九年制义务教育,是指我国的适龄儿童和少年必须接受的,国家、社会、学校、家庭必须予以保证的国民基础教育。义务教育具有国家强制性、普遍性和免费性等基本特征。

我国 1986 年 4 月 12 日召开的第六届全国人大第四次会议通过了《中华人民共和国义务教育法》,自 1986 年 7 月 1 日起施行。依照我国《义务教育法》的规定,义务教育的起始入学年龄为 6 周岁,条件不具备的地区可以推迟到 7 周岁,特殊困难的地区还可以适当推迟入学年龄。

义务教育包括初等教育和初级中等教育两个阶段,一般来说,分为初等教育 6 年和初级中等教育 3 年,共 9 年,当前在普及初等教育的基础上基本普及了初级中等教育。

(2)教育扶贫政策

第一,从 2005 年春季学期开始,国家对 592 个国家级贫困县的约 1600 万名农村义务教育阶段家庭贫困的中小学生,全部免费提供教科书,免收杂费。条件成熟后,已推广到全国。

第二,高校助学金和贷学金

在我国高等学校中逐步建立起了以奖学金、学生贷款、勤工助学、特殊困难补助和学费减免(简称“奖、贷、助、补、减”)为主体的多元化的资助经济困难学生的政策体系。同时,国家和各地区、各部门还拨出专项经费用于资助高校经济困难学生,以保证他们按时入学、安心学习和生活。

(3)特殊形式的教育福利

主要是指扫除文盲教育、社会力量办学、“希望工程”。

4. 文化康乐福利

文化康乐福利是指国家和社会为满足人们的文化康乐的精神需要而兴办的具有福利性质的文体活动设施和相应的服务，包括公园、图书馆、博物馆、群众艺术馆、文化康乐中心等场馆以及群众性体育运动设施等。

需要指出的是，并非所有的文化康乐设施都属于社会福利范畴，要成为文化康乐福利必须符合下列条件：

第一，国家或集体兴办和实施管理，并给予资金支付；

第二，为满足社会大众的精神需要而兴办的，不以赢利为目的；

第三，实行免费或低偿的服务；

第四，向社会开放，广大群众能普遍、平等地享用。

5. 环境福利

国家和社会为保护和改善环境、提高社会成员的生活质量而提供的公共福利。主要包括：一是政府和社会出资建设环境保护设施和场所；二是提供环境保护的服务。

二、社会福利事业

我国的社会福利事业是为维护处于特殊困难之中的老年人、孤儿和残疾人的生活、教育、医疗和康复等方面的基本权利而设立的，主要包括孤残儿童事业、残疾人福利事业和老年人福利事业。[①] 随着我国社会经济的迅速发展和社会文明的进步，全国出现了多种多样的社会化发展社会福利服务的形式：一是福利事业单位的服务对象已普遍由传统的“三无”老人转到向全社会开放，目前国有福利事业单位自费收养人数已达到40%以上；二是一大批民办社会福利事业单位涌现出来；三是利用社区现有资源兴办福利事业，把闲置托儿所、幼儿园、企业等置换为养老、为老服务机构；四是兴办福利事业的资金单纯靠政府投入逐步向多元化发展，国家、集体、社团、外资、个人等一起出资，共同兴建。

（一）老年人福利

1. 老年人福利的概念

老年人福利是以老年人为对象的社会福利项目，指国家和社会为了安定老人生活，在社会各方面力量的参与下，对于处在特殊困境下的老年人所提供的养护、康复等方面的服务。

老年人合法权益方面的法律、法规，是我国老年社会福利事业存在和发展的基础。《中华人民共和国宪法》规定：“中华人民共和国公民在年老、疾病或者丧失劳动能力的情况下，有从国家和社会获得物质帮助的权利。”1996年的《老年人权益保障法》在家庭赡养和扶养、社会保障、参与社会发展、法律责任等方面对老年人应有的权利作出了明确规定；1999年5月，建设部和民政部联合下发了《老年人建筑设计规范》，2001年3月，《老年人社会福利机构基本规范》作为行业标准予以公布实施。此后的国家级职业标准《养老护理员国家职业标准》颁布实施，对养老护理员职业的活动范围、工作内容、技能要求和知识水平等都作出了明确规定，标志着我国老年护理的进一步专业化、科学化。

老年人福利是养老保险的延续，它在保障老人基本物质生活需要的基础上进一步提高其物质和精神文化生活的水平。

---

① 参见巢键茜：《劳动法与社会保障法》，科学出版社2007年版，第253页。

2. 老年福利津贴

(1)老年保障分为收入性保障和非收入性保障两个方面。其中收入保障是他们得以维持尊严和体面生活的前提,也是其他各项需要得以满足的基础。

(2)老年收入保障的方式主要有养老保险、老年社会救助、家庭保障和个人自我积蓄保障以及老年福利津贴等5种。这5种方式以养老保险为主体,其他形式为补充,构成了老年人多层次的收入保障网络。

(3)老年福利津贴是一种福利性养老金计划,这项计划为所有超过一定年龄(一般为高龄,如75岁以上)的社会成员提供养老金,不管他们的收入、就业状况或经济来源如何。

3. 老年保健

(1)意义

人进入老年后,慢性病、能力衰退、发生疾病事故等的可能性等都将随着年龄的增加而增加,国家和社会有责任为老年人提供健康照顾,增强其活动能力和提高其生活质量。

(2)老年保健涉及的内容

第一,预防各种有可能出现的老年疾病;

第二,建立以医疗机构为基础、以社区为依托的医疗保健组织,配备必要的设备和经过专业训练的、具有老年学方面知识的医生、护士、心理保健医生等专业人员,为老年人提供医疗服务;

第三,改善老年人的生活环境,提供足够的营养;

第四,建立适合老年人活动的体育设施和组织符合老年人身心特点的群众性的老年体育活动;

第五,指导家庭护理和保健;

第六,满足老年人感情和社会交往的需要等等。

(二)妇女和儿童福利

1. 妇女福利

由于妇女在生理和心理方面的特点,需要加以特殊的照顾和保护。我国在宪法、婚姻法、劳动法、行政法、民法和刑法等法律文件中都设立了专门保护妇女的条款。妇女福利包括:

(1)以生育津贴为主的特殊津贴与照顾。绝大多数国家给予妇女的特殊福利津贴是重点围绕着生育而提供的;

(2)妇女的劳动保护;

(3)为妇女提供的福利设施和福利服务。如妇幼保健院、妇产医院以及用人单位提供给妇女使用的冲洗设备等。

2. 儿童福利

(1)概念

儿童福利的概念分广义和狭义两种。广义的儿童福利涉及儿童的保护、养育、教育、卫生保健等多方面。狭义的儿童福利单指对孤儿、弃婴和伤残儿童的收养、治疗、教育和康复等综合性措施以及提供的设施和服务。

联合国在1959年公布的《儿童权利宣言》中指出:“凡是以促进儿童身心健全发展与正常生活为目的的各种努力、事业及制度等均称之为儿童福利。”美国的《社会工作年鉴》定义儿童福利为："旨在谋求儿童愉快生活、健全发展，并有效地发掘其潜能，它包括了对儿童提供直接福利服务，以及促进儿童健全发展有关的家庭和社区的福利服务。"

在我国现行的儿童社会福利制度中，儿童社会福利事业专指以社会福利为保障手段的社会收养、社会服务机构和设施，以及向孤儿、残疾儿童提供的社会福利型服务。

(2)儿童福利的基本内容

儿童福利的基本内容包括，一是提供儿童补贴；二是提供教育福利；三是提供医疗卫生保健设施和服务；四是提供未成年人看护、文化科学活动场所和设施；五是建立儿童福利院、孤儿院等儿童福利机构。

我国政府在现阶段解决孤儿、弃婴收养问题采取的主要措施是：在有条件的地方，举办社会福利设施，集中收养孤儿、弃婴；在条件尚不具备的地方，采取分散供养的形式。

收养孤儿的社会福利设施主要有：儿童福利院、孤儿学校、儿童村等，此外，城市的社会福利院、农村敬老院以及优抚社会福利设施，也收养了部分孤儿。

儿童福利机构是政府举办的集中收养孤儿、弃婴的机构。民政部制定了《社会福利机构管理暂行办法》和《儿童福利机构基本规范》，对儿童福利机构的规划、设立、日常运营和服务等方面提出了具体的要求，有力地推动了儿童福利机构的建设和发展。

本章引例中的情况说明，国家和社会应举办一些以某一特定群体为对象的专门性福利事业。以儿童为例，应坚持"儿童优先"原则，保障儿童生存、发展、受保护和参与的权利，提高儿童整体素质，促进儿童身心健康发展。儿童健康的主要指标达到发展中国家的先进水平；儿童教育在基本普及九年义务教育的基础上，大中城市和经济发达地区有步骤地普及高中阶段教育；逐步完善保护儿童的法律法规体系，依法保障儿童权益；优化儿童成长环境，使困境儿童受到特殊保护。

为防止类似事件的发生，应创造条件完善和落实有关法律法规，依法保障儿童权益。具体包括：应依法保障儿童生存权、发展权、受保护权和参与权；依法打击侵害儿童合法权益的违法犯罪行为；预防和控制未成年人犯罪；在诉讼中依法维护未成年人的合法权益；建立法律援助机构，为儿童提供法律援助。

(三)残疾人福利

残疾人是指由于生理或心理上的缺陷，如视力、听力、肢体和智力等方面的缺损，造成劳动、生活、学习上有困难的障碍者。残疾分为若干类：听力及语言残疾、智力残疾、肢体残疾、视力残疾、精神残疾。残疾人是特殊社会群体，残疾人除了身体的缺陷外，具有独立完整的人格。他们与健全人一样具有平等的社会地位、政治地位和经济地位，具有平等参与社会生活、享受社会文明成果的权利。

残疾人福利是指国家和社会在保障残疾人基本物质生活需要的基础上，为残疾人在生活、工作、教育、医疗和康复等方面提供的设施、条件和服务，是社会福利的一个重要项目。我国已颁布了多部与残疾人福利有关的法律，如《中华人民共和国教育法》和《残疾人教育条例》就明确规定了残疾人享有的受教育的权利、特殊教育的权利；《中华人民共和国残疾人保障法》也全面地规定了残疾人福利事业。残疾人福利主要包括：(1)残疾人劳动就业；(2)残疾人教育；(3)残疾人康复；(4)扶残助残活动。

1. 残疾人的就业

残疾人就业是残疾人全面参与生活的前提，是实现自身权利和价值的关键环节。然而，解决其就业单纯依靠劳动力市场机制显然是不可能的，必须采取特殊的政策措施。解决残疾人就业的途径主要是区别残疾人的不同情况，实行分散安置与集中安置相结合的办法。对于吸收残疾人就业的企业，以及自谋就业出路的残疾人，国家应给予一定的政策优惠和扶持。

2. 残疾人教育

残疾人教育是残疾人劳动就业的前提。残疾人所受教育的层次往往决定着其就业的层次，以及参与社会活动的能力，甚至是生存的能力。残疾人教育的内容包括：

(1)生活自理能力教育，掌握生活技能需要依靠涉及生理、病理的一套科学的方法，一般应在特殊学校里由受过专业训练的特教老师对残疾人施以训练。

(2)文化知识教育，如手语、盲文等的教育。

(3)心理辅导。残疾人教育中的心理辅导旨在教育残疾人正视自己的特点，勇敢面对人生，消除他们的自卑感和排他情绪，激励他们融入社会的勇气，增强其自信、自尊、自立、自强的决心。

(4)职业技术教育。职业技术教育能开启残疾人潜在的智力和体能，补偿其生理缺陷，为社会输送残而不废、有技术的劳动者。

3. 残疾人康复

康复的宗旨，一是最大限度地使只有部分器官和组织的残疾人不至于完全残废，使之身体留有的一部分功能发挥出作用，乃至受损的功能得到恢复；二是锻炼提高相应的组织、器官的功能，使之起代偿作用；三是用矫形手术装配假肢、矫形器等，使残疾者能参与社会生活和社会生产劳动。

4. 扶残助残活动

为了帮助残疾人，一些公共服务机构应当为残疾人提供照顾和优待，例如在搭乘国内交通工具时应给予残疾人一定的照顾和方便，甚至是费用的减免。通过解决无障碍设施严重不足的问题，为残疾人的出行、生活提供方便等。

第三节 我国的职业福利

一、职业福利的概念与特征

(一)职业福利的概念

职业福利也称为职工福利，是行业和单位为满足职工物质文化生活需要，保证职工一定生活质量而提供的工资以外的津贴、设施和服务的社会福利项目。职业福利按其“社会化”程度可以划分为两个层次：一个层次是国家通过一定的法律手段和途径在某些行业和企业中普遍实行的制度，如职工探亲假制度、与职业关联的特殊津贴制度；另一个层次是单位在完成国家所有税项任务前提下力所能及地自主地为职工提供的福利。

职业福利，这是以业缘关系为基础，给予本系统、本行业、本单位职工及亲属的福利待遇。

（二）职业福利的特征①

1. 业缘性。职业福利是以业缘关系为标志的，一般只有在本行业、本单位就业的职工才能享受，当然，有些内容项目职工家属也可以享受。

2. 普遍性。职业福利一般以普遍性原则向职工提供，并以共同消费的形式满足本企业职工的共同需要，一般不体现按劳分配的要求。但某些企业可能在服务时间长短和贡献大小上规定职工享受待遇的高低差别。

3. 功利性。职业福利的功利性，是指提供职工福利的出发点，在于造就职工的向心力、凝聚力、职业归属感和群体意识，吸引和留住高质量的劳动力服务于本单位，提高本单位的社会声望，增强竞争力。所以，职业福利一般都是为了满足职工在参加生产劳动或在工作过程中产生的某些共同需要或特殊需要。

4. 差别性。各个企业单位的福利项目、水平和享受范围等存在很大的差别。职业福利水平既取决于企业的经济效益，也受企业所有者观念意识的左右。职工福利的资金来源于企业赢利，企业领导人对职工福利的重视程度以及企业的薪酬组合方式会影响到职工福利的提供形式和水平。

（三）职业福利的作用②

职业福利制度对于满足职工的物质文化生活需要、促进社会生产发展等方面发挥着独特的保障功能。其作用主要体现在：

1. 职业福利对社会保障具有补充作用。职工集体生活福利设施的使用，减少了这一部分人对社会公共福利设施的需求，所以对社会保障具有一定的补充作用。

2. 职业福利对就业具有刺激作用。职业福利与公共福利的主要区别是，职业福利体现了社会劳动的有偿性，福利获得的多少与个人的劳动业绩密切相关。职业福利的存在使就业者和无业者在福利内容、福利数量上具有差别，正是这种差别能够使人们乐于从事并积极追求职业活动。

3. 职业福利对人力资本具有提升作用。职业福利为职工提供了生活方便，解决了职工的生活需要，减轻了职工的生活困难，能使职工更好地投入生产和工作，有利于提高劳动生产率；职业福利还可以通过活跃职工的文化娱乐生活，提高劳动者的素质。

为有效发挥职业福利的良性作用，我国应进一步出台对职业福利的规范和约束性政策，使职业福利更好地为构建和谐社会、促进社会发展服务。

二、职业福利的内容

（一）福利津贴

福利津贴，是为解决职工的生活需要，减轻职工生活困难而建立的福利补贴制度，一般以现金形式提供，是职工工资收入以外的收入。主要有职工生活困难补贴、职工上下班交通补贴、职工宿舍冬季取暖补贴、职工探亲期间工资和往返车船票补贴等等。此外，还有水电补贴、卫生费、洗理费、书报费等福利补贴。

---

① 参见黎建飞：《劳动法和社会保障法》，中国人民大学出版社2003年版，第493～494页。

② 杨艳东：《职业福利的本质及其社会功效分析》，载《生产力研究》2009年第9期。

（二）福利设施

职工集体生活福利设施是职工福利的主要内容，包括为方便职工生活而举办的集体福利设施。如包括职工食堂、职工宿舍、哺乳室、托儿所、幼儿园等。也包括为活跃和丰富职工文化生活而建立的文化福利设施，如文化宫、娱乐部、图书馆、阅览室外、游泳池、运动场、绿化美化环境等。

（三）福利服务

福利服务的内容相当广泛，包括与上述各项设施相关的各项服务，也包括诸如接送上下班、接送职工子女上学、提供健康检查等服务。

三、职工福利基金的来源

职工福利基金的来源主要有以下几个方面：

1. 国家为各单位提供的非生产性建设投资费用。

2. 机关、事业单位由财政支出的按工资总额一定比例或按每人每月一定金额提取所设立的福利费；企业则是设立福利基金制度。

3. 机关的行政经费、事业单位的事业费、企业的管理中支出的福利费用，如交通补贴、取暖补贴、托儿所补贴等等。

4. 工会经费中支出的福利费用。

5. 集体福利设施本身的收入。

思考题

1. 什么是社会福利？有哪些特征？你享受过哪些社会福利？

2. 如何理解社会福利制度在社会保障体系中的地位？

3. 社会福利制度包括哪些内容？怎样对社会福利制度的内容进行科学分类？

4. 如何进一步提高特殊群体的福利待遇？

问题讨论

为适应人口老龄化的要求，民政部在2001年启动了“全国社区老年福利服务星光计划”。“星光老年之家”的功能包括了文化娱乐、图书阅览、体育健身、医疗康复和老年课堂等基本服务项目，发达地区“星光老年之家”还设置了院舍住养、日间照料、入户服务、紧急援助、信息咨询等服务内容。“星光计划”实施的目的是为了家庭养老提供帮助，为社区照顾提供依托，为老年人活动提供场所。“星光计划”项目主体功能定位在为社区老年人提供福利服务上，至少要确保80%以上的建筑面积用于为老年人服务，当然有条件的也可以兼顾儿童、残疾人等群体的需要。可见，社区化的养老服务体系也是社会福利供给的重点。

请针对星光计划的进展情况走进社区进行适当的调查。根据你的调查，你认为社区化的养老服务体系主要包括了哪些方面内容？目前国内的社区化养老服务体系还有哪些不足？应如何完善？

图书在版编目(CIP)数据

劳动和社会保障法学/徐波主编. —厦门:厦门大学出版社,2012.1
高校法学"十二五"规划教材系列
ISBN 978-7-5615-4107-4

Ⅰ. ①劳… Ⅱ. ①徐… Ⅲ. ①劳动法-法的理论-中国-高等学校-教材 ②社会保障-行政法-法的理论-中国-高等学校-教材 Ⅳ. ①D922.501②D922.182.31

中国版本图书馆 CIP 数据核字(2011)第 235179 号

厦门大学出版社出版发行
(地址:厦门市软件园二期望海路 39 号 邮编:361008)
http://www.xmupress.com
xmup @ public.xm.fj.cn
厦门集大印刷厂印刷
2012 年 3 月第 1 版 2012 年 3 月第 1 次印刷
开本:787×1092 1/16 印张:22.25 插页:2
字数:538 千字 印数:1～3 000 册
定价:35.00 元

本书如有印装质量问题请直接寄承印厂调换